江戸っ子語絵解き辞典◆口絵1

江戸のことば遊び

この口絵では、江戸の人々の洒落の粋を錦絵にした見立て絵と判じ物の作品を収録した。絵ことば表現の面白さと謎解きの遊びごころを追体験していただきたい。

見立て絵

道外見富利《みぶり》十二志

一鵬斎国芳画　国立国会図書館蔵

〈子・丑・寅・卯〉

〈申・酉・戌・亥〉

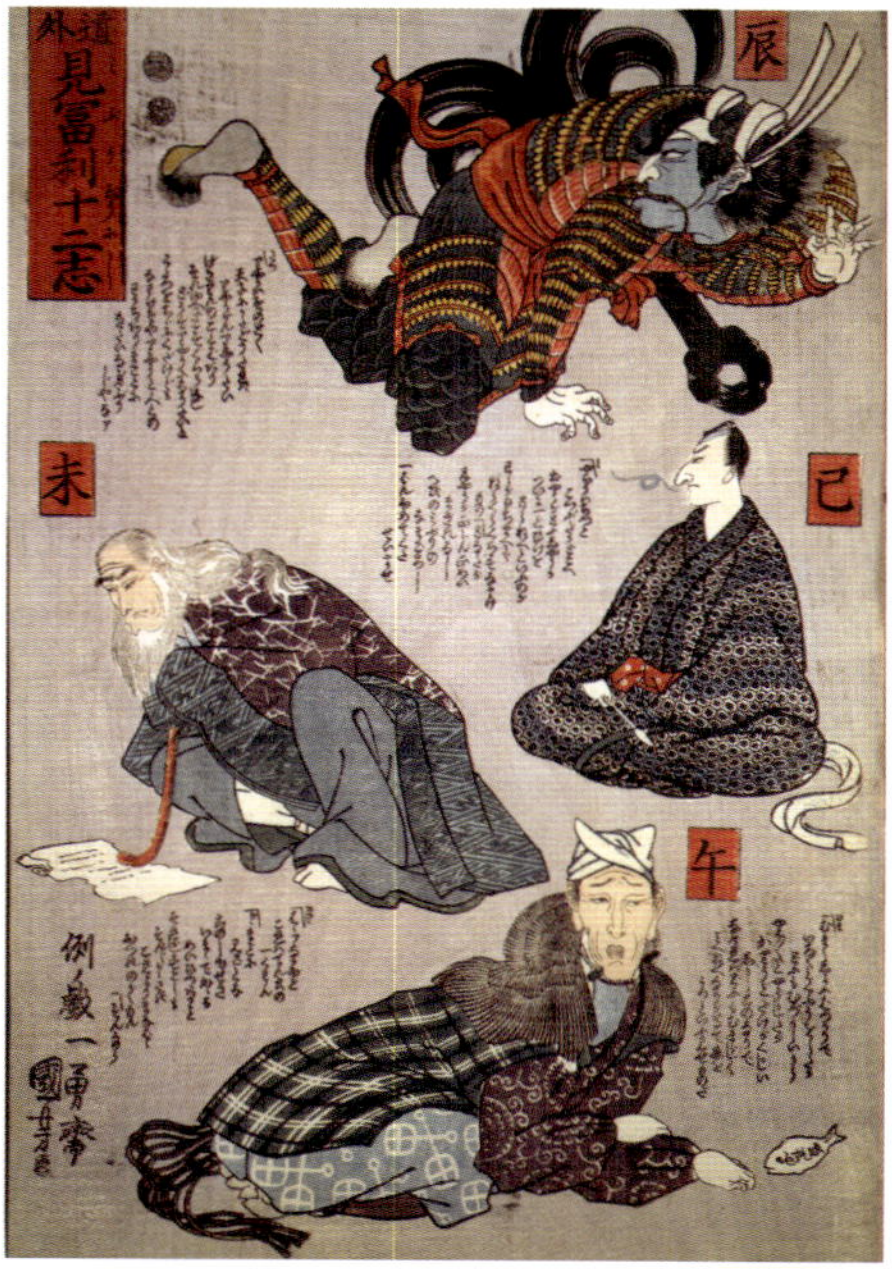

〈辰・巳・午・未〉

判じ絵1

江戸名所はんじもの（一）

歌川重宣画　安政五（一八五八）年　国立国会図書館蔵

（解）右列から左列、上から下へ

下谷（舌・矢）
山谷（お産・子供の頭に矢）
根岸（ネギが四本）
両国（龍・「極」の字）
今戸（猪・窓の下半分）
駒形（コマ・肩）
赤羽（赤い羽根）
千住（「千」と「十」の字）
州崎（蜘蛛の巣を裂く）
蔵前（蔵・静御前の舞）
江戸橋（「絵を飛ばす」に濁点）
団子坂（階段・逆さまの子）
白金（城から小判「金」をまく）
深川（「歩」の駒・蚊に濁点・輪）
花川戸（桜の花・竹皮・砥石に濁点）
小梅（子を埋める）
日本橋（二本の梯子の上部に濁点）

判じ絵2

江戸名所はんじもの（二）

歌川重宣画　安政五（一八五八）年　国立国会図書館蔵

（解）右列から左列、上から下へ

目黒（目が黒い）

浅草（「あ」の字の人・「さ」の字の屁が臭い）

入谷（矢を煎る）

日暮里（「火」が憎い＝ひくらしの里＝日暮里のこと）

梅若（梅の紋・輪・蚊）

四谷（四本の矢）

芝（四枚の葉に濁点）

金杉（かな文字のすぎ）

王子（大きな琴柱《じ》）

赤坂（「あ」の字・傘・「か」の字）

上野（鵜・絵の具の看板の上部）

隅田川（蜘蛛の「巣」・阿弥陀の上部「みだ」が篩《ふるい》の「側」に立つ）

本郷（本と鵜が碁を打つ）

高輪（鷹が縄をくわえている）

築地（鶴と雉の上半分）

本所（本を読む錠前）

番町（火の番をする帳面）

判じ絵3
東海道五十三次はんじ物

一鵬斎芳藤画 弘化四～嘉永五（一八四七～五二）年頃 国立国会図書館蔵

（解）右列から左列、上から下へ

神奈川（頭のない魚・竹の皮）
原と蒲原の二宿（腹／手に環・腹）
箱根（歯・猫の逆読み）
興津（起きる鶴）
小田原（尾・俵に濁点）
江尻（絵・尻に濁点）
藤沢（船と琴柱《ことじ》がさわぐ）
品川（熨斗《のし》の下半分・菜・傘の上半分・輪）
沼津（「ぬ」の字がまずい）
由井（「どちらゑ」と問われて「湯へ」）
日本橋（二冊の本で二本・「は」の字が四「し」）
川崎（竹の皮割き）
岡部（尾・か・屁に濁点）
蒲原（関羽の上半身・腹に濁点）
戸塚（戸・束）
平塚（平井権八の上半身・鰹の尾をとって逆読み）
大磯（飛脚が大急ぎ）
鞠子（頭が鞠の子）
府中（文の上半分・鼠の鳴声）
程ヶ谷（帆・ど・底のない薬缶の逆読み）

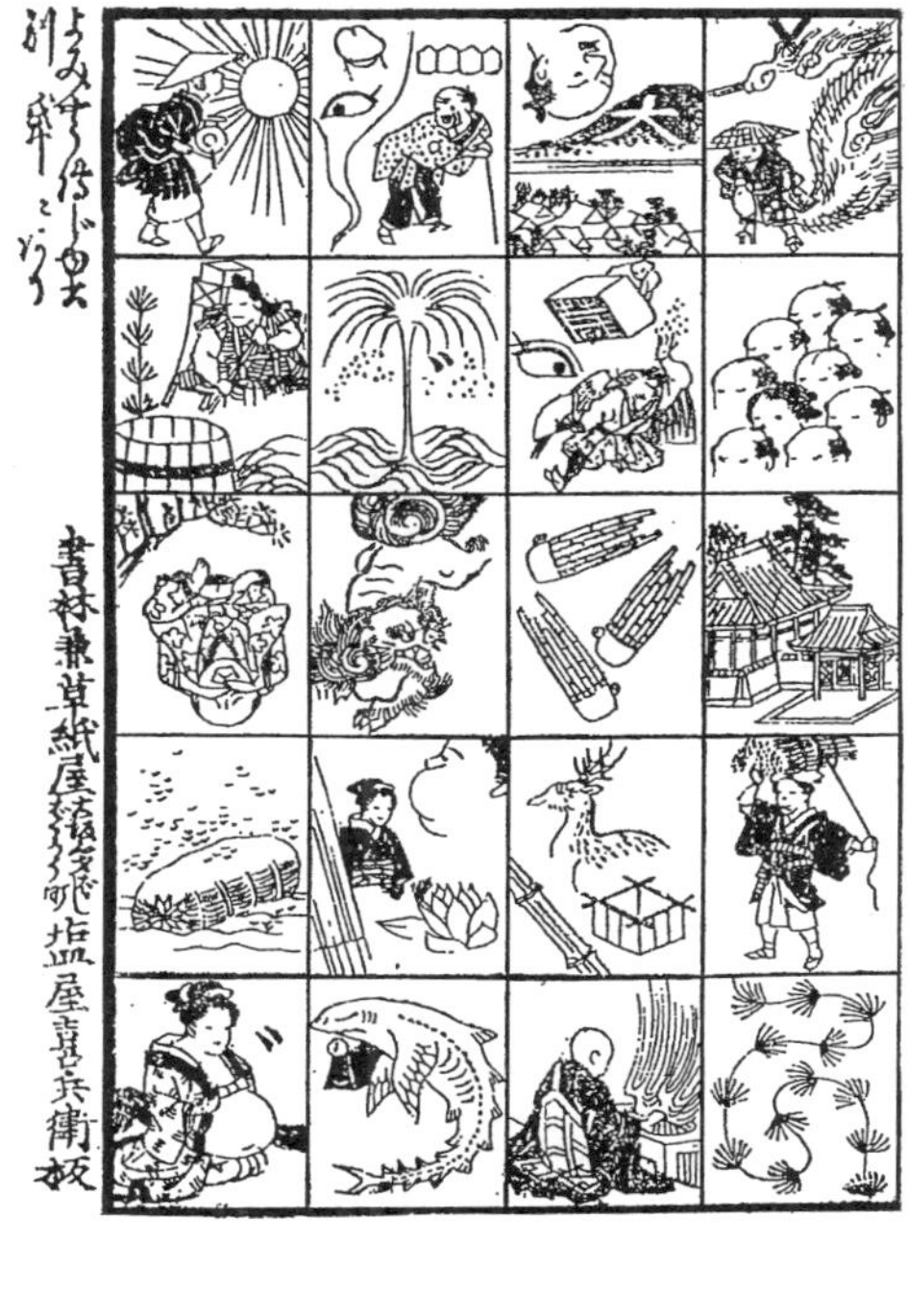

判じ絵4

青物乾物尽絵考

野菜類の呼称を解答としたなぞ解きの判じ絵

（解）右列から左列、上から下へ。
［1列］松の焚き火で松茸／台に狐（鳴声「こん」から大根／湯に鼠で百合根／蚊に人がぶらさがっていることから蕪《かぶら》／甲羅と矢と逆さ不動で高野豆腐
（以下解のみ）
［2列］勝栗／白瓜／青海苔／竹の子／蕗
［3列］三つ葉／〈相撲取草（スミレ）？〉／はじかみ／せり／うど
［4列］かも瓜／浅草海苔／水菜／萵苣《ちしゃ》／茄子《なすび》

［5列］南京（かぼちゃ）／葛／牛蒡／胡瓜／長芋
［6列］らっきょう／いんげん豆／山椒／椎茸／胡麻
［7列］はじき豆／芋茎《ずいき》／からし／ほうれん草／ねぶか（長葱）
［8列］寒天／山の芋／きく菜／かんだわら／人参

判じ絵5

御慰忠臣蔵之攷《おなぐさみちゅうしんぐらのかんがえ》（滝沢馬琴作・北尾重政画）

寛政十（一七九八）年刊。巻末の跋を除く序文・本文がすべて判じ絵で刷られた黄表紙。

左図は序文である。読みは「仮名手本忠臣蔵は。草双紙の古手。今朝ほどの判じものは。橋本町のかぶり。よつておつかぶせる（「ごまかす」の意）こと。またかくのごとし。寛政　午の春　馬琴　作」となる。江戸の庶民は、謎解きを楽しみながら全頁を読んだのであろうか。

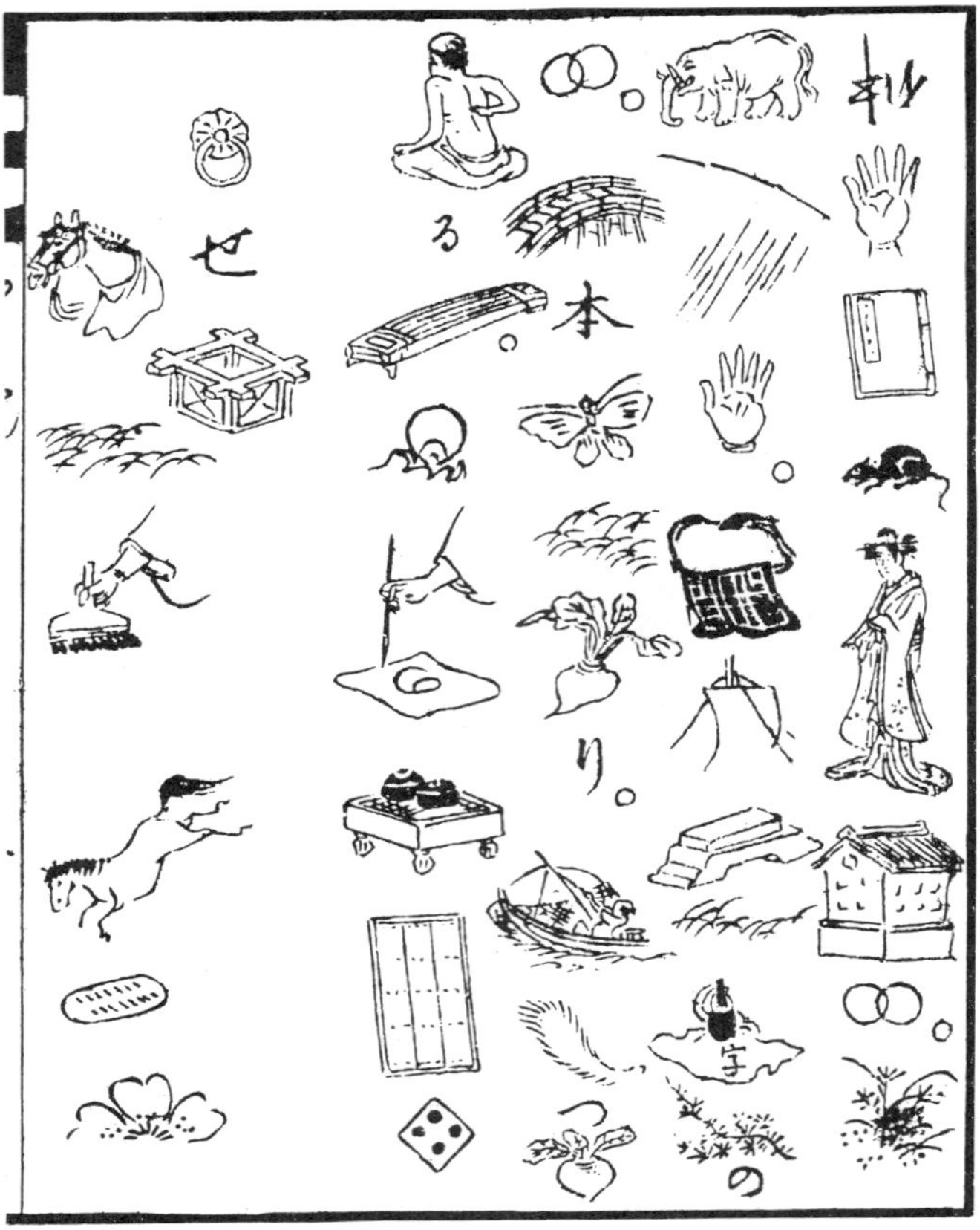

かな（仲の字が逆）手本忠（鼠の鳴声）臣（吉原の振袖新造の「しん」）蔵（くら）は（輪）。

草双（象）紙の（篠竹の「しの」）古（雨が降るの「ふる」）手。

今朝（袈裟）ほ（帆）ど（砥石の「と↓ど」）の（野原の「の」）判じ（小布に印判「はん」と字）も（藻）のは（輪）。

橋本町（蝶）の（野原の「の」）かぶ（野菜の蕪）り。

よつて（四つ手の網）お（尾）つかぶ（野菜の蕪）せ（背）ること（琴）。

また（宝珠の玉の絵が逆で「また」）かく（書く）の（の の字）ご（碁盤の「ご」）と（戸）し（サイコロの四「し」）

寛（引き手の鐶「かん」）
政（「せ」と井戸の「い」）

午（馬）の（野原の「の」）
春（障子などを刷毛で「はる」）

馬琴（小判で金貨の「きん」）
作（花が咲くの「さく」）

判じ絵6

山東京伝店の「絵入り報条」

戯作者山東京伝が営む小間物屋の引札。寛政七（一七九五）年

中田節子著『広告で見る江戸時代』を参考にこの判じ絵広告を解読すると、

「当冬／新形紙御烟草入品々《しなじな》／売出し申候／乍憚《はばかりながら》口上／先以《まずもって》各々《おのおの》様ますます御／機嫌よく御座候遊、珍重に存／奉り候、随《したが》ってわたくし／店の儀、日に増シ繁盛つかまつり／

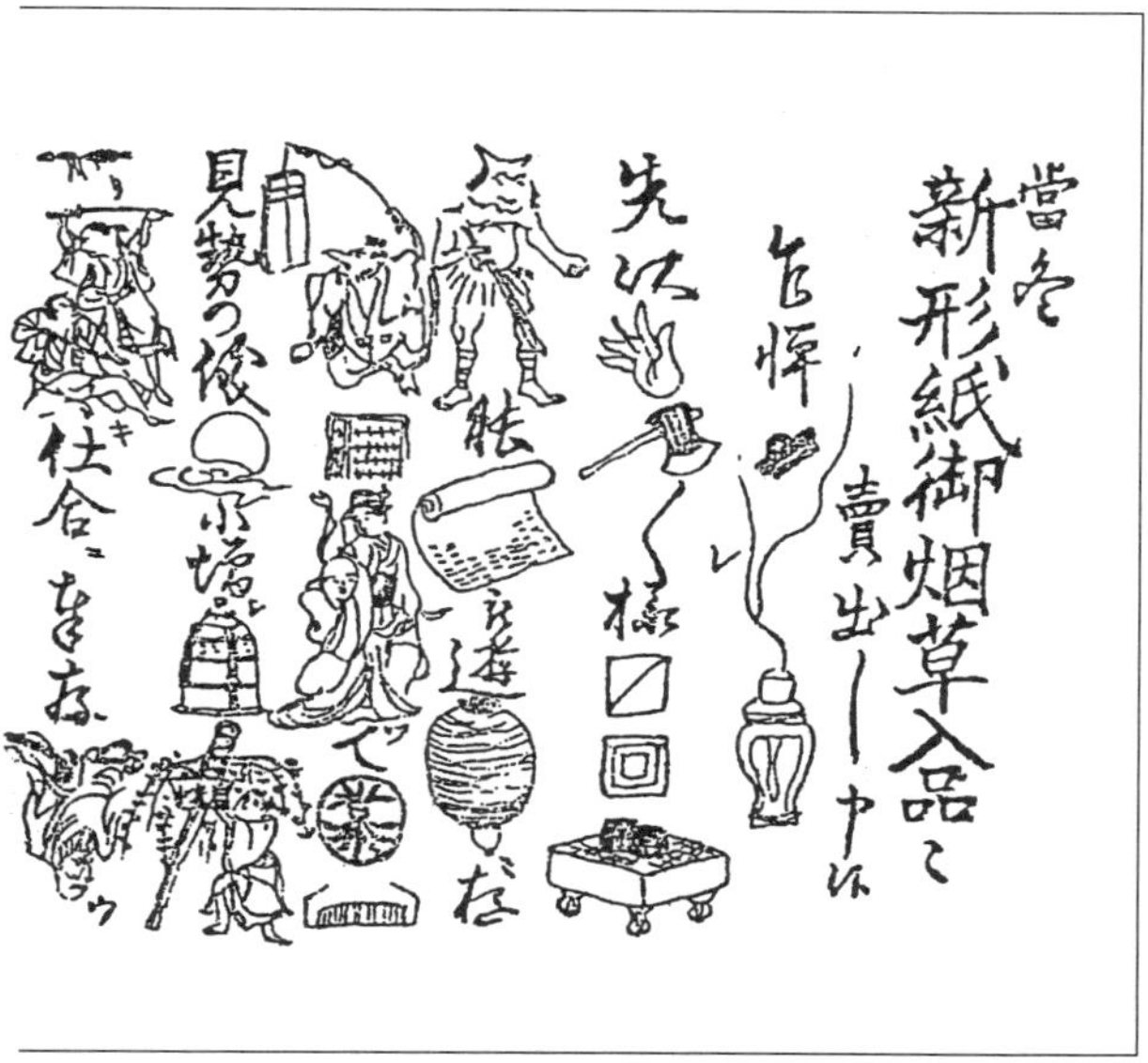

有難き仕合《しあわせ》ニ奉存《ぞんじたてまつり》候／然レば今年も相不変《あいかわりませず》紙煙草入／の儀、当風ニ相叶ヒ候、古今に／珍らしき新形工夫仕り、品々仕入／此節売出し申し候／多少に限らず御用仰せ／被附下《つけくだ》さるべくひとえに乞い／奉願上《ねがいあげ》候／卯九月／御鼻紙袋類品々 山東京伝店／江戸京橋銀座壱丁目 京屋伝蔵」となる。

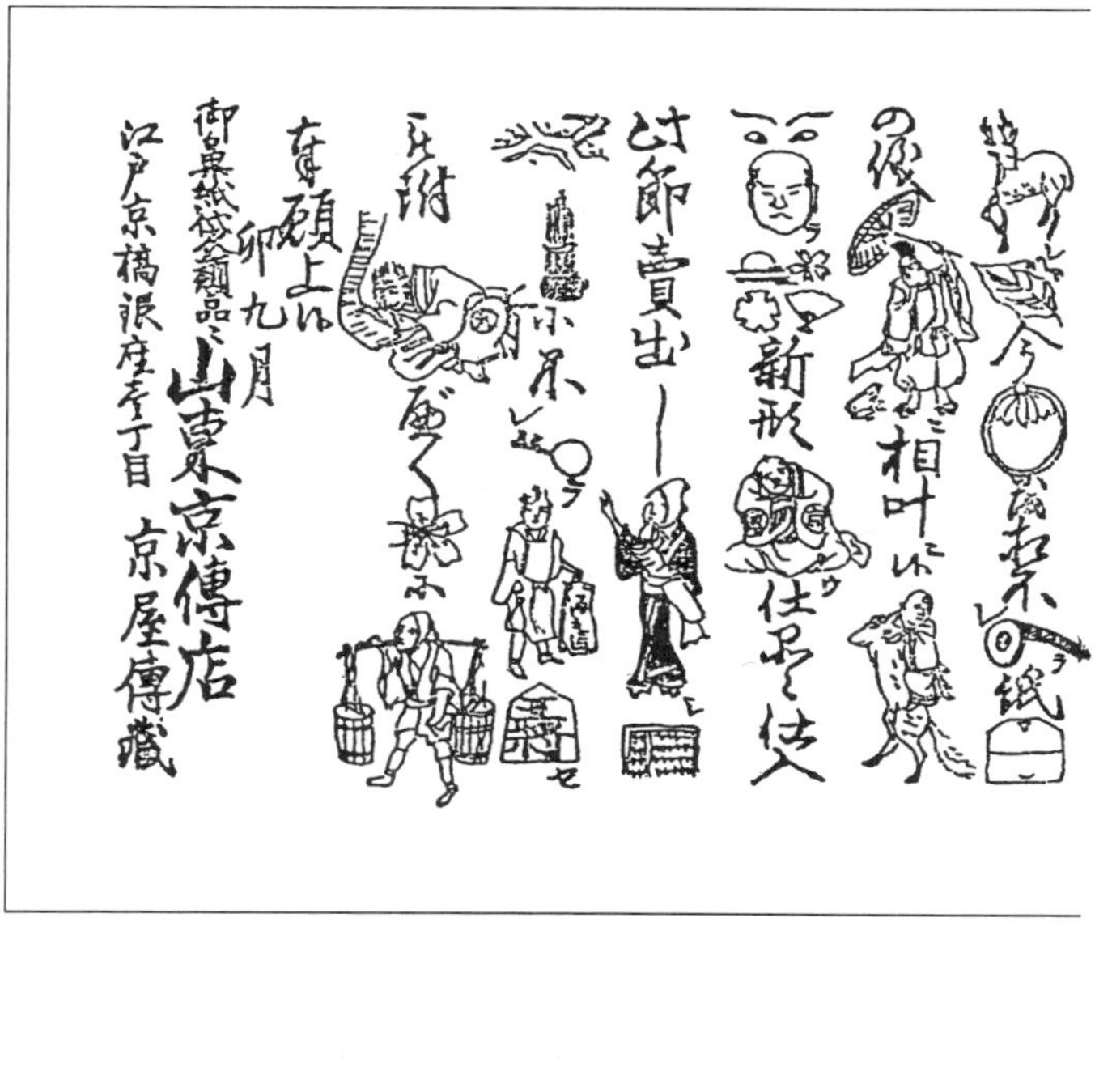

判じ絵7

南部絵暦

文字が読めない人にも理解できるように、絵で表現して月日や農作業の季節の作業を描いた一枚刷の絵暦である。江戸時代の南部地方（ほぼ岩手県）を中心に売られ用いられた。

年号――中央上部。笙《しょう》と輪＝昭和。四重箱＝四十、丸が八。牛＝丑年。**月の大小**――左右上部、刀の大小で示す。**衝立**《ついたて》――朔日。続いて朔日の十二支の絵。**皇紀**――年号中央右下。木＝紀、剣＝元、二せん＝二千、銭六百文＝六百、三重箱＝三十、三角。**恵方**――方角は巳午の二支で示す。**初午**――葉・乳《ち》（旗やのれんを竿などに通すために付ける輪）・馬 **（下ノ絵）** 三猿＝庚申、大黒天＝甲子、神詣で＝社日、彼岸団子＝彼岸／八十八夜＝鉢・重・鉢・矢／入梅＝荷奪い／夏至＝けしに濁り／半夏生＝禿を生ず／伏＝麩が四本／二百十日＝銭二百文、砥石・蚊。**（下二段の絵、上段左より）** 寒の入り＝寒念仏、節分＝豆まき、田植え期、土用入り、十方暮、八専、稲刈り、冬至

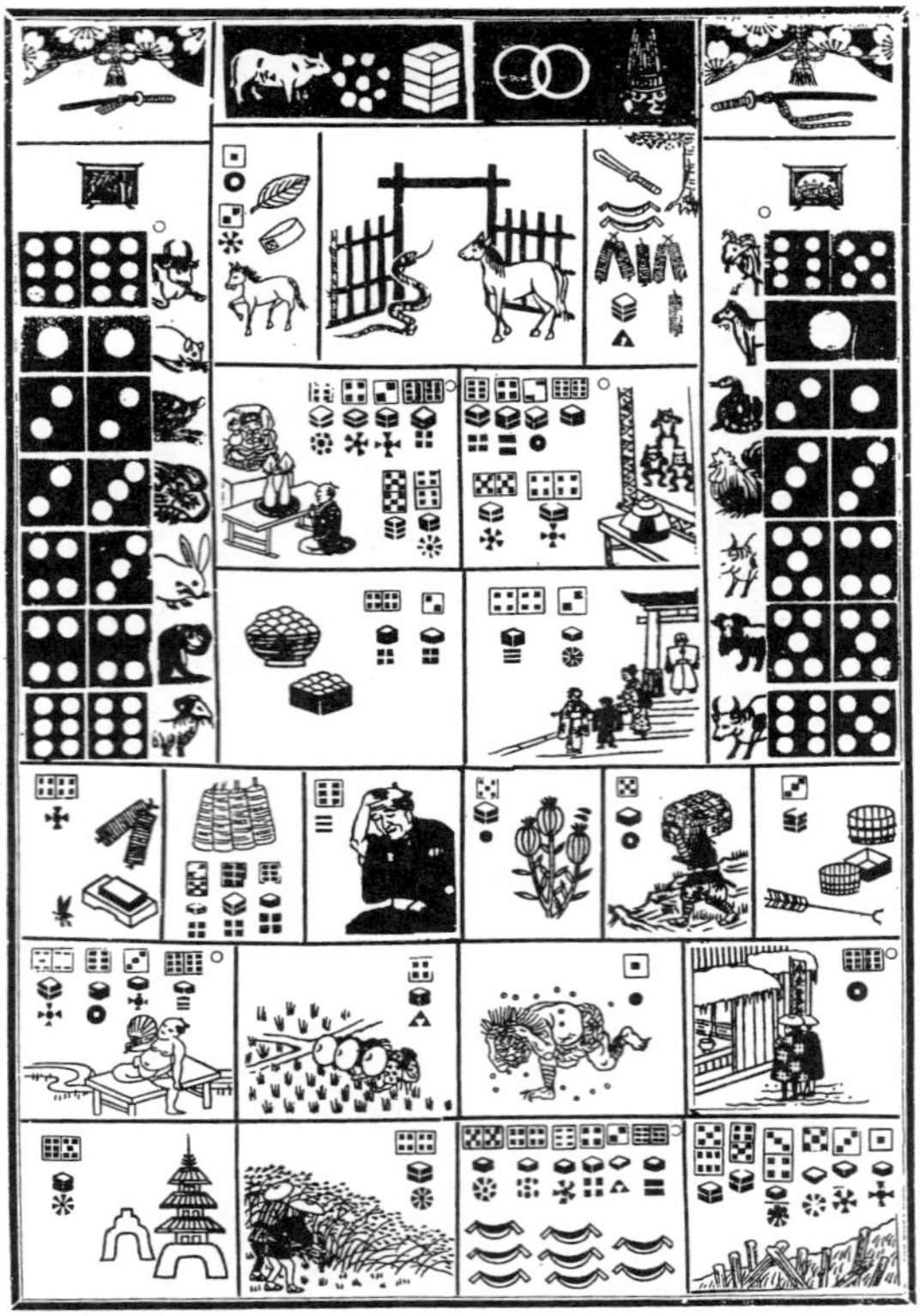

判じ絵8

絵解き般若心経

文字が読めない人にもお経が読めるように、身近な生活用具や風物などを組み合わせて絵ことばにした絵解きの経文である。元禄年間（一六八八～一七〇四年）頃に、南部地方で創作され、諸国に広まったといわれている。般若心経のため般若の面が繰り返しでてくる。

江戸庶民のくらし

1 自身番と木戸番

江戸の町人は、町奉行所の支配下にあり、町民の自治組織は、町年寄・名主・五人組・月行事・家持家主《いえぬし》の序列があり、この下に家主《やぬし》〈家主《いえぬし》に雇われた大家〉の管理する店子（借家人）がいた。

江戸の各町には、隣町との境に自身番と木戸番が置かれた。自身番には家持家主と町役人が毎日詰めて町内を監視した。家主《いえぬし》は交替制で常時二～五名ほどが詰めた。のちには自身番専門の人を置いて親方といった。自身番の横には木戸番屋が置かれ、夜になると木戸番が隣町との境の木戸を閉めた。木戸は、通常、亥の刻（午後十時）に閉められ、明六つ（午前六時）に明けられた。

自身番には部屋が二つあり、その一部屋で五人組（家持家主の組合）から指示された布令や町内行事の相談をした。もう一部屋は町内で捕らえられた犯罪容疑者の拘置所で、見回りに来た奉行所の定回り同心が取り調べ、さらに大番屋に連行して吟味した。罪科を課するほどでない場合はそこで放免された。罪科が重いものは奉行所に連行されて仮牢に入れられ、吟味方与力が取り調べた。

自身番と木戸番

定回り同心に挨拶する自身番屋の家主・町役人
［新建哉亀蔵］

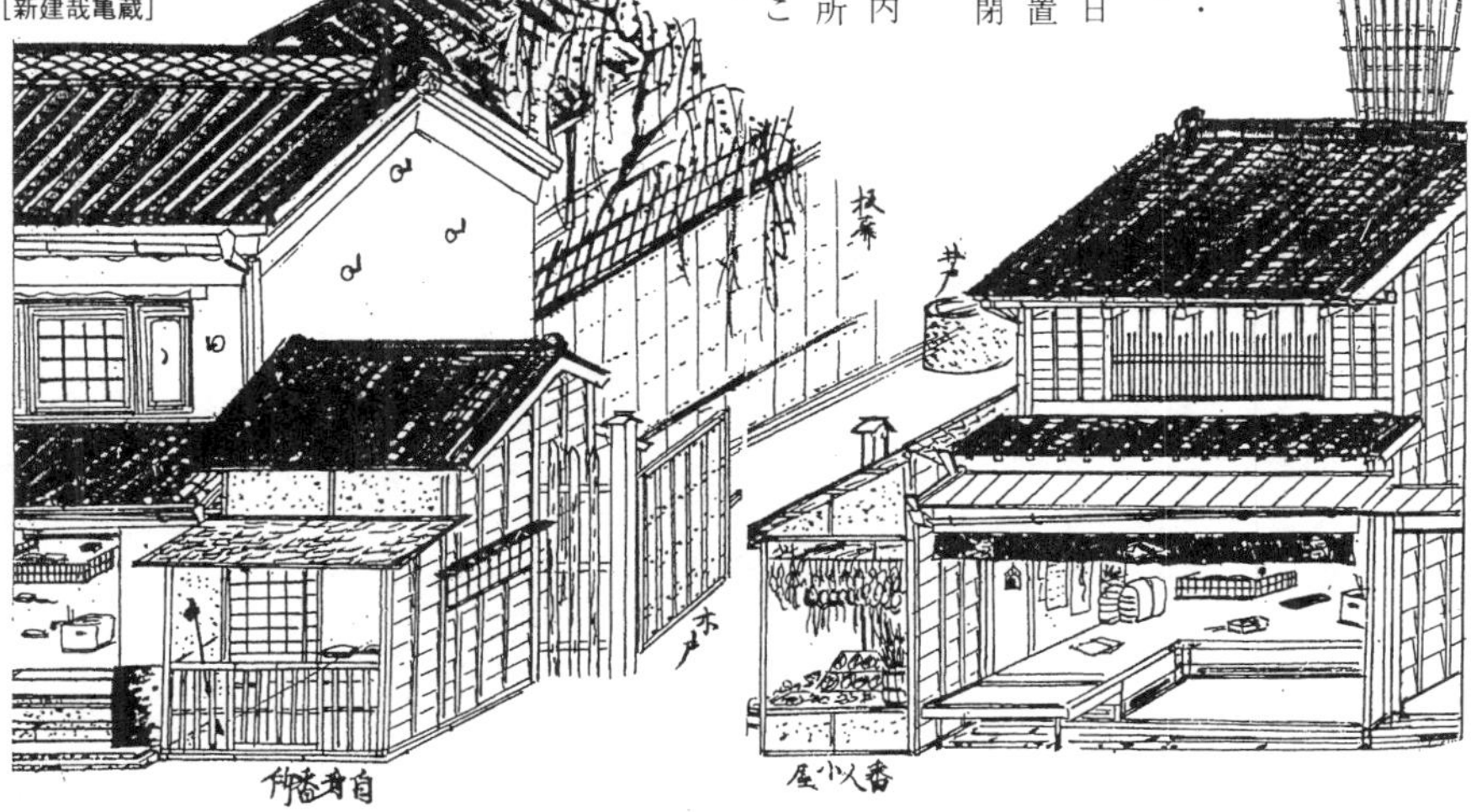

自身番屋と木戸番屋［守貞漫稿］木戸番は小商いも営んだ。自身番には捕物の三道具（突棒・さす又・袖搦み）が常備された。

2 長屋のくらし

江戸の町の長屋の多くは裏通りにあった。表通りは大商店と中商店が占めていた。これらの店並の間に三尺（約一メートル）～一間（約二メートル）の路地があり、裏長屋に通じていた。路地口には左図のように木戸があり、木戸の上部には、住人達の表札が掲げられていた。裏長屋の広さは、間口二間・奥行き四間（約四×約八メートル）のものから、間口九尺・奥行き二間（約三×約四メートル）の棟割長屋があった。

間口二間・奥行き四間の長屋の間取りは、一間四方の入口の土間と二帖の部屋、六帖の部屋と三帖の台所と流しのある土間、半帖の押入と半帖の便所であった。裏長屋の住人はほとんどが低所得者だったので、二間×三間（約四×約六メートル）や九尺二間の長屋に住んだ。これらの長屋では、米を炊く土竈を置く余地がなく、多くは素焼きの七輪を用いた。鉄鍋や鉄釜も使わず多くは釉薬をかけた素焼きの器を用いた。薪を燃料とする竃がないので、炭火を行商から少しずつ買って燃料とした。

上図にはシジミ売り（右下）、麹屋（左下）、中央には手に野菜を持った八百屋と薬売りが描かれている。寒い季節なのだろう、左には掻巻蒲団を着たままの男がいる。木戸の上部には、「尺八指南」「灸すゑ所」「観易」「祈祷師」など看板を兼ねたさまざまな表札が描かれている。

下図は浮世床（床屋）であり、順番を待っている人達が世間話をしている様子が描かれている。

長屋の木戸と表通り。左図は中図の右に続く［浮世床］

長屋の木戸の並びの表通り。床屋［浮世床］

長九尺二間の長屋

3 庶民の台所

上図は、商家の台所である。焚口が四つあるところから推測するとかなりの奉公人を抱える商家の台所のように見える。台所の土間の中央には内井戸がある。図中には、丁稚が「おきよどん、けう（今日）はいもめしか」と聞き、それに対して女中が「さつま（芋）をいれるわい」と答えている。［都鄙安逸伝］

中図も商家の台所のようである。竃が二つあり、女中らしき女と下働きの男が調理を分担している。流しの上の棚には鉄鍋、布巾《ふきん》、手桶、貝柄杓《かいびしゃく》、しゃもじなどが置かれ、母屋への入口には火の用心の札が貼られている。［竃の賑ひ］

下図は長屋の台所であり、職人一家の昼飯時の様子が描かれている。子供たちが食べているのは芋粥である。図中の文字から推測すると、このほかに茶粥、きらず（おから）飯、きらず団子などを主食にしていたようである。［竃の賑ひ］

4 長屋のトイレ

江戸の棟割長屋には個別に便所がなかったので、長屋の隅に設けられた共同便所を使用した。当時の共同便所の多くは、広さが三尺（約一メートル）四方で、下に大桶を埋め、上に足を踏む板を二列並べた粗末なものであった。木製の扉は幅が三尺、高さ四尺ほどで、外から用便をしている人の上半身が見えるくらいであった。現在の女性では恥ずかしくて利用できない設備であった。図には描かれていないが、共同便所の端には箱状の小便受けがあり、男たちはここで用をたした。

長屋の共同便所、喜多川歌麿画［笑本妃女始］

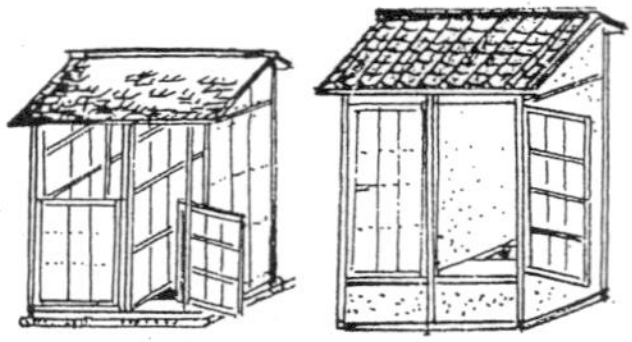
長屋の共同便所［守貞漫稿］

共同便所［酉のおとし噺］

武士が登城をする途中で用便をしたくなった場合、多くは懇意の商家の便所を借りたが、そうした心当たりがないときは、裏長屋の共同便所を借りた。武士は裃姿なので排尿は着物をさばいて用をたせたが、排便の場合は袴を脱がなければならなかったので面倒であった。

図は武士が従者を待たせて共同便所で用をたしているところであるが、北斎はその様子を軽妙に描いている。

商家か飲食店の共同便所［元利安売鋸商売］
右の男が思案顔の隣の男の様子をうかがっているように見える。

共同便所で用をたす武士［北斎漫画］

5 糞尿・ごみのリサイクル

江戸中期の頃の江戸の人口は百万人に及んでいたというが、武士や庶民の日々排泄する糞尿は膨大な量であった。しかし江戸の近郊には広大な農村地帯があり、化学肥料が考案されていなかったために、農民たちにとって江戸の都市部の糞尿は、農作物を育てる栄養価の高い肥料であった。

農民たちは牛馬に桶を積んで、江戸城から大名屋敷、長屋まで定期的に江戸市中の糞尿を汲み取りにいった。農民たちは糞尿を提供してくれる礼に野菜などを渡した。一般家屋にとっても不潔な糞尿の汲み取りをしないで済むため好都合であった。

貧しい庶民が暮らす棟割長屋では、共同便所を使用したので、糞尿の量も多かったから、農民たちにとってはまとめて汲み取れるので好都合であった。しかし、棟割長屋を差配する大家に糞尿取料を支払わなければならなかった。糞尿は大家の臨時収入であった。

農民たちによって集められた糞尿は、牛馬ばかりでなく、船で遠隔地の農村に運ばれた。葛西船と呼ばれる糞尿専門の運搬船もあった。

江戸時代は、今日ほどに使い捨ての容器も少なく食物の粕も肥料にされたので「ごみ」は多量に出なかった。また、ごみ屋という職業もあり、ごみ箱に捨てられた紙類は回収されて再生紙の材料として紙問屋に売られた。江戸はほぼ完全な循環型社会を形成していたといえる。

裏長屋を差配する大家に糞尿料を支払う農民。かたわらにはお礼の白菜やダイコンなどの野菜も渡した。

汲み取った糞尿を車で運ぶ

糞尿のお礼の野菜を積んで汲み取りに行く［日本かわや図会］

江戸城外などの糞尿や汚物を運んだ葛西船［新作おとぎばなし］

汲み取った糞尿を馬で運ぶ［大山道中膝栗毛］

ごみ拾い［四時交加］

貸雪陣（隠）。簡易便所もあった。［往昔者之百物語］

6 風呂屋

風呂屋は江戸では湯屋・銭湯、京・大坂では風呂場と呼んだ。京・大坂では、天保の改革までは、男女混浴が一般的であった。朝湯の客は遊廓や博打の朝帰りの客が多かったという。また、与力や同心は、無料で早朝の女湯を留湯にして入り、男湯の客の話を盗み聞きして犯罪の情報を得ていたという。これは「女湯の刀掛」と呼ばれた。［役者夏の富士］

中図を見ると、洗い場は男湯であり、脱衣所は男女一緒のように見える。左奥に浴槽に入る石榴口が描かれている。二階は休憩所であった。『守貞漫稿』には入浴料大人八文、子供六文とある。江戸末期では大人十〜十二文、子供八文くらいであった。［浮世風呂］

下図は男湯の様子である。上右図の左端の湯客が石榴口の左側の湯汲み口から湯をもらっている。上左図は、湯汲み口の内部である。下右図は朝湯の光景である。下左図は、湯あたりをした客に水を飲ませて介抱している様子である。［賢愚湊銭湯新話］

7 江戸の防災

江戸の町はたびたび地震や水害、大火事の災害にあった。なかでも多いのが火災であった。このため享保三（一七一八）年、南町奉行の大岡越前守忠相が町火消しを組織し、享保十五（一七三〇）年には、いろは四十八組が一番から十番の大組となった。各組は頭取、組頭、纏《まとい》持ち、梯子《はしご》持ち、鳶口《とびぐち》持ち、龍吐水持ちなどの順で構成され、火事を知らせる半鐘が鳴ると、刺子頭巾をかぶり、組印を染めた紺の袢纏に紺の股引、草鞋掛けで一団となって「ありゃ、ありゃ、やっ」の掛声をあげながら火事場へ直行した。

火事の類焼を止める火消口には一番乗りをめざして、複数の組や大名火消しが競った。火消口の屋根で組の纏を立てることは、江戸っ子の最高の名誉でもあったため、火消し同士の争いも多く「火事と喧嘩は江戸の華」といわれた。上図は火消組の装束・道具である。

中図は、各町が火災予防のために備えた防火用水であり、火の用心の夜回りの様子が描かれている。

下図には、馬喰町の火の見櫓が描かれているが、火の見櫓の背後の広場は火事の類焼を食い止める火除地であった。火の見櫓の左下の家屋は自身番のようである。

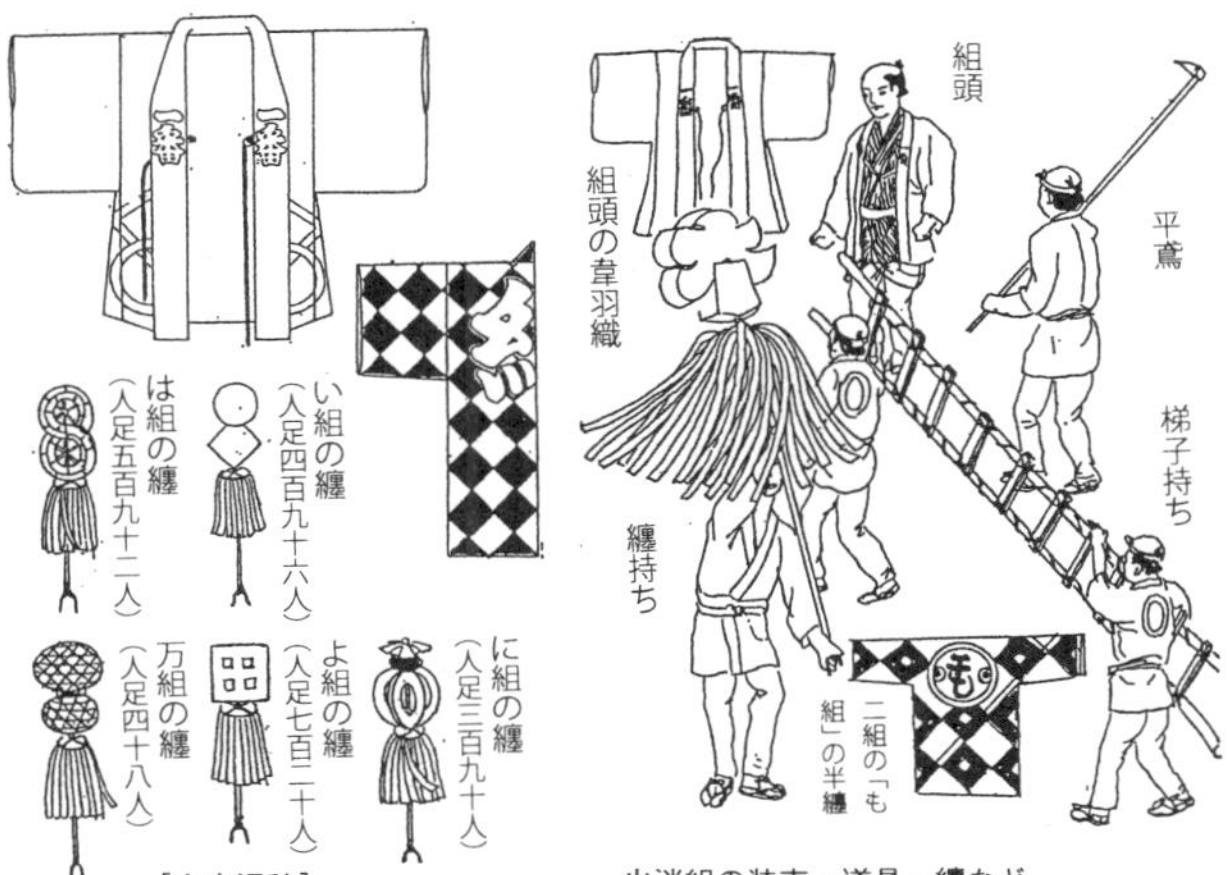

［守貞漫稿］　火消組の装束・道具・纏など

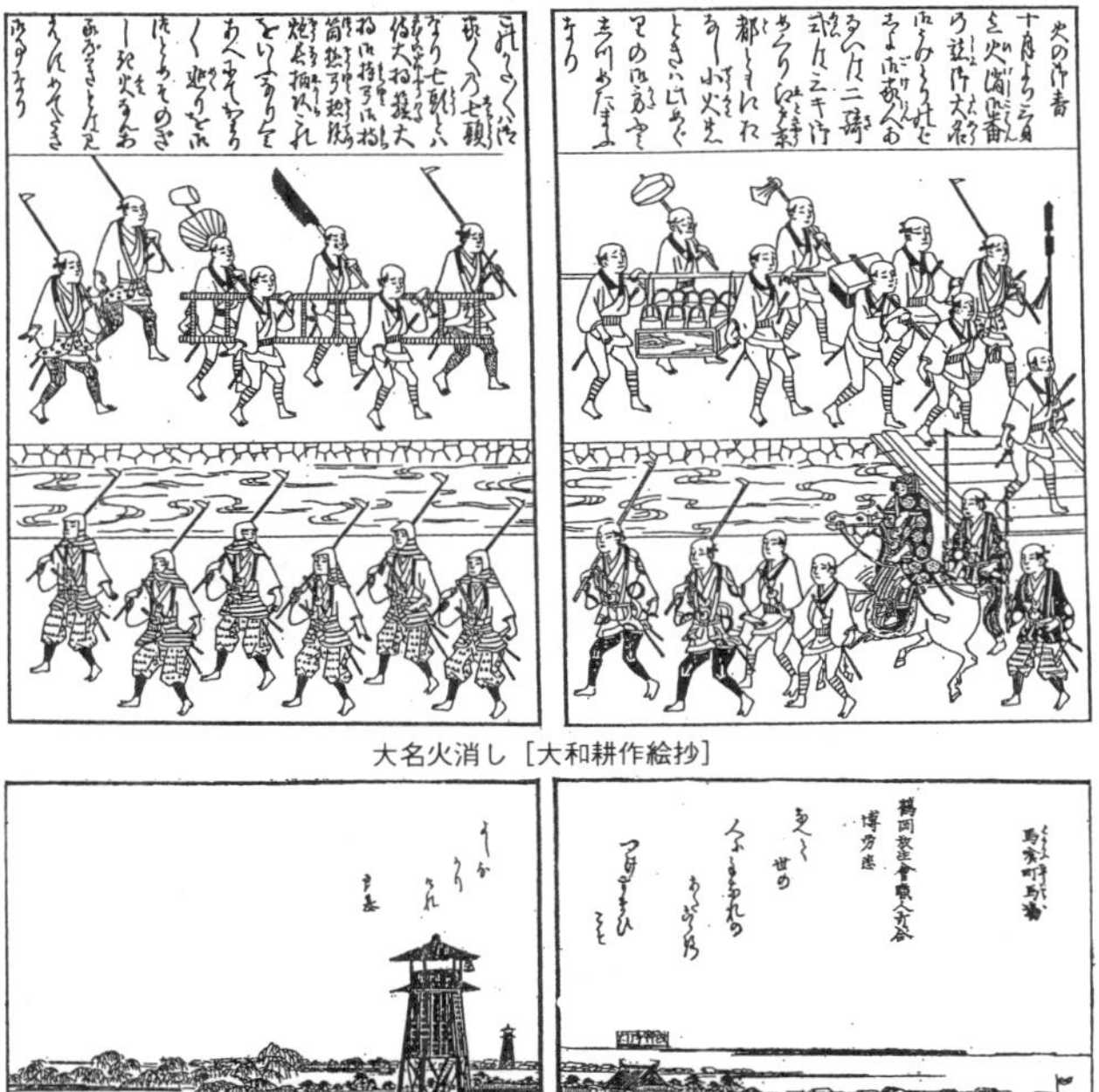

大名火消し［大和耕作絵抄］

馬喰町馬場の火の見櫓と火除地［江戸名所図会］

8 江戸の行商人

江戸にはさまざまな行商人がいて、庶民が必要とする日用品や食品を売り歩いた。庶民は店舗に出かけることなく、たいていのものを買うことができた。江戸近郊や他の地域からやってくる行商人からは社会のいろいろな情報も得ることができた。ここでは主な行商人を収録した。

冷水売り
[馬鹿功]

油売り［和国諸職絵尽］

枇杷葉湯売り［四時交加］
暑気払いの飲み物を売った

冬瓜売り［忠孝遊仕事］

蓬艾（もぐさ）売り
［絵本御伽品鏡］

膏薬売り［絵本家賀御伽］

鴨売り［四時交加］

松茸売り［松茸売親方］

杉山膏薬売り［絵本御伽品鏡］

初鰹売り［江戸職人歌人集］

ところてん売り［絵本江戸爵］

砂糖煎金時売り［風俗画報］

西瓜売り［風俗画報］

麦飯売り［塵劫記］

野菜（大根）売り［四時交加］

おでんや［風俗画報］

飛だんご売り
［絵本御伽品鏡］

十一味唐辛子売り［風俗画報］

団扇売り［絵本家賀御伽］

米まんじゅう売り［絵本御伽品鏡］

9 江戸の職人

江戸時代の手工業は、商品経済の進展と各藩の殖産興業の振興によって大きく発達した。各地には職人町、手工業の町が形成された。京都では織物の西陣が有名であった。江戸においても、下駄作りの町や人形作りの町など、職人を中心とした地域が生まれた。江戸に限定してはいないが、ここでは主な職人の図を収録した。

番匠［宝船桂帆柱］

左官［宝船桂帆柱］

鍛冶［宝船桂帆柱］

時計師［宝船桂帆柱］

木挽［宝船桂帆柱］

鋳物師［宝船桂帆柱］

瓦屋［絵本御伽品鏡］

ガラス職人［彩画職人部類］

鎧師［和国諸職絵尽］

鋳掛師［人倫訓蒙図彙］

染物師［和国百女］

糸繰職人［和国諸職絵尽］

製塩職人［江戸名所図会］

桶屋［宝船桂帆柱］

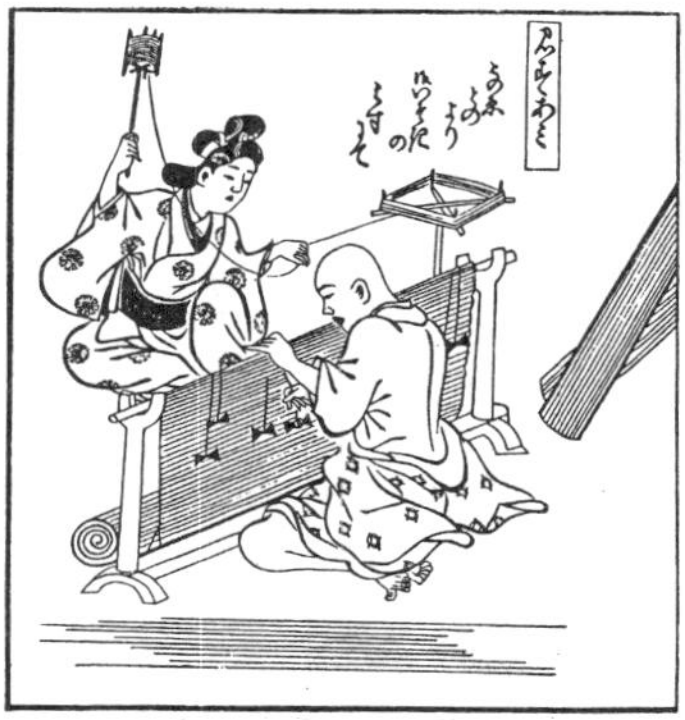

翠簾師［和国諸職絵尽］

精米職人［拾遺都名所図会］

陶工［宝船桂帆柱］

煙管師［今様職人尽歌合］

下駄歯入れ職人［今様職人尽歌合］

10 江戸の大道芸人

江戸には江戸三座（中村座・市村座・河原崎座）と呼ばれた幕府公認の芝居興業があったが、寺社の境内や両国橋詰などの盛場には、見世物小屋が立ち並び、往来ではさまざまな大道芸人が芸を演じていた。ここではその一部を収録した。

漫才師［尾張名所図会］

越後獅子［絵本御伽品鏡］

春駒［絵本御伽品鏡］

太神楽［守貞漫稿］

猿回し［風俗画報］

ちょろけん［絵本家賀御伽］
大きい張り抜き籠に目鼻を書いたものを被って、銭を乞うた芸人

蛇使い［絵本家賀御伽］

歯力演芸［絵本風俗往来］

籠抜け［絵本風俗往来］

傀儡師［絵本御伽品鏡］
動物の人形を生きているように操る

江戸っ子語絵解き辞典

笹間良彦　著画

遊子館

増補改訂はしがき

この『江戸っ子語絵解き辞典』は、二〇〇三年に出版した『絵解き・江戸っ子語大辞典』（絶版）を全面的に増補改訂した新版である。読者の要望にこたえ、故人となられた笹間良彦博士のご遺族のご了解を得、その後に採集した江戸っ子語を追補・解説し、新たに図版を加えた。従来の図版も適宜歴史図に差し替えて資料性を持たせた。判型は読者の利用の便を考慮してB5判からA5判にした。また、巻頭に口絵として、江戸っ子の機知と洒落に富んだ「江戸のことば遊び」の事例を収録し、さらに江戸の版本に描かれた図像によって「江戸庶民のくらし」の一端を再現した。これによって多少なりとも、江戸っ子語を理解する上で必要な情報をさらに盛り込むことができたと考えている。江戸の伝統的なことばや風俗、習慣、歴史的地名などが失われつつある中で、この増補改訂新版が、それらの文化を継承し、理解する上で、一つの役割を果たせれば幸いである。

力不足の増補改訂であるが、亡き笹間良彦博士も本辞典の再刊を喜んでいただけるものと信じている。

増補改訂者・瓜坊　進

原著はしがき

京都弁、大阪弁、博多弁など地域に根ざした言葉は、標準語と拮抗するかたちで、地域の文化とそこに生きる人々の気質を生き生きとあらわしている。東京市下谷区入谷町、坂本町、根岸町で育った筆者は、歯切れの良い職人ことばや、てきぱきとした町人ことば、裏長屋の住人の威勢のいい啖呵が飛び交う下町ことばの渦中で過ごした。その頃の市井の人々が話す言葉には、まだ鮮明に江戸弁、「江戸っ子語」が色濃く残っていた。

江戸っ子語の歴史は、徳川家康が江戸に開府し江戸時代となり、江戸城を中心とする御府内に家康の出身地の三河をはじめ全国からさまざまな人々が移住してきたことに始まる。当初、武士は相変わらず堅苦しい作法用語を使っていたが、町人や職人などの江戸庶民は、多様な地域の言葉を混合させながらも、歯切れ良く勢いのある口調で話し、そのため言葉を訛らせ、また簡略化させ、いわゆる「べらんめえ口調」とよばれる江戸っ子語が形成されていった。

特に、町人が実質的な経済力を持った江戸後期の文化・文政期には、江戸弁を駆使した洒落本、滑稽本、人情本などの小説から、川柳、俳諧、音曲などの大衆文化が隆盛し、江戸弁は文化と政治の中心地の言葉として全国共通語の性格を備えていった。特に筆者の育った江戸御府内の下町では、歌舞伎や大道芸、見世物、寄席などが活況を呈し、会話としての江戸っ子語はますます磨きがかけられていった。

江戸っ子語の歯切れの良さからくる独特の訛りと簡略化は、「ひやっこい→しゃっこい→しゃっけー」、「ない→ねえ（へ）」「かえる→かいる・けえ（へ）る」など数多くある。江戸っ子語は前述したごとく、江戸三百年の平和の中で、三河や京都、大坂などのさまざまな言葉が、江戸の地で融和し、熟成して形成された共通語的性格をもつ言葉であり、たとえば、その中には武家奉公人などから定着した「お子たち」「おしゃもじ」「お腹《なか》」などの女房ことば的要素も含まれている。

江戸から明治となり、近代国家樹立をめざす明治政府は、国家施策として、江戸弁をもとに言文一致の標準語を作成したため、江戸弁は東京弁、いわゆる下町ことばとして残りながらも、標準語の中に融解していった。一方では外来語が多く流入し、翻訳され、新しい江戸っ子語が生まれていった。

「ことば」はコミュニケーションの道具として時代と共に生まれ、変化してゆくものであるが、筆者は江戸幕府の職制や武士と町人生活の研究を進めるなかで、江戸っ子語が江戸の豊饒な文化を伝える臨場感溢れる生きた文化財であることをますます痛感していった。失われつつある「江戸っ子語」を記録し、保存し、伝えていくことは、生きた江戸文化を継承する一つの鍵であるとの考えから本書の執筆に着手した。

本書は主に、江戸御府内であった下谷で育った筆者が東京の地で自ら見聞した言葉を、江戸文化研究のかたわら、無作為に採集し、編んだものである。それらは江戸時代から生き続けてきた言葉、明治・大正・昭和に生まれた言葉、またすでに失われた言葉、変容した言葉など実にさまざまである。読者の中には「この言葉が江戸っ子語？」と疑問を持たれる方も多いであろう。しかし、江戸の昔から今日まで、全国共通語としての性格を帯びた「江戸っ子語」ならではの懐《ふところ》の深さと変容の過程を見ると共に、大正、昭和と筆者が過ごした東京・下町において人々が生活の中で実際に使っていた言葉を記録し「証言」を残すことの意義を考え、あえて間口を大きく広げて収録させていただいた。その意味で本書は「東京に伝えられた江戸っ子語」といえるものである。また、本書には、江戸っ子独特の勢いのある侮蔑的ともいえる言い回しも江戸っ子語として一部収録した。これらの言葉は諧謔を好む江戸っ子語の特色の一端を表わすものでもあり、歴史語としての記録的な意味合いを重視して、適宜注釈を付して収録した。

そして、本書の大きな特色であるが、「ことば」は時代の風俗・事物を伝える「記号」であると考え、江戸っ子独特の仕草を含め可能な限り、復元図と歴史資料によって絵解きをした。「ことば」と「絵図」の二本柱の構成により、「江戸っ子語」と「江戸っ子の気質」の二つを楽しみながら「読んで」「見て」理解していただければ幸いである。

龍仙泊にて　笹間　良彦

目　次

例言・凡例

一、本書には、旧江戸御府内の区域を主に、著者が見聞・収集した江戸っ子語を幅広く採録した。

二、巻頭の口絵に「江戸のことば遊び」「江戸庶民のくらし」を収録し、江戸時代の庶民のことば遊びと生活風俗の一端を再現した。

三、本書に収録した江戸っ子語は、江戸時代に限定した言葉ではなく、江戸時代から生き続けてきた言葉、明治、大正、昭和に生まれた言葉、すでに失われた言葉、変容した言葉など、今日にいたる各時代を通じた言葉であり、さまざまな用語である。また、各地域から流入し、広く江戸っ子が用いた言葉も採録した。

四、本書の大きな特色であるが、言葉の理解にはそれぞれの時代の風俗、事物、生活、表情、しぐさとの関係の知識が不可欠であると考え、絵解きの有効な「江戸っ子語」に、約一二二〇余の図版を添えた。図版は著者が資料をもとに復元したものを主とした。また、歴史資料そのものを収録した図版には、その出典を明記した。

五、本書には、江戸っ子独特の侮蔑的な言い回しの江戸っ子語も一部収録した。これらの言葉は諧謔を好む江戸っ子語の特色の一端を表わすものでもあり、歴史語としての記録的な意味合いを重視して、適宜注釈を付して収録した。

六、見出し語の配列は、仮名表記の五〇音順とし、【 】内に一般に通用する漢字表記を記載した。同音の場合は、原則として漢字表記の画数順に配列した。

七、見出し語の仮名表記は、江戸っ子語としての仮名表記であり、かならずしも現代仮名遣い表記には準拠していない。

八、見出し語の漢字表記は、江戸っ子語としての当て字的漢字表記もある。

江戸っ子語絵解き辞典［本編］

「あ」

ああいえばこういう【ああ言えばこう言う】
口達者《くちだっしゃ》、へらず口の返答をいう。あのような話をするとこういった受け答えをするといった意味で、少しも口論《こうろん》に負けていないことをいう。「ああ言えばこう言いやがって、ちっとも口の減らない野郎だ」「ああ言えばこう言うで、ちっとも話にならない」などと用いる。

あーがりっこさがりっこ
「ぎったん、ばったん」ともいう。空《から》の荷車を用いた遊びで、二人の子供が荷台の後尾と長柄《ながえ》の握り手を持って向い合い、順に力を入れ合うと、身体が上がったり着地したりする。車軸がギーッと鳴り、着地した足がバッタンというのでこのようにいう。昭和後半になると荷車を見ることも無くなり、この遊戯も見られなくなった。

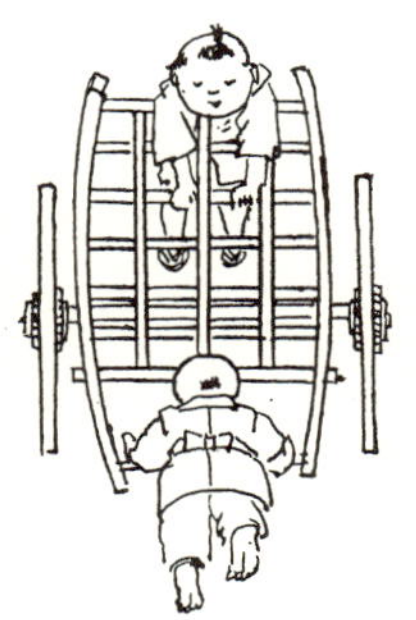
あーがりっこさがりっこ

ああこう
「ああ」は「あれ」、「こう」は「これ」の略。「あれこれ」の意である。具体的に説明しなくても通じる江戸っ子がよく使う表現。

ああして
あのようにしての意。あのような行為によって。「ああして去った」は、あのような行為で去ったの意。

ああだわな
「ああ」は「あのような」「例の調子」「例の癖」の意。たとえば「なに、いつでもああだわな」と言えば、普段からあの調子だという意である。曲山人補綴の『仮名文章娘節用』などに用いられている。

ああもしたらあいそをつかす【ああもしたら愛想を尽《つ》かす】
ああいう行動をとれば相手も呆れるしかないだろうという意。恩義を受けた人に対して敵意を見せることなく、相手があきらめるように仕向ける裏切り行為などを表す。

あぁら
このあとに「まあ」が付き、軽い驚嘆語として「あぁら、まあ、お久し振り」「あぁら嫌だ」などと用いる。主に女性が使う言葉。掛声にも用いられ、「あぁら、目出度いな、目出度いな……」などと使う。

あいあいがさ【相合傘】
一本の傘を男女が寄り添ってさして行くこと。「誰と誰が相合傘で歩いて行くところを見てしまった」「相合傘の仲だ」などと言って、その男女二人がわりない仲であることを表現した。現代では、腕を組んで歩くとか肩を寄せ合って歩くといったことに相当するであろう。某男と某女が特に仲が良いのを揶揄《やゆ》して、開いた傘の絵を描き、柄の両側に二人の名前を書いた落書きをもいう。相傘《あいがさ》ともいう。

相合傘

あいえんきえん【合縁奇縁】
仏教用語から来たともいわれるが、人の気持がうまく合うこともうまく合わぬことも、これは前世から定められた不思議な縁であるということ。「こうして知らぬ者同士がなにかのきっかけで愛し合うのも合縁奇縁だ」などと用いる。

あいかご【相駕籠】
一つの駕籠に二人で乗ることをいい、また、その駕籠のこともいう。特に親しい男女が一緒に乗る場合は「相合《あいあい》駕籠」ともいう。

あいかた【相方】
自分の相手となる対象の者。芝居などでは、主役の相手役になる者をいったが、遊里では客の相手をする遊女をいった。「あっし（私）の相方は某楼の誰某という妓ですよ」などという。元来、芸妓《げいぎ》は二人連れが原則であり、踊ったり唄ったりする芸妓に対して、三味線を弾く方の芸妓を「相方」といった。しかし芸妓が客の要求に応じて、一人で三味線を持ってよばれるようになってからは「相方」の語は馴染《なじみ》客をいうようになった。「敵娼《あいかた》」とも書く。

あいがみ【間紙】
陶器や漆器、木彫などの木製品を、布や紙で包んで箱に収納するとき、互いが触れ合って損傷しないように紙を間に挟むことをいう。明治以降はよく古新聞を用いたが、江戸時代は和紙の書き損じや、古い書簡の巻紙、バラバラになった和装本の紙などを用いた。

あいかわらず【相変わらず】
「相不変」とも書く。いつもと同じようにの意。「相変わらず毎日ごろごろなまけているな」などと用いる。また、たびたび心付けや謝礼をもらっている場合、

「相変わらず戴きまして有難う御座いまして」の語を略して、「相変わらず」といって頭を下げるだけで意が通じたが、現在ではあまり使われない。また「相変わり ませず御機嫌良《ごきげんよ》う」というのは丁寧《ていねい》な挨拶である。

あいきょうこぼし【愛敬こぼし】

「愛敬」は可愛らしさの意味であり、「こぼす」は失格することをいう。「愛敬こぼし」は「愛敬が無くなる」ということになる。その愛らしさが無くなり、時には憎らしくなるの意になる。

あいきょうもの【愛嬌者】

人から可愛がられる者。「愛嬌女」と当て字し、可愛らしい女、お世辞の良い女をいう。

あいことば【合言葉】

「相言葉」「相詞」「合言」とも書くが、味方同士が打合せた用語で、一方の発言に対して、定められた返事をして敵味方の識別をする。一種の暗号。

あいざん【合算・相算】

江戸の商人たちが、数人で一斉に算盤《そろばん》を行うこと。「皆で合算《あいざん》して同じ金額だから間違いはねえ」などと用いる。計算機を用いる現代では、合算の用語もほとんど使われなくなった。

あいしゅ【相衆】

相棒のこと。江戸時代によく用いられた。「ここで待っていた相衆がどこかへ行ってしまって困っているんだ」などと用いたが、現在は聞かれない語である。

あいじろ【間白】

江戸城や大名屋敷の奥向の女中が、礼服に打掛を着る際に、下着と打掛の間に着る白小袖をいう。

あいそ【愛想】

他人に対して笑顔で感じの良いことであるが、江戸っ子は「あいそう」とは言わず、詰めて「あいそ」と言った。「愛想が良い」「愛想笑い」などと用いる。「愛想尽《つ》かし」は相手の態度に呆《あき》れて、つれない態度で応じることである。「愛相」「愛曽」とも書いた。

あいそもこそもつきはてる【愛想もこそも尽き果てる】

「あいそをつかす」を強調した言い方である。「こそ」は口調を調えるための語であり、「小想」と書くこともあるが、元は「興《きょう》」の訛りか。また「愛想も臍《へそ》の緒も尽き果てる」とも言ったから、「へそ」の訛りであろうか。まったく愛想が尽きたという表現。「怠け者で女たらしだから愛想もこそも尽き果てた」などと言って、見放した状態を表す。

あいたい【相対】

匹敵《ひってき》する、相手としてちょうど良いという意から同等であることをいう。また目的とする相手と同等の立場で接触することをいい、「相対で話した」、「他人を交えずに相対で話をまとめた」などと用いる。「相対尽《あいたいずく》」というのは、当事者が話し合って納得した上でという意。「この話は相対尽でまとまった話だ」などという。

あいたくちがふさがらない【開いた口が塞がらない】

驚いたか呆《あき》れたかで、唖然《あぜん》として口が開きっ放しのことをいう。「散々迷惑をかけた上に金を貸してくれとは、呆れて開いた口がふさがらない」などという。

開いた口が塞がらない

あいたくちへぼたもち【開いた口へ牡丹餅】

「棚から牡丹餅」と同じで、思いがけず幸運が舞い込むこと。「開いた口へ餅」ともいう。➡棚牡丹《たなぼた》、牡丹餅《ぼたもち》

開いた口へ牡丹餅

あいだな【相店】

同じ差配人（所有者に代わって貸地・貸屋を管理支配する者）に属している商店や長屋・貸家をいう。また、そこに住んでいる者たちをいう。「俺はあの差配親爺の相店に住んでいる」などという。

あいだにはさまって【間にはさまって】

対立した間に立って、両方を理解しているため、その調停に立たざるを得ない立場をいう。

あいつ【彼奴】

あの者の意。相手を気易く、または馬鹿にしたときに用いる。彼奴《かやつ》、彼奴《あやつ》の訛り。「あいつの面《つら》も見たくない」「あいつが悪いんだ」「あいつがこういうことを言った」「あいつも誘って行こう」などと用いる。「きゃつ」ともいう。

あいつはおどろいた【あいつは驚いた】

「あいつ」は人のことでなく、あの件の意。他人の巧妙な騙《だま》しに引っかかったとき、その物事は言わず抽象的に表現した言い方。過去形の表現。「まったくあいつは驚いた」などという。

あいて【相手】

自分に当面する人。「相手が悪い」は、自分に対応する者が良くない人物であるということ。「相手にするな」は、関わり合ってはいけないということ。

あいでし【相弟子】

芸事・技術事の弟子の同僚。「兄弟弟

子」ともいう。「彼と僕とは尺八の相弟子だ」などという。

あいにく【生憎】

「生憎買う金が無かった」といえば折悪しくの意、「お生憎様《あいにくさま》」といえば気の毒だという意、「生憎な奴だ」は意地悪いの意であり、さまざまな意味に使い分けることができる言葉である。

あいのこ【合の子】

外国人と日本人の間に生まれた子。「あの子は顔立が外人臭いから合の子だ」などといい、侮辱的な表現としても用いられた。

あいのしゅく【間の宿】

江戸時代に、宿場と宿場の間の街道筋にあった、休憩するための宿《しゅく》。腰掛茶屋、立場《たてば》などがあり、駕籠舁《かごかき》や馬方《うまかた》、旅人たちが休息した。

間の宿

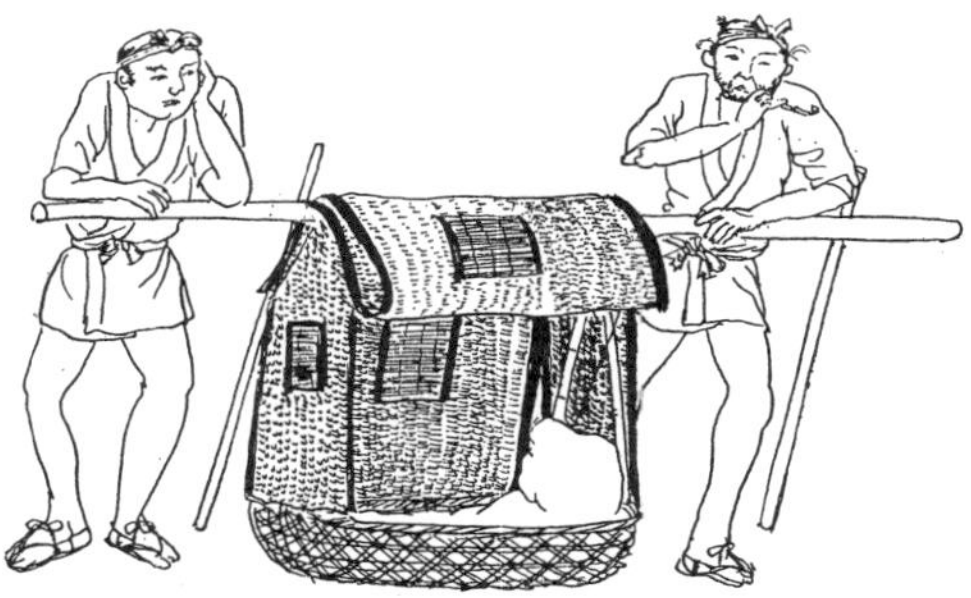

相　棒

あいびき【逢引・媾曳】

「媾」の文字を用いることからもわかるように、男女間の交わりを表す言葉で、人目に隠れて男女が睦《むつ》まじくすること。「引」は互いに引かれるように接近することを示す。密会ともいう。

あいぼう【相棒】

江戸時代の駕籠舁《かごかき》は、二人ずつ駕籠の舁棒《かつぎぼう》の前後を担ぎ、二人で「えっさ」「ほいさ」と呼吸を合わせ、息杖《いきづえ》を片手に辻駕籠、山駕籠などを舁く。駕籠を舁く二人が棒（息杖）を持っていることから、組になった相手を「相棒」という。「合棒」とも書く。日常会話では、駕籠舁に限らず、二人一組で事を為す場合に相手を「相棒」と呼んだ。➡棒組《ぼうぐみ》

あいぼれ【相惚・合惚】

双方の男女が惚れ合うこと。相思相愛のこと。「あの夫婦は相惚で結ばれたのだ」などと用いる。

あいまいや【曖昧屋】

「曖昧」とは明瞭でないの意であり、「曖昧屋」とは江戸時代から昭和の初め頃まであった、表面は雑貨、煙草、駄菓子などを売る店であるが、二階の座敷を売春婦が客を連れ込む待合代わりに提供して内緒で稼いでいる家をいった。東京では浅草界隈に多かった。

曖昧屋

あいみたがい【相身互い】

「相身互身」の略。同じ立場、同じ境遇の者同士、お互いに理解して、かばい合うことをいう。「武士は相身互い」とか「相身互いの遊女だから」などとよく口にする。お互いにつらい気持はよくわかるから、そうした折は助け合うのが当然だというときに用いる。

あいもかわらず【相も変わらず】

相変わらずの意。今までと変わってい

ないということ。「相も変わらず不機嫌《ふきげん》だ」は、いつものように機嫌が悪いこと。挨拶の時にも用いる。「本年も相も変わらずご贔屓《ひいき》に願います」などという。↓相変《あいか》わらず

あいもち【相持ち】
相互扶助のことで、互いに助け合うこと。互いに優劣のないこと。「お前の相持ちで何とかやって行ける」などといった。現代は聞かれなくなった語。

あいよ
「はい」が訛った言い方だが、気軽に応じるこの語呂が気《き》っ風《ぷ》よく聞こえるのでよく用いられ、現在でも使われている。

あいろもみえず【あいろも見えず】
「あいろ」の「あ」とは文《あや》の略で、模様、色合い、物事の条理の意。「文目《あやめ》も分かず」とも言う。どちらも、何も見えず、物事の区別がつかぬことをいう。

あうだろうじゃあないか
逢うことになるのではないかの意。「危ない目に逢うことになるんじゃないか」の言い回し。狂訓亭主人『春色梅美《しゅんしょくうめみ》婦祢《ぶね》』巻之十一に記されている。

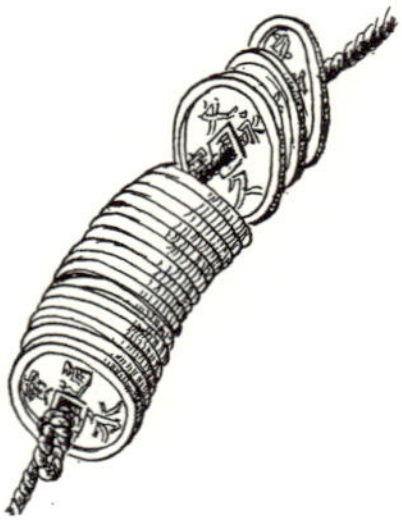
青　緡

青　銭

あお・あか【青・赤】
戦前のデパート店員などの隠語。交通信号で「赤」は危険信号、「青」は安全で通行可であることから、それをもじって、赤は注意すべき客または嫌な客、青は安全で好感の持てる客の意。昭和の中頃まで用いた。

あおきん【青金】
金銀合金のこと。金に銀を混ぜると黄金色が薄くなり、特に金粉は銀粉を混ぜると僅かに色味が青くなるのが感じられる。

あおざし【青緡】
麻袋の切れ端や、質の悪い麻の切れ端を縒《よ》って紐としたものの一端を結び、それに穴明銭（四角い穴のある一文銭など）を通し、百枚、二百枚にして、結び留める。青緡は、武家の奉公人や、やくざが内職で縒って、これを商家などに強制的に売り付けた。青緡百文は本来なら穴明銭百枚であるが、江戸中期以降、六枚減らして九十四文で緡留めてあっても百文として通用した。↓一本《いっぽん》、空緡《からさし》

あおせん【青銭】
寛永通宝の四文銭で、青四文銭などといった。一枚四文通用の銅の鳥目《ちょうもく》（中央に四角い穴のあいた銭）。真鍮《しんちゅう》製のものもあった。一文銭四枚分にあたる。銅に青錆を生ずることからの名。

あおっきり【青っ切り】
湯呑茶碗などの上辺に青（藍）で縁取りしてあるものに、あふれんばかりに酒をつぐこと。また、一息に飲むことをいう。満々、いっぱいの意で、「あおっきりで一息に飲みねえ」などという。

青っ切り

あおでん【青電】
東京市に走っていた市内電車（市電といった）は夜の十一時頃に最終電車になった。その一本前の電車は行先表示を薄青い硝子で青く灯らせ、次に来る電車が最終電車であるとの予告となった。この電車を「青電」と呼んだ。↓赤電《あかでん》

あおなにしお【青菜に塩】
採れ立ての青菜は青々と瑞々《みずみず》しいが、漬物にして塩をかけると、ぐったりと生気を失う。つまり「しおれる」。物事に困って生気を失い、蒼い顔になってしおれている人の形容に用いる。

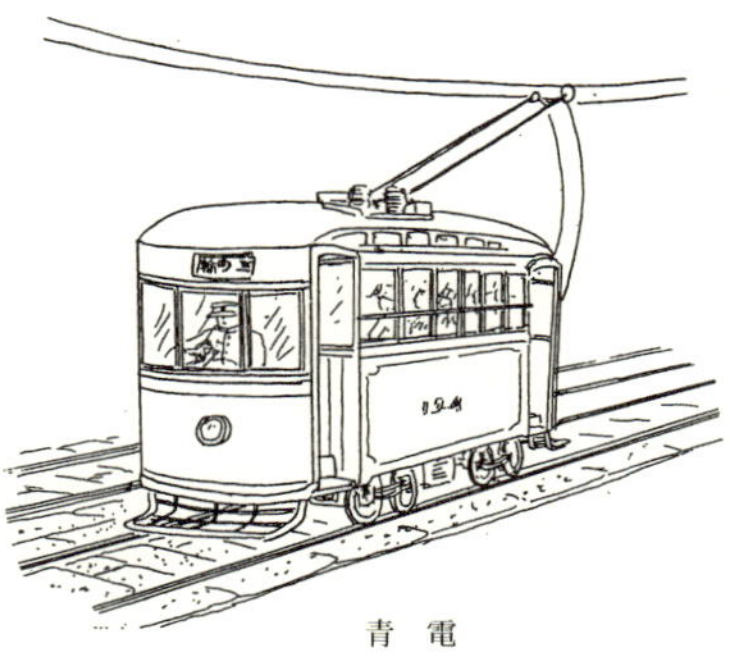
青　電

あおにさい【青二才】
「青二才の癖に生意気言うな」などと使い、若い男を罵っていう言葉。「青」は若く未熟な者に対する軽蔑語。「二才」は生まれて二年の意で、やはり未熟であることをいう。↓青歯者《あおはもの》

あおになる【仰向になる】
仰向《あおむけ》の訛り、また略語。「仰向《あお》になっ

仰向になる

たかと思うと、すぐに大いびきをかく」などという。

あおのりでだいだいこう【青海苔で太々講】
青海苔を与えて太々講の神楽を舞ってもらう意で、与えるものは僅かでも、得るところは多いという譬《たと》え。

あおはむしゃ【青歯武者】
桃山時代頃までは身分の高い者は歯を御歯黒《おはぐろ》で染めていたため、御歯黒をしていない身分の低い侍を「青歯武者」「白歯《しろは》武者」といった。⇩青歯者《あおはもの》、生侍《なまざむらい》

あおはもの【青歯者】
鉄漿《おはぐろ》をしていない白い歯の者の意で、未熟な者を侮蔑した用語。平安の昔、上流人が鉄漿を染めていたが、後に庶民にも流行し、江戸時代には結婚した女性が染める習慣となった。⇩青二才《あおにさい》

あおびょうし【青表紙】
江戸時代の刊行本。表紙が青いのでこういう。主に史書・漢籍に用いたが、後に洒落本《しゃれぼん》や児童向けの絵本、浄瑠璃《じょうるり》の稽《けい》古本《こぼん》などにも用いられた。「青本《あおほん》」ともいう。

あおびょうたん【青瓢簞】
顔色の青ざめた者に対する悪口。「青瓢簞野郎」などという。

あおやぎずし【青柳鮓】
寛政頃から文化頃（一七八九〜一八二九）に、江戸吉原の廓《くるわ》内を流していた鮓《すし》屋《や》。鯛鮓《たいずし》の細長い枠を重ねて片手に担ぎ、「青柳ずーし、鯛のすーし」と売り声をあげた。後世ではこのような鮓屋は見られなくなった。

あおやろう【青野郎】
青二才と同じ意。顔の生《なま》っ白《ちろ》い青年を罵《ののし》っていう。「青歯者」「青ん僧《ぞう》」などと同じように侮蔑した用語。「あんな青野郎の癖に生意気だ」などという。

あおる【煽る】
扇動すること。そそのかし、おだてること。「調子に乗っているところを煽り立てたから堪らない」などという。

あおんぞう【青ん蔵・青ん僧】
青二才の意味に用いたり、顔色の青い者に対して用いたりする。「蔵《ぞう》」は人名化した時に用いる用語で本当の人名ではない。「青ん蔵のくせに生意気言うな」とか「彼奴《あいつ》は未だ青ん蔵だ」などという。

あかいごもんのかみ【赤井御門守】
江戸時代、地方藩の江戸詰めの武士が遊廓で遊ぶ際、殆ど藩名や姓名を秘して名乗らず、「赤井御門守の家臣」と称した。「赤い御門」とは、三位以上の大名のところに将軍家の娘が嫁すと許される朱塗りの御門をいう。武士が自藩を名乗らず、「拙者は赤塗りの御門を許されている藩の者じゃが」といったので、登楼《とうろう》した地方武士のあだ名となった。

あかいしんにょ【赤い信女】
未亡人。夫に先立たれた妻のこと。「信女」とは戒名の下についている語であり、墓石に夫の戒名《かいみょう》と並べて妻の戒名を彫るが、まだ生存している証拠に、彫った戒名に朱を入れておくためこのようにいう。⇩寡婦《やもめ》

あかいの【赤いの】
江戸時代の駕籠舁《かごかき》の使った隠語で、澄んだ酒をいう。清酒。濁酒を「白馬」という隠語で呼んだので、清酒を「赤馬」、略して「赤いの」といった。⇩白《しろ》いの、白馬《しろうま》

あかいわし【赤鰯】
糟《かす》漬けの鰯のように赤く錆び付いた、手入れの悪い刀の刃をいう。江戸の町人らが、身《み》窄《すぼ》らしい武士や裏長屋暮しの浪士に対して、武士の魂である刀身を侮蔑して表現した用語。「俺を斬ろうったって、どうせ赤鰯のそんな刀では斬ることはできまい」などと罵る。⇩犬威《いぬおど》し

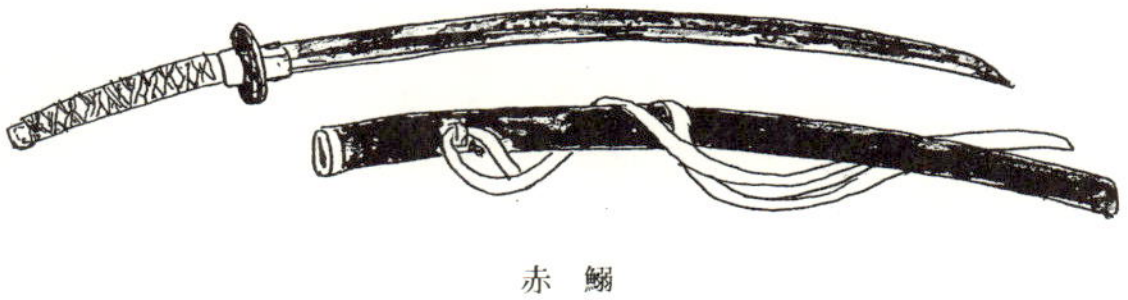
赤　鰯

あかがしら【赤頭】
心掛けの良い大人のように常に髪の毛を整えたり月代《さかやき》を剃ったりしない、商店の丁稚《でっち》などの荒れた髪の毛をいう。赤っぽく見えるのでこういう。明治以降は聞かれなくなった。

あかがっぱ【赤合羽】
紙で作った合羽《かっぱ》（雨よけのマント状もの）に桐油や渋を塗って水分が沁み込まないようにしたもの。赤茶色に見えるので「赤合羽」という。武家の下僕や庶民など、下級の者が雨天時に用いた。古くなって折り目の破れた赤合羽を買って歩く行商人もあり、補修して下級庶民に安く売っていた。大名や大身《たいしん》の行列、旅行には、下僕用の赤合羽を大量につめた籠「赤合羽籠」を舁《か》く「合羽舁《かっぱか》き」が従って行く。「赤合羽」は武家下僕の異称としても用いられた。

赤合羽

あかげっと【赤毛布】
幕末にはマントが流行したが、明治に入るとそれを真似た田舎の人が赤毛布をマント代わりにまとったので、田舎者を軽蔑していった。一名「おのぼりさん」。

赤毛布

あかごめ【赤米】
米が古くなって、もろくなった下級の米。「ポチポチ米《まい》」ともいう。

あかさかやっこ【赤坂奴】
江戸赤坂界隈の武家屋敷に雇われている武家奉公人のことをいったが、後には中間《ちゅうげん》級の武家奉公人の一般名称となった。主家より貸与《たいよ》された紺染に、背中と袖に主家の紋を白抜きし、襟は手綱《たづな》染、背腰に木刀を差す。脚はパッチか、股引《ももひき》、草鞋掛《わらじがけ》である。譜代《ふだい》の者もあるが、口入《くちいれ》屋《や》から差し回された臨時雇いも多かった。やくざ者も多く、よく庶民に言掛《いいがか》りをつけて金を脅《おど》し取った。

あかさま【赤様】
江戸時代の上流の人の赤ん坊に対する敬語で、「あかさん」ともいう。一般では「あかご」「赤ん坊」などという。顔が赤いところからの呼び名。

あかじみる【垢染る】
身体を洗わないで長い期間同じ着物を着ていると着物に汚れが付着する。それを「垢染る」という。「江戸っ子は垢染みた浴衣《ゆかた》なんて着ねえ」などと用いる。

あかしんごう【赤信号】
危険予告の赤色の信号から、警戒しなければならぬ人を「あいつは赤信号だ」といった。

あかすり【垢擦り】
入浴して身体を洗うときに使う糸瓜《へちま》の繊維や肌ざわりの粗い呉絽服《ごろふく》の布。濡らした肌をこれでこすると、垢がよじれて取れるので、垢擦りといった。銭湯に行く時には必ず石鹸と共にこれを用意して行く。⇩ごろうの帯《おび》

あかせん【赤線】
売春が公認されている地域を地図上に赤い線で囲んで表示したので、これらの地域を称した略語。売春防止法で廃止された。「赤線の女」といえば売春婦をいう。

あかだんご【赤団子】
江戸時代、灸《きゅう》のことを「赤団子」といった。ふつう、灸は艾《もぐさ》を豆粒ほどにして治療・病気予防にすえたが、弘法様（弘法大師信仰の寺や信者）のお灸では一摘みが団子ほど大きいので「赤団子」といい、これが灸全般にも通用していった。ちなみに、「灸をすえた」を「灸をせえた」ともいう。

あがった【上がった】
召し上がったの略で、江戸っ子には前後の言葉で意味が通じる。曲山人補綴の『仮名文章娘節用』にある「今夜は若旦那は、よっぽどあがったかへ」は、今晩は若旦那がお酒を沢山召し上がったのかいの意。

あがったり【上がったり】
仕事や商売が不況などで振るわなくなること。飯の食い上げの意。「商売が上がったりで、今後どうしようかと思っている」などと用いる。

あかっぱじをかく【赤っ恥をかく】
他人に辱められたり、自分が失敗事をしたりして人前で赤面することをいう。現代でも用いているが、「赤恥《あかはじ》をかいた」とは言わず、「赤っ恥をかいた」と勢い良く言うことが多い。

あかでん【赤電】
東京市に走っていた市内電車は、最終電車の行先表示を赤い硝子板で赤く灯し、最終電車のしるしとした。これを「赤電」と呼んだ。最終電車は夜の十一時頃であった。⇩青電《あおでん》

あかとんぼ【赤蜻蛉】
五位に任官すると浅緋の袍《ほう》を着たので、「赤蜻蛉になった」といって軽蔑することがあった。

赤蜻蛉

あかにし【赤螺】
吝《けち》ん坊《ぼう》のあだ名。赤螺は巻貝で、蓋を閉めると外からはなかなか開けられないほど固くなる。そのように、一度金を手に入れたらなかなか支出しない吝《けち》の人を譬《たと》えて「赤螺」といった。「あいつは赤螺だから誘ったって駄目だよ」などという。

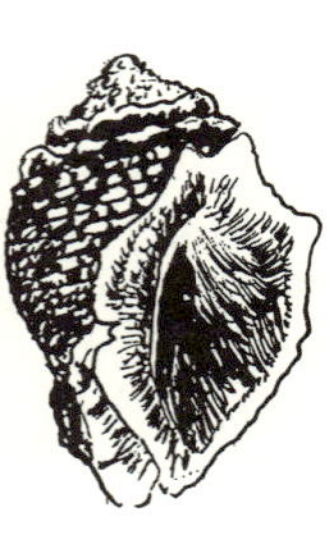
赤　螺

あかぬける【垢抜ける】
風呂に入って垢を流してすっきりしたさまから、綺麗な人、洗練された人、代表的都会人の意に用いた。「あの人は何となく垢抜けしている」は洗練された都会人風であるとの意。

あかのたにん【赤の他人】
赤は色の赤ではなく「明らか」の略で、「赤の他人」は「明らかな他人」、まったく血縁関係の無い他所《よそ》の人の意。

あかのれん【赤暖簾】
現在では酒が安く飲める店を称した語だが、元来は江戸時代の吉原二丁目河岸を背にした切見世《きりみせ》のこと。時間ぎめで、客は百文くらいで遊女と遊んだ。入口に赤布の暖簾を掛けていたのでこう呼んだ。

赤暖簾

あかはだか【赤裸】
素っ裸、丸裸の意。「赤」は「明らか」の略である。

あかふだ【赤札】
古くは売約済みの品物にしるしとして付けたが、後世では売残品を安く叩き売るために付けたので、見切品・安物の意に用いた。「それは赤札で買った品だろう」などと軽蔑した言い方にも用いられた。

あかほん【赤本】
江戸時代の延宝頃から宝暦頃（一六七三～一七六三）にかけて刊行された、桃太郎・舌切雀・花咲爺・猿蟹合戦などのお伽話《とぎばなし》を木版刷りにした子ども向けの絵本。表紙が赤いのでこういう。「あかぼん」「あかびょうし」ともいった。昭和の終戦後、粗悪な紙に印刷された低俗な本も「赤本」と呼んだ。

あかまんま【赤飯】
「飯《まんま》」は御飯の意。お赤飯のこと。「あかのまんま」ともいう。

あかり
提灯《ちょうちん》や行灯《あんどん》の火をいった。火事を連想させる火という語を江戸っ子は忌んだので、火をつける、火をとぼすという語を用いず、「あかりをつける」といった。電灯の時代になっても「あかり」という語が用いられ、人によっては現代でも用いている。

あがり【上がり】
①前にその職業や状態であったことをいう。「あの女は芸者上りだ」「病気上りだ」などという。②終了、完了のことで、料理屋などで、食事を終わって茶湯を要求すると、それが客の食事終了の合図と見て、「上がり」という。現在では食事途中で茶湯を要求しても「上がり一杯」などという。③売上げのこと。

あがりかぶと【揚り兜】
江戸時代初期は、五月の節句に紙で作った兜を高く飾ったので、これを「揚り兜」という。

あがりぜん【上がり膳】
食後に下げた膳のことをいう。転じて、「上がり」は食事が終わった意。他人が手を付けた女に対する陰口となった。

あがりだち【上がり太刀】
献上品の太刀であるが、たいていは木で拵《こしら》えた作り物の太刀で、献残屋《けんざんや》で売っている。これには、金いくらと書いた目録を添え、三宝に乗せて贈る。もらった方は、これを献残屋に持って行って金に替える。この太刀は何度も用いられる。

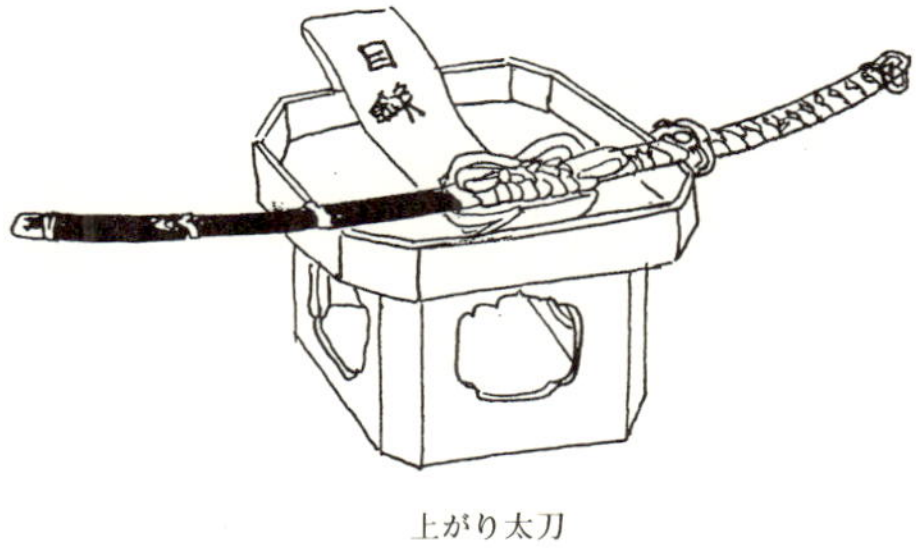

上がり太刀

あがりはな【上がり端】
①座敷に上がる入口をいう。座敷に上がる端のこと。「三畳の上がり端」と言えば、玄関座敷が三畳敷、つまり一間半の入口のこと。端《はし》を「はな」というのは、顔で鼻が突き出ていることから突端・最初の意に用いる。②「上がり花」とも当て字をし、煎《せん》じたばかりの茶をいう。「出《で》花《ばな》」ともいう。これに対して、数回湯を足して出した茶を「出枯らし」という。ちなみに「鬼も十八、番茶も出花」は鬼のような醜い娘でも年頃になると女らしい魅力が出てくるの意。

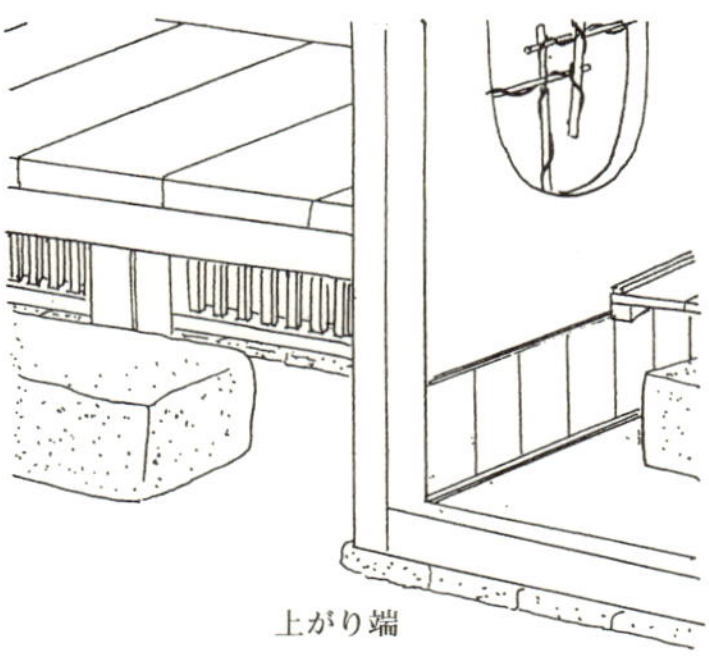

上がり端

あがりめさがりめ【上がり目下がり目】
江戸時代の幼児相手の遊戯であった

上がり目下り目

が、昭和にも行われた。二人が向かい合って指で目尻を上下に移動させながら「上がり目下がり目、ぐるりと回って猫の目」と唱えて奇妙な顔付きをし、その滑稽《こっけい》さに笑った方が負けになるという遊戯である。

あがりや【揚屋】

江戸時代の小伝馬町（東京都中央区日本橋）にあった、牢屋奉行石出帯刀《いしでたてわき》が管轄する牢屋敷の一部をいう。身分によって区別された牢であり、御目見以下《おめみえいか》の直参《じきさん》と陪臣《ばいしん》、僧侶、医師らが入れられた。揚屋はいくつかに分かれており、口揚屋には二間半に三間で十五畳、奥揚屋は三間に三間の十八畳半間四方の雪隠《せっちん》付きであった。座敷には縁《ふち》無しの琉球畳が敷かれていた。西口揚屋は女牢、東口揚屋は遠島《えんとう》待機の者も入れられていた。

あがりゆ【上がり湯】

風呂から上がる前に浴びるきれいな湯、またはそのための湯を満たしてある湯槽《ゆぶね》。江戸時代の銭湯にはそのような湯槽が設けてあり、そこから湯を汲み、身体に浴び、拭いてから上がるのが習慣であった。「岡湯《おかゆ》」ともいう。➡岡湯《おかゆ》

あかんべ

相手を侮蔑するときに、下瞼《したまぶた》を指で引き下げて赤い目肉を見せること。そのとき調子をつけた語呂で「あっかんべえ」と言う。「べえ」という語と共に、舌を口から下げるように出すこともある。子どもがよくやる仕草だが、大人もやることがある。「赤目」が「あかんべ」に訛った。また「めかっこう」ともいう。

あかんべ

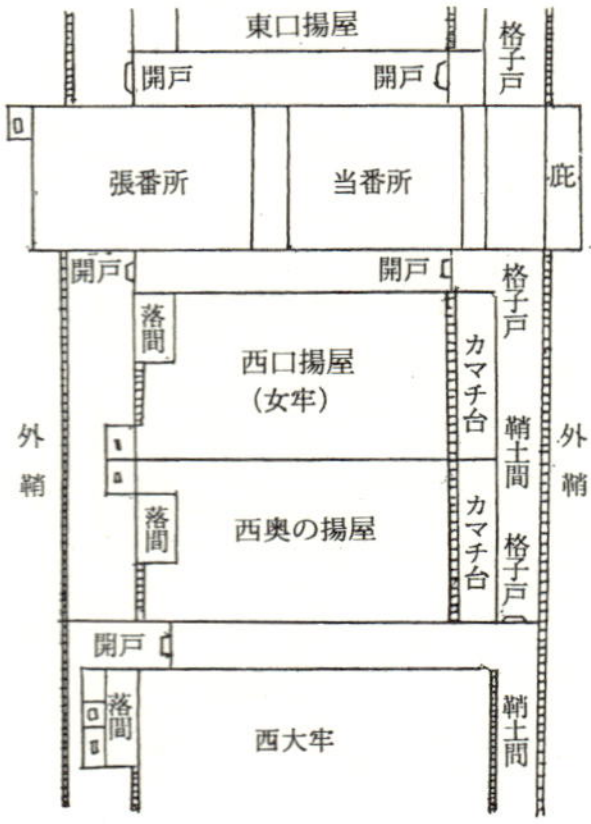

揚屋の見取図

あきがわき【秋渇き】

秋になって気候が良くなり、身体快調となって食欲などが旺盛になること。「渇《かわ》き」は欲することの形容。現代ではあまり用いられないが、江戸時代には普及していたらしく、『誹風柳多留』には「秋がわき先七夕にかわきぞめ」とあり、秋口から色欲も出てくると詠じる川柳もある。

あきだな【空き店・明き店】

人の住んでいない家をいう。空家のこと。江戸時代は長屋のような借家を「店《たな》」といい、借りて住んでいる者を「店子《たなこ》」といった。

あきて【空き手・明き手】

盲人の按摩《あんま》は右手に杖を持つので、空いている左手を「空き手」と呼んだ。「空き手にも荷物を持って」といえば、両手で両側に荷物を持つことをいう。

空き手

あきない【商い】

商売のこと。落語では、飽きないで熱心に商売をするからといっているが、こじつけである。商売の競争相手を「あきない仇《かたき》」という。「商人」は「あきうど」とよむが、江戸では勢いをつけて訛り、「あきんど」といった。

あきれかえってものがいえない【呆れ返って物が言えない】

相手の動作、態度、言語の無謀さが常識の限度を超えているので、何とも言いようがないこと。極端に呆れたときの表現。「あきれきゃある」と訛る。「返る」に「蛙」の語をあて、洒落《しゃれ》ていうこともあった。

あきれかえるにしょんべん【呆れ蛙に小便】

「呆れ返る」の転用。蛙は水を恐れないから、小便を引っかけても平気であると思われていた。それに掛けて、平気で澄ましている、呆れ返って物も言えないような図々しさの形容に使われる用語。「蛙の面《つら》に小便《しょんべん》」ともいう。

あきれかえるひっくりかえる【呆れ返る引っ繰り返る】

あまりに呆れてのけぞって倒れてしまいそうだという形容。江戸時代の庶民の一部では乱暴に「引っくりけえる」などと発音した。

あきれがれいにくる【呆れが礼に来る】

「呆れ返ってものが言えない」という以上に呆れたときの表現。もし呆れというものがいたら、自分以上だと感謝しに来るだろうという皮肉。

あきんど【商人】
商《あきない》をする人、つまり商人のこと。古くは「あきうど」と言ったが、江戸では威勢よく「あきんど」といった。「あのあきんどは狡辛《こすから》いから気をつけろ」などと用いる。

あきんどはふしょうがち【商人は不祥勝】
「不祥」は不承知の意で承知しないこと。商人は長い間客と商売して生活していくのであるから、少々不承知のことでも我慢して取引を続けていかねばならない。結局駆け引き上では我慢することが「勝《かち》（繁昌）」に結びつくの意。

あく【開く・明く】
店、興行、芝居、行事など、物事が始まることをいう。「店があく」は朝、店が開店すること。「幕があく」は芝居が始まること。「日《ひ》の本《もと》は女ならでは夜も日もあけぬ」は天の岩戸開きの神話をふまえたことばで、日本は女性がいなければ何事も進行しないの意である。

あくじき【悪食】
一般人の食用とするもの以外のものや獣肉（江戸時代は特殊な場合しか食べなかった）などを好んで食べることを悪食といい、時には他人に誇るために悪食を好むこともあった。また、公娼は許可されていたが私娼は許されていなかったので、私娼に接することも「悪食好《ごの》み」といった。

あくじせんりをゆく【悪事千里を行く】
中国北宋《ほくそう》の孫光憲《そんこうけん》『北夢瑣言』の「好《こう》事門《じもん》を出《い》でず、悪事千里を行く」に由来する諺《ことわざ》。良い行いはなかなか世間に伝わらないが、悪いことや悪い噂はたちまち遠くまで知れ渡り、世間の評判になってしまうので心すべし、という教えである。「悪事千里」「悪事千里を走る」ともいう。

あくしょ【悪所】
遊里などのこと。そのような場所に行きつけると、夢中になって、やがて金の都合をつけるために悪事を働くようになるからこのようにいう。せっせと通うことを「悪所通《あくしょがよ》い」、夢中になることを「悪所狂い」という。「あくしょうぐるい」のように音を伸ばしていうこともある。『守貞漫稿』娼家上に「京坂俗言には官許非官許ともに遊女町を、いろまちといふ。江戸俗に官許岡場所ともに、あくしょう云。悪町也」とある。

あくぞもくぞ
「あくたもくた」ともいい、どちらも芥藻屑《あくたもくず》の転といわれる。他人のこまごまとした欠点や短所のこと。式亭三馬『浮世風呂』にも「べつちやくちやと、あくぞもくぞを算《かぞへ》立つて」とある。つまらぬ者ども、悪口雑言の意にも用いる。

あくたいもくたい【悪態目態】
悪口を散々言うだけでなく、憎々しげな目つきでも悪意を示すこと。「散々悪態目態つきやがって」などという。「あくたもくた」ともいう。

あくだま【悪玉】
江戸時代は遊女などの醜《みにく》い女をいったが、やがてこの意に限らず、悪いことをする者の意も含まれ、一般的に悪人の意となっている。これに対して善良な人を「善玉《ぜんだま》」という。現在でも用いられている語である。

あくたれ【悪たれ】
人を罵《ののし》って憎まれ口をきくこと。「悪態をつく」が訛って「悪たれ」となる。「悪たれ小僧（へらず口や憎まれ口をきく子供）」、「悪たれ口」「悪たれ者」「悪たれ女」などとも使う。「そんなに悪たれると親父に言い付けるぞ」などという。

あくたろう【悪太郎】
古くは「悪」は「強い」の意味に用い、「悪七兵衛景清《あくしちびょうえかげきよ》」などといったが、後世は善悪の区分の意とされた。「悪太郎」は、悪戯《いたずら》小僧、親の言うことを聞かない子供、悪いことをする子供の異名として江戸時代に用いられるようになった語。

あくてえをはく【悪態を吐く】
「悪態」は悪口や憎まれ口をいう態度のことで、悪口をいうのを「あくたいを吐く」といい、訛って「あくてえを吐きやがった」などと用いる。

あくどい【悪度い】
しつこいことをいう。「悪度い野郎だ」は度の過ぎた悪い男だの意。

あくびはっぴゃく【欠伸八百】
欠伸が続けざまに出ることを表現した語。江戸っ子は「多い」の意味で「八」の字を用いることが多く、「嘘八百《うそはっぴゃく》」、「江戸八百八町《はっぴゃくやちょう》」などと使う。

あくやく【悪役】
嫌なことを言って嫌われる役。また芝居などでの憎まれ役で、悪いことをして善玉（良い役）を引き立たせる役をいう。現代では「わる役」ともいっているが、「あくやく」が正しい。相手に言いにくいことを人に頼まれて代弁することを「悪役になる」という。

あぐらっぱな【胡坐っ鼻】
脚を胡坐《あぐら》に組んで座ると、左右に膝が拡がる。そのように鼻が低く横に拡がっ

欠伸八百

ているさまの形容。「鼻が胡坐をかいている」ともいう。

あくるばん【明くる晩】

今日の夜が翌日に明け、さらに晩になること。翌晩のこと。「明くる晩になったら夕飯を一緒に食おう」などと使う。

あげあしをとる【揚げ足を取る・挙げ足を取る】

相撲などで、相手が蹴ろうとして揚げた足を取って、逆に相手を倒す意。転じて、相手の言葉尻を捕らえたり、わずかなまちがいにつけこんで、皮肉を言ったり、なじったりすること。「あの男はすぐに人の揚げ足を取るから、話をしているといやになる」などという。

揚げ足を取る

あげかい【揚げ貝】

「揚げ」は「引き上げ」の意であり、軍が後退の合図に吹く法螺貝《ほらがい》をいう。古くは修験僧《しゅげんそう》・山伏が行動中に吹奏《すいそう》したのを軍用に利用した。軍学《ぐんがく》や大名の家によって吹奏の調子が異なる。➡喇叭《らっぱ》を吹《ふ》く

揚げ貝

あげくっぱて

「挙句《あげく》の果《は》て」の訛り。「とどのつまり」「しまい」の意。あれこれやってみたにもかかわらず、よくない結果になってしまったり、失敗に終わった場合に用い、よい結果について用いるのは誤りである。連歌・連句の最初の五・七・五を「発句」というのに対して、最後の七・七を「挙句」ということから出た言葉。式亭三馬『浮世風呂』に「上句果《あげくつぱて》何だとおもひなはる。まだ足りねえからモット酒買《さけへ》ってこいだ」とある。

あけくれ【明け暮れ】

日夜、しょっちゅう、休みなくの意で用いる。夜が明けてから日が暮れるまでということ。「明け暮れ口《くち》穢《ぎたな》く罵られ」「明け暮れ仏様にお仕えして」などと用いる。

あげしお【上げ潮】

海には満潮と干潮があるが、潮が満ちて来ることを上げ潮といった。このことから、物事が盛んになっていくことをいった。江戸時代には上げ潮の時に子が生まれ、引き潮の時は寿命の尽きた人が死ぬと信じられていた。『柳加留多』にも「上げ潮は笑顔、引き潮は泣きっ面《つら》」と詠まれている。

あげぜんすえぜん【上げ膳据え膳】

自分の手をわずらわさずに三度の食事の膳を上げ下げしてもらうほど大事にもてなされる意。昔は食卓でなく一人一人に膳を置かれた。四方《しほう》式のものや、食事用器一式を箱に納め、蓋が膳になる箱膳などがあった。➡据《す》え膳《ぜん》、箱膳《はこぜん》

上げ膳据え膳

あげぞこ【上げ底】

箱類や道具類で底板が高く作ってあるものをいう。贈答《ぞうとう》用の菓子折りや料理の折詰《おりづめ》で、上げ底にしておくと、たくさん詰まっているように見えるが、中身は少なく、安上がりにできる。

上げ底

あけたて【開け閉て】

戸や障子を開けたり閉めたりすることであるが、「かいへい」「あけしめ」といわず、閉めることを「たてる」といった。「たてる」は外と内を断つことからきたものであろう。

あけっぴろげ【開けっ広げ・明けっ広げ】

部屋と外との境の簾《すだれ》、障子《しょうじ》、襖《ふすま》、戸などを開放して室内が明からさまに見えることから、性格・考えを隠すところなく相手に示すことをも表わす。開けたままで隠し立てのないこと。こころに逆心のないこと。「あの人は開けっぴろげだ」などという。

あげまく【揚幕】

歌舞伎小屋の花道の出入口にかかっている垂れ幕のこと。「切幕《きりまく》」ともいう。座元の定紋が染められており、役者が花道を出入りする際に上げられる。舞台から見ると、花道の出入口は向こう側になるので、揚幕を「向《む》こう」ともいう。

あげもさげもできない【上げも下げ

もできない】

動かすことが出来ない意で、「二進《にっち》も三進《さっち》も行かない」と同じ。商売や立場が行き詰った時の表現。「色々足掻《あが》いて見たが、もうこうなっては上げも下げもできなくなった」「上げ下げもならない」などと用いる。

あげや【揚屋】

江戸時代、吉原公娼の高級遊女は「置屋《おきや》」という抱え主のところに住んでいた。客はまず茶屋《ちゃや》に上がって「某遊女と遊びたい」と言う。すると茶屋の男が揚屋に案内してくれ、揚屋の主人は客を見定め、「身分の確かな客だから、某遊女を出してくれ」という内容を書いた書類「差紙《さしがみ》」を置屋の主人に送る。それを見た置屋が了承すると、遊女が新造《しんぞ》、禿《かぶろ》、備品一切を持った男や遣《や》り手《て》を連れ、仰々《ぎょうぎょう》しい行列をなして揚屋の客に会いに行く。これを花魁道中《おいらんどうちゅう》という。客がその遊女に初めて会うときを「初見《しょけん》」、二回目に会うことを「裏を返す」といい、三回目からは「馴染《なじみ》」となって床を共にすることができる。遊女と遊ぶには莫大な金がかかり、大変面倒なものであった。宝暦一一年（一七六一）頃からこの制度は止み、揚屋はなくなったため、置屋が遊女と遊ぶ場所となった。⬇置屋《おきや》、新造《しんぞ》、禿《かぶろ》

あげやさしがみ【揚屋差紙】

江戸時代の吉原では、揚屋が客と遊女の会う場所であった。揚屋の主人は客の様子を見極めた後、「客の身分は確かだから誰某花魁《おいらん》を寄越してくれ」という内容の書類を書いて、客が指名する花魁の置屋へと使いを出す。その書類を「揚屋差紙」といった。

あごあしつき【顎脚付き】

「顎」は食物を噛むことから食事のことをいい、「脚」は通うのに用いることから足代、つまり交通費のことをいう。弁当代と交通費が日当に加算されることを表わす。大正時代の職人用語で、一般の日当より率の良い収入をこう表現した。

あごがはずれる【顎が外れる】

大笑いの形容。あまりに大口を開けて笑うので、顎骨が外れてしまうという意。

あごがひあがる【顎が干上がる】

食物を噛むときに顎を用いるが、暫《しばら》く食物に飢えて、口に入れるものが無いので顎が乾いてしまったということ。つまり食えなくなった、食うための生活費が稼げなくなったの意。

あこぎ【阿漕】

「阿漕の浦」の略で、『古今六帖』「逢ふことを阿漕の島に引く網のたびかさならば人も知りなむ」の古歌などによる。「阿漕の浦」は伊勢神宮に供える神饌の漁場のため、禁漁地とされていたが、病を抱えた老母に食べさせる魚を捕ろうと、夜ごとに網を引いていた漁師がついに見とがめられ、罰として海に沈められたという伝説があり、謡曲や浄瑠璃にも取り上げられている。「あこぎ」は何度もたびかさなるの意で、転じて、飽くことを知らず際限なく求めること、あつかましいこと、無慈悲なことの形容。「なんというあこぎな仕打ちだ」「それにしてもあこぎなことをするものだな」などという。

あごつき【顎つき】

賃金を支払うだけでなく食事まで付くということ。食べるときに顎を使うからいう。職人・人足を雇う時の条件にこの語が出ることが多い。

あごではえをおう【顎で蝿を追う】

病気などで手足を動かす力が無く、顎を微かに振って蝿を追い払うという、衰弱している人の形容。「あんなに元気な老人だったが、一年も寝込んで顎で蝿を追う気力もなくなった」などと用いる。

あごをしゃくる【顎をしゃくる】

相手の方を向いて、言葉でなく一寸《ちょっと》顔を動かして合図する。顎を上に動かすような動作なのでこのようにいう。「顎をしゃくって報《しら》せた」などと使う。「しゃくる」は掬《すく》い出すように上げること。

あごをだす【顎を出す】

疲れが甚だしくて、足が進むよりも顎の方が焦って前に出るというような状態を表わす。「あいつはよく頑張ったが、遂に顎を出した」などという。

あさあきんど【朝商人】

朝早くから天秤棒《てんびんぼう》などで荷を担いで売り歩く商人をいう。豆腐屋とか納豆売りなどである。⬇納豆《なっとう》売り

あさおきぬけ【朝起き抜け】

朝、起床してすぐの意。寝床も片付けず、起きたままの状態。朝早々に。「朝起き抜けに顔も洗わず出発した」などという。

あさがえり【朝帰り】

一般的には他の所に泊まって、朝、家に戻ることであるが、特に遊廓などに泊まり、朝になって帰ってくることをいう。「あの男は、しょっちゅう朝帰りしてくる」などと用いる。

あさぎうら【浅黄裏・浅葱裏】

江戸時代の藩の下級武士は紺染の麻服が多く、羽織《はおり》の裏地は浅黄染が多かった。浅黄色は色がさめても大して目立たないので、質素を旨として選ばれた色であった。直参《じきさん》と違うこの地味な衣服を江戸っ子は軽蔑し、田舎侍の蔑称として「浅黄裏」といった。私娼などを買っても相方の女から「浅黄裏」と呼ばれて馬鹿にさ

浅黄裏の武士

れた。⬇武左衛門《ぶざえもん》

あさくさがみ【浅草紙】
江戸時代から昭和の初期頃まで、便所の落し紙や鼻紙に用いた下級の紙。紙屑屋が反古《ほご》紙や不用の雑誌・新聞紙の古いのを一貫目いくらの安値で買い、東京の浅草裏の立場《たてば》問屋がこれを買取って釜で煮、繊維を溶かして漉《す》き直した、灰色の粗製の紙をいう。現代は見られなくなって、トイレット・ペーパーが使われている。⬇紙屑買《かみくずか》い

あさくさっこ【浅草っ子】
江戸っ子も地域によって多少の特徴がある。浅草っ子は浅草寺を中心とした界隈《かいわい》の人々で、粋で勇み肌で特に喧嘩《けんか》っ早く、土地自慢をするのが特徴。

あさだいしにゆうやくし【朝大師に夕薬師】
大師を祀ってある寺は朝詣り、薬師を祀ってある寺は夕方詣りが良いとされ、江戸時代の川柳にも「朝大師かづけて出るは高が知れ」とある。朝詣りでは遊所には行けないが、境内の水茶屋女《みずぢゃやおんな》をからかったりし、夕詣りになればその足で遊所に繰り込んだりする。お詣りは名目で、遊所に遊びに行くための理由付けとしてよく用いられた語。

あさぢえ【浅知恵】
思慮が浅いこと。「どうせあいつの浅知恵だろう」などと用いる。深慮《しんりょ》の揚句の知恵でなく、思いつきだけで前後を考えないこと。

あさっぱら【朝っ腹】
「朝腹《あさはら》」の訛り。朝の空腹の意で、「朝食前」、「朝早く」を表す語。「朝っぱらから機嫌《きげん》が悪い」は朝起きた時から不機嫌だの意。十返舎一九『続膝栗毛』十一編下にも「昼でもあさっぱらでも頓着《とんちゃく》はねえ」とあるが、これは昼だろうが、朝早くからだろうが、こっちは一向に構わないの意。

あざとい
「あざ」は浅い、馬鹿馬鹿しい意に用い、思慮の浅いことの表現。また、抜け目ないこともいう。「あざといことを言うなよ」などと用いる。

あさはちのゆうでん【朝八の夕伝】
江戸時代の銭湯の料金。入浴に朝八文支払うと、夕刻にもう一度風呂屋へ行ってもただであった。「伝」は伝法の略であり、無銭で楽しむことをいう。浅草の伝法院の下男などが寺の威光を借りて無法な振舞いをしたことからの語であるらしい。ただし、江戸時代後期になると大人は十文、子供は六文となり、一度外に出てしまうと、後でまた入るときには新たに湯銭を取られた。

あざぶできがしれぬ【麻布で気（黄・木）が知れぬ】
たがいに相手の気が知れないということの洒落《しゃれ》。略して「麻布さん」「麻布」ともいう。麻布の近くには目黒・赤坂・青山・白金台と五色のうちの四色があるのに、黄色だけがどこにあるのか分からないからとも、麻布には六本木という地名があるが、その木がどこにはえているのか分からないからともいわれる。

あさりむきみ【浅利剥き身】
浅蜊などの貝や、殻から取り出した浅蜊、蛤《はまぐり》などの身を売り歩く行商人の呼び声。天秤棒《てんびんぼう》の両端に籠をぶらさげて町を流していた。蜆《しじみ》貝も売るときは「あさりー、むきみ」「あさりー、しじみ」と連呼する。聞きようによって「あっさりー、死んじめー」といっているようなので、落語にも仕込まれている。

浅蜊売

あざわらう【嘲笑う】
「あざ」はあざけるの意で、相手を馬鹿にして笑うこと。

あしがつく【足が付く】
犯人などの立ち去った後の足取りがわかり、逃亡して隠れている場所がわかることをいう。現在でも用いている。

あしがでる【足が出る】
①予算より支出が多くなること。金銭を「おあし」といったから、金銭が不足していることを譬《たと》えた表現。②隠していたことが露見すること。「足を出す」ともいう。

あじきりにほん【鯵切二本】
江戸時代の庶民が武士を馬鹿にしていった言葉。鯵しか切れぬくらいの鈍《なまくら》の大小二刀の意。十返舎一九の『東海道中膝栗毛』発端に「モシヱ、鯵切を二本さしなさったとつて」とある。⬇二本差《にほんざ》し

あしずく【足尽・脚尽】
腕力に物を言わせて強行することを「腕尽《うでずく》」というが、健脚で目的を達するのを「足尽」という。「足尽にまかせて逃げきった」などという。

あしずり【足擦り】
地団太《じだんだ》踏んで口惜しがったり悲しんだりすること。よく幼児が要求の通らぬ時に泣きながら行うが、大人の行為にも用いる語。

あしだ【足駄】
雨天用の下駄で、歯は薄く、高くなっ

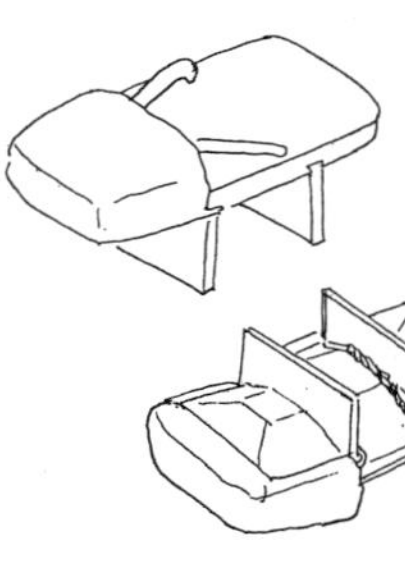
足駄（爪韋付）

ている。爪先や鼻緒が濡れるのを防ぐために爪韋《つまかわ》を先方にはめて用いた。爪韋は男女共に用いた。

あしにかんなをかけようが【足に鉋をかけようが】

「足」は「脚」とも書く。「足が鉋で削られたように痩せ細ろうが」の意。足まめに根気よく動くことの表現。「足に鉋をかけようが、熱心に立ち回った」などと表現する。

あしにはねがはえた【足に羽が生えた】

「足」は「脚」とも書く。飛ぶような速さで行ってしまうことの形容。「足に羽が生えたように逃げた」などと用いる。足に羽が生えるとは西欧の表現にもあり、空を飛べる神などに表現されている。

あしもとにつけこむ【足元に付け込む】

相手の弱味を知って付け入ること。「足元」は立っている地面、すなわち立場・地位・実力の意を表す。相手の「足元」が安定しているか不安定であるかによって、相手に対して慎重に対応したり舐めてかかったりするような表現に使われる。「足元を見透かす」は、相手の弱味を察知することであり、「足元を見る」は相手の弱味を握る意。「足元へも寄れぬ」は、相手が優れすぎて近付けないこと。

あしらい

取扱い、もてなしの意であるが、丁寧な場合とぞんざいな場合の両方に使いわける。「丁重にあしらわれた」は丁寧に対応されたの意。「鼻であしらわれた」は鼻先で軽蔑するような態度をとられたの意。

あしをいれる【足を入れる】

その道に入ること、また目的の場所に入ることをいう。「一時落語界へ足を入れて」は一時落語家になるために入門しての意。「芸者買いに足を入れて」は芸者遊びの味を知っての意。「足を突込む」ともいう。「一度博奕《ばくち》に足を突込んでから止められない」などと用いる。

あしをふみかけのはじめ【足を踏みかけの始め】

行動の出発点、スタートの意。「これが出世の階段へ足を踏みかけの始め」などと表現する。

あずける

何か争いや主張の違いがあったり、後始末が必要な場合、第三者に介入してもらい、その人に解決をまかせることになり、「その話は両方顔を立てるようにするから、ひとつ俺にあずけてくれねえか」などという。

あすばねえか

「遊《あそ》ばないか」の訛り。遊びを「あすび」という。遊びごとを「あすびごと」、遊んでほしいときは「あすんでくれない」という。

あずまげた【吾妻下駄】

婦人用の歯の薄い下駄で、縁を黒漆塗りにして、畳表を使った粋な下駄。歯を植え込んだものと、歯を削り出して作ったものとある。歯を削り出したものは木目を見せるため塗りは行わない。江戸時代後期頃から流行した。

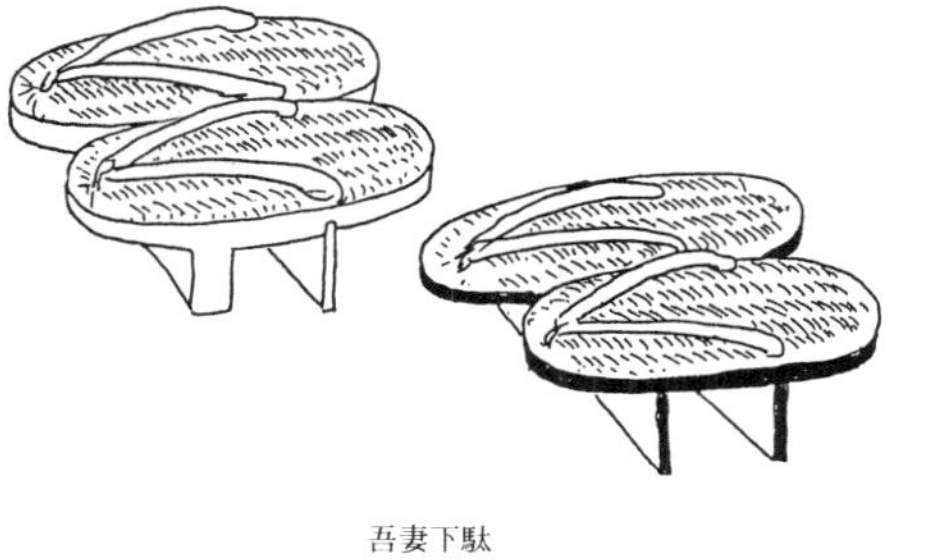
吾妻下駄

あずまコート【吾妻コート】

明治頃に始まった女性の和装の上に着る、着物の裾丈に近い、防寒と雨除け、また着物の汚れを防ぐための外套《がいとう》状の上衣。日本橋の白木屋で売出し、大正・昭和頃までも大いに流行した。

あずまっこ【東っ子】

上方人に対して江戸っ子を「あずまっ子」といった。「東」は関東をさし、関東の代表である江戸をもさす。曲山人補綴の『仮名文章娘節用』にも「東っ子は一句も出ません」とある。江戸っ子は一言半句も言えませんの意。

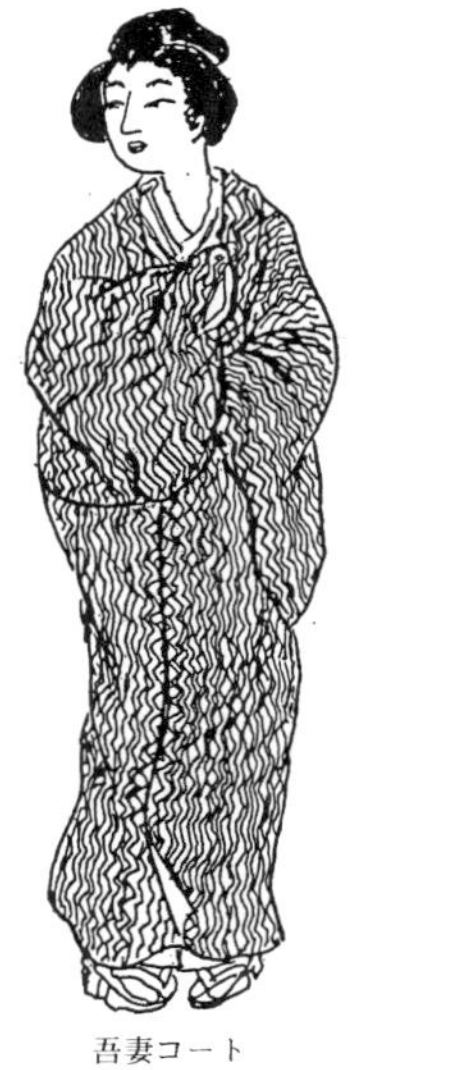
吾妻コート

あせだく【汗だく】

汗をだくだく流すの略。汗を垂して励むの意。大骨折《おおほねおり》をして熱心になってやる表現。「汗だくになって駆けて来た」などという。

あせてぬぐい【汗手拭】

現代のハンカチのような役目で、汗を拭うのに用いた。一般の三尺手拭よりやや小さく、職人らが襟の開いた衣に懐中したり、腰の帯にぶら下げたりした。

あせみずたらす【汗水たらす】

汗が水のように垂れるほど動くこと。「汗水垂らして働いた」などという。

あそこ【彼所】

あの場所の意。訛って「あすこ」ともいう。「あそこにいる人」などと用いる。また互いに知っている場所の隠語。「今夜あそこへ行こうか」「あそこは何となく気味悪い所だ」などと用いる。また場所だけでなく、隠語として肉体の部分を指して言うこともある。

あそびにん【遊び人】

定職を持たず、他にたかったり、博奕《ばくち》で稼ぐ者をいう。また遊蕩《ほうとう》に溺れた者に対してもいう。「あの男は花《か》柳界《りゅうかい》で有名な遊び人だ」などと用いる。

あそんをねがう【朝臣を願う】

明治維新で幕臣や大名の家臣は禄《ろく》を離れ、また廃藩置県となって主君から離れることとなった。それらの人々が明治新政府に出願して、役人にしてもらうことを「朝臣をねがう」といった。

あだおんな【婀娜女】

美しくなまめかしい女。色気を発散している女。特に芸妓や娼妓は男を魅《ひ》きつけるために一般女性より魅力的に装《よそお》った。当て字で「仇」とも書く。「婀娜な年増《としま》」「婀娜っぽい姿」「婀娜者《あだもの》」などとも用いる。➡年増《としま》

あたごじんじゃのどろぼういち【愛宕神社の泥棒市】

江戸時代に愛宕神社の年の市（新年を祝う諸品を売る市）で、隙を見て屋台《やたい》のものを掻っ払うのが下賤の庶民の自慢であり、一般庶民は、この年の市を泥棒市とも呼んだ。

あたごやま【愛宕山】

①江戸時代は本所深川の愛宕神社の傍《かたわ》らにある岡場所をさす隠語として使われた。②東京都港区にある海抜二六メートルの山。ここにある愛宕神社は火伏せの祭神として有名で、急階段の男坂と、緩《ゆる》い階段の女坂があり、江戸時代馬術の名人曲垣《まがき》平九郎が乗馬で昇り降りして有名になった。大正時代、ラジオの東京放送局が出来たことでも名高く、眺望が良いので遊楽の名所となった。

遊び人

婀娜女

愛宕神社の泥棒市

愛宕山

婀娜っぽい

あたじけない

吝《けち》ん坊《ぼう》のこと。「あいつはあたじけない奴だ」などという。

あだしつこい

「あだ」は「あた」の訛り。嫌な意味の語を強める接頭語として用いる。「あだしつこい」は極度にしつこいの意。「あいつの話はあだしつこいから嫌いだ」などと用いる。

あだっぽい【婀娜っぽい】

粋《いき》で色気のある意で、女性に用いる。現代ならチャーミング、セクシーなどという語にあたる。元来「婀娜」がその意で使われる字であるが、往々にして「仇っぽい」と書く。「ぽい」は、「ような」「的な」の意で接尾語。

あたぼう【あた棒】

江戸っ子の庶民が相手を罵《ののし》るときに言う。「当たり前《めえ》だ、べら棒め」を詰めた語で、「当然だ」「そんなことは言わなくってもわかってる」「下らんことを言うな」の意。「べら棒」は三都（江戸・京都・大坂）の見世物に出た便乱坊からきた語で、「馬鹿野郎」と同じ意。「あた棒め」といったり、「あたぼうよ」といったりした。

あたまがあがらない【頭が上がらな

い】

よく用いる語で、「あの人には頭が上がらない」などといい、恩義がある人に対して対等に接することができず低姿勢の状態であることをいう。江戸庶民は義理堅いのでよくこの語を使う。

あたまごなし【頭ごなし】

「こなし」は上から圧する意で、叱って「ごなし」という。相手が頭をさげて恐縮している上から圧すること。また頭は人体の最上部であることから、最初からの意にも用いる。「恐る恐る前に出たら、頭ごなしに怒鳴られた」などという。

頭ごなし

あたまでっかち【頭でっかち】

「でっかち」は「でかい」「大きい」の形容で、体全体にくらべて頭部が大きいことをいう。このことから理屈ばかりが先行して、実際の行動が伴わないことをいう。また、最初は盛んで、終りになるにしたがって勢いがなくなることを「頭でっかち尻つぼみ」という。

あたみのじんしゃてつどう【熱海の人車鉄道】

江戸時代は熱海温泉に行くには山越えするか、真鶴から船で迂回しなければならなかったが、明治二十九年（一八九六）雨宮敬次郎によって小田原・熱海間に人車鉄道が開設された。山に鉄道を敷き、客をトロッコ（人車）に乗せて数人の人夫がそれを押して山越えをするのである。後にトンネルを掘るなどして汽車が開通した。

あだやおろそかに【徒や疎かに】

「あだ」も「おろそか」も同じような意の語で、二つの語を重ねて強め、無視したり、忘れたり、いい加減なことをいう。「感謝しています。あだやおろそかには決して忘れません」などという。

あたり【当り】

感触のことで、人と人とが対面したときに受ける感覚。「あの人は当りが良い」とか「当りの悪い人だ」などと用いる。このほかに「心当り」といって記憶・関係の意にも用い、「さあ、心当りが無い」などという。

あたりき【当りき】

当り前、当然の意。「当り前」を威勢よく発声し、「当りきよ」などといった。得意になって返事をするときなどによく用いる。

あたりきしゃりき、ぶりきにたぬきにちくおんき【当りき車力、ブリキに狸に蓄音器】

当り前だと言うときの語呂合わせの冗語。江戸時代は単に「当りきよ」と言ったが、大正時代にはこのような語呂合わせもするようになった。「車力」は大八車や人力車をひく労働者のことである。「蓄音器」はレコード・プレーヤー。

車力

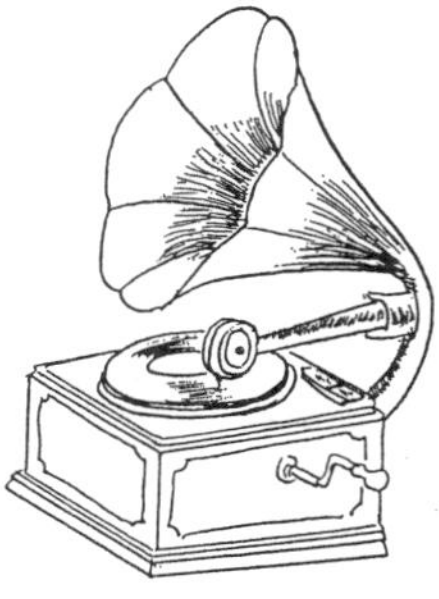
蓄音機

あたりばこ【当り箱】

硯箱《すずりばこ》のことを江戸の商人は「当り箱」といった。硯は墨を擦《す》る道具であるが、「擦る」は損失の意に通じるので、商売の忌言葉として嫌い、反対の意の「当《あた》る」という言葉を用い、「当り箱」といった。

あたりばち【当り鉢】

摺鉢《すりばち》のこと。「摺る（損失）」の意を嫌って「当る（成功）」の意を用い「当り鉢」

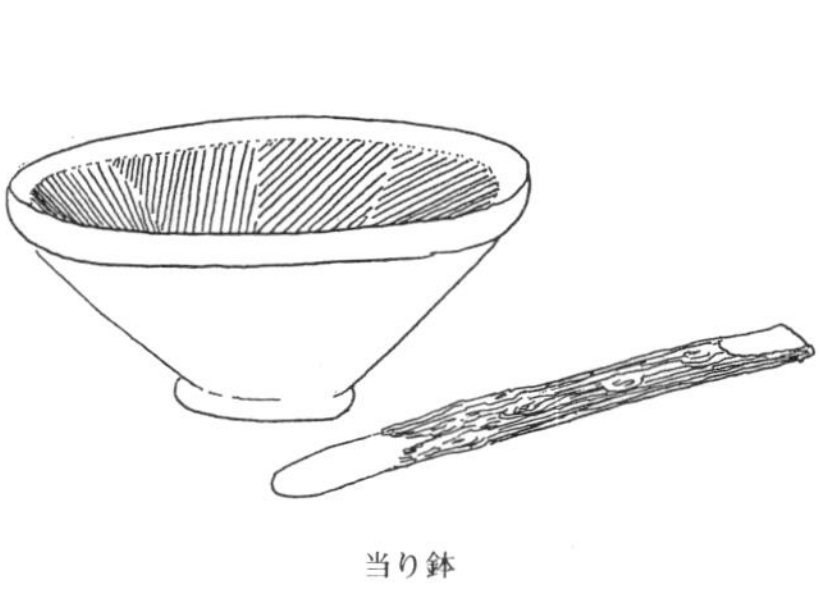
当り鉢

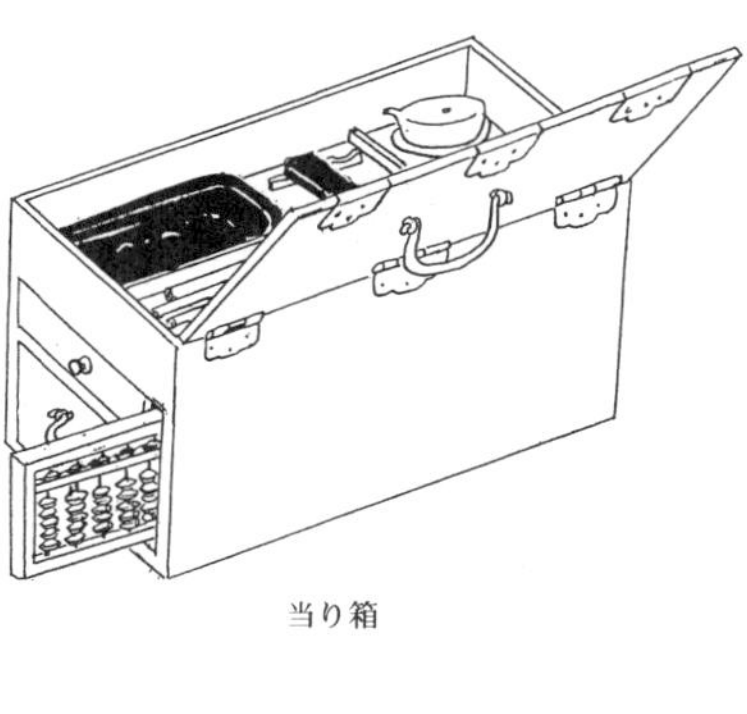
当り箱

といったもの。「するめ（鯣）」も「摺る」を嫌って「あたりめ」といった。

あたる

髪結床《かみゆいどこ》などで用いる言葉。「当る」は剃《そ》るの意。「月代《さかやき》をあたってくれ」「髭をあたってくれ」などといい、髪結床は「当り屋」という。「剃る」は削り減らし、損する意に通じるので、江戸っ子は縁起を担いで「当る」といった。

あちちち

急に刺激を受けたときに発する語。漢字で書けば熱いのは「熱《あ》ちち」、冷たいのは「あ冷《つ》ちち」、痛いのは「あ痛《つ》ちち」であるが、瞬間的に出る言葉は同音である。

あつあつ【熱熱】

男女の中が熱烈で、互いに熱中していること。情熱で燃えている表現。「誰と某があつあつで、とても見ていられねえ」などという。

あつかましい【厚かましい】

図々しい、恥を感じないの意。「あいつは何処に行っても厚かましいからハラハラする」などと用いる。「厚」は「熱」の当て字かもしれない。とすれば熱い釜の縁を平気で持ち上げる神経の鈍さであり、また手の皮が厚いように、面《つら》の皮も厚いということになる。罵《ののし》りの語であるが、「甚だ厚かましいお願いですが……」と謙遜《けんそん》する場合の前口上《まえこうじょう》にも用いる。

あつかわ【厚皮】

図々しいことを「面の皮が厚い」というが、略して「厚皮」という。狂訓亭主人『春色辰巳園』にもよく出て来る。

あつかわづら【厚皮面】

鉄面皮、厚顔《こうがん》無恥《むち》などの意で、少々辱《はずかし》められても赤面もしない図々しさをいう。

あっけない【呆気ない】

あまりに単純で張り合いのないこと。江戸っ子は訛って「あっけねえ話だ」「あっけねえことだ」などと用いる。また「呆気にとられる」は呆然として批判する間もなく呆れることである。

あっけらかん

呆《あき》れるほど図々しく、平気な顔をしている表現。「一寸《ちょっと》皮肉ったところで、あの男はあっけらかんとして何も感じない」などと表現する。「あっけ」は呆れている状態を表す語。

あっし

「私」が「わたし」に訛り、さらに「あたし」に訛ったが、庶民は早口で言うために威勢よく「あっし」といった。さらに訛って「わっち」などともいった。「あっしのことですか」などと用いる。

あったかいみずにえんがとおくなる【温かい水に縁が遠くなる】

「あったかい」は「あたたかい」の訛り。貧乏の形容で湯も沸かせないくらい貧しいことをいう。

あっち【彼方】

あのほう。かなた。あの地の意。「あっち」に対して自分を中心とした範囲を「こっち」という。「あっちこっちに借金している」「あっちこっちに迷惑かけた」などと用いる。

あっちい

あついの訛り。「暑い」「熱い」両方に用いる。「今日はあっちいな」「炭に触ってあっちかった」などという。熱かった時に思わず出る言葉が「あっちっち」である。幼児に熱い汁を飲ませる時には「フーフーしないとあっちいよ」などという。

あつぶて【厚ぶて】

「厚」は「厚かましい」「面《つら》の皮が厚い」、「ぶて」は「太い」「図太い」「ふてぶてしい」の意。つまり厚顔無恥《こうがんむち》をいう。「あいつは厚ぶてだから、何を皮肉ったって感じない」などと用いる。「ぶて」は「不貞」とも書く。

あつぼったい【厚ぼったい】

「ぼったい」はぼってりと膨らんで重たい感じの形容。厚味があるの意。「厚ぼったい本だ」などと用いる。江戸っ子調子では語尾を訛って「厚ぼってえ」ともいう。

あつもりをきわめる【敦盛を極める】

敦盛とは平敦盛《たいらのあつもり》のこと。『平家物語』によると、一谷の戦で平家は敗れ、海辺に逃れた敦盛だが、熊谷直実《くまがいなおざね》に呼び止められると引き返し、首を討たれてしまう。このことから、大道商人の口上に飽きて去ろうとする客を「敦盛を極め込む」というが、結局「さくら」（客の振りをした仲間）につられて戻ってきて失敗するものを買ってしまうのである。⇩桜《さくら》

あてがない【当が無い】

心当りが無いの意。「家を追い出されて行く当がねえ」などという。

あてこする【当て擦る】

他のことにかこつけて嫌味や皮肉をいう。「あの野郎、当て擦りやがって」などと用いる。皮肉屋を「あてこすりや」という。⇩耳擦《みみこす》り

あてごととえっちゅうふんどしはむこうからよくはずれる【当て事と越中褌は向こうからよく外れる】

希望的な予想はなかなか的中しないの意。越中褌は長さ三尺（約一メートル）で短く、小幅であったため、覆う陰部がよく外れる。意表をついた組み合わせがおかしい表現である。「当て事と畚褌《もっこふんどし》は先《さき》から外《はず》れる」ともいう。⇩越中《えっちゅう》

あてずっぽう【当寸法】

物差しも使わずに寸法をはかること。転じて、目当てや根拠もなしに勝手に押し測ってことを行う意。「当て推量」を略して「あてずい」といい、さらに擬人化して「あてずい坊」となり、さらに訛って「あてずっぽう」となったといわれる。「あてずっぽうなことを言うんじゃないよ。知らないんなら知らないといえ」などと用いる。

あてられる【当てられる】

男女の仲の良いところを見せつけられたり、のろけ話を臆面《おくめん》もなく喋られたりして、見たり聞いたりした人が困惑《こんわく》する

ことをいう。「いやもう、人前も憚《はばか》らずのろけられて、当てられっぱなしだった」などという。

あとがま【後釜】

竈《かまど》に火が残っている間に、据えていた釜を外して次の釜を据えること。転じて、人が役を終え、入れ替って次の者がその役につくことを言う。伴侶と離別したり死別した者のところへ来る次の亭主や妻をこのように言ったりするが、中には夫婦別れする前に後釜が控えていることもある。➡後添《のちぞ》い

あとさきもかんがえず【後先も考えず】

何かを行った時に、次の結果がどうなるかも考えず、思慮分別の無いこと。「後」は次のこと、「先」も将来のことであるから重複語である。「お前はいつも後先も考えずにやるから失敗するのだ」などと用いる。

あとじさり【後退り】

「あとずさり」ともいう。身分の高い人に背や尻を向けずに後方にさがること。それが一般化して、恐ろしくなった時などに前を見たまま後方に退くことをいう。「たじたじと後退りする」などと用いる。

あとしらなみと【跡白浪と】

「白浪」は航行した跡に残る波頭《なみがしら》のことであるが「知らない」の意にかけた言葉。つまり、物事を行ったが、その結果は責任負わないよ、知らないよの意。

あとずなでとびだす【後砂で飛出す】

「後砂」とは、土を蹴って砂を後ろに飛ばすこと。勢いよく飛び出すことの形容で、相手に対する侮蔑の意。「恩義も忘れて後砂蹴って飛び出して行った」などと用いる。

あどなさ

「あどけなさ」の略。純情無邪気の意。狂訓亭主人の『春色英対暖語』巻之二に「おぼこ娘のあどなさ」とあるが、娘のあどけない純情さの意である。

あとのかり【後の雁】

「あとのがん」ともいう。他人より遅れることをいう。雁は群れで飛ぶが、何かの都合で遅れ、一羽だけで飛んでいることもある。これを「後の雁」といい、取残された時に用いる表現である。また、「後の雁《かり》が先になる」というと、後から来たものが前のものを追い越す譬《たと》えとなる。

あとのまつり【後の祭り】

手遅れ。祭りの仕度に間に合わなかったように、済んでしまったことに対してどうしようもないこと。「今更揃えたって後の祭りだ」などという。「盗人去って縄をなう」と同じ。必要な時に間に合わなかったことの表現。

あとはのとなれやまとなれ【後は野となれ山となれ】

後のことは知っちゃあいない、責任は負わないから勝手にしろの意。責任放擲《ほうてき》の自棄的態度を表わす。➡跡白浪《あとしらなみ》と

あとひきじょうご【後引き上戸】

十分に酔っているのに、もっと引続いて飲み続ける酒癖の悪い者をいう。「あいつは後引き上戸だから一緒に飲む気にはなれねえ」などという。

あとへもさきへもいけねえ【後へも前へも行けねえ】

進退極まってどうしようもないこと。狂訓亭主人の『春色梅児誉美』にもある。「後へも前へも行けねえことをするな」などという。

あとをひく【後を引く】

引き続いて欲しくなること。きまりがつかないこと。「美味しくて後を引く味だ」などと用いる。

あながあったらはいりたい【穴があったら入りたい】

決りの悪いことや、恥ずかしいことを知られ、たまらなくなって他人の居ない穴蔵に隠れたいという表現。「いや、面目《めんぼく》ない、穴があったら入りたい」などという。

あなさがし【穴探し】

人や物の欠点を探しだすこと。「穴」は空白の意で、欠けているところ、隠しているところの意。「あいつは他人の穴探しが上手だから気を付けろ」などという。

あにい【兄い】

弟が兄を呼ぶときにも言うが、勇み肌の若者を呼ぶときに使い、江戸・東京では、職人が兄弟子に対して用いることが多かった。

あにいれん【兄い連】

若い者たちの意。親しい若者や名前のわからない若者を「兄い」「兄さん」と呼ぶことから、複数の若い男性を総称していうときには、「兄い連」といった。

兄い連

あねご【姉御・姐御】

本来は姉に対する敬称であるが、やくざの親分の妻や、やくざの女親分に、心服した子分たちが敬称として使う。一般では用いない。「姉御肌《あねごはだ》」はやくざの女親分のように友達や下の者をかばう性質のある女をいう。時には義侠心《ぎきょうしん》のある女、気《き》っ風《ぷ》の良い女に対していう。

あねさん【姉さん】

若い女性に対する親しみを込めた呼び

姉さんかぶり

方。飲食店で働く女性を「ねえさん」と呼ぶこともある。また庶民の一部では姉のことを「あねさん」と呼んだ。また、未婚の女性が髪の毛の汚れを防ぐために手拭で頭を包むのを「姉さんかぶり」という。

あねにょうぼう【姉女房】
夫より年上か、しっかりしていて夫より立場の強い女房をいう。「姉《あね》さん女房」ともいう。⇩老女房《おいにょうぼう》

あのいきがうまい【あの呼吸がうまい】
相手の様子を素早く観取って、間髪《かんぱつ》を入れずに発言・動作をすること。「相手の呼吸を見る」は相手の出方の瞬間を察知すること。「呼吸《こきゅう》を飲み込んで」ともいう。相手の言語・動作を逸早《いちはや》く察知して、対応すること。

あのじぶん【あの時分】
「時分」は時代の意。「あの時分は良かったなぁ」などと用いる。「時分」は時刻の意に用いる時もあり、「時分は丁度《ちょうど》丑満時《うしみつどき》（午前二時頃、真夜中）」などと用いる。⇩時分時《じぶんどき》

あのとおりの【あの通りの】
「あの通り」はあの状態のような意。江戸っ子はよく用いる。狂訓亭主人『春色梅児誉美』巻之二にも、「なにさ、あの通りの気性」とある。

あのひと【あの人】
互いに誰と名指ししなくても通用する目当《めあて》の人をいう隠語。恋人や亭主など、異性をさすときは「あの人」といって通用した。小指を立てて「あの人」と言った時は仲の良い女性・恋人をいう。現代でいう「彼」「彼氏」「彼女」のような語である。

あのよ【彼の世】
人が死亡して、その魂が行く所で、古くは「黄泉《よみ》」「常夜《とこよ》（世）の国」と言ったが、仏教が入ってから「冥途《めいど》」といい、江戸時代は専《もっぱ》ら、「あの世」といった。「あの世の道連れ」といえば心中のことである。

あばずれ
「阿婆擦《あばずれ》」は当て字。多くは、世間に揉まれ、擦《す》れて太々《ふてぶて》しくなった女をいう。「擦れっ枯《か》らし」「莫蓮女《ばくれんおんな》」ともいう。「阿」は「あま」の意で女性を表す。「婆」は女の年寄りの意で、世の中の裏表を知り、厚釜《あつかま》しくなっていることを表す。また「あば」は「暴れる」「悪場」の意にも通じる。「一寸《ちょっと》見は澄ましているが、あれで仲々あばずれだからなあ」と用いたり「この阿婆擦奴《め》」などと罵《ののし》ったりする。

あばたもあいきょ【痘痕も愛嬌】
痘痕《あばた》で凹んだ所も笑窪《えくぼ》のようで、にこにこしているように見える。つまり何か欠点があっても取り柄になるの譬《たと》え。

あばよ
「さようなら」の意。親しい者同士が別れるときにいう。幼児が「さようなら」の意で「あば」と言うのを大人が真似して言ったのであろう。

あひるがかけだすようなふうつき【家鴨が駆け出すような風付】
家鴨は走る時に肩を揺すって腰を左右させるので、運動神経の鈍《にぶ》い人が急いで駆ける時に肩を左右に振って鈍《のろ》く走る不態《ぶざま》な姿を皮肉った形容。「風付」は動作・姿のこと。

家鴨が駆け出すような風付

あひるがべんとうばこぶらさげてあるくような【家鴨が弁当箱ぶら下げて歩くような】
尻の大きな女性が身体を揺《ゆ》すって歩くさまを形容したもので、往時、地方から奉公のために東京に出てきた女性や野暮《やぼ》ったい女性の歩き方をからかった悪口の比喩《ひゆ》である。

あぶない【危ない】
一般に危険の意に用いるが、死亡直前の状態であることも「危ない」という。つまり助かる見込みが薄く、臨終が近づいていることをいう。「誰某は長く入院しているが、そろそろ危ないんだって」などと言う。

あぶなっかしい【危なっかしい】
危なく見えること。失敗しそうに見えるさま。「危なっかしい手付きで、見ていてはらはらする」などという。

あぶはちとらず【虻蜂とらず】
両方を得ようとしてどっちも手に入らないこと。「二兎を追うものは一兎をも得ず」に似た語であり、欲張って何も手に入らないことを表す。

あぶもとらずはちもとらず【虻もとらず蜂も取らず】
「虻蜂とらず」を念入りに言った言葉。江戸時代は「虻もとらず蜂もとらず」の語が流行したらしく、十返舎一九の『東海道中膝栗毛』の初編に記されている。

あぶらしょうじ【油障子】
裏長屋の入口の障子は腰高障子であるが、雨に当たって濡れると、もろく破れるので、障子紙の外側に桐油を塗って雨滴をはじいた。これを「油障子」といった。

あぶらっこい【油っ濃い】
男女の仲のどろどろねちゃねちゃしていることの表現。狂訓亭主人『春色辰巳園』巻之七にも「チッと油濃いの」とあり、少し状況が濃厚だなの意。

あぶらむし【油虫】
ゴキブリの異称。油を塗ったようにてらてらしているのでいう。また、遊郭のひやかし客や、芝居の無銭見物客も「油虫」、略して「油」といい、転じて、あらゆるものの代金・料金を払わぬ者、他人

に遊興・飲食代をたかる者など、人に嫌がられる者をいう。『誹風柳多留』初編にも「大神楽ぐるりはみんな油むし」とある。

あぶらや【油屋】

四、五歳の幼児が、食べ物などで着物の胸を汚すのを防ぐためにつけた涎懸《よだれかけ》と前掛を合わせたような白布。江戸時代の油屋の小僧（丁稚《でっち》）の胸懸に似ているので、俗に「油屋」といった。これが訛って「あぶちゃん」といった。

油屋、あぶちゃん

あぶらをうる【油を売る】

所用を果たすべき者が、途中で何かの用事に引っかかって帰着が延びてしまうことをいう。江戸時代から昭和時代初期頃まで、庶民は食料油を店や引き売りの商人から少量ずつ買い入れた。商人は油壺から升《ます》で汲み出すが、汲んですぐの油は表面張力で盛り上がっているので、そのまま量ると買手が損をする。故に売手は油が升に平らになるまで時間をかけて待ち、平らになってから買手の瓶に漏斗《ろうと》を差し込んでゆっくり流し込んだ。このことから、ダラダラ時間をかけることをさして、「油を売る」という語が生まれた。

あぶりこ【焙り子】

餅や魚を焼くときに用いる金属性の網や、鉄棒を数本並べたものをいう。金網。

あぶれもの【溢れ者】

江戸時代、日当仕事をする者のうち、必要人員に入れず、仕事にあり付けなかった者をいったが、後に、「もて余された者」の意となり、やがて「無頼漢《ならずもの》」「ごろつき」「やくざ」までをもさす語となった。⇩やくざ

あべこべ

本来の状態と逆になること、反対になってしまうことをいう。「文句を言いに行ったら、あべこべに叱られて来た」「一人前の癖に子が親の世話になっているとは、あべこべだ」「それは始めと終わりがあべこべだ」などと用いる。

あほうだら【阿呆だら】

馬鹿者の意。これが訛って「阿呆垂れ《あほたれ》」ともいう。江戸時代に経文の真似をして、世間を皮肉った俗謡で「阿呆陀羅経《あほだらきょう》」というのが流行した。

あま【尼】

女性を罵《ののし》っていう時の代名詞。『守貞漫稿』第三編にも「婦女をあまという」とあり、下賤の者が用いているが、現在でも罵る時に「このあま奴《め》」と用いたりする。

あまくち

巧《うま》い言葉。巧いを「あまい」と表現する。狂訓亭主人『春色辰巳園』巻之九に「そんなあまくちは請《う》けねえ」とあり、そんな上手なことを言ったって引っかからないの意である。

あまざけばばあ【甘酒婆】

老婆の髪が白くなったのを甘酒に譬《たと》えていう悪口。「甘酒婆の癖に余計な口を出すな」などと罵る。一説に、大道で甘酒を売る亭主に協力して家で甘酒を醸造する貧しい婆という意味で、軽蔑語として用いたという。

あまっこ【尼っ子】

女性を蔑んだ呼称。諸説あるが、古くは海洋民族のあいだで海に潜って魚介や海藻を取る女性を蔑んで「あま」といったので、女性の蔑称として伝わったともいわれる。江戸時代は身分の低い家の少女を「あまっちょ」と訛って呼んだ。

あまっちょろい【甘っちょろい】

考えが甘い。考えが足りない。薄馬鹿の意。「そんな甘っちょろい考えでは駄目だ」「甘っちょろい奴《やつ》」などという。

あまのじゃく【天邪久・天邪鬼】

ことさら人に逆らって片意地を張り、反対の言動を取る者のこと。つむじ曲がり、ひねくれ者。「あいつのあまのじゃくぶりには閉口だよ。右と言えば左というんだからな」などという。

あまりものにはふくがある【余り物には福がある】

必要以外の余分なものは重要視されず、粗末に思われているが、本当はその余分なものに良いことがあるのだから粗末にしてはいけないの意。現代は「残り物には福がある」といっている。人々は欲しいだけ分配確保して、残ったものには見向きもしないが、本当はそうしたものにもそれぞれの利用価値があるのである。残り物を利用するときは惜しげなく使えるので、案外良い見返りとなって得をする。「余り物」「残り物」は同じ意味に用いるが、少しニュアンスが異なる。洒落《しゃれ》言葉に「甘い物には福がある」というのがある。

あみがさぢゃや【編笠茶屋】

遊廓へ向かう手前にあった編笠貸し専門の茶屋。軒先に編笠をいくつも吊していた。遊客が、他人に顔を見られるとまずいので、編笠を借りていくのである。

あみだかぶり【阿弥陀被り】

現代では帽子を斜めに被っている状態をいうが、江戸時代は編笠を後頭部にかかるようにずらして被ることをいった。ちょうど阿弥陀如来《あみだにょらい》の像が光背《こうはい》を負っているようなので、こういわれた。

あめどっくり【飴徳利】

西洋人の飲む葡萄酒《ぶどうしゅ》の瓶が飴色であったので、この空瓶を手に入れて「飴徳利」といって幕末に珍重された。長崎や横浜などで入手した者は、これを自慢の道具

にしたのである。

あやしび【怪し火】

①怪しい火の意で、原因不明の火事のこと。不審火。江戸時代は火災が多く、出火原因を調べる方法も未熟だったので「怪し火」という言葉がよく使われた。「あの長屋の火事は怪し火で、今詮議《せんぎ》中だ」などといった。

②幽霊が出るときに燃える火のことも「怪し火」という。⬇陰火《いんか》

あやとり【綾取り】

江戸時代からの少女の室内遊戯の一種。紐を輪にして両手に掛け、指で複雑に掛け合わせて様々な形をつくる。それを相手が指で違う形にしながらすくい取り、これを交互に行って、指から紐が外れると負けとなる。色々な形に掛け合わせられるので一人遊びもできる。現在と違い、玩具の少なかった昭和の初めごろまではよく行われた遊びである。

綾取り

あやふや

不確実のことや、自信の無いことをいう。「あや」は怪しいこと、「ふや」は不確かな様子を表す。「あやふやなことを言うな、しっかり調べろ」などという。

あやをのこす【綾を残す】

①綾の織模様のように色々の経過があったこと、また、痕跡が残ることをいう。

②他人を叱る場合、全面的に落度ばかり責めないで、ある程度の体面を残すようにすること。

あゆびな【歩びな】

「歩《ある》きな」の訛り。現代では用いない。狂訓亭主人『春色辰巳園』巻之七に「おいらの肩にでもつかまってあゆびな」とあるのは「私の肩につかまって歩きな」の意。

あら【粗】

まばらで、こまやかでないという意から、粗雑なことや、欠点の意にも用いられた。「あらが目につく」は欠点に目がいってしまうの意。欠点探しを「あらさがし」という。

あらい【洗い】

調理用語。魚を刺身にして氷や冷水で身を締まらせたもので、新鮮で活きが良いのが好まれた。鱸《すずき》や鯛《たい》、鯉《こい》などが用いられた。

あらいがみ【洗い髪】

洗髪した女性が濡れた髪を乾かすために結髪せずにいる状態をいう。女性は髪を結うのが常の時代には、この洗い髪が美しく粋《いき》に見えた。

あらかた【粗方】

大部分。殆《ほとん》どの意。「あらかた仕事を片付けた」「一人であらかた食べてしまった」「あらかたお話しした通りです」などと用いる。

あらき【荒気】

気の荒いことをいう。「神田っ子は荒気の大将だ」などといい、喧嘩《けんか》早い、気短かの意に用いる。

あらだてる【荒立てる】

揉め事などをさらに激しくすること。「ことを荒立ててしまった」などと用いる。

あらっぽい【荒っぽい】

手荒な、粗雑なの意。「ぽい」は江戸っ子調で、行為・性格・状態の傾向を表す語。

あらまし

大体、大略の意に用いる。「あらまし話をしておいた」などと用いる。

あられがま【霰釜】

茶の湯に用いる釜で、表面に無数の小さな突起を鋳出してあるもの。霰が降ったように見えることからの名である。このような細工の鉄瓶もある。

あられもない

①みっともない、はしたないの意。「あられもない格好《かっこう》で恥かしかった」などと用いる。

②とんでもない、思いがけないの意にも用いられ、「あられもない話」などともいう。これは、有り得ない、想像もつかないの意が含まれている。

あらをさがす【粗を探す】

他人の欠点を探すこと。特に、当人が気づいていないような欠点を探すこと。「あいつは人の粗を探しては付け込む」などと用いる。

ありあい【有り合い】

特別に準備して提供するのではなく、ちょうどその場にあったもので間に合わせること。「有り合わせ」とも言い、現在でも来客があって食事を出す時に、特別に準備したり、新しく作り直したりせずにその場にある品で間に合わせるような場合、「有り合いの粗末なもので、お口に合うかどうかわかりませんが、一口召し上がって下さい」などといってすすめる。江戸独特の謙遜《けんそん》用語。

ありがためいわく【有難迷惑】

親切のつもりでやってくれたことが、却って障害になったり、困惑したりすること。「こんな物をもらっても却って有難迷惑だ」などという。押し付けがましい親切を表す。

ありがたやまのほととぎす【有難山の時鳥】

礼の言葉に冗句を交ぜて洒落《しゃれ》ていう言葉。山ほど感謝する意で「有難山」、山と付けたから「ほととぎす」と風流振っただけで、結局は有難いという気持を洒落めかしただけである。大正時代頃まで職人の若い衆に酒を与えたりすると、「おっと、これはかっちけねえ（忝《かたじけな》い）、有難

山の時鳥だ。では遠慮なく頂戴致しやす」と気取る者もいた。➡忝茄子《かたじけなすび》、頂山《いただきやま》の鳶烏《とびがらす》

ありがち【有り勝ち】

よくあること。無いこともあるが、有る方が多いという意。珍しくもないという意も含む。「そういう過ちは有り勝ちのことだから、今後よく注意しなさい」などと用いる。

ありきたり【在り来り】

在来のもの、従来からあるもので、珍しくないという意。「この模様は在り来りのものだ」などと用いる。他人に土産《みやげ》などを渡すときに謙遜《けんそん》して「別に珍しくもない在り来りのものですが」など言う。

ありさま【有様】

光景・状況の様子をいう。「この有様ですから」などという。

ありしくろうをはなす【ありし苦労を話す】

「ありし」は「あった」、つまり「ある」の過去形で、若いとき味わった苦労のこと。「ありし日の苦労を話しても今の若い者にはわからない」などと用いる。

ありつく【在り付く】

希望していたものを得られること。「やっと勤めに在り付いた」「腹が減り切っている時に握り飯に在り付いた」などと用いる。

ありったけ【有りっ丈】

有る分すべて。「ありったけ出した」などという。「たけ」は「だけ」の訛り。

ありていに【有り体に】

あるがままにの意。『閑情末摘花』二編巻之上に「有り体に白状するが」はあるがままに偽ることなく白状するがの意。「体」を「てい」と発音する。

ありのまま【有りの儘】

実際の状況どおり、真実どおりの意。「ありのままの話をした」などという。

ありのみ【有の実】

「梨」は「無し」に通じるので、忌言《いみこと》葉《ば》として「有の実」といった。

ありゃしない

有り得ることでない。通常でない。「あんなこと言われて腹が立つこと有りゃしない」「そんなこと有りゃしない」などと用いる。「有る」の否定語を強めた言い方。

ありやす【有りやす】

「有ります」の意。「やす」は「ます」の訛り。庶民言葉。「御ぜえやす」は「御座います」の意。江戸時代の戯作本《げさくぼん》の会話によく用いられている。

ありゃりゃんりゅうと

江戸時代、火事があると動員された町火消は先を争って現場に駆けつけ、纏《まとい》を立てたり龍吐水《りゅうどすい》をかけたり、鳶口《とびくち》を使ったりして勇ましい働きをした。子供たちはその真似をし、勢いよく走るときに「ありゃ、ありゃ」の掛声と「龍吐水」を縮め、「ありゃりゃんりゅうと」と叫んだ。明治以降は聞かれなくなったが、大正頃までは子供が駆ける時には「ありゃりゃん、こりゃりゃん」と言ったものである。

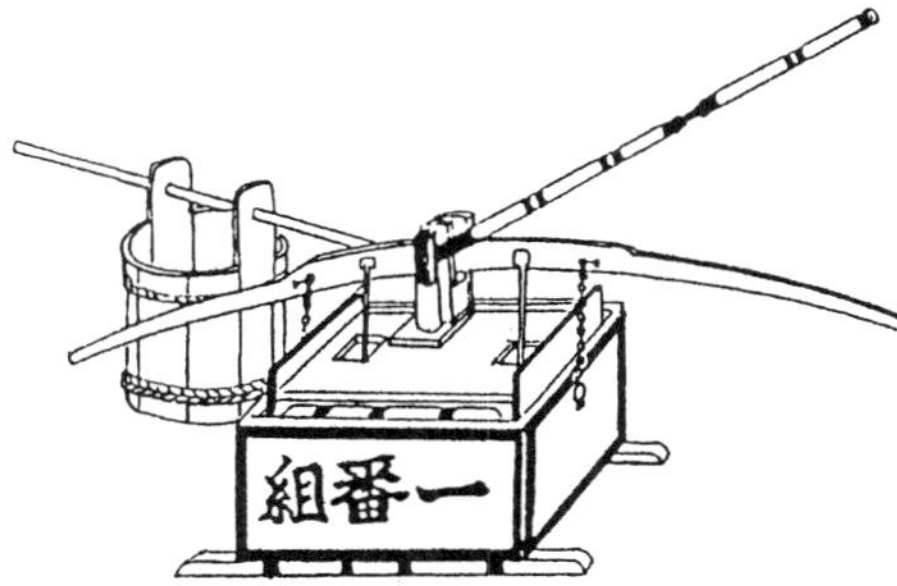

ありゃりゃんりゅうと〈龍吐水〉

ありんす

江戸吉原遊廓における廓訛《さとなま》りで、「あります」を「ありんす」と言った。代表的な廓言葉《くるわことば》であり、遊女たちの話す廓言葉を「ありんす言葉」と呼ぶこともあった。地方から売られてきた娘が方言を使うと興醒《きょうざ》めであるということで、吉原遊廓独特の語を作り、遊女たちに教育して使わせていた。

あるかなし【有るか無し】

「有るか無しか」の意。間に合うだけ持っているのか足りないのかのすれすれの場合にいう。十返舎一九の『続膝栗毛』十一編上に「いやもう、江戸へ帰るだけの路用があるかなしで」とある。また、有るのか無いのか区別がつけ難いほど僅かだという意でもある。

あることはある

無くなったわけではないが内容については確信を持てないの意で用いる。「その家は今でもあることはありますが」などと用いる。内容を曖昧《あいまい》に表現する言い方。

あるへいとう【有平糖】

砂糖菓子の意である。ポルトガル語 alfeloa が訛ってアルヘイル、アリヘイなどといい、やがてアルヘイトと言ったので、漢字で有平糖と書いた。砂糖を煮詰めて紅白の縞模様の棒状にしたもの。安土桃山時代に伝来した菓子で珍重され、大人も子供も食していたが、明治頃から駄菓子となり、専ら子供がよく舐める菓子となった。

あるまいし

「……ではないであろうに」の意。「娘子供ではあるまいし」は娘っ子や子供でもないはずなのにの意。「殿様ではあるまいし」は殿様の立場ではないのにの意。「ある」を「まい」で否定した用語。「あるめえし」と訛る江戸っ子もいる。

あるめえ

「あるまい」の訛り。「そうじゃあるめえ」は、そうではないだろうの意。「仕方があるめえじゃあねえか」は、仕方ないじゃないかの意。狂訓亭主人『春色辰巳園』巻之七に「何も喧嘩《けんか》をするわけもあるめえ」とあるが、何も喧嘩をする

理由もないだろうの意。

あるようなないような【有るような無いような】

いい加減で善悪などの判断が乱れた様子をいう。「有るような無いような時代」というのは人倫・道徳が乱れる寸前の時代であるということ。

あれ【彼】

遠称の指示代名詞であるから使用は多い。物であれ人であれ、物事を直接の語で言わず、会話をしている者同士で通じる用語。人についていうときは人名に言及するのを避けている言い方である。物についても事についても具体性を避けて使われる場合が多い。部分についての隠語的表現ともなる。

あれっぽっち

ほんの僅かの意。「あれっぽっちのことをして用を果たしたといえるか」などという。「ぽっち」はわずかの意。

あれまあ

驚いたときの感動詞。「あれまあ驚いた」などと女性がよく用いる。

あわしまさま【淡島様・粟嶋様】

日本神話に記されている少彦名神は住吉明神の妃とされ、和歌山県名草郡加太に祀られており、俗に「淡島様」「淡島明神」といって婦人病治癒を願う神とされた。江戸時代は淡島明神の行者《ぎょうじゃ》と称する者が白衣に白の袖無しを重ね、頭を白布で巻いて、小さい淡島明神の社殿の下に長い棒をつけたのを持ち、片手に鈴を振って門付《かどづ》けを行った。その家の女性は不用になった衣類や縫針、切った髪の毛などを奉納するのである。明治以降の行者は大きいお厨子を背負って歩き、時には御籤《おみくじ》で占いも行った。大正時代頃まで町で見掛けたが、現代は見られない。

淡島明神

あわのなるとをこぎぬける【阿波の鳴門を漕ぎ抜ける】

阿波の鳴門は潮流の渦巻く有名な所で、昔の渡海には必死の危険箇所。これに譬《たと》えて、事業・商売が失敗するかもわからないのを断固決断して強行することをいう。「どうやらこうやら阿波の鳴門を漕ぎ抜けた」などと危機を脱した時に用いる。

あわびのかいのかたおもい【鮑の貝の片思い】

「磯の鮑の片思い」ともいう。鮑は二枚貝でなく片貝なので、片思いにかけて、相手は関心がないのに一人で恋焦がれる象徴として江戸時代から現代にまで用いられている。

あわよくば

「あわ」は「間《あわい》」の意で、頃合い、機会のこと。現在でいうと「うまくチャンスにぶつかれば」の意となる。「あわよくば、これを機会に接近しようとした」「あわよくば持ち逃げしようとした」などといった。

あんか【行火】

約三十センチ立方、上面がやや丸味を帯びた素焼きの道具で、三方に丸窓、一方が広い入り口となっている。十センチ程の深さの素焼きの器に灰と火のついた炭を入れ、このあんかの中に置く。これに布団をかけて炬燵《こたつ》の代わりに用いる。

あんき【安気】

気楽・平和の意。「あんきに暮していかれるのにまたどこかへ行ってしまった」

行火で暖まる

行　火

などと使う。また時には他人に気を使わないボンヤリ者の意にも用いる。例えば「あいつは安気な奴だから始末が悪い」などというように用いる。

あんころもち【餡ころ餅】

小さい団子状にした餅を餡で包んだもの。「ころ」は転ばした、またはころっと丸めたの意。

あんじる【案じる】

心配すること。相手のことをいろいろと考えること。曲山人補綴の『仮名文章娘節用』にも、「明ても暮ても、あなたの事をのみ御案じなすって」とある。

あんた

相手を呼ぶときの「貴方《あなた》」の語が訛ったものである。下町では亭主のことを「あんたーぁ」と呼ぶ。関西では丁寧に「あんたさん」と呼ぶという。

あんちきしょう【あん畜生】

「あん」は「あの」の訛り。「こん畜生」が、「この畜生」の訛りであるのと同じ。畜生は元来、動物の総称で、相手を軽蔑した言い方。人より劣るの意。「こんな目に遭ったのも、あん畜生のおかげだ」などと用いる。「ちくしょう」と言わず「ちきしょう」と訛る。

あんちゅうすべい

江戸っ子がわざと田舎言葉を使った用語。「あんちゅう」は「何という」、「どういうことを」の意。「すべい」は、「したら良いか」の意。べいべい言葉を真似て「どうしたら良いか」の意でいう。十返舎

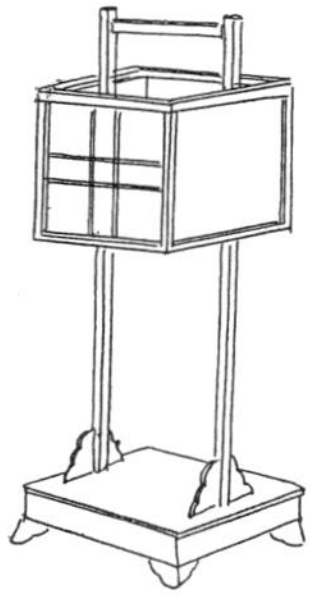
角行灯

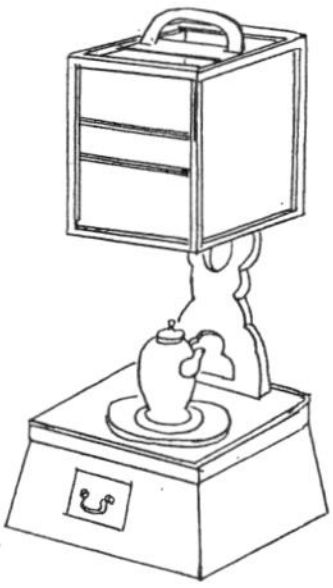
高口行灯

角行灯

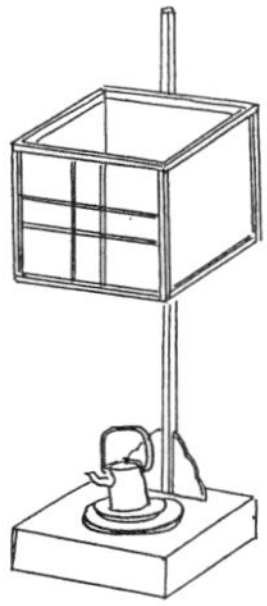
角行灯

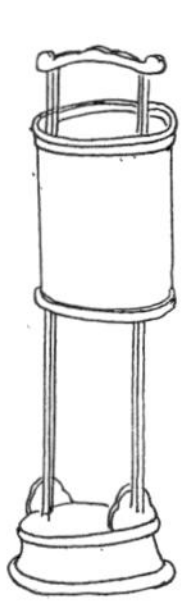
雪洞型行灯

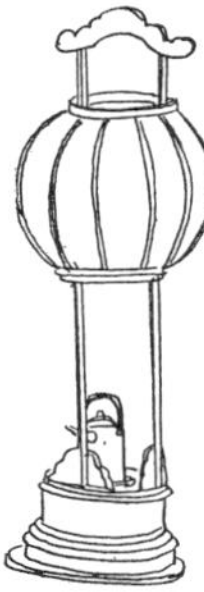
雪洞型行灯

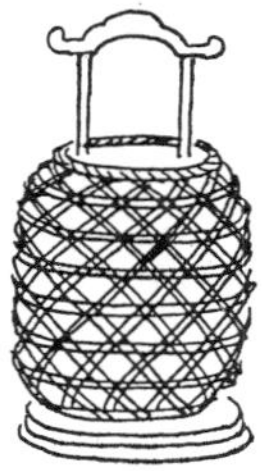
籠型行灯

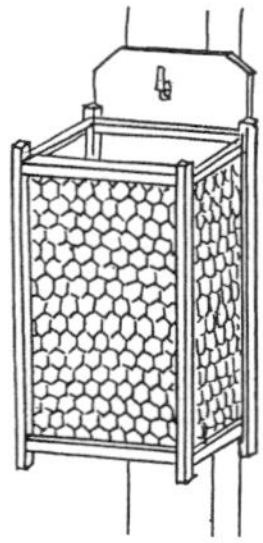
掛行灯

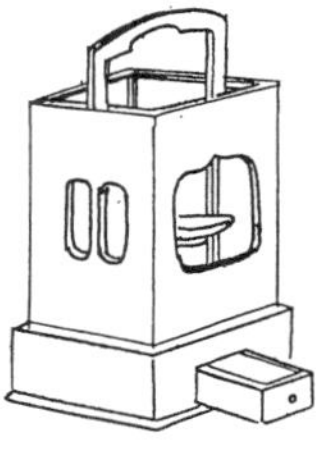
有明行灯

辻番所などにおく行灯

一九の『続膝栗毛』五編上にも「水サア出来たんべい、あんちゅうすべい」とある。

あんちょく【安直】

すぐに通じること。容易《たやす》くわかること。大正時代、学校教科書の問題の解答集があったが、これも「あんちょく」または訛って「あんちょこ」といった。

あんどん【行灯】

「あんどう」の訛り。電灯に比べるとだいぶ薄暗いあかりである。小皿に灯油を満たし、灯心を入れて火を付けたものを紙張りの枠の中に入れる。用途と形によってさまざまな種類がある。行灯は昼間の明るさの中ではぼやけて何の役にも立たないので、呆《ぼう》とした人物を「昼行灯《ひるあんどん》」とあだ名した。

あんどんだて【行灯建て】

二階も一階も同じ面積で、四角く細長い建物。江戸時代の長屋や、狭い地所に建てた家によくある。現代の洋風建築にも見られる。「上下とも一間《ひとま》しかない行灯建てで」などという。

あんどんばかま【行灯袴】

襠《まち》の無い袴。座居の際、下の着物が傷まないということで、江戸時代に一部で好まれ、明治・大正時代には女学生がよく用いた。二股に分かれておらず、スカートに似ているが、前後の布平紐で結ぶ。

あんばい【塩梅・按配】

塩と梅酢で調味することを「塩梅」という。このことから「塩梅」は物事の具

合、加減の意ともなるが、この意で使う場合「塩梅式《あんばいしき》」ということも多い。「こういった塩梅式でお願いします」などと用いる。また、身体の調子にも用い、病気になることを「塩梅が悪い」という。さらに「機会」の意にも用いられ、「呼ぼうと思ったら、ちょうど良い塩梅にやって来た」などと用いる。

あんべえもの

「按配《あんばい》もの」の訛り。方言のべえべえ言葉ではない。考えて工夫しなければいけないことの意。曲山人補綴の『仮名文章娘節用』に「よっぽどあんべえものだ」とある。

あんぽつ

宿場の旅人を乗せる駕籠や、江戸市中で庶民を乗せる辻駕籠よりは上等で、豪商や病人を運ぶ時に利用する駕籠。乗り口は茣蓙《ござ》が下がっているのではなく、引戸になっている。中も辻駕籠より上等で広い。駕籠を常備していない武士も利用した。駕籠屋に依頼すると高価であるが応じてくれた。今日のハイヤーに当たる。「番頭さん、明日はあんぽつを四ツ時《どき》までに頼んでおくれよ」などと用いる。⬇辻《つじ》駕籠《かご》

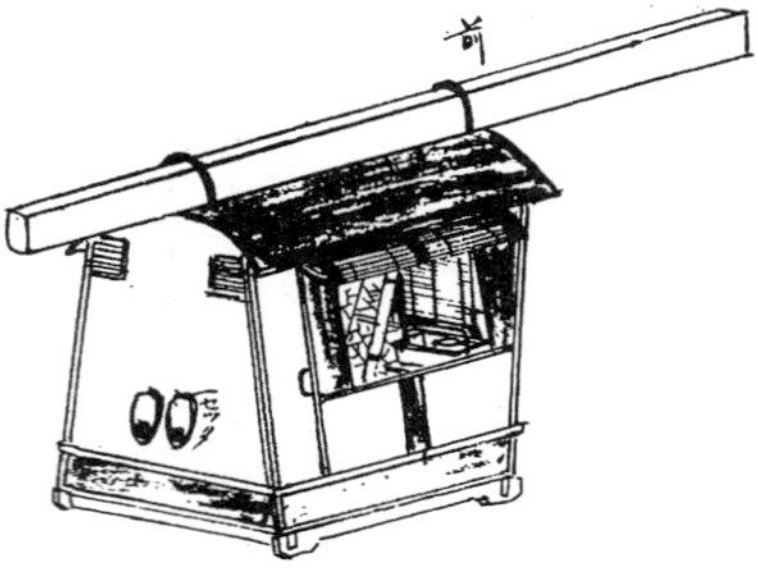

あんぽつ［守貞漫稿］

あんぽんたん【安本丹】

阿呆《あほ》、馬鹿《ばか》の意。江戸時代に流行した語というが、現在でも用いられている。

あんま【按摩】

盲人が職業とすることが多かったが、揉治療《もみぢりょう》のことである。按摩を行う者は「あんま上下《かみしも》二十四文」と言いながら笛を吹き、流して歩いた。「上下」は胴から上、胴から下の区分で、上下全身で四十八文である。江戸時代後期は上下で百文であった。外を流さずに家で客を待つ按摩もあった。⬇流《なが》し

按摩［姿絵百人一首］

あんまい

「あんまい」は有るまいの訛り。「そんな馬鹿なことはあんまい」などと用いる。十返舎一九の『続膝栗毛』七編上にも「気遣いなことはあんまい」とあるが、気にすることも無いだろうの意。

あんまり【余】

「あまり」の訛り。「たいへん」「よほど」「限度を越えている」の意であり、「そんなことをいうのはあんまりだ」などと用いる。否定文で用いると「僅か」の意になる。「それはあんまりにもひどい」「その品はあんまり高くない」「あんまり良い気持ちはしない」「あんまり目立たない」などという。

あんも【餅】

「あも」ともいい、餅《もち》の幼児語。江戸では、発音の充分でない幼児が餅を「おもち」と言えず、訛って「あんも」となったといわれる。

あんよ

幼児語で足、歩くことをいう。「あんよはお下手《へた》、転ぶは上手《じょうず》」とか、その反対の「あんよは上手、転ぶはお下手」といって調子を取り、幼児の歩む練習を励ます。

「い」

いい

「良《よ》い」の訛り。「いい加減にしろ」などと使う。

いいかげん【好い加減】

真剣にやらないで無責任に処理したり応対すること。また「適当に」の意に用いることもある。「いい加減なことを言うな」は「出鱈目《でたらめ》を言うな」の意で、「いい加減にしろよ」は「もうそんな程度に留めておけ」の意。また「ええ加減」とも言う。

いいぐさ【言い草・言い種】

言い方や言う内容を指す。「その言い草が気に入らねえ」は「そう言ったことが気に入らない」の意。また、文句の意にも用いる。「言い草を言ってけちをつけているわけではない」などと言う。

いいさいわいに【好い幸いに】

「好い」は「ちょうど好い」の意に用いられ、何かの転機としてちょうど良い切れ目としていう。「友達がこれで失礼すると立ったので、自分も好い幸いに共に立った」などと用いる。

いいだしっぺ【言い出しっ屁】

元来は、数人が集まっている場に臭気が漂ったとき、放屁《ほうひ》した当人が気が咎《とが》めて、自分はしていないと最初に主張し始めることをいう。転じて、やっかいな問題を最初に提起した人が、結局その問題を引き受けることをいう。

言い出しっ屁

いいだまちのどんどん　今の千代田区飯田橋の一丁目堀留橋脇の辺りをいう。土地のあだ名。神田川の水の落口がどんどんと水音がするのでこう呼ぶ。⇩どんどん

いいつけてやる【言い付けてやる】　①よくわかるように説明して理解させること。「あの馬鹿でも、よく言い付けてやれば役に立つ」などと用いる。　②告げ口すること。「こんな悪さをして、おっかさんに言い付けてやる」は、こうした悪いことは母親に叱ってもらうように報告してやるの意。

いいっこなし【言いっこ無し】　「もう言うな」の意。「〜っこ」は「〜すること」の略した表現。「いいこなし」とも言う。「そのことは言いっこなし」とは、お互いそのことを言い合うのはもう止めようの意で、打切りを意味する。

いいつらのかわ【好い面の皮】　他人の体面を汚したときや、他人に体面を汚されたと感じたときに使う表現。辱《はずかし》められても平気なことを「面の皮が厚い」というように「面の皮」は体面のことである。「俺だけ面罵《めんば》されていい面の皮だ」「あの野郎はいくら罵《のの》っても感じない。いい面の皮だ」などと言い、体面を恥じるほど罵られたことを表す。⇩面《つら》

いいどころ【言い所】　愚痴や文句の言いやすい所・相手の意。心のはけ口。曲山人補綴の『仮名文章娘節用』にも「わたしには我儘《わがまま》の言い所と思つて」とある。私にとっては我儘を言っても許される所（相手）と思いの意。

いいなずけ【許嫁】　昭和後半からはあまり聞かなくなったが、江戸末期から大正頃まではよく行われた。親同士が、自分たちの子供の男女を、将来、嫁または婿にすると約束して交際させることである。また、その当人同士のことをもいう。大正時代頃までは親同士の約束を子供も守り、成人して夫婦になった。子供心にも許嫁がいることは一種の自慢であった。現在はこの風習も廃れ、めったに聞かれなくなった。

いいのめす【言いのめす】　言いたいことを十分に言って、相手に打撃を与えることをいう。「のめす」は、相手を倒す意に用いる語。「散々言いのめしてやった」などと言う。

いうなぁ【言うなぁ】　「言うのは」の意。「のは」を勢いつけて言うと「なぁ」となる。「そこの名物というなぁ」は「そこの名物というのは」の意。「そいつぁ」「これぁ」などの「ぁ」と同じ。

いえつきむすめ【家付き娘】　生家にいる実子の女性で、婿取りをして家を継ぐ者をいう。「女房が家付き娘だから、婿は女房に頭が上がらない」などと言う。

いえぬし【家主】　貸家とその土地を所有している者をいい、居付家主《いつきいえぬし》ともいった。家主《いえぬし》にまかされて貸家の差配を実際に行う者は「家主《やぬし》」「大家《おおや》」と呼ばれ、家主《いえぬし》とは異なるが、往々にして混同された。貸家を借りるにあたっては家主《やぬし》の許可が必要である。家《や》主《ぬし》は家賃を集めて家主《いえぬし》に納め、給料を受けていた。また、江戸時代の長屋は共同便所であったが、家主《やぬし》はその糞尿を農民に売るという役得があった。また、地所持ちから地所を借り、貸家を経営する者も家主《いえぬし》と呼んだ。⇩家主《やぬし》、肥取《こえと》り、葛西《かさい》船《ぶね》

いえば【言えば】　言い換えれば。端的に表現すればの意。「まあ言えば、これがあたしの病《やまい》でねえ」「言えば、あっし（私）の根性《こんじょう》と心意気さ」などと用いる。

いかいぎせい【いかい犠牲】　「いかい」は「厳《いか》し」の口語形で、大変に、大いにの意。大変お世話になったことを「いかいお世話」などというが、大きなお世話だ、おせっかいだという言外の意が込められることもある。「いかい犠牲」も同様、吉原の遊女が相手の苦労を嘲るときに用いた語である。江戸の職人もこの語を用いていた。

いがぐりあたま【毬栗頭】　明治に入って、断髪令が出され、男性は西洋に倣《なら》って皆髪を短く切った。月代《さかやき》を剃ることもなくなり、総体を短くした髪の毛を撫で付けにしたが、短すぎると毛が立ったままになってしまい、ちょうど栗の毬《いが》に似ているので、これを毬栗頭

毬栗頭

といった。

いかさま【如何様】

①いかにもその物と思わせる様な偽物の意で、口上手に相手をだます詐欺《さぎ》的行為をいう。また、そのような行為をする者を「如何様師《いかさまし》」という。「如何様物《いかさまもの》」とは真偽の怪しい品物、「如何様者」は、いい加減で信用できない者の意。

②「如何にも」の意。相手の言葉に頷《うなず》き、同意するときによく用いる。「おっしゃる通り、如何様だ」と用いる。十返舎一九の『続膝栗毛』五編上の「いかさま、よかろう」は「如何にも、よいだろう」の意。

いかなこっても【如何なこっても】

「こって」は「事で」の訛り。「どのようなことであっても」の意。狂訓亭主人の『春色梅ごよみ』巻之二にも「いかなこってもあきれ（呆れ）たぢあ、おざんせんよ」は、どのようなことであってもあきれたではありませんかの意。

いかねえぞ

「いけないぞ」の訛り。庶民がよく用いる。曲山人補綴の『仮名女章娘節用』の「おつかあのように、うは気になつちやあ、いかねえぞ」は、自分の妻のように浮気女になってはいけないぞの意。江戸っ子は「け」をよく「か」と発音する。

いかもの【如何物】

「如何《いかが》かと思われる物」の意で、一般的でない、特別なものをいう。ときには「如何様物（いかようもの・いかさまもの）」と同義で、「偽物」の意にも用いられた。「その品は如何物だ」といえば、偽物やいい加減なものの意。他人をだます者を「如何物師《いかものし》」という。「如何物食い」は一般の人の食べたがらない物を平気で食う人をいう。「如何物買いの銭失《ぜにうし》い」の諺《ことわざ》もある。

いがらっぽい

えがらっぽいの訛り。えぐい感じがするの意で、「えぐい」は尖ったものの粒子が咽喉《のど》に引っかかって、いらいらすること。「この味はなんとなくいがらっぽい」「いがらっぽい声を出して喋った」などと用いる。

いかりをおろして【碇を下ろして】

船が停泊するときに海中に碇を下ろすことから、そこに留まり落ち着くこと。「ちょっと居ると思ったら、すっかり碇を下ろしちまって」は、ちょっとそこに居るだけだと思ったら、すっかりその場に落ち着いてしまっての意。「御神輿《おみこし》を据えてしまった」と同じ意味。十返舎一九『続膝栗毛』十一編下に「そんならもう碇をおろしてのみかける」は、それではもう落ち着いて酒を飲み始めるの意。

いきあたりばったり【行き当りばったり】

計画も持たず、直面したときに即応するだけの対処をいう。無計画の意。「行《ゆ》き」とはいわず、「行《い》き」という。

いきうまのめをぬくようなえど【生き馬の目を抜く様な江戸】

生きている馬でさえ目をくり抜かれ、盗まれてしまうような、油断できない江戸の生活をいう。

いきがけのだちん【行き掛けの駄賃】

馬子が問屋へ荷物を受け取りに行くついでに、他の者にたのまれた荷物を運んで賃金を稼いだことから、何かをするついでに他のことをして利を得ることの譬《たと》え。多く悪事を働くついでに別の悪事を働くことをいう。「行き掛けの駄賃にこれももらっていこうぜ」などという。「ゆきがけ」とも読めるが、江戸では一般に「いきがけ」といった。

碇を下ろして

いきごみ【意気込み】

希望に燃えて固い決心で行動に臨む気持の表現。「繁昌する大店《おおだな》の主人になるんだとの意気込みでしたが」などと用いる。

いきさつ【経緯】

一部始終の事情。そもそもの始まりから終わりまで。「この件についてはすべてのいきさつを申し上げなければおわかりにならないと思います」とか「そのようないきさつ故《ゆえ》にこうなった」などと言う。

いきちょん【意気ちょん】

意気なところがちょっとあるの意であり、また、「ちょん」は芝居の拍子木のようで、歯切れ、区切りが良い意味にもとれ、意気でさっぱりしている感じがよく出ている。「意気」は「心意気」であり「粋《いき》」ではないが、「粋」にも通じるようにも受け取れる。江戸中期頃、裾の長い羽織が流行して「意気ちょん羽織」といったのは「粋」の意味が強い。

意気ちょん羽織

いきづえ【息杖】

駕籠舁《かごかき》が駕籠を担いで走る際に、片手に持って互いに呼吸を合わせながら振って走るための杖。「息杖を立てる」で、駕

籠を留めて息杖を駕籠に立て掛け、休息することをいう。➡棒組《ぼうぐみ》、相棒《あいぼう》

息杖

戦ごっこ

いきどまり【行き止り】
「ゆきどまり」ともいう。路地などが袋小路になっているのをいう。

いきな【行きな・往きな】
往時は「行く」は「ゆく」であり、「いく」は江戸の訛りであった。狂訓亭主人『春色梅ごよみ』巻之二に「下へ往きな」と表現している。

いきなさばき【粋な―捌き・裁き】
どちらにも傷が付かぬように顔を立てて、恰好《かっこう》良く一件落着させること。

いくさごっこ【戦ごっこ】
平安時代頃、五月の節句に印地打《いんじうち》という一種の石合戦が行われた。それは後世まで伝わった子供の遊びであったが、往来で町内の悪童どもが遠慮なく集団でやるので、石が通行人に当たったり、障子《しょうじ》が破れたりして、しばしば大人に中止させられた。そのためか、後には棒切れを持って行う戦《いくさ》ごっこが多くなった。

いくべえじし【行兵衛獅子】
「行こう」の意。田舎《いなか》言葉めかして「行くべえ」といい、さらに角兵衛獅子とからめて「行兵衛獅子」といった。あまり上手《じょうず》でない洒落《しゃれ》。

いけしゃあしゃあ【いけ洒蛙洒蛙】
「いけ」は接頭語で下に来る語を強めるときに用いる。「洒蛙洒蛙《しゃあしゃあ》」は当て字で、厚かましく澄ましている態度、恥ずかしさをまったく感じていない態度。「洒蛙」は水中を厭わない蛙に水をかけても平然としているという表現から、平然と図々しく構えていることをいう。

いけずうずうしい【いけ図々しい】
「いけ」は接頭語で、軽蔑的な用語を強めるときにつける。相手の厚《あつ》かましい言動に対する侮蔑を表わす言葉。女性でも「いけ図々しいったらありはしない」などと用いる。

いけずるい【いけ狡い】
「いけ」は接頭語で、下に続く後の意味を強める意であるから、「いけずるい」は「大変狡い」の意。十返舎一九の『続々膝栗毛』三編上に、「いけずいナア」と表現している。

いけぞんざい
「いけ」は接頭語で、下に来る語を強める。「ぞんざい」は粗末・粗野・乱暴という意味。「いけぞんざいな言葉遣い」などと用いる。

いけねえ
自分の行為の時の「あっ、いけねえ」は、失敗した、忘れていたなどの意。相手の行為に対しては「それはいけねえよ」で戒める意。

いけるくち【いける口】
「いける」は酒を飲めるの意で、一般的に酒の好きな人を「いける口」といった。「いける口だから、誘われたら嫌とは言えない」などと言う。

いける口

いこう【衣桁】
古くから用いられている二つ折の着物掛で、これに衣類を掛けておく。室内装飾も兼ねていた。

衣桁

いこじ【意固地】
頑固のことをいう。判断が間違っていようが意志が強く固まっていて、意地を

張ること。「意固地《いこじ》になって反対した」「あの人は意固地だ」などと言う。

いさいのはなし【委細の話】

詳しく細かい話。一切を委《くわ》しく話すこと。江戸っ子がよく用いる表現。十返舎一九の『東海道中膝栗毛』初編にも「いさいのはなしに」と用いられている。

いざかや【居酒屋】

江戸時代には、安酒を行商人が天秤棒で担いで市中を流して歩き、客はその酒を茶碗で飲んだ。この酒は濁り酒で「白《しろ》馬《うま》」と呼ばれた。この行商が小屋掛けをするようになり、居酒屋の語が生まれた。縄暖簾《なわのれん》を店頭に掛け、酒の空樽《あきだる》を腰掛けにして、安酒を売った。古くは酒の肴《さかな》、摘《つま》みとして塩が盛ってあり、客はこれをちょっと摘んでは飲んだ。居酒屋の語は今も健在である。

居酒屋

いさくさ

「いざこざ」の訛り。揉《も》め事《ごと》をいう。「いさくさ起すなよ」などと用いる。狂訓亭主人の『春色辰巳園』巻之八にも「何のいさくさはねえわけだアネ」とあるが、「何の面倒事もないことだよ」の意。曲山人補綴の『仮名文章娘節用』にある「昔の身ならいさくさなしに」は「昔の娘時代だったら男女間の綾や、もつれがないままに」の意である。十返舎一九の『続膝栗毛』五編下の「そのいさくさはあとにしてくんねエ」は、そのいろいろ面倒な説明は、あとでゆっくり聞くからの意。

いざこざ

揉め事をいう。武士が争って刃傷《にんじょう》に及ぶとき「いざござれ」と構えて争うところから来た用語かもしれない。「ちょっとそれには、他人には言えない、いざこざがあって……」「あんまり他人といざこざを起すな」などと用いる。

いざしらず【いざ知らず】

「いさ知らず」の「いさ」（副詞）が感動詞の「いざ」と混同された言葉。「…についてはよくわからないが」と、一つの事を述べて、それに続くもう一つの事を強調するときに用いる。「相手がどう言っているかいざ知らず、事実はこうだ」などと、自分の言動を強調するときなどに用いる。

いさみはだ【勇み肌】

義侠心《ぎきょうしん》の強い性格をいう。江戸っ子は人前では威勢の良い態度で、正義を守ろうとするため、危険を省みず真先に飛び出す傾向がある。「伝法流《でんぼうりゅう》」とか「気負《きお》い肌」ともいう。「あの人は、何かというとすぐ勇み肌で気負って来る」「勇み肌の姐御《あねご》」「勇み肌の阿兄《にい》さん」などという。➡鉄火肌《てっかはだ》

いさもくさもねぇ

いさくさには係っている場合ではないの意。「いさ」と「くさ」に二分して語気を強める。「いさもくさもねえ、はっきりしてくんねえ」など、職人らが用いた。

いしがえし【意趣返し】

心に含む恨みを晴らすこと。「いしゅがえし」を訛って「いしがえし」という。「この前の（事件の）いし返しだ」などと用いる。

いしけり【石蹴り】

地面に連続した輪を描き、最初の輪の中に片足で跳ねて進みながら、自分の石を最初の輪に蹴り入れる。ちんちん（片足で進むこと）しながら輪に入った石を次の輪に蹴り入れ、また次の輪へと、順々に石を蹴り込んで、全部送れば勝ち。蹴った石が狙いどおりに行かなくて輪から食み出たり、行き過ぎたり、疲れて両足を地に着いたりすると負けで、次の者と交替する。狭い路地でも遊べた。現在のように家に籠《こも》る子は少なかった。

石蹴り

いしつみ【石積み】

大正・昭和初期頃、子供は狭いところでも遊ぶことを自ら工夫した。互いに同数の石を持ち寄って、順番に石を積み上

石積み

げていく。積んであった石が自分の石で崩れたら、次の人と交替する。持っていた石を全部崩さずに積み上げれば勝ち。二人だけでも人数が多くても出来る。玩具なしでも遊べる遊戯。これを将棋の駒を使ってやることもある。

いしなげ【石投げ】

古い時代の印地打のような石合戦でなく、石蹴りのように地面に輪を描き、一、二、と番号をつける。最初の者が一の輪に石を置くと、次の者がその石に自分の石を投げて衝突させ、次の輪にはじき出し、また次の輪に繰り返して進める。玩具がなくても遊べる遊戯。➡戦《いくさ》ごっこ

いしのじぞうさんにかねのおおばちかさねてはりがねでまいたような【石の地蔵さんに鉄の大鉢重ねて針金で巻いたような】

固い、規則正しい、融通のきかないことの譬《たと》え。頑固、真面目一本槍《いっぽんやり》の者に対する形容。

いしべきんきちかなかぶと【石部金吉金兜】

堅い物の代表である石と金《かね》を並べて人名のようにした語で、物堅く実直な人の意。その石部金吉がさらに鉄兜をかぶっているとし、滑稽な味を添えて語意を強めた。多くの場合、実直ではあるが、融通のきかない者や、男女関係の機微がわからない堅物《かたぶつ》を皮肉っていう。江戸では女性にも用いた。「堅蔵《かたぞう》」「飲兵衛《のんべえ》」（「田吾作《たごさく》」「抜作《ぬけさく》」「とん吉」「でれ助」「艶《えん》二郎《じろう》」など、江戸っ子は人名化した蔑称やののしり言葉を好んだ。

石部金吉金兜

石投げ

いしぼとけのつらへみず【石仏の面へ水】

石彫の仏様は無表情であるから、その顔に水をかけても反応はない。転じて、こちらの感情を少しも汲み取れない冷淡な人の意に用いる。「いくら頼んでも石仏の面に水だ」などと言う。似たのに「蛙の面に小便」という語があるが、これはしゃあしゃあとした厚かましさを表現する語。➡いけ洒蛙洒蛙《しゃあしゃあ》

いじょく【居職】

自分の家に居ながら仕事をして生計を立てられる職業のこと。彫刻家、裁縫師、印刻師などを言う。

いじわる【意地悪】

「意地」は性質、性格のこと。性格が良くないと、妬んだり、憎んだり、邪魔をしたりしたくなる。そうした気持で相手のいやがることを「意地悪」という。自分に不利なことをする相手には「意地悪」と言って責める。

いしをだく【石を抱く】

犯罪の容疑者を白状させるために行う過酷な拷問の一つ。牢屋敷の穿鑿所《せんさくじょ》で、三角に尖っている板を並べた上に座らされ、そのまま泣き柱に縛りつけられる。自白しないと膝の上に重い伊豆石が次々と積み重ねられ、責め続けられる。一刻（約二時間）を限度とし、それ以上は続けなかったという。脚が立たなくなるほどの苦痛である。また、「石を抱かされても知らねえものは知らねえ」などと強情な物言いに用いられた表現でもある。

石を抱く［徳川幕府刑事図譜］

いすかのはし【鶍の嘴】

鶍のくちばしは食い違っているので、計画や話が食い違っていることの形容として用いる。「やることが、すべて鶍の嘴の食い違いで落胆した」などと言う。

いすぐ【濯ぐ】

「濯《ゆす》ぐ」が訛ったもの。「足をいすいで座敷へ上がれや」「手拭《てぬぐい》をいすいで絞

って肌を拭《ふ》いた」「ざっといすぐだけで良い」などと用いる。

いずれしょうたいはあかるいんじゃない【いずれ正体は明るいんじゃない】
　どうせ前職は碌《ろく》なものではないの意。前身の経歴を隠している相手に対しての表現。「明るい」は正々堂々と世渡りする意。「明るいんじゃない」ということは、明るくない、暗い陰がある、大《おお》っ平《ぴら》に世渡りして来たのではないの意。

いせやいなりにいぬのくそ【伊勢屋稲荷に犬の糞】
　江戸で数の多いものを上げた語呂の良い冗句《じょうく》。江戸開府以来、伊勢の商人が多く江戸へと移住し、彼らは一様に屋号を伊勢屋と称した。伊勢出身の商人は特に倹約家として知られ、宵越《よいご》しの金を持たないことを粋《いき》としていた江戸にあって、商人として成功をする者が多かった。そのため伊勢屋を名乗る店は繁盛し、江戸で一番多かったという。稲荷は土地神として露地の奥にまであり、一番多い神社であった。また、江戸時代は犬を放し飼いにしたので、往来のあちこちは犬の糞だらけであった。このようなわけで、江戸で多いものの代表としてこの三つがあげられた。

いそうろう【居候】
　他人や兄弟姉妹などの家に働きもなく厄介になっている者をいう。「その家に居《お》り候《そうろう》」の意。働きがある上で寄宿していても、寝る所を与えられていることを謙遜《けんそん》して「俺は誰某さんの家の居候《いそうろう》だ」などということもある。江戸時代は略して「いそ」ともいい、「俺は某ン家のいそだ」などと自称したりもした。➡厄介者《やっかいもの》

いそがばまわれ【急がば回れ】
　急ぐからといって危険な近道で行くと、逆に時間と労力の浪費となる。急ぐ時はよく吟味して、多少遠回りでも安全な道を選びなさいという意味である。「回る」は遠回り、よく熟慮することをいう。

いたい【痛い】
　「いたた」「いてて」「いつぅ」「いちっ」などと、痛みを感じた時に「た行」で訛る。「お痛ちっ」ともいう。

いたいちまいしたはじごく【板一枚下は地獄】
　「板子《いたご》一枚下は地獄」ともいう。河海の上に浮いている船底の板一枚の差で、下は溺れ死ぬ恐ろしい所の意。時にはわずかな差で地獄と極楽に分かれ、人生大変な違いがある意。またはわずかな差に守られているとも知らずに生きている人間のはかなさをいう。

いたいのいたくないの【痛いの痛くないの】
　とても痛いことを表現している言い方。肯定形と否定形を並べて、その語を強調する表現を江戸っ子はよく用いる。「暑いの暑くないの…」「早いの早くないの…」というように用いる。

いたおとし【板落し】
　子供たちが宙返りの競争をする遊び。尻餅《しりもち》をついたり転んだりしたら負け。狭い路地でも遊べた。

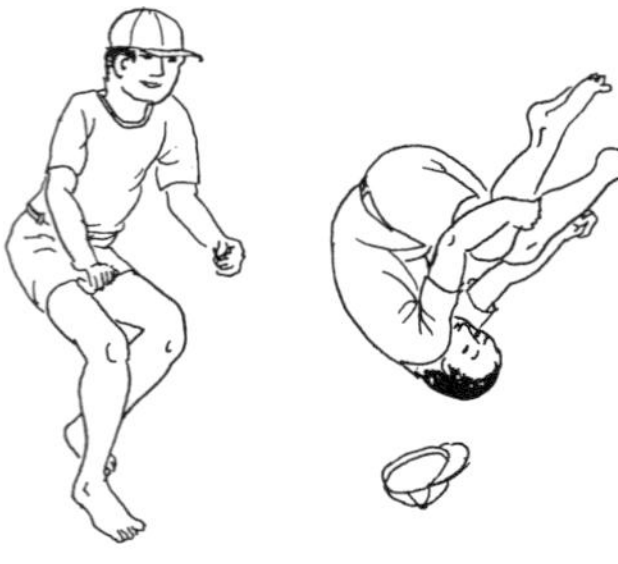
板落し

いたこんごう【板金剛】
　板付草履《いたつきぞうり》のこと。草履の裏に板（木片）を線路の枕木のように並べて貼ったもの。丈夫で長もちするため金剛の語を用いた。大正時代頃まで貧しい職人や商店の丁稚《でっち》が用いた。

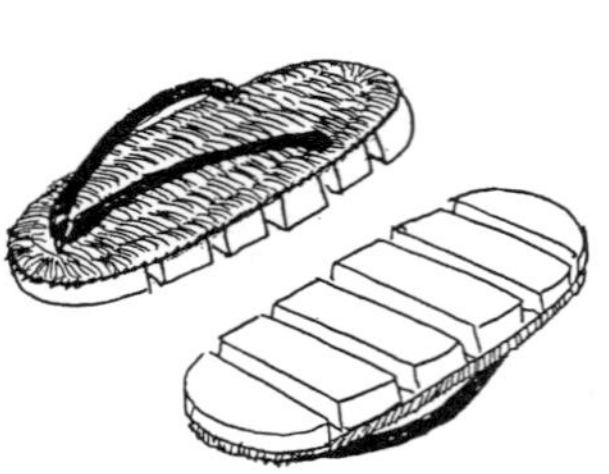
板金剛

いたさん【板さん】
　板前《いたまえ》（料理場の頭《かしら》）の親称であるが、頭ではない料理人に対してもお世辞を使って「板さん」という。「板」は俎板《まないた》の意。「あの板さんは客の好みをよく知っていて上手に作る」などと言う。

板さん

いたずら【悪戯】
　悪ふざけの意で一般に通用しているが、江戸時代は男女間の正規な関係以外の交際、密通不義のことをいった。曲山人補綴『仮名文章娘節用』に「わたくしがいたづらから、つくった罪」とあるが、私が密通した報いの意。

いたずらがみ【徒髪】
　他人に結《ゆ》ってもらったのではなく、自分勝手に結った髪をいう。不器用だと結い方が野暮《やぼ》になる。「あの人は吝《けち》だから、

いつもいたずら髪で済ましている」などと言う。

いただきます【戴きます】
頂戴《ちょうだい》するの意。明治以降、各家庭では食事の箸をとる時に、今日様《こんにちさま》、御先祖様《ごせんぞさま》、生産者に感謝の意を込めて「戴きます」と言うようになった。丁寧な人は箸を持つ手で合掌《がっしょう》する。また「それは戴きだ」などと言って、それを自分のものにする意志を明らかにする。

いただきやまのとびがらす【頂山の鳶烏】
頂戴《ちょうだい》することを洒落《しゃれ》て「いただきやま」という。山には頂上があることからの語呂。鳶や烏は飛んで来て物をさらっていくから、思いがけずに手に入ることを表現する洒落。「有難《ありがて》え、これはいただきやまの鳶烏だ」などと言う。江戸っ子はこのような冗句を好み、よく用いた。⬇鳶《とんび》に油揚《あぶらあげ》をさらわれる、有難山《ありがたやま》の時鳥《ほととぎす》

いたたまらない【居た堪らない】
そこにじっとおとなしくしていられない様子。何か我慢出来ず、たまらない気持になる時の表現。「誰某の悪口を聞くたびに居た堪らない気がする」「散々罵《ののし》られて、居た堪らなくなった」などと用いる。恥かしさや怒り、悲しみなどでじっとしていられない形容。

鼬ごっこ

いたちごっこ【鼬ごっこ】
子供の遊戯の一種。果てしない、きりがないというときに形容としても使われる。遊戯としては「鼠《ねずみ》ごっこ」ともいう。左手の甲を出すと、相手が右手でその甲をつまむ。つままれた者は、自分の左手をつまんでいる相手の手の甲を右手でつまむ。これを交互に繰り返していくきりがない遊びである。江戸時代からあり、喜多村信節の『遊戯笑覧』十三にも記されているが、同じことを繰り返しても何の利益もないことの譬《たと》えになっている。

いたちでもねずみでもいい【鼬でも鼠でもいい】
「致《いた》しましょう」と相手が言うのに語呂を弾ませて返事をする時の洒落《しゃれ》。「致し」を「鼬《いたち》」といったのに乗じて「鼠《ねずみ》」の語を添えた。狂訓亭主人の『春色辰巳園』に、「お酌を致しましょう」「いたし（鼬の意）でも鼠でもいいが」と記されている。

いたちのさいごっぺ【鼬の最後っ屁】
鼬は自分が危急に陥った時に臭い放屁《ほうひ》をして相手を撃退させるといわれる。転じて、切羽詰《せっぱつま》った人が非常手段を用いて抵抗すること、窮して最後の悪あがきをすることを表わす。「あの男に鼬の最後っ屁をかがされた」などと言う。

いたちのみち【鼬の道】
関係が切れる、足が遠ざかるの意。鼬の往来する道を人が横切ると、その人の交際が絶えるという言い伝えがあることから、音信不通、交渉が急に途絶える意として用いる。一説には鼬は同じ道を二度と通らないともいわれ、そのため、二度と来なくなる、音信不通の意味にとるともいわれる。「どうしたわけか、あの人はふっつり鼬の道だ」などと言う。また「鼬の道」が「足が遠ざかる」「縁が切れた」の意に用いられたのは、隣の地所との境に板違いの板の塀を造って行き来を遮断したことから、「板違い」を「鼬」にかけて用いた語ではなかろうかとも思われる。

いだてんばしり【韋駄天走り】
韋駄天《いだてん》は仏法護持の武将で仏神。魔王が仏舎利《ぶっしゃり》を盗んで逃げたのを、ただちに追いかけて取り戻したという仏説から、スピードある走り方の譬《たと》えに用いた。

いたのまかせぎ【板の間稼ぎ】
昔の銭湯の脱衣場の床は板張りで、各人はその上に大笊《おおざる》を置き、脱いだものを入れる。他人が流し場にいる隙を見て、大笊の中の衣類や身につけるもの、小銭などを盗んでいく者をいう。⬇湯屋《ゆや》

板の間稼ぎ

いたぶる【甚振る】
元来は激しく揺らす意味であるが、転じて、相手をいじめる、ゆするの意となる。「悪仲間が町人をいたぶる」などと用いる。

いたまい【板前】
現在では「いたまえ」といっている。料理人の腕前（技量）のことで、「板」は

俎板《まないた》の意。また、料理人の頭をもいったが、現在ではすべての料理人に対して御《お》世辞《せじ》的に用い、親しみを込めて「板さん」などと言う。

いたれりつくせり【至れり尽せり】
十分に誠意を尽し、行き届いた心づかいを見せること。相手に対して出来得る限りの行為と、心を籠めた態度を示す。「この間は至れり尽せりのもてなしを受けて感謝します」などと言う。

いちがさかえた【市が栄えた】
江戸時代のお伽噺《とぎばなし》の結びに「めでたしめでたし」の意で「一期《いちご》栄えた」といったのが、訛って「市が栄えた」というようになったので、目出度《めでた》い結びの意として使われた。「散々苦労したが、これでやっと市が栄えた」などと言う。

いちかばちか【一か八か】
運を天にまかせて勝負すること。賭博《とばく》用語が一般化した。「一か八か当たって砕けろだ」などと用いる。➡伸《の》るか反《そ》るか

いちごんもない【一言も無い】
相手に対して一言《いちごん》の弁解も出来ない、すべて相手の言う理に服したという意。「そう言われると一言もない」のように、返す言葉がないという意味で用いる。

いちだくせんきんのおもみ【一諾千金の重味】
承知したという言葉が大量の金のように重かったという意で、絶対に確実な約束を示す表現。

いちにかお、ににとこ、さんにて【一に顔、二に床、三に手】
深川の娼婦の売れっ妓になるために必要な条件。まずは美貌、次に床の技《わざ》、三に手練手管の巧みなことが条件という意味。

いちぶん【一分】
一人、自分のことをいう。「一分が立たぬ」「一分が廃《すた》る」は自分の面目が立たないことで、自分の名誉が傷付けられて世間に顔出し出来ぬ意に用いる。

いちまいかんばん【一枚看板】
江戸時代、劇場の表に狂言の題名や主な役者の名を書き並べた看板が出されていた。主役はとくに大きく書かれていたことから、団体の中心人物や、他人に誇って見せられる特技をいうようになった。「彼はあの仲間の中で一枚看板だ」「あのグループの中で彼の特技が一枚看板だ」などと言う。

いちもくおく【一目置く】
相手が自分より優れていると認めて敬意をはらい、一歩譲って接すること。囲碁で、弱い方が先に碁盤の目に碁石を一つ置いて打ち始めることからいう。意を強めて「実をいうと、あの男には一目も二目も置いているんだ」などともいう。

いちもくさん【一目散】
脇目もふらず、ただ前方を目掛けて走ること。スピードを出してそこから離れる意。「これは大変と一目散に逃げ出した」などと言う。

いちもんじあみがさ【一文字編笠】
真中がわずかに突起しているが、ほとんど平らに見える編笠。竹や檜《ひのき》を薄く削いだ細板で網代《あじろ》編みにし、時には紙を貼って表を黒漆笠にする。旅や行列の際に武士が用いる。

一文字編笠

いちゃつく
男女が戯《たわむ》れること、仲良くふざけ合うことで、「いちゃいちゃする」などともいう。「他人前でそういちゃつくな」などと用いる。粘っこさを感じる表現である。

いちゃもん
言い掛かりをつけること。大したことでないのに、重大事のように文句を言って相手を困らせること。「何か言っては文句をつける」の訛り。「やくざにいちゃもんをつけられた」などと言う。

いちょうがえし【銀杏返し】
江戸時代末期頃から流行した年頃の女性の髪型。髻《もとどり》を二分して根の左右で輪を作り、毛先は元結《もとゆい》で結んだ。粋《いき》な女性に好まれた。永井荷風の『隅田川』を映画化した際の流行歌にも「銀杏返しに黒繻子《くろじゅす》かぁけて　泣いて別れた隅田川　幼な馴染《なじ》みのお月様」と歌われ、下町や花柳界《かりゅうかい》の娘たちのあいだで流行《はや》った。

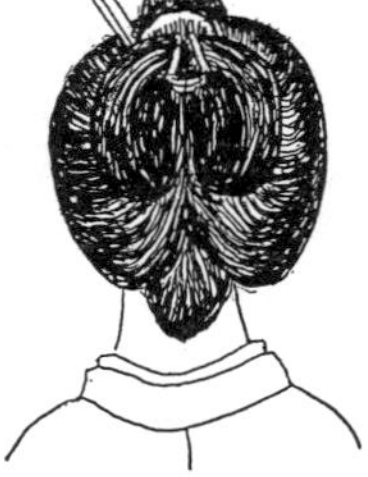
銀杏返し

いちょうまげ【銀杏髷】
島田髷の一種で、島田の先の所を銀杏の葉のように広げたもの。

いちりづか【一里塚】
江戸時代、日本橋を起点とし、各街道脇に一里（約三九二七メートル）毎に塚を築いた。塚の上には樹を植え、距離の目安とした。

いちりゅうどこ【一流どこ】
「一流どこ」というと、主に一流の娼妓をいう。「どこ」は「所」の略で、立場・地位のこと。「一流どこの芸妓を連れて」などと用いる。

いちわりとく【一割徳】
普通のものより、一割ほど有利の意で、

よく用いる。松亭金水編『閑情末摘花』巻の一の「コウ、声のいいというもなあ一割徳だの」は、「おう、声が美しいということは、諸事一般よりも一割も良く見えて得だぜ」の意。

いつおかえりだえ【いつお帰りだえ】

「だえ」は「だ」の訛りの接尾辞。いつお帰りになったのですかの意。狂訓亭主人の『春色辰巳園』巻之七に「いつお帰りだへ」とある。

いっかく【一角】

江戸時代の貨幣で、一分のこと。一両はいわゆる小判であり楕円形だが、その四分の一に該当する一分は長方形だったので「一角」といった。

一　角

いつかじゅう【幾日中】

「いつの間にか」「いつだったか以前に」の意である。江戸時代には会話の中によく出てきた。狂訓亭主人の『春色梅児誉美』巻之四にも「いつか中からちらちら耳に入った」などと用いている。

いつきじぬし【居付き地主】

江戸開府以来、代々地主として土地を所有している者。貸地、貸家を持って、差配《さはい》に支配、面倒を見させる。「あの人は代々居付き地主だから……」などという。金を儲けて土地を買った新しい地主と区別していう。

いっけん【一件】

ある出来事や事件をさす隠語。前に何かごたごたのあった人物を示す隠語として「一件者」といったり、話題でも「あの一件で……」などという。

いっこう【一向】

少しも。まったく。打消しの語の時によく用いる。「一向に感じない」「一向に知らない」などと用いる。

いっこくもの【一刻者・一国者】

「一刻」はわずかな時間のこと。転じて、せっかちな人、すぐに怒る人の意から、わがまま者、一徹者《いってつ》、頑固者をいう。

いっしまとわぬ【一糸纏わぬ】

全裸のこと。「一糸」は一本の糸のこと。布の残片の糸一本付けていないの意。

いっしょうがい【一升買い】

貧しくて一度に沢山買えないことの譬《たと》え。毎日米を一升ずつ買ったり、一升瓶をぶら下げて酒を買いに行ったりすることで、生活が苦しいことを表わす。

いっしょけんめい【一生懸命】

一生を生きぬくために命を懸けること。夢中になって物事にあたる意として用いる。しかし本来は「一所懸命」が本当で、中古武士階級が先祖から伝えられた土地を敵に奪《と》られたり失ったりしないように、その所領を守るのに命を懸けて働いたことから来ている。江戸っ子は略音を好むので、見出し語の読みの「いっしょうけんめい」を「一所懸命」の文字どおり「いっしょけんめい」といった。

いっしょごた【一所ごた・一緒ごた】

「一所事《いっしょごと》」「一所《いっしょ》くた」ともいい、色々なものを混ぜ合わせたように一つの所に集めたことをいう。「ごた」はごたごたと混乱している意。「悲しい涙と、嬉しい涙と一所ごたにして感謝している」などという。

いっすんのがれ【一寸逃れ】

一寸は「ちょっと」と訓《よ》むように、目の前の危急をわずかに脱しただけで、いつ危機が追及するかわからぬ状態をいう。その場を逃れただけの安堵である。「一寸《いっすん》逃《のが》れを繰り返していたが、ついに両手を挙げて（降参して）しまった」などと言う。

いっすんはちぶ【一寸八分】

浅草寺観音堂の御本体の高さ。金無垢で、隅田川で漁師の三兄弟が網で引き揚げたものと伝えられる。

いっせんじょうき【一銭蒸気】

明治十八年、隅田川の白鬚橋―永代橋間を川の蒸気船が上下したが、乗船賃が一銭であるのでこう名付けられた。後に物価の高騰に応じ、一銭ずつ値上げしたため昭和初期には五銭になったが、旧来どおり一銭蒸気と呼んだ。昭和には焼玉エンジンに変わり、煙突からポンポンという音とともに白い煙の輪を出したので、ポンポン蒸気というようになった。また川を行くので川蒸気ともいった。錦絵にも描かれ、隅田川の風物詩の一つであった。客車の如く船を引き舟し、船体は白ペンキ塗りであった。➡ポンポン蒸気《じょうき》

いっそく【一束】

ひとたばにした物をいい、一般に百を一束としていっている。「今夜の寄席は一《いっ》束《そく》客が入った」とは百人の客が入った意。

いっそもう

「いっそ」は「一層」の訛りで、「もう」が付くと「さらに一段」との意となる。曲山人補綴の『仮名文章娘節用』にも「いつそもう案じ暮して」とあり、普段よりもさらに気に掛けて日々を過ごしているの意に用いている。

いったん【一旦】

一度。物事を始めたきっかけに使われる語。「いったんやり始めたら終わらない」「いったん言い出したら聞かない」「いったん戻ってから出直す」「一旦緩急《かんきゅう》あれば」などという。「旦」は「朝」の意で、その日の始めであるから、一度始めたらの意になる。これから「ひとたび」の意となる。

いっち

「一番《いちばん》」の訛り。一番初めの意。狂訓亭主人の『春色辰巳園』巻之八にも「一《いっ》番《ち》初手はどうだったつけ」（一番初めの時はどうだったつけ）と記している。

いっちまった【行っちまった・言っちまった】

「行ってしまった」「言ってしまった」

の訛り。「～っちまった」は様々な動詞に使われる。

いっちゃう【行っちゃう・言っちゃう】

「行ってしまう」「言ってしまう」の訛り。「～っちゃう」は様々な動詞に使われる。

いっちょうあがり【一丁上り】

一勝負終了の時や、料理方などが注文品を仕上げた時に用いる語。一区切りの意に用いる。賭博《とばく》などで「一丁やろうか」というのは「一勝負するか」の意。

いっちょうまえ【一丁前】

一人前の意。大人になったということ。一丁は一区切りを表わし、物事が出来上がったことをいう。「一丁前の口をきくな」などと言う。

いっちょうら【一張羅】

たった一枚しか持っていない大切な着物。「あいつはいつも一張羅の着物だ」などと言う。また、たった一枚きりの晴着しか持っていないことをいう。「羅」は本来薄絹《うすぎぬ》のことで、古くは上等品であったから、たった一枚の上等品の意となる。

いつつや【五つ屋】

質屋のこと。質屋へ行くというと聞こえが悪いので「七《なな》つ屋《や》」といったが、この語も広まったので「一六《いちろく》屋」「五二《ごに》屋」となった。だが、これでもわかるので「二二」を略して「五《いつ》つ屋《や》」というようになった。⬇七《なな》つ屋《や》

いってえ【一体】

「いったい」の江戸っ子訛り。その出来事や話の総体など、物事を不審がって訊《き》くときに用いる副詞であるが、「一体全《いってえぜん》体《てえ》」などともいう。「一体《いってえ》何の理由があるんだ」「一体全体《いってえぜんてえ》どうしてこうなったんだ」などと用いる。

いっといた【言っといた】

「言っておいた」の略。「あれ程いっといたのに」「言っといただろ」「言っといたことを忘れたか」などと用いる。「～っといた」は様々な動詞に使われる。

いっとき【一時】

しばらくの間、ほんのわずかの間をいう。昔の一時《いっとき》とは約二時間。「一時《いっとき》ほど待った」といえば、しばらく待ったの意で、また「一時《いっとき》待っている」は、ちょっとの間の意ともなる。十返舎一九の『続膝栗毛』七編上にも、「いっときじっとして」とある。

いっぱいくわせる【一杯食わせる】

「一杯」とは酒の杯のこと。酒を飲ませて酔わせ、良い気分にして、油断したところをだますことをいう。江戸時代から用いられている語で、井原西鶴の『西鶴五百韵』にも「だまされて一杯くうた鮒膾　勢田の長橋うしろから水」とある。

いっぱし【一端】

一人前、人並みになったことを表す。「子供であるが、いっぱし役に立つ」「あの社会ではいっぱしの芸人といわれる」などと使う。

いっぱつぶちかます【一発打ち咬ます】

衝撃を与えたり威嚇したりして相手の気勢を殺《そ》ぐこと。「一発」は腕力に訴えて一回撲る意だが、暴力に限らず、言動で威嚇《いかく》して相手をおびやかすこともいう。

いっぴきめえ【一匹前】

一人前の意。「一匹」は動物の数え方であるが、「男一匹《おとこいっぴき》」などのように自分を動物扱いし、卑下しているようにも聞えるが、自負心をも感じられる表現である。狂訓亭主人『春色辰巳園』巻之八にも「一匹めえねえおいらだから」は「一人前の価値のない自分だから」の意。

いっぽん【一本】

江戸時代後期の穴明銭を緡《さし》で百枚繋《つな》いだものをいう。⬇青緡《あおざし》

いっぽんあし【一本足】

日本髪に結った時に、襟髪の生え際の毛元の筋をいう。京都の花魁《おいらん》などは襟足を描いて三本足にしたのを、江戸では「二本足」または「三つ襟」といった。京阪の二本足を江戸では「一本足」と呼んだ。特別に一本筋の襟足はないのだが、江戸だけの用語である。

いっぽんじゅんさ【一本巡査】

明治初期、巡査（さらに前には巡邏《じゅんら》といった）階級には一等から五等まであり、五等の巡査の帽子には線が一本入っていた。このため、庶民は軽蔑をこめて、陰で「一本巡査」と呼んでいた。三両一人扶持の最下級の武士待遇から、武士を「三一《さんぴん》」と軽蔑したのと同じ風潮で言ったもの。⬇三一《さんぴん》

いっぽんばし【一本箸】

食事の時に、煮物のおかずを二本の箸で挟まずに一本の箸で刺して取ることをいう。死者の枕元や仏前に茶碗に飯を盛

一本巡査

一本足

って中央に箸を一本立てる風習があることから、これは縁起が悪いとされた。また箸は一本では物を挟めず、突き刺すことになり、槍で刺されることを連想させるので、刺殺の忌言葉として用いられた。

いっぽんやり【一本槍】
　一本の鎗で一突きに敵を仕留めることから、それのみで押し通すことの形容。「一点張り」ともいう。「仕事一本槍の毎日じゃあ、面白くもへったくれもねえ」などと用いる。また、唯一の得意わざ、十八番《おはこ》の意にも用いる。

いづらくなる【居辛くなる】
　決まり悪くてそこに居るのが辛くなること。居にくいこと。「あんまり悪口雑言言うので居辛くなって去った」「失敗ばかり繰り返しているので居辛くなってやめた」などと言う。

いてつき【居て着き】
　代々その住まいに棲んでいること。「居てつきの商店の主人」「居てつきの僧侶」などという。

いてもたってもいられない【居ても立っても居られない】
　落ち着かないこと。動揺や心痛のあまり、立ったり座ったりして不安気な様子の表現。

いどこ【居所】
　居所《いどころ》の略。居るところ、住む場所の意。「やっと居所《いどこ》を見つけた」などと言う。「虫の居所《いどこ》が悪い」は不機嫌《ふきげん》であること。

いとびん【糸鬢】
　頭の天辺から思いっきり剃りさげて、左右の鬢《びん》を細くした髪の結い方。勇み肌の男性が気負って行った。

糸鬢

いとをひく【糸を引く】
　人形遣いが糸を引っ張って人形を操るように、背後に隠れて人を操縦することをいう。「あいつが裏切るはずはないよ。陰で糸を引く奴がいたに決まっているさ」などという。

糸を引く

いないものびんぼう【居ない者貧乏】
　その場に居なかったために分け前にあずかれず、得しなかったことをいう。「来るのが遅かったよ。居《い》ない者貧乏《ものびんぼう》だから仕方がない」などと言う。

いなかっぺ【田舎っぺ】
　江戸時代の庶民が地方人を軽蔑していった言葉。元は「田舎兵衛《いなかべえ》」と名前を模した言葉であり、また語尾に「だんべえ」を付ける田舎言葉を揶揄《やゆ》する意も含んだ語。「べえ」が江戸っ子らしく歯切れの良い「っぺ」に転訛《てんか》した。悪口に「べえべえ言葉がやんだらば、一貫三百突き出すべえ」というのがあった。➡べいべい言葉《ことば》

いなぎむすび【稲城結】
　江戸時代の吉原遊廓の扇屋墨河《おうぎやすみかわ》の「いなぎ」という花魁《おいらん》が結い始めたといわれる結髪《けっぱつ》の方法という。

いなせ【鯔背】
　勇み肌の人。江戸時代の魚河岸に働く若衆が髷《まげ》を魚のイナ（ボラ）の背「鯔背」の形に似せて結ったのが、粋《いき》で勇ましく見えたことから発した言葉ともいわれている。粋で元気の良い言動・姿態の男を「いなせな男」といった。「任侠」と字を当てる場合もある。

いぬおどし【犬威し】
　軽輩《けいはい》の武士の 鈍《なまくら》 刀のこと。犬を嚇《おど》かすくらいにしか役に立たぬという蔑称。武士の下僕らが刀に見せかけた樫の木造りの刀を背腰に差したのも「犬威し」である。

犬威し

いぬにくわれてしまえ【犬に喰われてしまえ】
　道傍に捨てて野犬の餌として消滅させてしまえの意で、嫌な人や事物、役に立たない不要なものに対して用いる。これよりもっと利用価値のないのが「犬も喰わぬ」である。これは野犬すら喰おうとしない無用のものであるという意。

いぬはりこ【犬張子】
　紙を厚く張って犬の形にしたもので、幼児の玩具にしたり、枕元に置いたり、雛壇に一対（雄型・雌型）で飾ったりする。縁起物、安産のお守り、子供の魔除

犬張子（江戸時代）

けとした。本来は犬がうずくまった形の紙張りの箱で、上部は蓋になっていた。➡犬《いん》の子《こ》犬《いん》の子《こ》

いのかす【動かす】
動《うご》かすこと。江戸っ子調としては訛りが強すぎて、おそらく江戸初期の三河言葉の名残か、地方語の系統が用いられたものかもしれぬ。「うごく」が訛って「いごく」と言うようになったのであろう。

いのき【猪の木・猪の牙】
猪牙《ちょき》船を通人《つうじん》振っていう言葉。舳先《へさき》が細く、中央が猪の牙のように尖っている川船である。水切り良く、スピードが出る。隅田川やその支流にも見られた洒落《しゃれ》た船。

猪の木

いのちからにばんめ【命から二番目】
人間は生命が一番大事だが、その次に大切なものをいう場合の表現。つまり実質は一番大切なもののことである。自分が大切にしている人や物、ときには金銭や財産をいう。これに対して「生命よりも大切にする」などという言い方もある。

いのちとつりかえ【命と釣り替え】
殺されるのを恐れて、強盗の思うままに物品を差し出し、生命だけ助かることをいう。往時、物の重さを天秤量《てんびんばかり》に釣り下げて計量したことからの言葉。

いのちのせんたく【命の洗濯】
普段の苦労から解放されて、気ままに息抜きをすることの形容で、「たまには湯治場にでも行って、命の洗濯をしておいで」などという。また、久々に美味《うま》い魚を食べたときにも用いる。

いのちのつばぜりあい【命の鍔ぜり合い】
「鍔ぜり合い」とは、刀と刀で押し合いながら押すか引くかのタイミングを計って相手に斬りかからなくてはならない、切羽詰った状態をいう。必死にせり合っている様子を表わす。

いはいくさい【位牌臭い】
位牌は、死亡した者の戒名を書き、故人の代わりとするもの。「位牌臭い」は位牌に似てきた意で、死にかけている状態。「長患《ながわずら》いですっかり位牌臭くなった」などと言う。「位」は「ゐ」が本当であるが、江戸っ子は「い」と「ゐ」を混同して発音した。

いびきり【指切】
「ゆびきり」の鯔背《いなせ》な訛り。子供たちが約束を交したしるしに小指と小指を絡ませて「指切拳万《げんまん》」とやる。大人はこれを実際にやるわけではないが、「いびきりとて、これから決して喧嘩《けんか》しないと約束しな」などと言い、約束を表わす語として用いる。

指　切

いびたれる【居浸れる】
居据《いすわ》ること。「居浸れたまま、とうとう居候《いそうろう》になってしまった」などと言う。

いびったれ
「いびる」は「ちびる」と同じで、洩らすの意、すなわち寝小便を洩らすことをいう。「いびったれ」は「寝小便野郎」という下卑《げび》た罵《ののし》り言葉。「いびったれ野郎」は庶民の中でも口の悪い者がいう言葉である。

いびりだす【いびり出す】
「いびる」はいじめて苦しませること。姑や小姑が嫁をいじめて追い出すことなどをいう。

いびをくわえる
指をくわえるの訛り。その項参照。

いぼいぼ【疣疣】
「いぼ」は突起物で人間の皮膚にも出来るが、「いぼいぼ」と重複させると複数を表し、たとえば「胡瓜《きゅうり》のいぼいぼ」などという。

いましがた【今し方】
直前、ちょっと前の意で、「し」は意味を強めるための助詞。「今し方、彼は帰った。行き違いだった」などと用いる。

いまじぶん【今時分】
今頃、今刻、現在の時刻。「どうしたの、今時分」「今時分来たって、やるものないよ」「たしか昨日の今時分だったと思うよ」などと用いる。➡時分時《じぶんどき》

いまどやき【今戸焼】
江戸浅草今戸町特産の焼物。素焼の土器や瓦《かわら》、小児用玩具の素焼人形などもある。現在では江戸の名残を感じさせる珍しい焼物。➡下手《へた》が捏《こ》ねると今戸焼《いまどやき》の狸《たぬき》

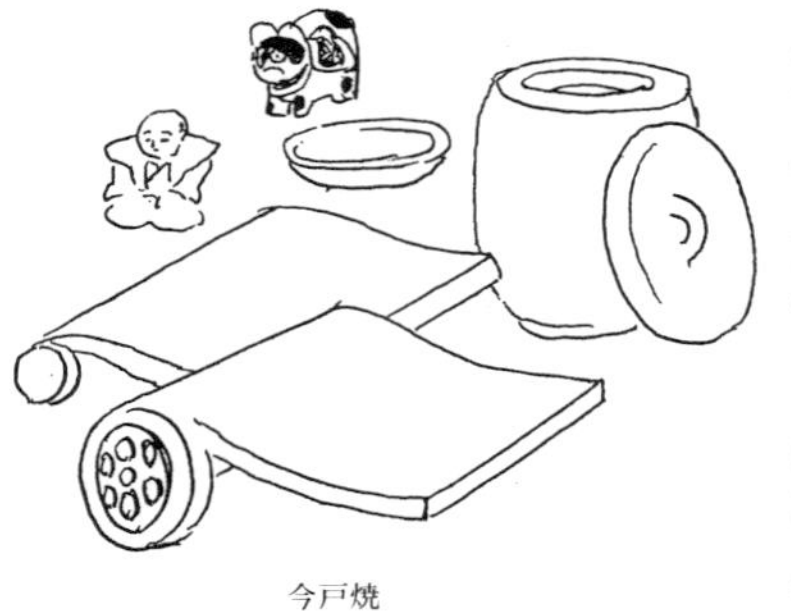
今戸焼

いまわのきわ【今わの際】
「いまわ」は臨終。「際」は「縁《ふち》」で境目のこと。世と死の境目に立つこと、すなわち死期の迫ったことをいう。

いまわり【居回り】
一ヵ所を中心としてその附近、界隈《かいわい》のこと。「根岸いまわりでとくに目立つところは」「神田いまわりで評判のものは」などと用いる。居るところの回りの意。

いみあけ【忌明】
人の死の喪に服して一定の期間を過ぎたことをいう。四十九日を一応の忌明とする。一周忌を過ぎたときを忌明ということもある。人によっては「いみあき」ともいう。

いめいめしい
「忌々《いまいま》しい」の訛り。癪《しゃく》にさわる、口惜しいの意。江戸っ子は気に入らぬと、すぐに「いめいめしい」と言う。松亭主人の『閑情末摘花』巻之二にも、「エエ、いめいめしい」と記されているが、この「いめいめしい」は自分の粗忽《そこつ》に腹を立てた繰り言で、「しまった、俺としたことが」の意。悪態をつくときは「糞《くそ》いめいめしい」などと言うこともある。また「いめへましい」とも訛る。十返舎一九の『続膝栗毛』四編上には「いめへましい」とある。

いもじ【湯文字】
「湯文字《ゆもじ》」の江戸っ子訛り。古くは湯に入る時に腰に巻いた布をいうが、江戸時代頃から着物の下に巻くようになり、腰巻ともいっている。男は「義理と褌《ふんどし》は外されぬ」というが、女性は「湯文字は外されるが義理は外されぬ」という。

湯文字

いもすけ【芋助】
芋を栽培している農夫。江戸っ子の田舎者に対する侮蔑から、不器用な者、洗練されていない者、無能な者の意として用いられた語。「あいつは芋助だから、そんなことをわきまえているわけはない」などという。地方藩の朴訥《ぼくとつ》な武士を「芋《いも》侍《ざむらい》」と呼び、幕末には特に薩摩藩の武士に対する侮蔑語として用いられた。また、遊廓などでは、農民の客を陰で「芋売り」といって見下していた。

いもっぽりぼうず【芋っ堀り坊主】
自然薯、大和薯を熱心に掘り出すしか能力のない坊主であると、無能な僧侶を罵《のの》しる言葉。「いもほり」を語勢よくいう。

いもづるをたぐる【芋蔓をたぐる】
芋の蔓をたぐっていくと土中に芋がある。それと同じように、関連した情報や人物をたどって多くの成果を得ること。「芋蔓式《しき》に検挙した」は芋蔓をたぐるように、複数の犯人を次々に検挙する意。

いものにえたもごぞんじない【芋の煮えたも御存知ない】
芋がどの程度で煮えるかもわからない。そうした世間一般の日常のことすら知らないということから、世間知らず、常識がないの意に用いる。「あの男は坊ちゃん育ちだから、芋の煮えたも御存知ない手合《てあい》だ」などという。⬇御菜《おかず》が煮《に》えない

いもばり【芋張】
銀で張った煙管《きせる》をいう。金属を使った延煙管は制作が難しく、煙管職人の技術が必要とされ、煙管の中でもとくに好まれた。⬇延煙管《のべぎせる》、煙管《きせる》

いもみてえなしごと【芋みてえな仕事】
「芋」という語は、農民や田舎者を馬鹿にしていた江戸っ子が、不器用、垢抜けない、無能なさまを表す語として用いられた。職人のような精度の高い技術力の要する仕事において、下手な製作品に対する譬《たと》えとして用いられた表現。「何だ、これ。まるで芋みてえな仕事じゃあねえか」などという。

芋　張

いもむしごーろごろ【芋虫ごーろごろ】
明治頃から大正期に下町の子がやった遊戯。昼間だけでなく、月夜の晩にも行う遊戯である。大勢で縦一列に並んで前の子の帯を掴むと、そろって蹲《しゃが》み、声を揃えて身体を左右に揺すりながら前進する。転んだりすると負けで列から外れる。音頭は「芋虫ごーろごろ、瓢簞《ひょうたん》ぽっくりこ」と言ったり、月を指して「ののさん（月のこと）、いくつ、十三、七つ、まだ

芋虫ごーろごろ［絵本西川東童］

年ゃ若いな、あの子を生んで、この子を生んで、だぁれにだかしょ、おまんにだかしょ、おまん何処行った、油買いに、茶買いに、油屋の前に、氷が張って、滑って転んで、油一升こーぼした、その油どーした、太郎どんの犬と、次郎どんの犬が、皆舐《な》ーめてしまった。その犬どーした、太鼓に張って、あっちい向いちゃあどんどこどん、こっちへ向いちゃぁどんどこどん」と囃《はや》すこともあった。満月の往来で、蹲《しゃが》んだまま肩を揺らして遊ぶ姿が地面に映り、楽しい遊戯であった。

いやがる【居やがる】
「居る」の江戸っ子調の乱暴な言回し。「あすこに乞食が居やがるので、不愉快だ」などと言う。

いやしんぼう【卑しん坊】
卑しい人、食い意地の張っている人をいう。何でも食べたがる「食いしん坊」とほぼ同義。

いやったい【厭ったい】
いやらしいことをいう。川柳に「羽子板で下女いやったくおつかける」とあり、いやらしい態度で追うことを詠んでいる。

いやならよしやがれ、よしべえのこんなれ【嫌なら止しやがれ、由兵衛の子んなれ】
こちらの指示に対して拒否した時に言う語呂合せの揶揄《やゆ》。拒否するなら行わなくても良いという意の乱暴な言葉。「止しやがれ」にかけて「由兵衛」の語を、「やがれ」を「忰《せがれ》」に通わして「子」の語を用いている。

いやみきんざん【厭み金山】
銀の産地の石見銀山《いわみぎんざん》をもじって、「いわみ」の代わりに「いやみ」とし、下に「金山」とつけた語呂合せ。それは厭《いや》だというときの洒落《しゃれ》。

いやらしい【嫌らしい】
「らしい」は「のようである」の意であるから、嫌な行為のようであるの意。嫌悪感《けんおかん》を示す語。つまり好かない動作、嫌な行為、嫌悪する態度を拒否する言葉である。「嫌らしいことを言う」は人の好まないこと、人前では憚《はばか》られるようなことを言うの意になる。「嫌らしい目付をする」は、相手を好色的な目で見ること。

いらいら【苛苛】
苛立つこと。気が立って、じっとしていられない様子をいう。「黙って聞いているうちにいらいらしてきた」などと用いる。

いらっしゃい
一般的に用いられ、来客に対して言う。「よくいらっしゃいました」の略であるが、夜店商人などは客が来なくても、景気付けに「いらっしゃい、いらっしゃい」と大声で叫んでいる。

いらぬおせわ【要らぬ御世話】
余計な御世話だ、口出し手出ししないで欲しいというときに用いる。江戸時代は「いらぬお世々《せせ》の蒲焼《かばやき》やい」などと言った。世話を「焼く」ということから「蒲焼」と続けた洒落《しゃれ》。➡いかい犠牲《ぎせい》

いり【入】
①収入のこと。
②会合や催しにおける人の集まり具合のこと。
③季節の変わり目、行事などの日になること。「彼岸の入」「大寒の入」などと言う。

いりあい【入相】
往時は鐘を撞いて時刻を知らせたので、太陽が西に沈むころをいう。「あい」とはちょうどそのころの意。江戸時代まではその時刻を表す語として用いられた。「入相の鐘が鳴る」などと言い、また「入相」だけで入相の鐘を指すこともあった。

いりやまがた【入山形】
吉原細見《よしわらさいけん》の刊行物で用いられた山の形のような「∧」という印。江戸吉原の花魁《おいらん》の評判を表すのに用いた。この入山形二つを重ねて組んだ下に黒星二つ付くのが最高の印。「入山形花魁《いりやまがたおいらん》」といえば売れっ子の花魁の意味となる。

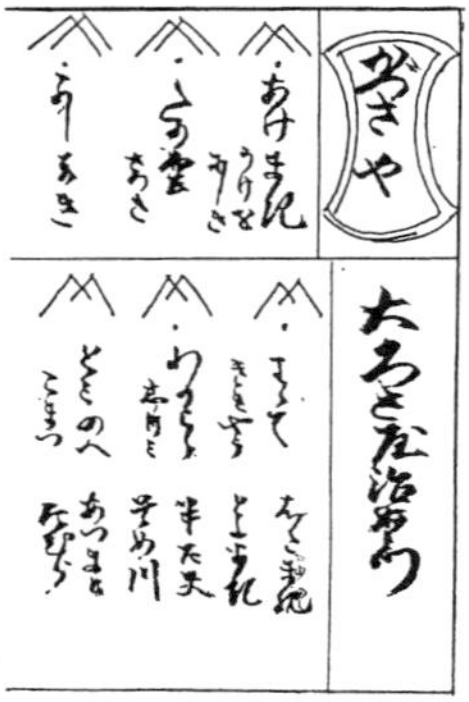

入山形

いりよう【入り用】
要り用。ある目的に使う費用。「○○を買う入り用に遣《つか》ってしまった」などと言う。

いりわけ【入り訳】
入り組んだ複雑な理由のこと。「それには入り訳があって」などと言う。

いるんですから
「いるのですから」の江戸訛り。「居る」「要る」の二義に用いる。「家に居るんですから」「何処其処に住んでいるんですから」などと用いる。「要る」の場合は「その品がどうしても要るんですから」などと用いる。

いれがみ【入れ髪】
江戸時代、男女共に結髪《けっぱつ》にふくらみを持たせるために、中に入れた他の髪をこういった。

いれずみもの【入墨者】
前科者のこと。江戸時代の刑罰では軽犯罪を犯した者には、罪を宣告したのち腕や額に入墨の線を彫り、一般人と区別した。しかし、入墨者は逆に自分の入墨を見せて凄《すご》み、脅迫《きょうはく》などを行っていた。再犯までは入墨の線が増やされるだけだが、次に犯罪を犯すと死刑にされた。粋《いき》に鯔背《いなせ》な模様を入墨することは「彫物《ほりもの》」といって、入墨者の「入墨」と区別した。「いい入墨ですね」と言っては、誉めるつもりでも相手が怒る。必ず「彫物」と言った。➡倶梨伽羅《くりから》紋紋《もんもん》、彫物《ほりもの》

入墨者［徳川幕府刑事図譜］

いろ【色】
情愛一般を表す。艶色《えんしょく》、色情、情事、情けなどの意に用い、愛人を指す語にも用いた。「色良い返事をしてくれ」とは愛情こもった良い返事をしてくれの意。「色は思案の外」という時の「色」は情事のこと。娼妓、遊女などと仲良くなったことも「色」という。男性と特別の関係をもった女性を「情婦《いろ》」、また女性側からは特別の関係ある男性を「情夫《いろ》」と表す。「色に持つ」というのは、愛人として交際していることをいう。

いろあい【色合い】
色彩、色どりのこと。「あの着物のいろあいが良い」「花火のいろあいが綺麗《きれい》だった」などと言う。「いろあいをよく考えて」は色彩の余色をよく吟味しての意。

いろあく【色悪】
歌舞伎用語で色男の敵役《かたきやく》をいうが、ときどき一般でも用いられた。惚《ほ》れられるのを利用して、女から金などを絞り取る、性格の良くない男をいう。今でもこのような男は多くいるが、現代では「女たらし」ということが多い。

いろいろのえいがをみせてくれた【いろいろの映画を見せてくれた】
映画は各時代の変化や事件などをテーマにして、時代物や現代物などで表現する。このことから、その時代に起きた世の移り変わりのさまざまな事象を見たりしてきたことを映画に譬《たと》えて言ったもの。時代の変化を映画に見立て、「いろいろな時代の変遷を見てきました」の意。大正時代に下町の老人らがよく口にした。

いろけ【色気】
異性に対する関心や興味からくる艶《えん》な魅力のこと。現代でいうチャーミング、エロチック、セクシーなどの語があてはまるかもしれない。年頃になり、異性に関心を持ち始め、自分を認識させようとする意識が強くなり、誘うような態度が表れることを「あの娘は最近色気が出てきた」などと言う。「色気盛り」「色気たっぷり」などとも用いる。「色気のない返事」は、そっけない返事の意。また無粋、野暮《やぼ》な人を「あの人は色気がない」などとも言う。

いろけよりくいけ【色気より食い気】
異性に魅了されるよりも、うまい物を食べたいという実際的な欲望を優先させることの意。「あの男は色気より食い気だ」と言う。

いろげんか【色喧嘩】
男女間の情事問題で起きる喧嘩のこと。たとえば一人の男をめぐり、二人の女が嫉妬心《しっとしん》で敵視し合って起きる喧嘩などをいう。

いろごとのでいり【色事の出入り】
男女間の情事から起きた揉め事。「出入り」とは揉め事や争いの意。

いろごのみ【色好み】
江戸時代から用いられた用語で、艶笑小説の題名にまで用いられた。一般的には好色家のことをいう。⬇助平《すけべえ》

いろざけ【色酒】
女色と酒に溺れること。十返舎一九の『東海道中膝栗毛』初編にも「安部川町の色酒にはまり」と記されており、遊蕩《ゆうとう》の表現として大正時代頃までよく用いた。「色酒にはまって身代《しんだい》を潰した」などと言う。⬇飲《の》む打《う》つ買《か》う

いろづかをにぎる【色柄を握る】
江戸時代、武士が遊廓に通うときに洒落《しゃれ》めかして粋に見える刀を差すこと。常に廓に通ってにやけた武士となることをいう。また、遊里における権柄《けんぺい》を握る意もある。

いろのがくや【色の楽屋】
楽屋は舞台裏、内幕、つまり内緒の意。狂訓亭主人『春色梅児誉美《しゅんしょくうめごよみ》』に「色の楽屋に住みながら、いつしか契りかね言《ごと》」とあり、男女関係の内緒事に及ぶくだりの表現として用いられている。

いろはかるた【いろは歌留多】
「色葉歌留多」と当て字する場合もある室内遊びのひとつ。小人数でも大勢でも遊べる。いろは四十八文字を頭文字《かしらもじ》にした諺《ことわざ》や面白い文句が書かれた読み札と、その内容が描かれた絵札をそれぞれ四十八枚使う。競技者の前に絵札を撒き、一人が読み札を読み上げたら、該当する絵札を素早く取り合う。四十八枚読み終わった時点でもっとも多く取った者が一番勝ち。

いろは歌留多

いろぶかい【色深い】
好色を表す語。「深い」は欲が深いの

意。色事を好むこと限りないということである。

いろむすめ【色娘】

年頃になり、男性を意識し出して、色気が出てきた娘のこと。『誹風末摘花《はいふうすえつむはな》』に「何かしら一寸咬《くわ》へる色娘」とあり、ものを銜《くわ》えてしなを作るようになった娘が詠まれている。

いろもの【色もの】

男女間の交情を唄ったものや物語をいう。「色もの交じり」とは、固い話の中に男女間の艶情を交えて話すことをいう。

いわくいんねん【曰く因縁】

「曰く」とは、由来、いわれ、事情などの意。「因縁」も同様の意であり、この二つの語を重ねて、そうなるまでの事情やいきさつをいう。「これについては、曰く因縁があってね」「これは曰く因縁付きの品だ」などという。

いわくつき【曰く付き】

「曰《いわ》く」は事情、理由などの意。他人と異なった事情や癖《くせ》、特殊な経歴などを、善悪とはかかわりなく一般的ではない場合に「曰く付き」といった。とくに悪い性癖《せいへき》や悪事を働いた過去をもっている者をいう。

いわしこい【鰯来い】

①夏の季節、獲れたての鰯を二つの笊《ざる》に入れて天秤棒《てんびんぼう》で担いだ魚屋が、「鰯来い、鰯来い」と呼び声をして町を流して歩き、目方売りをした。店を持てない魚屋である。昭和の初期頃までは東京の下町ではこの行商の姿が見られた。

鰯来い

②数人でやる遊び。二人が片手を握り合って高く挙げ、「いわしこい、いわしこい、飯《まま》くわしょ」と繰り返す。その間に他の者はその挙げた手の間を素早く潜り抜けるが、遅いと尻をぴしゃりと叩かれる。「ここはどこの細道じゃ」と似ている。おもに少女の往来での遊び。

鰯来い

いわずとしれた【言わずと知れた】

説明しなくとも一見してわかるの意。「言わずと知れた土地のやくざ」などと用いる。

いわぬがはな【言わぬが花】

その件について、明らかにしない方が良いこと。事実を暴露したら差障《さしさわ》りがあるときは、意識的にはっきり言わない方が良いの意。「その件は言わぬが花だよ」といって発表を避ける。

いわばほったん【いわば発端】

事のきっかけの意。原因を言ってみればその事が始まりであるという意。「それがいわば発端だ」などという。

いわれいんねん【謂れ因縁】

「曰く因縁」ともいう。由来、原因の意。因縁は仏教でいう「因」と「縁」で、前世からの定めの意をもつ。この漢語を市井の人は因果関係を示す語と解釈し、知識人ぶってよく用いた。「何か謂れ因縁があったに違いない」「そのお話をするについては謂れ因縁から申し上げねばなりません」などと用いる。

いんか【陰火】

幽霊や妖怪などが現れる時に足元で燃えているような青い火。江戸時代の浮世絵画家が幽霊を描く時にその下方に描いた。イメージとしては狐火とか鬼火の類《たぐい》で、闇夜にメラメラと燃える焔《ほのお》である。燃え広がって火事になるような火ではない。➡怪《あや》し火《び》

陰　火

いんぎ【縁起】

縁起《えんぎ》の訛り。「そんなことをいうと、いんぎがわるい」とか「いんぎのわるいことを言うな」などと言う。江戸っ子は「縁起担《いんぎかつ》ぎ」などと言う。

いんごう【因業】

報《むく》いの原因となる悪業を意味する仏教用語からきたもの。欲深や頑固な相手に対して使ったり冠したりする。「因業親爺《いんごうおやじ》」「そんな因業なことを言うな」などと用い

る。

いんちき
賭博で相手の目を胡麻化《ごまか》して行う不正行為。一般でも胡麻化しものを「いんちき」といった。広く通用しているが語源はわからない。「いん」は陰険・陰悪などの良くない意で、「ちき」は擬人化した「とんちき」などに共通する「的」の訛りではあるまいか。「その話はいんちきだ」「いんちきをしやがったな」などと用いる。

いんどうをわたす【引導を渡す】
仏教式の葬儀の際に、死者が迷わず成仏するように、僧が法語を唱えること。これで故人の死が確実なものとなるため、転じて相手にとどめをさすような宣告をする意に用いる。「あの男に縁を切るように引導を渡した」「退職するように引導を渡した」などと言う。

いんにゃ
「否《いな》」の訛り。相手の発言を否定する時に最初に言う。「いんにゃ、違うよ」などと使う。

いんのこいんのこ【犬の子犬の子】
江戸時代、優しく掌で子供の体を叩いて「いんのこいんのこ」と言って寝かしつけた。「いん」は犬の訛り。人に従順な犬は魔除けの働きをするといわれ、枕元には犬張子が置かれた。⇩犬張子《いぬはりこ》、ねんねこ

犬の子犬の子

浮　腰

「う」

うえをしたへのおおそうどう【上を下への大騒動】
上の物を下にひっくり返したり、下の物を上に放り上げたりして慌て乱れる騒ぎのさまを表現した語。「店は上を下への大騒動だ」は、店に事件が起きて大騒ぎして慌てふためいている表現。

うえをみればほうずがない【上を見れば方図がない】
「方図」は限度、限りのこと。上流の暮しを願えば限りがないの意で、分相応のほどほどがよい、無茶な希望を抱くなということ。曲山人補綴の『仮名文章娘節用』にもよく出て来る。

うおごころあればみずごころ【魚心あれば水心】
本来の言い回しは「魚、心あれば、水、心あり」で、魚に水を思う心があれば、水も魚に応ずる心があるの意であったが、「魚心」「水心」と一語化した。相手がこちらに好意を持つのであれば、こちらも相応に応えようという気持ちになるものだ、こちらの好意も相手の出方次第だということ。

うかばれない【浮かばれない】
善根《ぜんこん》を積むと、亡くなった後、阿弥陀《あみだ》如来《にょらい》が救いの手を延べて極楽へと浮かびあがらせてくれる。そうされない立場の者を「浮かばれない」といい、死んでも冥途《めいど》で苦しむという。このようなことから、菩提《ぼだい》を弔《とむら》ってもらえない気の毒な状態の故人を「浮かばれない」といい、転じて苦労や努力が報われない状況をもいう。また、そのような環境から逃れられないことを「浮かぶ瀬もない」という。

うきごし【浮腰】
落ち着かないこと。そわそわしていること。座っているのに、無意識のうちに腰を上げている状況を表す。

うきな【浮名】
男女間の色っぽい噂話《うわさばなし》をいい、そのような噂が広まることを「浮名を流す」といった。「あの男は女遊びが好きで随分《ずいぶん》浮名を流した」などという。

うきみをやつす【憂き身を窶す】
「憂き身」とは憂世（現世）に生きている身体をいい、辛い事態に遭遇して、身も細る思いで生きていくことをいう。「あの人は財産があったが、事業に失敗してからずっと憂き身を窶して、見る影もなくなってしまった」などと用いる。

うきよ【浮世・憂き世】
しっかりと大地を踏みしめていられない世の中。いつどうなるか定まらない世の中。つまりこの世をいう。「浮世の風」「浮世の波」「浮世は夢」「浮世の絆《きずな》」などという。楽しい「浮世」もあれば、辛い「憂き世」もある。現代では浮世という用語は失われつつあり、稀《まれ》に用いても古語めいた使い方である。

うきよじゃもの【浮世じゃもの】
浮世とは現世、この世のこと。浮世には楽しいこともあれば悲しいことも、嬉《うれ》しいこともあれば辛いこともあり、それが人間の生きている世なのである。ゆえに、いろいろな波があろうとも、くよくよしても仕方がない。これが人生だと思って諦めなさいという時に、「浮世じゃもの」と言うのである。

うきよしょうばい【浮世商売】
浮世商売の「浮世」は現世の意味でなく、「浮河竹《うきかわたけ》」の意。河の竹が浮いたり沈んだりするように身の定まらない遊女を表している。接客の水商売、売春を「浮世商売」といった。⇩苦界《くがい》

うきよのぎり【浮世の義理】
人が他人と平穏に暮らすために社会の義理人情、習慣、エチケットがある。現世を生きていくためには従わねばならないそのような掟《おきて》をこう呼ぶ。「それも浮世の義理だから仕方がない」などという。

うきよのぎりにからめられ【浮世の義理にからめられ】
世渡りをしていく上で様々な義理人情に縛られての意。曲山人補綴の『仮名文章娘節用』に出てくる表現で、そこに描かれている江戸の芸妓《げいぎ》たちは意地を張り、義理と人情が売物で、江戸っ子の女性を代表する気性の持ち主である。

うけあい【請合い・受合い】
引き受けることをいう。十返舎一九の『東海道中膝栗毛』初編にも「そりやの請合きづけえなし」とあり、それはもう心配せずに引き受けて良いの意。頼まれ事をした場合に相手を安心させるために「その件は請合った」などという。

うけとりかぶと【受鳥兜】
「受取った」「承知した」の意。「とり」を舞楽に用いる「鳥兜」と結び付け、「よくわかった。それは受鳥兜だ」などと洒落《しゃれ》た。

うけにん【請人】
現代の保証人・身元引受人にあたる。商店に勤めるにも、家を借りるにも請人の保証が必要であった。無宿者にはなかなか請人になってくれる人がなかった。「越後から江戸に奉公に出てきたが、悪気のない性格なので町内の大家が請人になってくれた」などという。請人を頼んだ者が犯罪を犯すと、請人が責任をとらされることもあった。⇩請判《うけばん》

うけばん【請判】
請人《うけにん》となる証拠の印鑑を捺《お》すこと。このことから、太鼓のように大きな印を捺《お》して確実な保証をすることを「太鼓判を捺す」という。⇩請人《うけにん》

うさぎうさぎ

受鳥兜

請　人

うさぎうさぎ【兎兎】
月夜の晩などに、子供が往来に集まって、月を見ながら「うーさぎ、うさぎ　何見て跳ねる　十五夜お月様　見て跳ーねる」と皆で囃《はや》し、ぴょんぴょんと跳ねて遊ぶ。喜多川守貞の『守定漫稿』に出ているから江戸時代から行われたらしい。『馬鹿長命子気物語』にもこの童謡をもじって「ふさぎ、ふさぎ、なに見てさわぐ、十五夜お月様みてさへる」とあり、「うさぎ」と「塞ぎ」を掛け、憂鬱《ゆううつ》で塞《ふさ》いでいるといらいらするが、澄明な満月を見て落ちつくの意。現代では見かけることはないが、昭和の初め頃までは子供らが遊ぶ姿をよく見かけた。現代の親が幼児の頃には廃れたとみえて、幼い子でこれを知っている者は少ないのではないか。

うさぎのけ【兎の毛】
兎の毛は柔らかく細い。このため、これを「兎の毛」と言って、わからないほど僅かの意に用いる。「兎の毛《うけ》で突いたほどの隙もない」などと表現する。

うさんくさい【胡散臭い】
不審に思うこと。怪しいと感じること。「胡散臭い人が立っていた」「その話は胡散臭い」などと用いる。「臭い」はある雰囲気が漂うことの意で、悪臭の意ではない。

うしゃあがる【失しゃあがる】
「失せやがる」の訛り。「失せる」つまり「去る」の乱暴な言い方。「失しゃあがれ」は去れの意。時には「来る」の意にも用い、「あいつが失しゃあがったら、そう言っとけ」などと用いた。

うじゃうじゃ
小さいものが沢山寄り集まった状態形容する語。「うざうざ」ともいう。「子供がうじゃうじゃ集まって遊んでいた」などという。特に蛆《うじ》などの小さい虫がたくさんわいているようなさまを表す。

うじゃじゃける
腐ったように形が崩れ、ぐちゃぐちゃになること。「うじゃける」ともいう。

うしろだて【後ろ楯・後ろ盾】
背後の敵から身を守る楯となるものの意。転じて、表に出ずに力になること、また、そうする人をいう。一説に、兜《かぶと》の立物《たてもの》の一つで、鉢の後部につけた「後立《うしろだて》」から出た語ともいわれる。武勇に優れた者がその実力を誇示するために、大型の後立をつけたことからという。

うしをうまにのりかえる【牛を馬に乗りかえる】
牛に乗っていたが鈍《のろ》いので、速足の馬に乗り換えようとすること。すなわち、他人を利用していたが思うようにいかないので、利用しやすく自分にとって有利な人に切り換えることをいう。利に聡《さと》く悪賢い人が行う他人の利用法を表現している。

牛を馬に乗りかえる

うすがみをはがすように【薄紙を剥がすように】
日数をかけて病気が徐々に軽くなっていくことの形容。たくさん貼った薄紙を毎日一枚ずつ剥ぐように治っていくという譬《たと》え。この語の場合、「剥がす」が訛って「へがす」ともいう。「引き剥がす」を「引っぺがす」という訛り方と同じ。

うずこまる
「蹲《うずくま》る」の訛り。しゃがむような姿で小さくなること。「隅の方にうずこまってて」「そんな所にうずこまってねえで、もっと前に来い」などと言う。

うすっぺら【薄っぺら】
薄くてぺらぺらしていること。人に対して使う場合、まるで紙のように頼りない存在であるの意。軽薄、軽率で深みのない人を表現。「あいつは薄っぺらな奴だ」「薄っぺらな考えだ」などという。

うすどろどろ【薄どろどろ】
「どろどろ」とは芝居で妖怪や幽霊が出る予告の太鼓の音。太鼓をかすめて低く打つと、微かにドロドロと鳴り、不気味さを感じさせる。これを「薄どろどろ」という。略して「薄どろ」ともいう。➡大《おお》どろどろ

うぞうむぞう【有相無相・有象無象】
宇宙にある一切のもの、森羅万象《しんらばんしょう》の意の仏教用語の転で、種々雑多なくだらない人間をいう。いささか侮蔑を含んだ形容。山東京伝『通言総籬《つうげんそうまがき》』にも「うぞうむぞうを引つれて、何島がござりやした」とある。

うそからでたまこと【嘘から出た誠】
嘘をついてごまかしたが、結果としてはその嘘の内容が真実になってしまったことをいう。

うそぎたない【うそ汚い】
「薄汚い」の訛り。何となく汚い、不潔であるの意。実際の汚れだけでなく、人格の悪さにも使われ、「あいつはうそ汚い奴だ」などという。

うそだまんぱち【嘘田万八】
式亭三馬の『浮世床』に出てくる嘘つき男の名。万のうち八つぐらいしか真実を言わないという意味で、嘘つき男の代名詞である。「あいつは嘘田万八だから、その話は信じられない」などという。

うそっぱち【嘘っ八】
嘘八百の略。「沢山の嘘」すなわちすべて嘘であるの意。「体裁の良いことを言っているが、すべて嘘っ八なんです」などと表現する。「やけのやん八《ぱち》、嘘八百」とは自暴自棄になって出鱈目《でたらめ》の発言をするという意で、語呂の良い表現である。

うたいじり【唄い尻】
歌っている言葉の終わりの方をいう。「唄い尻を長く引く」などという。

うたいて【唄い手】
長唄・常磐津《ときわづ》・清元・新内など、和風の唄をうたう人をこういった。

うたがるた【歌賀留多】
一般的には百人一首といい、少し大きな子供がやる室内遊び。松江重頼の『毛吹草』に、後光明天皇の正保二年（一六四五）に京都で行われたのが江戸に伝わったとされている。読み手によって和歌が読みあげられると、下の句が書かれた札を探して取る。取るためには歌を覚えなければならぬから幼児向きでない。昭和の初め頃までは男子学生も女子学生も

歌賀留多［女中風俗艶鏡］

ともに夢中になって百人一首を覚え、競い合いながらも、この歌賀留多《うたがるた》を通じて淡い初恋を感じたりしたものである。

うたざわひとつうたえない【歌沢一つ唄えない】

遊び一つ知らないということ。趣味道楽が一つもない堅い人の意と、吝《けち》の意が含まれる。「歌沢」は端唄《はうた》の一流派で、歌沢大和大椽《だいじょう》から始まった。声を伸ばし、三味線に合わせて唄う小唄である。つまり三味線を弾く女がいるような場所も知らないということである。

うだつがあがらない【梲が上がらない】

「うだつ」とは「うだち」の訛りで、棟木《むなぎ》を受けて支える短い柱のこと。江戸時代から日本建築ではこれが付いている家は裕福な家と見られた。ゆえに「梲が上がらない」は、商売が繁盛せず栄えていないことの譬《たと》え。転じて「他人に頭が上がらず、同等の立場になれない」「なかなか幸福になれない」などの意に用いられた。

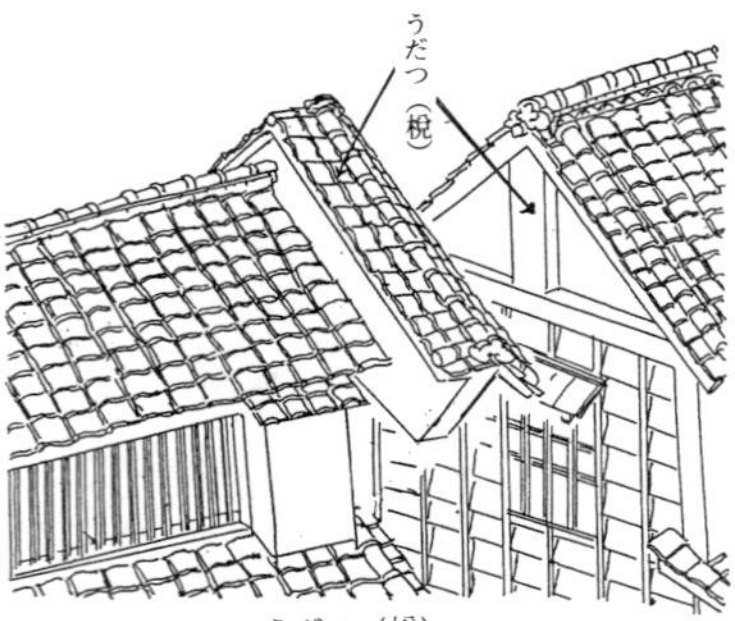

うだつ（梲）

うちあげ【打上げ】

①興行を終えること。歌舞伎や相撲で太鼓を打ってその日の興行の終了を告げることからきた語で、一般でも仕事を終えた後の酒宴の意に用いられている。

②打上げ花火の略。花火筒に花火玉を入れて空高く打上げる花火のこと。

うちがえ【打飼】

長い布を筒状に縫ったもの。その中央に食糧、雑品、金銭などを入れて腰に巻き、両端を前で結んで携帯した。安土桃山時代頃からあり、「打飼《うちがい》」「打飼袋《うちがいぶくろ》」ともいった。江戸時代は小型化し、着物の下につけて「胴巻《どうまき》」などともいった。

打飼

うちげんかん【内玄関】

江戸時代の正式な玄関を「表玄関《おもてげんかん》」といい、式台があり、主人が出入りするところであった。その脇に設けた簡単な出入り口が「内玄関」で、家族や女性らが出入りした。「中の口《なかのくち》」ともいい、庶民の訪問もこちらを利用した。洋式建築になってから内玄関はなくなった。

内玄関

うちこみ【打込】

物事に夢中になって貢ぐこと。恋愛沙汰や相場などに夢中になって費用を投ずることをいった。十返舎一九の『東海道中膝栗毛』初編にも「……といえるに打込」とある。「彼は芸妓の誰某に打込んで」などと用いる。

うちだし【打出し】

相撲《すもう》や芝居、寄席《よせ》などで興行の終わりを告げる勇ましい調子の太鼓をいう。酒席の終了や遊興の終わりの意にも用いた。酒席などで「席がだいぶ乱れ、夜も更けたから、今夜はこれで打出しにしよう」などと用いる。「打ち留め」ともいった。

うちのひと【内の人】

夫婦や家族の代名詞で、「内《うち》」は「わが家」のこと。一般に、妻が第三者に対して夫をいうときに使われることが多い。

うちひろがりのそとすぼまり【内広がりの外窄まり】

「窄《すぼ》まり」を訛って「ずわり」ともいう。家の中ではわがままを言って威張っているが、外に出ると意気地がないこと。また、そのような者を「内弁慶《うちべんけい》」という。

うちまく【内幕】

戦《いくさ》において、軍陣では幕を張り廻らせていたが、陣の重要位置である主将や重臣のいる場所にはさらに内幕を廻らせた。したがって「内幕」とは内情をいう。「内幕を明かせば結構苦しい事情があるのだ」などといい、他人にはやたらに言えない事情の意でも用いた。

うちみせ【内見世】

江戸時代の娼家では、夕刻になると清掻《すががき》を三味線で鳴らす。これを合図に遊女は見世《みせ》に並んで客を招く。その表の見世に対して、次の間にある遊女の控えの部屋を「内見世」といった。

➡清掻《すががき》

うちわがあがる【団扇が上がる】

この場合の「団扇」は涼気を煽ぐ団扇ではなく相撲

の軍配《ぐんばい》団扇。勝った力士の方に団扇を上げることから、「団扇が上がる」で勝ちを意味する。狂訓亭主人の『春色辰巳園』巻之七にある「処へ団扇があがることか、あるまいともいはれずか」とは、勝ち味の見当がつかないの意である。

うちわだいこ【団扇太鼓】
円枠に犬や猫の一枚革を張って柄をつけた、団扇のような薄い太鼓。日蓮宗の信徒はこの太鼓を棒で叩きながら読経する。寒修行の時には往来でも叩いた。

団扇太鼓

うちをそとにする【家を外にする】
家に居付かず、つねに外を遊び回っていることをいう。

うちんち【うちん家】
「うちの家《うち》」が訛った語。「私の家」「私たち家族の家」の意である。「うち」は家屋そのものも示す語だが、「私」または「私を含めた家庭」をも表す。「うちん家ではこういうことをする」「うちん家《ち》ではそうした習慣がある」などという。

うつ
「通《つう》」を逆さにした語。通な者をいう場合もあれば、通ではない者をいう場合にも用いられる。「通」とは遊里などで万事に通じて経験豊か、気転のきく洒落者《しゃれもの》・のことをいう。

うっかりひょん
ぼんやりしている様子を表現した語。「うかりひょん」ともいう。

うつけもの【空け者】
「空《うつ》け」は馬鹿、阿呆の意で、気の利かない者をいう。古くより用いられた。

うったまげる【うっ魂消る】
「うっ」は語調を強める接頭語。「魂消る」は魂が身体からふっ飛ぶほど驚くの意。語呂が良い語なので江戸っ子はよく使った。「ああ、うっ魂消た」などという。「おったまげる」ともいう。

うっちゃる【打遣る・打棄る】
「打《う》ち遣《や》る」の訛りで打ち捨てること、放っておくこと。「打遣《うっちゃ》っておきなよ」は、気にせず放ったらかしにしなさいの意。「そんなもの、うっちゃっちめえ」「事情を聞いたからには、うっちゃっちゃあ置けねえ」などと用いる。狂訓亭主人の『春色梅児誉美』にも「腹が立つても立たねえでも、打捨《うっちゃっ》ておくがいい」とある。相撲《すもう》四十八手の中に「打遣《うっちゃ》り」という技があるが、相手に土俵際まで攻めこまれた状態で、身を捻《ひね》りながら相手の身体を土俵の外へ投げ捨てる技である。

うつつをぬかす【現を抜かす】
何かに心を奪われて熱中すること、夢中になることをいう。「うつつ」は本来、死んでいるのではなく生きている状態、夢を見ているのではなく目が覚めている状態、気が確かな状態の意であるが、「夢うつつ」と続けて言ったことから誤って、夢なのか現実なのか区別し難い状態、夢心地にある状態の形容となった。

うってつけ【打って付け】
ちょうどあつらえたように、ぴたりと合うことをいう。「うって」とは、木材などの枘《ほぞ》をはめるために打ち込むことをいう。「つけ」は、削り込んだ枘穴に、削り出した枘がきれいに納まること。このようにぴたりと当てはまることや、よく納まることを「うってつけ」という。「あの人にはこの役がうってつけだ」などというのは適任だの意。適材適所で、相応しいということである。

うってんばってん【雲天万天】
「雲泥万里《うんでいばんり》」を語呂良く訛った語。天と地ほどの大変な違いを意味する語である。現代ではあまり聞かないが、「江戸時代から続いた鰻《うなぎ》屋《や》とそこらの食堂の鰻とではうってんばってんの違いだ」などと用いる。

うつばりのちりもおちる【梁の塵も落ちる】
歌が上手な人に対する褒め言葉。天井裏の梁に積もった塵すら、あまりの美声に感動して舞い落ちるという誇張的な表現。「あの娘の歌を聞いちゃあ梁の塵も落ちるだろう」と褒《ほ》めた。現代では歌に聞き惚《ほ》れても、こんな七面倒《しちめんどう》なことは言わなくなった。

うっぷせる【うっ伏せる】
顔や身体、物などを伏せること。仰向けの逆。「うっ」は強調の接頭語。「コップをうっ伏せる」「盃をうっ伏せる」などというのは、これ以上の酒を拒否することである。⬇仰向《あお》になる

うっぽっぽう
水面に物がぷかぷか浮かび漂っているさまの擬態語「うぽうぽ」が「うっぽうっぽ」となり、さらに訛って「うっぽっぽう」となった。本来の意から転じて、すこぶるのんきに、うわのそらで遊び歩くことをいう。式亭三馬『浮世風呂』前下に「おのしがやうにうぽつぽで遊《あす》んであるく者は又一人《ひとり》とありやアしねへ」とあるのは、「おまえのような放蕩者は二人といないぞ」の意。ここでは「うぽっぽ」といっているが、「うっぽぽ」「おっぽっぽ」ともいう。

うつりがみ【移り紙】
重箱などに食物を入れて贈られた場

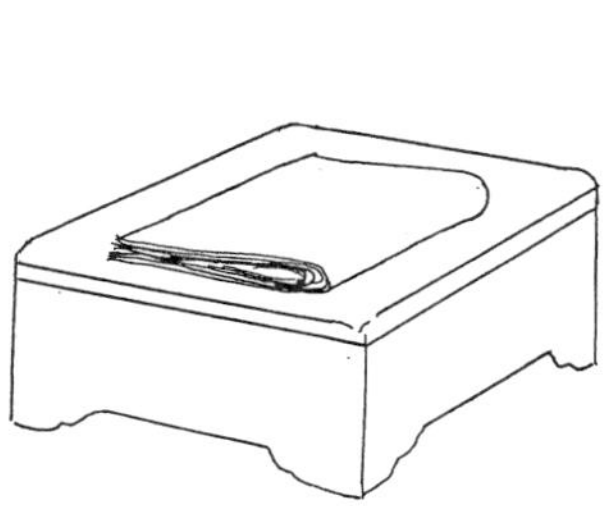
移り紙

合、受け取った側は箱をきれいに洗い、蓋の上に白紙を一帖か数枚を載せて返す。これを「移り紙」という。感謝の印として僅かの紙ですがお使い下さいという返礼の品であった。明治時代頃までは付木《つけぎ》（火を起すときに用いる、先端に硫黄《いおう》の付いた薄板）を添えたり、燐寸《マッチ》が流行すると、それを付けて返したりした。炊事のお役に立てて下さい、ほんの気持ですという意である。略して「移り」ともいう。

うつりぎ【移り気】
何かに夢中になったかと思うと、すぐに飽きて他に熱中すること。恋愛においては「浮気っぽい」「すぐに一目惚《ひとめぼ》れする」「飽きっぽい」などというのと同じ。

うつわがちいさい【器が小さい】
人物の性格や才能、思想など、その人の器量を容器に譬《たと》えた言い方。心の狭さや余裕のなさ、小人ぶりを表した語。

うでいっぽんくそにほん【腕一本くそ二本】
「腕」は手腕、腕前、腕力の意。「くそ」は「なにくそっ」という張り切る意気で、つまり「人一倍の気力」の意である。無理をしてでも身体を張って頑張ることを表す。「腕一本くそ二本の時代だから」などという。また、「腕一本脛《すね》一本」という語もあるが、これは自分の身体以外に頼みとするところがないの意である。

うでずく【腕尽く】
腕力に物を言わせての意。「金《かね》ずく」は金の力に物を言わせて、「相談ずく」は徹底的に相談しての意。

うでずもう【腕相撲】
二人が向い合って肘を台に付け、掌《て》を組み合ったまま押し合い、力競べをする。相手の掌の甲を台に押し付けると勝ちである。二人きりで遊べるが、大勢の場合は勝抜き戦で次々と相手を替えていく。大人もよくやる遊び。

腕相撲

うどのたいぼく【独活の大木】
独活はウコギ科の多年草であるが、二メートルほどにもなるので「大木」といってもよいだろう。しかし茎は非常に軟らかく折れやすい。見た目は大きくて丈夫そうに思うが実際は脆《もろ》いため、「独活の大木」とは、大男やしっかりした男に見えてもいざという時に弱さが露見して役に立たない者の譬《たと》えとして使われる。

うどんげのはな【優曇華の花】
仏教では優曇華は三千年に一度花を咲かせると伝えられ、なかなか見るチャンスがない。そこで滅多にあり得ない機会に遭遇することを「優曇華の花待《ま》ち得《え》たる機《とき》」などという。

うなぎのぼり【鰻登り】
鰻は水中で身をくねらせながら垂直に上がる。また、鰻は手で掴むと身体がぬるぬるしているので、上に抜けるようにするすると伸び、もう一つの手で押さえても滑り上がる。このようにどんどん上にあがることで、地位や人気、物価や温度などが急速に上がることの譬えに用いられる。

鰻登り

うならせる【唸らせる】
評判になること。人気、技術などで、人々が「うーん」と唸ってしまうほどの感銘を与えていることを表現している。

うぬ【汝】
「汝《なんじ》」「お前」のこと。相手を蔑《さげす》んだ語。「おのれ」が訛って「うぬれ」になり、さらに訛って「うぬ」となった。江戸時代の庶民が用いた言葉。武士がよく「うぬっ、許さんぞ」と前置詞的に用いたが、庶民も真似て「うぬ、こん畜生」などと用いた。罵《ののし》る相手が複数の場合には「うぬ等《ら》」といった。

うぬぼ【己ぼ・自ぼ】
「自惚《うぬぼ》れ」の略。「あいつはうぬぼが強いから」などと用いる。「うぬぼう」ともいう。

うぬぼれかがみ【己惚れ鏡・自惚れ鏡】
しょっていること。自分が立派だと思っていると、鏡に映った自分すら立派に見えてしまう。つまり盲目的な自信過剰の意。「自惚鏡も光強い」などという。

うのみ【鵜呑み】
鵜が鮎などの魚を噛（か）まずに丸呑みにするように、他人の言うことを、よく考えもせず、理解しないまま受け入れることの譬（た）え。「鵜の丸呑み」「鵜呑みにする」ともいう。

うのめたかのめ【鵜の目鷹の目】
目をぎょろつかせ、夢中になって物を

鵜の目鷹の目

探している様子を表す語。鶏は首を水中に突っ込んで素早く魚を捕らえるし、鷹は空を飛び、餌になる小鳥を見付ければすかさず捕らえる。一所懸命《いっしょけんめい》に必要なものを探し回ることの形容となった。

うばざくら【姥桜】
女盛りを過ぎても色気のある女性に対していう。桜の語を用いたのは、桜は葉が出ないうちに花を咲かせるため、「葉がない」を「歯がない」と掛けて老婆を表しているからであるが、一般的に姥桜といえば、年増《としま》盛りを過ぎて老婆になる以前の美しい女性に対していう言葉である。
⇩年増《としま》

姥　桜

うぶ【生・初・産】
初々《ういうい》しいこと、純真であること。「あの娘はまだ生《うぶ》だ」などという。

うぶぞり【生剃り】
子供が生まれて七日目のお七夜《しちや》に、産婆が赤児の産毛《うぶげ》を剃るという昔からの行事をいう。

うまいことばっかし
相手が釣られて食《しょく》指を動かすような話ばかりの意。「あなたは本当にうまいことばっかしいう」は、貴方はこちらが興味を出して引っかかるようなことばかり言うの意。「巧言令色鮮矣仁《こうげんれいしょくすくないかなじん》」の類《たぐい》。

うまいしるをすう【うまい汁を吸う】
自分は苦労しないで、相手を利用して利益を得ること。「自分だけうまい汁を吸う」などと、ずるい人に対していう。

うまごっこ【馬ごっこ】
馬乗り、馬事《うまごと》ともいい、狂言にまで用いられた遊戯。ジャンケンポンして、負けた方が四つん這いになって馬となり、勝った方がそれに跨《またが》る。何組かを作って敵味方に分かれ、乗った者同士が組打ちして落されると負けとなる。最近は見かけなくなった遊びである。「ごっこ」は物事を真似てする遊びを表す接尾語。「戦争ごっこ」「兵隊ごっこ」「鬼ごっこ」など子供がよく用いる。

馬ごっこ

うまのあし【馬の脚・馬の足】
歌舞伎などの芝居に馬が登場することがあるが、このとき二人一組で張子《はりこ》の馬の中に入り、それぞれ前脚と後脚の役をつとめる者をいう。転じて、下級の役者や、へたくそな役者をあざけっていうのにも用いられた。「据風呂《すえふろ》を焚《た》きかけ馬の足に出る」は、下級の役者なので風呂焚きもすることを詠んだ川柳である。

馬の脚

うまのはらがけのようなももひき【馬の腹掛の様な股引】
大工職人の見習い弟子に対して親方や先輩が用いた蔑称。見習いの弟子には、親方や先輩が使用した、文字の染めてある廃品同様の古い半纏《はんてん》を仕立て直し、股引としてはかせた。江戸時代の駄馬《だば》は飼主の屋号などを染め抜いた腹掛をしていたので、見習い弟子の恰好を駄馬に見立て「馬の腹掛」といってからかった。職人たちは見習い弟子に「馬の腹掛のくせに～しやがって」などと叱った。⇩盲縞《めくらじま》の股引《ももひき》

うまのほね【馬の骨】
昔は馬子らの飼っている馬が斃《たお》れると往来街道筋でも捨てたり埋めたりした。野犬などが掘り返して腐肉を食い散らすため、骨が散乱し、どこの馬の骨だかわからないままに朽ち果てた。これになぞらえて、素性を知らない相手を蔑視して「どこの馬の骨かわからない野郎だ」などといったのだろう。打ち捨てられるような取るに足らぬ奴の意である。

うまれぞこない【生まれ損い】
何か欠点を持って生まれたという悪口言葉。出来損いの意で、相手の人格の不完全さに対して罵《ののし》る言葉。「あいつは生れ損い野郎だ」などと用いる。

うまれたはたけがちがう【生まれた畑が違う】
農産物も地味の良い畑ではよく育つし、悪い土地では育ちが良くない。これに譬《たと》えて、生まれた家庭によって人格などが違ってくることをいう。家の貧富の差をいうことが多い。

うみせんやません【海千山千】
古強者《ふるつわもの》の意。蛇は山に千年、空に千年、川に千年、海に千年棲んで神通力を得、龍になるという俗信がある。これに譬えて、年功を経てあらゆる経験を積み、世間擦れした強《したた》か者を「海千山千」または略して「海千」というが、長年遊女をや

って客扱いに馴れ、客を手玉に取る者に対していうことも多い。「相手は海千山千の女だ。純な若者を引っ掛けるなんて、わけはない」などと用いる。

うめえ

「うまい」の訛り。「美味」「上手」「良い」などの意で用いられる。「この料理はうめえ」は美味なこと。「歌や踊りがうめえ」は歌舞が上手なこと。「うめえ話だ」は良い話のこと。しかし「うめえこと言いやがって」は、上手にでまかせを言いやがってという意になる。

うめがえのちょうずばち【梅ヶ枝の手水鉢】

江戸以来、「梅ヶ枝の手水鉢　叩いてお金が出るなれば　もーしもお金が出た時は、その時にお手打ち　そーれたのむ」という戯唄《ざれうた》が流行った。これは、遊女の梅ヶ枝が恋人の源太出陣に必要な三百両の金策に苦しんで、柄杓で手水鉢を叩いたところ、二階の障子が開いて小判が降ってきたという、黄表紙本『平仮名盛衰記』に記された物語にちなんだものである。⬇手水鉢《ちょうずばち》

海千山千

うめにうぐいす【梅に鶯】

花の咲いている梅の枝に、鶯が止まってさえずっているの意で、二つが美しく調和して絵になるもの、取り合わせのよいもの、また、仲の良い間柄の譬《たと》えとして用いられる。花札の二月の絵柄も梅に鶯である。「牡丹《ぼたん》に唐獅子《からじし》」「柳に燕《つばめ》」なども同じ形容。江戸では本郷の湯島天神で梅まつりが行われ、境内は梅見に訪れた人々でにぎわった。また、亀戸の清香庵《せいこうあん》も、臥竜梅《がりょうばい》という古木があるので梅見の名所として知られていた。

うめはくうともさねくうななかにてんじんねてござる【梅は食うとも核食うな中に天神寝てござる】

「核」は「種」の意。青梅の種には毒があるから食べてはいけないといういましめである。「天神」は菅原道真の神号。梅を愛した道真の伝説などからこのような句が生まれたのであろう。「梅は食うとも種《たね》食うな中に天神寝てござる」ともいう。

うめんめ

「うまい、うまい」を明瞭に言えぬ幼児の発音を大人が真似て、「ほら、これはうめんめだからお食べ」などといった。大人は「うめえ」という。

うらだな【裏店】

表通りの商店街に対して、裏の空地などに建てた家。おもに長屋が多いので「裏長屋」ということもある。現代のアパートにあたるか。「何兵衛の裏店だと訊けばすぐわかるよ」などといった。

うらはら【裏腹】

人体の前面は腹、後ろは背であり、したがって、後ろを腹といったら逆である。つまり「うらはら」とは逆さまのことをいう。ただしこれは意識的に逆のことを為したり言ったりしたときに用いる用語。「約束した時とは裏腹に不履行であった」「言うことと為すことは裏腹で……」などと用いる。

うらら

相手を罵《ののし》る「おのれら」の訛り。時には自分を指す「おいら」の訛りとしても用いる。現代は聞かれない語。

うらをかえす【裏を返す】

遊里でも一流の見世では、客が遊女に初めて逢うのを「初見《しょけん》」といい、何度も通う客とは区別していた。二度目に逢うことを「裏を返す」といい、三度目から「馴染《なじみ》」といって床を共にすることができる。この初見の時にまた来ると言って、裏を返すことを約束するが、これを「裏約束《うらやくそく》」という。また、遊女が客を気に入って、初見の次に見世に来たときに床を共にすることを「裏馴染《うらなじみ》」という。

裏　店

うりことばにかいことば【売り言葉に買い言葉】

一方が暴言を吐けば、他方も負けずに同じ調子で暴言を返すことの形容。「売り言葉に買い言葉で大喧嘩になってしまった」などと用いる。

うりすえ【売据】

商店の造りのままの売家。十返舎一九『続々膝栗毛』初編に記されている。

うりばごうし【売場格子】

大店では、金銭の出し入れをしたり帳《ちょう》

売場格子

付《づ》けをしたりする帳場に机があり、格子状の衝立《ついたて》で三方を囲んでいた。この衝立を「売場格子」という。

うるめいわし【潤目鰯】
鰯の種類の一。またそれを干物にしたもの。略して「潤目《うるめ》」という。

うれえまみえ【愁眉】
眉《まゆ》を「まみえ」と訛る。心配そうに眉根を寄せた状態で、「八の字眉毛」ともいう。

うれっこ【売れっ子】
「流行《はやり》っ子」などともいう。評判が良く、稼ぎも良い者をいう。元来はたくさんの客が付いた、人あしらいの良い美貌の遊女や芸妓のこと。客に対してサービスを売る仕事であり、そのため客が付くことを「売れる」と表現する。逆に、あまり客に好まれない妓は「売れない」という。現代では男女・業種の区別なく用いる。

うろうろする
どうしたらよいかわからず、落ち着きなく動きまわること、方向が定まらず、まごつくことの形容。「何をうろうろしてるんだ、目障りだよ」「出口はどこかとうろうろ歩き回った」などと用いる

うろうろぶね【うろうろ船】
隅田川で小伝馬船《こでんません》などが停泊しているところへ食物や酒類を積んで売って回る小船をいう。「売ろう（売りますよの意）」が訛って「うろ」となり、「うろうろ船」と呼ばれていた。

うろおぼえ【うろ覚え】
記憶のところどころが空洞のように抜けている意である。確実には記憶していないこと。「その話はうろおぼえでしかない」などと用いる。

うろちょろ
「うろ」は「うろつく」の意。「ちょろ」はちょろちょろ動き回ること。目障りなほどせわしく動くさまをいう。「俺の前でうろちょろするな」などという。

うろん【胡乱】
「怪しい」「うさんくさい」「疑わしい」「しっかりしていない」の意。「胡乱な人が立回っている」「胡乱な男」「胡乱なことをいう」などと用いる。

うわあごとしたあごをたたきつける【上顎と下顎を叩きつける】
顎の上下を乱暴にぶつけ合うように勇ましく歯切れよく喋ること。例えば、大道芸人が客の前で口上を述べているような調子をこのように表現する。

うろうろ船

うわきのさた【浮気の沙汰】
「浮気」は男女間の愛情が他の相手に移り易いことをいい、「沙汰」は「噂」「事件」の意。狂訓亭主人『春色梅児誉美』に「そんな浮気のさたじゃあねえわさ」と表現されている。

うわさにはねがはえてとびまわり【噂に羽根が生えて飛び回り】
鳥があちこち飛び回るように、噂がたちまち拡がることの形容。「羽根が生えたように」とも用い、「たちまち」「早く」の意。

うわさをすればかげがさす【噂をすれば影がさす】
他人の噂話をしていると、不思議と噂の当人が現れるということ。十返舎一九の『東海道中膝栗毛』初編にも記されている。

うわすべり【上滑り】
「うわっすべり」ともいう。理解したつもりでも、そそっかしくて本当はちゃんと理解しているわけではないことをいう。表面だけをさっと滑るように眺めて、全てをわかったつもりになった状態。「上滑りな唄い方」などという時は、音調だけは理解しているが、唄に感情が入っていないさまなどをいう。「こんな失敗をして、ひとの言うことを、うわすべりに聞いているからだ」などとも用いる。「うわのそら」というと、これのもっと甚だしい状態をさす。

うわつがた【上つ方】
身分の高い偉い人の意。「上つ方のなさることはよくわかりませんが」とか「流石《さすが》に上つ方だけあって、なさることが違う」などという。

うわっちょうし【上っ調子】
三味線で高い音を出すことを「上調子《うわぢょうし》」というが、うわついた気分で落ち着かず、ろくに相手の言動を理解しないこと。軽薄な行動を表す。「他人の話を上っ調子で聞くから間違えるのだ」などと用いる。

うわっつら【上っ面】
表面、うわべのこと。「あの人は上っ面だけ調子が良い」などという。

うわなで【上撫で】
表面だけ撫でるということから、体裁だけでいい加減なことを表す。「てきぱきとしたほうではなく、上撫でしたような人」は、はっきりせず、どっち付かずの中途半端な人の意。

うわのそら【上の空】
他人の説明などを、注意して聞いていないことをいう。空をポカンと眺めて人の話が頭に入らぬような状態を表す。

うわばみ【蟒蛇】
大蛇のこと。大蛇はかなり大きいものでも飲んでしまう。それに譬《たと》えて、きり

蟒蛇

なくいくらでも酒を飲む人を「蟒蛇」と呼ぶ。「あいつは蟒蛇だから、いくら飲ませてもきりがない」などという。⇩飲助《のみすけ》

うんざりする

もう十分すぎて飽きてしまい、嫌になるの意。「もううんざりだ」「腹一杯食べて、その料理はうんざりする」「あいつの顔を見るとうんざりする」などと用いる。

うんつく【運尽】

知恵の足りない者をあざけっていうときに用いる語。ばか、まぬけ、あほう。「運尽くれば知恵の鏡も曇る」、つまり、運に見放されて苦しい立場に立たされると、理性を失って、いつもの判断もできなくなるものだという意の諺《ことわざ》から出た語という。反対に、「運尽く」を「運付く」ともじり、幸運に恵まれるの意で用いることもある。

うんでいのさ【雲泥の差】

天と地との差ほど、非常にかけ離れていることを表す。「提灯《ちょうちん》に釣鐘《つりがね》」「月に泥亀《すっぽん》」などの譬《たと》えに同じ。

うんと

沢山《たくさん》の意。感心して唸《うな》ることから来た用語か。「うんとご馳走になった」「あの人は土地をうんと持っている」などと用いる。

うんとこさ

沢山の意味。「うんと」を強調。「蔵の中にうんとこさあった」「うんとこさ収入があった」などと用いる。重い物を担ぎ上げるときの掛け声でもあり、「うんとこさ、どっこいしょ」という。

うんともすんとも

下に「言わぬ」「答えぬ」などの否定の語をともない、「ほんの一言も」の意。「うん」は相槌を打ったり、承諾・肯定などをあらわす語で、「すん」は「うん」に語呂を合わせたもの。「うんともすっとも」ともいう。「今日までに返事をよこせといったのに、うんともすんともいってこない」などと用いる。

うんのろ

「薄鈍《うすのろ》」の訛り。「間抜け」とか「馬鹿」の意に用いる。現在は死語だろう。

うんぷてんぷ【運否天賦】

「運否」は運の良否の意。「否《ひ》」を訛って「ぷ」となったらしい。「天賦」は天の配剤の意。つまり、運は天がきめることであり、人の力ではどうしようもないということ。運を天にまかせるの意。賭事などの心構えをいう時などによく用いる語。

江市屋格子

「え」

えいちやごうし【江市屋格子】

江戸の元禄の頃、江市屋という商人が初めて用いたといわれる窓格子。格子の桟《さん》が密に並んでおり、外からは内が見えにくいが、内から外は比較的よく見える。これは内側の面が平面で、外に向って角が尖った、断面が三角の桟を使用しているからである。後世、囲い者（妾《めかけ》）を住まわせる家の窓を江市屋格子にすることが多く、格子ですぐに妾宅《しょうたく》とわかったという。⇩囲い者《かこいもの》

えいやらや

力を入れるときの掛声。「足が弱ってしまったから、えいやらやっと近所まで行った」「重たい箪笥《たんす》を、えいやらやっと一人で運んだ」などと用いる。

えぐる【抉る】

刃を突っこみ、回してくり抜くこと。転じて、容赦《ようしゃ》なく弱味を突くことをいう。「こいつは一本抉られた。参った、参った」などと用いる。

えける

「いける」の訛り。おいしい物を食べたときに「これはえける」などといい、

口に合ってうまいの意。また、仕事などが巧くいく意にも「これはえける」「うまくえける」と用いる。また「いけない」場合は「それはえけねえ」などという。

えこじになる【依怙地になる】

片意地を張ったり、意見を言い張ったりすること。「いこじ」の訛り。「そうえこじになるなよ」などと用いる。こうした意地を張る者を「えこじの者」という。

えせわらい【似而非笑・似非笑い】

面白くて笑うのでなく、冷笑すること。ゆえに「似而非笑」と書く。「せせら笑い」の語とも混同し、「えせら笑い」ともいう。「あいつは俺の言うことをえせら笑いやがった」などと用いる。

えそらごと【絵空事】

勝手な空想で描いた絵のように、現実とはかけ離れた出鱈目《でたらめ》なこと。実際には有り得ないことに対して「そんな考えは絵空事だ」などという。

えたい【得体】

正体、本性をいう。「あいつは得体の知れぬ奴だ」などという。

えたりかしこと【得たりかしこと】

「得《え》たり賢《かしこ》し」のこと。こちらに有利な話が出てきたので良きチャンスと調子に乗っての意。「同意見の者が出たので得たりかしこと乗り出した」などという。

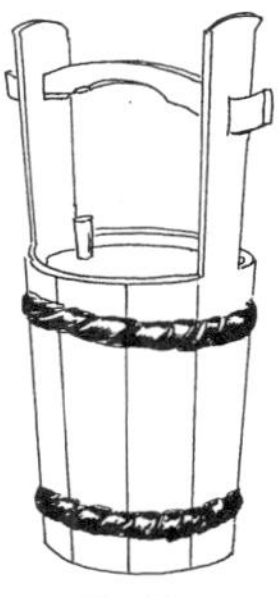

柄　樽

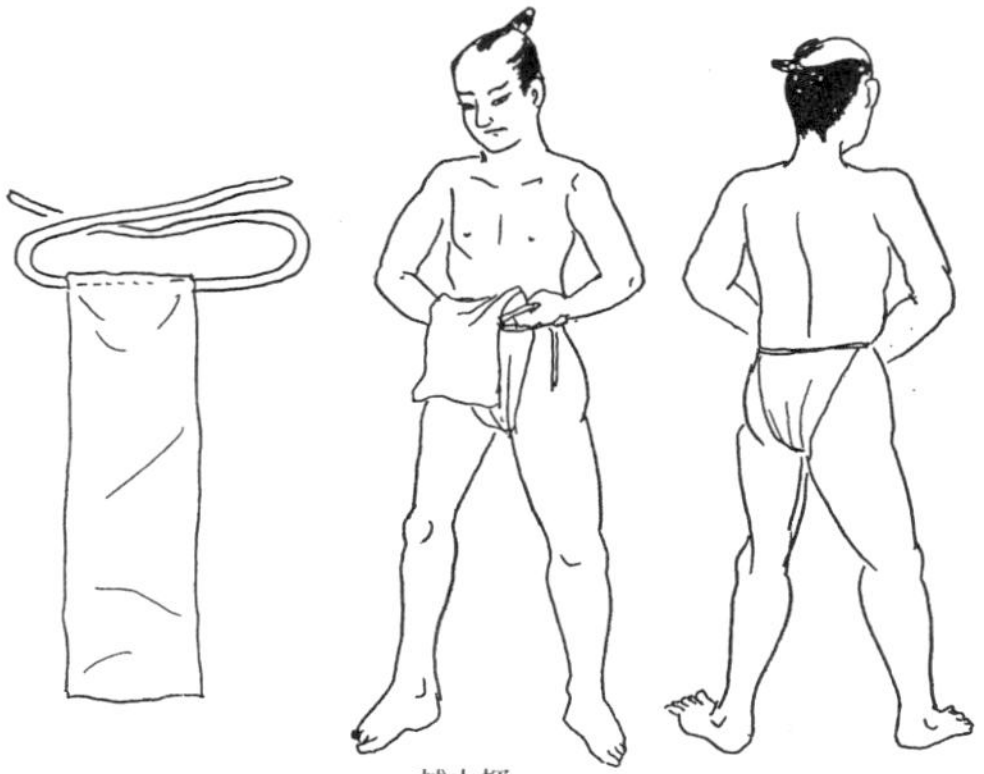

越中褌

えっさっさ

えだる【柄樽】

角樽ともいう。二本の柄を長く突出し、横板を渡して持ち易くした樽で、たいてい朱漆塗になっている。祝儀《しゅうぎ》用に酒を贈る際に多く用いられたが、現代では酒屋の棚の飾りに置いてある。

えっさっさ

飛脚が走る時の掛け声。また、何かを担いで走る懸命な様子を形容する語。「さっさ」は早々と走る様子を表わす。現代でも走るときに「えっさっさ」という人もある。「えっさ、こらさ」とも言う。

えっちゅう【越中】

越中褌《ふんどし》の略。一般の褌は締めるのに不便であるとして、細川越《ほそかわえっ》中守《ちゅうのかみ》忠興《ただおき》が甲冑の改良と共に発明した褌といわれている。一般の褌が長さ六尺の細長い布であるのに対し、越中褌は長さ三尺で、上端に腰に結び付けるための紐が縫い付けてある。俗に「三尺《さんじゃく》」ともいう。冬用に袷《あわせ》にして、中に艾《もぐさ》を入れ、碁盤縫《ごばんぬい》にすることもあった。現代では着用する人は稀である。⬇六尺《ろくしゃく》

えっちらおっちら

大儀そうに骨折って歩く様子の形容。「あの坂を、えっちらおっちら登って行った」などという。「えっさほいさ」の掛け声と共に走る飛脚とは対照的な状態である。

えてがって【得手勝手】

嫌なことからは勝手に立ち去り、自分が得意とすることのみやること。「さる」は忌言葉とされたため、猿を「えて」と呼んでいた。ゆえに「得手勝手」の「得手」には「去る」の意と「得意なこと」の意の両方が含まれるといえる。

えてこう【猿公】

江戸っ子は猿を「えて公」とも呼んだ。「さる」が「去る」に通じるのを嫌い、「得手」とした呼び名である。

えてにほかけて【得手に帆かけて】

「得手に帆を上げる」ともいう。得手は得意とすることをいう。得意とする技量に時機を得て、勢いよく行動することを、追風に帆を上げてスピードを増す船に譬《たと》えた言葉。

えてわかちょう【猿若町】

東京台東区の旧町名「猿若町《さるわかちょう》」のこと。浅草浅草寺《あさくさせんそうじ》の後方で、江戸時代後期に芝居小屋が三座移転してきて殷賑《いんしん》を極めた町。「猿」は「去る」の語に通じるため、江戸っ子は忌言葉《いみことば》として「えて（得手）」といった。ゆえに「さるわか町」を「えてわか町」といったのである。

えどがかった【江戸がかった】

江戸らしい風情があるの意。江戸っ子の好みに合ったものに対して用いられる

語。

えどしゃ【江戸者】

江戸芸者の略。江戸っ子気質《かたぎ》が自慢。粋で気っ風の良いのが売物で、地方から売られて来た妓も下地《したじ》っ子のうちから江戸気質を仕込まれた。その道に通じた者の意で「それ者《しゃ》」ともいう。➡下地《したじ》っ子《こ》

江戸者

えどっこ【江戸っ子】

江戸生まれの江戸育ちを俗に「江戸っ子」という。江戸っ子の中心は武家ではなく、江戸の町の庶民、町人たちであった。家康に従って三河から来た商人や、家康入府以前から江戸湾沿いや田畠に先住していた庶民が代々江戸に定着し、気《き》っ風《ぶ》の良い江戸っ子気質を醸《かも》し出していったのである。地方から江戸へ移り住んできた者との差別化を意識し、三代前から江戸に住んでいる者が江戸っ子と称された。住んでいる地域によって「芝っ子」「神田っ子」なども呼び、下町が拡がってからは「浅草っ子」「下谷っ子」なども加わった。江戸っ子の気っ風やスタイルは、庶民の中でも上流ではない立場の者から生み出されたものが多かったが、やがて江戸時代中期以降になると、譜代の幕臣《ばくしん》、すなわち武士階級にもその気質が及んだ。服装までも垢抜け、一見して江戸の武士か地方の武士かの区別がつき、江戸っ子は地方武士の服装を軽視したという。江戸っ子が話す口調も独特で、非常に発音の勢いが良く、略語を好み、また特有の訛りもあった。このため、会話だけで江戸っ子か否かの判別がついた。この口調は明治、大正と受け継がれてきたが、新造語が次々と生まれる現代では、このような江戸っ子言葉も滅びつつある。また、「江戸っ子は五月《さつき》の鯉《こい》の吹流し、口先ばかりで腸《はらわた》はなし」などと言われ、これは口の利き方は威勢が良いが、悪だくみを腹に蔵することはないという意で、江戸っ子気質を良く表している。粋《いき》でいなせで義侠心《ぎきょうしん》に厚く、しかし暴力的なものを嫌う、情にもろいのが江戸っ子であった。多分に軽薄な点もあるが、さっぱりした江戸っ子の気性は人々に好まれた。

えどっこかたぎ【江戸っ子気質】

江戸府内の組織、文化が安定した頃、江戸の庶民に独特の気質や言語が生まれた。地方から集まってくる人々を蔑視し、生まれも育ちも江戸であることを誇る面があった。一般に、気っ風がよくて負けず嫌い、粋で侠気があり、痩せ我慢をしてでも人には気前良く、金銭に固執《こしゅう》しないのが江戸っ子気質といえる。喧嘩《けんか》っ早く、物好きで、世話好き、義理のためには意地を通す。そんな勇み肌を誇る江戸っ子気質は、現在失われつつある。

えどなまり【江戸訛り】

江戸育ちには江戸独特の発音があり、「し」と「ひ」、「い」と「え」が正確に発音できない。また、威勢の良い話し方も特徴で、略語を多用する。

えどのはり【江戸の張り】

江戸っ子としての意気地を張ること。損得を無視してでも、侠気と粋なところを見せようとするのが江戸っ子の長所であり欠点でもあった。

えどべえ【江戸兵衛】

京・大坂の人々は江戸っ子の気質に圧されてしまい、陰では江戸っ子のことを「江戸兵衛」と言って馬鹿にしていた。「兵衛」とは語尾に「べえ」を用いる関東地方の方言をからかっての語。江戸っ子は地方出身者の「〜べえ」という話し方をわざと真似して使っていたのだが、京都人あたりはその区別なく、同じ田舎《いなか》者と見ていたのである。

えどまえ【江戸前】

元来は「江戸の前の海（東京湾）」で採れた魚のこと。時間が経たぬうちに料理できるので、新鮮で美味であった。やがて魚に限らず、江戸風のものをすべて「江戸前」というようになった。「江戸前の鮨」などと用いる。

えどまえのこうじょう【江戸前の口上】

江戸っ子的な口の利き方。てきぱきとして歯切れ良く、端的で、歯に衣を着せず、率直。時には巻き舌が入ってポンポン調子良く話す。現代の東京は昔よりもさらに多くの人が全国から入り混り、純粋な江戸前の口の利き方はなかなか聞かれなくなった。

えのころなげ【えのころ投げ】

「えのころ」は犬ころの意で、犬を放り出すように容易《たやす》く相手を投げることをいう。「いぬ」を「えの」と訛った。

えのころ投げ

えびすがみ【夷紙】

紙の角が内側へ折れていると、紙を重ねて裁《た》つ際に裁ち残しになることがあり、嫌がられた。しかしこれを縁起をかついで「夷紙」というようになり、逆に珍重

されるようになった。「夷《えびす》」は「いびつ」の語を縁起良く言い換えたものであろう。

えびつ【歪】

「いびつ」の訛り。飯櫃《いいびつ》が長円形（小判形）であったので、ゆがんだ形のものを略して「いびつ」と言ったが、江戸っ子は「え」と「い」を混用して発言するので「えびつ」といった。

えびのたいまじり【海老の鯛交じり】

鯛も海老も同じ海から獲れるが、鯛は上等な魚であるから大物とし、海老は雑《ざ》魚《こ》の類に入れる。つまり大物の中に小物も交じっているの意。「雑魚《ざこ》の魚《とと》交じり」ともいう。「とと」は魚の幼児語。

えへえへえよみ【えへええへえ読み】

舌のもつれた読み方のこと。講釈師が軍談を読み上げるときに、句読《くとう》を誤ったり、早口でうまく舌が回らなかったりすると、「たいへいき読み」でなく「えへいき読みだ」などと嘲《あざけ》ったことからの呼び方。

絵馬売り

えべっさま

七福神の「夷様《えびすさま》」のこと。江戸訛りである。

えへんづら【えへん面】

偉そうに見せたり、「自分は偉いんだぞ」と相手に気付かせたりするために、「えへん」と咳払いをして勿体《もったい》つける得意気な顔をいう。

えまうり【絵馬売り】

江戸の神社仏閣の祭日や縁日に、信者の願掛けに合うような絵馬を多数持って行商する職業。粋《いき》な姿に絵馬をたくさんつけた棒をかかげて売って歩いた。何か願掛けのある人はそれを求めて寺社に奉納する。明治以降見かけなくなった。

えまのほうのう【絵馬の奉納】

昔は願掛けの意志の表れとして、神に乗ってもらう馬を奉納したため、神社には神馬の馬屋があった。それが江戸時代頃から、神馬の替わりに奉納金を捧げ、馬の絵を描いた額を納めるようになった。この額を絵馬という。しかし、後に馬の絵でなく、願掛けの内容を絵にして奉納するようになる。現代でも入試の季節になると、合格祈願の願文を絵馬に書いて奉納する受験生たちの姿を多く見かける。

えよう【栄耀】

「栄耀《えいよう》」の略。贅沢《ぜいたく》することを洒落《しゃれ》て「えようなことをした」などという。

えらい【偉い】

立派なことの意もあるが、「大変な」「非常に」の意にも用いる。「それはえらいことをしてくれた」「えらいこっちゃ」「えらく疲れた」「えらい大騒ぎになった」などと用いる。

えらにあまる【腮に余る】

魚の腮から物がはみ出すように、口からはみ出すほどに食べ物を頰ばっている状態をいう。「腮に余るほど食いやがった」などという。

えらぶつ【偉物】

しっかりした人をいう。「そのおかみさんという人がまた偉物《えらぶつ》で」などと言えば、家の家計や経営を上手に切り回す女だと褒めている言葉である。「えらもの」に同じ。

えらもの【偉者】

大した人物をいう。褒め言葉である。「そいつぁ、えらものだ」などと用いる。

➡偉物《えらぶつ》

えりあし【襟足】

首筋の髪の毛の生え際をいう。ここの髪の毛が二筋の足のように伸びている状態を保つため、美容の一つとして剃刀《かみそり》で

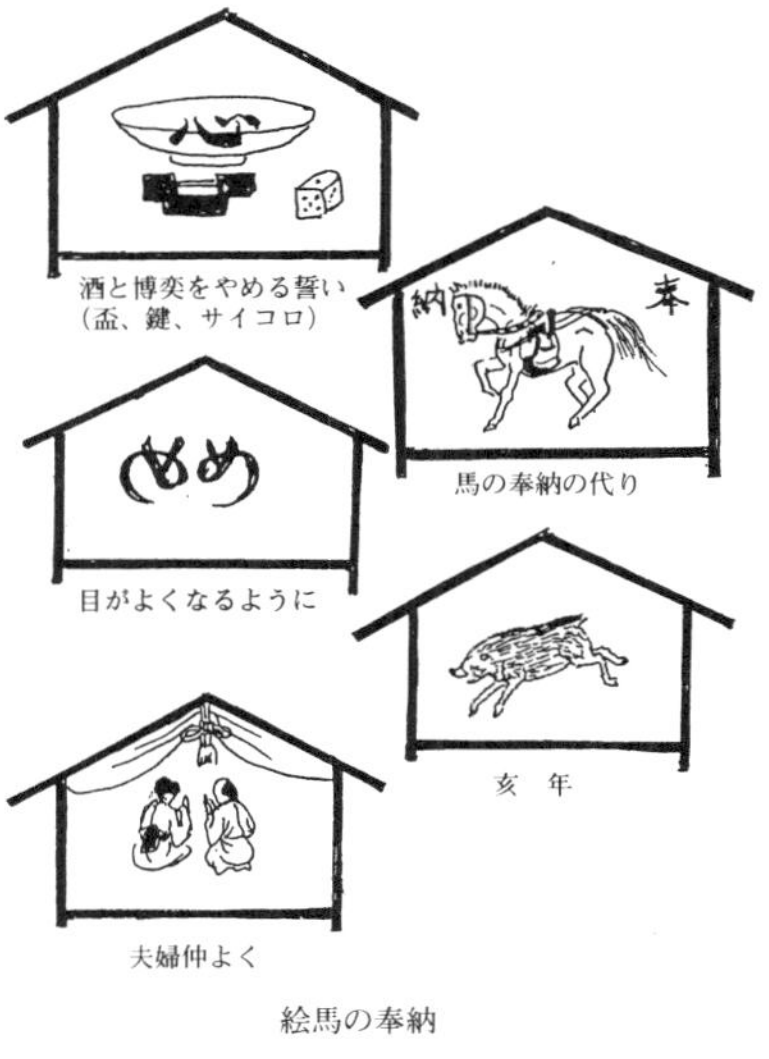

酒と博奕をやめる誓い（盃、鍵、サイコロ）

馬の奉納の代り

目がよくなるように

亥　年

夫婦仲よく

絵馬の奉納

襟　足

整えた。

えりどりみどり【選り取り見取り】

「よりどりみどり」ともいう。たくさん並べた品の中から、どれを好んで選ぼうと自由であるということ。お客様の見て好きなものを自由に取ってくれと、売り手が口上で言う。「選り取り見取り、どの品も○文だよ」などと使う。

えりにつく【襟に付く】

金持ちや権力のある者にへつらって媚び付くこと。「あいつは相手が金持ちだと見ると、幇間《たいこもち》のように襟に付いてみっともねえ奴だ」などという。

襟に付く

えれえ【偉え】

「偉い」の訛り。「大変な」の意でよく用いられ、「偉えことをした」「えれえものを拾った」「えれえことになる」などと言う。

選り取り見取り

えんがわ【縁側】

魚の鰭《ひれ》を洒落《しゃれ》て言った用語。魚屋などが用いた語を通《つう》がって一般で用いた。

えんぎだな【縁起棚】

娼家の奥の間には仏壇式の棚が作られ、中に夷《えびす》や大黒天、男根型の像などを納めて商売繁昌を願った。この棚を「縁起棚」という。

えんぎでもない【縁起でもない】

「縁起」とは仏教用語で因縁生起《いんねんせいき》のことであるが、世俗用語としては、吉凶の験《しるし》、幸先《さいさき》の善し悪しの意に用い、そうしたことに拘泥《こうでい》するのを「縁起をかつぐ」といった。「縁起でもない」は不吉なことを言うなの意であり、縁起をかつぐ者が日常よく用いる語である。

縁起棚

えんじろう【艶二郎】

山東京伝の『江戸生艶気樺焼』の主人公である女好きの青年の名。女好きでにやけた青年をこの名でいう。「あいつは艶二郎気取りで鼻持ちならねえ」などと用いる。遊冶郎《ゆうやろう》につけるあだ名である。⇩艶《えん》の字《じ》

艶二郎

えんたく【円タク】

明治の末から自動車が普及し、やがて客を乗せて目的地まで行くタクシーが走るようになった。たいてい五十銭以下の料金であったが、やがて市内であれば遠距離でも近距離でも料金が一円均一となったので「一円タクシー」を略して「円タク」と呼ぶようになった。タクシーメーターのない時代の、東京のタクシーの異名であった。

えんたろうばしゃ【円太郎馬車】
馬車は貴人の乗物であったが、明治に入り、乗合馬車が東京の往来を通るようになり、庶民はこれを利用するようになった。乗合馬車の御者は通行人への警告のために喇叭《らっぱ》を吹いたが、落語家の橘屋《たちばなや》円太郎が寄席《よせ》でその喇叭の真似をしたので、「円太郎馬車」という乗合馬車の異名が生まれた。後に往来の中央に線路が引かれ、乗合馬車はそこを走るようになったが、やがて市電が通るようになって廃止された。

円太郎馬車

えんづき【縁付き】
縁がうまくいっての意。つまり嫁入りのこと。「どうやら縁付きまして」などという。「縁」の語は結婚を表すことが多く、離婚のことを「縁が切れた」「離縁《りえん》」といい、なかなか結婚出来ないことを「縁が遠い」という。結婚の話や相談を「縁談《えんだん》」、本妻とは別に関係がある女性を「内縁《ないえん》の妻」といった。

えんでん【燕手】
歌舞伎で『伽羅先代萩』に出て来る仁木弾正や、『絵本太功記』の武智光秀などがかぶる鬘《かつら》で、燕《つばめ》が翼を広げたように毛が張り出したものをいう。通常の生活を送っていないことを表すために、月代《さかやき》を剃らずに伸ばしっぱなしにした髪形を鬘にしたものである。「えんで」であるが訛って「ん」をつける。➡月代《さかやき》

えんなきしゅじょうはどしがたし【縁なき衆生は度し難し】
仏縁《ぶつえん》の無い者は済度《さいど》（仏の慈悲による救い）がしにくいように、いくら説いても人の意見を聞き入れようとしない者は救いようがないということ。ひねくれ者や、悪事を悪事と感じない者は手の施しようがないという意でよく用いられる。

燕　手

えんにち【縁日】
神仏の祭日をいう。その日は一帯を的《てき》屋《や》が取り仕切り、往来の両側に色々な品を売る野師《やし》が並んで、立ち寄る参詣客で賑わう。時には境内《けいだい》に軽業師《かるわざし》らが蓆《むしろ》小屋を設けて見世物の興行をする。

えんのじ【艶の字】
山東京伝の『江戸生艶気樺焼』の主人公・艶二郎《えんじろう》のように、色男ぶって自惚れた男に対する陰口。「あいつは、とんだ艶の字だ」などと言う。➡艶二郎《えんじろう》

えんのしたのちからもち【縁の下の力持ち】
人目に付かない陰で苦労して努力を重ね、力を発揮していること。また、その人。傾きかけた家を縁の下で力を込めて支えているという表現で、他人のために一所懸命《いっしょけんめい》に尽しても、世間ではその努力が知られないことをいう。「有難さがわかっていないようだが、あの人が縁の下の力持ちになってくれたのだ」などという。

芝居の武智光秀の燕手髷

えんはいなものあじなもの【縁は異なもの味なもの】
「縁は異なもの」とだけでも用いる語。人との繋《つな》がりは不思議なものの意で、男女関係によく用いる。今までまったく知らない人でも、ちょっとしたきっかけで関係が生まれることによって人生が変わっていく。もともとはまったくの他人であったのが、ちょっとした縁がきっかけで契りを結び、一生の伴侶《はんりょ》となることもあるとは不思議なものだということ。

えんやらまいたのおんな【えんやらまいたの女】
昔は建築の際、その建坪の地所を固めるために太い杭を何本も打ち込んだ。杭を打ち込むための装置は、三本の長い丸太を立て、上で括《くく》って山形に固定したものである。頂《いただき》に綱を通した滑車を吊り下げ、綱の先には重石か鉄をつける。数人の人夫が綱を握り、引いてから放すと重石は上がったのち落下し、杭を打ち込んでくれる。綱を引くときに音頭を取って、「えーんや、こーら」というので、この作業に参加している女人夫を「えんやらまいたの女」といった。「えんやこーら」の

掛け声にはさまざまな即興《そっきょう》の合《あい》の手《て》を入れた。⇩鯱《しゃち》を巻《ま》く

えんやらやっと

大勢が共同して力仕事をする際に発する掛け声。このことから「力を出して」「努力して」の意にも用いた。

えんやらまいたの女

「お」

おあいこ

相手と甲乙なく優劣のない立場、力量であることをいう。「お」を省略して「あいこ」ともいう。「この勝負は互いにおあいこだ」などという。

おあいそ【御愛想】

「愛想」とは笑顔でにこやかなことであるが、飲食店で「御愛想《おあいそ》」といえば勘定書のことをいう。洒落《しゃれ》た人は勘定の際に「幾らですか」とはいわず、「お愛想を頼みます」などという。

おあいにくさま【御生憎様】

相手の要求に応じられない場合、丁寧《ていねい》に断わる時の言葉。商人などがよく用いた。「生憎《あいにく》」に意味のない敬語をつけて丁寧語のようにした言葉。またこの語には皮肉めいた感もあり、「お生憎さま、そんなことはありませんでした」などと言ってすげなく断る場合もある。

おあがりな【お上がりな】

江戸庶民の下町の女性がよく用いる言葉。相手を家などに招き入れようとしたり、食事などをすすめたりするときの「お上がりなさいませ」の意である。「お」をつけて丁寧にしている割にはあとの丁寧語を省略している。親しい者同士で用いられる語で、抑揚によっては粋《いき》に聞こえる。狂訓亭主人『春色梅美婦祢』巻三十一にも記されている。

おあし【お銭】

銭が手に入っても、すぐに支払いで出ていってしまう。まるで銭に足が生えているようだということから、「おあし」といったという。江戸の下町あたりの庶民がよく用いたが、今も銭を「おあし」という老人たちはいる。「おあしがなくなって生活が苦しい」「おあしを恵んで下さい」などと用いた。⇩達磨《だるま》

おあつらい【お誂い】

「お誂え」のこと。江戸っ子は「おあつらい」と訛った。注文して作ってもらったものをいうが、要求、希望などの意にも用いる。「書をよく書く人を一人欲しいというお誂いで……」というのは、書記役が一人欲しいということである。料理屋などでも希望の品を頼むことを「お誂い」といった。

おあつらえむき【お誂え向き】

まるで特別注文したようにぴったりと合うこと。「この洋服はまるで、お誂え向きじゃあねえか」などと用いる。

おあんじでない【お案じでない】

心配しなさるなの意。江戸時代によく用いた言葉。狂訓亭主人『春色梅ごよみ』巻之二にも「そりアかならずお案じでない」とあるが、そのことは決して御心配

しないで下さいの意。

おあんなます

江戸っ子の語の中でも、浅草吉原遊廓は独特の用語を用いた。地方から売られてきた花魁《おいらん》が田舎《いなか》言葉では品が下がるので、独特の吉原言葉を使うよう、厳しく教育されていた。「おあんなます」も吉原言葉の一例で、「お上《あが》りなさる」の意である。吉原では「なます」は尊敬の助動詞であった。➡ありんす

おいいだが【お言いだが】

「言うが」の丁寧な言い方。「仰《おっ》しゃいますが」の意。江戸時代の女性の江戸っ子弁である。狂訓亭主人『春色梅ごよみ』巻之二の「今のよふにお言いだがね」は、「今のように仰しゃいましたが」の意。

追落し

お医者が帰れば女衒が来る

おいいのとおり【お言いの通り】

「言う通り」の意で、庶民が「お」をつけて無意識に用いる敬語。現在なら「仰しゃった通り」という。狂訓亭主人の『春色辰巳園』巻之八に「おまへのおいひの通りだから」とある。

おいおとし【追落し】

辻強盗のこと。寂しい往来で通行人を待ち受けて追剥《おいはぎ》をする者をいう。江戸幕府の刑法では懐中の金品を奪うのは「追落し」、衣類まで奪うのが「追剥」と区別してあるが、一般では強奪行為はすべて「追落し」といった。

おいしゃがかえればぜげんがくる【お医者が帰れば女衒が来る】

親が大病で、高価な薬を買わなければ治らないと医者が宣告して帰っていくと、入れ替わりに、泣き沈む娘のところに身売りをすすめる女衒《ぜげん》（女を女郎屋に売り飛ばしていた者）がやって来るという意。貧しい家庭の悲劇の様子を述べたもの。➡女衒《ぜげん》

おいそれもの【おいそれ者】

「おい」といわれれば「それ」と即座に行動に移ってしまう江戸っ子らしい粗忽な性格の者をいった。他人から頼まれたり、端的に同情したりすると、すぐに一肌脱いでしまう気質の者である。

おいた

悪戯《いたずら》のこと。幼児向けに用いる語で、「おいたをしては不可《い》ませんよ」などという。

おいてきやろう【置的野郎・置而来野郎】

「おいてきぼう（置的坊・置而来坊）」ともいう。頭のめぐりの悪い者を罵《ののし》っていう言葉。知恵をどこかに置いて来たような馬鹿者という意。

置いてけ堀

置的野郎

おいてけぼり【置いてけ堀】

本所七不思議の一つ。江戸時代の錦糸堀付近で釣った魚を魚籠《びく》に入れて帰ろうとすると、不思議なことに何処《どこ》からともなく「置いてけ、置いてけ」という声がする。無視して帰ると魚篭の中の魚が一匹もいなくなっていたという伝承的怪談である。「置いてけ」と呼ぶのは河童《かっぱ》だと噂《うわさ》された。また集団が一人を置き去りにすることを「おいてけぼり」「おいてきぼり」といい、置いていかれた当人は「置いてけぼりを食った」などという。

おいでな【お出な】

女性の江戸っ子は、よく「……してお

いでな」というが、出る意味でなく、「……して来い」の意。松亭主人『閑情末摘花』巻之一にも「あれ彼処に天麩羅があるから、彼を買つてお出な」とあり、「ほら、あの場所に屋台の天麩羅《てんぷら》屋が来ているから、その天麩羅を買ってらっしゃい」の意。「出」は出掛けるの意。敬語というより女性らしい平常語として「お」をつける。

おいてはこにしたがえ【老いては子に従え】
　時代によって考え方や価値観が異なるのだから、老年になってからは頑固に自己主張するより、若い息子や娘の意見に従って、上手に親子間の揉め事を避けよとの忠告。「まあ、老いては子に従えだから良いようにやってくれ」などという。

おいど【御居処】
　「お尻」のこと。元来は関西地方の方言であるが、江戸にも伝わり、主に女性が用いた。「おいどの肉付が良い」「おいどの毛まで抜かれる」などという。十返舎一九の『東海道中膝栗毛』初編にも「しらないお人においどを撫でさせる事は嫌だね」と表現されている。「おいどを据えたらびくとも動かない」は、いったん夫婦になったら女性が絶対権限をもって夫の方が従ってしまうの意。「尻に敷く」と同じ。

おいといた【置いといた】
　置いておいたの略。「そこに置いといたのがなくなっている」などと用いる。

花魁と禿［守貞漫稿］

おいにょうぼう【老女房】
　夫より年上の妻のことをいう。この言葉は侮蔑語に聞えるので現在はあまり用いない。年上女房はいろいろと気が利《き》き、楽であるが、下手をすると尻に敷かれるなどといわれていた。「老女房には頭が上がらない」などといった。⇩姉女房《あねにょうぼう》

おいはこもどうぜん【甥は子も同然】
　「甥っ子は自分の子のように可愛い」の意。血の繋《つな》がった兄弟姉妹の息子（甥）は、親密で我が子同然といわれた。

おいめ【追い目・負い目】
　賽子《さいころ》賭博でなかなか良い目が出ず、ひたすら賭け続けることをいう。このことから負担が重なる意に用いられ、「このところ負い目になって立場が悪くなった」などという。

おいら
　本来「ら」は「等」で複数を表す語であり、「自分等《じぶんら》」「己等《おのれら》」「俺達《おれたち》」の意であるが、いつしか単数の「自分」の意になった。農民などが用いていたのが、江戸庶民にも用いられた。今も方言で使われている語である。

おいらっち
　「おいら」は「自分」、「っち」は「達」の意であり、自分を含めた仲間をいう。「おいらっちの間ではそんな話の筋は通らねえ」などという。「おらっち」ともいう。

おいらん【花魁】
　江戸時代公許の遊廓の遊女。名で呼ぶ代わりにこう呼んだ。往々小説などでは私娼も「花魁」と呼んでいるが、公娼だけに使う語。江戸遊廓における廓訛《くるわなま》りである。「おいらん」の語の成り立ちには諸説あるが一説に拠《よ》ると、地方から売られてきたばかりの妹分になる娘が姉遊女に対して「おいらの姉様は……」などと言ってはなはだ聞き苦しいということで、廓言葉《くるわことば》を作ってそれを遊女たちに強制し、姉遊女や上位の遊女を「おいらん」というようになったといわれる。また、花魁に対し、名を呼ぶ代わりに「あなた」「お前」の意で「おいらん」と呼ぶこともあり、芝居でも「おいらん、それはちと、つれなかろうぜ」などと用いられている。花魁は階級によって扮装《ふんそう》の豪華さが異なる。下級の遊女は本来花魁とは呼ばぬ。また、上方と江戸では髪型、帯の締め方が異なった。⇩ありんす、一本足《いっぽんあし》

おいらんだわたりのきんけいちょう【花魁駄渡りの金鶏鳥】
　「和蘭陀渡《おらんだわた》りの金鶏鳥《きんけいちょう》」の洒落《しゃれ》言葉。和蘭陀渡りとはつまり輸入されたもの。「金鶏」を「金傾」と、「和蘭陀《おらんだ》」を「花《おい》魁《らん》」と掛けて、金のかかる相手をいった。

おいろをつける【お色をつける】
　女性が口紅をつけること。口紅を「お

お色をつける

いろ」といった。紅は紅花から採った色素のこと。蛤《はまぐり》などの大ぶりの貝殻の内側に厚く塗り重ねたものを、濡らした指の先で取り、そのまま唇に塗る。

おうまのしょんべんみたいなちゃ【お馬の小便みたいな茶】

質の悪いお茶や、まずいお茶を軽蔑し、このようにいう。この場合「しょうべん」とは言わず、語勢よく「しょんべん」という。

おおあてはずれ【大当て外れ】

大いに当てにしていたことや、期待していたことが外れたことの意。「この品はたくさん売れると思ったのに買う客が少なくて大当て外れだった」などという。

おおあな【大穴】

大きく陥没した所をいい、転じて大きい欠損の意。「大穴を開けた」というのは大損した意。また「大穴を当てた」というと、賭や予想で意外な大もうけをした意に逆転する。

おおいたごと【大痛事】

大失費をすることをいう。「皆にたかられて大痛事だった」などという。

おおかぶり【大被り】

大失敗をして大変な責任を負ったり、大きな出費をしたりする破目になったことをいう。「被る」は責任を負う意からの語。「いやあ、今日は気前の良いところを見せたせいで大被りだった」などと用いる。

おおかみにころも【狼に衣】

上辺《うわべ》は善良そうに澄ましているが、中味は人を襲って食うような恐ろしい狼のような性質を持った人の意。「あの人は狼に衣をつけたような人だ」などと用いる。

おおかみのくちのあいたような【狼の口の開いたような】

大きく開いた口に使われる形容で、「狼の口のあいたような大あくびをする」などという。十返舎一九の『東海道中膝栗毛』初編にも「狼の口のあいたようなふくろびもふさぎて……」などと用いている。

狼の口の開いたような

おおかみのしんさつ【狼の神札】

昭和の初め頃まで、狼を畏怖《いふ》して神扱いにし、狼の意である「大口真神《おおぐちのまかみ》」と墨印を捺した紙札《ふだ》を門口に貼っておくと盗難に遭《あ》わないといわれた。三峰神社からわざわざ霊符《れいふ》をもらい受けて貼っていた。現代ではよく庭の入口木戸などに「猛犬あり」と書いたものを貼っているが、効果は同じか。

おおかみれん【狼連】

明治時代に流行《はや》った言葉。女義太夫節で、人気のある娘義太夫見たさに足繁く通い、終わるとその後をつけて誘いをかける連中をいった。「送り狼」の意である。「どうする連」「送り連中」ともいう。⇩どうする連《れん》

おおかめもの【狼者】

「おおかめ」は「おおかみ」の訛りで、悪い人を罵《のの》しっていう。奸悪《かんあく》で相手を取って食おうというような者に対して用いる。「あいつはおおかめ者だから気をつけな」などという。

おおきなおせわ【大きな御世話】

たいへん余計なお節介の意。江戸時代には「大きなお世話、お茶でも上がれ」といった。他人のことにいちいち介入するより、お茶でも飲んで静かにしていなさいの意。⇩いかい犠牲《ぎせい》

おおごしょさまをきめこむ【大御所様を極めこむ】

①大御所様とは特に徳川家康のことをいう。家康はたびたび合戦に負けたが、そのたびに逃げ延び、生命が助かった。このため逃げることを「大御所様を極めこむ」という。「三十六計の奥の手、大御所様を極めこむ」と使う。

②大御所の用語は古くから用いられていたが、江戸時代には現将軍よりも上の立場にいる隠居した前将軍をいうことが多かった。このため、隠居しても絶大な発言権を持つ者に対して「大御所様を極めこむ」という。この場合、責任は現当主が負うので、狡猾《こうかつ》で無責任な発言をする者の意にも用いる。我《が》を押し通したあげく、相手に責任を押し付けるような、最高のわがままぶりを形容する語。

おおごしんぞ【大御新造】

大店《おおだな》の大旦那の妻、つまり若旦那の父親の妻をいう。「新造《しんぞ》」とは妻の意。親の妻が「大御新造」で、御目見《おめみえ》以下の武士の妻や裕福な人の妻が「御新造《ごしんぞ》」である。一般の町人の妻は「新造」、下層は「かみさん」といった。

大御新造

おおざっぱ【大雑把】

「雑把」は粗雑なことで、「大」が付くとたいへん粗雑なの意になる。また、大略、おおまかの意にも用いられ、「事のあらましを大雑把にいえば、今述べた通りだ」などと用いる。

おおしばい【大芝居】
江戸時代、猿若町に中村座、市村座、守田座の三座の興行が公認され、ここの演劇は大芝居といわれて有名であった。優れた演技力に対する褒《ほ》め言葉であるが、転じて、大事をたくらんで嘘をつき、事実のように装うことを「大芝居を打つ」といった。

おおすっちゃ【大すっちゃ】
「すっちゃ」は調子の良い三味線の音色を擬音語で表した語で、それに合わせて馬鹿騒ぎをすることをいう。「この間、大すっちゃをやらかして、すっかり金を使い切ってしまった」などという。「すっちゃんすっちゃん、すっちゃんちゃん」も馬鹿騒ぎで踊ったり遊蕩《ゆうとう》したりする様子を表す語である。⇩掻《か》っ惚《ぼ》れる、すちゃらかちゃんちゃん

大すっちゃ

おおだてもの【大立物・大立者】
甲冑《かっちゅう》武装において兜《かぶと》の鉢に付ける装飾物（立物）で大きなものをいう。他人よりも目立つところから、転じて団体の中心となる人物をいうようになった。

おおだな【大店】
間口が五間（約十メートル）以上の大きい構えで手広く商売をしている店をいう。番頭、手代、丁稚など多くの使用人を抱え、蔵を持っている老舗《しにせ》である。そうした店の主人を旦那《だんな》という。「さすがは大店だけあって確かな物を売る」「大店の旦那だけあって鷹揚《おうよう》である」などという。「おおみせ」ともいう。また、支店のある場合は本店をいう語である。

大だら

おおだら【大だら】
「大だんびら」の略。「だんびら」とは身幅の広い刀で、優雅な細身の刀とは違い、実用本位の剛刀。野暮《やぼ》ったい感じである。「大だらを引っこ抜いて」などという。

おおっぴら
江戸っ子は発音が勇ましく、「おおびら」を「おおっぴら」と訛る。人目を憚《はばか》らないで公然と内容を見せること。「おおっぴらに人前で話すぞ」などと用いる。

おおつぶばり【大粒張】
江戸中期頃に流行した、太くて短いずんぐりとした煙管《きせる》のこと。煙草入れの筒に入れて用いた。金属の一枚張りで作られる。「なたまめ煙管」ともいった。この形の煙管は大正時代頃まで用いられた。

おおどころ【大所】
大きな構えの家の意で、資産家をいう。これに対して、あまり財産のない家を「小所《こどころ》」という。いずれも江戸時代から用いられていた。「うちのような小所では、〇〇さんのような大所とはとても縁組《えんぐみ》などできねえ」と用いる。

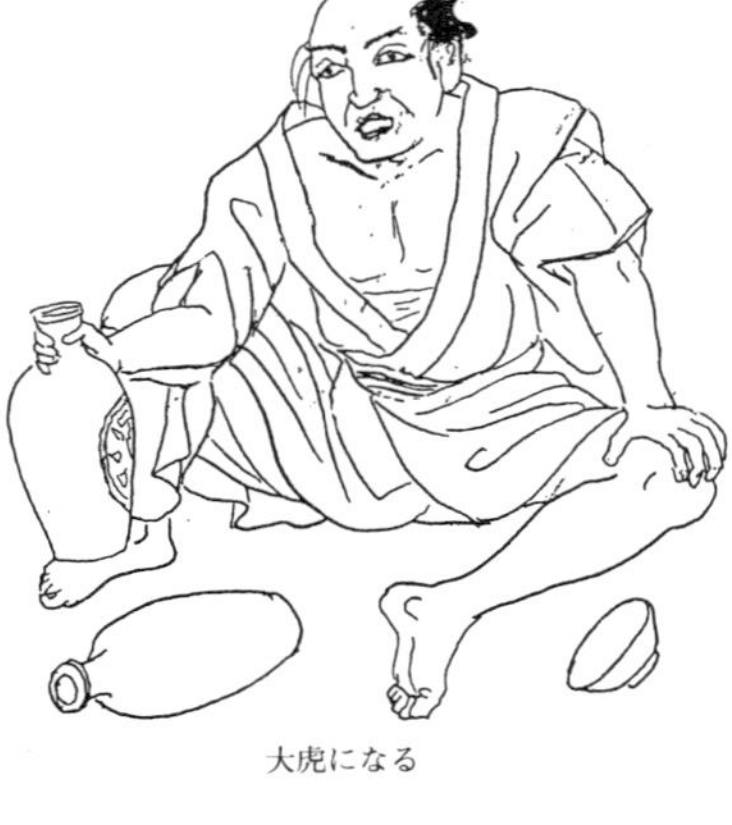
大虎になる

おおとらになる【大虎になる】
酔って前後の見境なく暴れること。酒に酔って手の付けられない者に対していう。虎は昔から凶暴な動物として見られていた。「あいつはすぐに大虎になるから始末が悪い」などという。⇩気違《きちが》い水《みず》

おおどろどろ【大どろどろ】
歌舞伎用語。空が掻き曇ったり、幽霊や妖怪が出現したりするときに、効果音として細かく打つ大太鼓の音。心理的に不安になる音色である。また、最初に横笛を不気味に鳴らすので「ヒュー、ドロドロ」と聞こえる。「うすどろ」より大きな音である。⇩薄《うす》どろどろ

おおぶねにのったき【大船に乗った気】
大型船に乗っていれば少々の時化《しけ》に遭《あ》っても波に呑まれて沈没するようなこと

はないから安心である。「大船に乗った気でいろ」などと用いるが、「安心してまかせなさい」という意である。

おおふりそで【大振袖】
①江戸時代、娘や花魁《おいらん》などの遊女は、特に袖丈を長くした振袖を正装として着用した。これを「大振袖」といった。
②賽子《さいころ》博奕で三個の賽子を振り、二個の賽が六で、一個の賽が五と出る目を「大振袖」という。

おおべらぼう【大べらぼう】
➡べらんめえ

おおほころび【大綻び】
資産の破綻を来《きた》すこと。「事業に失敗して大綻びを切らしてしまった」などという。衣類の破れに譬《たと》えた表現。

おおほんだ【大本多】
江戸時代流行した髷《まげ》である「本多髷《ほんだまげ》」の大型のものをいう。本多髷は粋《いき》であるが、大本多は武骨とされた。

大本多

おおみえをきる【大見得を切る】
「見得を切る」とは、歌舞伎において、劇中のクライマックスに達した時、役者が大袈裟《おおげさ》なポーズでいったん静止し、観客にそれを示すことをいった。このことから、一般でも人前で大きなことをいって自惚《うぬぼ》れているさまを「大見得を切る」といった。「あれほど人前で大見得を切ったのに、実際には恥かしいくらいのことしかしていない」などと用いる。

おおむこう【大向う】
芝居用語で、舞台正面に向いた二階の桟敷《さじき》の奥に位置する立見席をいう。演技が白熱した折、調子を盛り上げるために、役者の屋号や掛声を大声で発するのはこの大向うの観客。この声と演技の呼吸がぴたりと合わぬと間が抜ける。

おおものいり【大物入り】
「物入り」は「物要り」の意で、費用のかかること。つまり「大物入り」は大変な支出のことである。「大物入りで四苦八苦した」などという。

おがい
口を漱《すす》ぐ「うがい」の訛り。「おがいをするから水を持って来い」などという。

おかいこぐるみ【お蚕ぐるみ】
襦袢《じゅばん》や湯文字、下着、着物や帯など、身に着けているものすべてが蚕から採った絹物であることをいう。「さすがに金持ちだけあって、お蚕ぐるみだ」などという。➡襦袢《じばん》、湯文字《いもじ》

おかいちょうとなる【御開帳となる】
寺院で特別な日に厨子の扉を開けて秘仏を拝ませることを「御開帳」といった。もちろん特別の布施《ふせ》をとる。このことから、秘したものを見ることを「御開帳」といった。松亭主人の『閑情末摘花』巻之一に「やうやうお開帳となつたから」は「やっとその娘の顔を見ることができた」の意。

おかえりよ【お帰りよ】
帰っておいでの意。若い娘らが使う言葉。「早くお帰りよ」などという。曲山人補綴『仮名文章娘節用』などでも用いられている。庶民用語であり、武家の女性は用いない。

おかおもい【岡思い】
「岡」は「傍ら」「他《ほか》」の意。「岡惚《おかぼ》れ」と同じく、自分の恋人でもなく、つきあいもない人に対し、わきから好意を抱いて密かに思いを寄せていることをいう。

おかか
鰹節《かつおぶし》のこと。「風味が落ちるから、もう少しおかかを入れろ」などという。「かか」は鰹節の略とも、鉋《かんな》で掻《か》くことから来た語ともいわれる。現在ではあまり見られなくなったが、「鰹節削り」という鉋が仕込まれた箱があり、この鉋の上に鰹節を当てて前後に動かすと鰹節が削れ、薄い小片ができて下の引出しに溜まる。これを「おかか」といい、出し汁を取ったり料理に振りかけたりして食す。

おがい

おかくれ【御隠れ】
死亡を丁寧《ていねい》にいう言葉。この世から姿を消すことからいう。最近では「御逝去」「おなくなりになる」などという方が一般的。

おかげまいり【御蔭参り】
江戸時代に流行した伊勢参宮のこと。大した旅行費用がなくても、伊勢参りへ行くというと道々で援助してくれたので、伊勢まで辿り着け、参詣できたという。「お蔭様で御参りできた」という意味で「お蔭参り」という。伊勢神宮参詣以外には用いられない語である。江戸末期には大変流行した。

おかさん
母親の呼称。「おかかさん」「おっかさん」が訛った。庶民の子が母親に対して用いる語。

おかしい
「滑稽《こっけい》な」「一般的でない」「不審な」などの意味がある。「おかしいったらありはしない」は滑稽この上ないの意。「おかしな話」は、「笑うべき話」を意味する場合と「不審な話」を意味する場合がある。

おかしいじゃぁねえか
不審の意の「おかしい」であり、相手の言動に対して納得できないときに用いる。「その話はおかしいじゃぁねえか」などという。

おかしくだされ【お貸し下され】
金銭などを借りても返済しないことをいう。「あいつに金を貸してやってもいつもお貸し下されだから……」などという。

おかず【御菜・御数】
副食物のこと。「おかず」とは数の意で、副食物の数を取りそろえることから来ている語。しかし一品でも「おかず」という。また「菜《さい》」ともいい、副食物を売る店を「惣菜屋《そうざいや》」といった。同じものを出しても酒を飲む人にとっては「酒の肴」「おつまみ」となる。

おかずがにえない【御菜が煮えない】
料理が上手に作れないことをいう。一般家庭では、女性は長じて家庭で料理を作る立場となったが、お嬢様育ちの女性は作ってもらったものばかり食べているので料理法も知らないといわれ、このため煮物もうまく作れないという意で「お菜が煮えない」と嘆かれた。「お米が炊けない」というのと同じ。どちらも料理もろくにできないお嬢様育ちを嘆く表現である。⇩芋《いも》の煮《に》えたも御存知《ごぞんじ》ない

おかたじけ【お忝】
「忝《かたじけな》い」「ありがとう」の意。江戸時代の庶民の女性がよく用いた。狂訓亭主人の『春色辰巳園』巻之七にも「そりやア、おかたじけ」と用いられている。

おかっぱあたま【お河童頭】
架空の動物の河童《かっぱ》は、頭上に皿があり、短い髪の毛が四方に垂れていることから、女児が短く切り揃えた髪型をいう。「おかっぱ」とも略す。昭和初期には大人の女性でも短くした髪型がモダンとされ、流行した。⇩モガ・モボ

お河童頭

おかっぴき【岡っ引き】
町奉行配下の町同心《まちどうしん》や、加役《かやく》（火付盗賊改《ひつけとうぞくあらため》）の下士に非公式に雇われ、探索や召捕《めしと》りの手伝いをする者をいう。たいていの岡っ引きは、軽犯罪者で特別に許された者である。小説に出てくるような庶民を守る英雄とは限らない。「岡」は「他」「傍《かたわ》ら」「局外」の意。公式ではない雇用関係であることから「岡っ引き」と呼んだ。「目明《めあか》し」ともいう。平安時代の放免《ほうべん》と同じような立場の者。⇩ちょっとこい

岡っ引き

おかづりのしおまち【岡釣の汐待ち】
海岸や川岸などの陸地で潮が上がってくるのを待って魚を釣る意で、待ち伏せすることをいう。狂訓亭主人の『春色辰巳園』巻之六の註に「幇間《たいこもち》の客をつかまへるこころで、ほどよき処にまち合せゐるをおかづりといふ。みなさま御存也《ごぞんじなり》」とあるから、江戸時代には遊興社会でよく用いた語らしい。

おかどちがい【御門違い】
目的の家を間違えて、違う家を訪れること。このことから、見当違いの意に用いる。「そんな文句を言われるのはお門違いだ」とは「その文句を私に言うのは見当違いである」の意。

おかばしょ【岡場所】
江戸時代、吉原遊廓は官許であったので、それ以外の私娼地をいう。「岡」は「傍ら」「局外」「他《ほか》」の意。江戸ではこのような私娼地が多かった。

おかぼれ【岡惚れ・傍惚れ】
「岡」は「他《ほか》」の訛りからきた語で、「傍《かたわ》ら」の意。他人の恋人や付き合いもないような人などに関係ない立場でありながら一方的に惚れることをいう。「あの店の娘に岡惚れしたが、意中をなかなか打ち明けられない」などという。「岡思い」と同じ。

おかまいなし【お構い無し】
①意識しないこと。問題にしないこと。相手がどう考えていようと、一向に斟酌《しんしゃく》することなしに振る舞うことをいう。「少しもお構いなしで」は少しも気にしないでの意。平気の平左のこと。「お構い下さいますな」と言えば「お気を遣わないで下さい」の意。
②法に抵触しないから、それを罪状として構成しないこと。江戸時代の裁判の判決にいう。

おかまをおこす【お釜を興す】
毎日安心して釜で飯を炊いて生活できる立場になること。つまり、財産家になる、豊かになる意に用いる。東京浅草の酉の市では、「お釜《かま》おこし」という菓子を売っていた。米を蒸したものを干して、水飴と砂糖でお釜の形に固めたもので、お釜を興す縁起物として参詣者はこれを買い求めた。

おかみ【御上】
江戸時代、庶民は幕府や将軍のことを「御上」といったが、明治政府になってからは政府を「御上」といっていた。また明治頃の華族は天皇を「御上」といった。このほかに宿屋や料理屋の女経営者も

「おかみ」といったが、これは「女将」と書く。また商人の妻も「おかみさん」といった。

おかめはちもく【岡目八目・傍目八目】

「岡」は「他」のことで、「岡目」は他《ほか》から見る目の意。碁《ご》を打ち合っている当人同士より、脇で眺めている者の方が有利・不利が良くわかり、八目（碁石を八つ）分は有利になることを表す語。つまり冷静に眺めている第三者の方が、よく先を見通せるということをいう。

おかもち【岡持】

平たい蓋付き桶で、両側に角状に立ち上がり、それに横板状の持ち手がついている。食品などを入れて運ぶための道具で、一般家庭でも昭和の初め頃までは食品の買物に持って行った。

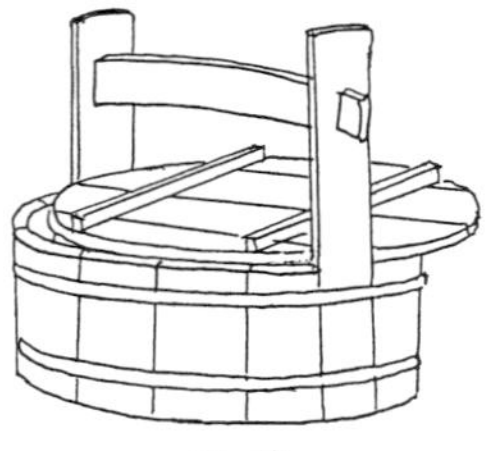
岡　持

おかゆ【岡湯】

江戸時代以降、銭湯には入浴用の浴槽と、身体を洗ったり湯を浴びたりするための湯を汲む小さい槽があった。入浴用とは別の「他《ほか》の湯」という意から、これを「岡湯」といった。各人が蛇口から湯を出せるようになってからはこのような槽はなくなった。⇨岡惚《おかぼ》れ、掛《か》り湯《ゆ》

おかわ【御厠】

厠《かわや》つまり便所。古くは川端に桟橋を作り、その先端で川へ向けて大小便を足したが、雨風の時に不便なのでそこを小屋建てとした。これが「川屋」であり、後に用を足す場所全般を「かわや」と呼んで、「厠」の文字を当てた。貴人の男性は小用に尿筒《しとづつ》を用い、婦人は「おまる」という低い桶を用いた。庶民は家の外に設けていたが、やがて屋内の隅に設けるようになった。

おかわのふた【御厠の蓋・清器の蓋】

「おかわ」は女房詞の「御厠《おかわや》」の略で、一般的には持ち運びのできる楕円形の便器のことであるが、江戸では形が似ていることから、小判のことを「おかわのふた」、あるいは単に「おかわ」といったりした。「いかにもずっしりおかわのふた」は「まことにずしりと重たい小判ですな」の意。

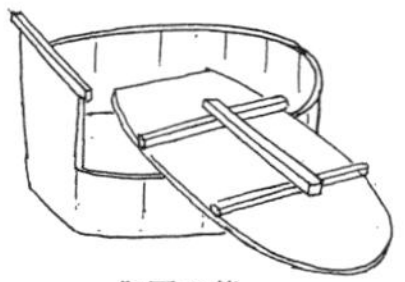
御厠の蓋

岡　湯

おかん

江戸から明治、大正時代頃に浅草観音堂境内にたむろした売春婦をいう隠語。梅毒などの病気で、抱え主から追い出された者が落ちぶれて「おかん」になった。「おかん」とは、元は遊女が正月の節《せつ》に食べる食事のことである。

おかんむり【御冠】

頭につけている冠《かんむり》をそっぽに向けるさま、つまり顔をそむけて怒っているさまからきた語。不機嫌《ふきげん》であること、腹を立てていることを表す。「今日は旦那《だんな》がおかんむりだから気を付けろ」などという。

おきあがりこぼし【起上り小法師】

張子で作った達磨《だるま》型の玩具で、底に重りとして鉛をつけた。押し倒してもすぐ起き上がるのでこう呼ぶ。

おきがるに【お気軽に】

相手に対して、気を使わずに振る舞うように勧める言葉。「お気楽に」と同義。また、遠慮のない仲の意で「あの人は気軽な方だ」などと用いる。

おきっくら【置っ競】

「競《くら》」は「競《きそ》べ」の略。まるで競って質に置くかの如く、金のためにせわしく質屋に通うことをいう表現。また「くら」は質屋蔵のことも匂わせた語。

御　冠

起上り小法師

おきや【置屋】

「芸妓屋」とも当て字する。芸妓や遊女を抱えて一つ屋根に暮している家をいう。置屋で客に遊興させることはなく、揚屋《あげや》や茶屋から呼び出しがあったときに、芸妓や遊女を差し向けた。⇨揚屋《あげや》

おきやがれ【置きやがれ】

そんなことはやめておけの意で、下賤の者が相手の言動を罵《ののし》るときの言葉。「だまれ」「いい加減にしろ」と同じような意味。「置きにしろ」というと「やめておきなさい」という少し柔かい表現になる。松亭主人『閑情末摘花』巻之一にも

「その声色《こわいろ》か、おきやがれ」とあるが、そんな言い方はやめろの意。「おきやがれっ、文句あるか」などと威嚇《いかく》するような表現に用いる。また「起上《おきあが》り小法師《こぼし》」の語に掛けて「おきやがれ小法師《こぼし》」と罵ることもある。⬇起上《おきあが》り小法師《こぼし》

おきやしめぇし【置きやしめぇし】

「……しておくはずがない」の意。十返舎一九の『東海道中膝栗毛』初編にも「ナント店賃の一年や二ねん溜まつたとつて、一生やらずにおきやしめへし」とあるが、いくら家賃を一年分や二年分滞納したからといって、決して一生涯支払わないままにしておくわけじゃあるまいしの意。

おきゃん【御侠】

江戸時代から大正時代頃までよく使われた語。若い女性で物怖《ものお》じしない者をいった。一種の侠《きょう》気《き》があるということで、「きょう」を訛って言った語であるが、足を踏まれてキャンキャン鳴き騒ぐ犬にもなぞらえた語であろう。言動が跳ね返るようなので、「おはねさん」ともいった。

おきょうをよむ【お経を読む】

経文は誰が読んでも同じであることから、いつも決まり文句をいうことをこのようにいう。「あいつは誰にでもお経を読むから嫌がられるのだ」などと用いる。

おくにざる【お国猿】

「お国」とは、田舎、地方の意。江戸っ子が他所の土地から来た者に対し、侮蔑的に用いることもあった語。「お国侍」「お国者」「お国言葉」などと用いる。「お国猿」とは殊更《ことさら》蔑視している感がある。江戸っ子は「お国猿のくせに江戸で図々しい態度をとるな」などと陰口をきいた。

おくりおおかみ【送り狼】

人が山道を歩いていると、狼は後を追ってきて襲いかかるという。このことから、帰り道の女性を送りながら、その女性と関係を持とうとする男を「送り狼」という。明治時代は「狼連《おおかみれん》」といった。

おくりひょうしぎ【送り拍子木】

江戸時代、木戸屋の番太郎《ばんたろう》は夜警に拍子木を叩いて町中を回ったが、吉原遊廓内では夜中に廓内を通る人を守るために、番太郎が護衛を兼ねて拍子木を叩きながら大門口までついて行った。このことをいう。廓内で事件の起こるのを防ぐためでもあった。⬇番太《ばんた》

送り拍子木

おくれ【お呉れ】

「ものを呉れ」「～して呉れ」の丁寧な表現。明治・大正の子供は菓子屋などに行くと、店の人に「おくれー」と言葉をかけた。女児は「頂戴《ちょうだい》な」といった。「そっちの端の方を持っておくれよ」は、その端の方を支えて下さいの意。

おくれでないよ【お呉れでないよ】

「呉れるな」を丁寧《ていねい》に言う女性の言葉。「嘘にもそんなこと、言ってお呉れでないよ」などという。

おくれな【お呉れな】

女性が「お呉れ」というときの柔かい表現。「～して下さいよ」の意。曲山人補綴の『仮名文章娘節用』によく用いられている。「そこの物をちょっと取っておくれな」「髪を結っておくれな」「帰っておくれな」などと用いる。

おけえりだ【お帰りだ】

「帰《かえ》り」の訛り。庶民がよく用いる野卑な言葉。十返舎一九の『東海道中膝栗毛』初編に「それ旦那がお帰《けえ》りだ」とある。旦那《だんな》様がお帰りになりましたよの意の江戸っ子調の言い方。

おごしょうさま【御後生様】

「後生」を馬鹿丁寧に言った語。後生とは来世のこと。善根を積むと後生が良いといわれているため、「自分の今の苦境を旦那様がお助け下されば後生が宜しいと思いますので、どうかお情けをかけて下さい」という意で、「旦那様に御後生様に願います」などといってものを頼む。

おこそずきん【御高祖頭巾】

明治頃、日本髪の婦女は寒さ厳しい折

御後生様

御高祖頭巾

に紫色や銀鼠色などの縮緬《ちりめん》や唐縮緬《とうちりめん》で、頭から顎まで包むことが流行した。これを「御高祖頭巾」と呼ぶ。おもに若い女性が用いた。大正頃にはやや廃《すた》り、昭和に入ると洋装流行のため、見られなくなった。

おごってもらう【奢ってもらう】

相手に食事などを提供してもらうこと。相手の負担で食事をすることを要求する場合、「奢れよ」などという。また食事に限らず、相手が奮発して何かをくれたり、してくれたりすると「これはずいぶん奢ったな」などといい、予期以上のもてなし、心遣いであることを表現する。「奢る」にはごちそうをする意のほか、贅沢をするの意がある。

お　薦

おこも【お薦】

乞食のこと。薦《こも》（筵《むしろ》）を敷いて座したり、薦を身体にまとって歩いたりしたことから呼ばれた。江戸時代の乞食《こじき》は弾左衛門の配下である車善七の支配に属した。弾左衛門と車善七は町奉行の配下であり、準武士待遇として司法関係の任務も分担した。

おこわ【お恐】

「おお恐い」の略。悪事の意である。「お恐手合《こわてあい》」は「悪いことをする連中」。「お恐組《こわぐみ》」も同じ。「お恐にかかる」は恐い目に遭う、悪いことをされるの意。

おこわにかける【お恐に掛ける】

「おこわ」は「おお恐《こ》は」の略で、人をだます、ぺてんにかけるの意。とくに美人局《つつもたせ》をして金銭をむしり取ることをいう。十返舎一九『東海道中膝栗毛』三編に「いつぺいおこはにかきやアがつたな。おつかけてぶちのめさう」とあるのは「いっぱいくわせやがったな。追っかけて行ってぶん殴ってやろう」の意。

おさきたばこ【御先煙草】

江戸時代、接待用に出す煙草をこう呼んだ。煙草盆の引き出しに刻み煙草をつめて火種を添え、煙管《きせる》掛に煙管をかけて客に出すのだが、大抵の人は自分用の煙草入れを持っていた。しかし、吝《けち》な者は自分の煙草を吸わず接待用の煙草を吸うので、他人のものを当てにする吝な行為の例として用いられていた。

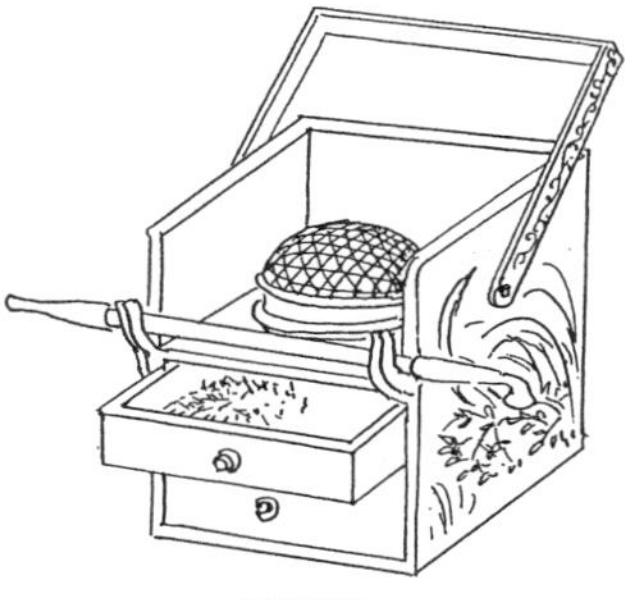

御先煙草

おさきまっくら【御先真っ暗】

闇夜に頼りになる提灯《ちょうちん》もなく、暗中でどうしようもない状況の如く、将来の目《め》処《ど》もつかず、途方に暮れていること。「破産でお先真暗だ」などという。

おさし【お差】

差しつかえ、差合《さしあい》の略。「ちょっとお差があるから言い難い」「もしお差がなければ聞きましょう」などという。「お差合《さしあい》」ともいう。女性用語で上品な語である。

おさだまりのかみこすがた【お定まりの紙子姿】

「お定まり」は決まりきっているの意。「紙子」は紙を貼り合わせて作った粗末な着物で、貧しい生活を表す。浪人して、つまり失業して、次第に生活が行き詰まり、お決まりの結果に行き着いたことを表す語。⬇紙子《かみこ》

おさとがしれる【お里が知れる】

生まれた家の環境がわかるの意。「そんなことを言うとお里が知れるよ」などと用いるが、よい環境である場合には用いず、貧しいとか、身分が低いとか、田舎《いなか》者だとか、本人が恥と思っているようなことに対して用いる。

おざなり【御座なり】

その場の取りつくろいをすること。「お座なりのことをいって引き下がった」などという。

おさまらねえ【納まらねえ】

「納まる」は結着が付くこと、気が納まることで、「ねえ」は「ない」の訛り。

納まらねえ

「そんなことじゃあ納まらねえ」というのは、そんなことでは納得いかないの意である。

おさるのおしりはまっかでござる【お猿のお尻は真赤で御座る】

「～で御座る」という侍《さむらい》言葉を「猿」に掛け、皮肉とからかいを込めて江戸っ子が用いた言葉。侍を真似て「～で御座る」などと言っている者を「お猿のお尻は真赤で御座る」とからかった。

おさん【御様】

名がわからぬ場合に「そこのお人さん」の意で使う丁寧《ていねい》な呼称であったが、後に女性の使用人のあだ名になり、下女、女中などを「おさんどん」とよぶようになった。⇒おさんどん

おさんどん

元来は、名がわからぬ場合に「そこのお人さん」の意で使う「おさん」という丁寧な呼称であったが、後に女性の使用人のあだ名になり、下女や女中などを「おさんどん」と呼ぶようになった。「～どん」は使用人の名を呼ぶときに用いる敬称。少年の店員や使用人の名につけたり、「丁稚《でっち》どん」「番頭どん」などと役職につけたりして用いる。また、「おさんどん」は「朝から晩まで、おさんどんをしなければならない」などと、台所仕事の意にも用いられるようになった。

おさん・おさんどん

おしあわせさま【お仕合せ様】

「しあわせ」に「御」と「様」をつけた語。正しい敬語を用いられない庶民が矢鱈《やたら》に「御」や「様」をつけ、上等の言葉だと思って用いていた。「平和ですね」「幸福ですね」「生活の苦労がなくて結構ですね」の意。

おしおき【お仕置】

処罰のこと。また家庭で子供に罰を与えること。「言うことをきかないと、おしおきするよ」などと子供を叱る時に用いる。

おしかえ【お為かえ】

「お」は江戸庶民の女性が矢鱈《やたら》用いる敬語であるが、さして尊敬の意はない接頭語。「やったのかい」「したのかい」程度の意。

御仕着せ

おしきせ【御仕着せ】

主人から使用人に衣服を与えること。また、その衣服をいう。季節に応じて与えられることが一般的であったため、「御四季施」とも書く。「公休日なので、御仕着せを着て外出した」などと用いる。

おしくらまんじゅう【押しくら饅頭】

寒いときに行う遊戯。大人数の子供が一所《ひとところ》に固まって「押《お》し競饅頭《くらまんじゅう》、押されて泣くな」といいながら、互いの身体を押し合って遊ぶ。力を入れて踏ん張るため、冬でも汗をかくほど身体が温かくなる。転んだり、はみ出たりすると負け。「押しくら」は「押競《おしくら》べ」の略、「饅頭」は団子状に固まって遊んでいる様子を表した語。

押しくら饅頭

おじけをふるう【怖気を震う】
恐ろしく感じたさまの形容。身震いするので、「怖気を震う」という。

おしこみ【押込み】
密かに忍び込むのではなく、無理矢理に侵入する盗賊をいった。「押込《おしこ》み強盗《ごうとう》」ともいう。江戸時代末期あたりは集団で雨戸などを打ち壊し、盗みを働く押込みもあった。

おしこめ【押込め】
江戸時代の刑罰。罪あって部屋に閉じ込められることをいう。

おしだ
「為《す》る」という語に接頭語「お」をつけ、「だ」で断定している語で、敬語というより、下町あたりの通用語としてよく用いられた。「何てことをおしだ」は何ということを為《し》たのだの意、「お転婆《てんば》なことをおしだ」は、お転婆なことをしたなの意である。

おしたじ【御下地】
さっぱりした料理でも醤油の味付けがされていることは多い。そのため、味の下地という意味で、醤油を「お下地《したじ》」といった。今でも年配の者などはこの語を用いている。また、洒落《しゃれ》た人は「紫《むらさき》」という。

おしのつえい【押しの強い】
「押」は強引さ、図々しさのこと。「つえい」は「つよい」の訛り。十返舎一九『続々膝栗毛』三編上にも「押がつえいもほどがあらア」とあるが、図々しいのも程度問題だの意である。

おしのび【お忍び】
江戸時代、身分の高い武家や公家の者が外出の際は、馬か駕籠に乗る定めがあり、徒歩で行くときは「お忍び」といった。身分の高い者に仕える女性らも駕籠を利用したが、江戸中期頃までは庶民には駕籠の乗用が許されなかった。⬇辻駕《つじか》籠《ご》

おしはだぬぐ【押し肌脱ぐ】
上半身の衣類を開いて後ろにはね、両《もろ》肌《はだ》脱ぎになること。「押し」は「押し開いて」の意。彫物《ほりもの》自慢の江戸っ子や、喧嘩《けんか》っ早《ぱや》い江戸っ子はこのように上半身を脱いで勇ましいところを見せた。⬇片肌脱《かたはだぬ》ぐ、彫物《ほりもの》

押し肌脱ぐ

おしめえ【御仕舞】
「おしまい」の訛り。終了の意であり、「話はこれでおしめえだ」などと用いる。また世の終わりの意味にも用い、「こんなことが流行《はや》るようじゃ、おしめえだ」などと言う。

おしもおされぬ【押しも押されぬ】
他から圧力を加えてもびくともしない、不動の大磐石《だいばんじゃく》の立場をいう。「努力したお蔭で押しも押されぬ立派な人物になった」などという。

おじや
雑炊《ぞうすい》。米を多めの水で柔らかく炊いたのを「粥《かゆ》」というが、米だけでなく、野菜や他の穀類も入れ、味付けして炊く粥を「おじや」という。

おしゃか【お釈迦】
失敗作のこと。職人が細工物を加工していて、失敗して役に立たなくなったものを「お釈迦になった」「これはお釈迦だ」などと言った。

おしゃま
「あの子はおしゃまな子だ」などと用い、年齢の割にませている女の子をいう。また子供の大人びた服装を「おしゃまな服装をしている」などという。「お洒落《しゃれ》」と「ませている」が合わさって出来た語か。

おじゃん
江戸時代、火災の遠近によって半鐘《はんしょう》の鳴らし分けがあり、二打、三打、四打、乱打の緩急《かんきゅう》があった。鎮火したときはゆっくりと二打ずつ打ち鳴らした。この二打の音が「おじゃん」の語となり、だめになることや、物事を失敗した結果をいうようになった。「折角《せっかく》苦心したのにおじゃんになった」「計画がおじゃんになった」などという。⬇じゃんじゃんいう

おじょう【お嬢】
上流家庭や他人の娘を尊敬して「お嬢様」と丁寧《ていねい》に言うのに対して、「お嬢」と呼ぶと、親しさはあるが、敬意がやや軽い感となる。

おしょたい【お世帯・お所帯】
世帯を丁寧《ていねい》にした語。暮し向きの経費をいう。「お世帯《しょたい》はげっそりします」は支出が多く痩せる程であるの意。「お世帯の苦労が多い」は生計の遣り繰りが大変なことをいう。また一家を独立して生計を立てることを「世帯《しょたい》を持つ」という。世

おじゃん

帯の責任者を「世帯主《しょたいぬし》」といったが、昭和の後半から公式文書では「せたいぬし」と読ませている。

おしらき

江戸っ子は「ひ」と「し」を逆に発音するので、会合などを終了して解散することを「お開《ひら》きにする」と言わず「おしらきにする」と言った。

おしりがかるい【お尻が軽い】

尻は動作の基であるから、すぐに反応を示して機敏に動くことをこのようにいう。それに反して動作が鈍いことを「お尻が重い」という。江戸時代の諺に「尻軽、足軽、ひだるがる」というのがあるが、「足軽は尻軽に動き回らねばならぬが、すぐひだるくなる（空腹を感じる）」という意である。また、あちこちの異性に好色の態度を示す女性を「尻軽女《しりがるおんな》」といった。

おしりがきた【お尻が来た】

苦情などの最後の処理が持ち込まれたの意。尻は大便を排出する部位であるため、最後の意を表す。

おしりのあったまるひまがない【お尻のあったまる隙が無い】

長時間座布団に座っていると座布団が体温で温かくなるが、忙しいとゆっくり座っている余裕はない。座る隙がないほどの忙しさをこのように表現する。

おす

①江戸時代の遊女などが用いた廓《くるわ》言葉で語尾に使う。「御座います」「有ります」の意で、始めは「おっす」といったが、略して「おす」となり、「そうでおすよ」などと用いられた。

②大正・昭和時代の、学生が用いた挨拶。「こんにちは」「やあ」の意で「おす」と言葉を交わした。

おすけ【お助】

好色な者を「助兵衛《すけべえ》」と俗称したのを略して「おすけ」といった。好ましからぬ男に言い寄られた時に、軽蔑の意味で「あんた相当お助ねえ」などといった。「助」は「色を好む」の「好き」に当てた字で、これを擬人化して「助兵衛」といった。故に江戸時代には子供に助兵衛という名はつけなくなった。

お助

おすそわけ【お裾分け】

その物の裾（端）の方を少し差し上げますという表現である。他所から食物や土産物をもらった時に他人に分配すること。

おせえる【教える】

「教《おし》える」の訛り。「おせえてくんねえ」は「教えて下さい」の意。

おせっかい【お節介】

「節」は区分、「介」は介入の意であるから、他人の領域に余計な介入をすることを表す。「お節介なことをする」「お節介を焼く」などと用いる。

おせっきょう【お説教】

本来は僧侶が信者たちを集めて経文の内容や信仰について諄々《じゅんじゅん》と説くことをいうが、一般的には僧侶に限らず相手にいろいろな理屈を説いて聞かせることにも用いる。「散々怠けていたので、とうとう親父にお説教されてしまった」などと言う。

おそかれはやかれ【遅かれ早かれ】

遅いか早いかの違いはあっても、そのうち、やがての意。「遅かれ早かれ分かるだろう」などと用いる。

おそっさま【御祖師様】

「祖師《そし》」とは宗教を開いた人、開祖のこと。特に日蓮宗信者は祖師に「御」と「様《さま》」をつけ、「御《お》祖師様」というが、音がつまって「おそっさま」と発音する。

おそれいった【恐れ入った】

一般的に恐縮の意であるが、反語的に、相手の言動に対して呆《あき》れたという意味を表す場合もある。その場合、会話中の相槌《あいづち》などで、「そいつは恐れ入った」などと用いる。

おそろしいのきさんぼん【おそろ椎の木三本】

ふざけた会話の時に、「恐ろしい」の語に「椎の木」をかけ、洒落《しゃれ》で語呂を滑《なめ》らかにした表現。「椎の木三本」の意味はない。十返舎一九『続膝栗毛』十二編中に「イヤもうおそろ椎の木三本〳〵」と軽口を叩くくだりがある。

おだいがわり【御代替り】

江戸時代、将軍が引退もしくは死亡して、次の新将軍がその職につくことをいった。当主が替わる際、士庶共にこの語を用いるようになった。現代では会社の経営者などが替わる際に使われている。

おたいこむすび【お太鼓結び】

女性の帯の結び方の一つ。帯の結び目をお背負上《しょいあ》げ（帯揚げ）で止め、帯の端の方を結び目に入れ込んで、太鼓の胴の

お太鼓結び

ように膨らませる。帯の柄がよく見える結び方なので、美しい柄の帯や、金襴《きんらん》、襤褸錦《つづれにしき》などの厚織りの華やかな帯を締めると、ひときわ映える。

おたいていさま【御大抵様】
出鱈目《でたらめ》な敬語で、大抵の意。通常、江戸っ子は乱暴な語呂や訛りで話すのに、上級武士や主人など、自分より身分が上の相手と話をすると馬鹿丁寧《ていねい》に言おうとする。しかしながら正しい敬語を知らず、このような滑稽《こっけい》な用語を用いることが多い。

おだいどころなんじゅう【お台所難渋】
「台所」はその家の金銭の遣り繰りの内情を表す語。「お台所難渋」とは食生活だけでなく家計全体が苦しいこと。遣り繰りに骨の折れること。「なかなかお台所が難渋でした」などという。

おだいもく【御題目】
できそうもないのにいかにも実行できるかの如《ごと》く掲《かか》げられた項目をいう。日蓮宗で、南無妙法蓮華経《なむみょうほうれんげきょう》の御題目を唱えるだけで効果があるといわれたことからの語。「おめえはそんな御題目ばかり並べ立ててちっとも実行してくれねえじゃねぇか」「そんな御題目は聞き飽きた」などと用いる。

おだてともっこはのりたくない【おだてと畚は乗りたくない】
「おだて」は相手を喜ばすお世辞で、必ず相手を釣ろうとする裏がある。「畚《もっこ》」は縄で編んだ網状のもの。土などを盛り、端につけた吊紐で棒にぶら下げて運ぶための用具だが、江戸時代、病気の罪人を運ぶのにも用いた。おだてに乗るのも、畚に乗るのも、どちらもみじめで嫌だとの意。

おだてと畚は乗りたくない［徳川幕府刑罰図譜］

おたのもうもうします【お頼もう申します】
「お頼みいたします」の意であるが、滑稽《こっけい》な語である。武士が他家を訪問する時は、「こんにちは」「御免《ごめん》下さい」などとは言わず、「頼もう」と言った。これは、相手の家で使っている家来に「取次ぎを頼む」の意でいう。江戸の庶民がこの「頼もう」に「御」と「申します」をつけ、敬語のつもりで用いていたのが「お頼もう申します」である。敬語など使う柄《がら》ではない江戸っ子は、このような類の敬語めかした語を使うことが多かった。

おたばこぼん【お煙草盆】
明治頃の少女が八、九歳の頃になると結った髪形。煙草盆の柄のように髪を結うところからの名。

おたびしょ【御旅所】
神社の祭礼で、神輿《みこし》が神社から担がれてくるが、神輿は「御旅所」と言われるところで休憩をとり、そこからふたたび移動する。江戸時代から昭和にかけて、祭礼の際には、各町内の商人が店を片づけて御旅所を設ける。獅子《しし》神輿《みこし》を飾り、供え物をして、神楽の囃《はや》し方が、笛や鉦、太鼓で祝いの音曲を奏した。またその町の板前が腕を振るって野菜で牡丹などの島台を作り、神輿の前を飾りたてた。

おだぶつ【御陀仏】
仏教では南無阿弥陀仏《なむあみだぶつ》と唱えると極楽往生できるといわれることから、死亡することを「お陀仏」といった。また物事が駄目になったり壊れたりした時にも用いる。「もうこれでお陀仏になってしまった」などという。⬇お六《ろく》

御旅所

おたまりこぼし【御溜り小法師】
起上《おきあが》り小法師に掛けた語で、「堪えられない」「たまらない」の意。「そんな馬鹿馬鹿しい話なんて、御溜り小法師もあるものか」などという。

お煙草盆

おたむろ【お屯】
屯《たむろ》する場所の意で、司法の役人が集っているところ、警察署をいった。屯所《とんしょ》。「お屯に引っ張られた」「あの人はお屯に勤めている」などと明治の頃によく用いられた。

おためごかし【御為倒し】
表面上はいかにも相手の利益になるように見せかけて、じつは自分の利益をはかることをいう。「ごかし」は「倒《こか》し」の転で、そのようなふりをして相手をだまし、自分の利益をはかる意を表すことをいう。「あの男の言うことは、おためごかしばっかりだから、もううんざりだ」などという。

おだをあげる【おだを上げる】
好き勝手な気炎をあげること。「あいつはおだを上げやがって……」などと用いる。「おだ」は「小田原評定《おだわらひょうじょう》」からの語、また「お題目（南無妙法蓮華経）」から、「雄叫《おたけ》び」からの語など諸説ある。

おたんこしゃりこ
平気の平左の意。別に大した意味はないが語呂が良い。「おたんこなす」「おたんちん」などの軽蔑語を含んでおり、揶《や》揄《ゆ》する時などに使われる。➡平気《へいき》の平左《へいざ》

おたんこなす【おたんこ茄子】
他人を罵《ののし》る言葉。おたんちんと同じ。語呂上、おたんちんを略して「こ」をつけ、「茄子」を用いた。茄子は畠に一杯実っている有象無象《うぞうむぞう》であり、そこらにごろごろしているという軽蔑した語。

おち【落ち】
①結末、結果の意。「無理な工面をして遊び呆《ほう》けていれば、家から追い出されるのがおちだ」などと用いる。
②落語家などが最後に噺《はなし》を結ぶ部分をいう。客が納得できる洒落《しゃれ》、語呂合わせなどで噺《はなし》を終える。

おちがつく【落ちが付く】
「落ち」とは落語や茶番狂言で、洒落などで人を笑わせて終りを結ぶ部分。落語などに限らず、普段の話の結末が笑いで締めくくられるようなことをこのようにいう。「あの人の話にはいつも落ちが付く」などという。また、事件などの決着がつくこともいう。「一件落着」ということ。

おちっこ
「おしっこ」の訛りで、小便をいう幼児語。「おちっこが出たい」（小便がしたい）などという。

おちぶれだま【零落玉】
零落《れいらく》した人のこと。「玉」は人をあざけった言い方。「誰某が零落玉《おちぶれだま》で」などと用いる。

おちぶれる【零落れる・落魄れる】
境遇が一転して悪くなり、惨めな立場になること。「元は立派な武士だったのが禄《ろく》を離れて零落れた」「事業に失敗し、借金に追われて零落れた」などという。

おちゃうけ【お茶請け】
訛って「おちゃおけ」ともいう。休憩や客のもてなしに、茶を出す際に添える茶菓子。僧家では「点心《てんしん》」といった。江戸時代から大正時代にかけては、巳の刻（午前十時頃）と未申の間の八つ刻（午後二時頃）に休憩をとる習慣があり、お茶とお茶請けが出された。現在でもそれぞれ「お十時《じゅうじ》」「お八つ」といって休憩する人も多い。

おちゃっぴい【お茶っぴい】
おしゃべりで、軽率な行動にすぐ移る少女にいう。「お茶挽《ちゃひ》き」の転から来た語で、「お茶挽き」とは、江戸時代、客が付かず手が空いている遊女に茶臼で茶を挽かせたことから、売れない女の意である。これが転じて何にでも口を出したりちょこまかしたりする軽率な少女をいうようになった。➡お茶《ちゃ》を挽《ひ》く

おちゃのこさいさい【お茶の子さいさい】
「お茶の子」はお茶請けのこと。軽く食べられてしまうことから「容易」「簡単」の意である。「さいさい」は語呂よく言ったもの。また「お茶の子さいさい、河童の屁」と言うこともある。河童が屁をしても水中だから臭くないという意で、何ともないことを表す語である。➡お茶請《ちゃう》け

おちゃらかす
「ちゃらかす」とも言い、ふざけて相手をからかい、話をはぐらかすことをいう。「ちゃら」「ちゃらっぽこ」は出鱈目《でたらめ》、いい加減なことをいう。「ひとが真面目に話しているのに、おちゃらかすとは失礼だ」などと用いる。

おちゃをひく【お茶を挽く】
客が付かない娼妓が石臼で茶を挽かされたことから起きた語で、隙《ひま》な意味に用いた。

おちょうず【御手水】
便所の外に手を洗う手水鉢《ちょうずばち》があったので、便所という言葉を避けて「御手水」「御手水場《おちょうずば》」といった。また、「御手水」は大小便の意でも用いられる。「御手水に行く」といえば「便所に行く」意、「子供

御手水

に御手水させる」といえば子供に小便させることをいう。

おちよぶね【お千代船】
紙張りの船を胴に当て、船の中のお千代という人形で客を引く演技をして見せる大道芸人。明治以降は廃れた。

おつ【乙】
普通と違っていること。「粋《いき》な」「味わいある」の意であるが、「変な」の意味にも用いる。「乙な姿」は粋な姿のこと。「乙なことを言いやがる」は、洒落《しゃれ》たことをいうの意。「乙に澄ます」はいやに気取って澄ましていること。

おっかあ
下町の庶民がよく使う語。「お母さん」の略で、母親・妻のことをいう。「おっかあ、腹が減ったから何か食い物はねぇか」「うちのおっかあは何処行った」「おっかあに叱られるぞ」などと用いる。

追っ掛け端折り

おっかけばしょり【追っ掛け端折り】
着物の裾を折り上げて帯に挟み、脛《すね》を出して行動し易くすること。逃げたり追ったりする時に足さばきが良くなるから「追っ掛け端折り」という。「ばしょり」は「はしおり」の訛り。江戸っ子は何かというと裾を端折《はしょ》って勇ましいさまを見せた。⬇端折《はしょ》る

おっかない
恐ろしいこと、怖いことをいう。

おっかなびっくり
びくびくしながら恐ろしがること。「おっかなびっくり真っ暗の中を行った」などという。

おっかぶせ【押っ被せ】
誤魔化《ごまか》した偽物の意。金箔をかぶせたり、金鍍金《きんめっき》をして純金に見せたりすることからいう。

おっかぶせる【押っ被せる】
自分の非を他人のせいに転嫁させることをいう。「この失敗を誰某におっかぶせた」などという。また責任を負わせられることは「引っかぶる」という。

おっくたばる
「おっ」は語を強めるために用いる接頭語。「くたばる」はくたびれて弱ること、転じて死ぬことをいう。「おっくたばる」は死んだということである。

お千代船

おつくり【御作り】
化粧して仕上げることをいう。「今日は祭日だから、おつくりしよう」「おつくりしたら凄《すご》い美人になった」などと用いる。

おっかなびっくり

おっこう【億劫】
明治以降は「おっくう」というようになった。面倒であることをいう。

おっこち
零落《おち》ぶれたことをいう。身分の高い人や、裕福な人が急に零落《れいらく》して、低い身分になったり貧乏人になったりする状況をいう。「あの武士は御大身《おたいしん》のおっこちだよ」とか、「あの人は事業に失敗したおっこちだよ」などという。

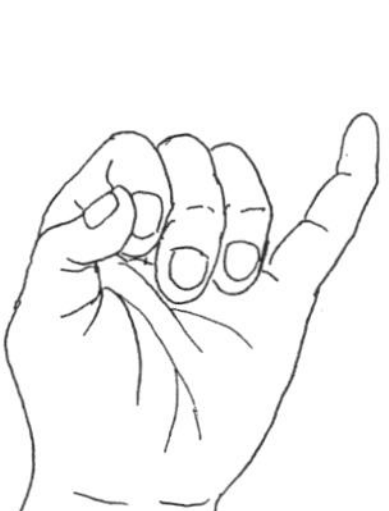
おっこち（情人）

おっこち【情人】
人前で言えるような関係ではない男女のこと。小指を立てる符牒《ふちょう》で表す。愛人。狂訓亭主人『春色梅美婦祢』巻之十一に記されている。

おっこちる【落っこちる】
「落ちる」の訛ったもの。江戸時代の『春色梅

おっこちる

美婦』には、「よっぽどおっこちている様子だの」とあり、惚れ込んで相手にはまった意に用いている。また、気分が憂鬱《ゆううつ》になって落胆することも、入試に不合格となることも「おっこちる」という。

おっことす【落っことす】

落すことを語勢良く言った語。「財布を落っことしてしまった」は、財布を何《ど》処《こ》かに落して紛失してしまったの意。

おっさん

おもに名のわからぬ男性に対して使う呼称。「おじさん」の略である。「おっさん、ちょっと出掛けて来るからね」「おっさんは何処《どこ》の人かね」などと用いる。

おったおれる【おっ倒れる】

「おっ」は「押す」の訛りで、押し倒されるように倒れることの形容。また、「おっ」で下の語を強め、不意に倒れる意にも用いた。「道におっ倒れている人がいた」などと用いる。

おったつ【押っ立つ】

「立つ」の語を強めた表現。「押っ」の接頭語は音の勢いも良く、語意を強調する場合によく用いられる。「押っ倒す」「押っ転ばす」「押っ潰す」「押っ付ける」「押っ詰まる」などと用いる。

おったまげた【おっ魂消た】

魂が天外に飛んでいって消えてしまうほどびっくりしたの意。「おっ」は強めの接頭語、「魂」は気持・精神・心を表す語で、「消《げ》た」は「消えた」の転。「不意に現れたのでおっ魂消た」「その話を聞いておっ魂消た」などと用いる。

おっちぬ【おっ死ぬ】

死ぬことをいう。「おっ」は下賤の者が用いる、語を強める乱暴な接頭語。「とうとう彼奴《あいつ》もおっ死んじゃった」などと用いる。

おっちょこちょい

軽薄で、軽はずみなことをする者を揶揄《やゆ》する語。「あの男はおっちょこちょいだから、すぐにへまをやる」などと用いる。

おっちょこちょいのちょい

また「おっちょこちょいに子ができて、生まれたその子がおっちょこちょい」という語呂のよい文句もよく口にされた。

おっちょこちょいのちょい

①明治の初めに、「勤王」を唱えて幕府を倒した身分の低い地方武士が、明治政府の高官になって威張っており、江戸っ子芸妓を呼んで豪遊していた。かれらは芸妓を「猫」と言って蔑視していたが、江戸っ子芸妓はこれを腹に据えかねて、三味線に合わせて「猫じゃ、猫じゃと仰《おっ》しゃいますが、猫が下駄はいて、傘さして、絞《しぼ》りの浴衣で来るものか、おっちょこちょいのちょい」と歌った。田舎《いなか》武士の成上り者にはわからないであろうと軽蔑の意をこめて「おっちょこちょいのちょい」と彼らを揶揄《やゆ》して歌った文句である。皮肉られたとは知らぬ客は喜んで調子を合わせ、玉代《ぎょくだい》を弾んだという。江戸っ子芸妓の心意気を感じる話である。⬇猫《ねこ》

②江戸時代から大正初期頃まで、祭礼や縁日で見られた的屋《てきや》。露店を張って、下駄や草履《ぞうり》、その他安物の日用雑貨を並べ、文久銭をぶらさげた竹籤《たけひご》の束《たば》を手に持って、「さあ、さあ皆さん、くじを引いて見な。おっちょこちょいのちょい」と掛声をする。文久銭のついた竹を引き当てた客には並べた品の中から高価なものを与える。しかし的屋は巧みに竹籤を操るので、なかなか当たらなかった。

おっつくねる

何とか強引《ごういん》に結着をつけること。

おっつけ【追っ付け】

「やがて」「その内に」の意である。「追っ付け、来るだろう」などと用いる。

おっつける【押っ付ける】

「押し付ける」の訛りで、相手に何かを無理矢理に強制すること。「おっつけがましい」は「押し付けがましい」の訛りで、相手の気持ちにかかわらず、こちらの意志を押しつけるような態度をいう。

おって【追っ手】

「追い手」つまり追う人の意。逃げる側としては「追っ手が来る」などと使う。

おってけれっつのぱあ

物事がぱあ（駄目）になったことを語呂よくいう表現。「おってけ」は田舎囃子《いなかばやし》の音「おってけてん」から来た語呂である。語呂を楽しんで、話の中に調子良く入れて用いる。

おってにほをあげ【追風に帆を上げ】

追風《おいかぜ》（後方から吹く風）のことを「おって」ともいう。帆船は追風になると帆が風を孕み、スピードが増す。そのように順調に進行していることが、運が向いてさらに順調に進むことをいう。順風満帆というのと同じ。香川県民謡『金毘羅船々』にも「金毘羅、船、船、追風《おいて》に帆かけて、しゅらしゅしゅしゅ」とある。

おっと

急な事態に直面した際に出る言葉。「おっと、待ちねぇ」「おっと危ねぇ」「おっと、そうは行かねぇ」などと用いる。

おっとどっこい

「おっと」は意外な事態に直面した時に発する音で、「どっこい」は相手の行動を遮《さえぎ》るときに発する掛声。つまり「おっと、どっこい」は急いで相手を制止する語で、「おっと、どっこい、そうはさせぬ」「おっと、どっこい、そうは問屋が卸さぬ」などと使う。歯切れが良いので江戸っ子はよく用いた。

おっとばす【押っ飛ばす】

押しのけることを強調していう表現。腕力で相手を追い返すような時に使う。「文句言いに来たから押っ飛ばしてやった」などと用いる。

おっとりがたな【押っ取り刀】

緊急の際、何はさて置き武士が刀を手に取り、すぐさま駆けつけることをいう。このため一般に急いで駆けつける意にも用い、「押っ取り刀で駆けつける」というように表現する。「それは大変だと押っ取り刀で駆けつけたが、大したことはなかった」などという。

おつむ【お頭】

幼児語で頭の意であり、幼児は「おつむ、てんてん」などと言って、自分の頭を叩いて遊ぶ。また大人も用いるが、ふざけた言い方である。「彼奴《あいつ》は少しお頭《つむ》がおかしい」などと用いる。

お手玉

おつもり【御積り】

酒の席を終わりにすること。「そろそろおつもりにしよう」などという。十返舎一九『続々膝栗毛』二編上にも「もう、おつもりにしようじやアねエかい」とある。

おつりき【乙りき】

「乙《おつ》な」「粋《いき》な」の意。「りき」は「～的《てき》」の意である。曲山人補綴の『仮名文章娘節用』に「大かた外におつりきな、おもしれえ話でもあるだろう」とある。十返舎一九の『続膝栗毛』四編上にも「そいつはおつりきだ」と用いられている。

おてだま【お手玉】

小豆《あずき》を小さい袋に縫い閉じた玩具。片手で一つを投げ上げている間に、もう一方の手で別の一つを投げる手に移し、落ちてくる玉を受け止めて、また投げる手に移してと繰り返す。女児の遊び。三つの玉を使うのを「三つ玉」、四つの場合は「四つ玉」といい、数が多い方がもちろん難しい。「おひとつめ、お二《ふた》つめ、お三《み》ーつめ、お四《よ》ーつめ、お五《いつ》つめ、お六《む》ーつめ、一寄せおつめ、おばしら、ちょいちょいおきり」と歌いながら器用にお手玉を操った。⬇手玉《てだま》にとる

お手毬つき

おでこ【御出木偶】

江戸時代、放下師が大道芸を行う際に、曲芸だけでなく人形芝居もやっていた。この人形を「御出木偶」という。「木偶」とは木を彫って作った人形。また、「でこ」の音から額の出っ張った者のあだ名にしたりする。

おてなみはいけん【御手並拝見】

口で自慢するより、実際に技量を見せて下さいの意。試しに勝負したり、技をふるってもらったりする。武道に限らず諸芸に用いた。言い方は丁寧だが、少し揶揄《やゆ》を含んだ表現で、「お手並拝見といこうか」などと皮肉めいていう。

御寺結び

おてのもの【御手のもの】

その人の得意な言動をいった。「何と言ったって、これにかけては、あの人は御手のものだ」などという。「十八番《おはこ》」ともいう。

おてまりつき【お手毬つき】

明治以前の毬は綿《わた》に糸をたくさん巻いて作ったもので、跳ね上がる力が弱く、突くのに力が要ったが、空気を詰めたゴム製の毬ができてから弾みが良くなった。いろいろな突き方があり、「てんてんてん毬てん手毬、てんてん手毬の手がそれて、どこからどこまで飛んでった、垣根を越えて屋根越えて、表の通りへ飛んでった、飛んでった。表の行列何じゃいな……」と手毬唄を歌いながら調子をつけて突くのも一つの方法であった。流行歌や童謡を唄いながら突くこともある。また、弾む毬の上を片足で跨《また》ぐようにしたり、ぐるりと体を回したりしながら調子を狂わせずに突くのを競うこともあった。

おてらむすび【御寺結び】

僧侶が平服の時に、帯を前で結んで、

両端を帯に捻《ね》じ込んでおくやり方をいう。武士も袴《はかま》の紐や、兜《かぶと》の緒《お》を結ぶとき、締めた紐に端を挟み込んで御寺結びにし、解けないようにした。

おでん【御田】
　田楽《でんがく》のこと。丁寧の「お」をつけて略した語。豆腐、こんにゃく、茄子《なす》など様々な食材を串に刺し、焼いたり煮たりする料理である。江戸時代から酒の肴《さかな》として好まれ、当時「御田、燗酒《かんざけ》、寒晒《かんざら》し」などといって、天秤棒《てんびんぼう》で御田と酒を担いでまわる屋台があった。明治以降は荷車で売り歩いた。趣《おもむき》は異なるが、おでんは現在でも縁日の露店や一杯飲屋、家庭でも作られている。

おてんとさまのにくしみをうける【お天道様の憎しみを受ける】
　天にも見放されたような不運を表現。「お天道様」は太陽のこと。

おてんば【御転婆】
がさつで、出しゃ張りな女の子や、元気の良すぎる娘をいう。江戸時代末期頃から使われたらしく、「おてんば女郎」などの語がある。「あの娘はおてんばだから男を少しも恐れない」などという。

おとうとっこ【弟っこ】
　他人の弟に対していった。江戸時代に盛んに用いられたが、現代では聞かれない。「娘っこ」のように発音に勢いをつける時によく用いる。

おとくいさま【御得意様】
　よく品を買ってくれるお客を丁寧《ていねい》にいう時に用いる語。「上客」「親しいお客様」の意。

おどける
　滑稽なことをしたり冗談《じょうだん》を言ったりすること。江戸時代頃から盛んに用いられた語。「あいつはおどけ者だ」「おどけて誤魔化《ごまか》すなよ」などと用いる。

おどける

おとこいっぴき【男一匹】
　自分を卑下しながら、自分の男らしさを誇示する表現。江戸時代はよく使われた。

おとこぎ【男気】
　男は生《き》一本で曲がったことを嫌い、義《ぎ》侠心《きょうしん》に厚いことが良しとされ、そうした精神を「男気」といった。「あの人は男気あるから信頼して付き合えるよ」などという。

おとこげいしゃ【男芸者】
　江戸時代、遊興の座を取り持ち、客の機嫌《きげん》をとる男を男芸者といった。幇間《たいこもち》のこと。⇩搔《か》っ惚《ぼ》れる

男芸者

おとこごころとあきのそら【男心と秋の空】
　男心は変わり易いことをいう。秋の空とは、晴れかと思うとすぐに曇ったりするため、「変化が激しい」「変わり易い」の形容。現代では「女心と秋の空」などと用いるが誤り。男がすぐ一人の女に飽きて他の女に気を移すことを意味していた。歌劇『リゴレット』の中には、風の中の羽根のように女心は変わり易いという歌詞があるが、今では女性の方が移り気だというのが主流の考えになってしまったのかもしれない。

おとこじょたい【男所帯】
　女の世話にならず、男だけで日々を遣り繰りして生活をしていることをいう。これに対して女性だけの生活を「女所帯」といい、「男所帯に蛆《うじ》が湧く、女所帯に花が咲く」ともいう。

おとこだて【男伊達】
　侠気《きょうき》のある行為をすること。男らしい行動や、男としての意地と精神を示すことをいう。「伊達」と書くのは、奥州伊達氏の軍装が人目を魅《ひ》くものだったことから、目立つことの意となったとも伝えられる。

おとこばしょり【男端折】
　男が着物の裾の一分を端折って行動し易くした態をいう。走る時や、雨に濡れるのを防ぐ時に行う。女性が活動し易くするときは裾全体を折り返して端折《はしょ》る。

男端折

おとこひでり【男日照り】
　「日照り」は旱魃《かんばつ》で水が不足すること。つまり「男日照り」は女性の数に対して男性が足りないの意。「男日照りがあるじゃなし、何もあんな男を争って取ることはない」は、「男はたくさんいるのだから、焦ってあんな男に夢中になることはない」

の意。

おとこわっぱし【男童衆】
「童《わっぱ》」は「子供」、「衆」は「しゅう」を略して「し」といい、「〜達《たち》」の意。複数の男の子をいう語。

おとこをうる【男を売る】
気《き》っ風《ぷ》のよさを発揮して、男らしさを認識させる意。江戸時代の侠客《きょうかく》や、勇み肌の鳶《とび》の者などが仁侠《にんきょう》の世界で有名になることをいった。「売る」はその存在や名を拡めることをいう。

おとし【落し】
落語などで、今までの内容を受け、結びが洒落《しゃれ》ていたり、理窟に合っていたり、語呂が合っていたりしてすっきりとおさまる結果になることをいう。「落《お》ち」とか「さげ」ともいう。日常の会話でも「落《おと》し」のある人は話上手とされている。

おとしがみ【落し紙】
厠《かわや》で用便の始末をする時に用いる紙。トイレットペーパーのこと。便器に落して捨てるからこう呼ぶ。江戸時代は不用になった紙を用いたが、明治以降は屑屋《くずや》が集めた廃紙を煮直して漉き返して作る「浅草紙《あさくさがみ》」という粗末な紙を用いた。現在はあまり見られない。

おとしざし【落し差し】
江戸時代の武士は、外出時に大小二刀を挿していたが、刀を抜き易いように挿すと、鞘《さや》も柄《つか》も水平に近い斜めになる。しかし混雑した場所では他人に触れて迷惑であり、往々にして鞘当《さやあ》てをして争いのもとになるため、自堕落《じだらく》な武士は刀が他人に触れぬよう、できるだけ縦に挿す。これを「落し差し」といい、微禄《びろく》の悪御家人が粋がってこのように挿していた。

落し差し

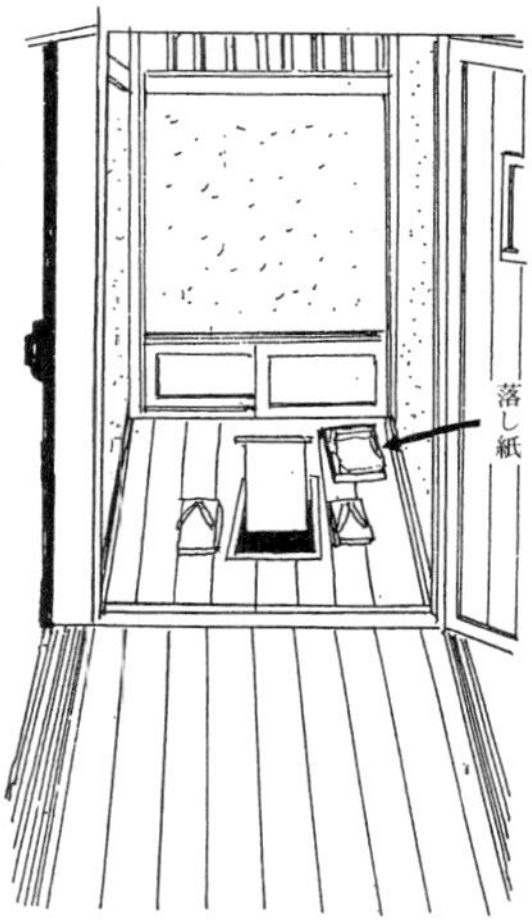

落し紙

おどしゃをかける【御土砂をかける】
死体を納棺する時に、硬直した身体に土砂をかけると軟らかくなるといわれることから、相手にお世辞を使って気分を和らげさせる意に用いた。あまり縁起の良い言葉ではないが、「盛んにお土砂をかけて取り入った」「お土砂をかけて機嫌《きげん》を直さした」などと用いる。燃えているものに土砂をかけて鎮火させるように、相手の気持ちを鎮静させることをいうとする説もある。

おとっつぁん
お父さんの語勢を強めた訛り。母親は「おっかさん」という。

おとといこい【一昨日来い】
「おととい」は「遠《おち》つ日」の意から来た語で「おとつい」ともいう。昨日の前の日の意。喧嘩《けんか》して相手を罵倒《ばとう》する時に「おととい来やがれ、馬鹿野郎」などといった。二度と来るなの意。

おとなげない【大人気無い】
常識や知性を身につけているはずの大人らしくない、つまり「子供の言動と変わらない」「年甲斐もない」の意。「そんな悪戯《いたずら》をするとは大人気ない。もっと歳を考えろよ、歳を……」などと用いる。

おとなそばえ【大人戯】
「戯《そばえ》」は馬鹿にしてからかうこと。つまり子供が大人を舐《な》めてかかって愚弄することをいう。「そんな大人戯をするとおっかさんに言いつけるよ」などと用いる。江戸時代にはよく用いられたが、現代では聞かない語。

おとなりごっこ【御隣ごっこ】
「ごっこ」は真似事の意の接尾語。大人が隣家と交際しているさまを真似たままごと遊びをいう。「御隣ごと」ともいう。

おとめば【御留場】
将軍や神社の管轄内の禁猟区をいう。

おとゆう【おと夕】
「おと」は「一昨日《おととい》」の略であり、「おとといの夕べ」の意である。

おとりこみさま【御取込み様】
「取込《とりこ》み」は忙しいこと。いろいろの用件が重なって混雑している態を鄭重《ていちょう》な用語で挨拶する時に用いる。「お葬式でお取込み様のところ、大変恐縮ですが」などという。

おどれ【己】
「おのれ」の訛り。「お前」の意。

おどろきもものきさんしょのき【驚き桃の木山椒の木】
「驚いた」ことを表す語呂合せ。「驚き」の語に合わせ、「き」の付く語を調子よく続けた。大正から昭和の初めにかけて流行した。「驚き桃の木山椒《さんしょ》の木、ブリキに狸《たぬき》に蓄音機《ちくおんき》」という長い言い方もある。

おないどし【同い年】
「同じ年」の訛りで、同じ年齢のこと。「彼とぼくは同い年だ」「夫婦揃って同い年だ」などという。

おなか【お仲】
江戸深川仲町の遊女をさす略語。「ここへちょっとお仲を呼んでくれ」と言えば、仲町の遊女をここに呼んでくれの意。

おながれ【お流れ】
貴人や目上の者が飲んでいる盃を受け

て酒をいただくことで「お流れ頂戴《ちょうだい》」などといい、謙遜《けんそん》して用いる語である。

おながれになる【お流れになる】
洪水などで流失するが如く、中止になるの意に用いる。「今度の旅行はお流れになった」「今夜の宴会はお流れになった」などと用いる。

おにがくすぐられたようなかお【鬼が擽られたような顔】
鬼は恐ろしい顔をしているのが普通であるが、もしも擽られたら、笑っているのか怒っているのかわからないような妙な顔になるであろうという想像上の形容。「普段恐ろしい顔をして威張っているのに、芸妓をしなだれかけさせたら鬼が擽られたような顔をした」などと表現する。

鬼が擽られたような顔

おにごっこ【鬼ごっこ】
「鬼ごと」「鬼遊び」ともいう。じゃんけんで負けた者が鬼となり、皆を追い回して肩や手を捕えると、今度は捕えられた者が交替して鬼となる。「鬼ごっこする者、寄っといで」と合唱し、仲間を集めて遊ぶ。

鬼ごっこ

おにせんびき【鬼千匹】
小姑《こじゅうと》に甚振《いたぶ》られるのは鬼千匹に苛《いじ》められるように辛いとされる。夫の姉妹兄弟が難癖《なんくせ》をつけて甚振《いたぶ》るから、嫁にしてみれば千匹の鬼を相手にしているようだということである。

おにっこ【鬼っ子】
親に似ていない子をいう。「親に似ぬ子は鬼っ子だ」などといわれた。

おににかなぼう【鬼に金棒】
有利の上にさらに有利になることをいう。鬼は恐ろしい怪力であるが、金棒（鉄砕棒《かなさいぼう》）を持ったら恐ろしい威力を発揮する。語勢を強めるために「鬼に金棒、でんがら棒」ということもある。「これさえあれば鬼に金棒だ」などという。

鬼に金棒［歌川豊国画］

おにのかくらん【鬼の霍乱《かくらん》】
鬼でも霍乱（日射病）で倒れることがあるという想像から、平常、丈夫で自信を持っている鬼のように強い者が病気になった時に用いる表現。「到頭《とうとう》あの人も鬼の霍乱で、ちょっとした風邪をこじらせて寝込んでしまった」などという。

おにのくびをとったよう【鬼の首を取ったよう】
鬼を退治するほどの大手柄《おおてがら》

鬼の首を取ったよう

でも立てたかのように得意になっている こと。「他人には真似のできないことをしたといって、本人は鬼の首を取ったように得意になっている」などと用いる。

おにふとり【鬼太織】

太糸で織った頑丈な織物をいう。「鬼」は「頑丈な」「野暮《やぼ》な」の意によく用いられる。

おにもつ【御荷物】

手数のかかる人を荷物に譬《たと》えた言い方。負担をかける厄介者《やっかいもの》の意。

おにやく【鬼役】

「鬼番《おにばん》」「御毒見役《おどくみやく》」ともいい、江戸時代に将軍や藩主の食事に毒が入っていないかを確めるため、御食膳を差し出す前に試食する武士の役職名。「鬼役」というのは「検分《おみわけ》」の訛りではあるまいか。

おにやんま【鬼蜻蜓】

黒地に青黄色の斑がある大きい蜻蛉《とんぼ》。「やんま」は「馬大頭」と書くこともある。明治・大正頃の子供たちは麦藁蜻蛉《むぎわらとんぼ》や塩辛蜻蛉《しおからとんぼ》をいくら多く捕えても自慢にはならなかったが、大型である鬼蜻蜓は別格で、一匹でも十分に威張ることができた。鬼蜻蜓は、小型の蜻蛉を合わせると食い千切る獰猛《どうもう》さが男の子に好まれた。

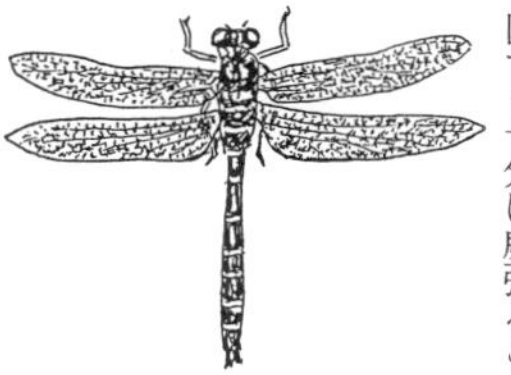

鬼蜻蜓

おねうち【御値打】

価値のこと。価格だけでなく、有用性や利用価値があると思う時に用いる。「お話しておく御値打があると思います」などと用いる。

おのぼれる【自惚れる】

現在では「うぬぼれる」という方が一般的だが、江戸時代は「おのぼれる」といった。「そんなことでおのぼれるな」などという。

おのれ【己】

自分自身のことをいう語だが、時には相手自身をもさす。「おのれさえ良ければ文句はない」は、自分だけ有利なら不平はないの意。「おのれの立場を考えろ」は「自分（相手のこと）の地位を考えろ」の意。「おのれら」「おのれっ、この野郎」などと、怒りや侮蔑をこめて用いられることも多い。

おはいはい

目上の者に従っている者が敬語の正しい用い方を知らず、ただ「御」を付ければ丁寧だと思って、「はい」という返事にも「お」を付け、さらに「はい」を重ねた。庶民が慣れない敬語を使ってへつらった時の返答である。

おはうちからす【尾羽打ち枯らす】

江戸時代までは鷹狩といって、身分の高い人は飼い馴らした鷹に他の鳥や小獣を襲わせて狩をする方法があった。使用される鷹は大切に飼われて優遇されるが、その鷹も老齢になり、尾羽も翼も傷んで役に立たなくなると、面倒を見てもらえず、惨めな晩年を送る。これになぞらえて、武士など身分の高い者が、主人から解雇されたり零落《おちぶ》れたりして惨めな生活をしている態を「尾羽打ち枯らす」と表現する。

尾羽打ち枯らす

おはぐろ【鉄漿・お歯黒】

歯を黒く染める化粧。平安時代頃から上流の男女が行い、室町時代の頃は女児が九歳となると用いた。江戸時代は既婚婦人のしるしとして用い、東京でも大正時代の初頃までその風習が残った。鉄片を酒や酢に入れて酸化させた液に五倍子《ふし》の粉をつけて、刷毛で歯につけて染めた。「はぐろめ」「かね」とも言った。昔はこれを粋《いき》に感じたが、現代感覚ではグロテスクに見え、まったく行われていない。

おはぐろどぶ【鉄漿溝・御歯黒溝】

江戸時代からの公娼の吉原《よしわら》廓《くるわ》を囲んだ溝状の堀。遊女の逃亡を防ぐため、廓全体を囲んでおり、出入口は柳原方面の土手のふもとにある大門口だけであった。

鉄漿［絵本江戸紫］

鉄漿溝

堀の内側はさらに黒板塀《くろいたべい》で囲まれていたが、天災・火災などの折には脱出できるよう、黒板塀が溝の上に倒れて橋になるように工夫されていた。溝堀の水は淀んで薄黒く見えるので、「鉄漿溝」と呼ばれた。遊女が鉄漿《おはぐろ》をつけた時に用いた水が流れ込んだといわれるが、遊女は鉄漿を用いない。鉄漿を使ったのは抱え主のお女将《かみ》さんたちである。結局この溝堀は汚水が流れ込んでも、吐け口がないので不潔な水となって薄黒く見えたのである。大正時代頃まで黒い水を湛えていたが、昭和の終戦で公娼制度は廃止され、溝も埋め立てられてしまった。

おはこ【御箱・十八番】
その人のもっとも得意なものをいう。江戸時代の歌舞伎役者七代目市川団十郎は十八の得意芸があり、その台本を箱に納めていたので、この語がその人の得意なことをいうようになった。「十八番」と書くのもこのためである。「あの人の十《お》八番《はこ》がまた始まった」というのは、あの人が得意中の得意のものをやり始めたの意。

おはさみ【お挟み】
女性の帯の結び方。帯の端を何重かに折りたたみ、縦に形を整えて挟み込み、帯をしめる。結び目は作らない。その上から帯留めをする。現在はほとんど見ない。

おはし【お端】
奉公人の最下級の者をいう。端っこに位置することからの呼び名。軽蔑的に使われた用語。

おはじき【御弾き】
子供の遊び。古くは細螺《きしやご》の貝殻を用いたが、明治以降は、直径一センチほどの円の平たいガラス玉を「御弾き」として

御弾き［吾妻余波］

用いた。複数の御弾きをばらまいたら、その中から自分の御弾きを一つ選んで指ではじき、相手の御弾きに当てる。はじいた御弾きと当てた御弾きとの間を、両方の御弾きに触れないよう、小指で仕切れれば、当てた御弾きを取ることができ、続けて次の御弾きを狙うことが出来る。当てられなかったり複数に当てたり、また仕切るときに御弾きに触れたりすると相手の番となる。このようにして取った御弾きの数を競って遊ぶ。⇨細螺弾き《きしやごはじき》

お挟み

おはしょり【御端折り】
大正時代頃までは女性は着物が主であった。着物は引き摺るくらい長く仕立て、着る時に前は足首が見えるくらい、後ろは地すれすれになるくらいに腰のところで上げて折り返し、ここを腰紐で結び、子供の腰上げのように弛ませた。これを「おはしょり」といった。⇨腰上げ《こしあげ》

御端折り

おはずかしいことですが【お恥ずかしいことですが】
自慢できるような話ではない自分の経験を相手に聞かせる際に謙遜《けんそん》してつける前置き。「お恥ずかしいことですが、私も同じような失敗をしたことがあります」などと用いる。

おはち【御鉢】
飯櫃《いいびつ》をいう。関西では「おひつ」という。樽のように木で作った蓋《ふた》付きの容器。朝炊いた飯を入れる。現在ではあまり見られなくなったが、昭和前期頃までは各家庭にあった。

おはちがまわってくる【御鉢が回って来る】
「御鉢」とは飯を入れておく飯櫃《いいびつ》のこと。家族が大勢だと忙しくお櫃《ひつ》を回して飯をよそうことになる。このことから順番が回ってくるの意となった。好きなだけよそえる役得もあれば、他の人の分までよそわなければならない面倒臭さもある。

おはつほ【御初穂】
その年初めて田で穫れた稲穂を神社などに感謝の意味で奉納すること。また、その代わりにお金で奉納するのをお初穂

御　鉢

料といった。このことから、出資者などに配当を配ることを世間では「御初穂を差し出す」といった。大正時代の頃まで用いられた言葉。

おはばかり【御憚り】
人と別れる時に謙遜《けんそん》の敬語のつもりで「ではこれで失礼します」という意で、「御憚り申しました」などと用いた。

おはもじながら【御は文字乍ら】
「お」は丁寧の接頭語。「は」は「恥ずかしい」の略。「お恥ずかしながら」の意で、正しい敬語を知らぬ婦人が上品ぶって用いた。

おはらいばこ【御祓箱・御払箱】
「御祓箱」は災厄よけのお札の大麻《たいま》が入っている箱で、江戸時代には伊勢神宮の御師《おし》が諸国の檀家に配っていた。毎年新しい札がきて、古い札は不用となることから、「祓い」に「払い」を掛けて、使用人にひまを出すこと、離縁すること、使っていた道具などを不用品として処分することをいう。「あの番頭がお払い箱になったのは、お店の金を使い込んだからだそうだよ」「いい加減くたびれてきたから、この着物はそろそろお払い箱にしよう」などと用いる。

おはらさま【お腹様】
貴人の胤《いん》を宿した時に用いる。「何しろ誰は誰某のお腹様だからね」などという。「誰某の御落胤《ごらくいん》」と同じ。

おはり【お針】
遊女街で裁縫のために雇われた女性をいう。お針子《はりこ》の略。

お針

おひきずり【お引き摺り】
江戸時代の武家の女性は着物の裾を畳に引き摺るように着て、外出には褄《つま》をとって引き摺らないようにした。裾を引き摺っていると家庭内での諸用が足せないが、使用人を使っているので何もしないで済む身分なのである。しかし、庶民から見るとこれが横着者《おうちゃくもの》に見え、そのため横着で動作の鈍い女を陰で「おひきずり」というようになった。着物を引き摺らなくなった大正頃でも、横着な女のことを「お引き摺り」といった。

お引き摺り

おびしろはだか【帯代裸】
女性がきちんと帯を締めずに、帯の下の細帯だけを締めている状態をいう。嗜《たしな》みのない、あられもない姿とされた。

おびとき【帯解き】
大正時代の頃までの日常着は幼いうちから和装であった。しかし幼児は着物の上から帯を締めることはできないので、着物の腰に付け紐を付け、それで結んでいた。それがやや長じ、男児は五歳、女児は七歳になると付け紐をとって帯を締めるようになる。これを祝って十一月の吉《よ》い日を選んで行われた儀式が「帯解き」であり、現在の七五三はこれに由来する。

おびどめ【帯留】
現代の女性も、和装の際に幅広い帯を締めるが、背後でいろいろの結び方で形を整える。しかし空解《そらどけ》し易いので、帯の上から厚手の平組の紐で押え、結んだり金具で留めたりする。一種の装飾ともなり、これを帯留という。装飾的な彫金細工や、根付《ねつけ》状の彫刻物などをつける。

おひねり【お捻り】
貨幣を白紙で包んで、開かないように紙を捻ったもの。寺社や他人に与える。寺社参詣の折には投げ込むか、備付けの三宝に載せる。江戸時代には門付けにやったり、物日《ものび》には風呂屋の番台に与えたりもした。当時はだいたい十二文を包むのが一般的であった。現代でも寺社への参詣や観劇の際に使われる。

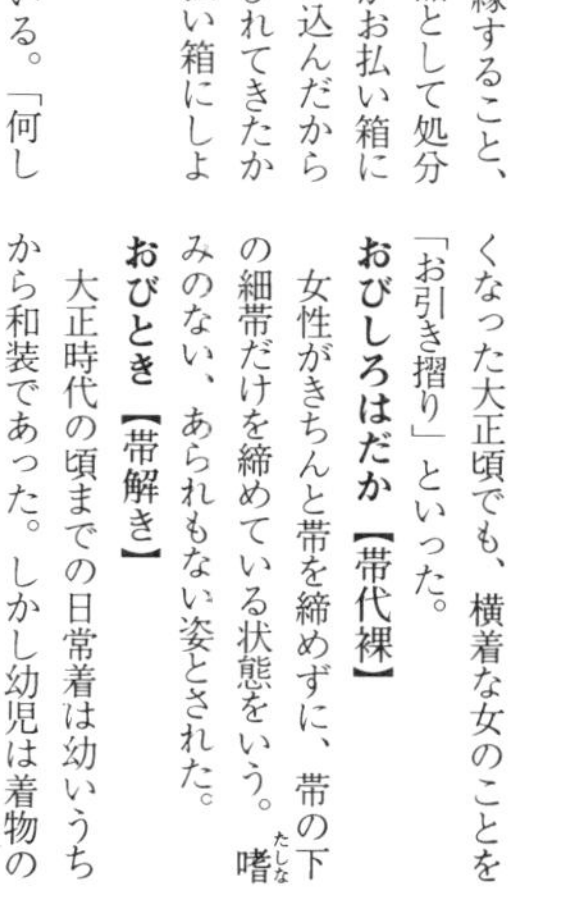
お捻り

おひや【お冷】
水のこと。現代でも使われている語。「お冷を一杯くれ」などという。

おひゃくどまいり【お百度参り】
神仏に願掛けをするために、境内の一定の地点から本殿や本尊の前までの距離を、祈りつつ裸足で百回往復する。おも

お百度参り

に重病治癒や、苦境打開を願う時に行った。「お百度を踏む」ともいう。またこれになぞらえて、他人に頼み事をするためにたびたび訪問して懇願することも「お百度参り」といった。「お百度参りをして、やっと相手がいうことを聞いてくれた」などと用いる。

おひゃらかす

「冷やかす」「からかう」の意である。「見物人をおひゃらかす」は見物人を皮肉るようにからかうこと。江戸時代に流行した「おひゃる」という語の転用。「おちゃらかす」ともいう。

おひれをつける【尾鰭をつける】

魚が尾や鰭で自由に泳ぎ回れるように、噂《うわさ》だけが独り歩きするほどの話を誇大して作り加えること。

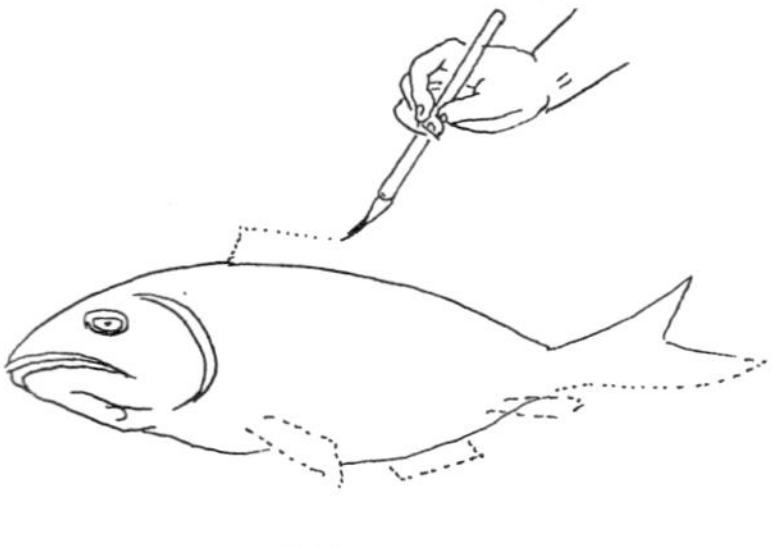

尾鰭をつける

おひろい【御拾い】

馬や駕籠などの乗り物を使わず、歩いていくことを尊敬して「おひろい」といった。本来は女房詞であるが、十返舎一九『東海道中膝栗毛』五編上でも北八が「だんなはおひろひがおすきだ」といっており、男が男に対しても用いていたことがわかる。「旦那は歩くのがお好きなんだよ」の意である。

おびんずるさま【御賓頭盧様】

釈尊《しゃくそん》の弟子の一人。賓頭盧尊者《びんずるそんじゃ》ともいう。人間のあらゆる病気を引き受けて治癒させると信じられており、寺院ではその像を参詣者の手の届くところに配置し、信者は像の自分が患っている箇所を撫でて治癒《ちゆ》を祈った。長年信者に撫でられるので、御賓頭盧様の像の表面は擦り減ってつるつるになってしまう。故に目鼻立ちの明瞭でないのっぺりした顔の者を「御賓頭盧様のようだ」といった。

御賓頭盧様

おぶう【お湯】

湯を幼児に対して言うときの語。「早く、おぶうに入りなさい」というのは風呂の意で用いている。「このおぶうは熱いからふうふうして飲みなさい」とは飲む湯をいっている。

おふくろ【御袋】

自分の母親を親しみを込めていう語。江戸時代から庶民間で用いた言葉で、喜多川守貞の『守貞漫稿』第三編人事の部にも出ており、現在でも用いる。しかし、この語は室町時代頃までは母親に対する敬称で『中原康富記』にも「享徳四年正月九日今暁　室町殿姫君誕生也　御袋は大館兵庫頭妹也」とある。江戸時代頃から一般的な母親の称になった。

おふざけでないよ

冗談《じょうだん》を言ってはいけないの意で、江戸の庶民階級の女性がよく用いる。松亭主人『閑情末摘花』二編巻之二に「あれさ、おふざけでないよ」とある。

おぶすなさま【産土様】

自分が生まれた土地の神のこと。稲荷神が多い。生まれた土地の神は自分の守護神とされた。「おぶすな」は「うぶすな」の訛り。

おぶっつぁる【負っつぁる】

背負われる、負ってもらうの意であるが、他人の情けに依存する意に用いる。「ちょっと面倒見たら、すっかり負っつぁってしまいやがった」などと用いる。

おへそがちゃをわかす【お臍が茶を沸かす】

滑稽《こっけい》のあまり笑いすぎて、腹部が熱をもって茶を沸かせるくらいだとの譬え。「お臍が煮花を拵《こしら》える」ともいう。抱腹《ほうふく》絶倒《ぜっとう》、滑稽極《こっけいきわ》まりないの意。

お臍が茶を沸かす

おべたい

「冷たい」の訛りで幼児語。「そーら、外に出ていたからお手々がおべたいよ。早くお炬燵《こたつ》で温めなさい」などという。

おべっか

「諂《へつら》う」の訛りに「お」をつけた語。へつらった語、お世辞《せじ》の意。「あいつはあの人におべっかばかり使う」などと用いる。諂ってばかりいる者を「おべっか野郎」「おべっか者」「おべっか使い」などという。

おべべ【お着物】

着物の意の幼児語だが、大人同士の会話でも用いられ、特に女性たちがよく使った。「今日は祭りだから良いおべべを着た」「良い柄のおべべだわ」などと用いる。ちなみに「赤いおべべ」とは「重罪人」を意味する隠語。昭和前期頃までの刑務所では重罪人は赤い囚衣を着用していた。

おぼうさんそだち【御坊さん育ち】
「御坊さん」は僧侶ではなく「おぼっちゃん」の意で、上流家庭の男の子供をいう。大事に育てられ、世間の苦労をまったく知らない男性をこのようにいう。江戸時代は「おぼっちゃん」を「おぼうちゃん」などといった。

おぼくれぼうず【おぼくれ坊主】
願人《がんにん》坊主のことで、物乞いをして歩く坊主。木魚を手に持つか紐で腹前に括りつけるかして、木槌のようなもので叩きながら、滑稽《こっけい》な文句を経のように誦《しょう》して門付けをする。

おぼくれ坊主

おぼこ【未通女】
若い娘、処女、世間擦れしていない娘のこと。この語は「ぼら」という魚の幼魚名から来ている。現在ではあまり聞かないが昭和頃まではよく用いられた。「あの娘はまだおぼこだ」などといった。狂訓亭主人『春色梅ごよみ』巻之二にも「さつても野暮《やぼ》なおぼこむすめ」と記しているが、さても野暮ったい、世間を知らない娘の意。

おまえついしょう【お前追従】
相手の前では、おべっかを使う者をいう。「お前追従する奴は必ず陰で誹《そし》る」といわれる。

おまちどうさま【お待ち遠様】
待ち遠しかったでしょうという意味の語。人と待合せて遅れた時や、注文の品を届ける時に言う常套語《じょうとうご》。

おまはん【お前はん】
「お前《まえ》さん」の訛り。「あなた」の意。京阪地区での「さん」を「はん」という訛りが移ってきた。江戸庶民の女性が対面している相手に対して用いた語。

おまめさん【お豆さん】
①ちびっ子の意。ちょろちょろと素早く、ませた子供を「お豆さん」「お豆ちゃん」などという。
②物事を厭わず細かいところまで気を使って忠実に働くことを「まめ」といい、そのような人を「お豆さん」という。

おまる【御虎子】
小児用の便器の桶。江戸時代、庶民以上の身分の家では幼児にこれを用いて用を足させた。便所が屋外に設けられていたため、夜など幼児を外に出して用を足させる不便さを考え、作られたものであった。

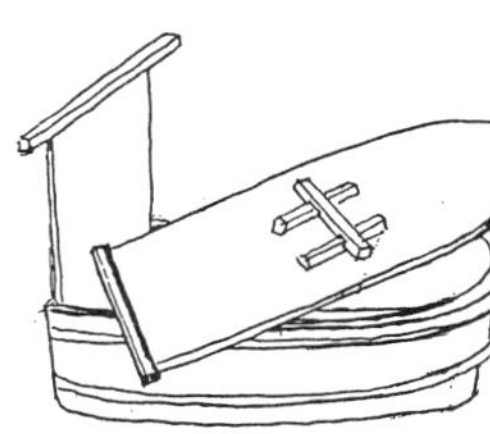
おまる

おまんま【御飯】
御飯のこと。幼児は御飯を「まんま」と言うので、それを大人も用いたものと思われる。「失業したので、おまんまが食えなくなった」などと用いる。

おまんまがたべられないんじゃなし【御飯が食べられないんじゃなし】
食事もできないような状態ではない、余裕があるという表現。「それをしなくちゃあ明日からお飯が食えぬわけじゃぁなし」などと用いる。

おみ【お見】
「お」は江戸っ子が矢鱈《やたら》に使う丁寧《ていねい》語で、「見」は見なさいということ。つまり御覧なさいの意であり、粋《いき》な下町女が用いた。狂訓亭主人の『春色辰巳園』巻之七にも「コレお見」とあり、これを見て御覧なさいの意。

おみおつけ【御御御付】
味噌汁のこと。元来、御飯に添える汁物をさす「御付」という女房詞に、丁寧の「御」が重なった語。宮中や将軍家に限らず、江戸の裏長屋の下賤の者でも「おみおつけ」または訛って「おみよつけ」と言った。「御」を重ねた丁寧語には「御御足《おみあし》」「御御鬮《おみくじ》」などもある。

おみかぎり【お見限り】
商売人や娼婦が、しばらく来なかった客に対していう挨拶。松亭主人『閑情末摘花』巻之二に「きついお見限りでございますね」とある。「ずいぶん長い間お見捨てになりましたね」の意。

おみきしょ【御酒所・御神酒所】
「御旅所《おたびしょ》」ともいい、神輿《みこし》の休憩する所である。明治以降は町内の裕福な店が御神酒所を提供することが多かった。その祭日中は商売を休み、紅白の幕を引いて、金屏風を置き、獅子《しし》神輿《みこし》の獅子頭雌雄を並べて町の人の寄贈の神饌《しんせん》を供える。囃子師《はやしし》が鉦《かね》・太鼓を奏して見物人が集まる。神輿が休憩する際には酒や菓子など

御酒所

が振る舞われる。➡御旅所《おたびしょ》

おみこしをすえる【御神輿を据える】
祭礼において御神輿が御神酒所や町内の富豪の家の前で止まると祝儀が振舞われた。しかし、祝儀《しゅうぎ》が出ないとなかなか去らないことから、人が他人の所でねばって帰らないのを「御神輿を据える」といった。そして、やっと腰を上げて立ち去ることを「御神輿を上げる」と表現した。

おみさま【御身様】
相手に対して尊敬の意を込めた二人称。「おみさん」ともいう。正しい敬語を知らぬ侠客《きょうかく》などが敬語のつもりで用いた語。「お前《まえ》さん」の訛りからの語か。

おみよつけ ➡御御御付《おみおつけ》

おむかえおむかえ【お迎えお迎え】
盂蘭盆《うらぼん》で精霊《しょうりょう》に供えた茄子《なす》の牛や胡瓜《きゅうり》の馬などを、盂蘭盆が終わる頃に町を回って引き取る者をいう。集めた野菜を漬物にして売る。荷車を牽《ひ》いて「お迎えお迎え」と叫んで町を流した。昭和の初め頃までは町中《まちなか》で見られた光景である。

おむくな【御無垢な】
純真無垢なの意。丁寧《ていねい》な言葉遣いのつもりで「御」の字をつけた語。「まだ御無垢な娘ですから」などという。「無垢」はまだ汚れていないことをいう。

おむす【お娘】
「娘」の「め」を略し、「お」をつけた独特の語。「あのおむすはなかなか器量が良い」などという。

おむつまやまぶき【お睦ま山吹】
仲睦まじくて羨ましいの意。「うらやましい」→「裏山」→「山吹」と洒落《しゃれ》た表現。

おめえ【お前】
「おまえ」の訛り。古くは神仏や貴人に対して「おんまえ」といったが、江戸時代は対面している相手に対して「おまえさま」というのが一般的になり、より庶民的になると「さま」を略して「おまえ」といった。やがて訛って「おめえ」となった。

おめか【御妾】
妾《めかけ》のことで、「御」をつけて「け」を略し、符牒《ふちょう》的に用いた。『誹風柳多留』に「小間物やおめかと帳につけて置き」とあるが、これは出入の小間物屋が帳簿に妾《めかけ》である客の屋号や名を記さず、「おめか」と符牒で書いたという意。妾の住まいはたいてい粋な雰囲気の構えであり、一般的に、「船板塀《ふないたべい》に見越《みこ》しの松」といわれていた。

おめがねにかなった【御眼鏡に叶った】
相手の目に留まって気に入られたということ。この場合の「眼鏡」は「目利《めき》き」の意。「お眼鏡に叶って出入りを許された」などと用いる。

おめしもの【御召物】
「召物」とは召す物、すなわち、衣類や飲物、食物などを指す尊敬語であるが、「お召物」は他人の衣類をいう尊敬語である。

おめだまをくう【御目玉を食う】
ひどく叱られることをいう。さらにひどく叱られることを「大目玉を食う」という。目を大きく見開いて怒っている叱る側の者の顔つきからきた語か。

御目玉を食う

おめでたくできてる【御目出度くできてる】
思慮に欠けていることをいう。真剣に考えることがないため、悩みもなく呑気に笑っていられる。そのためそういう人は「御目出度《おめでた》い」と評されるようになる。

おめながに【御目永に】
気長に見てやってくれの意。「御目永に御覧下さい」などと用いる。

おもいいれ【思い入れ】
①無言で感情をあらわす仕草《しぐさ》を歌舞伎では「思い入れ」という。
②思いっきり、気が済むまで十分にの意。「おもいいれ」の「い」を一つに略して「おもいれ」ともいう。狂訓亭主人の『春色辰巳園』巻之三にも、「おもいれ灸でもすえておやりな」などと用いているのは、思う存分に灸をすえてこらしめてやりなの意。

おもいもの【思い者】
思いが募るあまり独占して愛情を注ぎたくなり、妾《めかけ》とした女性をいう。愛妾《あいしょう》。「あの女は誰某の思い者だ」「誰々の思い者になる」などという。

おもくろい【面黒い】
面白いの意。わざと「白」を「黒」と言い換えているおかしみのある表現。「これはおもくろい」などと用いる。

おもしろぎつね【面白狐】
「面白」を「尾も白」と掛けて「狐」を付け加えた語。狐は化けるといわれていたため、面白いことが奇怪味を帯びているの意で用いられる。時には「面白狸《だぬき》」ともいう。「その話はまったく面白狐だ」などといった。明治以降、この洒落《しゃれ》はあまり聞かれなくなった。

おもたせ【お持たせ】
客が持って来た手土産を鄭重《ていちょう》に言う語。客に応対の菓子がない時、その手土産を出して「お持たせを出して申し訳ありませんが……」などという。

おもたまし【重た増し】

江戸時代の朦朧駕籠屋《もうろうかごや》が、乗せた客の様子を見て、割増金をねだることをいう。「ずいぶん重いのを無理して急がせられたから、重た増しの色をつけてくんねえ」などと強制する。明治以降は辻駕籠はなくなったが、二人乗りの人力車の車夫などに「重た増し」をいって強制する性質の悪い者もいた。⇩朦朧組《もうろうぐみ》、街道雲助《かいどうくもすけ》

おもっちょろい【面っちょろい】

「面白い」の訛り。江戸時代には「おもっちょい」とも訛った。

おもてえ【重てえ】

「重たい」の訛り。重量を感じたり負担を感じる時に用いる。「この荷物は重てえな」とか「その役目はちょっと重てえ」などという。

おもてどうぐ【表道具】

江戸時代の武士が外出にあたって、身分などを示すための持ち道具。禄高《ろくだか》や地位によって道具の種類や数も異なった。江戸幕府では百石高から槍一本担ぐ供を連れた。

表道具

おもてみせ【表見世】

遊女屋で、夕刻から遊女が並ぶ見世は表通り側にあるのでこのようにいう。経営者やその家族が住む所は「内緒《ないしょ》」といい、杉戸で区切られたその奥である。

おもなが【面長】

顔が普通より長く見える顔つき。のんびりしているように見えるので、転じて「お人好し」の意にも用いい、さらに「間抜け《まぬけ》」「阿呆《あほ》」の代名詞になった。「あいつは面長だから、そんな細かいことは気がつかない」などという。

重た増し

おもふろい

「面黒い」の訛り。⇩面黒い《おもくろい》

おもりもの【お盛物】

行事の際、神前や仏前に供える菓子、果物、野菜などをいう。山のように盛って供えたところからこのようにいう。

おもわく【思惑】

考えの意から、見込み、当て、狙いの意にまで用いられた。「その件については私も思惑があるから、ちょっと待って下さい」などという。「思惑違い」は予定していた計画から外れたこと、「思惑通りになった」は計画通りに成功したの意。

おもわせぶり【思わせ振り】

自分の言動が示している意図を、相手に悟《さと》れと言わんばかりの態度を見せることをいう。

おや

特別の意味はないが、予想外のことに反応して自分の感じたことを述べる時に発音する言葉。「おや、ちょっとこれはおかしいぞ」などと用いる。時には重ねて「おやおや、これは御丁寧《ごていねい》に痛み入ります」などとも用いる。

おやかましゅう【お喧しゅう】

こちらで賑やかであったり騒いでうるさいときに、「宅《たく》へ大勢集っておやかましうございましょう。御免なさい」などと謝罪に用いる。また帰る際の挨拶に「お喧しゅうございました」（お騒がせしました）などという。「やかましい」はうるさいの意。

おやじくさい【親爺臭い】

「おやじ」は「親父」「親仁」とも書き、自分の父親をいう場合もあるが、「おやじくさい」は「年寄臭い《としよりくさい》」の意で用られる。「親爺臭い意見を言うな」「このところめっきり親爺臭くなった」などという。

おやすくないなか【お安くない仲】

他人がうらやむような良い仲。安易な仲ではなく、熱烈な仲の意。「あの二人はお安くない仲だ」などという。

おやだま【親玉】

ある組の首位の者をいう。「こいつが悪の親玉で……」などというが、江戸時代は歌舞伎役者の首位の者にも用いた語。時には親方や親分とも混同して用いる。親指を立てて示すこともあり、その場合は往々にして父親を意味した。

おやばかちゃんりん、そばやのふうりん【親馬鹿ちゃんりん、蕎麦屋の風鈴】

親馬鹿とは子供可愛《かわい》さに親が盲目的になり、様々なことが目に入らなくなること。「ちゃんりん」は「父」であるが、語呂よ

く「りん」の語を付け、「蕎麦屋《そばや》の風鈴」と続けた。子に甘い親をからかった言葉である。「蕎麦屋の風鈴《ふうりん》」とは夜鳴蕎麦屋が天秤棒《てんびんぼう》につけていた風鈴であろう。「夜鳴そばー」といって歩いた。

おやふこうのこえ【親不孝の声】

親が聞いたら恥かしいような聞き苦しい声の意。例えば下手な義太夫節の唄い方をこのようにいう。また家業に励まず無駄金を使って音曲を習い、得意になって唄っている連中をこのようにいう。

おやゆび【親指】

親指を一本立てると親父の符牒《ふちょう》となり、言葉でも「親指」といえば親父のことである。十返舎一九『続々膝栗毛』三編下の「親ゆびがむづかしからう」は「親父が承知すまい」の意。実際に親指を立ててこのように言う。

おやんなさいやし

乞食《こじき》などが物乞いする時に言う言葉。「お与え下さい」の意。

おやんなせえ

おやりなさい、行いなさいの意で、「せえ」は「さい」の訛り。「ちょっと一杯おやんなせえ」は「酒を一杯お飲みなさい」の意。「やんな」で「やりな」「やれ」の意となるので、「お」「せえ」がつくのは気短かな江戸っ子にしては鄭重《ていちょう》な敬語。

親馬鹿ちゃんりん、蕎麦屋の風鈴

およそ【凡そ】

おおよそ。「全て」「だいたい」「多くは」の意に用いる。「およそつまらない話だ」はまったくつまらない話であるの意、「およそ見当が付く」はだいたい察しが付くの意。

およばぬこいのたきのぼり【及ばぬ鯉の滝登り】

昔から鯉は急流を溯《さかの》って龍になるという伝説があり、一般には「鯉の滝登り」は立身出世を表す語である。「及ばぬ鯉の滝登り」とは、鯉を「恋」に当てて、身分不相応の不可能な恋を洒落《しゃれ》ていった冗語。「金持ちのお嬢さんと結婚したいなんて、自分の立場では及ばぬ鯉の滝登りだ」などという。

およばれ【お呼ばれ】

もてなしに招待されること。もてなしを受ける立場から「呼ばれる」という言葉を用いるが、敬語の「お」をつける。「誰さんからお呼ばれを受けて……」「お呼ばれの手紙を頂戴して」などと用いる。

およびごし【及び腰】

不安定な腰付きを表現した語。転じて自信がなくておっかなびっくり行動する意に用いる。「及び腰で崖から下を覗《のぞ》いた」などという。

及び腰

およりましょ【お夜りましょ】

「夜」を動詞に活用した言葉で、寝る意に用いる。江戸っ子の言葉のなかでも丁寧な語。曲山人補綴の『仮名文章娘節用』にも「およりましょ」とあるが、「寝ましょう」の意である。

おりあわない【折り合わない】

お互いに意見が違って妥協点のないこと。「話が折り合わないので物別れになった」「値段が折り合わないので買わなかった」などと用いる。「折り合いがない」などともいう。

おりがみあそび【折紙遊び】

正方形の色紙《いろがみ》を折紙といい、この紙を折って鶴や狐、兜《かぶと》、風船などの形象を作って遊ぶ。おもに女児が室内で行う遊戯。一人でも遊べた。鶴を千羽折り、それを糸で繋《つな》いだものを「千羽鶴」という。病気の治癒《ちゆ》や世界平和、合格、優勝など様々な願いを込めて作られ、飾られる。

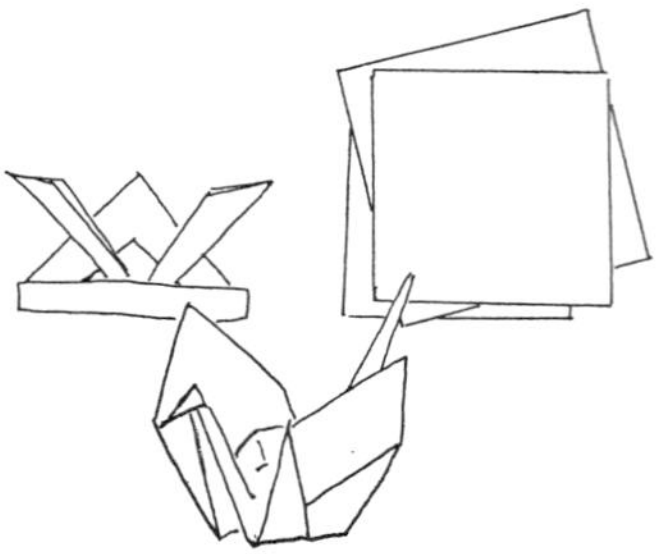
折　紙

おりがみをつける【折紙を付ける】

「折紙」とは美術品の鑑定書をいい、保証の書類を書くことをこのようにいう。江戸時代には鑑定書を二つ折の奉書に書き、これを三つ折にした他紙で包んだ。

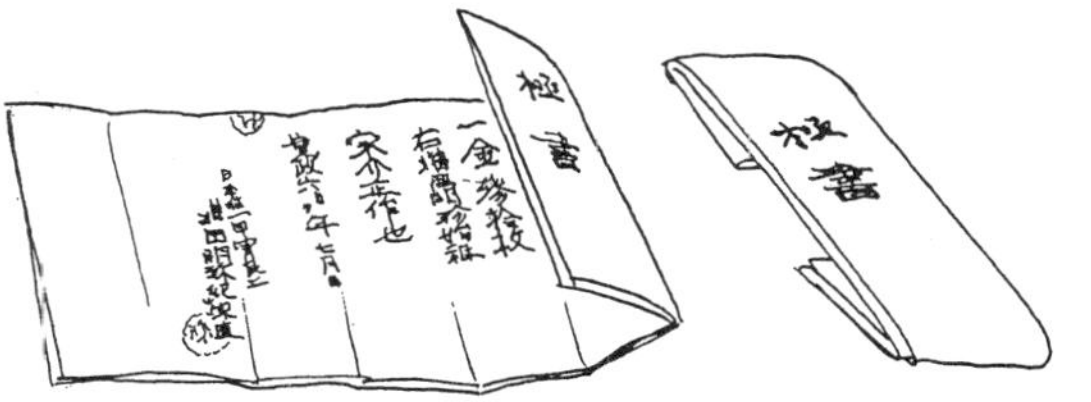

折紙を付ける

この折紙を渡して鑑定料をとる。折紙が付属していれば値段が保証されたことになる。しかし折紙がなくても目の利いた人が認めてくれれば「折紙がついた」と表現する。

おりすけ【折助】

武家の奉公人。下男ともいう。「折助」の呼び名は、常に腰を屈《かが》めて主人の言うことに従っているからとも、着物の裾を端折《はしょ》っているからともいわれている。拝領した土地の者を雇う場合もあるが、たいていは江戸の口入屋《くちいれや》から雇う。無頼《ぶらい》が多く、主人のいないところでは怠けたり、庶民に因縁《いんねん》を吹っ掛けて金をゆすったりした。主人の前では恭謙《きょうけん》によく動くが、陰では怠けようとする者を「折助根性」などと評する。⇒口入《くちいれ》

おりますんです【居りますんです】

「おります」の意。「です」を付けて丁寧《ていねい》な語としている。「おかげであったと思って居りますんです」「日々平穏《へいおん》に暮して居りますんです」などと用いる。「です」言葉は明治以降に流行《はや》った。

おれ【俺】

相手に対して自分のことを「おのれ」といったのが訛って「おれ」となった。下賤の者たちが用いた。

おれきれき【御歴歴】

「歴歴」の語は中世からあるが、「お歴歴」は江戸の言葉で、どちらも身分の高い家柄の人や、その道の権威者、押しも押されぬ一流の者をいう。今でいう名士である。「居並ぶお歴歴の中でもあの人は別格だ」などという。

おれくち【折れ口】

折　助

知人の死去または会葬のこと。命がポキンと折れたという表現からの語で、葬式という言葉を憚《はばか》って用いる。「明日は友人の折れ口で……」などという。

おれさま【俺様】

自分のことを偉い者であるかのように「様」をつけて表現する。「おれ」は江戸っ子の庶民がよく口にする「自分」を指す語。「おれ様の言うことを聞かねえか」などという。狂訓亭主人の『春色梅美婦祢』巻之十四にも「斯《かく》言ふ此身様《おれさま》だが」と用いられている。

おろく【お六】

①南無阿弥陀仏の六文字を指す。人が死ぬ時に唱えるためから「お六になった」とは死んだ意である。⇒御陀仏《おだぶつ》

②木曾の名産の「お六櫛」の略称。

おろし【下ろし】

作りたて、新品を初めて使用することをいう。「舟おろし」「仕立おろし」「履きおろし」などと用いる。

おわい【汚穢】

便所に溜った排泄物をいう。肥料とするために便所の糞尿の汲み取りをする者を「汚穢屋《おわいや》」といった。子供は汲み取り人を見ると「汚穢臭い」と言ってからかった。現在は水洗便所になり、「汚穢」の語も失われた。⇒肥取り《こえとり》

おわい（汚穢）

おんくもじ【御苦文字】

女性の手紙などに用いる用語。苦労の意。「苦文字」は苦労のことを丁寧《ていねい》に言った言葉。「御苦文字のことと察し参らせ候」(御苦労お掛けして申し訳ないと恐縮して居ります）などと用いる。

おんたい【御大】

御大将の略で、本来は軍を統率する権限ある指揮者をいったが、江戸時代には庶民もこの語を組の長や家の亭主の意で用いた。庶民が他家の主人を訪ねる時には「居るかい、御大は……」などといった。また話題の中で噂《うわさ》の当人の名を出さず「御大」で指すこともあり、「御大はそれとも知らず平然としているのだから呆れる」などと用いた。

おんて【御手】

江戸時代の駕籠舁《かごかき》が賃金を数えるとき

の符牒。五、五十、五百文など、五のつく数を指す。五本指になぞらえた隠語。

おんなあらし【女荒し】
女泣かせ、女誑《たら》しのこと。女と見れば手を出す放蕩《ほうとう》人をいう。「あの男は女荒しだから、その手に乗らないように」などという。

おんながす【おん流す】
「おん」は「押」の訛り。流すことを強めていう。「船着場で手拭《てぬぐい》をおん流してしまった」などと使う。江戸っ子は語勢を強めるために「追」「押」などをよく「おん」という。

おんながそろばんもてばていしゅをはじきだす【女が算盤持てば亭主を弾き出す】
封建社会でいわれた言葉。女は家庭内のことに専心していれば良いのであり、女が計算高く物事を考えるようになると夫とうまくいかなくなるの意。「弾き出す」は「夫を追い出す」の意と、「算盤玉を弾く」の意を掛けている。

御手

おんなくすのき【女楠】
楠正成は兵法に熟練し、賢い人物と伝えられるので、素晴らしく知恵の働く女性をこのようにいった。

おんなごろし【女殺し】
女性を悩殺するような魅力的な男。「女誑《おんなたら》し」ともいう。「あいつは美男で、気風《きっぷ》が良くて女殺しだ」などという。近松門左衛門に『女殺油地獄』という戯曲がある。

おんなだてらに【女だてらに】
「だてら」は、その身分などに似つかわしくない、不相応なことをする意。「女だてらに」は女性らしくない行動をすること。非難や軽蔑をこめて用いる。現代ではうっかり使えぬ言葉である。

おんなっきれ【女っ切れ】
女っ気《け》の意。女性の居る気配をいう。「切れ」とは布などの切れっ端《ぱし》で、「かけら」「わずかの気配」を表す。「女っ切れのない家は何となく殺風景だ」などという。

おんなひでり【女日照り】
女っ気《け》がなくなること。日照りは晴天続きで雨不足のこと。狂訓亭主人『春色梅児誉美』巻之四にも「女日照がしはしめし」とある。

おんのじ【御の字】
「結構な」「ありがたい」「上等な」の意。「一万円もくれれば御の字だ」などという。御の字のつく敬語を使いたいくらい上等だ、または感謝しているというところからの語。江戸っ子は何でも「御」を頭につければ丁寧《ていねい》な言葉になると思っていた。

おんばどん【乳母殿】
幼児の面倒を見させる乳母を丁寧に呼ぶ語。江戸っ子は目下の者を「様」ではなく「殿」で呼び、「どの」が訛って「どん」となった。「おさんどん」「丁稚《でっち》どん」「番頭どん」などもその例である。

おんばひがさ【乳母日傘】
大切に子をそだてることの形容。往時、貴人や大金持ちの家では、妻を忙しく使ったり、育児で容色が衰えたりするのを防ぐために、乳の出る他人の女性を雇って子供に乳を飲ませた。この女性を「乳母《めのと》」といったが、近世から「おんば」と呼ぶようになった。「乳母日傘」とは、乳母に大切に抱かれ、外出の際には日差しを遮るための日傘を差し掛けてもらえるような、至れり尽せりの育てられ方である。「乳母日傘で育ったから炊事一つできない」などともいい、過保護に対する非難が含まれる場合もある。

おんぶ【負】
「負《お》ぶさる」が訛った幼児語で、背負うことをいう。「おんぶする」などと大人も用いる。

おんぶにだっこ【負に抱っこ】
それまで背負われていた子が背中から下ろされると、今度は「抱いてくれ」とせがむ。それと同じく、親切なことをしてもらうとそれに甘え、他人の親切を当てにして自分は楽をしようとすることをこのようにいう。他人の親切につけあがることの表現である。

おんぼう【隠亡・隠坊】
死人を火葬にしたり埋葬したりする役。表面に立たない隠れた坊（僧）の意か御坊の訛りか不明であるが、人間の終末にもっとも必要な役にもかかわらず、昔は忌《い》み嫌われ、卑しめられていた。

おんむくじる
「おん」は「押し」の訛り、「むくじる」は、「剥《む》く」「剥《は》がす」こと。語勢よく言い、「ひっぱがす」の意に用いる。

おんをあだでかえす【恩を仇で返す】
散々世話になって恩義を受けた人に感謝すべきところを、逆に迷惑をかけたり、裏切ったり、窮地に陥れたりするような行動を形容する語。

「か」

かい【甲斐】
「甲斐」は当て字で、効果、効《き》き目《め》の意。「話し甲斐があった」「遣《や》り甲斐があった」「為《し》甲斐があった」「努力したが甲斐が無かった」など、努力の結果や効果の意でよく用いられる。

かいかぶる【買い被る】
品物を実際の価格より高く買う意から、性質や能力などを実際より優れていると思い込んだり、誇大に信用したりすることをいう。この場合の「買い」は「受け取る」「信じる」の意。「なかなか口が巧いので、あの男を買い被ってしまった」などと用いる。

かいき【快気】
怪我や病気が全快すること。「長く患《わずら》っていたのが、すっかり元気になったので、快気祝いをしなくては」などという。

かいぐりかいぐりとっとのめ【掻い繰り掻い繰りとっとの目】
幼児の一人遊び。「かいぐり、かいぐり」と言いながら、両手を胸の辺でぐるぐる回し、「とっとの目」と言ったときに左の手の平を開き、右手は人差指だけを突き出して、左の手の平の真中を突っつく。これを繰り返す遊び。「とっと」は魚のこと。幼児言葉で魚を「おとと」「とと」といった。「かいぐり」は巻貝のこと。巻貝の貝尻で魚の目を突くしぐさをする遊びと考えられる。

かいくれ【掻い暮・皆暮】
「かい」は「掻《かき》」の訛り、「くれ」は暗くて見えぬこと。すっかり暗くなることから、全然、まるで、すべての意で、下に打消しの語を伴う。近松門左衛門の『平家女護島』に「かいくれに行方なく、二度影も見ることなし」とある。「かいくれ見えぬ」「かいくれ知れなくなってしまって」などと用いる。

かいこなす【買い熟す】
江戸時代には、遊女が何でも言うことを聞いてくれるほど馴染《なじ》みになる意に用いた。「とうとう買い熟すようになった」は遊女と馴染《なじ》みになって無理がきくようになったの意。安永八年（一七七九）『美地の蛎殻』にも「ぬしとわつちと女郎を買いこなして見ようではねえか」とある。

かいごろし【飼い殺し】
奉公人などを、仕事ができなくなっても死ぬまで責任をもって養うこと。「孤児だったのを拾われて、この年まで食わせてくれたのだから、飼い殺しも同然だ」などという。また、能力があるのに仕事を与えず、そのまま雇い続けることも「飼い殺し」という。

かいしょうがない【甲斐性がない】
甲斐性はかいがいしいこと、働きのことで、何かを立派にやりとげる力、働きのことで、「ない」の否定によって「働きがない（働いて収入を得る能力がない）」となる。甲斐性なしともいう。「親に甲斐性がないから子供は苦労する」などという。

かいちょう【開帳】
寺院で普段は厨子《ずし》に収めてある秘仏を、特定の期日に限って扉を開いて拝ませること。地方の大本山の秘仏なども数年に一回、江戸・東京に出張して御開帳することがあり、大本山にお参りするのと同じであるとされたため、縁日の屋台《やたい》が並ぶほど大勢の参拝人で賑わった。

かいつまんで【掻い摘んで】
必要な部分を掻き寄せて、取り上げての意。長々とあるものから重要の点だけを拾って要約し、総体が理解できるようにすること。「かいつまんでお話すると」などと用いる。

かいどうくもすけ【街道雲助・街道蜘蛛助】
行く雲流れる水のごとく、街道の宿場の問屋に属さずにいる悪質の駕籠舁《かごかき》のこと。懐《ふところ》の豊かそうな庶民や力の弱そうな男女を強引に駕籠に乗せ、規定以上の料金や酒手《さかて》を要求し、拒否すると駕籠をひっくり返したり、若い女性と見ると手籠《てごめ》にした上で宿場の女郎屋に売り飛ばしたりした。➡辻駕籠《つじかご》、酒《さか》手《て》、雲助《くもすけ》、朦朧組《もうろうぐみ》

かいのくち【貝の口】
男の角帯や少女の帯の結び方の一つ。帯の一端を折り返し、もう一方の端を二つ折りにして真結びにする。現在では普段に着物を着る人も少なくほとんど見られない。

貝の口（女）

貝の口（男）

がいぶん【外聞】
「外」は世の中の評判。また、体面、面目の意。「外聞を憚る」「恥も外聞もない」「外聞が悪い」などと用いる。江戸っ子は訛って「げえぶん」といった。

かいまき【掻巻】
夜具蒲団《ふとん》の一種。大型の褞袍《どてら》状のもので、綿を多く入れ、掛蒲団として用いる。

かいもく【皆目】
目の届く限りの意から、全然、まったくの意。下に伴う打消しの意を強める。「皆目心当りがない」「皆目見当がつかない」などと用いる。

かいる【蛙】
蛙《かえる》の訛りで、時には「けえる」「けえろ」「げえろ」などともいう。子供達は「蛙が鳴くから帰ろ」を「けえるが鳴くからけえろ」といった。

かいわい【界隈】
そのあたり一帯、付近、近所の意。「浅草界隈は賑やかなところだ」「この界隈では見かけなかった」などと用いる。

掻　巻

返り俥

かえしどろぼう【返し泥坊・返し泥棒】
一度与えたものを返してくれと取り上げることをいう。「こないだくれたものを返せとは、まるで返し泥坊だ」などという。大正時代頃まで子供達の間で用いられた。

かえだま【替玉】
実物に似ている偽物。本人と見せかけて別人を使うこと。「替玉を食らう」とは、本物と思い込んでいたものが偽物だったの意。

かえりぐるま【返り俥・帰り俥】
明治になって人力車が流行し、資産家は自家用の人力車にお抱え車夫を雇った。一般の人力車は盛り場や駅前に屯《たむろ》して客を目的地まで乗せ、空車で戻ることになるので、帰路は「返り俥」といって客を廉価《れんか》で乗せて稼いだ。また、このことから、稼ぐためにすぐに身をまかす芸者を、見境もなく客を乗せる「返り俥」とあだ名した。明治に流行した言葉。

かえるとび【蛙飛び】
子供の遊戯。「かわずとび」ともいう。鬼に当たった者は両膝に手を当て、背中を丸めて立っている。他の者は走ってきて、屈《かが》んでいる者の背に手を当てて、両股を拡げて飛び越す。飛び箱の要領と同じ。飛び損なった者は代わって鬼となる。「馬飛び」ともいう。

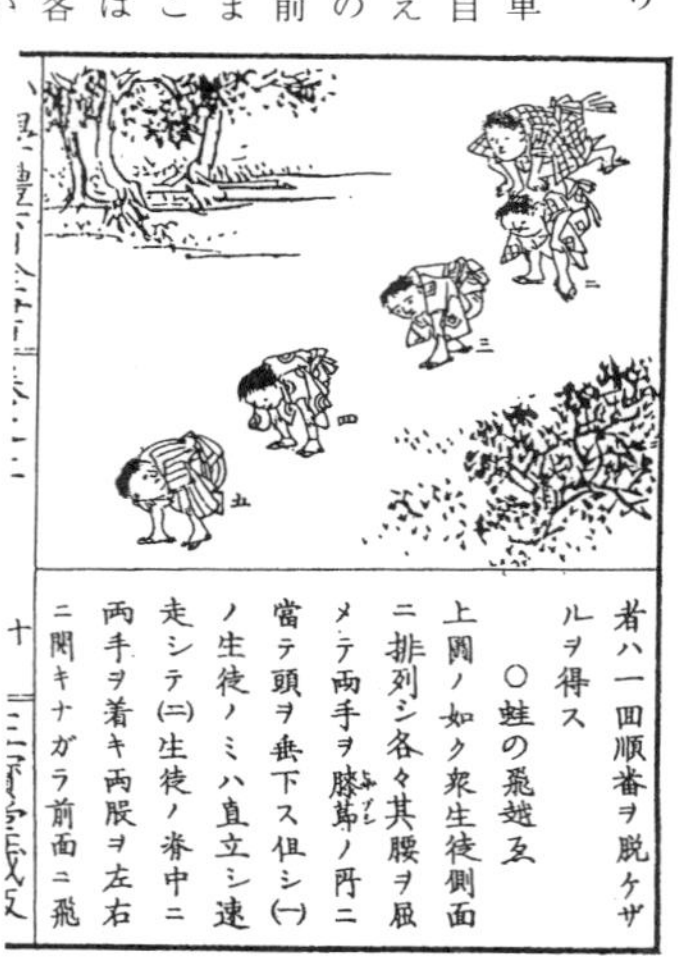
者ハ一回順番ヲ脱ケザルヲ得ス
○蛙の飛越ス
上圖ノ如ク衆生徒側面ニ排列シ各々其腰ヲ屈メテ両手ヲ膝節ノ円ニ當テ頭ヲ垂下ス但シ(一)ノ生徒ノミハ直立シ速走シテ(二)生徒ノ脊中ニ両手ヲ着キ両脛ヲ左右ニ開キナガラ前面ニ飛

蛙飛び［小学体育全書（左図）］

がえん【臥煙】
江戸時代の火消人足。町火消にも大名火消にも雇われた気風の荒い人足。煙の中を潜って行くところから「臥煙」といった。大名に抱えられている火消人足は大部屋で一本の長い丸太を枕にして並ん

臥煙

で寝る。火事が起こると丸太の端を木槌で叩き、その衝撃で一斉に飛び起きて火事装束となって出動する。

かお【顔・貌】
　顔はその人の人格を代表し、体面、名誉の意でも用いられる言葉である。「顔を潰された」は面目を傷付けられた、「顔が立たぬ」は侮蔑されて面目が立たぬ、「顔を立てる」は相手を尊重して認める、「顔を踏む」は顔を踏み付けられたように侮蔑を受ける、「顔が利く」は、その人が尊重されていて融通がきくこと、「顔役」は実力者の意である。

かおさらしをする【顔晒しをする】
　あいさつに顔を見せに行くことを恥ずかしがっていう表現。「九州くんだりまで顔晒しに行く」などといった。また地方に行くことを表すこともある。

かおをつぶす【顔を潰す】
　まともな顔付きを潰されることに譬《たと》えて、面目《めんもく》を失わせること。江戸っ子は体面を汚されること、名誉を傷付けられることを第一に嫌った。相手の立場を尊重してやることを「顔を立ててやる」といい、恥をかかされることを「顔に泥を塗られた」などという。

かかあ【嚊・嬶】
　庶民が用いた自分の妻や他人の妻への親称。喜田川守貞の『守貞漫稿』第三編人事部に「小戸の夫己が妻を他に対てか、あという」とあるように、「うちのかかあが……」などと用い、相手の妻に対しても「手前《てめえ》んとこのかかあは……」などという。

かかあざえもん【嚊左衛門】
　妻の意の「嚊《かかあ》」が擬男性化して「嚊左衛門」となった語。亭主より優勢の女房に対するあだ名で、尊称めかした悪口。「嚊大将《かかあだいしょう》」「嚊大明神《かかあだいみょうじん》」ともいう。現代でいう恐妻である。

かかあでんかにやまのかみ【嚊天下に山の神】
　夫《おっと》より威張っている妻の形容。妻が天下を握っているとし、その妻を山を司る恐ろしい神に譬《たと》えた文句である。

かかさん【母さん】
　庶民が用いた母親への親称。「おっかさん」ともいう。少し丁寧《ていねい》な「かかさま」という言い方もある。

かがみど【鏡戸】
　鏡は継ぎ合せがなく一枚であるところから、一枚板で作った戸をいう。

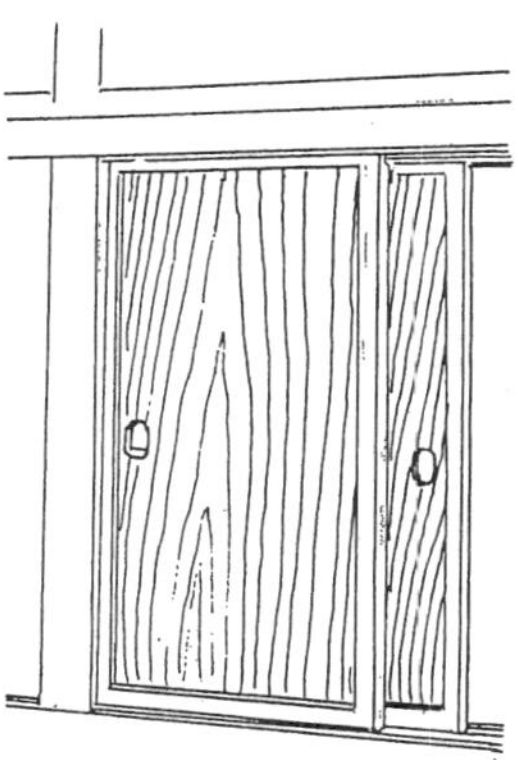
鏡　戸

かがみにかけてみるごとく【鏡にかけて見るごとく】
　はっきりわかることをいう。亡者がいくら悪事を隠そうとしても、地獄の庁の玻璃《はり》の鏡にかけると生前のこと一切が明らかになる。「かけて」は「用いて」「契って」の意。現代ではこのような「かけて」の語はあまり用いず、「鏡に写して見るごとく」と表現されることが多い。

かがみぶとん【鏡蒲団】
　裏生地を表に折り返して、額縁《がくぶち》のように表の縁《ふち》を縫った蒲団。縁付きの鏡のようなのでこのようにいう。

かかり【掛り・懸り】
　費用がかかること、出費、必要な金の意。鎌倉中期の説話集『十訓抄』上巻第一第六条に「我に従ひし者ども　十が九は滅び失せぬ　城もなし　かかりもなし　すべて立ちあふべき方もなし」とある。「あの娘にお稽古事をさせているので、毎月ずいぶんかかりがかさむ」「今度の御祝儀の中で、御返しの品の分が一番のかかりとなっている」などと用いる。「親がかり」とは、子がひとり立ちせずに親の金で養われていることをいう。

かかりあい【掛り合い】
　「かかわり合い」の略。関係がある、巻き添えになるの意。「あの人とかかり合いがあって」は、あの人と付き合いがある状況での意。「かかり合いになるのはごめんだ」などと用いる。

鏡蒲団

かかりゆ【掛り湯】
上がり湯ともいう。湯船とは別に備えてあるきれいな浴槽から、風呂から上がる時に体に掛ける湯のこと。➡岡湯《おかゆ》

かきいれ【書入れ】
「書き入れ時《どき》」の略。帳簿に数字を書入れるのに忙しい時の意。商売繁昌で儲《もう》けが多い時のこと。

かきくび【掻き首】
①首を掻き切って殺すこと。また、その掻き切った首をいう。「掻く」とは刃物を手前に引いて斬り落とすこと。
②味方だと思って油断していた者に裏切られ、殺されることをいう。

かぎざき【鉤裂き】
衣類などを尖ったものに引っ掛けて、鉤の形（L字形）に裂くこと。またその裂け目。「また着物に鉤裂きを作ってきた」などという。

かぎしんぞ【鍵新造】
「しんぞ」は「新造《しんぞう》」の略。新造は本来、妻、奥さんの意であるが、この場合の「新造」は花魁《おいらん》付きの遊女見習いのこと。花魁があまりに若い場合、かわりに諸物の保管の責任をもつ新造を「鍵新造《かぎしんぞ》」という。➡新造《しんぞ》

がきだいしょう【餓鬼大将】
腕白《わんぱく》な子供仲間の親玉のこと。庶民が用いる語で、「町内の餓鬼大将」などという。「餓鬼《がき》」は子供の蔑称。「大将」は朝廷の武官の官位であるが、一般でも集団のトップの意で用いた。

掻き首

垣覗き

かきつ【杜若・燕子花】
「かきつばた」の略。アヤメ科の多年草。「時節柄、かきつを水盤に活けてある」などという。

かぎつける【嗅ぎ付ける】
動物は匂いで相手の存在を察知《さっち》する。転じて、勘《かん》を働かせて他人が隠していることを探り出すの意。「ついにあいつの仕《し》業《わざ》であることを嗅ぎ付けた」「とうとう嗅ぎ付けやがった」などという。

かきぬき【書抜き】
①歌舞伎などの演劇で、役者一人一人の台詞《せりふ》を書抜いて綴じたもの。「書抜きがなければ台詞も満足に言えねえのか」などという。
②狂歌や川柳で秀逸《しゅういつ》であるもの。特別に書き留めておく意からこのようにいう。「これは俺の書抜きだ」などという。

かきのぞき【垣覗き】
垣根の隙間から覗いても、ちらっとしか見えない。転じて、僅かの知識で全部わかったつもりになることの意。「僅かばかりの本を読んだ垣覗きで、知ったかぶりするな」などという。

かきのれん【柿暖簾】
柿色染めの暖簾《のれん》のことで、特に吉原の低級な局女郎《つぼねじょろう》のことをいった。局女郎の店の入口にはこの色の暖簾が掛けてあった。「今日は柿暖簾で遊んでくるか」などという。

がきぼね【餓鬼骨】
障子の桟《さん》や襖《ふすま》、団扇《うちわ》などの粗末な下骨のこと。「餓鬼骨の障子だから大したことはねえ」などといった。

かきもち【欠餅】
伸《の》し餅でなく、胡麻や海苔、大豆などを混ぜて搗《つ》いて、海鼠《なまこ》型にしたものを薄く切り、乾燥させた餅。焼いて食べる。歯が欠けそうに固いので欠餅という説もある。また、正月十一日に下げた供《そな》え餅を刃物で切ることを忌み、手で欠き割って食うからともいう。

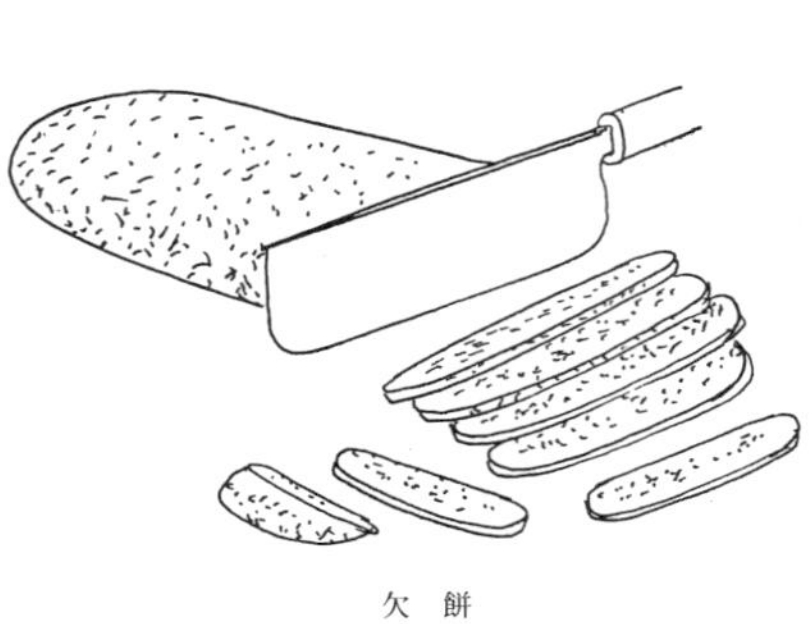
欠　餅

がくうら【額裏】
裁縫《さいほう》用語で、着物の袖口や裾回《すそまわ》しに良

がくうら（額裏）

い生地の裏布地がちらりと見えるように縫うこと。額縁《がくぶち》のように見えることからこのようにいう。「額裏《がくうら》になかなか良い生地を使って、あいつは洒落者《しゃれもの》だ」などという。

がくがねえ【学がねえ】

教育の素養や学識がないの意で、庶民や職人がよく用いた。「あっしは学がねえから、そんな小難しいことはわからねえ」などという。

かくがり【角刈り】

明治時代の断髪令以後に一部で行われた男の髪の刈り方。後頭部をごく短く、頭頂を平らに刈って、全体が角張っているように見せる。粋《いき》に見えるので職人などが好んだ。

角刈り

君等ハハヤクコヽニ
來レ　カクレゴトヲ
ナシテ遊バン　ソレ
ハ面白キ遊ビナルベ
シ　太郎君ヨ君ハ見
出ス人トナレ　ヨシ
吾レハ見出ス人トナ
ラン　君等ハハヤク
カクルベシ　然ラバ
隠れん坊［新読本］

かくしぐい【隠し食い】

この場合の「食う」は食物を食べることではなく、遊女に接することを表す。他人に知られぬように遊女買いをすること。

かくそで【角袖】

明治・大正頃、警察署の私服刑事は職務上の便宜《べんぎ》から、「捩《もじ》り」という袖の角張った着物用の外套を着て鳥打帽を被った服装で犯罪捜査を行ったため、「角袖巡査」とあだ名され、略して「角袖」といわれた。「角袖がうろちょろしているから気をつけな」などといった。➡ポリ公《こう》

がくやおち【楽屋落ち】

芸人など、楽屋仲間だけにわかって、一般人にはわからない話。転じて、仲間にはわかるが部外者には通じない内輪の話もいう。一種の符牒《ふちょう》。「あいつは楽屋落ちばかりで、ちっとも面白くない」などと用いる。「楽屋話《がくやばなし》」に同じ。

かくれんぼ【隠れん坊】

子供の遊戯で、子供達は「かくれんぼする者　寄っといで」と口を揃えて言いながら遊び仲間を集め、ジャンケンポンして負けた子が鬼となる。鬼が両手で目隠しをして一から十まで数える間に、他の子供は付近の適当なところに隠れる。鬼は十まで数え終ってから、隠れた子を探す。鬼が「もーいいかい」と訊ね、まだ隠れ場所が見つからない子が「まーだだよ」と言い、皆が隠れて「もーいいよ」と言ってから、鬼が隠れた子を探すこともある。方々を探して誰かを見つけた鬼が「誰ちゃん見っけ」と言うと皆が隠れ場所から現れ、最初に見つかった子が次の鬼になる。➡見付《みつ》けっこ

角　袖

かくをいれる【角を入れる】

日本馬術では、舌長鐙《あぶみ》で泥障《あおり》（下鞍《したぐら》の間に差し込んで馬の腹を覆う泥除けの馬具）を蹴って合図すると速く駆け出すよう馬は訓練されている。この駆ける合図を「角を入れる」もしくは「両角《もろかく》を入れる」という。

角を入れる

駆落ち

かけおち【欠落ち・駆落ち・駈落ち】

戦に敗れた武士が逃走する意から、転じて家出、逐電《ちくでん》、失踪《しっそう》の意となり、後世は、親に結婚を許されない男女が密かに他所へ逃亡する意に用いられることが多くなった。「あの二人は駆落ち者だ」などという。

かけがいのない【掛替いの無い】

「替《が》え」を「替《が》い」と訛って言ったもの。何ものとも交換できない大切なものの意に用いる。「掛替いのない子供を失ってしまった」などと用いる。

かげがうすい【影が薄い】

身体が衰えて影まで薄くなったという表現である。幽霊には影がないとの連想から、死に近づいた状態を「影が薄くなった」という。また、何となく生気がなく見える、存在が目立たない、将来が心もとないの形容にも用いる。

かげぜん【陰膳】

旅に出たり出征《しゅっせい》したりした大切な人がひもじい思いをしないように、無事に戻って来られるようにと祈り、留守を守るの人が毎日その人の膳部を整えて供えることをいう。「陰膳据えて待っている」などという。

かけっくら【駆けっくら】

駆け競べの略。子供の遊戯で、距離と目標地点を決めて誰が速いか競う徒競走《ときょうそう》のこと。「駆けっこ」ともいう。

駆けっくら

陰　膳

かけつけさんばい【駆付け三杯】

酒会などで遅れて来た者に罰として続けざまに三杯飲ませる行為をいう。先に飲み始めている者は良い調子に酔いが回っているので、遅れて来た素面《しらふ》の者に場の雰《ふん》囲《い》気《き》を壊されないように、早く酔えと続けて酒を飲ませる意味もある。「駆付け三杯だ。ぐっとやれ」などという。

かけとり【掛取り】

江戸時代は、信用のある者については、購入した日用品の代金の支払は歳末にまとめて一度か、盆と暮れの二度払いであった。その後も昭和の初め頃までは月末ごとに支払う場合が多かった。代金を後で支払ってもらう約束のこうした売買方式を「掛売《かけう》り」といい、溜まった代金を徴収することを「掛取り」という。

⬇帳消《ちょうけ》し

掛取り

かげながら【陰ながら】

人知れず、密かに、よそながら、他人には内緒での意。「陰ながら御無事を祈ってます」「陰ながら心配しております」などと用いる。「表立《おもてだ》って」の逆である。

かげにんぎょう【影人形】

影絵のこと。灯火の前で手指を組み合わせ、動物や人の形にした影を壁や障子に映す遊び。身体全体の動作で行うこともある。

かげのぞきもしない【影覗きもしない】

影も見せないとの意。影は人影。訪ねて来る人の気配のこと。本人が来られなければ影だけでも良いのにとの思いからの表現。「まったく訪ねて来ない」「姿も見せない」ことをいう。

かけのめす【掛のめす】

江戸時代の遊里語で、手練手管《てれんてくだ》を使って自分の思うままに相手を操縦することをいう。

かげべんけい【陰弁慶】

「弁慶」は強いの意で、威張るという意味に転用される。自分より強い人や権威ある者がいるときは遠慮して小さくなっているが、そうした人のいないところでは威張る者のことをいう。また、表立ったところでは意気地のないことの意もある。「あいつは人前では借りてきた猫のようだが、女の前では強がる陰弁慶だ」などという。また、家人だけに威張るのを「内弁慶《うちべんけい》」という。

影法師（影人形）［風俗鏡見山］

かげぼうし【影法師】

「かげほうし」ともいう。光が当たって、壁、襖《ふすま》、障子《しょうじ》、地面などに映る人の影をいう。

かげみせ【陰見世】

江戸時代、品川・新宿・板橋などの宿場町にあった、往来《おうらい》に面しておらず、公許ではない遊女屋をこのように言った。

陰見世

かげみをやつす【影身を窶す】

心配事があって身体が痩せ細り、影も細くなることの形容。

かげもん【陰紋】

紋章の輪郭だけを線描きしたものをいい、略礼装に用いる。輪郭内を塗り潰したものは表紋《おもてもん》という。また、礼装の黒紋付《もんつき》に用いる白く染め抜いたものを日向紋《ひなたもん》という。

陰紋（上）と表紋（下）

かこいもの【囲い者】

妾《めかけ》のこと。「囲い」「囲われ者」「囲《かこ》い女《め》」ともいう。江戸時代は禄高《ろくだか》の多い武士や金持の大商人が妾を抱えたが、人目に触れぬよう本宅とは別の家に匿《かくま》う。金持の妾の住まいは「船板塀《ふないたべい》に見越《みこ》しの松」もしくは「黒板塀《くろいたべい》に見越しの松」といって、覗《のぞ》かれぬように高い板塀で囲った。そして小庭に植えられた松の枝が、風流に塀の外に突き出ており、これを見越しの松といった。すべての妾の住まいがこうした雰囲気《ふんいき》だったわけではなく、裏長屋にひっそりと住まわせる者もあった。

➡妾手懸《めかけてかけ》、江市屋格子《えいちやごうし》、日陰妻《ひかげづま》

妾宅風の住まい

かごずれどり【籠摺鳥・籠擦鳥】

鳥籠《とりかご》に飼われた鳥のように、抱え主に束縛された遊女をいう。「籠摺」は籠の中の生活で鳥の羽根が摺れ損じるように、酷使されて惨めな立場になったことの形容である。

かごてき【駕籠的】

「的」は接尾語で、駕籠屋を洒落《しゃれ》ていった言葉。

かごぬけ【籠脱け】

籠脱け詐欺《さぎ》の略。言葉巧みに金品を受け取り、建物の裏口から持ち逃げする手口をいう。江戸時代末期から明治・大正にかけて大道で行われた「籠脱け曲芸」から生まれた用語であろう。

かごまり【籠鞠】

江戸時代に行われた大道曲芸の一つで、『近世職人尽絵詞』などに描かれている。竹を荒く編んだ筒の中央に、受け皿や輪を上端につけた棒を立て、鞠《まり》を放って輪に通したり受け皿で受けたりする。その動作を、笛・太鼓・鉦《かね》で囃《はや》し立て、

籠鞠［守貞漫稿］

集まった見物人に銭を乞う。明治以降はほとんど見られなくなった。

かごみみ【籠耳】

籠は隙間だらけで水や空気が素通りする。転じて話を聞いてもすぐ忘れてしまうことの意。「あいつは籠耳だから、何を言ってもすぐ忘れてしまう」などという。

かごめかごめ【籠目籠目】

子供の屋外遊戯の一つ。「かごめ」は「囲め」の意か。現代では②の歌詞・遊び方が一般的かもしれないが、明治・大正の頃の歌詞・遊び方を①に記す。

①しゃがんでいる子の周りを、手を繋《つな》いで輪になった子供達が、「かーごめかごめ　かーごの中の鳥はいついつ出やる　夜明けの晩に　つる　つる　つっぺったー」と唄いながらぐるぐる回る。「つっぺったー」と叫んだ瞬間に、しゃがんでいる子がさっと輪から抜け出れば勝ち。しゃがみ役は順番にやるが、うまく抜けられないと繰り返ししゃがみ役となる。

②目をつぶってしゃがんでいる子の周りを、手を繋いで輪になった子供達が唄いながらぐるぐる回る。「かーごめ　かごめ　かーごの中の鳥はいついつ出やる　夜明けの晩に鶴と亀がすうべった　うしろの正面だあれ」と歌い終わった時に止まり、しゃがんでいる子に背後にいる子の名を当てさせる。当たらなかったら当たるまで繰り返す。当てられたら、その子が代わって輪の中に入ってしゃがむ。

かごめかごめ

がさ

①職人用語で、正月に家庭内の部屋や台所、便所などに供える小さい輪飾りのこと。乾燥した裏白《うらじろ》や輪飾りの藁《わら》に触れると「がさ」と音がするのでいう。

②「捜《さが》す」からきた倒語で、的屋《てきや》などの隠語。「がさがさ」の音からもきている語か。警察官が賭博《とばく》現場などに踏み込むことをいう。「がさ手入れ」などともいう。

かさいぶね【葛西舟・葛西船】

江戸時代は糞尿を畑の肥料としていたので、葛西の農民は江戸で集めた糞尿を舟に集めて運んだ。その舟を葛西舟という。

がさがさ

乾燥している物などが触れ合うとがさがさ音がするのに譬《たと》えて、人の性質や言動が粗野なことの形容。「がさつ」と同じ意。「あいつはがさがさした野郎だ」などと用いる。そうした者を「がさつもん」ともいう。

がさ・がさ手入れ

かざかみにもおけぬやつ【風上にも置けぬ奴】

風上に悪臭を放つものがあると風下にいる者は堪え難《がた》いことに譬えて、性質の良くない者、卑劣な者を罵《ののし》ってこのようにいう。

かさにきる【笠に着る】

笠は頭に被るものであるから、権勢のある者を笠に譬えて、微力な者がその威光を頼りに威張ることの意。「御奉行様《おぶぎょうさま》とお近付きになったのを笠に着て威張りやがる」「親の威光を笠に着て……」などという。

かさねておいてよつにする【重ねて置いて四つにする】
江戸時代、不義姦通《ふぎかんつう》はお上《かみ》に届ければ死罪であり、不義を働いた女の夫が成敗《せいばい》しても黙認された。その方法として、不義姦通した男女二人を重ねて置き、胴あるいは首を一刀のもとに斬り離すことをこのようにいった。⬇首代《くびだい》

かさねどう【重ね胴】
①「二《ふた》つ胴《どう》」ともいい、胴を横に斬り払って人体を上下二つにしてしまうこと。胴斬《どうぎ》りともいう。「重ね胴に打《ぶ》っ殺すぞ」などと脅かす。
②甲冑武装《かっちゅうぶそう》を強固にするために、具足《ぐそく》の胴を二重に着用すること。

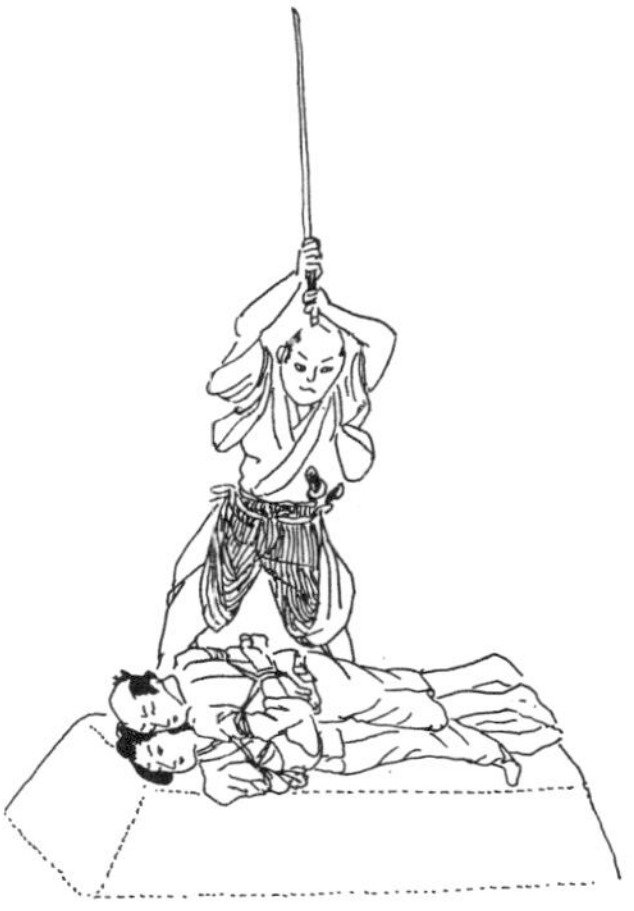
重ねて置いて四つにする

かさのだい【笠の台】
首の意。笠を被ると首が台のように見えるという洒落《しゃれ》。「そんなことをすると笠の台が吹っ飛ぶぞ」などという。

かざふきがらす【風吹烏】
風が強いと烏も真っ直ぐに飛べず、ひょろひょろよろめいているように見えることから、酔って足取りのしっかりしないさまの形容に用いる。また遊里のひやかし客や浮浪人、当てもなくうろつき回る者、吹けば飛ぶような貧弱な者などを侮蔑してこのようにいう。

かざりごや【飾り小屋】
年末に正月用の松飾りや注連飾《しめかざ》りなどを売る臨時の店をいう。歳の市ともいう。町内の鳶職《とびしょく》の者が売ることが多い。

重ね胴

かざりしょく【飾り職】
金属を加工し、細かな細工の装身具や、建物や家具の飾り金具などを作る職人をいう。飾り職人。

かざりばな【飾り花・剪綵花】
氏神の祭礼の折に、軒に注連縄《しめなわ》を張り、門口中央に紙で作った牡丹花付きの御神燈（提灯《ちょうちん》）を下げる。この牡丹花付き提灯のことを飾り花という。町内の義理で、祭礼時にこれを飾らない家はなかった。飾り花を取り付けるのは町内の鳶職の仕事であった。

かし【河岸】
河の岸辺をいう。「かわぎし」の略。江戸には数寄屋河岸、鎌倉河岸、檜皮河岸など「河岸《かし》」がつく地名がずいぶんあった。「河岸《かし》を変える」は働く場所や飲食、遊びの場所を変えるの意。⬇羅生門河岸《らしょうもんがし》

かじかじ
江戸時代の商人が硯箱《すずりばこ》のことをこのようにいった。

かしく【恐・畏・可祝】
「かしこし」の語幹「かしこ」の転。女性が手紙の結びに「かしこし」「めでたくかしく」などと書いて相手に敬意を表す。恐惶謹言《きょうこうきんげん》などと同じ意。

かしだおれ【貸倒れ】
貸した金や売掛金が返済されず、大損失になること。「あの人に貸した金は貸倒れになった」「貸倒れにならねえよう、気をつけろ」などという。

飾り花

かしなず【蚊不死】
訛って「かしなん」ともいう。疱瘡《ほうそう》を患《わずら》うと顔に痘痕《あばた》が残る。痘痕は凹んでいるので、そこに止まった蚊を叩いても死なないの意。江戸っ子らしいおかしみのある表現である。

かしまだち【鹿島立ち】
旅立ち、門出、出立のこと。天孫降臨に先立って、鹿島と香取の二神が葦原《あしはら》中つ国を平定したという神話にもとづく語といわれる。また、防人《さきもり》が辺土を守るために出立する際に、鹿島神社の阿須波神《あすわのかみ》に道中の安全を祈ったという古代のならわしにもとづくとする説もある。

かしまのことぶれ【鹿島の事触れ】
正月の三が日に鹿島神宮の神占を売り歩く者で、本当の禰宜《ねぎ》ではない。烏帽子に白狩衣《しろかりぎぬ》の神官姿で、先端に御幣《ごへい》を付けて紙張りの薄い太鼓状のものを刺し通した棒や、御札《おふだ》入りの箱を結び付けた棒を片手に持ち、もう一方の手で鈴を振りながら「鹿島の事触れ」と言って踊り歩き、

鹿島の事触れ

一軒ごとに門付けをした。明治から大正初期頃まで見られた光景である。

かしみせ【河岸見世】

江戸時代、公許吉原遊廓の東側のお歯《は》黒溝《ぐろどぶ》に沿った通りを羅生門河岸《らしょうもんがし》といい、この通りに並ぶ格の低い遊女屋をいう。ここにいるのは局女郎《つぼねじょろう》（切見世女郎）と呼ばれる遊女であった。➡羅生門河岸《らしょうもんがし》、切見世《きりみせ》

かしゃ【火車・花車・香車】

火車婆《ばば》の略。遊女屋の遣手婆《やりてばば》のこと。遊女の指導・監督役であるが、往々にして残酷であるから、死んだら鬼の獄卒《ごくそつ》が地獄から燃える車を牽いて迎えに来るだろうとの意で「火車（婆）」といった。引き取り手のなかった遊女が年老いて遣《や》り手《て》となる。➡遣《や》り手《て》、火《ひ》の車《くるま》

火　車

河岸見世

かしら

「か知らぬ」の変化した「か知らん」の転。「かも知れぬ」「なのであろうか」の意。現在でも「言おうかしら」「行こうかしら」などと用いている。「そうかしら」「本当かしら」など疑問・不審の意を表す。

かしらじ【頭字】

頭文字《かしらもじ》。人名、詩歌などの頭《あたま》（最初）の一文字のこと。「頭字《かしらじ》を言えばすぐわかると思う」などと用いる。

かす

小言のこと。叱られること。「かすを食った」は小言を言われた、文句を言われたの意。

かす【粕・糟】

酒絞りから出た残り物（酒粕《さけかす》）に譬《たと》えた侮蔑語。「粕侍《かすざむらい》」は屑《くず》のような侍、「粕を出した」は軽蔑して文句をいうこと、「粕中間《かすちゅうげん》」は武家に仕える身分の低い奉公人、「粕禰宜《かすねぎ》」は奉斎《ほうさい》もいい加減で奉納金のみ強制する神官の意。

がす

江戸っ子は「ございます」を訛って「ござりでがんす」「ございでがす」などという。「そうでございます」が「そうでがんす」「そうでがす」「さいでがす」などと略されていく。

かすかすのせいかつ【かすかすの生活】

「かすかす」は「すれすれ」のこと。やっとのことでの意。辛《かろ》うじて生活していることをいう。飢える一歩手前の状態である。

かずとりきょうそう【数取り競争】

大きい長方形を複雑に区切って遠い区切りほど大きい点数をつけ、離れたところから平たい石を投げ入れて、点数を多く取ることを競《きそ》う遊戯。狭い往来でも遊

粕・粕中間

数取り競走

べる。

かすみをくっていきている【霞を食って生きている】

仙人は霞を食って生きていると信じられていた。日常生活や俗事にわずらわされることなく生きているように見える人をこのようにいう。「まるで仙人のようだ」というのと同じ。「私だって霞を食って生きているわけではない。いろいろ大変なのだ」などという。

かすものこらない【滓も残らない】

滓さえ残らない、転じて、全部済んでしまったことをいう。「すっかり支払ってしまったから滓も残らない」などという。「残り滓もない」ともいう。

がせい【我精・我勢】

我（自分）の精（能力・心身の力）を

肩の荷が下りる

目一杯発揮すること、骨惜しみせず努力すること。精一杯の意。「我精に働いてもちっとも楽にならない」などと用いる。他人がよく働いているような場合は「お精《せい》が出ますね」などと褒める。

かた【肩】

肩は身体の部分であり、人間の言動、立場を表現する時によく用いられる語である。「肩で風を切る」は威風堂々《いふうどうどう》と得意げに反り返って歩くさま。「肩の荷が下りる」「肩が抜ける」は負担が軽くなって楽になる。「肩身が狭い」は世を憚って小さくなっていること。「肩が届かない」は比較にならない。「肩を入れる」は加勢する、贔《ひい》屓《き》すること。「肩を持つ」は味方するの意である。

かたあげ【肩上げ】

昭和の初め頃まで、育ち盛りの子供の着物は大きめに仕立て、裄《ゆき》を肩のところで縫い上げて調節した。これを「肩上げ」という。背丈が伸びても数年は着られるようにという生活の知恵工夫である。「肩上げが取れた」といえば、肩上げの必要がなくなって解くことであり、子供が成人近くまで成長した証《あかし》であった。

肩上げ

かたうで【片腕】

その人にとって腕と同じぐらい役に立つ協力者の意。誰よりも頼りになる補佐役のこと。「誰某の片腕となる」などと用いる。

かたおち【片落ち】

片手落ちのこと。一方だけに片寄っていること。不公平に扱ったり一方だけ贔《ひい》屓《き》するの意。十返舎一九『続膝栗毛』九編上にも用いられている。

かたくち【片口】

取っ手がなく、一方だけに注ぎ口のある器。樽や瓶に入った酒や醤油などの液体を、銚子《ちょうし》や醤油差しなどの小さい器に移すのは難しいので、まず片口に受けてから銚子などに注ぐ。焼物の片口が用いられるようになったのは江戸時代からで、それ以前は木製の塗物であった。

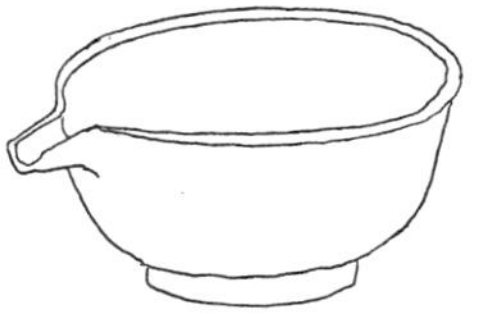
片　口

かたじけなすび【忝茄子】

「忝《かたじけな》い」の洒落《しゃれ》。「ない」に冗語《じょうご》として「茄子」を付け加えたもの。「有難《ありがた》い」を「有難山《ありがたやま》の時鳥《ほととぎす》」というなど、江戸っ子は語尾にこうした冗語をよく用いる。「忝い」を「かっちけねえ」と訛ることもある。

忝茄子

かたづきみ【片月見】

江戸時代に盛んであった月神信仰。旧暦八月十五日の満月には薄《すすき》に団子などを供えて月見をしたが、九月十三夜（後《のち》月）にも供え物をし、同様に月見をする風習があった。この二度の月見の行事を一度だけしか行わないことを片月見として忌んだ。

かたづける【片付ける】

整理するの意から、始末をつける、娘を嫁にやるの意にまで用いる。十返舎一九の『東海道中膝栗毛』初編に「外へ片付けたいとの相談」とあるのは、他家へ嫁入りさせたいという相談の意。

かたっぱしから【片っ端から】

「かたはし（片端）」の促音化で、端から順にの意。無差別に、手当り次第にの意にも用いる。「片っ端から撲《なぐ》りつけた」「片っ端から破り捨てた」などという。

かたなにちをねぶらせる【刀に血を舐らせる】

「ねぶる」は「舐《な》める」の意。刀で人を斬ると刃に血糊が付くことの形容。斬り殺してやるぞということ。「怪しからん奴だ、刀に血を舐らせてくれようぞ」などと威嚇《いかく》的に言う。

かたはだぬぐ【片肌脱ぐ】

着物の片袖を脱いでこれ見よがしに肩を露出させること。いつでも相手になってやるという威嚇のポーズ。「片肌脱いで倶梨伽羅紋紋《くりからもんもん》を見せてやった」などという。両袖を脱ぐのは「両肌脱《もろはだ》ぐ」。➡倶梨伽羅紋紋《くりからもんもん》、押《お》し肌脱《はだぬ》ぐ、一肌脱《ひとはだぬ》ぐ

片肌脱ぐ

かたはらいてえ【片腹痛え】

「片腹痛い」の訛りで、身のほど知らずな態度を軽蔑して笑いとばすことの形容。「ちゃんちゃらおかしい」「いけこしゃくな」「笑止千万」などと同じ。本来は「傍《かたはら》痛い」で、傍で見ていて心が痛む、気の毒でたまらないの意であるが、「傍」を「片腹」の意に誤ったことから生じた語である。

かたぶつ【堅物】

真面目で融通のきかない人。酒も煙草も女も博奕《ばくち》も好まない人。交際しにくい人。「あの男を誘っても駄目だ。堅物だからな」などという。「角《かど》の取れない者」「石部金吉《いしべきんきち》」（石と金の二つの堅い物を入れた名で、堅物を人名になぞらえて表したもの）などともいう。➡こちこちの人

がたみつ【がた光】

浪士となって、武士の魂である刀を売り払うほど貧しくなっても、武士には体面があるので、竹で作った刀を本物の刀に見せかけて腰に差していた。そうした偽の刀剣を、庶民は「刀《かたな》」ではなく「がたな」であると嘲笑《ちょうしょう》し、刀鍛冶の名を模して「がた光」だとか「竹光《たけみつ》」などと呼んだ。

かちかちかかち

町内に火の用心を触れ歩く木戸番の番《ばん》太《た》が叩く拍子木の音。この拍子木の音と、「火の用心さっしゃりましょう」という触れ声が聞えると店は戸を閉めた。松亭主人『閑情末摘花』巻之一に「カチ　カチ　カチカチの拍子木は、幕にはあらで、家々の戸をしめる」とある。この夜回り拍子木は江戸だけで行われたようであり、明治になっても続いた。➡番太《ばんた》

かちん

「かちん」は堅くて小さな物が触れ合った時の音。転じて、相手の言動に強く神経を刺激されて不快に思う形容。「その一言でかちんときた」などという。

がた光

かちかちかかち

がつがつ

飢えた者が食物をむさぼり食う形容。むやみに欲しがる、欲張るの意にも用いる。「食べ物というとがつがつする」「欲が深くて金にがつがつする」などという。

がっかり

気を落とすこと、疲れて元気のないことの形容。「期待をかけていたのにがっかりした」「こんなことでがっかりしてはいけない」などと用いる。「がっかり」と「がっくり」は同じような意味に用いるが、「がっかり」は落胆、「がっくり」は息を引き取ると頸《くび》が折れたように急に前に傾くことを表している形容である。

かっきる【掻っ斬る】

力を込めて勢い良く斬ること。「かっ」は勢いの良さを示す表現である。

かっくらう【掻っ食らう】

食べ物を掻き集めるようにむさぼり食うこと。「そんなに慌てて掻っ食らわねえで、よく噛めよ」などという。「かっ」は「掻《か》き」の転で、勢いの良いことを表す語として多く用いられる。

かっこむ【掻っ込む】

急いで食べ物を摂るこ

と。「掻き込む」の意。「よほど腹が空いていたと見えて、恥も外聞もなくがつがつ掻っ込んでいた」などと用いる。

かっさらう【掻っ攫う】
掻き集めて持っていってしまうこと。「全部掻っ攫っていった」などと用いる。

かったるい
「だるい」は体に力がなく億劫《おっくう》な感じ。「かっ」がつくことで語勢が強まる感がある。「連日の疲れが出た理由か、今日は何となくかったるい」などという。

かっちけねえ
「忝《かたじけな》い」の訛り。もったいない、有難いの意の庶民用語。「こんなに戴《いただ》くなんて、かっちけねえ」などという。職人などが「ありがてえわい、かっちけねえ」と重ねてよく用いた。

がっちり
①頑丈なこと。「がっちりした体格だ」は肉体がしっかりしていて丈夫なこと。
②抜け目ない、吝《けち》でなかなか金を出さないの意。「あいつはがっちり稼いでいる」「欲だけはがっちりしている野郎だ」などという。

かって【勝手】
①台所のこと。「勝手向き」は台所事情、つまり暮し向き。
②自分の都合の良いようにすること。
③江戸時代、抱え主が贔屓《ひいき》の役者を自分の部屋で遊ばせることをいった。「自由」の意味が込められている。

がってんしょうちのすけ【合点承知之助】
快諾したときに勢い良くこう答える。「合点《がてん》」は承諾する、承知するの意で、回状などを読んで了解したしるしに自分の名の上に点を打ったことからの語である。江戸っ子は勢い良く発声するので「がってん」と促音化した。江戸時代、相手の意を了承した時に「がってんだ」「がってん、承知つかまった」などといった。「承知之助」は「承知つかまった」を擬人化させた冗語《じょうご》である。➡夢中之助《むちゅうのすけ》

合点承知之助

かつどうだいしゃしん【活動大写真】
大正頃までは、動く写真という意味で映画を「活動大写真」略して「活動」といい、映画館を「活動小屋」「活動館」といった。無声映画時代に使われた語である。活動を上映する時は、弁士という職業の者が、フロックコートか羽織袴で銀幕の脇で映画の筋を説明したり、出演俳優の台詞《せりふ》を述べたり、場合によって和楽器や洋楽器を演奏したりした。➡弁士《べんし》

かっぱしる【駆っ走る】
猛烈な速さで走るの意である。促音を使って勢いが感じられる表現。「それは一大事と駆っ走ってきた」などと用いる。

かっぱにきゅうり【河童に胡瓜】
河童《かっぱ》は水中に棲《す》むとされる想像上の動物で、力が強く、人や馬を水の中に引きずり込むと信じられていた。故に、迷信深い人は、川で溺《おぼ》れたり水の事故が起きたりしないように、河童の好物といわれる胡瓜《きゅうり》をときどき買って川に流し、河童の機嫌《きげん》をとった。現代でも胡瓜を芯にした海苔巻を「河童巻《かっぱまき》」というが、このような迷信からの連想による名である。➡童《わっぱ》

かっぱのかわながれ【河童の川流れ】
泳ぎの達者な河童でも、ときには川の流れに押し流される。転じて、その道の達人も、ときにはしくじることがあるということの譬え。「猿も木から落ちる」も同じ意。「河童も一度は川流れ」は、河童でも、泳ぎ始めの頃には一度くらいは溺れたことがあるはずだの意で、転じて、何事も初めから上手な人はいないことの譬え。

かっぱのへ【河童の屁】
河童は想像上の悪戯《いたずら》好きの動物で、水中に棲《す》むと信じられていた。「河童の屁」とは、河童が水中で屁をしても臭くもなんともないから平気である、故に、取るに足りないの意。上下を入れ替えて「屁の河童」ともいう。「平気」を「屁」に、「構わない」を「河童」に掛けた軽口的表現。

河童に胡瓜

かっぱらう【掻っ払う】
人の隙を狙って金品をすばやく奪《たと》うこと。そういうことをする人を「掻《か》っ払《ぱら》い」という。

かっぷく【恰幅】
体つきのこと。風采《ふうさい》。体の大きさや肉付きなどから見た恰好《かっこう》。「堂々たる恰幅の人だ」などというが、「恰幅が悪い」とはいわない。

かつぶし【鰹節】
「かつおぶし」の略。骨を取り去った鰹の身を茹《ゆ》で、いぶして乾燥させ、黴付《かびっ》けをして天日で干したもの。「かつぶし」は「勝武士」の音に通じるので武士に好まれ、贈答品に用いられた。「勝雄武士」の字を当てることもある。これを削ったものを「おかか」といい、調味料にしたり料理にかけたりする。古くから用いられたらしく、平安時代の藤原明衡の作と伝える『新猿楽記』にも出てくる。

かつべんのめいもんく【活弁の名文句】
「活弁」とは活動写真弁士の略で、無声映画の画面に合わせて、会話を代弁し物語の展開を説明する人のこと。往時は、弁士が語る調子の良い名文句が流行し、商店の丁稚《でっち》小僧までが口ずさんだ。「振り仰げば星月の空鮮やかに、今を盛りに咲き誇る、桃下の梢。白く残して夜は更ける。春や春、春南方のローマンス……」、また、「花の巴里かロンドンか、月が鳴いたか一声は……」などの、活弁の調子の良い文句に観客は感動し、映画に酔った。

かっぽじる

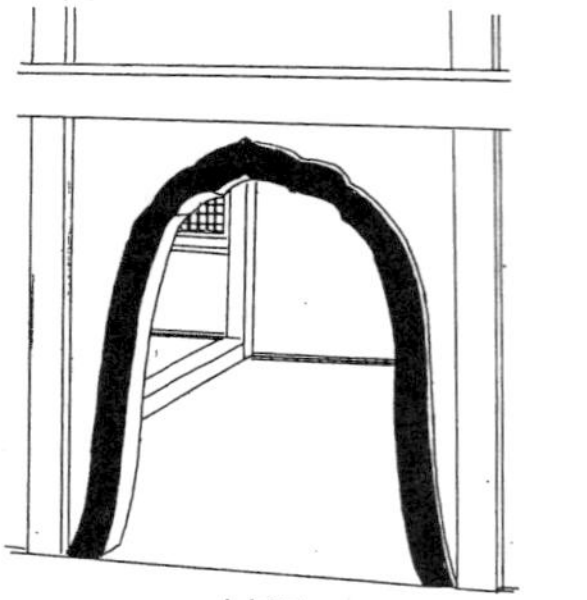
火灯口

かっぽじる【掻っ穿る】
「掻き穿る」の語勢を強めた言い方。「耳を掻っ穿ってよく聞け」は、耳垢《みみあか》をよく掻き取ってちゃんと聞きなさいの意。「鼻糞《はなくそ》を掻っ穿る」「あいつは人の欠点を掻っ穿る癖がある」などともいう。

かっぽれる【掻っ惚れる】
「かっ」は「掻《か》き」の転で、勢いの良さを表し、「かっぽれる」は惚れ抜いていること。幇間《たいこもち》などが「かっぽれかっぽれ　甘茶でかっぽれ　よーいとな」と囃《はや》しながら、おどけた身振りで踊り、花魁《おいらん》との仲をひやかして客を喜ばす。⇒大《おお》すっちゃ

かてめし【糅飯】
分量を増やすため米に雑穀や野菜などを混ぜて炊いた飯。「毎日かて飯じゃあかなわねえ」などという。⇒割飯《わりめし》

かとうぐち【火灯口・火頭口・瓦灯口】
上方を半円に刳《えぐ》った末広の出入口をいう。窓になっているものは「火《か》灯窓《とうまど》」という。凝《こ》った茶室や客間、寺などに見られる風流なもの。

かどづけ【門付】
人の家の門口で雑芸をしたりして物乞いをすること。また、そのような人。遊芸で身を持ち崩した者や、鳥追い女、謡を唄う浪人などがいた。

かっぽれを踊る幇間

門　付

かどまり【門まり】
「門の周《まわ》り」「門を守る」などの略で、門口の意。「門まりで犬に吠えられた」などという。

かどわかし【勾引】
誘拐《ゆうかい》。「かどわかす」の名詞形。子供などをだましたり、力づくで連れ去ること。「日が暮れたのに、いつまでも遊んでいると勾引《かどわかし》にさらわれるよ」などと子供を戒めた。

かない【家内・女房】
「か」は「家」、「ない」は「内」で、家の内にいる人の意。夫が自分の妻をいう言葉。妻は夫を「うちの人」という。

かなきりごえ【金切り声】
金属を切る時の音のように、頭に響くような鋭くて甲高い声。キンキン声ともいう。

かなくぎりゅう【金釘流】
書いた文字が、折れ曲って捨てられた

釘のように不体裁で下手なことを、まるでそういう流派があるかのように言ってからかった言葉。「田舎から金釘流の手紙がきた」「偉そうなことをいうが、書かせると金釘流だ」などと下手な文字をからかう。➡勘亭流《かんていりゅう》

かなぐそをたれる【金糞を垂れる】
　始末に困るほど金銭を湯水のように濫費すること。「さんざん好き勝手に遊びやがって、金糞垂れて、どうしようもなくなった」などという。

かなづちあたま【金槌頭・鉄鎚頭】
　頭部が鉄でできている金槌のように、頭が堅くて頑固な者、融通のきかない者をからかった表現。「石頭」ともいう。

かなつぼまなこ【金壺眼】
　眼窩《がんか》が落ち窪んだ丸い目玉のこと。強欲の相といわれる。

かなぶついしじぞう【金仏石地蔵】
　金属でできた仏像、石でできた地蔵の意で、心の冷たい人の形容。

金壺眼

かなぼうひき【鉄棒曳き・金棒引き】
　「鉄棒《かなぼう》」は僧侶や修験者《しゅげんじゃ》の持つ錫杖《しゃくじょう》のことで、頭部の環に小環が数個掛けてあり、地に突くと音が鳴る。江戸時代は夜番が用い、現代でも祭礼の行列の先頭に立つ者が用いる。「鉄棒曳き」とは、鉄棒をジャラジャラ鳴らして歩くように、隣近所にささいな話を大袈裟にして触れ歩く者の意である。

かなりや【金糸雀】
　スズメ目の小鳥カナリヤのこと。江戸時代にはその鳴き声から、外郎《ういろう》売り（痰《たん》を切る丸薬《がんやく》を売り歩く者）がべらべら甲高《かんだか》い声で喋るのを「かなりやが喋るようだ」などといった。

がなる
　大声で怒鳴《どな》ることをいう。「そうがなり立てるな。五月蝿《うるさ》いぞ」などという。

かなわない
　戦いの相手になれない、どうしても勝てないの意。「親爺にあっちゃあかなわない」などという。やりきれない、困ってしまうの意に用いることもある。「かなわねえなぁ」といって諦める。

がなる

かねおや【鉄漿親・御歯黒親】
　「おはぐろおや」ともいう。江戸時代には女子が元服《げんぷく》のしるしに鉄漿《おはぐろ》をつけて歯を黒くする習慣があり、初めて歯を染める儀式を司る女性を「鉄漿親《かねおや》」といった。男子の元服の際の「烏帽子親《えぼしおや》」と同じような立場の者で、親戚などの中で徳望のある人に頼んだ。筆で鉄漿を塗るため「筆親《ふでおや》」ともいう。

かねずく【金尽く】
　金銭ですべてを解決しようとすること。「勘定ずく」ともいう。「金ずくで息子の嫁にした」などという。「ずく」は名詞について、「〜にものをいわせて」の意を表し、「欲得ずく」「相談ずく」「力ずく」などと用いる。

かねづる【金鶴】
　金銭を出してくれる人の意である「金蔓」の「つる」に「鶴」に掛けた洒落《しゃれ》言葉。「金鶴一羽逃してしまった」は、金を出してもらえると思ったのに当てが外れたの意。

かねにいとめはつけぬ【金に糸目はつけぬ】
　「糸目」は、凧《たこ》のあがり具合やつり合いを調節するためにつける数本の糸のこと。この糸目をつけずに、凧を飛ぶにまかせるように、惜しげもなく、いくらでも金《かね》を出すことをいう。『縁結娯色の糸』二編巻之中に「是れが巧《うま》く行きやア、謝《しゃ》物《もつ》に糸目は付けねえ」とあるのは、「これがうまくいけば、謝礼の金はいくらでも出す」の意。

かねのわきざし【金の脇差】
　「金」は鉄の意。脇差は大刀の脇に差す小刀。何かを誓う時に、武士が相手と自分の刀の鍔《つば》や刃元を打ち合わせたことから、「大丈夫だよ、金の脇差だ」は「信用してくれ、確かに約束したのだから」の意。今では使われない語だが、江戸時代には刀を差さない庶民もこの語を用いた。

かねのわらじでさがす【金の草鞋で捜す】
　江戸時代には金属に「かね」といい、鉄も「かね」といった。普通の藁の草鞋はすぐ摺り切れてしまうが、鉄の草鞋なら擦り減らない。故に、めったに手に入らない貴重なものを辛抱強く、熱心に捜し回ることの譬《たと》えである。

かねばこ【金箱】
　稼ぎの良い者の意。「あの店は番頭が金箱《かねばこ》だ」などという。現在では「ドル箱」という。

かねびら【金片】
　薄い金属を「びら」というのは江戸っ子がよく使う表現で、「かねびら」は貨幣の意。気前よく派手に金銭を使うことを「金片《かねびら》を切る」といった。明治以降は一円、五円、拾円の紙幣が用いられるようにな

金片を切る

り、「札びらを切る」といった。

かねめのもの【金目のもの】

金銭的に価値の高いもの。「金目のものを選んで盗んでいった」などと用いる。

がのみ【が飲み】

「が」は「がぶがぶ」の略。酒や水などを勢い良く飲むこと。「酒をが飲みするばかりで、風味も味わいも感じない男だ」などという。

が飲み

カフェ

本来はコーヒーを飲ませる喫茶店であり、東京では明治二十一年（一八八八）、上野に開店した可否茶館が最初とされる。カフェではやがて洋酒も出すようになり、給仕に出て来る女性もいつしか厚化粧になり、縁取りエプロンをかけて客の話に応じて接客するようになった。このためカフェは洋酒の飲屋をいう語として使われ、全国的に拡がって定着した。

かぶせもの【被せ物】

偽物、まやかしものの意。金鍍金《めっき》して純金に見せかけたり、内容が良くないのに外装を立派にしたりしてごまかした品物。時には人にも用いる語である。「服装が立派で、態度も鷹揚《おうよう》だったので、つい信用して引っかかってしまった。とんだ被せ物だ」などと用いる。

かぶりつく【齧り付く】

「かじりつく」の訛り。食いつく、しがみつくの意。かじりつくようにして見ることから、歌舞伎の舞台前の席や、相撲《すもう》の土俵際の席を「かぶりつき」という。

カフェ

かぶりもの【被り物】

頭巾や笠など、頭に被るもののこと。転じて、恥かしい行為をして人前に堂々と出られぬ者、顔を隠して会わねばならぬ者をいう。

かぶれ【気触れ】

感化を受けることをいう。「悪にかぶれて」は「悪い仲間の影響を受けて」の意。「芸人にかぶれて」は、芸人に夢中になって自分も芸人になったような気になることをいう。

齧り付く

かぶろ【禿】

「かむろ」ともいい、本来は頭に毛が無いことの意であるが、江戸時代には太夫など上位の遊女の雑用をする見習いの女児をいった。六、七歳から十三、四歳

遊女と禿（左）［守貞漫稿］

ぐらいまでをいい、その歳を過ぎると新造になり、一六、七歳から一人前の遊女となる。禿から仕立て上げられた遊女を「禿立《かむろだち》」という。

かべす

江戸・明治時代の芝居は幕間が長いので退屈した。しかし、その幕間に食べる「菓子」「弁当」「寿司」も楽しみの一つであり、この頭文字をとって「かべす」といった。お茶屋を通じて観劇の手続きをとってもらうと、席まで届けてもらえる。子供は観劇より「かべす」が楽しみで大人について行った。

かべそしょう【壁訴訟】

聞く者もいないのに一人で不満や愚痴《ぐち》をつぶやくこと。転じて、聞こえよがしに当てこすりをいうこと。「お前に支払ってもらおうとして壁訴訟したわけではない」などと用いる。不平不満があると江戸っ子はよく遠回しの当てこすりを言った。

かぼあたま【かぼ頭】

南瓜頭《かぼちゃあたま》の略で、頭の形の悪いことをからかう語。「かぼ頭だから碌《ろく》な考えは出ない」などと頭のめぐりの悪い意にも用いる。「かぼちゃ野郎」は醜い顔の男のこと。

かまおに【釜鬼】

①江戸時代に行われた子供の遊戯。地面に輪を描いて、その中で二人の子供がたがいに相手を突いて、押し出された方が負け。相撲《すもう》に似ているが取り組みはしない。『古今百景吾妻余波』に描かれている。後の「押し出しっこ」に同じ。

②明治・大正時代まで行われていた子供の遊戯。地面に円を描いて鬼が中に入り、他の者は円の中に履物（大方は下駄《げた》か草履《ぞうり》）の片方を置く。外から自分の履物を取ろうとする者を鬼が捕まえ、捕まった者が今度は代わって鬼になる。

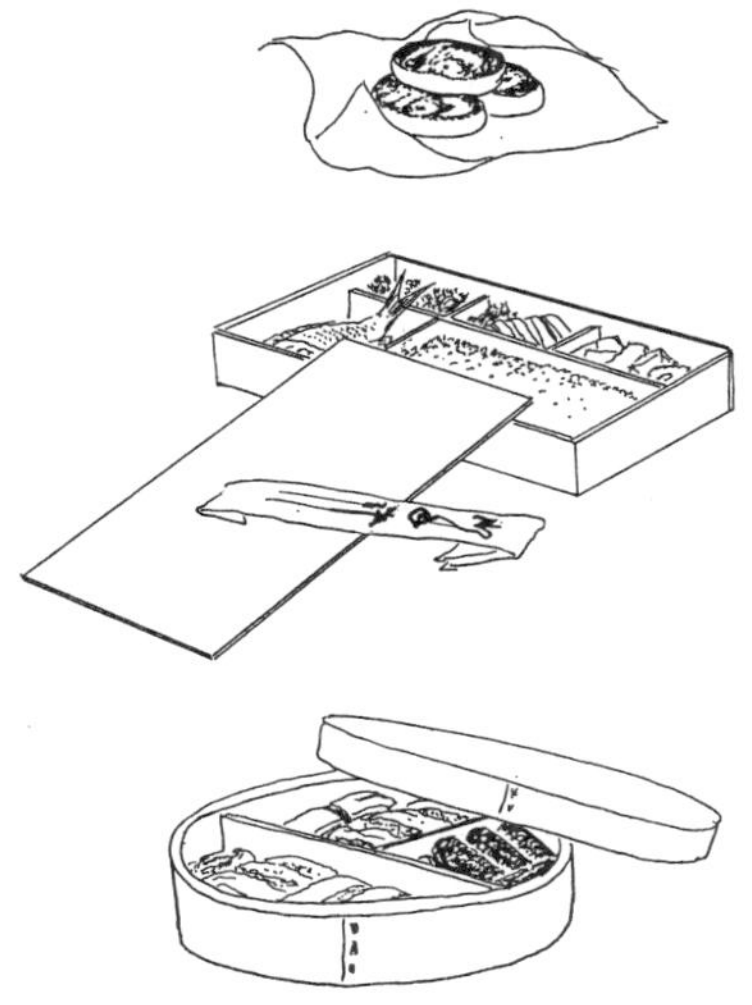
かべす（菓子・弁当・寿司）

竈祓い

釜　鬼

かます【叺】

叺は筵《むしろ》を二つ折りにして作った袋で穀物などを入れる。これに似た小袋で刻み煙草を入れるものも叺という。煙管《きせる》筒と組にして紐で繋《つな》ぎ、筒を腰帯に挿すと叺は腰にぶら下がる。煙草好きの男が外出する時に用いる。凝《こ》った品は、燻《ふす》べ韋、甲州印伝《いんでん》、金唐韋《きんからかわ》で作ったりする。

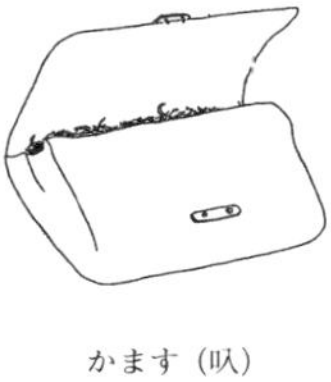
かます（叺）

かまはらい【竈祓い】

大正時代頃までは、周囲を漆喰《しっくい》などで固めた竈《かまど》に釜や鍋をのせ、下の焚口に薪を入れ、火を焚いて煮炊きした。毎月晦日《みそか》には、竈神《かまどじん》に謝意を示すために、釜に湯を沸かし、釜蓋の上に小松を立て、後壁に鶏の絵を描いた小さい絵馬を掛けて、神社の禰宜《ねぎ》か巫女《みこ》に祝詞《のりと》を上げてもらい、お祓《はら》いをする風習があった。「竈締《かまじめ》」「竈祓い《かまどばらい》」ともいう。➡荒神松《こうじんまつ》

かまぼこごや【蒲鉾小屋】

数本の細い竹や木の棒を曲げて地面に挿して骨組とし、筵《むしろ》をかぶせただけの、乞食《こじき》などが住んだ臨時の小屋。蒲鉾の形に似ているのでいう。

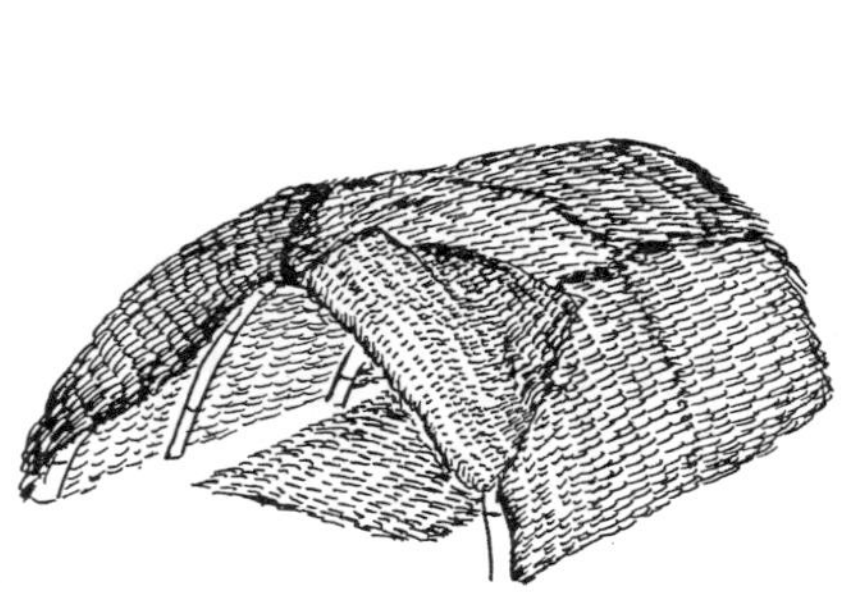

蒲鉾小屋

かまわずのいけ【構わずの池】

江戸上野山下の不忍池《しのばずのいけ》のこと。「しのばず」から「忍ばなくても良い」「構わない」としゃれ、「今、構わずの池の蓮の花が見事だ」などといった。明治以降はあまり聞かなくなった。

かまをかける【鎌をかける】

相手に本音などを言わせるために、言葉たくみに誘導すること。「鎌をかけたら案の定引っかかった」などという。

かみいさん【髪結さん】

「かみゆい」を訛って「かみい」という。髪を結う所、すなわち髪結床《かみゆいどこ》や美容院のことである。⬇髪結床《かみゆいどこ》

がみがみ

噛み付くように叱ったり文句をいうことの形容。「がみがみ」だけで小言の意味になる。「そんなにがみがみいうなよ」などと用いる。

かみくずかい【紙屑買い】

昭和の戦争の少し後まで紙屑買いという職業があった。現代でいうリサイクルである。紙屑買いは「くずーい」（「くずや」の訛り）といって町を流し、紙屑などの廃品を買い歩いた。紙屑は目方に応じた値で買って、仕切場《しきりば》に売る。これを煮溶《す》かして漉き返し、浅草紙という便所用の紙を作った。「紙屑屋」「屑屋」ともいう。商店などでも古新聞が包装紙として使われていたころの話である。⬇浅草紙《あさくさがみ》

かみこ【紙子・紙衣】

厚い手漉《てすき》紙に柿渋《かきしぶ》を塗って、乾いたら揉んで柔かくし、一夜露に当てて渋の臭気を抜いてから仕立てた着物。安価であり江戸時代には布地の買えない貧しい者が用いたが、通人や僧侶も用いていた。「紙子暮《かみこぐら》し」は紙子を着るほど貧しい暮しをいう。

かみしもをつける【裃をつける・上下をつける】

「裃《かみしも》」は江戸時代の武士の正装で、肩衣《かたぎぬ》と袴《はかま》の上下のこと。「裃をつける」で堅苦しい態度を取ることをいう。「あの人はいつも裃をつけているから付き合いにくい」は「あの人は堅苦しくて打ち解けないから交際しにくい」、「今日は裃を脱いで話し合おう」は「今日は気楽に話し合おう」の意。「言葉に裃を着せている」は「鯱張《しゃっちょこば》って取っ付きにくい人の話」をいう。

裃をつける

かみすり【剃刀】

「かみそり」のこと。江戸っ子は「そり」を「すり」と訛り、「眉毛をする」「襟元をする」などという。「剃刀三昧《かみすりざんまい》」は剃刀を振り回して自殺するぞと相手を恐れさせる行為。「剃刀の刃を渡るような身過ぎ」と言えば、たびたび危機に見舞われるような暮しをいう。

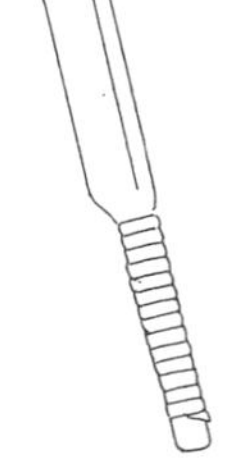

剃　刀

かみだな【神棚】

室内に伊勢大神宮を始め、その家で信仰する神を祀るために作られた棚をいう。鴨居《かもい》の上部に棚を吊り、神社の前半分をかたどった神殿や雲形の台に丸い鏡を配し、お燈明《とうみょう》を上げて榊を立て、注連縄《しめなわ》を張って日夜礼拝した。現代でも古い家などで見ることがある。

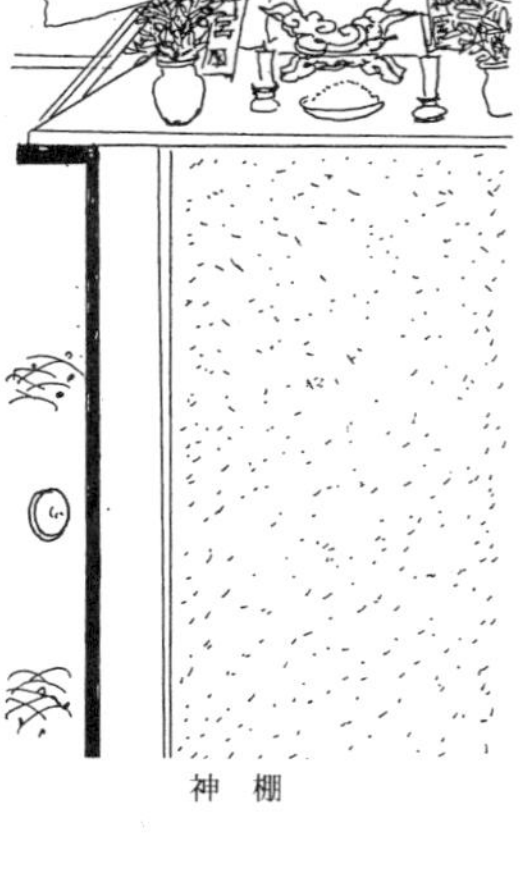

神　棚

かみつく【噛み付く】

すぐに吠え立てて噛み付くような躾《しつけ》の悪い犬に譬《たと》えて、すぐに食ってかかることをこのようにいう。「あいつにはうっかりものを言えない。すぐ

に噛み付くから」などと用いる。

かみなりおやじ【雷親爺・雷親父】

雷は大きな音で鳴ることから、何かというとすぐに怒って怒鳴り散らす親爺をいう。「雷親爺だから用心して口をきかぬと怒鳴られるぞ」などという。

かみのぶんちん【紙の文鎮】

文鎮は紙が動かぬように重石として乗せる文具のこと。昔はものを書く時には必ず文鎮を使ったことから、つねに重要人物などの傍らに付き従って雑用を果たす秘書のような者をこのようにいう。

かみばな【紙纏頭】

遊里で遊女などに与える御祝儀《ごしゅうぎ》を「花」というが、現金をその場で渡すのではなく、ひとまず遊女らが用いる小菊紙を与え、それを後で現金と引き換える証拠品にする。この小菊紙を「紙纏頭」といった。江戸吉原あたりでは小菊紙一枚につき一分くらいに換えた。武士が戦場で手柄を立てると草履《ぞうり》や扇が与えられ、後でそれが証拠品となり、禄《ろく》が加増されるのと同じような仕組みである。

紙風船つき

かみふうせんつき【紙風船つき】

紙風船とは玩具の一つ。数枚の薄い紙を張り合わせて球形にし、一ヵ所開けた吹き口から息を吹き込むと丸く膨らむ。向い合って互いに手でつき渡して遊ぶ。つき損って落すと負け。一人でも数え歌を唄いながら空中につき上げて遊ぶ。

髪結床

かみゆいどこ【髪結床】

江戸時代の理髪店・美容院のこと。「ゆい」を「い」と訛って「髪結《かみい》さん」、また「髪床《かみどこ》」「床屋《とこや》」、さらに略して「床《とこ》」ともいった。武士とは違って、庶民は座敷の縁《へり》に腰掛けて結髪《けっぱつ》や剃りをやってもらう。月代《さかやき》を剃る時には、客が板を持ち、髪の毛を受けた。

がむしゃら【我武者羅】

武者は合戦では生命を惜しまぬことから、血気にはやり、ただひたすらに勢い込んで行動することをいう。「我武者羅に働く」などと用いる。

かめいぬ【かめ犬】

江戸時代末期から明治初期にかけて、日本に来た西洋人が飼っていた犬のことをこのようにいった。西洋人は犬を呼ぶ時「Come（カム）」（来いの意）という。それを聞いた庶民は、「かめ」というのだと思ったのである。犬のことを西洋人は「かめ」というのだと思ったのである。

かめにゅうどう【亀入道】

正覚坊（アオウミガメ）やタイマイのような大型の亀をいう。坊主頭を思わせるところから入道といった。「首をすくめるところは亀入道そっくりだ」などと悪口に使われた。

かめのこざる【亀の子笊】

「亀の子」は「子」の字をあてているが、亀の子供の意ではなく、「甲」を略して「こ」となったもの。底が丸く膨れ、伏せた形が亀の甲に似ている笊をいう。

かめのこてんとさま【亀の子天道様】

亀は水中や地上に棲むもの。天道様（太陽）は空高くあるもの。亀も天道様も形は丸いがまったく違ったものであることから、似ているところはあっても比較

亀の子天道様

にならないほどの隔たりがあることの譬《たと》え。現在では「月と鼈《すっぽん》」の語が残っている。

かも【鴨】

利用しやすい人や、だましやすい相手をいう。「あいつは良い鴨だ」などという。

かもがねぎをしょってくる【鴨が葱を背負って来る】

鴨肉を鍋で煮るとき、添え物に葱を切って入れる。葱を背負っている鴨が来るということは、肉ばかりでなく、葱までも一緒に手に入ることで、「こんな好都合なことはない」の形容に用いる。略して「鴨葱」という。

かもめづと【鷗髱】

江戸時代の髪形の一つで、髱《つと》を鷗の尾のように長く後ろに伸ばし、反り返らせて結髪《けっぱつ》したものをいう。

鷗髱［当世かもじ雛形］

かもんさま【掃部様】

万延元年（一八六〇）三月三日、上巳《じょうし》の節句（雛の節句）の日、江戸城桜田門外で大老・井伊直弼《いいなおすけ》の行列が水戸浪士に襲われて首を奪られた。井伊は掃部頭《かもんのかみ》だったため、以後、首が飛ぶことをこのように洒落《しゃれ》ていうようになった。煙管《きせる》をはたいて雁首が飛んだり、金槌《かなづち》の頭部が柄から抜けたりしたときに、「おっ、こいつはいけねえ、掃部様《かもんさま》だ」という具合に用いた。

かゆいところにてがとどく【痒い所に手が届く】

痒いといえば痒いところをきちんと掻いてくれるように、細かなことまで気が付いて、手落ちなく行き届いていること。至れり尽せり。

かようなわけで【斯様な訳で】

「斯様な」は「このような」。「このような事情で」「このような理由で」の意。「かような訳でお借りした金が返せなかったのです」などと用いる。「かような次第で」ともいう。

がら【柄】

その人の性格、力量、風体、身分のこと。人柄。「柄にもない」「柄に似合わず」はその人に相応しくないの意。

がらあき【がら空き・がら明き】

「がら」は「空《から》」の訛り。内がほとんど空っぽであるの意。「がらがら」ともいい、「今日はがら空きだ」「今日はがらがらだ」などと用いる。

がらがらせんべい【がらがら煎餅】

江戸時代からあった駄菓子で、小型の玩具などが封じ込めてある煎餅のこと。どのような玩具が入っているかわからないところが楽しみであった。昭和初期頃は煎餅でなく蛤の貝殻が用いられた。振ると中の玩具が当たって鳴るところからの名。「がらがら」ともいった。

からさし【空緡】

「緡《さし》」とは、孔明《あなあ》き銭の穴に通してまとめる縄。その緡縄《さしなわ》に通す銭が一文もないと、「空緡《からさし》じゃあどうしようもねえ」などという。語勢よく「からっ緡《さし》」ともいった。⇩青緡《あおざし》

からじりいっぴき【空尻一匹・軽尻一匹】

「空尻」は馬に乗せる荷がないこと。江戸時代、大名の道中では、お供の荷物を運ぶために家臣五人に一頭の割合で駄賃馬の費用が支給された。そこで、もう一組の五人と話をつけて十人分の荷物を一頭の馬に乗せ、一頭分の費用を浮かして皆で分配する。これを「空尻一匹」といった。地方武士の隠し言葉であったが、江戸っ子も何がしかの金額を浮かせることを「から尻一匹儲けた」などといった。

からすがかぁとなくまえに【烏がかぁと鳴く前に】

烏は夜明け頃から鳴き始めるので「まだ暗いうちに」の意。「烏がかぁと鳴く前から働きに出る」は夜明け前から仕事に行くことをいう。

からっ

まったく何もないことや、見せかけだけで実質がないことを「空《から》」というが、江戸っ子は語勢よく「っ」を入れて促音化して、「空っ穴《けつ》」「からっ騒ぎ」「からっ腹《ぱら》」「からっ手《て》（手ぶらのこと）」「空っ話《ばなし》」などという。「空」でなくても「から」と発音する場合は「っ」が入ることが多く、「辛《から》っ口《くち》」「乾《から》っ風《かぜ》」「からっきし」などといった。

空尻一匹

からっきし
「からきし」の促音化した語で、まるで、まったくの意に用いる。「武士のくせに剣術《やっとう》はからっきし駄目だ」「結髪人《けっぱつにん》が代わるとからっきし顔つきが変わってしまう」「からっきし貧乏で、逆さに振っても鐚《びた》一文出ねえ」などと用いる。

からっけつ【空っ穴】
「空」は中にまったく何もないことをいい、「けつ」は穴で空洞の意。「からけつ」を威勢よく促音化していう。財布に一文も銭がないこと。「今夜はからっけつだから付き合えねえよ」などという。重複語で「からっけつの一文無し」ともいう。

空っ穴

からっちゃ【空っ茶】
茶菓子がなくて茶だけを出すことや、茶だけを飲むことをいう。「空っ茶で失礼ですが、咽喉《のど》だけでも潤して下さい」などと用いる。

がらっぱち【がらっ八】
粗野でがらがらと騒ぎ立てる落ち着きのない者の意。野村胡堂の小説『銭形平次捕物控』に登場する平次の子分がこの性質なので、「がらっ八」と呼ばれている。「八」の数字には特に意味はないが、語勢が良いので江戸っ子はよく用い、「焼けのやん八《ぱち》」「嘘《うそ》っ八《ぱち》」などと用いた。

からでっぽう【空鉄砲】
実《じつ》が無いことから「法螺《ほら》」「でまかせ」の意。「あいつは空鉄砲ばかり撃ちやがる」などという。

がらみ【搦み】
「搦み」は「ひっくるめて」の意で、大体、その見当、その前後の意である。
年齢や価格などを示す数詞に付けて用いる。「五十がらみ」は五十歳前後、およそ五十歳くらいの意。

がらり
戸などを手荒く引き開ける時の音で、転じて副詞としてよく用いる。そっくりそのまま、すべて、全部の意。また、すっかり変わることの形容。「がらりと全部ぶちまけた」「がらりと態度が変わった」などと用いる。

がらんどう【伽藍堂・伽藍洞】
大きなものの中に人も物も何もないことをいう。「家を覗いたらがらんどうで誰もいなかった」などと用いる。

かりがねびたい【雁額】
雁が翼を広げたように、額の髪の生え際の中央が尖っていて末広になっている額のこと。美人の条件の一つとされた。

かりかりする
「かりかり」は乾燥した物や堅い物を噛み砕く時の擬音であるが、「かりかりする」は心に潤いがなく、苛々していることの形容。「あんまりかりかりするな」などと用いる。

雁額［都風俗化粧法］

かるこ【軽子・軽籠】
「軽籠」とは畚《もっこ》のことで、縄を編んで作った網の四隅に吊り縄を付けて棒にかけ、二人で担いで土石や荷物を運ぶ道具。転じて軽籠を用いて荷を運ぶ人夫（人足）も「かるこ」というようになり、「軽子」の文字を当てた。また、江戸深川の遊廓や茶屋などで客に料理を運ぶ仲居《なかい》までも「軽子」というようになった。

軽　子

カルタ
遊戯や博打《ばくち》に使う札《ふだ》のことで、「歌留多」「骨牌」の文字を当てることもあるが、元来ポルトガル語からの外来語である。「歌ガルタ」や、子供にもわかりやすい

カルタ

「いろはガルタ」「お化けカルタ」などいろいろな種類があり、遊び方もいろいろある。

かるはずみ【軽はずみ】

軽率。熟慮しないで、調子に乗って何かをしたり言ったりすることをいう。「軽はずみなことをしてくれたな」は無分別にとんでもないことをしてくれたなの意。

かれこれ【彼是・彼此】

「ああだこうだ」「あれやこれや」の意や、「だいたい」「おおよそ」の意に用いたりする。「かれこれ言うな」は「とやかく言うな」、「かれこれ昼飯時だな」は「そろそろ昼飯の時間だな」の意。

かわいろ【革色】

緑がかった紺色の複雑な色。武具に用いる革を多くこの色で染めたのでいう。汚れが目立たないので流行した。

川施餓鬼

かわせがき【川施餓鬼】

悪業を犯して餓鬼道地獄《がきどうじごく》に堕ちた者は、物を食べようとすると、食べ物が火となって食べられず、永劫《えいごう》ひもじさに苦しむ。仏教では「施餓鬼」という法会《ほうえ》を して食物を供え、地獄の亡者の霊を慰める。溺死した者の霊を弔うために、川辺や船の上で行う施餓鬼を「川施餓鬼」といった。江戸では隅田川（大川）畔でよく行われたが、現代では廃れてしまった。

かわなみとび【川並鳶】

木場《きば》で働く人夫のこと。用材を川に流して運んだり水に浮かべて保管したりする。鳶口《とびぐち》を用いて材木を引き寄せることからこのように呼ぶ。

かわばおり【韋羽織】

鹿の鞣《なめ》し韋《がわ》を松葉で燻《いぶ》して薄茶染にして作った羽織で、江戸の火消しの 頭《かしら》が火事装束に用いていた。町内の火消は、普段は揃いの印半纏《しるしばんてん》に紺股引《ももひき》、雪駄《せった》履きで、建築や土木の仕事を手伝ったり、町内行事の準備をしたりするが、組の 頭《かしら》は町内の大店《おおだな》に出入りして、雑用や主人の外出のお供をし、白く印を抜いた燻韋《ふすべがわ》の羽織を着て幅を利かせていた。このため火消の頭を「韋羽織《かわばおり》」といった。元来「革」「皮」の字ではなく「韋」の字を使う。

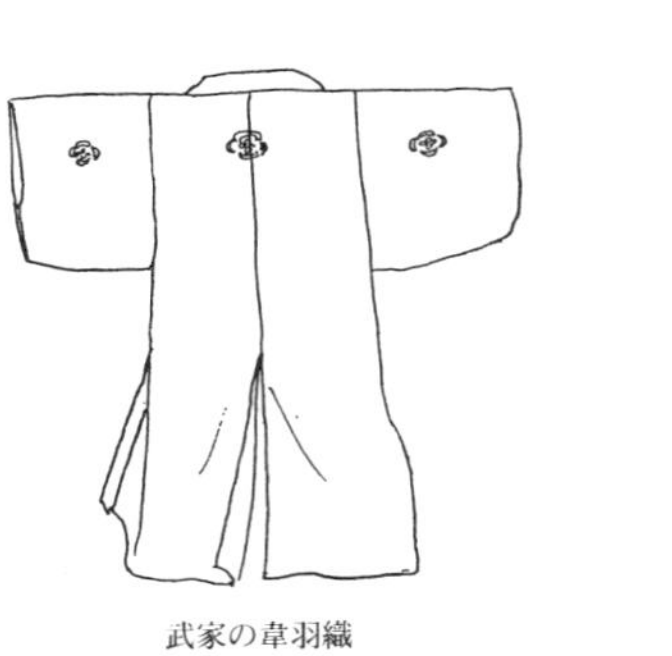

武家の韋羽織

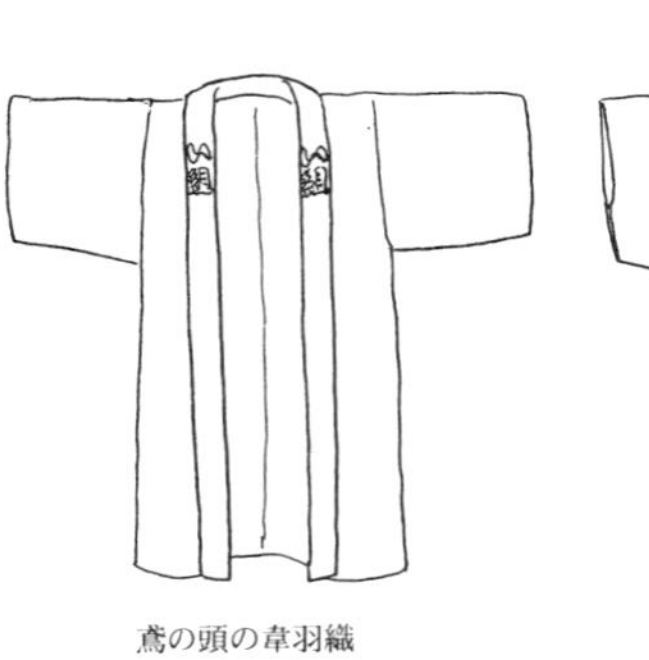

鳶の頭の韋羽織

かわびたりもち【川浸り餅】

江戸時代、船宿や漁民など船を用いる家では、陰暦十二月一日に休業して水難除けに水神を祭り、餅を搗《つ》いて親しい者に配った。この餅を「川浸り餅」という。明治頃まではよく行われていた。

かわや【厠】

便所の古名。古くは川に板を張り出して小屋を掛け、そこで大小便をしたので「川屋」といったが、後に「厠」の文字を用いるようになった。➡手水《ちょうず》

かわらばん【瓦版】

江戸時代には、事件の速報は木版で一枚刷りにし、それを瓦版売りが街頭で売って庶民に知らせた。語源は、粘土の板に文や図を描き、瓦のように焼き固めたものを版にして、墨を塗って刷ったためであるというが、ほとんど木版である。

瓦版［飛騨国の大むかで］

事件の内容を大声で言いながら売ったので、瓦版売りのことを「呼売《よびうり》」「読売《よみうり》」ともいった。

かわりばんこ【代り番こ】
交替で順にすること。子供の用いる語で、「こ」は接尾語である。「代り番こにお使い役をする」などという。

かん【燗】
本来は火加減の意であるが、酒を徳利《とっくり》などの器に入れて程良く温める意となった。酒を温める徳利を「燗徳利《かんどっくり》」といい、銅壺《どうこ》か薬缶《やかん》の湯に酒を入れた徳利を漬けて、温《あたた》まり加減を見計って酒を味わった。「燗をつけてくれ」「寒い時は熱燗《あつかん》が一番だ」などという。燗をしない酒を「冷《ひや》」という。⇩銅壺《どうこ》

かん（燗）

かんがえおち【考え落ち】
落語は洒落や語呂合せなどで噺《はなし》を結び、客を笑わせて終わる。この結びを「落ち」というが、中には内容をよく考えないとわからない凝《こ》った「落ち」もあり、これを「考え落ち」という。

かんがえによっちゃ【考えによっちゃ】
一つの道理に対して、別の考えや視点から思うとの意。「苦労もしたが、考えによっちゃ、こんな冥利《みょうり》に尽きることはありやしねえ」「厳しい躾《しつけ》で辛いであろうが、考えによっちゃ本人の将来の為だ」などと用いる。

かんがらすのくろやき【寒鳥の黒焼】
「かん」は「からす」の「か」に調子をつけているだけで意味はない。黒い鳥を黒焼にするとは、究極の黒さを表している。黒目で物を見ることから、ぼんやりしていたりしてものを良く見ていなかった者に対して、「寒鳥の黒焼でも食ったらどうだ」などと皮肉る。

雁首を揃える

かんからだいこ【かんから太鼓】
胴の細長い小さな太鼓で、甲高く「かんから」と鳴るのでいう。歌舞伎の下座の伴奏や、見世物小屋での軽業《かるわざ》の際などに用いる。

かんかんおどり【看々踊】
江戸時代に、長崎の唐人（中国人）が陽気な歌に合わせた踊りを始め、これが江戸、大坂で大流行した。酒興《しゅきょう》にまかせて「かんかんのう、きゅうれいす……」と滑稽《こっけい》に唄い踊る人が多かった。

がんくびをそろえる【雁首を揃える】
雁の首に形が似ているので煙管《きせる》の頭を「雁首」というが、人の首や頭を乱暴にいう時に使う。「雁首を揃える」は、複数の人が集まることの形容。

かんぐる【勘繰る】
気を回して悪く考えることをいう。特に男女の間で嫉妬から邪推するときなどに用いる。狂訓亭主人『春色梅児誉美』に「こうかんくるとはすいりようしているといふぞくごなり（こう勘繰るとは推量しているという俗語なり）」とある。「そう勘繰りなさんな」などという。

かんげえる
「考える」の訛り。松亭主人『閑情末摘花』巻之一に「嗚呼《ああ》、夫《それ》を考げえると」とある。

かんごり【寒垢離】
寒中の水垢離《みずごり》をいう。身を清浄にし、水の冷たさに耐えて神仏に願掛けをすること。現在では行者の修業や特殊な場合にしか行わない。⇩水垢離《みずごり》を取る

寒垢離

がんじがらめ【雁字搦め】
縄などを幾重にも巻き付けて厳重に縛り、解けぬようにした表現。「雁字搦めに縛られて引き立てられた」などという。

がんじつからおおどしまで【元日から大歳まで】
正月一日から大晦日《おおみそか》まで、つまり一年間、年がら年中、一年中の意。江戸っ子

独特の持って回った言い方。「元日から大歳まで働きづめなのに少しも楽にならない」などと用いる。

かんしゃくだま【癇癪玉】

子供の玩具で、火薬を紙に包んで小さい玉にしたもの。地面に叩きつけると破裂して音がする。ちょっとしたことでもすぐに怒る人を「癇癪持ち」と言い、怒りを爆発させることを「癇癪玉が破裂した」などといった。

癇癪持ち

かんじんかなめ【肝心要】

「肝」は肝臓、「心」は心臓で、人の体にとって最も大切なところ。「肝心要」は最も大切な点、要点をいう語である。「せっかく協力してやろうと思ったのに、肝心要の当人が動かなければどうしようもない」などと用いる。

がんぜないこども【頑是無い子供】

幼くて善悪も是非もわからない聞き分けのない子供をいう。「何しろ頑是ない子供ですから、言って聞かせてもわかりません」などという。

かんちがいする【勘違いする】

直感で思い違いをすることの意。「これはどうも、とんだ勘違いでした」などと用いる。

かんちろり【燗銚釐】

酒を燗するのに用いる金属の容器で、把手《とって》があるものをいう。

かんづつ【環筒】

堂上方《とうしょうがた》（公家衆）が旅行や儀式の間に小用を足すのに用いた竹筒。環がついていたのでいう。武家は「尿筒《しとづつ》」といった。

かんていりゅう【勘亭流】

筆太で、平たく丸味のある書体。歌舞伎の看板や番付などに用いられる。安永八年（一七七九）頃、岡崎勘亭（勘六）が江戸中村座の看板のために書いたのが始まりといわれる。上手に筆を使えない者が書いた、のたくったような文字を「あいつの字は勘亭流だ」などとからかう。➡金釘流《かなくぎりゅう》

かんでふくめるように【噛んで含めるように】

赤子に口で噛み砕いた食物を口移しに与えるのと同じように、よく理解できるように丁寧に教えることをいう。

かんどうこ【燗銅壺】

長火鉢の炭火を使って温める銅製の湯沸しで、よく徳利《とっくり》を入れて酒を燗《かん》するのに用いる。

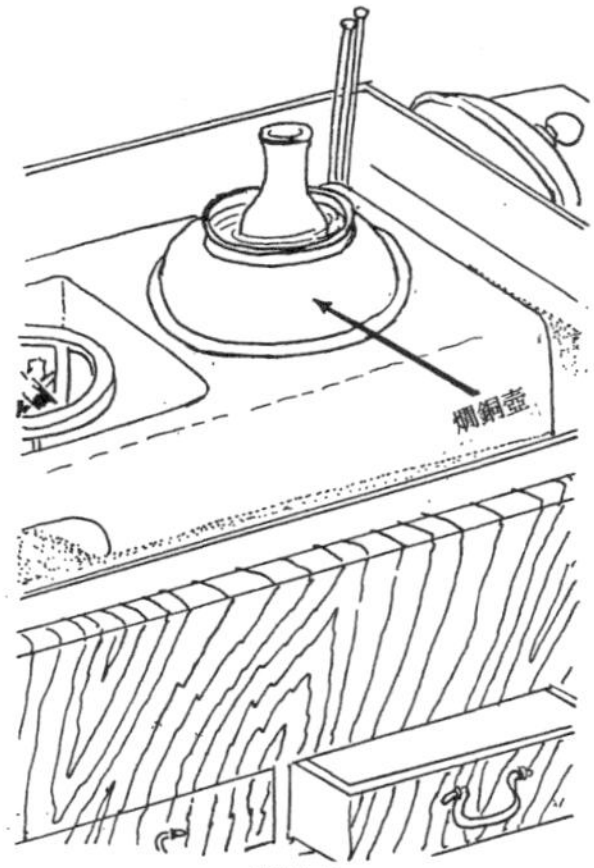

燗銅壺

がんどうちょうちん【強盗提灯】

金属で作った筒型の提灯で、筒底の外側に把手《とって》がある。中の蠟燭台《ろうそくだい》が縦の環と横の環で組まれていて、自由に回転するから、提灯をどの角度に向けようが蠟燭は垂直を保てる。前方だけを照らして、これを持っている者の姿は相手には見えず、伏せると明かりは洩れない。強盗が用いると思われたことからの名。「がんどう」ともいう。

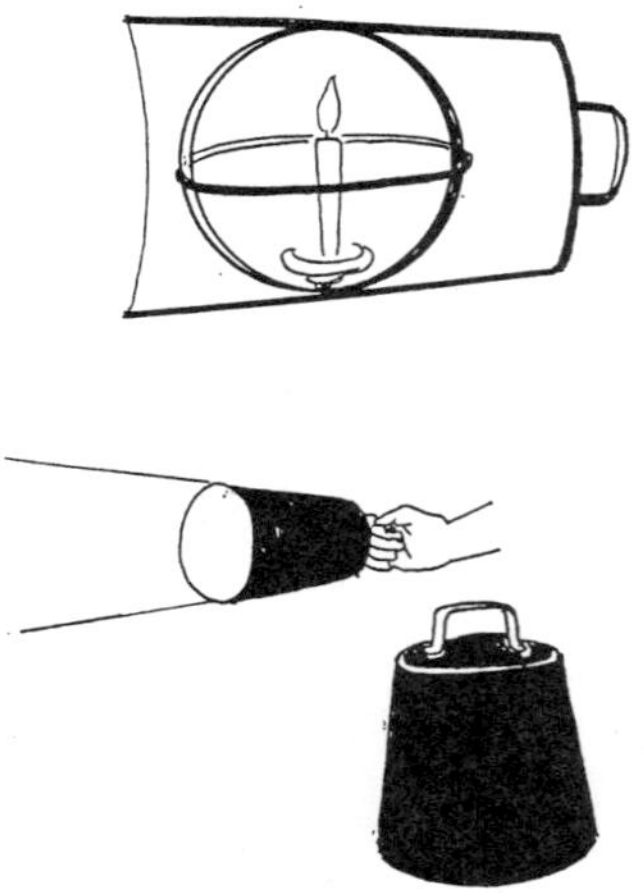
強盗提灯

かんとうのつれしょんべん【関東の連れ小便】

親しい者と並んで立ち小便すること。豊臣秀吉が小田原の北条氏を攻めた際、山の上から小田原城を見下ろしていて尿意をもよおし、従っていた徳川家康も並んで立ち小便しながら親しく話を交えたといわれる。連れ小便は関東に限らない

関東の連れ小便

が、この話から、この表現が広く用いられた。

願人坊主

かんにんぶくろのおがきれた【堪忍袋の緒が切れた】

「堪忍」はこらえ我慢すること、「袋」は堪忍する心の広さの譬《たと》え、「緒」は袋の口を締め結ぶ紐のこと。心の袋に我慢を詰めて耐え忍んでいたが、とうとう満杯になって怒りが爆発することをいう。「さんざんいじめられて、堪忍袋の緒が切れた」などという。

がんにんぼうず【願人坊主】

江戸時代の乞食僧。時には代参や代垢離《ごり》、つまり人に代って神仏に参詣したり、水垢離《みずごり》をしたりする。上野東叡山寛永寺の支配下にあり、僧侶になるまでの間の修業として行う者がいる一方、僧の姿ではあるが喜捨《きしゃ》目当ての物乞いの者がいた。➡すたすた坊主《ぼうず》

かんねんぶつ【寒念仏】

寒い盛りの頃の三十日間、朝早くに野山で声を上げ、念仏を唱える寒行をいうが、僧侶でない者が寒の夜間に鉦を叩いて市中を回り、お賽銭《さいせん》を集めることもあった。一種の物乞いである。「かんねんぶつ」ともいう。

寒念仏［絵本世都濃登起］

かんばん【看板】

商店などでは商品や屋号などを人目につきやすいように板に書き、店先や店の屋根に掲げる。江戸時代は、武家の下僕が着ていた主家の紋所を大きく白抜きした紺色の法被《はっぴ》も「紺看板《こんかんばん》」といい、紋所や屋号を書いた提灯《ちょうちん》も「看板」といった。転じて、注目を集めて自慢の種や人寄せとなる物や人なども「かんばん」といった。

看　板

かんばん【御神燈】

江戸時代から明治・大正頃まで、鳶《とび》の頭《かしら》や職人の家、芸妓屋などでは縁起をかついで戸口に「御神燈《ごしんとう》」と書いた提灯を吊るした。これを俗に「かんばん」といい、芸妓などが独立して店を出すことを「御神燈《かんばん》を出す」といった。

御神燈

かんぶつえ【灌仏会】

お釈迦様が誕生した日と伝えられる四月八日に行われる仏教の祝い行事。その日はどこの寺でも、天と地を指差している生まれたばかりのお釈迦様の像を、花御堂の蓮華の花をかたどった水盤の中央に立てて、参拝客は甘茶をその像に注いだ。信者は竹の筒に甘茶を入れてもらい、何分かの喜捨《きしゃ》をする。「花祭り」ともいう。昭和の初め頃まで盛んで、寺は賑わった。

灌仏会［絵本吾妻抉］

かんべん【勘弁】
「勘」は思慮、考えること。「弁」はわきまえること、分別の意で、二文字を合わせて「考えわきまえること」の意である。「勘弁してくれ」「十分に考えろよ」は「よく考えて理解して許してくれよ」の意で「許してくれ」の表現。「勘弁ならねえ」は「熟慮しても理解できない言動だ」の意から「許せない」ということである。

かんろく【貫禄】
「貫」は昔の重量の単位で、「禄」は仕官をしている者が身分や地位によって受け取る給与。この二字を合せて、身体に備わっている威厳や重み、高い地位に相応しい言動や態度を表した。「あの人はなかなか貫録のある態度だ」「図体《ずうたい》は立派だが、まったく貫録が無い人だ」などと用いる。

競い肌

「き」

き【気】
精神、感じ、意欲、関心など、心の状態や心の動きを表す語で多くの表現に用いられる。「気が重い」は気分がすぐれぬことの形容。「気が詰まる」は憂鬱《ゆううつ》になる、「気が登る」は逆上すること。「気が休まらない」は安堵《あんど》していられない、「気は心」はわずかのことでも誠意がこもっていることの意。

きいきいがわるい【きいきいが悪い】
「きい」は「気」の意の幼児語で、つまり、気分が悪い、病気であること。子供に向かって「きいきいが悪いんだからお医者様のところに行こうよ」などという。

きいたふうなこと【利いた風なこと・聞いた風なこと】
よく知りもしないのに、いかにも通じているふりをすることをいう。相手の知ったかぶりが癪《しゃく》に障ったときなどに「利いた風なことを言うな」などと用いる。

きいっぽん【生一本】
「生《き》」はうまれつきの作意のない精神のこと、「一本」は一途なことの意。飾り立てることなく、ひたすら一つのことに打ち込む性格をいう。「生《き》」は「生薬《きぐすり》」「生醤油《きじょうゆ》」など混ぜ物を加えていないものの意にも用いる。

きいろいこえ【黄色い声】
甲高い声を出すことを「黄色い声を張り上げて」という。「きいきい声」ともいう。

きいろいもの【黄色いもの】
「黄色」は「黄金」を意味し、江戸時代には高額の金銭、特に大判、小判をいった。「なあに、ちょっと黄色いものを奮発すれば叶うことだよ」などという。

きおいはだ【競い肌・侠気肌・気負い肌】
男気があって、困っている人を黙って見過ごせず、けしかけられるとすぐに調子にのって、世話を焼こうとしゃしゃり出る江戸っ子の性格の一つをいう。「勇み肌」ともいう。➡勇《いさ》み肌《はだ》

きがある【気がある】
関心がある、恋い慕う気持ちがあるの意。「あいつはあの女に気がある」などという。

きがきでない【気が気でない】
気になって落ちつかないこと、心配でおろおろしていることの形容。「遅れるのではないかと思うと気が気でない」などと用いる。

きがまめつぶみたいな【気が豆粒みたいな】
意欲・度量が豆粒のように小さいことの譬《たと》え。臆病《おくびょう》、気が弱いの意。「あいつは気が豆粒みたいな奴だ」などという。

きがもめのきちじょうじ【気が揉めの吉祥寺】
気が揉める、気に病む、気にかかるの意の洒落《しゃれ》言葉で、「き」の音を掛けただけで「吉祥寺」に意味はない。「そんな話を聞くと、大きに気が揉めの吉祥寺だ」などという。吉祥寺は東京都文京区本駒込の寺で、八百屋お七の物語で有名だから、江戸っ子はすぐに口にする名である。

きがらす【着枯らす】
一枚の着物を襤褸《ぼろ》になるまで着ること。さんざん着て襤褸になった着物は「着枯《きがら》し」という。「この着物はもう着枯らしだが、新しいのを買う余裕がないから仕方がない」などという。

ききかじる【聞き齧る】
他人の話をちょっと聞いただけで知ったかぶりをすることをいう。「そんな聞きっ齧りじゃあ通用しないよ」「あの人は他人の聞きっ齧りで知識人ぶっている」な

どと促音を入れていう場合も多い。「聞きはつる」に同じ。聞き齧って得た知識を「耳学問《みみがくもん》」という。

ききざけ【利酒・聞酒】
酒を口に含んで味わい、良し悪しを判断することをいう。普通は、口に含んだ酒は飲まずに吐き出す。「利酒をした上で、これが一番お口に合うと自信をもってお出ししました」などという。

ききっこ【聞きっこ】
「〜っこ」は接尾語で「〜すること」の意。「ああでもないこうでもないと言うより、黙ってこっちの話を聞きっこだ」（黙って俺の話を聞けよ）などという。

ききべた【聞き下手】
「べた」は「へた」の訛り。他人の話をよく理解していなかったり、受け答えが当を得ておらず下手だったりして、相手に気軽に話をさせることのできない者をいう。

ききみみをたてる【聞耳を立てる】
よく聞こうとして耳をそばだてること。その反対が「聞耳を潰《つぶ》す」で、わざと聞えないふりをすることをいう。

ぎくしゃく
擬音的表現。言い方や行動や関係がぎこちなく、素直にいかないことに対していう。「あの人とはどうもぎくしゃくしてうまく付き合えない」などと用いる。

きぐらい【気位】
自分の品位を保とうとすることをいう。「あの男は気位ばかり高くて扱いにくい」などという。

きけもの【利け者】
働きの鮮やかな人、腕利きの人の意。「利《き》き者」「切《き》れ者」ともいう。「利《き》け」は利《り》にさとく物事の運用が上手なことをいう。「番頭が利け者だからあの店は繁昌している」などという。

きげんきづまをとる【機嫌気褄を取る】
「機嫌を取る」と「褄《つま》（着物の裾《すそ》の両端）を取る」を語呂よく結び付けた語で、躍起になって機嫌を取るの意。ひたすら相手の気に入るように振舞うことの表現。曲山人補綴の『仮名文章娘節用』にも「気げん気づまをとるにも及ばず」と記されるが、相手の御機嫌を取らなくても良いの意。⬇褄《つま》を取《と》る

きこうさん【貴公さん】
江戸時代の吉原などで、客の名前がわからない場合、遊女が鄭重《ていちょう》な呼び名として用いた語。「貴公」とは武士同士が相手に呼びかける際に用いる尊称であり、遊女の知恵でこれを真似た。「貴公様《さま》」というと堅苦しいので、親しみを込めて「貴公さん」といった。

きこえた【聞えた】
「聞えた」は確かに耳に入ったの意で、「わかった」ということ。「そうか、聞えた」は「そうか、わかった」の意。十返舎一九の『東海道中膝栗毛』でも弥次郎兵衛が「ハア聞えた」と「ああ、わかった」の意に用いている。

きこえよがし【聞えよがし】
良くない点や落ち度などに対する当てこすりや批判を、直《じか》に当人には言わないくせに、わざと当人に聞えるように意識的に言うこと。「聞えよがしにあんなことを言いやがって、まったく腹立たしい奴だ」などと用いる。

ぎこぎこ
鋸《のこぎり》を挽いたり、鑢《やすり》をかけたりする時の音の表現で、工作しているさま。「ぎこぎこやっているうちにどうやら形になった」などという。

ぎこちない
物言いや動作などが円滑でなく、何となくぎくしゃくしていることの形容。無愛想で洗練されていないことの意味にも用いる。「相手が堅物《かたぶつ》なので、砕《くだ》けた話もできず、何となくぎこちなかった」などと用いる。

きこんかぎり【機根限り・気根限り】
「気根」は「根気」と同じで、耐えられる力のことであるから、辛棒強く、意志の続く限りの意。「気根かぎり、情限り打ち込んだ」などといい、惚れた場合をいう時には全身全霊をかけた表現として用いる。一人の遊女を争って、無理をしてでも誠意を見せ合うことを「気根競《くら》べ」という。

きざ【気障】
「きざわり」の略で、気に障るほど気取った言動や態度、服装をいう。本人は粋《いき》なつもりでも、心の底が透けて見えて嫌な感じを与える。「あいつは気障な奴だ」などという。狂訓亭主人『春色辰巳園』巻之七の「又一つ気障が増えた」は「また一人、嫌味な奴が出てきた」の意。

きじのくろやきでものんだよう【雉の黒焼でも呑んだよう】
雉は「ケンケン」と甲高い声で鳴くから、甲高い声の者はきっと雉の黒焼（蒸焼）でも丸呑みしたのであろうとの表現。「そう雉の黒焼を呑んだような声を出すな」などという。

きしゃごはじき【細螺弾き・喜佐古弾き】
少女の遊戯。現代では「おはじき」という。「きしゃご」は「きさご（海の巻貝の一種）」の江戸訛り。遊ぶ者が「きさご」の貝殻を出し合って場に撒《ま》き、指で弾いて当たった貝殻を取り合う。どれにも当たらぬと弾き手を交替し、取った貝殻の多い方が勝ち。明治から大正にかけて硝子製の平たい玉を用いるようになった。指で弾くことから「おはじき」の言い方

きしゃごはじき

が一般的になった。⇩御弾《おはじ》き

きしょう【起請】

「起請文《きしょうぶん》」のこと。熊野牛王の烏《からす》の黒印文のある紙を用い、約束事や契約文を書いて血判を捺して差し出す。約束事を破ると熊野権現の祟《たた》りがあるとされ、武士は役職に就いたときなどに起請文を書いて提出した。後に民間でも行われ、遊里では客を喜ばすために二世を契る約束として遊女と客がよく起請文を交した。また、離れられない仲を「起請文を交《かわ》した仲」という。固い約束を破られると「起請文まで交したのに」と嘆いた。

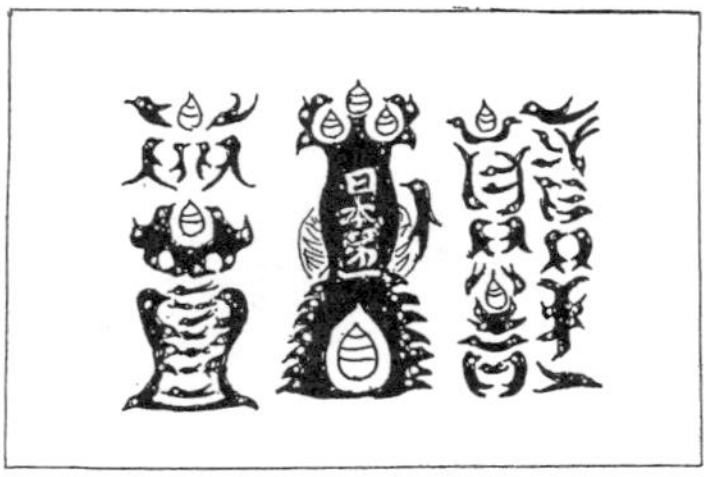

起　請

きずいもの【気随者】

気持に随うの意で、気ままに思いのままに行動する者、わがまま勝手な者をいう。「あいつは気随者だから、いつ気が変わるか当てにならない」などという。「気《き》随気侭《ずいきまま》」ともいう。

ぎすぎす

人当たりが悪く、とげとげしくて親しみを感じられない者の形容。「ぎすぎすして感じが悪い女だ」などという。

きすけ【喜助】

個人の名でなく、江戸の遊里で雑用をする若い衆をいう。

きずもの【傷物・疵物】

疵のある商品はなかなか買手が付かぬし、完品よりはるかに価値がさがる。昭和前期までは女性は結婚までは貞操を守るのが当り前とされ、結婚前に処女を失った女性は「疵物」といわれて結婚の条件が悪く、「美女だが疵物だからな」「よくも大事な娘を疵物にしたな」などといった。離婚した女性も疵物とされる。男を「疵物」という場合は「前科者」の意。

きせる【煙管】

①刻み煙草を吸う道具。「羅宇《らう》」の両端にそれぞれ金具をはめる。一方には「吸口」の金具をはめる。もう一方には雁の首のように曲っている「雁首《がんくび》」という金具をはめ、その小さな椀状の火皿に刻み煙草を詰める。⇩延煙管《のべぎせる》、銀煙管《ぎんぎせる》に脂下《やにさ》がり、羅宇屋《らおや》

②電車などを利用する際、乗車地から一駅分、目的地の手前一駅分だけの乗車賃を払って乗り降りし、中間の料金を胡麻《ごま》化《か》すこと。両端だけが金具の煙管になぞらえて、この不正乗車を「きせる」という。

きせるのがんくびがとんでくる【煙管の雁首が飛んでくる】

昔の芸事の師匠は、口で注意する代りに長煙管で弟子を叩くことがあった。子供の躾《しつけ》に長煙管で叩く親もあった。「雁首」は煙管の頭の金具で、「飛ぶ」は雁に掛けた表現。「うっかり怠けていると、すぐ煙管の雁首が飛んでくる」などと用い、厳しく叱られることの形容である。

きたかちょうさんまってたほい【来たか長さん待ってたほい】

相手がこちらの予期していた行動をとった時に、「それは予想していたからすぐ対応できる」という意で用いる。江戸っ子好みの調子の良い表現である。

きたきりすずめ【着たきり雀】

御伽噺《おとぎばなし》の「舌切り雀」の語呂合わせで、一年中同じ着物を着ている貧乏な人。「おれはいつも着たきり雀だ」などという。江戸っ子は地口（諺《ことわざ》などを語呂合わせして異なる意にする洒落《しゃれ》）を好んだ。

気違い水

きたけもねむる【木竹も眠る】

「草木も眠る」と同じで、夜が更けて気味の悪いほどあたりが静まり返ることの形容。「木竹も眠る丑三《うしみ》つ時（午前二時から二時半頃）」などという。

きたざと【北里】

北国《ほっこく》ともいう。江戸城の北に当たる新吉原遊廓をいう。

きたねえ【汚え】

「汚《きたな》い」の訛り。不潔の意から不快に感じることにまで広く用いられる。「そんなことをするなんてきたねえぞ」「きたねえ真似をするな」「根性がきたねえ野郎だ」などと用いる。

きたりきのすけ【来り喜之助】

「来り」の「き」と「喜」の語呂合わせ。天明頃に山東京伝が書いた洒落《しゃれ》本『通言総籬』に北里喜之助の名があるので、洒落て言ったらしい。「おっと待ってました」「よしきた」と引き受ける時に、このように調子良く洒落て返事する。

きちがいみず【気違い水】

酒の異名。深酒やがぶ飲みして正気を失い、酔って絡んだり暴れたりする者があるところからの名。「あれほど気違い水を呑ますなと言ったのに」などという。

きちっと

すべてが整然としていること。正確にの意。「いつ見てもきちっと整っている」

「いつもきちっと支払ってくれる」などと用いる。文句をいう隙もないこと、過不足ないこと。

きちもじん【鬼子母神】

江戸っ子は「きし」を「きち」と訛って「きちもじん」という。鬼子母神は安産や子育ての神。もとは他人の子を食う鬼のような女であったが、仏に末子を隠されて親心を知り、仏教に帰依《きえ》したといわれる。江戸では雑司ヶ谷と入谷の鬼子母神が有名で、恐れ入ったりびっくりした時に調子良く語呂会わせして、「吃驚下《びっくりした》谷《や》の広徳寺《こうとくじ》、恐れ入谷《いりや》の鬼子母神《きちもじん》」といい、慣用句のようによく用いた。⬇吃驚《びっくり》

下谷《したや》の広徳寺《こうとくじ》恐《おそ》れ入谷《いりや》の鬼子母神《きちもじん》

きっかい【奇っ怪】

「奇怪《きかい》」を強めて「きっかい」という。不思議なこと、怪しいこと、不都合なこと、筋道が通らぬことの意で、武士が咎《とが》め立てする時によく用い、「奇《き》っ怪至極《かいしごく》」「奇っ怪な話だ」などといった。庶民は訛って「きっけえな話だ」などという。

きづかい【気遣い】

心遣い、配慮、心を配ることをいう。為永春水『春色英対暖語』巻之五に「其気配《きづかい》もあるまいから」とあるのは、「その心配はないだろうから」の意。職人などは訛って「きづけえ」という。

きっかけ【切っ掛け】

物事が始まるときのはずみや端緒、また、合図などの意で用いられる。「一人が喋り出したのをきっかけに」「ちょっとしたきっかけでつきあうようになった」などという。「認められるきっかけを作った」『甲陽軍鑑』巻七品第十六の「法を重じ奉り、何事も無事にとばかりならば、諸侍、男道のきつかけをはづし、みな不足を堪忍仕る臆病者になり候はん」の「きっかけ」は「意気込み」の意である。

きっかり

ちょうどの意で、数などがぴったり合っていて端数がないことの形容。「待っていたら、約束の時間きっかりにやって来た」などと用いる。

きっころばす【切っ転ばす】

切り倒すこと。「切り転ばす」の訛り。

ぎっしり

隙間なく一杯に詰まっていることの形容で、「ぎっちり」も同じ。「ぎっしり詰め込んだ」などという。

鬼子母神

きつじるし【狐印】

「印」は上に付く語をはっきり言いたくない場合にほのめかして表現する際に用いる。「きつ」は「狐《きつね》」の略。狐の霊を恐れた言い方。「これは狐印《きつじるし》が取り憑《つ》いたんだ」などという。⬇狐憑《きつねつ》き

きっすい【生粋】

混じり気のないこと。「生粋の江戸っ子」は、代々江戸に住んでいて他国の血の混じらない江戸の住人、「生粋の灘の酒」は、他所で造られた酒が混じっていない灘の酒の意。

きったはった【切った張った】

「切った」は刃物で切ること、「張った」は手で叩くことで、暴力をともなう大喧嘩《おおげんか》の意である。「切ったり張ったり」ともいい、「切った張ったの大騒動」などと用いる。

きっちょうじ【吉丁字】

行灯《あんどん》の灯心《とうしん》の火が消えた際に灯心の先端が丁字型になると縁起が良いとされ、「吉丁字になった」といって喜んだ。明治以降は行灯を用いなくなったからこの迷信も失われた。

きっちり

隙間のないこと。「きちんと」と同じ。ぴったり、正確に、確実にの意に用いる。「きっちり襟を合わせた」「きっちり戸を閉めた」「きっちり話をつけた」などと用いる。

きってまわす【切って回す】

「切り盛り」「切り回し」をすること。中心となって取り仕切り、巧みにさばいて運営することをいう。「あの仕事を切って回した」などと用いる。

きっと【屹度・急度】

きっちりと、きちんと、必ずの意で、「きっと約束を守ってね」などという。厳しく、厳重にの意にも転用し、江戸時代には「屹度叱《きっとしか》り」という刑罰があった。白洲で厳しく叱責《しっせき》される刑で、「叱《しか》り」の罪より一級重い。

きつねけん【狐拳】

拳の一種で、花街などの座敷内で遊女

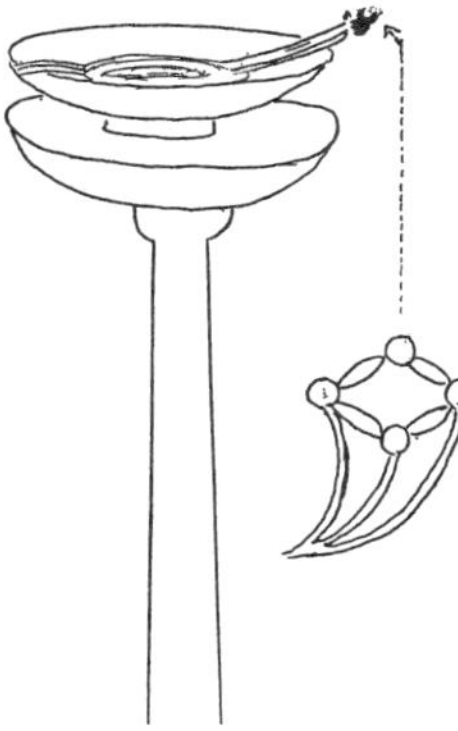

吉丁字（灯心の先の火が消えた時に右下の形に似ることをいう）

や幇間《たいこもち》、芸人を相手に大人が行った遊戯。「狐」は両手を開いて頭に当て、耳の形を作る。「鉄砲」は狩人の意で、鉄砲を構える格好をする。「庄屋」は肩を張って両手を膝に置く。いわゆる三竦《すく》みで、狐は狩人に負け、狩人は庄屋に負け、庄屋は狐に負ける。⇩藤八拳《とうはちけん》

きつねざけ【狐酒】

逆さにした瓢箪《ひょうたん》からいつまでも水が流れ落ちる見世物のこと。瓢箪の口《くち》に硝子《がらす》の管を通し、管は後の高い台に置いてある手桶に繋《つな》がっている。流れ出る手桶の水も硝子の管も透明なので、瓢箪からいつまでも水が流れ出ているように見える仕掛けで、子供達は不思議に思っていた。

庄屋　　鉄砲　　狐

狐拳

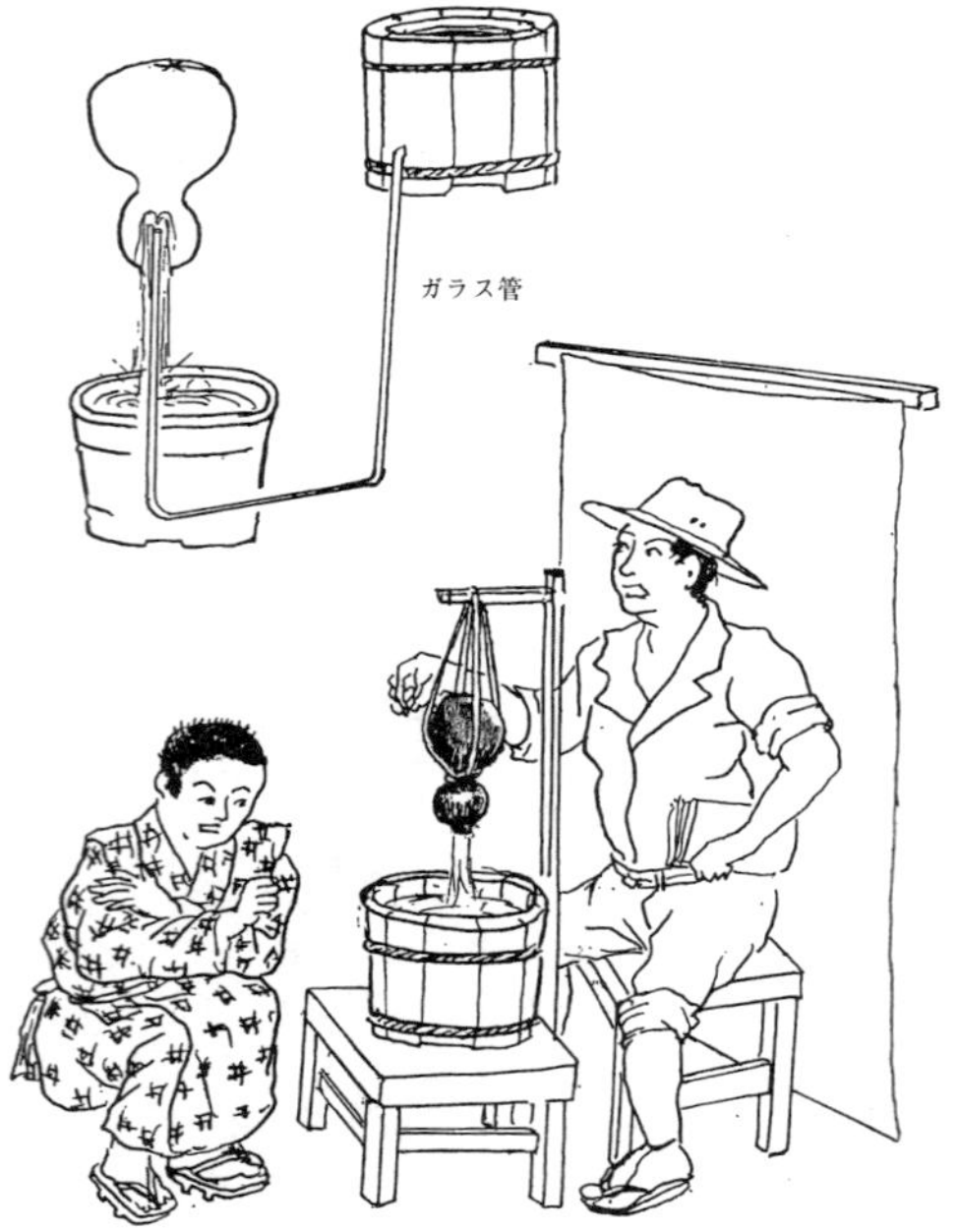

狐酒

往来で的屋《てきや》がこれをやってみせ、仕掛けを書いたパンフレットを売った。

きつねつき【狐憑き】

昔は精神的な錯乱を起こした人やその様子をこのように言った。狐の霊が取り憑いたと思われていたのである。また、正気に戻すため、祈禱《きとう》師《し》にその狐の霊を祓《はら》ってもらうことを「狐下《きつねお》ろし」といった。⇩狐印《きつじるし》

きっぱり

はっきり、明快にの意。「きっぱり断った」は後腐《あとくさ》れのないように、後を引かぬようにはっきりと断った意。

きっぷ【生っ腑・気風】

気性、心意気のこと。「腑」は内臓のことで「肝っ玉」「度胸」などを表している。「江戸っ子は生っ腑が良い」は「江戸っ子は気前が良い、潔《いさぎよ》い」の意である。「気風」とも書く。

きでいく【生でいく】

「生《き》」は混じり気のないことの意。その人の性格そのままを生かして物事を行うことをいう。「この人の好みを生《き》でいった作品だ」などという。

きてれつ【奇天烈】

大変不思議なことの形容。「奇妙《きみょう》奇天《きて》烈《れつ》」と類語を並べ、意味を強めて語呂良くいうことが多い。人間業《にんげんわざ》とは思えないほど素晴らしいの意で褒《ほ》め言葉としても用いた。

きどりや【気取り屋】

他人に自分を良く見せようと言動を飾ることを「気取る」というが、それが習い性となって体裁ばかり気にする者をいう。「あの男は気取り屋だからいつも澄ましている」などという。

きながしすがた【着流し姿】

江戸時代の武士は外出時には裃《かみしも》に袴《はかま》、江戸末期には羽織《はおり》に袴で、庶民も改まった時は羽織袴を着たが、家庭でくつろぐ時などは着物だけとなり、これを「着流し」といった。着物だけだとすらりと見えて粋であったので、若い者や職人は着流しで裾《すそ》の片方をちょっと上げる洒落《しゃれ》たスタイルを好んだ。

着流し

きなくさい【きな臭い】
物の焦げるにおいがすること。「きなくせえぞ。何処《どこ》か焦げているんじゃねえか」などという。転じて危険なことや、物騒《ぶっそう》なことが起こりそうな予感を表す。「そんなきなくせえ話は眉唾《まゆつば》もんだ」などという。⇩眉唾《まゆつば》

きにとりがとまった【木に鳥が止まった】
大人の早口言葉のやり取りで、冗談口でいう。「なかなかもって合点《がってん》だが、木に鳥が止まった。何の木に止まった。柳の木に止まった。何の鳥が止まった。燕《つばめ》を止まらかして、これをそっちへ渡した。請け取りかしこまって、なかなかもって合点だ」という。狂訓亭主人の『春色辰巳園』巻之六に載っている。

きにやむ【気に病む】
「気」は感じ、気分。心に引っかかって憂鬱《ゆううつ》になること、悶々《もんもん》と悩むことをいう。

気に病む

きぬぎぬのわかれ【後朝の別れ・衣衣の別れ】
同衾《どうきん》した男女が翌朝に別れる時の表現で昔から用いられてきたが、江戸時代には、遊女屋で一泊した客が翌朝、遊女と名残惜しげに別れることをいった。「きぬぎぬ」は別れの仕度に身につけるめいめいの衣類のことである。繊細な表現である。

きのかしら【木の頭・柝の頭】
火の用心の夜回りや火事を知らせるために叩く拍子木《ひょうしぎ》のこと。「柝《き》」、「チョンチョン」ともいった。拍子木は堅い樫の木をよく乾燥させ、同じ長さの細い四角柱に切りそろえたもので、打ち合わせると「チョン」という澄んだ音が遠くまで聞える。先端部分（頭）を打ち合わせるので「木の頭」という。拍子木を叩いて夜回りするのは江戸独特の風習で、昭和の初め頃まで行われた。また芝居では動作の折り目や合図に打ったことから、「柝の頭を入れる」で、折り目を付けるの意を表す。

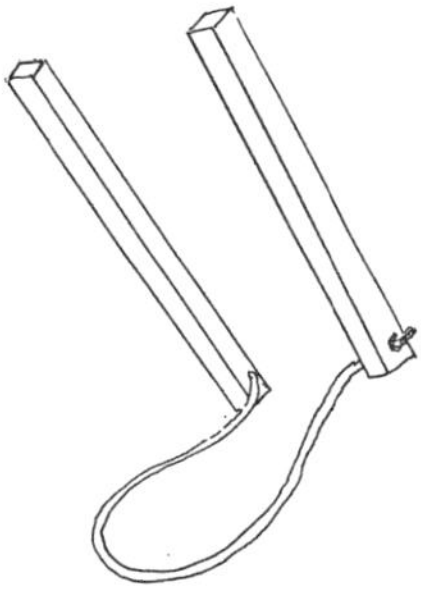
木の頭

きのかったひと【気の勝った人】
勝ち気。負けず嫌いの人、他人に遅れをとるのが嫌な人、他人にケチをつけられるのをもっとも嫌う人の意。「あの人は気の勝った人だから、何となく付き合い難い」などと用いる。

きのそら【木の空】
「木」は磔柱《はりつけばしら》を表し、高々と磔柱にかけられて殺されようとしている状態のことをいう。磔の刑にかけられる者は重罪人である。「そんなに恐ろしいことをすると木の空から見下ろすようになるぞ」などと用いる。

きのどくをえにかいてぼうのさきにつけてふりまわす【気の毒を絵に描いて棒の先につけて振り回す】
あまりにも典型的な気の毒な状態にある人を「気の毒を絵に描いたような人だ」と表現するが、それをさらに強めている表現。相手が気の毒やら滑稽《こっけい》やらでたまらない様子。いかにも江戸っ子好みの言い方である。「馬鹿だなあ、気の毒な奴だなあ」の意として用いた。

きのぼり【木登り】
高いところに登ると優越感に浸れるので、木にかぎらず、梯子《はしご》や屋根などに登って下を通る人に悪戯《いたずら》をする子が多かった。樹の股に寝そべったり、板を渡して座ったりする。東京は大正時代頃まで屋敷町や寺社の境内《けいだい》、また裏長屋の裏手にも大きな樹木が茂っていたので、木登り競争・木登り遊びがよく行われた。

きのみきたまま【着のみ着たまま】
着替えがなく、いつも同じ着物を着ていることの形容。「着のみ着のまま」ともいう。⇩着《き》たきり雀《すずめ》

きはこころ【気は心】
わずかなことでも誠意がこもっていることをいう。贈り物をする時などによく用いる表現。「わずかなものですが、気は心ですから」は「大したものではありませんが、気持ちを表すための贈り物です」の意。意地と人情を見栄とする江戸っ子は、相手に誠意を見せるため、よく「気

木登り

は心」と使う。

きばる【気張る】

意気込んで行動すること。無理にがんばって見栄を張る意もあり、「気張って御《ご》祝儀《しゅうぎ》をはずんだ」などという。

きびがわりい【気味が悪い】

「きび」は「気味《きみ》」の訛りで、「わりい」は「悪《わる》い」の訛り。気持ちが悪い、不愉快で恐ろしいことの形容。「あそこを通るときびがわりい」などという。狂訓亭主人『春色英対暖語』巻之四にも「なんだか気味がわりい様だ」とある。不愉快で不気味なことを「薄気味悪《うすきびわる》い」という。

きびきび

無駄なく機敏に行動するさまであり、態度に活気があり好感のもてるさま。「あの人はきびきびしていて、流石《さすが》に江戸っ子だ」などと用いる。

きぼくろ【着黒子】

女性の髪の生え際に生じる「ほくろ」。着物が増える印だといわれ、ここに「ほくろ」ができると往時の女性は喜んだ。

きぼっち

「き」は接頭語で「そのまま」「すべて」の意を表す。「ぼっち」は「坊主《ぼうず》」の訛りで、この場合は憎ではなく小児をいう蔑称または親称。「きぼっち」は「丸っきりの子供」の意。「まだきぼっちだから無邪気だよ」などという。子供を「坊主」というのは、大人のように結髪《けっぱつ》しないからである。

木　枕

きまくら【木枕】

木枠の上に蕎麦殻《そばがら》を詰めた細長い布袋をくくり付けた枕。江戸時代は男も女も結髪していたので、髪が乱れないように頭全体ではなく頸《くび》に枕を当てた。木枠の台に小物を入れる引出しがついているものもあった。「箱枕《はこまくら》」ともいう。

きまずい【気不味い】

互いに嫌な感じがする、何となくしっくりしない、気詰りで愉快でないことをいう。「前にあんなことがあったから、会っても何となく気不味《きまず》い感じだ」などと用いる。

きまり【極り・決り】

①規則、定め、区分。「商売は商売、遊びは遊びと、極りをつけている」などと用いる。

②清算すること。「支払はきちんと極りをつけて下さい」などと用いる。松亭主人『閑情末摘花』巻之二に「極りをつけてなさるから能《よ》ございます」とある。

③いつものこと。習慣。「お」をつけることもあり、「晩飯には（お銚子《ちょうし》を）一本つけるのがおきまりになっていた」などという。

④江戸時代には、遊郭で遊女の方から客に惚れて良い仲になることを言った。

⑤状況がぴたりとはまり、釣り合いがとれていること。「彼氏と彼女と連れ添っているところは極りだね」とは、お似合いだという意。

きまりがわるい【決りが悪い・極りが悪い】

他人に対してなんとなく恥ずかしく、具合が悪いこと、気持ちが落ち着かないこと、面目ないことをいう。「きまり悪い」ともいう。「大したことでもないのに、そんなに褒《ほ》められてはきまりが悪い」などと用いる。

きみ【君】

古くは帝王を呼ぶ語で、時代が下って主君を呼んだが、幕末頃から同格の男同士が呼び合うようになった。明治・大正頃は、インテリ言葉として男が「あなた」の代わりに用いた。手紙では、自分の方が立場が上であると思う時に、宛名の次に「様」ではなく「君」と書く。「〇〇君《くん》」と音読みにする。

きみょう【奇妙】

「珍しいこと」、「不思議」の意。「珍しくてすばらしい」の意として、褒《ほ》め言葉でもある。十返舎一九『続膝栗毛』七編上の「コリヤ奇妙」は、これは不思議だの意。➡奇天烈《きてれつ》

きみょうきみょう【奇妙奇妙】

「奇妙」を重複させて、変わっていて面白い、変わった趣向《しゅこう》だの意。十返舎一九『続々膝栗毛』三編上の「奇妙奇妙、そんならおいらは」は「それは面白い趣向だ。それなら私は対抗して」の意。

きめ【決め・極め】

決定し約束すること。子供達も遊びのルールを作ったり約束したりすると「きーめた」と言い合う。「一度きめたら二度と変更しない」などと用いる。

きめえもの【気前者】

「きめえ」は「気前」の訛り。気前が良い者、生《き》っ腑《ぶ》の良い者、物惜しみしない者の意。曲山人補綴の『仮名文章娘節用』に「よっぽど気めえもので」とあるのは「よほど生《き》っ腑《ぶ》の良い割り切った女で」の意。

きめずきん【きめ頭巾】

頭と両頬と顎《あご》までを包み、目だけを出す頭巾をいう。いろいろな形式があるが、おもに僧侶や医者などが被った。「気侭《きまま》頭巾」の訛りともいわれるが不明。

きめ頭巾

きめだんご【極め団子】
「桃太郎噺」の黍《きび》団子に掛けたもじりで、飲酒のことをいう。酒を飲みに行こうと言う時に「一杯きめだんごにしよう」と洒落《しゃれ》ていう。

きめのさらやま【極めの佐良山】
「久米の佐良山」の「久米《くめ》」に「極《き》め」を掛けた洒落《しゃれ》言葉で、決定したの意。「さあ、これで極めの佐良山だ。皆それで良いな」などという。「久米の佐良山」は岡山県にあるが、歌枕なので往時はほとんど誰もが知っていた地名であった。現代の東京においては、なじみのない地名であろう。

きもいり【肝煎・肝入】
人と人の中を取り持つことをいい、またそれを業《なり》としている者をいう。就職の肝煎をする者を「口入屋」といった。悪質な胆煎《きもいり》をする者もあった。➡口入《くちいれ》

きもがつぶれる【胆が潰れる】
江戸時代頃までは「胆《きも》」はもっとも重要な内臓で、気力や度胸はその中にあると考えられていた。その重要な胆が潰れるほど驚いたり恐怖を感じたりすることを表現した言い方。非常に驚くこと。「胆《きも》っ玉《たま》が潰れる」ともいう。

きもをくだく【肝を砕く】
「心を砕く」に同じ。あれこれと思い悩み、細心の注意を払うこと。「肝を砕いて仕上げた」などと大工の棟梁《とうりょう》などがよく用いた。

ぎゃある
江戸時代、下賤の者が「御意《ぎょい》ある」と言おうとして訛った言葉である。「仰《おおせ》られる」の意。奴《やっこ》言葉で「ぎゃあるから、その通りにしたんだ」などという。敬意はあまり感じられない。

ぎゃく【瘧】
「おこり」ともいい、熱病の一種でマラリアを指すことが多い。この病気に伝染すると寒がって震えたり吐いたりするので、江戸時代は悪鬼が憑《つ》いたと思って「ぎゃくに取り憑かれた」などといい、発作が止むと「瘧《おこり》が落ちた」（悪鬼が去った）といった。

きゃくふり【客振り】
我侭《わがまま》で、客の選り好みがはなはだしく、すぐに客を嫌ったり、愛想づかしをしたりする遊女をいう。

きゃたつ【脚立・脚榻】
低い踏み台で、四脚のある木製のものをいう。時には枕代わりにして昼寝に用いたりする。『誹風柳多留』に「神酒《みき》徳利脚榻の上で振って見る（酒が飲みたくなって神棚に供えた御神酒徳利を思い出し、脚立《きゃたつ》に乗って手を伸ばして、まだ御神酒があるかどうか振ってみたの意）」とあるように、江戸時代の脚立は鴨居のわずか上までしか手が届かぬ低いものであった。明治以降の踏み台は六十センチほどの高さで二段になり、下段は紙屑入れになった。後に、二本の梯子《はしご》を両側から合わせて上に板を載せた折り畳み式になったが、これも名は変わらず脚立という。

きやぼ【生野暮】
「生《き》」は「まったく」、「野暮」はないことの意であるから、まったく洒落気のない気の利《き》かぬ者をいう。「生野暮」の語は用いられなくなったが、今でも無粋の意で「お前は野暮だなあ」「野暮ったい服装だ」などと「野暮」の語は用いられている。➡野暮《やぼ》

きやめる【極める】
「極《きわ》める」の訛りで、決定する、定める、見極めるの意に用いる。「日をきやめてまた来るから」「あの専門家がきやめたから間違いない」などといい、大正時代頃まで老人はよく用いていた。

きゃら【伽羅】
昔、伽羅は香料として大変高価なものであったので、金銭の代名詞としても用いられた。江戸吉原遊廓の高級遊女は、金銭や値段を直接に表す語を卑しんで揚代《あげだい》（代金）を「伽羅代《きゃらだい》」というように教育されていた。揚代を多く支払う客は「伽羅の多い人」といった。

きやりおんど【木遣音頭】
明治以降、町火消は「鳶《とび》の者」から「仕事師」と名称が変わり、消防の手伝いや町内の催事の準備、建築土木の手伝いをした。地固式、地鎮祭、出初《でぞめ》式などの時は、粋な半被《はっぴ》姿で、特徴ある節回しで目出度い「木遣音頭」を唄った。

ぎゅう【妓夫・牛】
江戸時代、吉原遊廓に雇われていた若い者を「妓夫《ぎふ》」といい、「妓夫《ぎふ》太郎」と呼んだ。それが訛って「牛太郎《ぎゅうたろう》」になり、

木遣音頭

妓　夫

さらに略されて「牛《ぎゅう》」と呼ばれた。隠語として「牛《うし》」とも言った。遊廓の入口に「牛台《ぎゅうだい》」という小さい腰掛けがあって、そこで待ち構えて客引きをした。⇒若衆《わかしゅ》

きゅうくつばおり【窮屈羽織】
半纏《はんてん》のこと。喜田川守貞『守貞漫稿』に「羽折には腋にまちを用う、半天不用之　故に窮屈羽織とも異名す」とあるように、羽織のようにわきに襠《まち》がなく、着た時に肩から腋《わき》の下《した》が引っ張られて不自由なため、半纏を窮屈羽織といった。

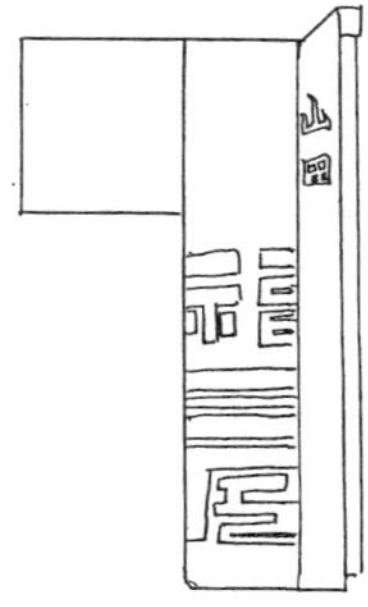
窮屈羽織

きゅうすけ【久助】
下男の通称。江戸中期頃の遊里では愚か者を「久助」といったという。

きゅうばふせぎ【急場防ぎ】
緊急の場合はゆっくり対応できないので、とりあえず臨時に間に合わせることをいう。「雨漏りがしたので、急場防ぎで板を打ちつけた」などともいうが、多くは金銭や生活について用い、「急場防ぎに金を借りて米を買って飢えをしのいだ」などという。「急場しのぎ」ともいう。

きゅうばら【急腹】
急に腹が立つこと。江戸時代の用語で、現代は「急に腹を立てた」と言わぬと通じないだろう。狂訓亭主人の『春色梅児誉美』巻之四に「何か急腹の様子」とあるのは「何の理由か急に腹を立てた様子」の意。

ぎょうさ【行作】
行動や振舞いは時代とともにどんどん変わっていく。江戸末期の式亭三馬の『浮世風呂』にも「おらが若い時代の行作とは雲泥万里の違えだア」と記されている。おそらく「行儀作法」の略であろう。

きょうのくれえ【今日のくれえ】
「くれえ」は「くらい」の訛りで、「今日ほど」の意。狂訓亭主人『春色辰巳園』巻之十に「今日のくれえびつくりしたことはねえ」とあるのは「今日くらい驚いたことはない」の意。

きょうはにじゅうはちにちおしりのようじんごようじん【今日は二十八日、御尻の用心、御用心】
女の子達の往来での遊戯で、股にくぐらせて前に出した着物の後裾を握って歩く。「今日は二十八日、お尻の用心、火の用心」「今日は二十八日、尻たぐり御用心」などと唄いながら、相手の隙をついて裾《すそ》を持っている手を払い、お尻を撫ぜたりする。明治・大正頃まで行われたが、昭和になって洋服を多く着るようになったので廃《すた》れてしまった遊び。

今日は二十八日、御尻の用心、御用心

きょうび【今日日】
現代、今の世、最近の時勢のことをいう。「きょうびはそんなこと流行《はや》らない」「その頃の一銭はきょうびの三十銭にも当たる」などと用いる。

きょうもあすもさめる【興も明日も醒める】
「興」を「今日」に、「明日」を「愛想」に掛けた洒落《しゃれ》言葉で、相手に対する興味も醒め、愛想も尽きて嫌になったの意。

きょうよみどり【経読み鳥】
鶯《うぐいす》の異名。鶯が「ホーホケキョ」と鳴くのを「法、法華経」と鳴きなして、経を読む鳥とした。

きよみずのぶたいからとびおりる【清水の舞台から飛び下りる】
京都東山にある清水寺の本堂の前には、切り立った谷底からたくさんの柱を組み上げてその上に板を張った舞台という部分がある。そこから飛び降りるということは、決死の覚悟でことを為すこと、死んだつもりになって決意することの形容によく用いられる。「清水の舞台から飛び下りた気になってやったんだ」などという。

きらず【切らず・雪花菜】
豆腐のしぼりかす、つまり「おから」「卯の花」のことである。料理をするのに切る必要がないとの意。「おから」の「殻《から》」が「空《から》」と通ずるのを忌んで言い換えた語という。「梨《なし》」が「無し」に通ずるとして「有の実」というのと同じ。

きりあそび【切り遊び】
局女郎《つぼねじょろう》などを相手に短時間だけ遊ぶこと。時間を切って遊ぶのでこのようにいう。代金はだいたい百文。「ちょんの間《ま》」ともいう。⇒切見世《きりみせ》

ぎりいっぺん【義理一遍】
世間体を繕《つくろ》うために、形ばかりの義理を果たすだけで誠意のない態度のこと。「うちには義理一遍で一度顔を出しただけだ」などと用いる。

きりかける【切り掛ける】
娼婦や芸妓が客に物をねだることをいう。「こちら（客）が無理して鷹揚《おうよう》に気前の良いところを見せると、あの娼妓はすぐに切り掛けてくる」などと用いる。

螽斯

切髪

きりがみ【切髪】
女性の髪型の一つ。江戸時代に武家の未亡人などが尼になって夫の菩提を弔う意味で短くした髪形をいう。髪を頸のあたりで切り、束ねてその先を短く垂らす。「切り下げ髪」ともいい、この髪型で未亡人とわかる。

きりぎりす【螽斯・蟋蟀】
大川（隅田川）から吉原に繰り込む時は、屋根付きの猪牙舟《ちょきぶね》に二挺櫓《にちょうろ》で勢い良く漕いで行く。二挺櫓がキリギリスの蹴り脚のように見えるので、この屋形船を「きりぎりす」という。

きりきりぬかせ
「きりきり」はてきぱきと迅速に行うことの形容。「ぬかせ」は「言え」の意。「きりきりと白状しろい」などと用いる。十返舎一九の『続々膝栗毛』二編上に「きりきりぬかせ」とあるが、「さっさと正直に言え」の意。

きりこまざく【切細裂く】
江戸時代の言葉で鋏《はさみ》や小刀で細かく切ることをいう。「証拠の残らぬよう、書類を切細裂いて捨てた」などという。

ぎりじんぎ【義理仁義】
義理順義《ぎりじゅんぎ》ともいう。「義理」は物事の正しい道筋、「仁義」は人が守るべき道徳。世間の習慣や道義を守って世間の人に笑われないようにするの意。

きりため【切り溜め】
料理場で用いる木製の蓋付容器。長方形で、春慶塗りから本漆塗りのものまである。余った料理や漬物の切り残しなどを入れておく。「酒の肴に、切り溜めから何か持って来いよ」などという。

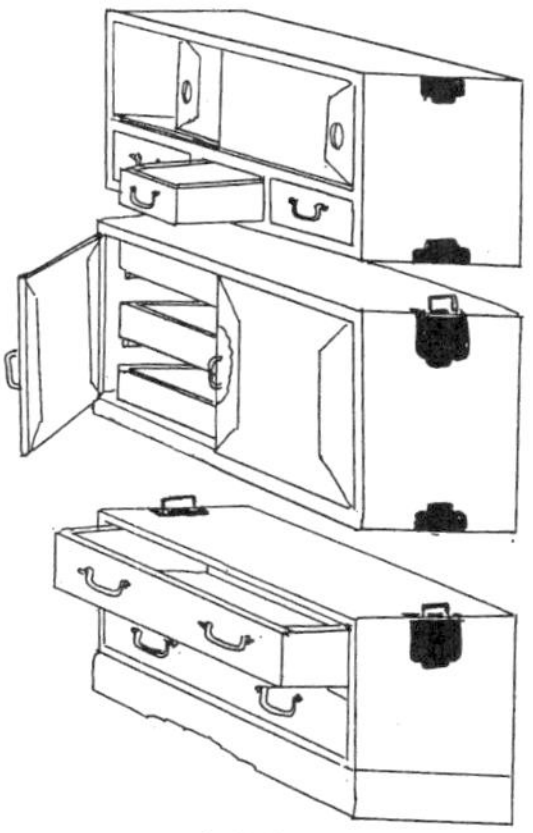
桐箪笥

きりだんす【桐箪笥】
桐材で作った箪笥《たんす》で三つに分解できる。最下段は二段の引出し式で、衣類を畳んで入れる。中段は両開きで、乱れ箱式の引出しが三、四段あり、畳んだ衣装を畳紙《たとう》に包んで入れる。最上段は小引出しが横に三つ並び、その上は引き戸式の小戸棚になっていて、衣類に関する小物を入れる。一般家庭で用い、娘の嫁入り道具として不可欠であった。

きりづか【切柄】
土壇場《どたんば》（斬罪《ざんざい》の刑場）で罪人の首を斬る際に、刀の柄が血で汚れるのを避けるために、二つに割れて開く白木の柄に茎《なかご》（刀身の柄に入っている部分）を挿入した。この白木の柄を「切柄」といい、一般の武士が用いることはなく、首斬役の者だけが用いる。

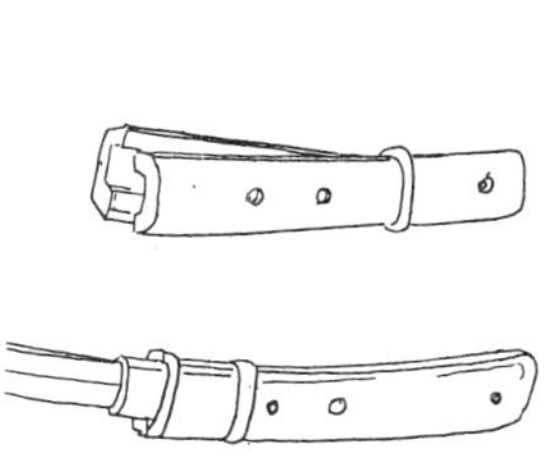
切柄

ぎりとふんどしはかかさない【義理と褌は欠かさない】
「義理」は人間関係で守るべき道理、仁義であり、江戸っ子は大切にした。そ

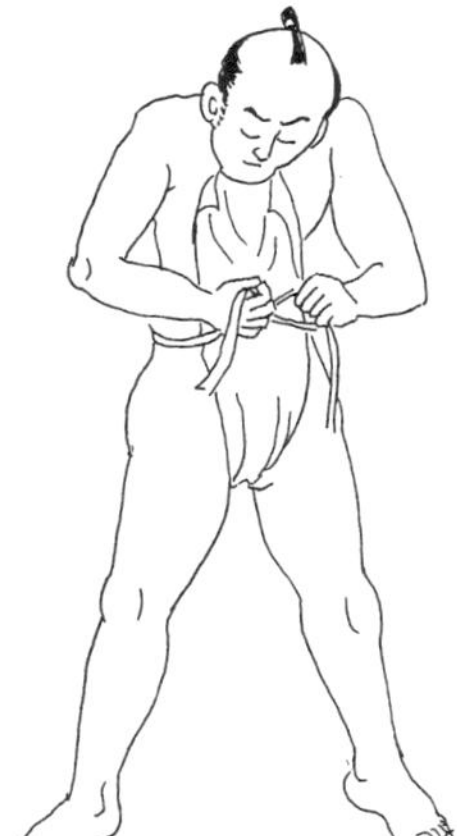
義理と褌は欠かさない

して褌をしない「フリチン」は男の恥、緊褌《きんこん》一番《いちばん》でいつもきっちり褌を締めるのが江戸っ子である。男が世渡りをしていくのに義理と褌を欠いてはいけないと強調した。「どんなに貧しくたって、義理と褌は欠かせねえ」などと用いた。

ぎりにんじょうをよくかみしめた【義理人情をよく噛みしめた】
　「義理」は人間関係で守るべき道理、「人情」は人の情けで、浮世の義理や人情を良く知っている、義理人情を経験して心得ているの意。「あの人は苦労人だけあって義理も人情もよく噛みしめている」などという。

きりびをきる【切火を切る】
　往時は魔除けの縁起を担いで、旅に出る人や、仕事に出かける芸人や職人に清めの火をかけた。これを「切火を切る」といい、発火道具である火打石と火燧鉄《ひきりがね》を打ち合わせて、出かけて行く人の背後から肩口のあたりに火花を散らす。

切火を切る

きりみせ【切見世】
　江戸時代の下級の遊女屋。短く時間を切って遊女買いをさせる見世である。一切り百文といわれた。「鉄砲見世」「局《つぼね》見世」ともいう。➡赤暖簾《あかのれん》、切《き》り遊《あそ》び

きりもり【切り盛り】
　状況に応じて食べ物を切ったり盛ったり、適当に按配し、間に合わせることから、家事や仕事などを上手くさばくことをいう。

きりわらじ【切草鞋】
　藁《わら》で作った草鞋《わらじ》は擦れてすぐ傷むので、不用になった布切れを編んで草鞋にしたり、鼻緒擦《はなおず》れで足が痛むのを防ぐために襤褸布《ぼろぬの》を縒《よ》って鼻緒にしたりした。これを「切草鞋」といった。

きりをたたく【切を叩く】
　「切」は「切見世」の略。切見世に女を叩き売って稼がせることをこのようにいう。➡切見世《きりみせ》

きれい【綺麗・奇麗】
　美しいこと、汚れていないこと、清純なこと、潔いことなどをいう。「きれいな気持ちの持ち主」は心にやましいことがない人の意。花柳界の芸者などを「きれいどこ」というのは「綺麗所《きれいどころ》」の略。

きれいごと【奇麗事】
　上手に仕上げること。体裁を繕《つくろ》うこと。物事の実態を変えることなく、外面だけ繕うこと。「人前で奇麗事を言ったって陰で何をするかわからない」などと用いる。

きれいさっぱり【奇麗さっぱり】
　後に何も残らず、すっきりしていること、未練なく潔《いさぎよ》いことをいう。「あの人のことは奇麗さっぱり諦めた」などと用いる。

きれいどこ【綺麗どこ】
　「綺麗所」の略で、芸者衆などにいう。芸妓は美しく化粧をして、綺麗な着物を着ているのでいう。「きれいどこを二、三人呼んでもらおうか」などと用いる。

きれえだ【嫌えだ】
　「嫌《きら》いだ」の訛りで、江戸の下級の庶民が口にする。「奇麗《きれい》だ」よりも「れ」の音を強く発音し、「仏臭《ほとけくせ》え話は嫌《きれ》えだ」「彼奴《あいつ》は嫌えだ」「この食い物は嫌えだ」などという。

きれきる【断れ切る】
　すっかり擦り切れてしまって、着物などのその部分がなくなってしまうことをいう。

きれもの【切れ者】
　明敏《めいびん》に頭が働いて判断が素早く、めざましい手腕を発揮する者の意。敏腕《びんわん》家。「あの店が繁昌しているのは番頭が切れ者だからだ」などという。

きれもの【切れ物】
　売り切れた商品、品切れになった商品をいう。

きれる【切れる】
　①我慢の限度を超えること。「ついに切れた」「堪忍袋の緒が切れる」などという。
　②対人関係において絶縁すること。音信不通になること。「手を切る」ともいう。「あの女と手を切った」「親子の縁を切った」などという。
　③方向が逸れるの意に用いる。「傍《かたわ》らにきれて」などと用いる。

きろきろ
　目が落ち着きなく光り動くことの形容。江戸時代に用いられたが、現在では「きょろきょろ」「ぎょろぎょろ」という。

きわめつき【極め付き】
　「極め」とは「極書《きわめがき》」つまり刀剣・書画などの鑑定書のこと。極書が付いていること、保証があることを表す。転じて、定評があることの意にも用い、「あれは極め付きの真面目な男だ」などという。

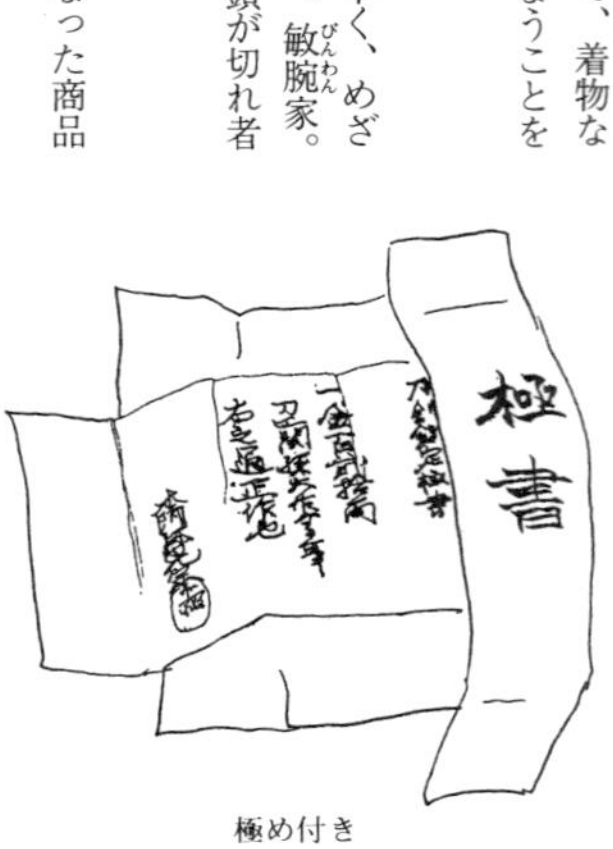

極め付き

きわもの【際物】
　正月の注連飾《しめかざ》りなど、その時節にだけ売れる品物をいう。そのような物を扱うことを「際物商売」という。

きをもたせる【気を持たせる】
思わせぶりをするの意。相手の心に引っ掛かるような言動をいう。松亭主人『閑情末摘花』巻之二に「お前に気をもたせたんだアな」とある。

きをもみにゅうどう【気を揉み入道】
心遣いをして気を揉むことを洒落《しゃれ》ていったもの。「きをもみ」を「平清盛入道《たいらのきよもりにゅうどう》」に音をなぞらえたもの。「飛んだ気を揉み入道で苦労させやがった」などという。

きんかくし【金隠し】
元来は、昔の厠《かわや》（便所）で小便が走りこぼれぬよう、排泄用の枠の前方に立てた板をいう。「金」は「金玉」の意。

きんからかわ【金唐韋】
多く「革」の文字を用いているが、「なめしがわ製品」なのでこの場合は「韋」が正しい。薄い韋に型で浮き上がらせた文様に金泥などで彩色したもので、戦国時代頃から西欧から輸入されていた。往時は輸入品にはすべて「唐」の文字を用いたので「金唐韋」という。船手、天人手、動物手、花手などの華麗な文様があり、非常に貴重なものとされて、一寸（約三センチ四方）で一両もしたという。江戸時代には模倣品も作られた。

きんかんあたま【金柑頭】
柑橘類の金柑のようにつるりと禿頭になった老人の頭をいう。わずかに残った髪を結ぶ元結を「金柑元結《もとゆい》」という。

ぎんぎせるにやにさがり【銀煙管に脂下がり】
通人ぶった態度の男の形容。煙管《きせる》は羅《ら》宇《う》という細竹の両端に金属製の雁首《がんくび》と吸口をはめ込んで作られている。気取った男は雁首と吸口を銀で作り、雁首を上に向けてくわえた。煙管の内側の脂が吸口の方に下がってくるので、これを「脂下がり」といい、気取っていること、得意気ににやにやすることの意で用いる。

銀煙管に脂下がり

きんきらきん
金がきらめくように、派手できらびやかに輝くものの形容。「成上り者の娘だけあって、きんきらきんに飾り立ててきた」などという。⬇きんきらきんのがらまさどん

きんきらきんのがらまさどん
「きんきらきん」は衣服などのきらびやかなさまの形容に用いる。「がらまさ」は相応《ふさわ》しくない意を表す。「どん」は「殿《どの》」の訛りで、自分より目下の者を呼ぶときに用いる。いくらきらびやかに着飾っても似合っていない者に対する軽蔑を語呂良く言った言葉。子供たちの間で用いられた。

きんきんおとこ【金々男】
金をかけて流行の物を身に付け、風流人のようにめかし込んだ江戸時代の洒落《しゃれ》男をいう。「金々姿」「金々先生」ともいった。

きんきんだおし【金々倒し】
無理して金をかけて凝った物を身に付け、通人ぶった姿をしているが、本当は懐《ふところ》が寂しく、しみったれた者に対する悪口。

きんぐつわ【金轡】
「かねぐつわ」ともいう。「轡《くつわ》」は馬にくわえさせて手綱《たづな》をつけ、自由に御《ぎょ》するための金具。同じように、人に金を与えて意のままに動かすことを「金轡をはめる」という。

きんじゅうろう【金十郎】
浄瑠璃や操《あやつ》り人形芝居の世界での隠語。通人ぶって求められるままにだらしなく金を浪費する客を軽蔑していった。略して「金十《きんじゅう》」ともいった。

きんたまがちいさい【睾丸が小さい】
「きんたま」は「睾丸《こうがん》」の当て読み。昔は睾丸が大きい男は度胸《どきょう》があるとされ、逆に恐怖に駆られると睾丸が縮むと思われていた。このことから、心の狭い者、憶病者に対して「睾丸《きんたま》が小さい」といった。

きんたまひき【金玉引き】
「金玉」は「睾丸」で「男」のこと。その男に惚れたのではなく、資産が目当てで近づいたり縁組することをいう。

きんたまひばち【金玉火鉢】
寒い時に、壺のような形の小型の火鉢に跨《またが》るようにして暖を取ることの形容。金玉を火鉢の火であぶっているように見えることからいう。

金玉火鉢

きんちゃきんじゅうろう【金茶金十郎】
「きんちゃ」は金を入れる巾着《きんちゃく》のことか。『嬉遊笑覧』では「きんちゃは金車の誤りなり」としている。江戸の遊廓では、お大尽《だいじん》ぶってねだられるままに金を使い、遊女に牛耳《ぎゅうじ》られっぱなしの馬鹿な客のことを陰で「金茶金十郎」と呼んだ。

巾着切り

きんちゃくきり【巾着切り】

掏摸《すり》のことをいう。「巾着」は布革などで作った小袋で、口を紐でくくる。古くはお守りや小銭などを入れて腰に下げた。これを狙って紐を切って巾着を奪う者がおり、これを「巾着切り」「ちぼ」と呼ぶようになった。被害が多いので、人々は巾着に長い紐をつけて首から下げて懐中に入れるようになる。

きんちゃんあまいよ【金ちゃん甘いよ】

江戸時代には、「金時屋《きんときや》」という煮豆売りが、砂糖で甘く煮た金時豆を岡持に入れて裏町を流して歩き、量《はか》り売りした。この金時屋の呼び声。「金ちゃんあまーい」「砂糖入り金時豆屋《きんときまめや》で御座《ござ》い」ともいった。砂糖は貴重であったから、庶民はこれを買って昼飯の副食や子供のお八《や》つにした。大正頃まで見られ、往来で買うときは小さく切った古新聞を巻いて三角筒にしたものに入れてもらった。

金ちゃん甘いよ

ぎんながし【銀流し】

水銀に砥粉《とのこ》を混ぜて金属に塗り、銀色に見せることを「銀流し」といった。見てくれだけのまやかしものの意から、転じて、安っぽく不誠実だが、恰好《かっこう》良く見えるような洒落《しゃれ》男も「銀流し」といった。「あいつは銀流しだから用心しろ」などと用いる。

きんぱくがつく【金箔が付く】

黄金を槌《つち》で叩いて紙のように薄く延ばしたものが金箔で、これを漆で貼ったものを金箔押しといって決して錆びない。転じて、評価が高くなること、貫禄がつくことの形容として用いた。略して「箔が付く」ともいう。

銀流し

きんぴか【金ぴか】

金色にぴかぴかと光るものをいう。金ぴか好みの者は眼鏡の縁《ふち》や懐中時計の鎖、ステッキの握りなど、金づくめである。また、軍人や華族などが着る大礼服も金糸の刺繍《ししゅう》がほどこされているので「金ぴか」といった。

きんぴら【金平】

金平浄瑠璃の主人公で、坂田金時の子。豪傑として有名であることから、女性でも力が強くて振舞いが荒っぽい者を「金平」というようになり、「お転婆」「おきゃん」の意になった。また、意地が悪く強欲な老婆も「金平婆《きんぴらばあ》」といった。強いもの、丈夫なものの意から、膠《にかわ》を混ぜたねばりのある糊まで「金平糊《きんぴらのり》」というようになったと『嬉遊笑覧』にある。

きんぶすまもの【金襖物】

講談師の符牒。金襖は将軍・大名などの屋敷に見られることから、大名家のお家騒動ものをいう。

きんぷら【金麩羅】

蕎麦粉《そばこ》を衣《ころも》にした揚げ物をいう。天麩羅よりわずかに色に黒みがあるが、風味がよい。両国深川亭が有名であったので、深川亭の異名となった。また、衣に鶏卵の黄身を加えたものも「金麩羅」という。

ぎんぶら【銀ぶら】

大正時代から昭和前期に流行った東京っ子言葉。東京の銀座通りをぶらぶら散歩することで、若い男女には魅力的な道であった。当時の銀座通りの歩道には柳の並木があって、風雨の時以外は夜店が並び、商店は一流ばかり。歩き疲れると若い男女は洒落《しゃれ》た飲食店やコーヒーショップに入り、ほのかな恋をささやいた。

きんまん【金満】

「金満家」の略で、大金持ち、財産家をいう。金が唸るほど満ちているのでいう。

銀ぶら

「く」

くいかじる【食い齧る】 ちょっとだけ食べて味が分かったような顔をするの意で、「知ったかぶり」のことをいう。➡聞き齧《かじ》る

くいかせぎ【食い稼ぎ】 弁当を持って行かなくとも仕事先で食事を出してくれるので、その分だけ職人などの家の食費が助かることをいう。「食事付き」「相手の食事持ち」などの仕事のこと。

ぐいがり【ぐい借り】 「ぐい」は一気に、勢いの良いことを表す接頭語。「ぐい借りする」は高額の金を思い切って借りることをいう。「相手を見込んでぐい借りしてきた」などと用いる。

くいけたっぷり【食い気たっぷり】 「たっぷり」は沢山の意であるから、食欲旺盛の意。「食いしん坊」に同じ。

くいしんぼう【食いしん坊・食辛棒】 食べ物を見るとすぐ食べたくなる者をいう。「棒」は「坊」の当て字。「あいつは食辛棒だからな、その菓子をしまっておけ」などと用いる。

くいだおれ【食い倒れ】 飲食に贅沢三昧《ぜいたくざんまい》をして貧しくなることをいう。

ぐいちさぶろく【五一三六】 「ぐいち」は「五一」の、「さぶろく」は「三六」の訛り。江戸時代以来の表現で、賭博《とばく》では賽《さい》の目が「五一」でも「三六」でも値打のない数であることから、転じて利益にならぬこと、優劣のないことをいう。現在ではほとんど聞くことはない。

くいつなぐ【食い繋ぐ】 辛うじて細々と生活をすることをいう。また、米を粥にして雑穀や野菜などの刻んだものを入れて量を増やしたり、少ない食糧を少しずつ食べて命を長らえることをいう。「やっと今日まで食い繋いできた」などと用いる。

くいつめる【食い詰める】 食生活が詰まるの意で、職を失って収入がなくなり、生活が苦しくなること、暮しに行き詰まることをいう。またこうした者を「食い詰め者」という。

くいなおし【食い直し】 食べたものが美味くないので、改めて美味いものを食うことをいう。「口直し」ともいう。

ぐいね【ぐい寝】 「ぐい」は勢いを表す接頭語で「すぐに」の意。遊里などで初会（初めて会った日）には遊女は身体を許さないから、客がすぐに寝てしまう意に用いる。

ぐいのみ【ぐい飲み・ぐい呑】 「ぐい」は勢い良くの意。酒の飲みっぷりの形容で、酒を一気に飲むことをいう。また、そのように酒を飲むためのやや深めの杯も「ぐい呑」という。

ぐいちさぶろく（五一三六）

くいぶち【食い扶持】 武士は仕官すると手当・俸給を与えられ、これを「扶持《ふち》」というが、江戸時代には一人一日玄米五合を必要な量とし、これを基準に何人扶持として計算され、一年単位で与えられた。食べて生きていける分の意で「食い扶持」である。最低の扶持は一日二人扶持、つまり一升で、下級武士が本人とその妻の分として与えられる。役高（禄高《ろくだか》）が高い場合は百人扶持、二百人扶持と抱えの者の頭数で計算して与えられるが、ほとんど雇主である武士の収入とされてしまった。また、幕府から旗本・御家人に、大名から家臣に代々世襲的に与えられる俸禄《ほうろく》があり、これを「家禄《かろく》」といった。こうした者たちは家に与えられた拝領地からの収入（家禄）で生活し、食い扶持の支給はなかった。「食い扶持」はこうした武家社会の用語であったが、武士制度が瓦解《がかい》した明治時代以後も残り、生活費、あるいは生活費を得るための収入源の意に用いられた。現代でも、「隠居しても貸家があるから食い扶持だけは何とかなる」「もうその歳なんだから、食い扶持ぐらいは自分でしっかり稼いでこい」などとい

う。

くいもののうらみはこわい【食い物の恨みは恐い】

　腹を充分に満足させることも重要な欲望の一つである。故に、自分にだけ食べ物を与えられないと遺恨となり、これを食い物の恨みという。食べ物のことで恨まれると、後々までも執念深く記憶に残って恐ろしいの意。「特に食い物の恨みは忘れられねえ」などという。

ぐうたら

　だらだらと怠惰《たいだ》な者をいう。意気地がなく、不精《ぶしょう》な怠け者。「あいつはぐうたら野郎だからつきあうな」などという。

ぐうのねもでない【ぐうの音も出ない】

　相手にやり込められて、弁解も返事もできず困り果てることをいう。

くがい【苦界】

　①仏教用語で、辛いことが絶えない現世の意。人間界（六道生死）をいう。

　②遊女の社会をいう。遊女は借金があるので、年季の間は抱え主の命《めい》には逆らえず、嫌な客でも身を任せねばならぬ。遊女は「憂き川竹に身を沈めて」などといわれ、そうした状況を「苦界に身を沈める」などという。「界」を「かい」ではなく「がい」と発音する。➡浮世商売《うきよしょうばい》

くぎをさす【釘を刺す】

　釘を刺し込んで動かぬように固定するの意から、約束などを違えぬように念を押しておくことをいう。「念のために釘を刺しておいた」「こう釘を刺されては違約はできない」などと用いる。

くくりずきん【括り頭巾】

　頭の形に合わせて縁《ふち》を括る頭巾。老人が用いた。

括り頭巾

くけぬい【絎縫い】

　縫い目が表に出ないように縫うことをいう。そのように縫うことを「くける」という。

くごもる【口籠る】

　「口籠《くちごも》る」の略。言おうとして口元まで言葉が出たが躊躇《ためら》って止める、つかえてうまく言えないことをいう。「何を口籠《くご》もっているんだ。言いたいことがあればはっきりいえ」などという。

くさい【臭い】

　異臭、悪臭からの語で、怪しいこと、不正の気配のあることの意に用いる。「その話は臭いぞ」「あいつは何となく臭い」「いんちき臭い奴だ」などという。「何となく匂ってくる」ともいう。

ぐさい【愚妻】

　江戸時代に、少し教養ある半可通《はんかつう》が、自分の妻のことをいう時、謙遜《けんそん》して「愚かな妻」「世間並みに通用しない恥ずかしい妻」の意で「愚妻」と表現した。現代では物議を醸《かも》しそうな語であるが、老齢の人などは今も謙遜の意を込めて用いている。

くさいものみしらず【臭いもの身知らず】

　自分の身から出る悪臭は気にならないように、自分の欠点にはなかなか気がつかないことの意。

くさくさ

　憂鬱で気が晴れず、気持のすっきりしないことの形容。「くさ」は「腐る」の意で気が滅入ることを表す。重複することで意を強める。

くさす【腐す】

　他人を悪くいうこと。けなすこと。「そう腐しなさんな。相手がかわいそうだよ」などと用いる。

くさったこんじょう【腐った根性】

　「根性」は人間の根本的な性質で、それが腐っているのであるから、世の道義に反した、人間らしからぬ性質の者の意である。

くさってもたい【腐っても鯛】

　鯛は上等の魚であるので、たとえ腐ってもそれなりの値打ちがある。転じて、もともと優れているものは零落《おちぶ》れてもそれほど価値に変わりはないの意。

くさりあう【腐り合う】

　好ましくない関係であるが、離れようとしても離れられない状態をいう。「腐れ縁」ともいう。男女の仲にもよく使う語。

くされいち【腐れ市】

　江戸の大伝馬町一帯で、陰暦十月十九日の夜に立つ市をいう。翌二十日が恵比《えび》須講《すこう》で、商家では商売繁盛を祈って商売の神である恵比須を祭る。「くされ市」ではこの祭に必要な小宮・神棚・三方・神棚に供える塩鯛などを売ったが、この塩鯛が伊勢からきたもので臭かったから、「くされ市」と呼ばれるようになったといわれる。のちに、大根を塩と糠《ぬか》で下漬けし、麹《こうじ》などで漬けた「べったら漬」という浅漬《あさづけ》の漬物も多く商われるようになったことから、「べったら市」とも呼ばれた。「べったら漬」は、浅漬け大根を買った者が縄で縛って持ち帰る時に、麹が着物などにべったりつくことがあるので、この名がある。

くされえん【腐れ縁】

　切ろうとしても、未練や義理や愛情故になかなか切れない関係を、自嘲気味《じちょうぎみ》に、あるいは批判的にいう。「あいつとは腐れ縁だからしかたがない」などと用いる。

くしゃくにけんにとがにまい【九尺二間に戸が二枚】

　棟割長屋《むねわりながや》のことをいう。棟割長屋の側面は五間幅で、棟（屋根面が交わる水平部分）の下で壁を境にして両側に割り、それぞれの側に数軒ずつ同じ間取りの住居がある。一軒分は九尺（一間半、約二

七〇センチ）の間口に、奥行が二間（約三六〇センチ）、出入口は腰高障子《こしだかしょうじ》（戸）が二枚であることからこのようにいう。三尺四方の土間と、一畳分の土間の台所に竈《かまど》があり、部屋は四畳半。最下低の長屋の代表である。「九尺店《くしゃくだな》」ともいう。「たとえ九尺二間の貸家に住もうとも、二人は添《そ》い遂《と》げる」「行ってみたら九尺二間の長屋住まいだった」などという。最下低の狭くて粗末な住居であるから、きわめて貧しい暮しの表現として用いる。

九尺二間に戸が二枚

くじらあわせ【鯨合わせ】

鯨は背が黒く腹が白いことから、色の違う表地と裏地を縫い合わせた着物のことをいう。

くじらおび【鯨帯】

片側は黒、反対側は白の繻子帯《しゅすおび》で、鯨の背と腹に見立てたことから、帯の裏と表の生地の違う合わせ帯をいう。

くじらまく【鯨幕】

鯨は背が黒く腹が白いことから、白と黒の布を一幅おきに縦にはぎ合わせた白黒だんだらの幕をいう。鯨幕は正確には幕ではなく、「幔《まん》」（垂れ幕）。凶事用である。

ぐず【愚図】

愚かで考えがまとまらず、決断力が乏しく行動が鈍いことを罵っていう。「ぐずったれ」は愚図な者を軽蔑して罵《ののし》る言葉。「愚図《ぐず》り屋」は何事にもぶつぶつ不平不満を言う者をいう。「ぐずぐず」は重複させて意味を強めた擬態語。

くすぐったい【擽ったい】

「こすぐったい」とも訛る。くすぐられてむずむずした感じをいい、照れくさい時にも用いる。「そんなに褒められるとくすぐってえよ」などという。

ぐすぬれ【ぐす濡れ】

ぐっしょり濡れたことをいう。「急の夕立で、ぐす濡れになった」などと用いる。

くすねる

他人の物をひそかに盗むこと、誤魔化《ごまか》して自分のものにすることをいい、くすねた品物を「くすね物」という。「金をくすねていたことがばれた」「知らない間にあいつはかなりくすねていやがった」などという。「掠《かす》める」の訛りか。

くすりゆび【薬指】

第四指をいう。薬指は先をちょっと口で湿らせて粉薬をつけ、舐めて苦味を試したりするところからの名だが、女性が口紅をつける時に、この指先に紅をつけて塗ったので「紅付指《べにつけゆび》」ともいった。⬇紅付指《べにつけゆび》、一貝《ひとかい》

ぐずる【愚図る】

機嫌《きげん》が悪かったり、不平不満があったり、要求が入れられない時に、子供がだだをこねることをいう。そういう子供を「ぐずりん坊」「ぐずり屋」などという。

ぐずろべえ【愚図呂兵衛】

動作や頭の働きの鈍い者の形容。「あいつは愚図呂兵衛だから始末に悪い」などという。

くすんごぶ【九寸五分】

長さが九寸五分（約二十九センチ）で、鍔《つば》のない片刃の小刀をいう。「短刀」ともいい、護身用に女性が袋に入れて帯に差したので「懐剣《ふところがたな》」ともいった。直刀で防御用の鎧でも突き通せるので「鎧通《よろいどお》し」ともいう。長さは好みで多少の長短はある。

くぜつ【口舌・口説】

痴話喧嘩《ちわげんか》、恋の恨みごとのこと。「わしはあの女の口説には弱い」などという。

くそおろし【糞下ろし】

「下ろし」は相手を悪く言う、けなすの意。「糞」は罵《ののし》りの意を表す接頭語で、もっとも汚い言葉で卑しめる時に用いる。故に「糞おろし」は相手を滅茶苦茶に悪く言うことである。

くそがあきれてへがひっこむ【糞が呆れて屁が引っ込む】

「糞」は本当は肥料としての価値があるのだが、何の役にも立たないものの意で用いられる。そうした糞にまで呆れられ、同じように無価値な屁すら呆れ返って出るのを止めるほど最低最悪であるという表現。江戸時代の下層職人などが啖呵を切るときに用いたが、現在では聞かなくなった。

くそっ【糞っ】

人糞の意ではなく、人や物を罵倒する時に用いる。「糞っ垂れ」などという。また、負けてたまるかと奮起するときにも「糞っ、負けるものか」などという。

くそばば【糞婆】

老婦人を罵《ののし》る語。老人男性を罵る場合は「糞爺《くそじじい》」と言った。⬇猫糞《ねこばば》

くそみそ【糞味噌】

⬇味噌《みそ》糞《くそ》にけなす

くそをくらえ【糞を食らえ】

相手を激しく罵ったり、思うようにいかずに自棄を起こしたりした時に用いる。最も汚い罵り言葉の一つ。

ぐたぐた

「くたくた」「ぐったり」と同じで、

疲れたり弱ったりして元気を失うことの形容。「ぐたぐたになるほど疲れた」などという。

くだされもの【下され物】

職人などが修業中、仕事の依頼主や親方などから小額の手当金や給料を与えられることをへりくだって言ったもの。「これは親方からの下され物だ」などという。

くだすだれ【管簾】

細竹を切って作った短い管に紐を通していくつも繋ぎ、それを何本も並べて垂らした簾。江戸時代に飲食店が暖簾《のれん》代わりに用いた。大正・昭和頃は、餅菓子屋が氷菓子を売る夏の季節に、硝子の短い細管を使った管簾を掛けていた。

くだせえ【下せえ】

「～をして下さい」「下さいませ」の訛り。「この話をして下せえ」「一文めぐんで下せえ」などと用いる。

くたばる

「死ぬ」を罵《ののし》っていう語。「死ぬ」を忌言葉として避けて「とうとうくたばった」などといい、さらに野卑に「くたばりやがった」などともいう。「くたばり損《ぞこな》い」は高齢や長患いで他人に世話を焼いてもらっている者を罵った語。「くたばりやがれ」「くたばってしまえ」は「死んでしまえ」の意である。また、動けなくなるほど疲労困憊《ひろうこんぱい》の時も「もうくたばりそうだ」などと表現する。

くだらねえ【下らねえ】

「下らない」の巻舌調で、「下らん」「下らぬ」と同じ意。往時は上方（関西）から江戸へくる品は「下り物」、江戸から上方へ行く品は「登《のぼ》せ物」と日常語にも用いられ、江戸周辺の産物を「地回り物」といって区別した。「上方物」に対する「地回り物」を、蔑んで「下らないもの」といったことから転用誇張され、つまらない、取るに足りないの意に用いるようになった。「下らねえことを言うな」「くだらんことをするな」「下らぬ物ですがお納め下さい」などという。

くだり【下り】

江戸時代には京大坂を上方と見たから、京大坂から江戸に来た品にはすべて「下り」の語をつけ、「下り酒」「下り細工」「下り雪駄《せった》」「下り白粉《おしろい》」「下り韋《がわ》」「下り飴《あめ》」などといった。江戸から京大坂に行くことは「上《のぼ》り」である。

くだを巻く

くだをまく【くだを巻く】

酒に酔って取りとめのないことや因縁《いんねん》めいたことを繰り返し言うことの形容。「あいつはすぐにくだを巻くから扱いにくい」などという。

くだん【件】

「件《くだり》」の音便化で、相手も既に知っている前述の話を改めて言わず、代名詞的、暗号的に言う時に用いる。「件《くだん》のことは無事に片付いた」「件《くだん》の話だが」などという。手紙の結びにも「拠《よ》って件《くだん》の如《ごと》し」と書く。

くち【口】

入口の意で、江戸吉原遊廓に入る大門口をいった。

くちあけ【口開け】

封を切ること、物事の初め、最初の意。

くちいれ【口入】

「口入屋《くちいれや》」の略。「口入屋」は奉公口の世話や縁談の仲介をして周旋料《しゅうせんりょう》を取る業で、時には頼み手の保証人になることもあったが、悪質なのは人身売買もした。江戸時代には「奉公人口入所」、明治・大正頃は「職業斡旋《あっせん》所」「職業紹介所」の看板を出した。

くちうつし【口移し】

①相対《あいたい》で教えるときに、口頭で言ったことをそっくりそのまま覚えさせることをいう。「口移しに教え込む熱心さだ」などと用いる。

②飲食物を口に含んで、相手の口に移し入れること。「口移しに水を飲まされて気がついた」などと用いる。

くちうら【口占・口裏】

相手の口ぶりで本心を察すること。

くちうらをあわせる【口占を合わせる・口裏を合わせる】

おたがいが言うことに矛盾が生じないように、あらかじめ打ち合わせておいて、表向きには同意見であるようにしておくことをいう。

くちがうめえ【口が巧え】

「口がうまい」の訛りで、喋り方が上《う》手《ま》い、口先だけでもっともらしいことを言って相手をだますのが上手《うま》いの意。「あいつは口がうめえから、ちょろっとだまされた」「おめえも口がうめえからな、うっかり信用できねえ」などと用いる。

くちがえし【口返し】

口答えすること、注意された時などに反発して言い返すことをいう。

くちがかかる【口が掛かる】

娼妓や芸人などがお客に指名されること、呼び出しがかかることをいう。曲山人補綴の『仮名文章娘節用』に「小三は粂川より口がかかりし故」とあるのは「小三妓《ねえ》さんは粂川という客に呼ばれたため」の意。

くちがかたい【口が堅い】

他人から聞いた話や秘密などを軽々しく口外しない性格の形容。他人に迷惑をかけるような発言を安易にしないこと。「あの人は口が堅いから話しても良い」などという。

くちがかるい【口が軽い】
話して良いか悪いかの判断力がなく軽率に喋ること、秘密などを誰彼かまわず無分別にもらしてしまうことをいう。「あいつは口が軽いから滅多なことは言えない」などという。

くちがき【口書】
江戸時代の裁判において、足軽以下、百姓、町人に関する自白調書をいう。罪を犯した者が申し立てたことを書き留め、相違ないことを認めた印として爪印《つめいん》を押させた。武士や寺社奉行の管轄《かんかつ》ではこのような書類は口上書《こうじょうが》きといった。➡口上《こうじょう》書《が》き

くちがほう【口果報】
「果報」には「因果応報《いんがおうほう》」と「幸運」の二つの意があるので、好まぬ食べ物を摂らねばならぬことの形容と、口も恵まれる形容になるが、多くは運良く上等な美味いものにありつくことをいった。「これは良いところに来ました。本当に口果報です」と喜びの表現に用いる。

くちぎたない【口汚い】
①聞く者が不快に感じるような下品で粗野な言葉使いで言うこと。「口汚く罵《ののし》られた」などと用いる。
②口が卑しい、食い意地が張っていることをいう。何でも食べなければ損だというような人に用いる。「あの男はまったく口汚い」などという。

くちぐるま【口車】
詭弁《きべん》、巧みな言い回しを使うことをいう。「口車に乗せる」「口車に乗せられる」などと用い、「巧みな話で騙す」「口先のおだてに乗って騙される」の意。「口三味線《くちじゃみせん》に乗せる」も同じである。「あの男の口車に乗せられてとんだ目に会った」などという。口車に乗せるのがうまい人を「口巧者《くちごうしゃ》」という。

くちじゃみせん【口三味線】
①口で三味線の音調を真似ることをいう。「チントンシャン　ツンテン」などと声に出していう。「鼻歌まじりの口三味線で良い気分になっている」などという。
②口先で巧いことを言って騙すことをいう。「口車に乗せる」と同じ。

くちずから【口ずから】
自分の口で、自分の言葉での意。「口ずから命令した」は命令する者が命令される者に直接命令することをいう。

くちすぎ【口過ぎ・糊口】
毎日の暮しを立てること、糊口《ここう》をいう。やっと食べていける程度の収入の生活をいい、「口過ごし」ともいう。「糊」の文字を用いるのは、飯ではなく糊のように薄い粥をすするほどに生活費を切り詰めることによる。「やっとのことで口過ぎしていた」などという。➡身過《みす》ぎ

くちすぎをしのぐ【口過ぎをしのぐ・糊口をしのぐ】
糊のように薄い粥をすすってやっと飢えをしのいでいることの形容。はなはだしい貧乏のことをいう。「口過ぎ」は毎日の暮しを立てることの意で、「習字の師匠をしてかろうじて糊口《くちすぎ》をしのいだ」などと用いる。

くちどおい【口遠い】
「口」は目的である「先《さき》」を意味し、その達成がなかなか難しいことをいう。縁談口《えんだんぐち》（結婚相手）や奉公口などの話が持ち上らないこと。「あの娘はどうも口遠い」は、あの娘はなかなか嫁のもらい手の話がでないの意。

くちとり【口取】
酒といっしょに出すちょっとした「おつまみ」の品をいう。

くちまめ【口忠実】
「まめ」は「勤勉によく働く」の意。「口まめ」は口が良く動くことで、饒舌《じょうぜつ》、おしゃべり、口達者《くちだっしゃ》の意。「あいつは口まめだから、うっかりしたことは喋れねえ」などという。

くちもはっちょうてもはっちょう【口も八丁手も八丁】
弁も達者で腕も万能の意。「八挺」とも書き、「八」と「丁」と「挺」については諸説ある。「丁」の文字を用いるのは、源為朝の郎党に八丁礫《つぶて》の次郎という者があり、石を投げて命中させる名人で、八丁（約九五〇メートル）飛ばせるという話が『保元物語』にあることによる。また「挺」の文字を用いるのは、「猪牙《ちょき》（快速の小舟）」は八挺《はっちょう》櫓《ろ》ですこぶる速度が出るので、「達者」「優れた」の意に借用されたことによる。「八」は数が多いことを表す数字で、「八面六臂《はちめんろっぴ》」が万能を表すように、多才達者を意味する。いずれにしても一人で多くの方面にめざましい力を発揮する者の意であるが、江戸っ子は気《き》っ腑《ぷ》も良いが軽薄なところがあるので、その者の言動にちょっと信頼が置けない感情が混じっている場合に、いささか軽んじて用いることが多い。「あいつは口も八丁手も八丁だから、ちょっと気をつけたほうがいい」などと用いる。また、江戸っ子は「八」の文字が好きで、「江戸八百八町（実際には数はもっと多かった）」「八方塞がり（身の回りのことが全部行き詰まって手の打ちようがないこと）」「嘘八百」などという。

くちゃくちゃ
紙や布が揉まれて皺《しわ》だらけであることの形容。「皺くちゃ」ともいう。また、口の中で食物などを噛む時の下品な音を表し、「くちゃくちゃ食うな」などと用いる。

くちりこう【口利口】
口先がうまく、利口そうなことをいう者の意。口達者《くちだっしゃ》。「あいつは口利口だから、喋ることではかなわない」などという。

くったく【屈託】
何か心にかかることがあって気に病むこと、心配で気が晴れないことをいう。「屈託がない」と用いられることが多い。十返舎一九の『東海道中膝栗毛』初編にも「われども屈託のせぬ気性にて」などと記され、詰まらぬことにくよくよしない意に用いている。

くってかかる【食ってかかる】
食い付かんばかりに激しい口調でいうことの形容。「何だと、この野郎、食ってかかりやがって」などという。

ぐっと
力をこめること、一息にやること、心に強い衝撃を感じることの形容。「ぐっと引っ張る」は力を入れて引っ張る、「ぐっと飲んだ」は一気に飲んだ、「ぐっと胸にこたえた」は強い衝撃を受けた、「ぐっと堪《こら》えた」は涌き上がる感情を押さえ込んだの意。

ぐっとくだける【ぐっと砕ける】
「ぐっと」は「十分に」、「くだける」は堅苦しい感じがなくなることで、すっかり打ち解けるの意。

くづめきだいみょうじん【くづめき大明神】
大正時代頃までは民間にはまだ俗信が残っていて、百日咳《ひゃくにちぜき》が流行すると、飯《めし》杓子《しゃもじ》に「くづめき」「くづめき大明神」「くづめき御免」と書いたり、子供の手形を墨で捺したりして門口に釘付けにした。こうすると百日咳が伝染しないと信じられていたのである。

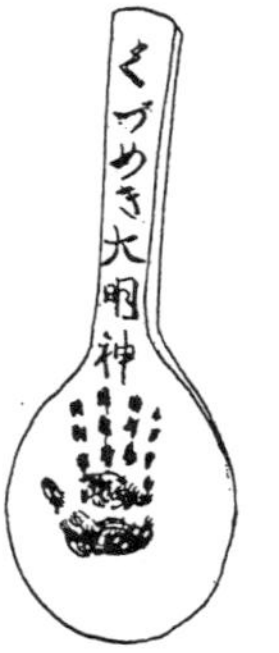

くづめき大明神

国　者

ぐでんぐでん
酒に酔ってふらふらになり、前後不覚になっていることの形容。「酒癖が悪くて、ぐでんぐでんになると目を据えて食ってかかる」などという。

くにざる【国猿】
江戸っ子が田舎者を軽蔑して用いる語で、地方の山の中にいる猿のような奴の意。「あいつは北の方の国猿だから、言葉も通じない野暮天《やぼてん》だ」などという。

ぐにもつかない【愚にもつかない】
まったく馬鹿げていること、くだらなくて話にもならないことの形容。「愚にもつかない話だ」などという。

くにもの【国者】
江戸時代には江戸で生まれ育った者は「江戸っ子」「土地っ子」と自称し、また、それぞれの町によって「浅草っ子」「神田っ子」などといって出身を誇っていたが、地方から出てきた者を「お国者」「国者」といって軽蔑した。➡浅黄裏《あさぎうら》、べいべい言葉《ことば》

ぐにゃぐにゃ
力が抜けて萎《な》え崩《くず》れ、しっかりしていない様子。「あれほど力んでいたのに、惚れた女の前に来るとたちまちぐにゃぐにゃになってしまった」などという。

くのじなり【くの字なり】
女性が気取って、上体を曲げて親しさや好意の気持を示すポーズ。「娘がくの字なりに銚子をとって酌をする」「芸者がくの字なりにしなだれかかった」などと用いる。

くびかせ【首枷】
首枷は罪人の首にはめて自由を束縛する刑具。転じて、重荷や負担、また自由を束縛されることをいう。「子は三界《さんがい》の首枷」は、子供に対する愛情のために親は一生束縛されるの意。江戸っ子は語勢良く「くびっかせ」といった。

首　枷

くびだい【首代】
江戸時代には、密通が発覚すると当事者の男女はその場で斬り殺されても仕方がないことになっていて、御上に訴えられれば死罪であったが、密通した姦夫《かんぷ》は相手の夫に「首代」と「詫び状」を渡して許してもらった。江戸の首代は大判一枚で、大坂は銀が通貨であったので銀三百匁であった。十両大判を首代としたのは、地方藩で斬首《ざんしゅ》の刑があると、供養のために高野山に大判一枚を奉納していたことに倣《なら》ったためである。大判は本来なら十両であるが、実際には七両二分にしか通用

くの字なり

せず、江戸では首代を「七両二分」、上方では「銀三百匁」ともいい、銀三百匁は金に直すと五両であるから「堪忍《かんにん》五両」ともいった。⬇重《かさ》ねて置《お》いて四つにする

くびったけ【首っ丈】
「くびたけ」の促音化で、「くびたけ」は足元から頸までの丈（長さ）である。転じて、首丈まで深くはまり込んで溺れるの意となり、異性に惚れて夢中になっていることの形容。「彼女は彼に首っ丈だから、今は注意しても駄目だ」などという。江戸時代に用いられたが、現代でも用いられている。

首っ丈

首っ引き

くびったま【首っ玉】
首のことをいう。人の首は球形であるから「首玉」といい、語勢良く「くびったま」という。動物の首も首っ玉といった。「首っ玉を洗って待っていろ」は首を切って殺してやるから覚悟しろの意。

くびっぴき【首っ引き】
①「首引き」と同じ。二人が向い合い、輪に結んだ紐を頸にかけて引っ張り合う遊び。大人もやった。
②傍《かたわら》から放さずに使うこと。「辞書と首っ引きで勉強した」などという。⬇炬燵《こたつ》と首《くび》っ引き

くびとどうのいきわかれ【首と胴の生き分れ】
「生きながら首と胴を切り離す」つまり「殺す」の意に用いる。十返舎一九『続々膝栗毛』三編上に「首と胴の生別れ」とあるのは「首と胴が離れてしまうぞ」、つまり「殺してやるぞ」の意。

くびになわをつける【首に縄をつける】
犬などの首に縄をつけて引っ張っていくように、無理矢理に連れて行くこと、あるいは連れて来ることをいう。「首に縄をつけても引っ張ってくるぞ」は、どんな無理をしても必ず連れて来るぞの意。

くぼうさま【公方様】
「公方」は本来は天皇または朝廷の意であるが、鎌倉時代頃から幕府を公方というようになり、さらに室町幕府三代将軍足利義満の頃からは征夷大将軍を指すようになった。室町時代に鎌倉に置かれた関東管領を指すこともあり、この系統がさらに分かれて、堀越公方、古河公方など、足利家系の者すべてが公方といわれた。徳川家康が征夷大将軍に任ぜられて江戸幕府を開いて後は徳川将軍家のみを公方といい、庶民などがその姓名を口にするのを憚《はばか》って「公方様」といった。

熊手性

くまでしょう【熊手性】
「熊手」は、竹を細板状に割って、熊の手のように先端を爪状に曲げて何本か束ね、長い柄をつけた道具で、落ち葉などを掻き寄せるのに用いる。この熊手のように、何でも掻き集めて手に入れようとする強欲《ごうよく》の者をいう。「あいつは熊手性だから何でも欲しがって手に入れたがる」などという。⬇六日《むいか》知らず

くまのい【熊胆】
熊の胆嚢《たんのう》を乾燥させたもので、ひどく苦いが腹痛などに効くので薬用とした。昭和の初め頃までは、熊胆を売り歩く行

商が家々を訪問して買うことを強制した。これを「熊胆屋《くまのいや》」「熊胆売り」といった。

熊胆売り

粂平内の石像

くめのへいないほこらのえんむすび【粂平内祠の縁結び】

　江戸時代の伝説的な武芸者である粂平内は、千人斬りを目指して夜になると辻斬りをしたが、悔い改めて自分の姿を石像に刻み、江戸浅草寺の参道に置いて参詣人に踏み付けさせて罪業《ざいごう》の償《つぐな》いとした。後に「踏み付け」が「文付け（ラブレターを送る）」の意に代り、平内の石像は祠《ほこら》に納められて、縁結びの神として知られるようになった。

くめのへいないみたいにつっぱっている【粂平内みたいに突っ張っている】

　粂平内は江戸時代初期の伝説的な武芸者で、浅草寺境内に石像が祀られているが、肩を怒らした姿態であるので、人が突っ張って虚勢を張っている時に、「あいつは粂平内だ」などという。

粂平内みたいに突っ張ってる

くもすけ【雲助・蜘蛛助】

　江戸時代、蜘蛛が網を張るように街道で客を捕まえ、無理に駕籠に乗せようとする駕籠舁稼業《かごかきかぎょう》の無頼《ぶらい》の者をいう。雲のごとく街道を移動して稼ぐことから「雲助」とも書き、また「街道雲助」ともいう。女をかどわかして遊廓に売り飛ばしたり、おとなしい客だと高額の駕籠賃を請求したり、酒手《さかて》を強請《ゆす》り取ったりした。悪質の駕籠舁。「雲駕籠《くもかご》」とも呼ぶ。⇩街道雲助《かいどうくもすけ》、辻駕籠《つじかご》、酒手《さかて》

雲助［東海道名所図会］

くもでかくなわじゅうもんじ【蜘蛛手角縄十文字】

　蜘蛛の足は八方に出ていることから、軍記物で豪傑などが太刀を四方八方に振り回して縦横無尽《じゅうおうむじん》に斬りまくる形容に用いる語。講談師が張《は》り扇《せん》で調子をとって修羅場《しゅらば》（激しい戦いの場面）を語ると、聴衆は聞き惚れて興奮する。「真向眉庇幹竹割《まっこうまびさしからたけわり》、蜘蛛手角縄十文字、奴豆腐《やっこどうふ》に千六本《せんろっぽん》」と調子良く出鱈目《でたらめ》を喋る。「奴《やっこ》豆腐」は四角く切った豆腐、「千六本」は大根の千切りのことであり、語呂を合わせただけで意味はない。⇩真向眉庇幹竹割《まっこうまびさしからたけわり》

くもゆきがあやしい【雲行きが怪しい】

　「雲行き」は雲の動いていく様子のことで、雲が低く垂れ込めると雨や雪が降り出すように、物事の成り行きが悪い方へ向かいそうなこと、荒れそうなことをいう。「雲行きがおかしくなる」ともいう。「雲行き」の語は、悪くなりそうな場合に多く用いる。

くもりかすみもない【曇霞もない】

　「くもり」「かすみ」は、はっきりせず怪しいことの意。故に、「怪しいところ

もない」「得体の知れない者じゃあない」という表現。「安心してくれ」の意の洒落言葉。十返舎一九『続膝栗毛』十二編上に「お気遣いのキの字も御座りません」「なにサ、そんなことはくもりもかすみもないというものだから大丈夫だ」と会話している。

くや
「厄《やく》」の倒語。露天商の隠語で、日が悪くて売上が少ない場合などに用いる。「今日はくやだ。まだ一人も客が付かねえ」などという。

くやしがるまいことか【口惜しがるまいことか】
口惜しがるだけではすまないことの表現。猛烈に口惜しがることをいう。

くやしんぼう【口惜しん坊】
「坊」は「者」の意で、すぐに口惜しがる者をいう。「口惜しがり屋」ともいう。

くら
明治・大正初期頃は映画館を「クラ」といった。「暗《くら》」「蔵《くら》」などに由来するか。

くらぁせる【食らぁせる】
食らわせるの訛り。撲ることは「一発食らぁせる」といい、騙すことは「一杯食らぁせた」という。

くらい
「程」の意。「一人として訪ねない者はないといって良いくらいなんです」「あの人の右に出る人はないといって良いくらいなんです」などと用いる。

くらいこむ【食らい込む】
江戸時代、捕縛《ほばく》されて牢に入ることをいった。また、商売取引などで欠損が出た時にも「食らい込んだ」といい、厄介者《やっかいもの》を引き受けた時も「食らい込みだ」などという。

くらいそばえる【食らい戯える】
酒を飲み食らって悪ふざけをすること。「この野郎、くらいそばえかしやがって」などという。

くらいだおれ【食らい倒れ】
江戸時代頃から、庶民は酒を飲むことを「食らう」といい、罵《ののし》る時も「酒を食らいやがって」などといった。「食らい倒れ」は酒を飲んで酔いつぶれることから「酔いどれ」の意である。「食らい酔う」ともいう。

くらいところ【暗い処】
江戸時代、牢屋のことをいった。「暗い処にぶち込まれた」などという。牢は板張りで木製の太い二重格子があり、牢鞘《ろうざや》という土間に面していた。

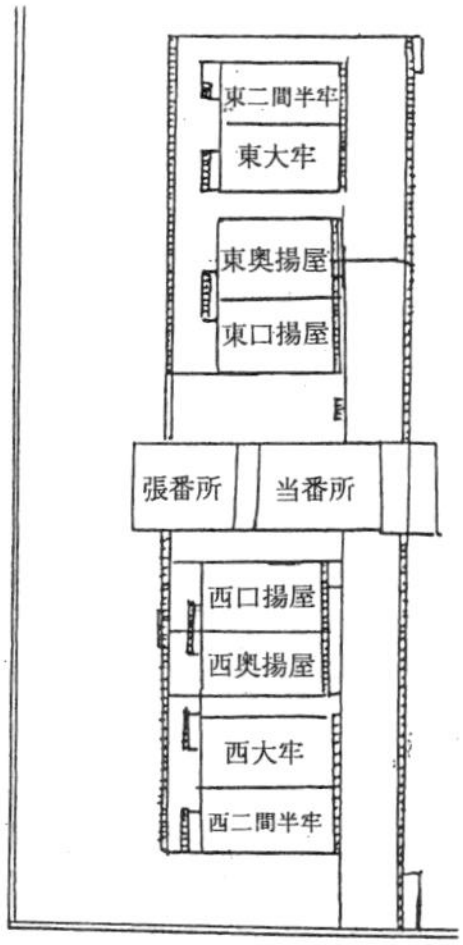

暗い処

くらう【食らう】
好ましくないことを身に受ける、不愉快な目に合うの意。「不意打ちを食らう」などと用いる。「いきなり拳骨《げんこつ》をくらう」「面食らう」はびっくりすることである。

くらがえ【鞍替え】
遊女や芸者が身を売り替えること。自分から店を替えることもあれば、抱え主に売り替えられることもあり、そのたびごとに年季が延びる。「廓替《くるわがえ》」の訛りとも、「宿座替《ねぐらがえ》」の略ともいわれる。「住み替え」ともいう。今では、職などを替える意で用いられ、「流行作家から政治家に鞍替えした」などという。

ぐらぐら
揺れて安定しないことの形容。「いきなりぐらぐらときた」「根太《ねだ》がぐらぐらしている」などと用いる。眩暈《めまい》の時には「くらくら」ともいう。

くらし【暮し】
生計、暮し向きをいう。「くらしが良い」は安定した生活、「くらしに困っている」「くらしにくい」は生活が苦しいことをいう。

くらしむき【暮し向き・生活向き】
生活の経済状態をいう。「くらしむきが楽になった」などと用いる。

くらやど【蔵宿】
江戸浅草蔵前の札差《ふださし》の店をいう。札差とは幕府の禄米の配給を代行し、米の換金、禄の前貸し、金貸しなどもする。儲けが多く裕福で贅沢なため、蔵前風という豪奢《ごうしゃ》な風俗までできた。⬇札差《ふださし》

くりからもんもん【倶利伽羅紋紋】
博奕《ばくち》打ちや鳶《とび》の者などが背に施した倶利伽羅竜王の彫物《ほりもの》をいう。江戸時代にはすぐに両肌《もろはだ》脱ぎになって彫物を見せつけ、威勢の良いところを示すことが流行した。

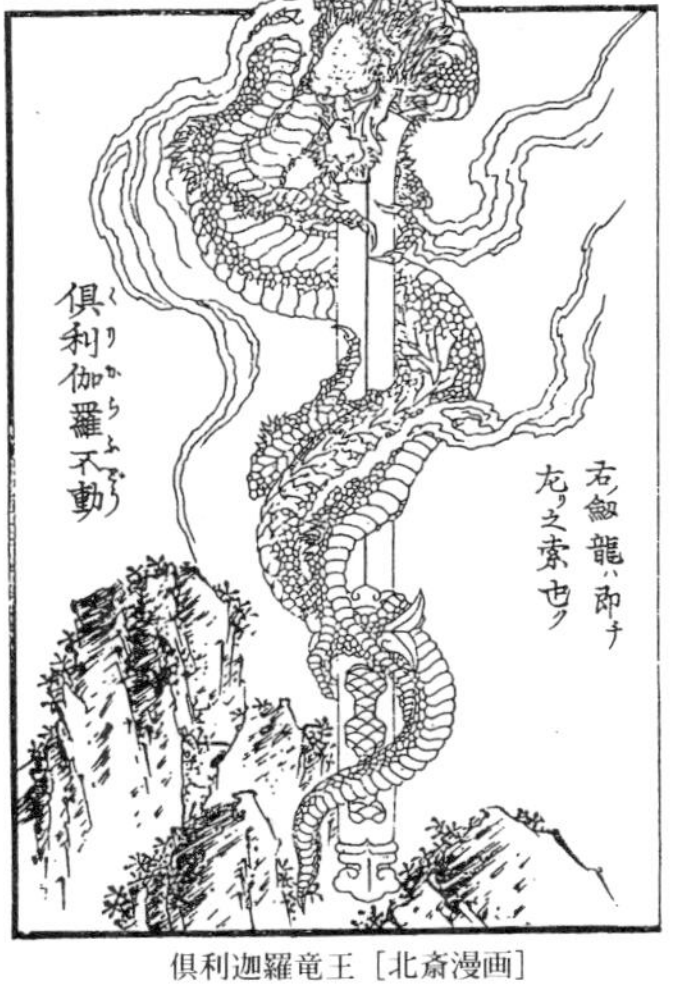

倶利迦羅竜王［北斎漫画］

明治・大正時代にも勇ましさの表現として彫物をし、倶利伽羅竜王の図でなくとも背一面に彫物をした者を倶利伽羅紋紋といった。⬇片肌脱《かたはだぬ》ぐ

くりくり
「くりくり」は丸く滑らかなことの形

容。「くりくり目玉」「くりくり坊主」などという。

くりくりぼうず【くりくり坊主】

「くりくり」は丸く滑らかなことの形容で、頭髪を僧侶のようにつるつるに剃った頭をいうが、多く子供の頭に対して用いる。「罰としてくりくり坊主にされちゃった」「くりくり坊主に剃ったので、頭がさっぱりした」などという。上下をひっくり返して「坊主っくり」ともいう。

くりばばあ【庫裡婆・庫裏婆】

「庫裏」とは寺の台所をいう。「庫裏婆」とは寺の住職の老妻や、寺で雇っている老婆のこと。

ぐりはま

「蛤《はまぐり》」の倒語。蛤の貝殻はひっくり返してしまっては背中合わせになって合わない。故に、食い違うこと、うまく合わないことの譬《たと》えに用いる。「やることがぐりはまじゃねえか」などといい、「ぐりはまなことをしやがって」と叱る。⇩ぐれはま

ぐりはま

ぐる【仲間・組】

悪だくみや悪いことをする仲間をいう。「あいつは嚇《おどか》し屋のぐるだ」「ぐるになって脅迫した」などと用いる。

くりくり坊主

くるしまぎれに【苦し紛れに】

苦しさのあまりに、苦しさから逃れるためにの意。「苦し紛れに嘘をついて他人のせいにした」「苦し紛れに胡麻化《ごまか》した」などと用いる。

ぐるまわし【ぐる回し】

酒の席などで盃を回し飲みすることをいう。「目出度い席だから、まずぐる回ししよう」「ぐる回ししてからお開《ひら》きにしよう」などと用いる。

ぐる回し

ぐるみ【包み】

「包《くる》み」の訛りで、そのものを含めてすべて、ひっくるめての意。「身ぐるみ剝がされておっぽり出された」は着ていた衣類すべてを奪われて放り出された、「荷物ぐるみ落してしまった」は荷物ごと落してしまったの意。

ぐるり【周】

まわり、周囲のことをいう。「ぐるりと取り巻いた」「そのお屋敷のぐるりは溝でした」などという。

くるわなまり【廓訛り】

江戸吉原遊廓では地方から売られてきた妓が地方訛りで喋ると興《きょう》ざめなので、独特の廓言葉を喋るよう強制した。代表的な廓訛りとして「〜です」を「〜でありんす」というため、吉原を「ありんす国」などと皮肉った。⇩ありんす

くれぐれ

繰り返すことの形容。「くれぐれもよろしくお願いいたします」などと用いる。

ぐれはま

「蛤」の倒語「ぐりはま」の訛り。物事が食い違ってうまくいかなくなることをいう。「やること為すこと、すべてぐれはまになって借金ばかり増えた」などと用いる。⇩ぐりはま

ぐれる

若い者の生活態度が乱れたり、気持ちがすさんだりして、公徳心を失った言動をするようになることをいう。「あの男は失恋してからぐれ出した」などと用いる。歌舞伎『白浪五人男』の忠信利平の台詞にも「餓鬼の頃から手癖が悪く、抜参りからぐれ出して」とある。

くろうくげん【苦労苦患】

辛い思いや悩みをいう。狂訓亭主人『春色辰巳園』巻之八に「これほど苦労苦げんをした者に」とあるのは、これくらい辛い思いや苦悩をした者にの意。

くろうと【玄人】

「素人《しろうと》」に対して「玄人」という。その道の専門家をいい、「流石《さすが》に玄人だけあって上手だ」などと用いる。また、芸者や遊女をも一般女性に対して「玄人」といい、「あの女は玄人上がりだから粋《いき》だ」と

身ぐるみ剝がされる

などと用いる。

くろちり【黒縮】

黒縮緬《くろちりめん》の略で、明治時代に官員（国家公務員）や上流の者の妻の間で黒縮緬の羽織《はおり》が流行したことから、役人の妻をこのようにいう。

くろぶし【踝】

「くるぶし」の訛ったもの。脛《すね》と足首の連接する部分にある両側の突起した部分をいう。さらに訛って「くろぼし」ともいう。「くろぶしをぶつけて痛くて歩けない」などという。

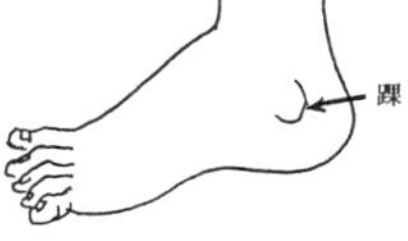

くろぶし（踝）

くろぼし

①「踝《くるぶし》」の訛り。

②「黒星」。相撲で負けた時に星取り表につける黒丸をいい、転じて負けたり失敗したりすることをいう。

③弓矢の的の中心は黒丸で、ここに当てれば命中であることから、ねらいが当たること、的中することの意で褒《ほ》め言葉にも用い、「黒星を射当てた」などという。

くろまく【黒幕】

表に出ず、陰で指図したり知恵をつけたりする者をいう。歌舞伎などで場面転換や暗夜の場面に黒い幕を引き、その間に準備などをすることからの語であろう。歌舞伎では舞台で役者の衣装替えを手伝ったり台詞を教えたりする黒装束黒頭巾の後見《こうけん》がいるが、これは「黒子《くろこ》」という。

くろみす【黒御簾】

芝居用語で、舞台の袖に窓を切り、見物人には見えないように黒簾を掛けた囃《はや》子方《しかた》の席をいう。

くろもじ【黒文字】

爪楊枝《つまようじ》の異名。上等な楊枝《ようじ》は黒文字《くろもじ》という木を削って作る。黒文字はクスノキ科の落葉低木。本物の黒文字である証拠に、楊枝の元の方に樹皮がちょっと残してある。江戸っ子の上品ぶった者は黒文字の楊枝でなくとも「くろもじ」と気取っていった。現在でも凝《こ》った料理屋などで見られる。

黒文字

くわずのまず【食わず飲まず】

一般的には「飲まず食わず」というが、江戸っ子は意識的に「食わず飲まず」という。

くわせもの【食わせ者・食わせ物】

見た目は良いが油断のならない者をいう。品物にも用いる。「あいつは食わせ者だから気をつけろ」「とんだ食わせ物だった」などといい、騙されることを「一杯食わされた」などという。

黒御簾

くわばらくわばら【桑原桑原】

昔から桑の木には落雷しないといわれ、雷が鳴ると落雷を避けるために「くわばらくわばら」とまじないの言葉を唱えた。その他、災難や幽霊など、嫌なことを避けたい時にも唱える。

くんだり【下り】

「下《くだ》り」の訛り。江戸時代までは京都へ行くのが上り、京都から地方に行くのが下りであったが、江戸を中心として五街道が整備されてからは江戸へ行くのが上り、地方に行くのを下りというようになり、江戸から遠い地であることや場末であることをちょっと強調して「くんだり」といった。「奥州くんだりまで行かねばならぬのか」「向島くんだりまでわざわざ来たのに逢えないなんて」などと用いる。

くんな

「～してくれ」「～して下さい」が訛ってさらに略された語。「この仕事をやってくんな」「堪忍《かんにん》してくんな」などといい、現在でも用いる。曲山人補綴『仮名文章娘節用』にも「可愛がってくんな」とある。

くんない

「くれない」の訛り。「一銭もくんないとはしど《ひ》いじゃないか」「考えておいてくんないか」などと広く用いる。

くんなさんな

「くんな」は「下さる」、「～くんなさんな」は「～下さいますな」で、語尾の「な」は軽い禁止。曲山人補綴の『仮名文章娘節用』に「それを案じてくんなさんな」とあるのは「そのことを心配しないでくださいね」の意。

くんなまんし

遊女言葉で「下されまし」の訛り。

くんねえ

「くれない」の訛り。「くんねえし」は「下さい」の洒落《しゃれ》言葉。「ちょっと見てくんねえし」は「ちょっと見てくれ」の意。

「け」

けい【傾】

「傾城《けいせい》」の略で、通人が用いる語。傾城とは花魁《おいらん》のこと。中国で美女の形容として傾城傾国（色香で国が滅びるほどの美しさの意）の語があり、ここから遊女の称となった。「今日は都合つけて傾のところに行ってみよう」などといった。

けいあんぐち【桂庵口・慶安口】

江戸京橋木挽町の医者・大和慶安が、縁談や奉公の仲介をして礼金をもらっていたといい、転じて、仲介《ちゅうかい》・周旋《しゅうせん》を業とする者を「けいあん」というようになった。双方にうまいことをいうのを「慶安口」という。「あいつは口達者で慶安みたいな野郎だ」などと用いる。こうした性格の婆を「けいあんばばあ」といった。訛って「けいわん」ともいう。

げいがみをたすくるほどのふしあわせ【芸が身を助くる程の不仕合せ】

家が没落して不遇になっても、華やかな暮しをしていたころに身につけた芸事で何とか生活していけるの意。浪士になった武士が習い覚えた謡曲を謡って銭をもらったり、破産した商人の娘が三味線を教えたりした。芸事で食っていけるから幸せかも知れぬが、生活の資とせねばならぬ境遇となったのは不幸であるの意。

げいしゃあがり【芸者上り】

以前に芸者をしていたが、今は落籍《ひか》されて人妻になったり、遊芸《ゆうげい》の師匠になっている女性をいう。「彼の細君は芸者上りだから、どことなく粋《いき》だ」などと用いる。

けいすけ【傾助】

「傾」は傾城《けいせい》（遊女）の略、「助」は人名化するための語で、「傾助」は遊女好きの助平男をいう。「鶏助」とも書く。

芸が身を助くる程の不仕合せ

げいなしざる【芸なし猿】

猿でも仕込めば芸をするが、何の芸もない不器用者をこのようにいう。

けえけえ

化粧の意。子供に向かって「さあ、けえけえしてやるから、こっちにおいで」などという。

けえけえ

げえす

「ございます」の略がさらに訛った語。職人などが「そうでございます」を「そうでげえす」などといった。➡げす

けえなんす【帰えなんす】

「お帰りになります」の訛りで、「それじゃあ帰《け》えなんすか」などと用いる。

げえばわりい

「げえば」は外聞《がいぶん》の略で訛り、「わりい」は悪いの訛りで、外聞が悪い、他人《ひと》聞《ぎ》きが悪いの意。さらに訛って「げえばありい」という。「そんなこと言われちゃ、げえばわりい」などと用いる。

げえぶん【外聞】

「外聞《がいぶん》」の訛り。江戸っ子は「げえぶんが悪い」「げえぶんにかかわる」などと用いる。

けえりたくはありませんよ【帰りたくはありませんよ】

狂訓亭主人『春色梅児誉美』の一節にあり、「けえる」は「帰る」の訛り。「帰りたくないわよ」の意。江戸っ子なら、粋《いき》な女性でも「ありませんよ」と丁寧《ていねい》語を使いながらも、やくざっぽい言い方をするのが通常であった。

けえる【蛙】

カエルの訛り。「雨蛙《あまげえる》」「蟇《ひきげえる》」などと言った。

けえる【帰る】

「帰《かえ》る」の訛り。職人などが「まだ帰《けえ》って来《き》ねえかい」などと用いた。十返舎一九の『東海道中膝栗毛』初編にも「まだけえりやせんわな」とあり、「まだ帰ってこないよ」の意。

けがにも【怪我にも】

怪我は不注意や思いがけないことで身体を傷付けることであるが、「怪我にも」は「間違っても」「決して」の意の副詞である。「怪我にもそんなこと言うもんじゃねえ」などという。

けこみ【蹴込】

階段の踏み板と踏み板の間の垂直の部分。また、土間から床に上がる段の下の垂直の部分。また、人力車で客が足を乗

蹴込

せる台や、芝居用語として舞台下の側面をいう語でもある。

けこむ【蹴込む】

商売で損をすることの意。

けさいろく【毛才六】

「青二才」「小僧」「がき」といった、幼い者、若い者を罵《ののし》る語。小僧っ子。下賤の庶民が用いたが、現代では聞かれなくなった。

げさく【下作】

品が悪いことをいう。下品に同じ。江戸時代に用いられた語。「下作なお嬢様《じょうさま》」などという。

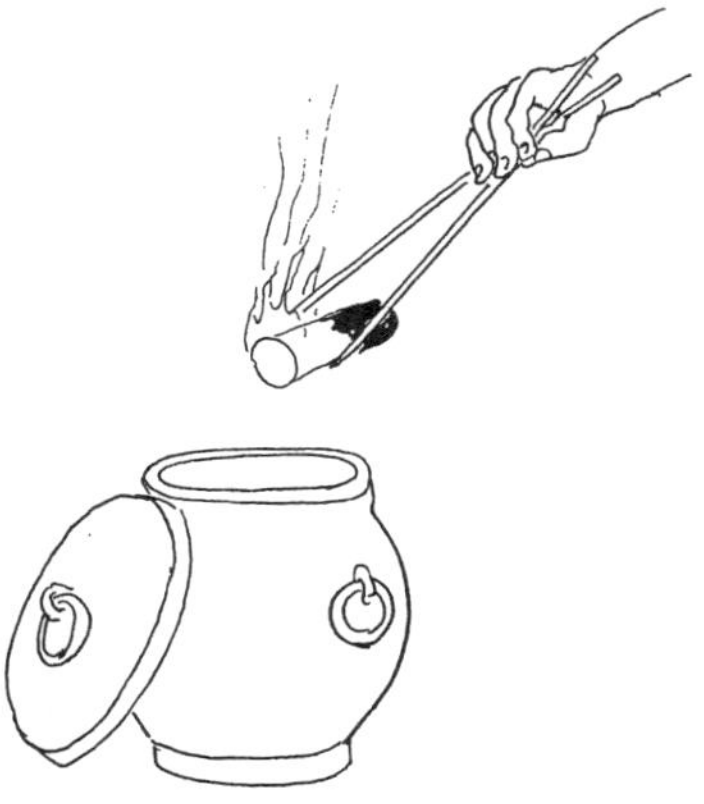
消炭

けじ【怪事】

怪しいこと、不思議なことの意で、明治以降は用いられなくなった。

けしがらけりゃとうがらしやわさびはかぶをうってうらだなにひっこむ【芥子が辛けりゃ唐辛子や山葵は株を売って裏店に引っ込む】

長い文句だが、「怪しからぬ（無礼である）」に、「芥子」「辛い」を引っかけただけの洒落《しゃれ》言葉。明治以降は聞かれなくなった。

けしからねえ【怪しからねえ】

「怪しからぬ」の江戸訛りで、不届きだ、無礼である、大変だなどの意に用いる。一般的には「けしからん」という。

げじき【下直】

安っぽいことをいう。狂訓亭主人『春色梅美婦禰』巻之十一に「其様《そんな》に此身《おれ》を安く下直に言って呉れる事はないぜ」とあるのは「そんなに俺を安っぽく見下すことはないぜ」の意。

けしずみ【消炭】

消炭とは、真っ赤に熾《おこ》っている炭やよく燃えている薪を火の中から取り出して火消壺に入れ、中で火が消えてできる炭をいう。消炭は火付きが良いことから、「熾《おこ》る」を「怒る」に掛け、すぐに腹を立てる者を「消炭」「消炭野郎」という。

けしつぼ【消壺】

火消壺の略。⬇消炭《けしずみ》

けしとぶ【消し飛ぶ】

視界から消え去るように飛び去っていくこと。急にすっかりなくなってしまうことをいう。「病気になってしまって、夢も希望も消し飛んだ」などと用いる。

けしやっこ【芥子奴】

芥子は芥子坊主の意。芥子坊主とは幼児の髪形で、てっぺんの髪だけを残して周囲を剃る。芥子坊主にした子供をこのようにからかっていう。⬇爺《じじ》っ毛《け》

芥子奴

げす

「ございます」の略が「げえす」と訛り、さらに「げす」と訛った語で、「そうでげす」などという。江戸時代に遊里の幇間《ほうかん》（たいこ持ち）や下級芸人、職人などがよく用い、昭和頃まで聞かれた。⬇げえす

げすいた【下水板】

「げすいいた」のこと。五右衛門風呂は鉄釜を直接かまどに据え付けて下から薪を焚いて沸かすから、底が熱くて直接には入れない。そこで円形の板簀子《いたすのこ》を浮べて浮き蓋とし、これを踏み沈めてその上に乗って入浴した。この板簀子を下水板という。十返舎一九の『東海道中膝栗毛』に、入浴のし方を知らぬ喜多さんが下水板を外してしまい、足裏が熱いので下駄を履いて入って釜の底を破った話が載っている。昭和頃まで、地方ではまだ釜風呂が見られた。

下水板

げすばる【下司張る・下種張る】

下司は品性が下劣な者の

意で、「下司張る」は卑しい行為をいう。「そう下司張って食うんじゃねえ」「下司張って言うようだが、損はしたくないんだ」などという。

けずり

①毛剃《す》り、毛剃《ぞ》りの訛りで、床屋の下職（見習い）のことをいう。

②「削り」と書き、大工の隠語で酒を飲むことをいう。日当から酒代を削って飲むからいう。

げせつ【下拙】

武士は自分のことをへりくだって「拙《せっ》者《しゃ》」というが、田舎武士はさらに謙遜《けんそん》して「下拙」といった。江戸っ子はこれを真似して「下拙」の語を用いる者もあった。

けだし【蹴出し】

女性が湯文字（腰巻）の上に重ねて着る、足首までの丈のものをいう。着物の裾を上げて歩く時に湯文字が見えぬようにするために着ける。多くは袷《あわせ》の洒落《しゃれ》た布を用いたが、裾《すそ》が開いたときに蹴出しが粋にちらりと見えるように、若い女性は緋縮緬《ひぢりめん》や鹿《か》の子絞《こしぼ》りを用いた。

蹴出し

下駄箱

げたばこ【下駄箱】

家の玄関には履物や傘を収納する戸棚があり、これを下駄箱という。その上には盆栽や壺、置物などを配して上品な雰《ふ》囲《い》気《き》を作ったものである。今は下駄を履く者はめったにいないが、現代でも依然として下駄箱と呼んでいる。

けだもの【獣】

「毛の物」の意で、全身に毛の生えた四つ足の動物をいう。また、人間らしい心をもたない者を罵《のの》っていう時にも用いる。「人をけだもの扱いするな」「あいつは人間じゃあねえ、けだものだ」などと用いる。

けだものぢゃや【獣肉茶屋】

江戸時代は穢《けが》れるとして獣肉をおおっぴらに食べることを避けていたが、末期頃から洋食食材として歓迎され、猪、豚、猿、狐、鹿、兎などの肉を食するようになった。こうした獣肉専門の料理茶屋を「獣肉茶屋」、「ももんじ屋」といい、動物の死骸を軒先に吊るして目印にしていた。本来茶屋は一休みして茶を飲ませる店であったが、中には昼どきから料理も出すようになったところもあった。

けたりふんだり【蹴たり踏んだり】

蹴りつけられたり踏みつけられたりすることで、不運や災難が続いてさんざんな目に遭うことの形容。「踏んだり蹴ったり」ともいう。

獣肉茶屋

げたをはく【下駄を履く】

買い物などで余分に金を受け取って、その差額を自分の懐《ふところ》に入れることをいう。

けちがつく【けちが付く】

「けち」は不吉なことの前兆の意で、邪魔が入ったり、縁起の悪いことが起こったりすることをいう。

けちくさい【吝臭い】

「吝《けち》」はしみったれ、吝嗇《りんしょく》の意で、金銭や品物を提供することを嫌がること、「臭い」は嫌な匂いではなく、「嫌になるほど」「うんざりするほど」の意で、「うんざりするほどしみったれている」「嫌になるほどの吝嗇ぶり」をいい、その者を侮蔑する時に用いる。「吝臭いまねをするな」「吝臭いことを言うな」「吝臭い奴だ」などと用いる。

けちのつきはじめ【けちの付き始め】

「けち」は不吉なことが起こる前触れの意。何かがきっかけとなって人生につまずいて、つぎつぎと不運に見舞われることをいう。いつからうまくいかぬようになったのだろうと溯《さかのぼ》って考えたりした時に、「あれがけちの付き始めで、次第に貧しくなったのだ」などという。

けちりんほど
わずか、ほんの少しの意。「いろいろと薬を飲ませたが、けちりんほども病状が良くならない」「けちりんほども同情した様子がない」などと用いる。

けちをつける【けちをつける】
相手のささいな欠点を攻撃すること、欠点をあげつらって因縁《いんねん》をつけることをいう。「そのことにけちをつけた」は「そのことに文句をいった」、「けちをつけられたのが没落の始まりだった」は「因縁をつけられたことが原因で零落《れいらく》した」の意。「難癖をつける」「いちゃもんをつける」ともいう。

けちんぼう【吝ん坊】
物惜しみする者に対していう。「けちんぼ」「しわん坊」「吝助《けちすけ》」ともいう。

けつがこそばゆい【尻がこそばゆい】
尻のあたりがむずむずしてじっとしていられないこと、居心地が良くないこと。嫌なことを言われたり、皮肉られたり、わざとらしいお世辞を言われたり、大袈裟《おおげさ》に褒《ほ》められたりした時に用いる。

けつかる
「居る」「行く」などの意の卑語。「どこにけつかりやがるのか、わからねえ」「どこにけつかりやがったか」などと用いる。

けっく【結句】
詩歌の最後の句をいい、転じて、結局、ついに、とうとう、揚句の果てに、かえって、むしろの意。狂訓亭主人『春色辰巳園』巻之八に「結句にくしみを掛けられたがるようなものだ」とあるのは、「結局、憎まれたがっているようなものだ」の意。十返舎一九の『続膝栗毛』十一編上に、包丁をべとべとの前垂れで拭いたのを見て、「拭かねえ方が結句ましだろうに」とあるのは、「むしろ拭かない方が、包丁が汚れないで良かったろうに」の意。

けちをつける

けっこう【結構】
満足できる、十分に、大変良い、これ以上は必要でないなどの意で使い分ける。「もう御酒は結構です」は「酒はもう十分に戴きました」と「酒はもう要りません」の意となる。「結構なお品で」は「素晴らしい品で」、「小食だといっているが結構食べるぜ」は「あまり食べないと言いながら、かなり食べるぜ」、「結構人《けっこうじん》」は「好人物」の意。

げっそり
急激にやせ衰えること、うんざりしたり意気消沈《いきしょうちん》したりすることの形容。「苦労もあり、病気もしたりでげっそり痩せた」「あいつの話にはげっそりした」などと用いる。

げっそり

けったるい【気ったるい】
「かったるい」と同じ。体がだるいこと、物足りないこと、気が進まないことをいう。「今日は朝からけったるい」「この書き方では何となくけったるい」などと用いる。

けってしまった【蹴ってしまった】
蹴ったように断った、はねつけて取り合わなかったの意。「一蹴《いっしゅう》する」ということ。

げっぷう
「げっぷ」の訛り。胃の中のガスが口から出る時の音。おくびが出ることで、食べ過ぎたり、飽き飽きしたことの形容。「げっぷうが出るほど食べた」「げっぷうの出るほど聞き飽きた話だ」などと用いる。

けつをまくる【尻を捲る】
思い通りにならないことに腹を立て、開き直って相手を威嚇《いかく》することをいう。江戸っ子らしい表現で、着物の裾《すそ》をまくって尻を出し、喧嘩腰《けんかごし》で相手を脅《おど》すところからの語。一種の嫌がらせで、芝居などでごろつきが着物の裾をまくって上《あ》がり口《ぐち》に腰を下ろし、片足を組んで凄《すご》みを利かせる真似がそうである。⇨尻《しり》を捲《まく》る

尻を捲る

げどう【外道】
罵《ののし》り言葉。人の道に外れた者の意で、「何をっ、この外道め」などという。

けなみ【毛並み】
動物の毛の生え方を人間に当てはめて、育ちの良い人を「毛並みが良い」、下賤の人を「毛並みが悪い」といった。

げびる【下卑る・下びる】
卑しさをおびる、下品な感じをいう。「下卑た」の形で用いられることが多く、「下卑た話」といえば性に関する話、公言をはばかるような話の意。「あの男は下卑た話が好きだ」「何となく下卑た感じの男だ」などと用いる。

けぶい【煙い】
「煙《けむ》い」の訛り。「けぶいから障子を閉めろ」などと用いる。

けぶったい【煙ったい】
「煙《けむ》たい」の訛り。煙が目にしみたり呼吸が苦しくなるように、気安く近づきにくい、敬遠したい感じの意で、「あの男は煙《けぶ》ったい奴だ」などと用いる。

けむどめ【煙止】
「けむりどめ」の訛り。江戸時代には幕府の将軍などが上野の御霊屋《おたまや》に御参詣する際などは、行列の通る町は一切の火の気を禁じられ、御帰城になるまで失火しないよう気を付けねばならなかった。これを「けむどめ」といい、火を用いる場合は朝早くに用いてしまうようにした。
➡御免湯《ごめんゆ》

けむにまく【煙に巻く】
煙がもうもうと上がると物や人がよく見えなくなるように、相手がよく知らないことなどをとうとうと述べ立てて、相手を戸惑わせたり、判断力を誤らせたりすることをいう。「あの野郎、べらべら喋って俺をけむに巻きやがった」などと用いる。

げらく【下落】
現在では物価や株価などが下がることをいうが、古くは技術や芸をもっている者、あるいは商人の信用が失われていくことを「下落」といった。「あんな名人がどんどん下落して、今では町を流して辛うじて食っている」などと用いる。

けり
和歌や俳句は「〜けり」で結ぶことが多いので、転じて、決着、結末の意となり、「けりが付いた」「けりを付ける」という表現で多く用いられた。「今日の返金で借金は一切けりが付いた」などという。

けれん【外連】
芝居用語。歌舞伎や義太夫で、伝統を破って軽業《かるわざ》的で、俗受けする見た目が派手な演出・演技をいい、それを巧みにやる者を「外連師《けれんし》」という。芝居人でなくとも「はったり」や「ごまかし」を言って相手を騙す者のこともいい、「あの外連師《けれんし》に騙《だま》されてしまったよ」などと用いた。

げろうのいっすんと【下郎の一寸戸】
下賤の者の粗雑な行為の形容。何をやっても神経が行き届かぬ奉公人などは、戸を閉めてもきちんと閉めず、一寸（約三・三センチ）ほども隙間を残すという意である。

けんかかい【喧嘩買い】
「買い」は自分から進んで引き受けることをいい、喧嘩好きの意。すぐに喧嘩の相手になる性質の者をいう。「喧嘩買いばかりが集まってしまった。これはまずいぞ」などと用いる。

けんかすぎてのぼうちぎり【喧嘩過ぎての棒乳切】
「棒乳切《ぼうちぎり》」は、棒や乳切木《ちぎりき》（地面から胸のあたりまでの長さの木の棒）をいい、武器として使ったりする。喧嘩が終わってから、「俺がいたらさんざん相手をやっつけてやったのに、惜しいことをしたなあ」などといって千切《ちぎ》れるほど棍棒《こんぼう》などを振り回して悔しがっても役に立たない。このことから時機に遅れて効果がないことの譬《たと》えに使われる。

喧嘩過ぎての棒乳切

けんかっぱやい【喧嘩っ早い】
ちょっとしたことでもすぐに怒って争う癖のある者をいう。江戸っ子は短気で喧嘩っ早く、何かというと「喧嘩なら買うぜ」と挑戦の言葉を吐く。

けんかのおなじみ【喧嘩の御馴染み】
良き喧嘩相手のことをいう。狂訓亭主人『春色辰巳園』巻之九に「けんかのおなじみはごめんだ」とあるのは、「しょっちゅう喧嘩の相手になるのは嫌だ」の意。

げんこ【拳固】
掌を堅く握った状態をいう。「拳骨《げんこつ》」ともいう。人を殴るときに効果的である。喧嘩しにいこうと待機していることを「拳固をかためて待っている」と言ったり、いきなり殴られたときに「いきなり拳固だ」と言ったりする。

げんさい【衒妻】
他人の妻や女性を罵倒《ばとう》するときに用いる語で、売春婦の意。また、香具師《やし》の隠語で妻のことをいう。

げんじな【源氏名】
江戸時代、女が遊女になると、『源氏物語』五十四帖につけられている巻名などを店での変名《かえな》として用い、本名は使わなかった。このことから遊女の職業上の呼び名を「源氏名」といい、変名が『源氏物語』の巻名ではなくても「源氏名」というようになった。

げんじのしらはた【源氏の白旗】
源平時代、戦いに際して、印をつけた流れ旗を軍の象徴として用いた。源頼朝は後白河法皇の院宣《いんぜん》を賜り、平家追討の旗を挙げた。源氏の旗は白旗であったため、このことから、職人達が親方の元を離れて一本立ちすることを「源氏の白旗をあげる」と表現したのである。

げんじるしい【験著しい】
「験」は効き目、効果の意で、「じるしい」は「いちじるしい」の略。すこぶる効き目があることをいう。僧侶や山伏の加持祈禱《かじきとう》の効果があることを「験がある」という。

けんだか【権高】
権力ある地位にある者は、往々にして権威を振り回して威嚇《いかく》したり、傲慢な態度をとったりする。「高」は気位の高いことを表すほか、権力を持たない人はそうした者の前では平身低頭《へいしんていとう》するしかなく、頭の上の高いところから命令が降ってくるように思えることも表している。傲慢不遜《ふそん》な態度を「権高に構える」といい、威嚇して怒鳴りつけることを「権高に怒鳴りつける」という。

権　高

けんだま【拳玉・剣玉】
木製の玩具で、一方の端を尖らせ、もう一方の端を皿状に削った柄に、両端が皿状の太めの棒を横向けに差し通し、十字型にする。交差しているあたりに糸を結びつけ、糸の先には穴を開けた木製の球がついている。柄をひょいひょいと操って球を振り上げて尖った部分に差し入れたり、球を皿に乗せたりして遊ぶ。難しく練習が必要だが、子供たちは熱中した。現代でも売っている。

拳　玉

けんつう【見通】
髪の毛が少ないと頭の地肌が見通せることから、禿げてきたことをこのように洒落《しゃれ》ていう。「髪が薄くなったな」というより露骨でなく、感じがいい。「だいぶ見通になったな」などと用いる。

けんてえぶる【けんてえ振る】
「見体振《けんたいぶ》る」の訛りで、格好つけて威張ってみせることをいう。「見体」とは「見てくれ」のこと。「何かというと、知ったかぶりして、けんてえ振りやがって」などという。

けんど
「けれど」の訛り。「しかし」の意。「けんどこっちに文句がきた」「君はそう言うけんど、皆の意見は違うよ」「訪ねて行ったけんど留守だった」などと用いる。

けんどん【慳貪】
「慳」は物惜しみすること、「貪」は貪ることの意。欲張り、思いやりのないこと、邪険《じゃけん》にすることの形容である。突き放すような言動を「突《つ》っ慳貪《けんどん》」といい、「突っ慳貪な言い方をしないで、もう少し優しくしたらどうだ」などと用いる。

けんどんそば【慳貪蕎麦】
汁で煮た安価な蕎麦切り。夜、天秤棒《てんびんぼう》を担いでこれを売り歩く「慳貪屋《けんどんや》」がいた。饂飩《うどん》もあった。店を構えているところもあった。大正時代の頃まで下町では往来で見ることができた。➡突《つ》っ慳貪《けんどん》

げんなま【現生】
「げんなま」は現金の俗語で、掛売《かけうり》でなく、その場で支払をすることをいう。「現生ですぱっと払うから、少しまけてくれ」などという。

げんなりする
飽きて嫌になったり、失敗して落胆し、力が入らなくなったりすることをいう。「親爺と顔を合わせると小言ばかりでげんなりする」「暑くて、もうげんなりだ」などと用いる。

けんのみをくわせる【剣のみを食わせる】
「けんのみ」は「剣鑿《のみ》」の意、「剣の峰《みね》」の略など諸説ある。剣や鑿《のみ》のように鋭くて危険なものを食らわせれば相手は深く傷つく。転じて、荒々しい言葉で相手に打撃を与えたり、叱り付けたりする

慳貪蕎麦

ことをいう。「親方に剣のみを食わされた」などと用いる。「剣突《けんつく》を食わせる」ともいう。

けんのん【剣呑・剣難】

危ないこと、不安なことの意。危険が迫ると「剣呑、剣呑」といって用心したり、「そいつは剣呑だ、用心しろ」などと用いたりする。

けんぺいずく【権柄ずく】

「権柄」は人を支配する権力の意で、権威にまかせて威張ったり嚇《おど》かしたりすることをこのようにいう。「権柄押し」ともいう。

けんぼうしょう【健忘症】

よく物忘れする症状をいう。大正・昭和頃に流行した語だが、江戸時代末期にもすでに用いられていた語らしい。

けんまく【剣幕・見幕】

怒っている恐ろしい表情や態度、相手と争おうとするような勢い込んだ荒々しい言い方をいい、「恐ろしい剣幕で怒鳴られた」「その剣幕がすさまじいので」などと用いる。

けんもほろろ

「けん」と「ほろろ」は雉の鳴き声で、「突《つ》っ慳貪《けんどん》」にこの鳴き声を掛けた語といわれる。取り付きようもないほど冷酷で無愛想なことの形容。「けんもほろろの挨拶だった」などと用いる。

「こ」

こあたり【小当り】

相手の気持ちをそれとなく探ってみることをいう。「ためしに小当りに当ってみたが、見事に振られた」などと用いる。

こいこく【鯉濃】

鯉を筒切りにして、濃い目の赤味噌汁で煮込んだのをいう。食べつけない人には好まれなかったが、江戸っ子は粋《いき》がって、無理して食べたものである。

ごいさる【御免さる】

御免《ごめん》なさいの訛り。「ごめんなせえ」「ごいせえ」「ごいさる」になった。現代では聞かれない語。

碁石遊び［絵本大人遊］

ごいしあそび【碁石遊び】

碁石は囲碁に使う白黒二種の石だが、子供は「おはじき」の代用としたり、二人で交互に碁盤の上に碁石を置いて、相手の石を挟んで取り合ったりして遊んだ。また、二人で交互に碁石を置いていき、縦横斜めのいずれかに先に五つ並べるのを勝ちとした「五並べ（五目並べ）」が流行った。

ごいす

「御座《ござ》います」の訛り。「そうでごいす」などと、江戸時代の下級の者が鄭重《ていちょう》に言うときに用いた。

こいたご【肥担桶】

「こい」は「肥《こえ》」の訛り、「たご」は桶のことで、肥桶《こえおけ》のことである。昭和の始め頃までは、東京近在の農家は、家々の厠の糞溜壺をさらって糞便を持ち帰り、肥溜めに入れて十分に液化させて、肥料として田畑にまいた。この糞便を運ぶ桶が「こいたご」である。

こいつ【此奴】

「この奴《やつ》」の訛りで「こやつ」ともいう。相手を罵ったり、親愛の情からわざとぞんざいに言う時などに用いる代名詞。「こいつ、何を言いやがるんだ」「こいつが滅法かわいくて」などという。また、「この」「これ」の意に用いて、「こいつは参った」「こいつはいける」などという。

肥担桶

こいにじょうげのへだてはない【恋に上下の隔てはない】

男女が恋慕の情をもつのには、身分も貧富も年齢の差もないの意。公卿《くぎょう》の姫君が舎人《とねり》（下級役人）と駆落ちすることもあれば、武家の娘が町人に恋することもある。

こいやまい【鯉屋まい】

「まい」は「参りました」「参上」の意で、江戸時代には、鯉を桶に入れて天《てん》秤棒《びんぼう》で担いで「鯉屋まい」と呼び声を張

鯉屋まい

り上げて売り歩いた。「こいやまい」は「恋病」（恋わずらい）とかけた語。

こう
　呼びかけの言葉として江戸っ子はよく用いた語。「こう、ちょっと待ちねえ」は「おい、ちょっと待てよ」の意。十返舎一九の『続々膝栗毛』三編上の「こう、よしねえよしねえ」は「おい、止せよ、止せよ」の意。狂訓亭主人『春色梅美婦禰』巻之十四にも「こう、お前達もたのもしくねえ」とあり、「お前達も頼れる奴じゃあない」の意である。

こう【公】
　本来「〜公」は敬語であるが、親しい間では「さん」より気安く用い、人の名や動物につけて親しさや、ちょっと軽んじている気持を表す。名前には「安公《やすこう》」「富公《とみこう》」などとつけて用いたり、猿を「えて公」、犬を「わん公」、猫を「にゃん公」などといったりした。

こうかき【紺掻き】
　藍で布を染める紺屋《こんや》をいい、訛って「こうや」という。藍壺に布を入れて掻き回すので「こんかき」と言ったが、それが「こうかき」と訛った。

ごうぎ【豪気】
　強気、立派な、すばらしい、威勢が良い、気《き》っ腑《ぷ》の良いなどの意に用いる。「あの人は豪気だ」は性格が強いの意。「豪気なことをしゃがる」は驚き呆れるほど派手なことをするの意。「そいつは豪気だ」はそれは立派なことをやったの意。

ごうざい【郷在】
　田舎者を「在郷者《ざいごうもの》」というが、倒語として「郷在者《ごうざいもの》」といった。明治以降は軍務についていない者を「在郷《ざいごう》の者」といい、また、兵役を務めた後に民間人に戻り、戦時の際だけ召集されて軍務につく者を「在郷軍人《ざいごうぐんじん》」といった。

ごうさらし【業さらし】
　仏教語からきた言葉。「業《ごう》」とは人間の行為、また前世の所業が現世で報いることをいう。故に、前世に悪いことをしたためにこの世で恥をさらすことをこのようにいう。恥さらしの意で、罵《のの》り言葉である。十返舎一九の『続膝栗毛』九編下に「いい業さらしだ」とあるのは「恥をかいて良い気味だ、ざまを見ろ」の意。

こうしゃ【巧者】
　熟練して巧みな者をいう。「あいつは口巧者《くちごうしゃ》だからだまされるな」は口車に乗せるのが巧いから気をつけろの意。⬇口《くち》車《ぐるま》

紺掻き

こうしゃく【口釈・講釈】
　もっともらしいことを言って聞かせたり、もったいぶって説明することをいう。たびたび注意や意見をすることを「口釈をいう」といい、「そんな口釈は聞き飽きた」などと反発される。講談師はもっともらしい話をもったいぶって述べるので「講釈師」ともいう。

こうじょう【口上】
　口頭で述べることをいう。武家用語であるが庶民も用い、言われたことを承知する場合には「よし、その口上、確かに受け取った」などといった。

こうじょうがき【口上書】
　江戸時代、寺社関係者や武士の身分の犯罪者が自白したことを書き留めたもの。自白調書である。足軽以下、町人百姓の自白調書は「口書《くちがき》」といった。⬇口書《くちがき》

ごうしょうばい【業商売】
　業（悪業）の深い商売の意で、人倫に外れたことで生活費を稼ぐ職業をいう。貧しい家庭の娘を遊廓に売り飛ばしたり、娼妓として抱えて稼がせる往時の口入屋《くちいれや》などがこれに当る。現在は法律で禁じられておりながら、これに類した職業の者がいるが、この用語は死語となった。⬇口入《くちいれ》

こうじんまつ【荒神松】
　大正時代頃までは、毎月の晦日《みそか》に竈《かまど》の神である荒神《こうじん》に感謝の意を示す竈祓《かまはら》いをしたが、その時に供える松の小枝をいう。台所の竈に松を飾り、壁には鶏を描いた

荒神松

絵馬を掛けて、神社の禰宜《ねぎ》か巫女《みこ》を招いてお清めをしてもらった。⬇竈祓《かまはら》い

ごうせい【豪勢・強勢】
　勢いが良く感心するようなこと、贅沢《ぜいたく》で費用がたくさんかかっていることをいう。「豪勢な家を建てた」「息子の結婚式に何百人も客を呼ぶなんて、豪勢なもんじゃあないか」などという。

こうそずきん【高祖頭巾】
⬇御高祖頭巾《おこそずきん》

ごうつくばり【業突張り】
　頑固で欲張りな者、強情で人の言うことを聞かない者をいう。そういう者を罵《のの》る時に多く用いられ、「業突張りの爺《じじい》だ」などという。

ごうてき【豪的・強的】
「強気」「豪勢」の「強」と「豪」に「的」を付けた江戸時代の語で、素晴らしく良い、立派である、豪勢である、大変に、大層にの意。「それはごうてきに良い話だ」「ごうてきに御馳走してくれた」などと用いる。狂訓亭主人『春色恵之花』巻之下に「がうてきにいぢめられるの」とあるのは「ものすごく苛められるの」の意。

こうとくじ【広徳寺】
江戸下谷車坂町（現在の台東区）にあった寺で、付近に私娼窟があった。庶民の戯言に「恐れ入谷の鬼子母神《きちもじん》、吃驚下《びっくりした》谷《や》の広徳寺」と口ずさまれ、良く知られた寺名であった。➡鬼子母神《きちもじん》

ごうはじをかく【強恥を掻く】
大恥をかくの意。「よくも人前で強恥をかかせやがったな」などといって怒る。

ごうはら【業腹】
いまいましくてたまらない、腹が立って仕方がないの意。業火《ごうか》（悪人を焼く地獄の火）が腹の中で燃え立つように、非常に立腹することの形容。「あの野郎のことを思うと業腹が立って仕様がない」などと用いる。十返舎一九『続膝栗毛』五編上に「いいやうにしてやられたとおもやあ業腹ぢややあねえか」とあるのは、「相手にまんまと一杯食わされたと思うと、猛烈に腹が立つじゃないか」の意。

こうばん【香盤】
歌舞伎小屋や寄席などで演者の名と役と出場を書き連ね、入口に掲げたもの。署名を書き連ねたものを「合判《ごうはん》」といったので、それに「香盤」の字を当てた語か。

こうぶつか【好物家】
物好き、珍《めずら》しい物が好きな人のことをいい、特に一つの物を好む者の意。「おまえもよっぽど好物家だね」などといい、曲山人補綴『仮名文章娘節用』によく出てくる。

こうまんちき【高慢ちき】
鼻高々と思い上がって他人を見下しているさまを侮蔑していう。こうした手合を「高慢野郎」「天狗野郎」ともいう。「あの野郎の高慢ちきの面を見ると反吐《へど》が出る」などという。

こうもりこい【蝙蝠来い】
昭和の頃までは、東京の街中でも夕暮れになると蝙蝠が飛び交った。草履《ぞうり》や下駄を放るとつられて落下するように近づいてくるので、子供達は「蝙蝠来い、山椒《さんしょく》呉れりょ、柳の下の水飲ましょ」とか「蝙蝠来い、落ちたら玉子の水飲ませ」などと節をつけて呼び掛けながら遊んだ。

蝙蝠来い

こうもりばおり【蝙蝠羽織】
桃山時代から江戸時代初期にかけて、前髪立《まえがみだて》の少年が着た、袂《たもと》が長くて丈の短い羽織。蝙蝠が羽を広げたようなのでこのようにいう。江戸中期頃にも流行し、武士や庶民の男が着用した。

蝙蝠半纏

蝙蝠羽織

こうもりばんてん【蝙蝠半纏】
丈が短い木綿の半纏で、庶民が旅行の時に用いた。

こうやのあさって【紺屋の明後日】
紺屋は染物屋で、天気に左右される仕事なので、「明後日には必ず仕上がります」と弁解しては期日を延ばすが、当てにならない。故にこれを当てにならないことの譬《たと》えに用いる。

こうやのしらばかま【紺屋の白袴】
紺屋は染物を業とするのに白袴を着用していることが多いので、忙しくて自分の袴を染める隙がないと見える。転じて、

専門の人でありながら他人のことばかりに忙しく、自分のことについては案外その技術を使わないことの譬《たと》え。

こうらける【甲羅ける】

亀の甲羅は年とともに大きくなるので、昔は年を取ることを「甲羅を経《へ》る」といい、年齢を重ねて経験豊かになるの意と、世間ずれするの意に用いた。「経《へ》る」を「ける」と訛り、「甲羅けて、流石《さすが》にものに巧みになった」などといった。

こうらをへる【甲羅を経る】

長生きすることの形容で、経験を多く積み、物事を熟知することをいう。また、世間ずれして図々しくなることを表す場合もある。⬇甲羅《こうら》ける、海千山千《うみせんやません》、酸《す》いも甘《あま》いも

甲羅を経る

こうりがし【高利貸し】

相手が金を必要としていることに付け込んで、不当に高い利子をとって稼ぐ職業。貸す金額から利子を差し引いて貸すが、証文には借方が貸して欲しいと頼む金額を書く。

ごうりき【合力】

文字通り力を合わせて助けることで、おもに金銭や品物を施して助ける。乞食《こじき》に恵んでやることも合力である。

こえがら【声柄】

発声にもそれぞれ品格や特徴などがあり、その声つき、喋り方のことをいう。江戸っ子は荒い喋り方であるが、京都あたりはおっとりとした喋り方である。「流石《さすが》に親子だけあって声柄も似ている」などという。

こえとり【肥取り】

昭和に水洗便所が普及するまでは、便所の下の地面には焼物の肥壺が埋けられ、糞尿はその中に落ちるようになっていた。糞尿を田畑の肥料に用いるため、江戸・東京近在の農民がこれを汲み取りに来たが、これを「肥取り」といい、江戸っ子は「汚穢屋《おわいや》」と呼んだ。農民は汲む約束をしている家に見返りとして自分の畑で採れた野菜などを渡したので、糞尿には一種の権利がついており、裏長屋の共同便所の権利は大家にあった。⬇汚穢《おわい》

高利貸し

こがい【小買い】

さしあたり必要の分だけ買う、少しずつ買うことの意。貧しい者が米を毎日その日に食べる分だけ買うことも小買いという。「小げえ」と訛る。

こかす【転かす・倒かす】

人や物を他へ移す意から、盗んだり、騙し取ったり、ちょろまかすの意にも用いる。「番頭がちょいちょい店の品をこかしているので目が離せない」などという。

こがたなざいく【小刀細工】

小刀で削ったりして細々《こまごま》とした細工物を作るように、技が細かいことをいう。転じて、すぐにばれるような小策、下らないごまかし技巧をいい、「小細工《こざいく》」ともいう。「そんな小刀細工をして胡麻化《ごまか》そうとしたって、そうはいかねえ」などという。

こきおろす【扱き下ろす】

「扱《こ》く」は「しごく」ことである。相手の欠点を絞り出すように批評して悪口をいったり、恥をかかせて人格を傷つける意。「人前でさんざんこき下ろされた」などと用いる。

ごきげん【御機嫌】

相手の近況や安否、気分の良し悪しなどをたずねる時には「御機嫌は如何です

肥取り

か」、別れの挨拶をする時には「御機嫌宜《よう》しう」などといい、女性はさらに丁寧に「御機嫌様《さま》宜しう」という。不快な様子である時は「御機嫌が悪い」「御機嫌斜めだ」などという。

こぎたない【小汚い】
「小」は少しの意の接頭語で、何となく汚いこと、薄汚いことをいう。江戸っ子は「小」をよく用い、「小奇麗《こぎれい》」「小馬《こば》鹿《か》にする」「こざっぱりした」などという。

こきつかう【扱き使う】
相手のことなど考えもせず、容赦なく酷使することをいう。「いくら使用人でも、こうこき使われたのでは身体がもたない」「情け容赦《ようしゃ》もなくこき使いやがる」などという。

ごく【極】
最高、この上なくの意で、「ごく親しい友」「極上の品」などという。最上の意を強調して「ごくごく」と重複させて用いることもある。

こぐちがきく【小口が利く】
小才《しょうさい》が利くこと、また利口で便利なことをいう。「あの人は小口が利いて口達者だ」「話をまとめるのに小口の利く者が一人欲しい」などという。

ごくつぶし【穀潰し】
「穀」は穀類で米の意。無駄飯《むだめし》を食うだけで何の取り柄もない者をいう。「あいつはこの家の穀潰しだ」などと用いる。

ごくどうもの【極道者】
極道楽者の略ともいわれる。「道楽」はおもに遊蕩《ゆうとう》の意に用いられ、悪事や色事、博奕《ばくち》などにふける者、道楽の極まった者をいう。「極道」とも略す。

ごくない【極内】
「極」はきわめて、この上なくの意、「内」は内緒の略で、極秘のことである。

こくびゃくをつける【黒白をつける】
どちらが正しくどちらが悪いか決着をつけることをいう。白は正・是・善、黒は非・邪・悪の意を表している。「白黒《しろくろ》のけじめをつける」ともいう。

こぐらかす
「混《こん》がらかす」の略。ごちゃごちゃにしてもつれさせる意で、転じて、判断しにくくすることをいう。「いろいろなことがあって、頭がこぐらかってしまった」などと用いる。威勢よく「こんぐらかす」ともいう。

ごくらくとんぼ【極楽蜻蛉】
極楽は阿弥陀仏がいる浄土で何の心配もいらない平安な場所である。蜻蛉が飛んでいるさまはすこぶる気楽そうに見えることから、思い煩うことなくのんびり気楽に暮している者をからかっていう形容。「あいつは極楽蜻蛉だから、まともにつきあえない」などという。

こけおどし【虚仮嚇し・虚仮威し】
「虚仮《こけ》」は愚か者、思慮分別がいささか足りぬ者のこと。「虚仮嚇し」は見せかけばかりで中身のない、見え透いた嚇しの意に用いる。また、外見だけは立派だが実質がともなわぬこともいう。「人を馬鹿にするな。そんな虚仮嚇しに乗るもんか」などと用いる。

こげついている【焦げ付いている】
「目の底に焼きついている」が「目の底に焦げついている」となり、「目の底」が略されて、印象に残っていることをいう。現在の貸金などが回収できなくなる意の「焦げ付く」とは別の意である。

こけら【柿】
柿板《こけらいた》の略。木を削って作った薄い板をいい、江戸時代の下層庶民が暮す長屋の屋根は軒先から順に柿《こけら》を重ねて葺いたが、火災があると火の粉が飛んで火がつきやすいので、その上に瓦を葺くようになった。また、木材を作る際に出る木屑も柿《こけら》という。⬇桟瓦《さんがわら》

こけらおとし【柿落し】
柿《こけら》は木の削り屑の意で、工事の最後に屋根などの木屑を払い落して綺麗にしたことから、新築したり改築した劇場で初めて行う興行をいうようになった。

こけんがおちた【沽券が落ちた】
「沽券」は地所や家屋を売買するときの売り渡し証文で、売値を意味する。その辺りの意から人の体面・品格・評価を表す語として使われ、その人の評価が下がることをこのようにいう。

こけんにかかわる【沽券に関わる】
「沽券」とは地所や家屋を売買するときの契約証文。人に関しては、体面、評価などの意で使われる語。その体面に差し障りがあるの意。

ここはどこのほそみちじゃ【此処は何処の細道じゃ】
少女の遊戯。二人が向い合ってつないだ両手を高く上げ、その下を他の子供が唄いながら次々と潜って通る。「此処《ここ》は何処《どこ》の細道じゃ、天神様の細道じゃ、ちっと通してくだしゃんせ、御用のないもにゃ通しゃせぬ、この子の七つの御祝いに御札を納めに参ります、通りゃんせ、通りゃんせ、往きはよいよい帰りは恐い、帰りのお土産《みやげ》なーに」と会話するように唄い終わった時に、二人が上げていた手をいきなり下ろして潜りかかっていた子を捕まえる。捕まった子は手を上げてい

こけら（柿）

此処は何処の細道じゃ

た子の一人と交替し、繰り返し遊ぶ。「ちっと」は「ちょっと」、「くだしゃんせ」は「くださいな」、「御用のないもにゃ通しゃせぬ」は「御用のない者は通しません」、「通りゃんせ」は「お通りなさい」の意。昭和の初め頃までよく行われた優雅な遊びである。

こころえたんぼ【心得田圃】

心得た、承知したなどの語の「た」に「んぼ」と付け加えただけの冗語。洒落《しゃれ》を使った言い回しである。

こころがら【心柄】

気持ちのあり方、気質、気立ての意。「心柄でこうなったのはやむを得ない」「心柄の良い人だ」などと用いる。

こころざし【志】

志望の意ではなく、心遣い、相手に対する厚意、また感謝などを表す品物などをいう。「せっかくのお志だから頂戴いたします」「こんなに馳走《ちそう》（ご馳走）になって、そのお志、かっちけねえ（忝《かたじけな》い）」などと用いる。曲山人補綴『仮名文章娘節用』に「旦那へのこころざし」とあるのは「旦那への心遣い」の意である。

こころづけ【心付け】

使用人などに仕事の労をねぎらって金品を与えることをいう。現代のチップである。受ける方は「お心付け有難う御座います」と礼をいう。

こころにもないこと【心にもないこと】

思ってもいないこと、本心ではないことの表現で、口先だけのお世辞や、相手に悟らせるためにわざと逆のことをいったりすることをいう。曲山人補綴『仮名文章娘節用』に「お身を想うゆえ、心にもないことなどいひ」とあるのは、「あなたの将来を考えているからこそ、本気で思っているわけではない冷淡なことを言って」の意。

こころね【心根】

心の底にある気持ちをいう。曲山人補綴『仮名文章娘節用』の「その心根をおもいやって」は「思い詰めたその心の底を推量して」の意。「優しい心根の人だ」「その心根が憎い」などと用いる。

こころもちむぐらもちだ【心持ちむぐらもち】

江戸っ子流の語呂合せである。「むぐらもち」は土竜《もぐら》のこと。「こころもち」の「もち」に合わせて「むぐらもち」と調子よく洒落《しゃれ》た。「心持ち」は気持ちの意で、「心地良い」の意。十返舎一九『続膝栗毛』十二編中に「いや、もう、こなたのおはりで、こころもちむぐらもちだ」とあるのは「この人がはりを打ってくれたので、凝《こ》ったところがほぐれて心地が良くなった」の意。

ござい【御座い】

「御座います」の略。江戸時代に口上読みや呼び込み役の者がよく用いた。「ござぜえ」とも訛る。

ございますまいが【御座いますまいが】

「御座います」は「あります」の丁寧語、「まい」は否定の推量を表すので、「ないだろう」の意である。「忘れるはずは御座いますまいが」は「忘れる道理はないでしょうが」ということ。「ありませんでしょう」ともいう。

こざっぱりしたなり【こざっぱりした扮装】

「こ」は「ちょっと」「何となく」の意、「さっぱり」は清楚で感じが良いこと、「なり」は身なりの意で、虚飾でなく見た感じのすがすがしい服装をいう。

ござる【御座る】

「ある」「いる」の意で用法は広く、尊敬語としても丁寧語としても用いられる。武家用語であるが、一般庶民も丁寧《ていねい》に言うときに用いる。➡お猿《さる》のお尻《しり》は真《ま》赤《か》で御座《ござ》る

ござんした【御座んした】

「御座りました」の訛りで、庶民が丁寧語として用い、受け答えにも「そうで御座んしたか」などという。

ござんす【御座んす】

「御座ります」というのを、江戸っ子は語勢良く「ござんす」といった。「〜んす」は吉原遊女が「そうでありんす」などと言ったのが粋《いき》なので、一般の者が真似たらしい。

ござんせん【御座んせん】

「御座いません」「御座りません」の訛りで、江戸っ子はちょっと丁寧にいっても語勢がつくので「ござんせん」となる。意見を押し付けるようなときにも「そうじゃあ御座んせんか」などと用いる。

こしあげ【腰上げ】

往時は成長の早い子供の着物は着丈を長めに縫って、腰のところで折り込んで背丈に合わせた。これを腰上げという。背丈が伸びるとこの腰上げを解いた。「腰上げの頃」というと小学生ぐらいの年齢を意味した。女性は大人になっても背丈

腰上げ

より長い着物を作り、足首が見えるほどに腰上げして腰紐を結ぶ。⇩御端折《おはしょ》り

こじきこんじょう【乞食根性】

むやみに金品をねだったり、欲しがったりする卑しい性格をいう。貧しくとも「乞食根性は生憎《あいにく》と持ち合わせていない」などと見栄を張る。

こじきじたて【乞食仕立て】

緋縮緬《ひぢりめん》の襦袢《じゅばん》を着ているように見せかけるために、襦袢の襟や袖口に緋縮緬の布を縫い付けることをいう。この場合の「乞食」は「しみったれ」「胡麻化《ごまか》し」などの意。江戸時代の下級の遊女や、貧しい庶民の女性が用いた。

乞食仕立て

こしぎんちゃく【腰巾着】

「巾着」は金銭や守り札などを入れた袋で、腰に下げるので「腰巾着」という。転じて、つねに特定の人につき従って離れぬ者、つねにまとわりついて離れぬ者のこと。式亭三馬『浮世風呂』三編下に「見なせへ、私《わたし》が湯へ来るにも腰巾着だ」とあるのは、ひょうきん者のおかみさんが、「これはいつもわたしにへばりついている隣の家の女の子で、こんなふうに銭湯にまでくっついてくるんだよ」といっているのである。

こじつける【扶付ける】

無理やり筋の通ったことのように言いなす、無理やり二者を結び付けることから、文章などを強引に作り上げることをいう。「故事付ける」「古事付ける」から出た語との説もある。「そんな話はこじつけだ」などと用いる。

こしぬけ【腰抜け】

驚きや恐怖のあまり力が抜け、立てなくなることを「腰を抜かす」といい、そのことから憶病者の意で「腰抜け野郎」「腰抜け奴」「腰抜けのヘロヘロ」などと相手を罵ったりからかったりする。

腰　弁

腰の物を捻くる

腰巾着

こしのものをひねくる【腰の物を捻くる】

「腰の物」は武士が腰に差している刀、「捻くる」は抜くの意。抜刀《ばっとう》する時は、刀の刃が外側になるように鞘口《さやぐち》近くを左手で捻るからいう。本当に相手を斬るために刀を捻るときは素早く行うが、わざわざ相手にわかるように捻って「斬るぞ」という嚇《おど》しにする場合がある。江戸時代の庶民は「腰の物を捻くりかえしたって、ちっとも恐くねえや」などといった。

こしべん【腰弁】

明治の頃、安月給の勤め人が昼の食事代を倹約するために弁当を作り、風呂敷などに包んで腰に巻いて仕事に出かけた。このことから「腰弁」は安月給取りの代名詞となった。戦国時代の武士が打飼袋に弁当を入れて身につけた名残である。現代では弁当持参の方が羨《うらや》ましがられる。⇩打飼《うちがえ》

こしや【輿屋】

輿は身分の高い者の乗物であったが、貧しい者は死んだ時だけ棺桶に入れられて輿に乗ることができた。棺桶は前後に二本棒が突き出ている蓮台に似た台に乗せたり、一本棒で前後から舁《かつ》いだりして運んだ。大正頃には葬式駕籠といって武士の乗るような駕籠で運んだ。こうした輿や駕籠を専門に扱うのが輿屋であり、現代でいうところの葬儀屋である。

輿屋

こしゃく【小癪】

生意気なことの意。「小癪《しゃく》な奴」「小癪者」などと、ちょっと癪に障ったときに用いる。

ごじゅうぞう【五十蔵】

一遊び五十文の安い遊女がいる私娼窟の異名。これに対し公娼吉原遊廓の羅生門河岸に並ぶ鉄砲店（下級の遊女屋）は一遊び百文であった。⇩切見世《きりみせ》

五十蔵

ごしゅこう【御趣向】

趣向は面白くするための工夫の意。良い思い付きを丁寧《ていねい》に言った語。おべっか使いや幇間《ほうかん》が相手の意向などを褒めるときに、「これは御趣向、きっと面白いでしょう」などという。

ごしょう【後生】

後生は来世のこと。仏教ではこの世の行いは死んだ後の来世で因果応報《いんがおうほう》を受けるとする。「後生を願う」は極楽へ行けるように仏に祈ったり善行を積んだりすること。この意から「後生」は折り入って人に何かを願ったり頼んだりするときにも使うようになり「後生だから助けてください」などという。

ごしょうねがい【後生願い】

後生とは仏教用語で、死後、来世に生まれ変わることをいう。極楽に生まれ変わりたいと願う庶民は善行を積もうと寺に参詣したりする。これを江戸っ子は「後生願い」といった。曲山人補綴『仮名文章娘節用』などにも記されている。

ごしょうらく【後生楽】

あの世に因果応報《いんがおうほう》が待っているのに、気にもかけず呑気《のんき》にかまえていること。

こしらえだめ【こしらえ溜め】

あらかじめ作って用意しておくことをいい、手作りの品などによく用いる。「布切れで小袋をこしらえ溜めしておいたのが、結構売れた」などという。

こじれったい【小じれったい】

「小」は接頭語で「ちょっと」「どことなく」の意。「じれったい」は思い通りにならずに苛立《いらだ》たしいことをいう。江戸時代の女性がよく用い、粋《いき》に聞えた。「ええいっ、小じれったいわ」などという。

ごじんと【御神燈・御神灯】

「御神燈《ごしんとう》」の訛り。芸人や職人の家や芸妓屋などで、縁起をかついで戸口に吊した「御神燈」と書いてある提灯《ちょうちん》をいう。この提灯が出ていると、何か粋《いき》な職業の家であることがわかった。⇩御神燈《かんばん》

ごす

「御座《ござ》います」の略で、江戸時代の職人などがよく用いた。「そうでごす」は「左様で御座います」、「あんでごすか」は「何《なん》で御座いますか」の意である。

こすからい【狡辛い】

狡《ずる》くて吝《しわ》いこと、狡猾《こうかつ》なことの形容で、抜目なく計算高い商売人、欲張りな者などにもいう。「あいつは狡辛いからな」などと用いる。江戸っ子は語勢良く「こすっからい」といい、「こすっからいことは大嫌《だいきれ》えだ」と見栄《みえ》を切った。

こすくやる【狡くやる】

抜目なく立ち回ることをいい、「狡く生きてきた」などと用いる。

こせえた

「こしらえた」の訛りで「作った」の意。「おれがこせえた箱をぶっ壊したな」などという。狂訓亭主人『春色辰巳園』に「せつかくわちきがこせえた羽織《はおり》」とあるのは「せっかく私が作ってやった羽織」の意である。

こせがれ【小倅】

自分の息子をへりくだっていう語であるが、若い者の蔑称にも用いる。「こいつが手前んとこの小倅でして」などという。

御神燈

こせこせ

落ち着きがないこと、またゆとりがなく細かいことにこだわることをいう。気の短い江戸っ子には目について仕方がない言動の形容。「こせこせするんじゃねえよ」などと用いる。

こぜわしい【小忙しい】

何となく忙《せわ》しいことをいう。

ごせんぞさまのてまえ【御先祖様の手前】

「手前」は他人に対する立場、面目《めんもく》の意で、御先祖様の面子《めんつ》にかけて、ということである。「御先祖の手前、こんなことをして済むと思うか」などと用いる。

こぞう【小僧】
本来は仏門に入った男児をいったが、江戸時代から男女の区別なく子供の意に用いられるようになった。「小僧っ子」といい、商家の丁稚《でっち》（年季奉公する少年）も小僧といった。狂訓亭主人『春色辰巳園』巻之七にも「ほんの小僧じゃアありませんか」などとあるが、ほんの子供だの意。

こぞういっぴき【小僧一匹】
江戸時代に男が自分を卑下して「男一匹」といったのと同じく、商家の丁稚《でっち》小僧（年季奉公している少年）をいった。卑下した言い方であるが、誇りをもっていうときに用いる。

こそぐる【擽る】
「擽《くすぐ》る」の訛り。松亭主人『閑情末摘花』巻之二に「擽つちゃア否」とあるのは「くすぐっちゃあ嫌だ」の意。

小僧一匹

こそ屋

こそや【こそ屋】
「こそ」はこっそり、内緒の意で、「屋」は稼業の意。公認の売春ではなく、私的に売春する女とその稼業をいう。

ごたいそうな【御大層な】
いかにも大袈裟《おおげさ》なこと、すこぶる勿体《もったい》ぶっていることを軽蔑した言い方。「御大層なことを言う」は大したことでないのに、いかにも重要なことのように喋るの意。➡ごてえそうな

こたえられない【堪えられない】
江戸っ子の職人などは訛って「こてえられねえ」という。最上最良の褒め言葉である。たまらなく良い、表現しようがないほど素晴らしいの意。「この味は何ともこたえられない」などと用いる。

ごたくをならべる【御託を並べる】
「御託」は御託宣《ごせんたく》の略で、神のお告げは難しいことを長々と述べるから、偉そうなことや勝手なことをくどくど言うの意。「さんざん御託を並べやがって」などという。

こちとら

ごたごた
もめごと、いざこざ。また、混乱して秩序やまとまりがないことをいう。

こだし【小出し】
貯めてあるものを少しずつ出すことをいう。「わずかの蓄えを小出しにして暮す」「けちけちと小出しにしねえで、ぱっと気前良く出しねえ」などと用いる。

こたつとくびっぴき【炬燵と首っ引き】
寒さのあまり、炬燵に齧《かじ》り付いて離れられないことの形容。体を温めるために炬燵蒲団にもぐるようにして炬燵の上に首を出した姿が遊戯の「首引き」をしているように見えることからいう。➡首《くび》っ引《び》き

こちこちのひと【こちこちの人】
「こちこち」は物が固まっていることの形容で、頑固な人をいう。「あの男はこちこちの人だ」などという。「こちんこちん」ともいう。➡堅物《かたぶつ》

ごちそう【御馳走】
「馳走」の丁寧《ていねい》語で、本来もてなす者が方々駆け回って美味の品を揃えたことからの語。現在では飲食のもてなしを受けることを「御馳走になる」といい、そのもてなしに対する感謝の言葉として、また食後の挨拶として「御馳走様《ごちそうさま》」という。➡御馳《ごち》になる

こちとら【此方人等】
自分または自分たちのことをいう。「ら」は複数を示す語だが、自分だけをさす場合もある。江戸の職人衆や下層庶民が用い、昭和の初め頃まで職人などが用いた。「こちとらは気がみじけえんだ」

炬燵と首っ引き

「こちとら江戸っ子だ」などという。語勢良く訛って「こっちとら」ともいう。

ごちになる【御馳になる】

「ごち」は「御馳走《ごちそう》」の略で、御馳走してもらうことをいう。食事に誘われて相手が費用をもつことがわかっている時に、「では御馳《ごち》になろうか」などという。職人言葉が広がって一般にも用いられた。

➡御馳走《ごちそう》

ごちょうじ【御停止】

江戸時代、幕府による禁令をいった。重要人物が死に、忌服《きぶく》などで一定期間鳴《なり》物《もの》（歌舞音曲《かぶおんぎょく》）を差し止めることなどもいうが、多くは「禁令」の代名詞として用いられた。「それは今度の御停止に触れることだ」などと用い、御停止にもかかわらず客に呼ばれて内緒で宴席に出る芸妓を「御停止芸妓」などといった。

ごちょごちょいうな【ごちょごちょ言うな】

「ああでもない、こうでもないと小五《こう》月蝿《るさ》い理屈を並べるな」の意。「ごちょごちょ」は「ごちゃごちゃ」の訛り。

ごつい

一般的には、堅くて強いこと、角ばっていてゴツゴツしていること。人に対して用いる場合は、頑固な、人あたりの悪い意となり、「彼奴《あいつ》はごつい野郎だ」などという。

こづかい【小使】

昭和の初め頃まで学校・官庁・会社で雑用を引き受ける使用人をいった。現在では「用務員《ようむいん》」という。

小使

こづかい【小遣】

小さい買物をするための小銭で、ポケットマネーの意。「お小遣をもらって菓子を買った」などという。

こっきり

「これ限り」の意。棒などが折れる時に「ぽっきり」というように、語感も意味を表している語で、度数や回数を限定する意を表す。「一度こっきり」は「一度だけ」の意。

こっくりさん【狐狗狸さん】

明治の頃、東京で流行した、花柳界《かりゅうかい》から一般家庭にいたるまで信じられた占い。一尺二寸（約四十センチ）くらいの女竹《めだけ》三本を中央で結んで左回りに開いて立て、その上にお櫃《ひつ》の蓋や盆を乗せて、全員で軽く盆を押える。いろいろなやり方があるが、普通は三人で行い、一人が「こっくりさん、こっくりさん、誰がお好き」と唱えると、霊がやってきて自然に竹が動き、盆が傾いて、一人を指すように持ち上がるという。文字盤を使うやり方などもあり、現在でも行われている占いである。

狐狗狸さん

ごっこ

「鬼ごっこ」「電車ごっこ」など、いっしょになって何かの真似をする子供の遊戯をいう。

ごっさん

江戸吉原遊廓で用いた遊女言葉で、「御亭主《ごていしゅ》様《さま》」（旦那様）の略。客に「ごっさん、明日の晩も来てくれなんし」などといった。

こっち

「それ以来」の意。場所を表す「此方《こっち》」と同音。「あの時別れてこっち、今まで一度も逢っていない」などと用いる。

こっちょう【骨張・骨頂】

意地を通すこと、程度のもっとも甚だしいことの意で、甚だしく愚かなことを「愚《ぐ》の骨頂《こっちょう》」という。「そんなことに夢中になって無駄な金を使うのは愚の骨頂だ」などと用いる。

こっぱい【骨灰・粉灰】

「骨灰になる」などといい、粉のようにこまかに砕けること、散り散りになることをいう。「乱離骨灰《らりこっぱい》」という「乱れて散り散りになり、粉々になって吹き飛んでなくなってしまう」意の大袈裟《おおげさ》な表現があり、江戸っ子は滅茶滅茶になることを「これじゃあ、まるで乱離骨灰だ」などといった。

こっぱずかしい【小っ恥ずかしい】

「小恥《こはず》ずかしい」を勢い良く言って促音化したもの。少し恥ずかしいの意。「こんなことを言っちゃあ小っ恥ずかしいが」などと用いる。

こっぱたもと【小っ旗本】

旗本《はたもと》は、正確には将軍直属の家臣のうちで御目見以上の格式のある者をいい、以下は御家人《ごけにん》といったが、幕臣を総称して旗本と誤称することも多々あった。禄《ろく》の少ない直参《じきさん》（旗本・御家人の総称）を庶民は陰で「小《こ》っ旗本《ばたもと》」といって軽蔑し、「小《こ》っ旗本《ばたもと》のくせに威張りやがる」などといった。

こっぱにん【木っ端人・木っ片人】

木っ端は小さい木片のことで、役に立たぬ者、取るに足りない者の意である。

下っ端の役人を「木っ端役人」などといい、侮蔑語として用いられていた。

こつばこをたたく【骨箱を叩く】

「骨」は「歯」、「箱」は「口中」。江戸では口を指して「骨箱」（遺骨を納める箱）ということがあった。「骨箱を叩く」は、大口をきくことで、実力や資格もないのに、えらそうなことをいうの意。「骨箱を鳴らす」ともいう。式亭三馬『浮世風呂』四編下に「今の若者共《わけへもん》が達入《たていれ》だの犬《いん》の糞だのと骨箱をたゝくが、おらが目から見ちゃア蚤の卵だとおもやれ」とある。「達入」は男として意気地を張り通すこと、仁義を重んずること、つまり男伊達を示すことである。意気地のない男は「達入のねえ猿だぜ」などと軽蔑される。

ごっぽうにん【業報人】

「ごうほうにん」の訛りで、「業報」はそれまでの善悪の行いに対する報い。悪業の報いを受くべき者の意で、江戸では人を罵《ののし》る語として用いられた。「なんだ、このごっぽう人め」「あいつはよくよくなごっぽう人だ」などという。

ごてえそうな

「御大層《ごたいそう》な」の訛り。大袈裟《おおげさ》な、仰々《ぎょうぎょう》しいの意。十返舎一九『続膝栗毛』六編上にも「ええ、何のごてえさうな」とあるが、「なんと大袈裟な」の意。➡御大層《ごたいそう》な

ごてごて

込み入ったさまを表す。「何をごてごて言ってるんだ」は、物言いが小うるさいこと、くどくて長々しいことをいう。また、混乱して紛争のもとになることを「ごてつく」（「ごたつく」に同じ）などという。

ごてさん

「御亭主《ごていしゅ》さん」の略で、「ごてさん、いるかい」は、「お前の亭主は今、家にいるかい」の意。もとは遊里語で、茶屋や船宿などの主人を指した言葉。

ごてどく【ごて得】

「ごて」は「ごてる」の略で、からむように言いがかりをつけたり、不満や不平をしつこく言うの意。取引などにおいて、何のかのと難癖をつけて承知しないと、やむを得ず相手がこちらの要求を呑むことがある。ごてて得をするので「ごて得」というのであるが、汚い駆け引きである。現在は「ごてる」と「ごねる」が混用されて「ごね得」というが、「ごねる」は元来、くたばる、死ぬの意がある。➡ごねる

ごてる

難癖をつけて相手を困らすことをいう。➡ごて得

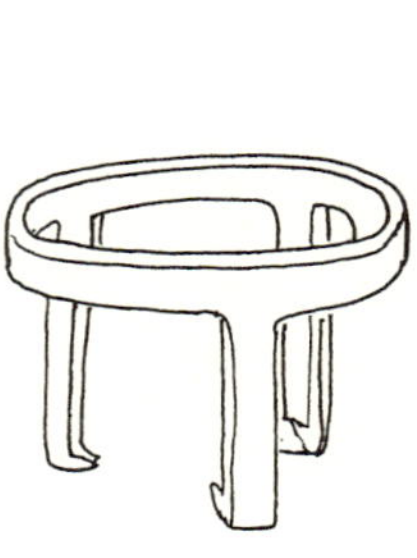

五　徳

こてんぱ

相手を完膚《かんぷ》なきまでに徹底的にやっつけることをいう。「あいつをこてんぱにやっつけてやった」「こてんぱに罵《ののし》られた」などと用いる。当て字で書くと「粉転破」であろうか。「こてんぱん」「こてんこてん」などともいう。

こと【綷・事】

事件や問題を意味する。「ことが荒立つ」は「事態が穏やかでなくなる」、「ことが済んだ」は「揉め事が納まった」、「ことごとしく」は「大袈裟である」の意。

ごとく【五徳】

三脚または四脚をもつ鉄あるいは素焼の金輪で、輪の中に炭火がくるように囲炉裏《いろり》や火鉢の灰に据えて、鍋・釜・薬缶などを乗せる。五脚ではないのに五徳というのは、仏家では怖磨《ふま》・乞士《こつし》・浄戒・浄命・破悪が、儒家では、温・良・恭・倹・譲あるいは仁・義・礼・智・信の五つの徳目があり、この五徳に因んで虚実《こじつ》付《つ》けたからである。現在では囲炉裏も火鉢も使われなくなったからこのような五徳は日常には見られない。

こともなげに【事も無げに】

他への影響などまったく意識せず、何事もないかのように平然としている言動をいう。「事も無げにいう」「大変な事件だったのに事も無げに解決した」などと用いる。

こどものけんかにおやがでる【子供の喧嘩に親が出る】

自分の子供が他の子と喧嘩して負けて帰って来ると、我が子身びいきで親が我慢ならず、相手の子供を叱り飛ばしたりして干渉すること。古くから親の我が子身びいきはあったらしく、平安時代の『伴大納言絵詞』にも描かれている。

ことろ【子捕ろ】

子供の遊戯。ジャンケンして鬼と親を決め、親を先頭に他の子は前の子の肩や後帯を握って一列になる。「子ー捕《と》ろ、子捕ろ、どの子を捕ろか」と皆で唄う。鬼

子捕ろ［絵本西川童］

が親の後ろに並んだ子たちの一人にタッチすれば、その子が次の鬼になるが、親は両手を広げて鬼を防ぎ、繋《つな》がった子達は親の動きに合わせて左右に移動する。こうした屋外遊戯に興じる子供たちの姿は最近ではあまり見なくなった。

ごなんば【御難場】
難儀な状況を経験した、辛い目に合った意。「いや、物資不足で苦しんだ御難場もあったよ」などと表現する。

こにくらしい【小憎らしい】
生意気で憎らしいことの形容で、ちょっと反感を感じた時などにいう。「小憎らしいことを言うな」「小憎らしい餓鬼だ」などと用いる。

ごねる
①「死ぬ」の俗語でくたばることをいう。「御涅槃《ごねはん》」（釈迦の死）を動詞化して「御涅《ごね》る」か。また「御寝《ごね》る」で永久に眠る意からきた語か。下賤の者が用いた。「あいつもついにごねたか」などと用いる。
②米粉や蕎麦粉《そばこ》などに水を加えて捏《こ》ねるように、相手の言動にねちねちと難癖《なんくせ》をつけて嫌がらせをすること、いちゃもんをつけることをいう。やくざの常套《じょうとう》手段である。「あいつはすぐごねるから用心しろ」などと用いる。⇩ごてる

このいっけん【この一件】
このこと、この事件の意。もったいぶった言い方。「この一件が元で」は「このことが原因で」の意。

このぬし【此の主】
この物の所有者の意で、江戸時代によく用いた。所蔵者がわかるようにするために本の裏表紙などに「此のぬし　何の誰」と書く。

こばかにする【小馬鹿にする】
人を見くびったり、侮蔑するような態度を取ることをいう。「人を小馬鹿にしやがって、とんでもねえ奴だ」などと用いる。

こびつく【媚付く】
傍にくっ付いてご機嫌《きげん》取りをすること、離れなくなることをいい、曲山人補綴『仮名文章娘節用』にも「傍に媚付いて」とある。

ごぶさかやき【五分月代】
江戸時代の成人の男は額から頭の中程くらいまで髪を剃っていて、この部分を月代《さかやき》といった。毎日剃ってつるつるにしておくのが正式であったが、浪人者は金が乏しいので剃り代が払えず、月代に髪が伸びているさまは凄《すご》みがあった。このため月代に五分（約一・四センチ）も髪を伸ばしている、という意で「五分月代」という浪人の異称ができた。⇩逆熊《さかぐま》

五分下げ本多

五分月代

ごぶさげほんだ【五分下げ本多】
江戸時代に成人の男の間で本多髷《まげ》が流行したが、その髷より五分（約一・四センチ）下げた町人髷に似ている髪型をいい、これも流行った。「五分下がり本多」ともいう。

小舟衆

ごぶなが【五分長】
女性が上等な長襦袢《ながじゅばん》を着ていることを見せつけるために、着物より長襦袢の袖を五分（約一・四センチ）ほど長く作って袖口から出るようにした。色取りを見せる襲着《かさねぎ》として流行した。

五分長

こぶねしゅう【小船衆】
吉原や柳橋、新橋の遊所に行く客を乗せて大川（隅田川）を往来する猪牙舟《ちょきぶね》の船頭衆をいう。粋《いき》な姿であった。

こぼぐい【澪杭】
「みおつくし」のことである。大川（隅田川）などで通行する船に、深い水脈《みお》のあることを知らせるために打った水中の杭をいう。

こま【独楽】
一般的な独楽は心棒と枠が鉄で作られており、桶に乗せた畳表《たたみおもて》や莚《むしろ》の上に投げて回して遊ぶ。相手の独楽を弾き出せば勝ち。独楽の胴に紐を巻きつけ、それ

独楽遊び

を引きながら振り投げて回すが、振り投げる加減で回る速度が変わる。

ごますり【胡麻擂り】
利益を得ようとして相手にへつらうこと、お世辞をいうことをいう。「胡麻を擂る」ともいう。

こまたのきれあがった【小股の切れ上がった】
諸説あるが、一般にすらりとした粋な体つきの女性をいう褒《ほ》め言葉。スタイルの良い女性。往時は床に座る生活であったので、脚が太く胴長で身長も低い者が多かったこともあり、すらりとして足さばきの艶な女性を粋《いき》に感じたようだ。

こまっしゃくれる
「こましゃくれる」の訛りで、子供が大人びて生意気で小賢《こざか》しいことをいう。

ごまのはい【護摩の灰】
江戸時代、旅の道連れになるなどして、旅人の金品を掠《かす》め取った盗人《ぬすっと》をいう。「護摩」は護摩の修法《しゅほう》で、護摩壇で護摩木を燃やしながら祈祷する密教の祭祀。その時にできるのが「護摩の灰」である。高野聖《こうやひじり》の姿をまねた偽《にせ》坊主が、弘法大師が行った祈祷の際にできた護摩の灰と称するものを押し売りしたことから転じたものという。また、黒胡麻《くろごま》にたかった蝿《はえ》は見分けがつきにくいことから、「胡麻の蝿」の意からの連想との説もある。十返舎一九『東海道中膝栗毛』二編上にも「ごまの灰と申すは、どろぼうのことでござります」とある。

護摩の灰

ごまみそ【胡麻味噌】
煎った胡麻を擂《す》って味噌に混ぜ、味醂《みりん》や酒を加えて練ったもの。「胡麻擂り」「胡麻を擂《ごます》る」と同じ意で用いることもある。⇒胡麻擂り

こまりいりまめさんしょみそ【困り煎り豆山椒味噌】
「困ったな」の意だけの冗句。「困り入る」を「煎る」に掛け、後は語呂を楽しんだ語で、江戸っ子は軽口を叩くときこのような文句をよく用いた。十返舎一九『続膝栗毛』九編上に記されている。

こみいる【込み入る】
入り組んで複雑になることをいう。近松門左衛門作『国性爺合戦』にも「さしつたりと切り払ひ　込み入れば　なぐり立てうちふせ」とあり、混雑することから「ややこしい」の意にもなる。「話が込み入りますが」「込み入った経緯《いきさつ》があって」などと用いる。

ごみかくし【芥隠し】
子供の遊戯。各自、ごみや石ころなど自分の所有物を決める。ジャンケンで鬼になった子が地面に描いた円の中に入ってしゃがみ、目をつむる。他の子供たちは自分の所有物を円の内側に埋め、土を平らに均《なら》してわからぬようにしておく。「もういいよ」と言われたら、鬼は隠された物を探し、見つかった物の持ち主が次の鬼になる。

芥隠し

こみせ【小見世・小店】
吉原遊廓で大店《おおみせ》に対して小さい店をいう。小店は安く遊ぶことができる店であった。

こみみにはさむ【小耳に挟む】
聞くとはなしに耳に入る、ふと聞くことをいう。職人などは「小耳にひっぱさむ」と威勢良くいう。

こむかい【小向い】
向かい合うことをいう。

こむずかしい【小難しい】
「小」はちょっとの意の接頭語。「難しい」は難解である、うるさい、不機嫌《ふきげん》で近寄り難いなどの意。「あの親爺は小難しくてかなわん」「小難しい話ばかりだ」などという。

こむそう【虚無僧】
普化宗《ふけ》の有髪の托鉢僧《たくはつ》をいう。天蓋《てんがい》編笠《がさ》を被って顔を隠し、藍か鼠色の無紋の着物を着流し、首から袈裟《けさ》をかけ、脇差《わきざし》を帯し、尺八を吹いて諸国を行脚《あんぎゃ》した。道中、銭を乞うて歩いた。江戸は下総小金井村の一月寺が管轄した。⇒虚無僧《こむそう》下駄《げた》

虚無僧

こむそうげた【虚無僧下駄】
尺八を習った者がその技を披露したくて虚無僧姿になり、町を流して門口で吹いたが、道楽者故《ゆえ》に次第に粋《いき》な姿となり、履物も女性の履物のように駒下駄の高いのに黒漆を塗ったものになった。これを虚無僧下駄という。⇩虚無僧《こむそう》

虚無僧下駄

ごむようにおしならいいのに【御無用におしなら良いのに】
お心遣いご無用にしてくれればいいのに、の意。「わざわざ御心遣いいただかなくてよろしいのに（有難うございます）」というお礼の言い方で、江戸の女性がよく用いた。曲山人補綴『仮名文章娘節用』にたびたび出てくる。

こめかしざる【米浙笊】
米を研ぐときに用いる笊で、米粒がこぼれないよう竹で細かく編んである。「かし」は「水に入れる」「研ぐ」の意。「米揚げ笊」ともいう。昭和の初め頃には用いられていたが現代ではあまり見かけない。

こめびつ【米櫃】
蓋付きの木箱で数日分の米と枡が入っており、その日に必要な分だけ米を枡で量って、研ぎ、釜で炊く。米はなくてはならぬ主食であるから、米を買う金を稼いでくる一家の働き手も「米櫃」といった。「米櫃が空になる」は稼ぎ手が失職したこと、食い詰めることをいう。米櫃は江戸時代以来の語で現代でも用いられている。

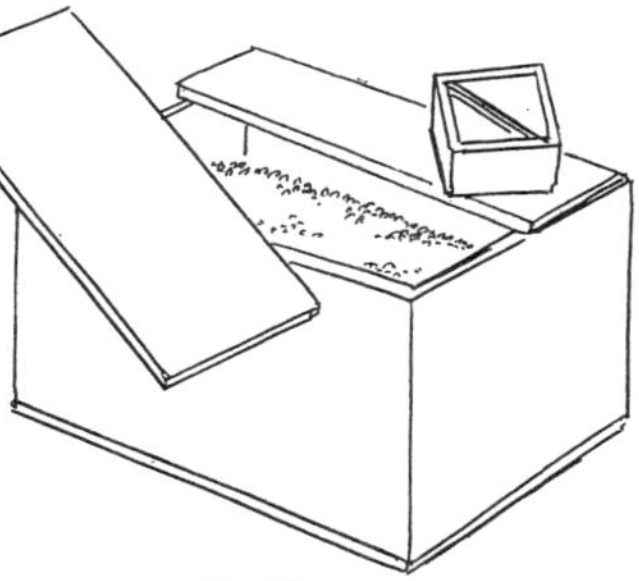
米　櫃

米浙笊

こめびつだんな【米櫃旦那】
米櫃は食生活の基本である大切な米を入れておく箱で、金がなければ米は買えぬ。その金を与えてくれる旦那をいう。生活の面倒を見てくれる人のことだが夫婦間では用いず、妾《めかけ》などが用いる。

こめびつのたくそ【米櫃のた糞】
米櫃に少しの米しか足せないような小額の金を「米櫃の足《た》し」と表現するが、「足し」にもならないようなわずかな金額という意で侮蔑的な「糞」をつけ、「米櫃のたくそ」という。「それくらいの銭じゃ、米櫃のたくそにもならねえ」などという。⇩米櫃の足し

こめびつのたし【米櫃の足し】
往時、主食の米はなければならぬ大切なものであり、米と金銭は同じような意味合いを持っていた。故に、金を稼ぐことは米を増やすことと同じであるので、稼いだ金をこのようにいう。また、わずかの金を渡す時に謙遜《けんそん》して、「米櫃の足しにしな」といったりする。⇩米櫃《こめびつ》のた糞《くそ》

ごめんゆ【御免湯】
江戸時代、将軍が上野の御霊屋《おたまや》に参詣する際、その行列が通る町では、失火を防ぐために「煙止《けむどめ》」といって火の使用を禁じられたが、下谷御徒町《おかちまち》の銭湯だけは風呂を沸かすのが許されており、ここで「御徒衆《おかちしゅ》」と呼ばれる徒歩で行列の供をする侍たちは入湯できたのである。これを「御免湯」といった。⇩煙止《けむどめ》

ごもっともさま【御尤様】
相手の申し述べることに対して「道理にかなっております」と頷く時に「ごもっともです」というが、さらに敬称「様」をつけた語。敬語の乱用である。

こゆび【小指】
手の小指を立て、他の四指は握った拳を微妙な方向に向けると、人には言えない仲の良い女、時には妾《めかけ》の意となる。

小　指

ごよう【御用】
相手の用事を敬っていう時に「御用の向きはうかがいました」などという。江戸時代は役人が庶民に「御用の筋があるからちょっと来い」と呼びつける時や、町奉行所の捕り方が犯罪人を捕える時に「御用だ」といった。

御用聞き

ごようきき【御用聞き】
①江戸時代、官命を受け、町奉行所の同心に従って犯罪人追捕の手伝いをする者。岡っ引、小者、目明しともいい、小説では庶民の味方のように描かれているが、本当は軽犯罪の前科があるような者を用いており、お上《かみ》の威光をひけらかすような者も多かったという。
②明治以降、商人が得意先などに注文取りをして回ることをいう。⇩んちわーっ

ごようたし【御用達】
将軍家など権威あるところへ御出入し て、注文の品を納めることを許されている商人の誇りを示す表現。そのような商人を御出入商人《おでいりしょうにん》といい、「大奥御用達」「御台所御用達」など看板に表記して信用の証しとすることもあった。「ごようたつ」と訓むのは誤りである。

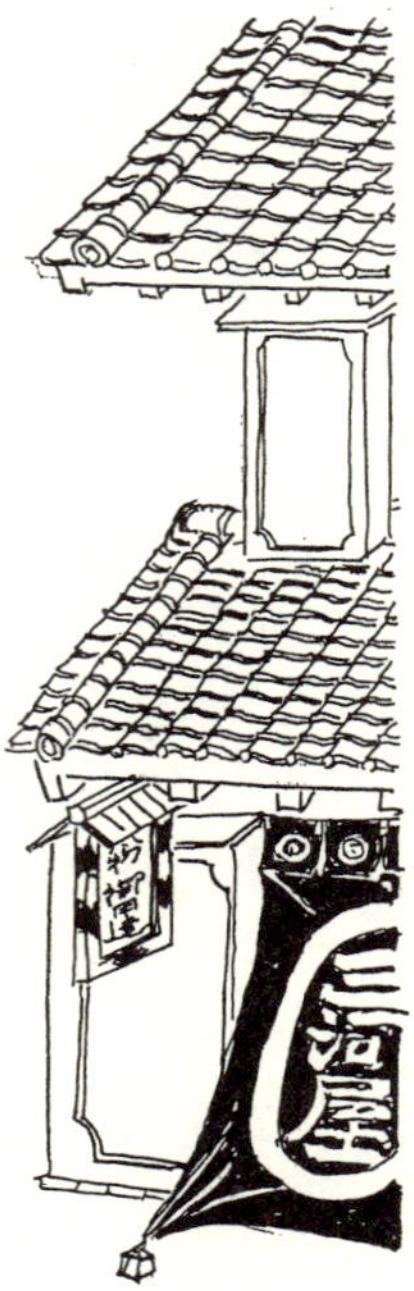

御用達

こようをたす【小用を足す】
小便を婉曲《えんきょく》にいう時に用いる上品な隠語である。上流の江戸っ子が用いた。「ちょっと小用を足してくる」などという。大便のときは「用を足してくる」という。この語の意味がわからなければ江戸っ子ではない。「御用《ごよう》を足す」ともいい、女性は「すみませんが、ちょっと御用を足してきます」などといって厠《かわや》へ立ったものだが、現在では用いられなくなっている。

こより【紙縒】
和紙などを細長く切り、端から堅く縒《よ》りをかけて紐状にしたものをいう。昭和の初め頃までは官庁でも商店でも、書類を綴じるのに紙縒を用いたので、紙縒を縒ることは事務員には不可欠の技術であった。また煙管《きせる》の脂《やに》掃除にも用いた。紙縒は「かんぜより」ともいう。髻《もとどり》を結ぶには胡粉《ごふん》をしごいて塗った紙縒を用い、これを「水引元結《みずひきもとゆい》」といった。

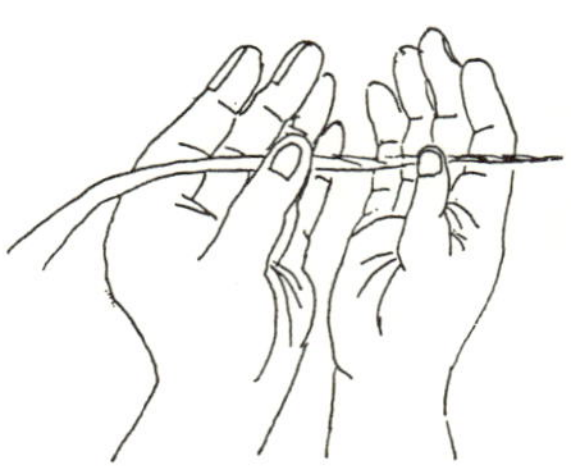

紙　縒

こりゃおもしれえ【こりゃ面白え】
愉快であるというより「見過ごしにはできないぞ」という意。「こりゃ面白えじゃねえか」といって喧嘩《けんか》をしたりする。

これさこれさ
呼び掛けるときの前置き。「これさこれさ、ちょっと訊《き》くが」などと用いる。「これが分かったかい」と念を押す時にも用いる。為永春水『春色梅美婦禰』巻之二に「快くなつてくれなければ恨みだよ、コレサコレサ」とあるのは「病気が快方に向ってくれなければ恨むよ、分かったかい」の意。

これはしたり
「したり」は「為《し》たり」の意で、事がうまく運んだ時にも、うまくいかなかった時にもいう。褒め言葉としては、「えらいものだ」「これは驚いた」「お見事」の意。また、「しまった」の意で、失敗したり、思いがけないことにあきれ驚いたときなどにも用いる。「したり顔」は、してやったという得意そうな顔つきのこと。

これみよがしに【これ見よがしに】
これを見ろといわんばかりに得意になって見せつけることをいう。「これ見よがしにきらびやかな衣装をつけて」「これ見よがしに腕をまくって」などと用いる。

ごろうじまし【御覧じまし】
「御覧になって下さいませ」と丁寧にいうときに用いる。「御覧じなせえやし」は丁寧《ていねい》な江戸口調。曲山人補綴『仮名文章娘節用』によく出てくる。

ごろうのおび【ごろうの帯】
「ごろう」は「呉絽服連《ごろふくれん》」の略。「ごろふくれん」はオランダ語のgrofgreinを日本語式に読んだもので、江戸時代に輸入された粗末な毛織物である。幕末には幕府の下級武士が筒袖《つつそで》（袂《たもと》のない衣類）や段袋《だんぶくろ》（洋式訓練の時に用いたズボンで、袴を改良したもの）に用い、民間でも女性が帯などに用いた。この帯を「ごろうの帯」といい、粗末な品であるが舶来品なので庶民には自慢の種であった。「ごろうの帯を締めているとは贅沢だ」などといった。⇩茶袋《ちゃぶくろ》

ごろく【五六】
五六蚊帳《ごろくがや》の略。間口が六幅（約二・四メートル）、奥行五幅（二メートル）に仕立てた蚊帳をいう。蚊帳とは蚊にさされ

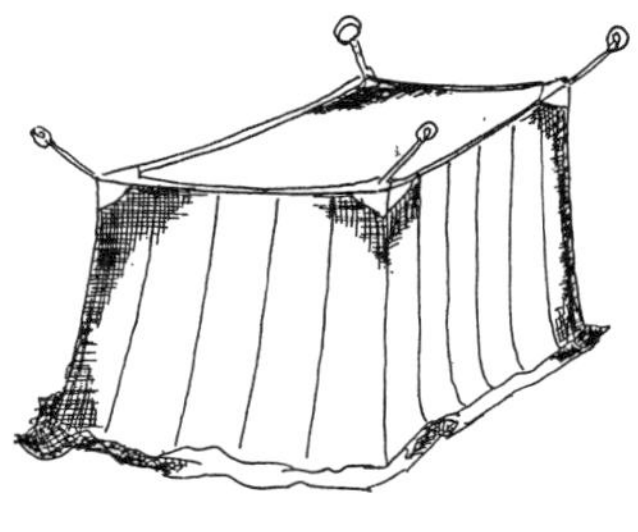

五　六

ないように四隅を吊って寝床を被う夏の蚊避けの寝具のこと。

ころしもんく【殺し文句】

その一言で何の反論できなくなるような言葉をいう。男女間においては、相手が感激して一言で夢中になってしまうような言葉をいい、巧みな褒《ほ》め言葉である場合が多い。

ごろちゃら

ごろごろして何もせず、だらしのないさまをいい、居候《いそうろう》などの形容に用いる。「ちゃら」は語呂良く続けただけで特別の意味はない。

ごろつき【破落戸】

「破落戸」は当て字。定まった職業も住所もなく、あちこちうろついている者の意。無頼漢《ぶらいかん》、ならず者ともいい、強請《ゆす》りや嚇《おど》しなどを働いて金銭を得る。「あの家はごろつきの溜まり場だ」などと用いる。略して「ごろ」ともいう。

ころっとかわった【ころっと変わった】

「ころっと」は小さい球体のようなものが素早く一回転することをいい、突然にすっかり変わることの形容。性格や状態などがいきなり反転して完全に変化することをいう。「よく言って聞かせたら、ころっと変わって素直になった」「あの人の前に出たら、話の内容がころっと変わった」などと用いる。

ころびげいしゃ【転び芸者】

江戸時代、公許《こうきょ》の遊女は音曲もできたが、しだいに音曲不得手の者が増えたので、遊廓では音曲踊りを専門とする女芸者を抱えるようになった。女芸者は売春を禁じられていたが、私娼が増えると女芸者も内緒で売春するようになった。客が求めれば寝転《ねころ》ぶことから、転び芸者といわれ、略して「ころび」ともいった。➡不見転《みずてん》

ころり

銭百文をいう隠語。「ころり」は「転び」の訛りで、遊女が身を売ることをいい、切見世《きりみせ》では銭百文で客を取らせることからきた語である。➡転《ころ》び芸者、切見《きりみ》世《せ》

ころりんしゃんとしたかまえ【ころりんしゃんとした構え】

「ころりんしゃん」は琴の音で、いかにも琴の音が外に洩れてきそうな風流で粋《いき》な構えの家をいう。このような家には、琴や三味線の師匠に見せかけた、遊女や芸妓出身の妾《めかけ》を囲っている場合もあった。

こわいけん【強意見】

「こわ」は強く、厳重にの意。きびしい意見（いさめ）・忠告をすることをいう。曲山人補綴『仮名文章娘節用』に「心をつけるこは異見」とあるのは「心をしっかりと定めるように強く意見する」の意である。

こわいろ【声色】

「声色遣い」の略で、役者の台詞《せりふ》回しや声音を真似る芸をいう。役者の顔の動かし方や動作まで真似る「声色屋《こわいろや》」という流しの大道芸人や、寄席で演じて見せる者もあった。

こわもて【強面】

「こわおもて」の略で恐ろしい顔付きをいう。「貸した金をなかなか返済しないので、強面《こわもて》で迫った」などと用いる。

こんがらがる

「混《こ》みからまる」の江戸っ子らしい訛り。糸や紐がもつれて複雑にからまるさまから来た語で、乱れもつれ合うことをいう。話の内容などが複雑でわかりにくく、筋道がたどれないことの意にも用いる。

こんかんばん【紺看板】

武家奉公人の中間《ちゅうげん》の着る半纏《はんてん》（法被《はっぴ》）をいう。紺染めで、背中の真中に主家の紋を白く染め抜いてあり、何処《どこ》の家の使用人なのか分かる。職人や人足も着用した。

紺看板

こんこんちき

「こんこん」は狐の鳴き声、「ちき」は畜生の略、つまり狐の異称。罵ったり、茶化したり、意を強める時などに用いる。「こんちき」とも。「狐野郎」と同じだが、語呂が良いのでよく用いた。「飛んでもねえこんこんちきだ」などという。

ごんしち【権七】

下男や飯炊男《めしたきおとこ》の異称。転じてつまらぬ

権　七

男の異名としても用いた。

こんじょう【根性】

生まれつきの心根や性質、また苦しくとも堪《た》えてことを成し遂げようとする強靭な精神の意。「根性が腐っている」「根性を入れ替える」「根性まがり」「あの男は根性がある」などと用いる。

こんちきしょう【こん畜生】

「この」「畜生《ちくしょう》」の訛り。「畜生」は四足の動物をいう語で、憤慨《ふんがい》したりくやしい時などに、相手を動物呼ばわりして罵《ば》倒《とう》したり反感を表したりするのに用いられる。「何を言いやがるんだ、こんちきしょう」などという。➡こんこんちき

こんちは【今日は】

「こんにちは」の略で、昼間に人に会ったり、人を訪問する時の挨拶の言葉。

こんどさ【紺土佐】

「どさ」は土佐紙のことで、厚手の手漉き紙。それを紺色に染めたのを「紺土佐」といい、江戸時代には金銭などを厳重に包んで隠し持った。丈夫な紙なので硬貨をしっかり包むのに便利であった。

こんな

「このような」の略。既に説明したことに対して「こんなところ」「こんなもの」「こんな人」などと表現する。

こんなあんばい【こんな塩梅】

「こんな調子で」「こんな具合で」の意に用いる。「塩梅」とは梅干の塩加減からきた語。

こんねえ

江戸深川の芸者で、きっぷが良いとされた辰巳芸者の言葉。「こんなに」の意。「こんねえに入れ揚げたのに実《じつ》を見せてくれねえ」などという。

ごんぱち【権八】

歌舞伎や読本などで知られる白井権八のことをいう。雲州（鳥取）藩で人を殺して逐電し、品川の鈴ヶ森で街道雲助に因縁《いんねん》をつけられて大立ち回りを演じたのを、下谷の幡随院長兵衛という口入屋《くちいれ》の親分に認められて食客《しょっかく》（居候《いそうろう》）になった。このことから、居候《いそうろう》として他人の家に厄介になることを「権八を極め込む」といい、略して権八といった。➡候《そうろう》の権八《ごんはち》

権　八

ごんべえ【五兵衛】

酒五合の意。人名に洒落《しゃれ》た語。「五兵衛飲んで、すっかり酔っちまった」などという。

五兵衛

こんりんざい【金輪際】

金輪は仏教用語。大地の底百六十万由《ゆ》旬《じゅん》（古代インドの距離の単位）のところで世界を支えているという無限に大きな輪で、奈落《ならく》の最下底をいう。つまり、「どこまでも」「限りないほど」の意で、江戸っ子は否定語といっしょに使って「決して」「絶対に」の意でよく用いた。「金輪際言うまい」などといい、最強の意思表示になる。

「さ」

さいぎょうした【西行した】
諸国を修業に回ったの洒落《しゃれ》。平安時代末期に鳥羽上皇に仕えた北面の武士・佐藤義清（一一一八～九〇）は、世の無情を感じて「執れば憂し　執らねば物の数ならず　捨つべきものは弓矢なりけり」と詠じ、二十三歳にして僧となった。この僧が西行である。彼は諸国を修業して歩き、多くの名歌を残した。このことから、職人などが諸国を巡り、腕のいい職人の所を転々と修業して回ったことを「西行した」と言った。

さいくん【細君】
親しい相手に自分の妻のことを言う時に用いる語で、「わしの細君は無精者で」などという。元来は謙遜《けんそん》して言う語。その他自分の妻を謙遜して言う場合は「愚妻」「妻」「家内」などという。『漢書』東方朔伝にある。

さいけん【細見】
江戸時代に流行った位付表《くらいづけ》をいう。毎年発行された『吉原細見』は有名で、妓《ぎ》楼《ろう》や遊女の名前、揚げ代などが事細かに記されていた。

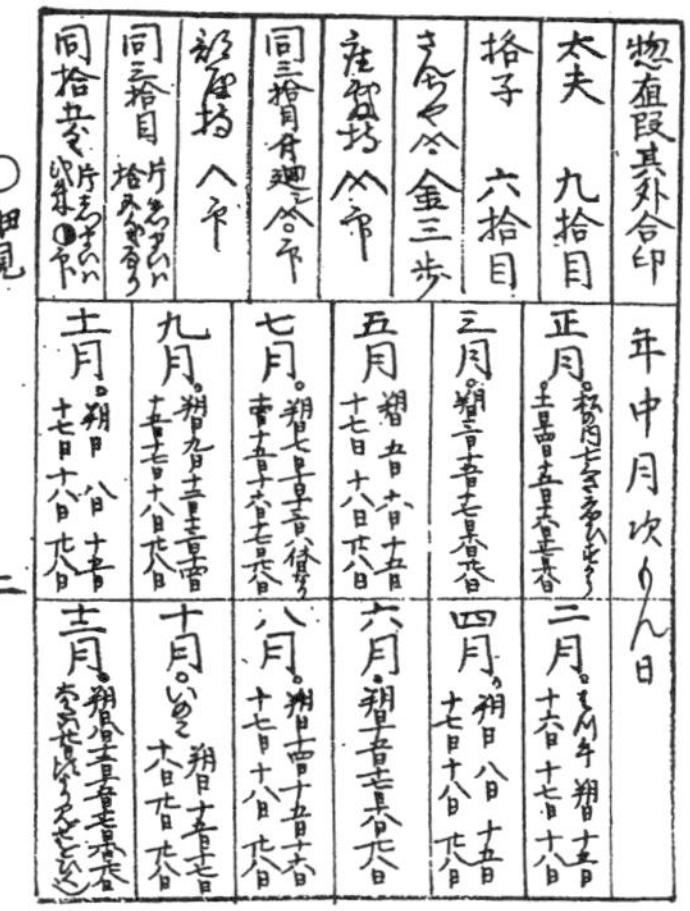

安永四年吉原細見［守貞漫稿］

ざいごうもの【在郷者】
江戸の者に対する地方人、田舎者の意で、公方様《くぼうさま》（徳川将軍）の御膝元に住んでいる江戸っ子の誇りから田舎者を軽蔑した語である。「在郷兵衛《ざいごべえ》」と人名化し、さらに訛って「在郷っぺ」ともいう。

さいごのすけ【最後のすけ】
お終いだ、最後だ、命の終りだの意。江戸っ子の癖で語呂を楽しんでいう。十返舎一九『続膝栗毛』九編上に「熊でも出たら最後のすけ」とあり、熊に出会ったら一巻の終りで命がなくなるの意。

さいつおさえつ【差いつ抑えつ】
「さいつ」は「差しつ」の訛りで酒を注ぐことをいう。相手に酒を注いだり、他人が注ぐのを受けたりして、にぎやかに酒を飲んでいることの形容。「差しつ差されつ」に同じ。

さいづちやろう【才槌野郎】
小型の木槌を「さいづち」というが、それと同じように頭の前後が出張っている者をいう。「才槌頭」ともいい、罵倒語《ばとうご》としても用いる。

さいで
左様《さよう》で、おっしゃる通りでの意。受答えや相手のいうことを承諾する時に用いる。「さいで御座いますか」などという。

さいなら
「左様なら」の略。また、「それならば」の意で以下を略した語。別れの挨拶にも用いる。京大坂で用いられると優雅な語であるが、江戸っ子は語勢良く「さいなら」と言った。

さいはじけもの【才弾け者】
ちょっと頭の回転が早く小才がきく者、利口で抜目ない者をいう。十返舎一九『東海道中膝栗毛』初編にも「元来才はじけ者にて」とある。才走った者。

さいまき【鞘巻】
鞘巻《さやまき》の訛り。鞘巻は鍔《つば》のない短刀。柄《つか》と鞘に海老の殻のような刻み目をつけて朱塗りにした「海老鞘巻」という短刀があるため、「鞘巻」を小ぶりの車海老の異称として用いた。「折詰に鞘巻も入れておこう」などと用いる。

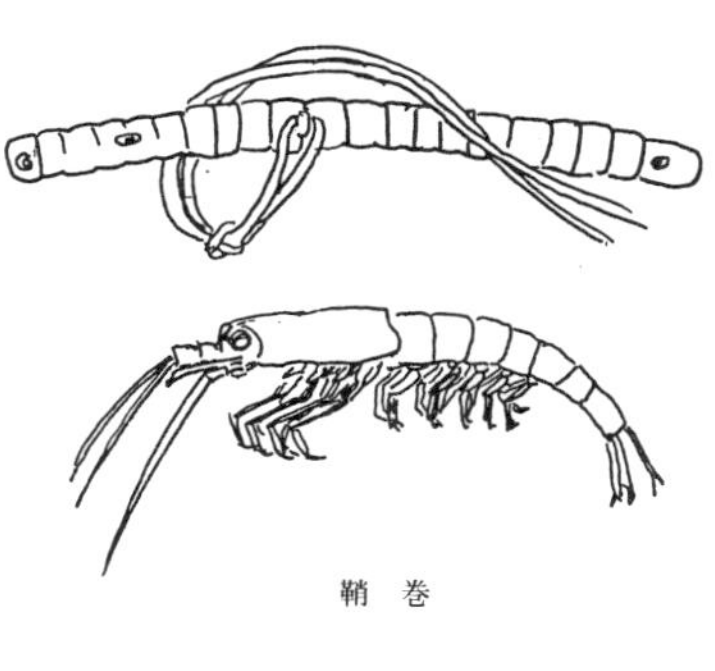
鞘　巻

さいもん【祭文】
山伏などが片手に法螺貝《ほらがい》、片手に錫杖《しゃくじょう》を持って祭文（祭祀《さいし》の時に神前で奏する中国風の祝詞《のりと》）を唱えながら門付けして歩いたことをいう。

さおほんだ【棹本多】
江戸時代に流行した本多髷《ほんだまげ》の一種で、

祭　文

棹本多

髷を棹のように細長くした結い方をいう。

さかぐま【逆熊】
　歌舞伎用語で、五分月代《ごぶさかやき》を誇張するためにつける熊の毛皮のこと。つるつるに剃っておくべき月代に髪の毛が生えると凄味が出るので、悪浪人の役を演じる者が用いる。「凄い目付きに逆熊本多《さかぐまほんだ》に大小落し差し《だいしょうおとしざし》」などという。⬇五分月代《ごぶさかやき》

逆　熊

さかさごと【逆さごと】
　「さかさまごと」ともいう。前後左右上下などが逆になっていることであり、江戸っ子は縁起が悪いと嫌がった。また真実や順序が逆になることの意で、不運な目に遭うこと、また親より先に子が死ぬこともいう。「今までに飢えにも苦しまず、逆さごともなく」などと用いる。

さかさだち【逆さ立ち】
　歌舞伎用語で逆立ちすることをいう。

さかさばしら【逆柱】
　略して「さかばしら」といい、建築の折に誤って材木の根元の方を上にして立てた柱をいい、縁起が悪いとされた。

さかっき【酒っ気】
　酒臭いこと、飲んだ酒の匂いがすることをいう。「今日は珍しく酒っ気がないな」などという。江戸っ子は「酒」を「さか」と訛ることが多い。

さがっちゃこわい【下がっちゃこわい】
　「下がる」は運が下方に向くことで災難に遭うの意、「こわい」は散々な目にあって嫌なことの意。つまり災難続きのことをいう。江戸時代の職人言葉。

さかつる【逆吊る】
　怒った時の表情で目尻が吊り上がることをいう。

逆吊る

さかて【酒手】
　江戸時代の駕籠舁《かごかき》などが規定の料金の他に、酒の飲代として要求する余分の金。⬇辻駕籠《つじかご》、街道雲助《かいどうくもすけ》、白馬《しろうま》、重た増《おもたま》し

さかねじをくわす【逆捩を食わす】
　文句などを言う者に対して、逆に食ってかかることをいう。江戸時代は「さかにじ」となまった。

さかりば【盛場・雑踏場】
　人が寄り集まって賑やかな場所をいう。繁華街である。商売、興行、飲食店などに人が多く集まって景気が盛んになっているからいう。

さかんのつちこね【左官の土こね】
　左官は壁塗り職人。塗り壁用の泥を「船《ふね》」と呼ぶ底が平らな四角

左官の土こね

逆捩を食わす

い大きな桶に壁土の粉を入れ、水を加えて鍬で掻き回しこねる役の者をいう。⬇左官屋《さかんや》

さかんや【左官屋】
建築の折に壁塗りを専門とした職人をいう。喜田川守貞『守貞漫稿』第四編上に「墁匠を云也。左官と云こと愚按に昔内匠寮或は木工寮の 屬《さかん》（官職名）など墁工を業とせしより名とする歟」とあって、「屬」から壁塗屋を「さくわんや」といい、いつからか左官屋の当て字を用いるようになった。

さきぐり【先繰り】
勘繰ること、迷い疑って推量することをいう。狂訓亭主人『春色辰巳園』第八に「さきぐりしてはしまひじやアないかえ」とあるのは「勘繰ったら終わりじゃないか」の意。

さきざき【先々】
将来、行く末の意。「先々のことを想うと心配です」などと用いる。

さきしがた【先し方】
今よりちょっと前、先刻の意。「ああ、あの方なら先し方お見えになりました」などと用いる。「たった今」は「今し方」という。

さきばし【裂箸】
割箸のことをいう。一本の平たい棒のようであるが、中程から先に切れ込みが入れてあるので、ここを持って裂くように左右に引っ張ると二つに割れて箸となる。使い捨ての箸で、現在でも用いられている。

さきばしる【先走る】
他の者より先に行動することをいう。また、早合点して行動したり、勝手な判断をすることもいう。「先走って勘違いばかりしている」などという。

さぎをからすといいくるめる【鷺を烏と言いくるめる】
白い色の鷺を黒い烏だと主張して押し通すことから、間違いであっても頑として譲らず、正しいと主張し続けることをいう。

ざくぜに【ざく銭】
「ざく」は「ざくざく」の略。多量の小石などが混ぜ合わされたりするときの音を表現した語で、文銭など金額の低い銭をいう。「ざく銭ばかりでどうしようもねえ」などと用いる。明治以降は一銭、二銭、五銭銅貨のことをいった。

裂箸

さくら【桜】
歌舞伎などで役者に声を掛けるよう頼まれて無料で見物する者をいう。そのことから、縁日の大道露店などで、売り手の仲間でありながら、客になりすまして他の客の気持ちをそそる役目を果たす者をいう。他の客がつられ、慌てて買ってしまうような演技力ある「さくら」専門の者がいる。

さくら

さくらばい【桜灰】
江戸時代、桜の木の灰は雑木の灰より上等とされ、客に出す煙草盆の火入れに用いられた。上等な灰の形容としても用いられた。

ざくろぐち【石榴口】
江戸時代の銭湯《せんとう》では、湯がさめぬように洗い場と湯船の間を板戸で深く覆って入口を低くし、屈んで入るようになっていた。この入口を石榴口といい、上部は欄間になっていた。金属の鏡を石榴の実の汁で磨いたので、「屈み入る」を「鏡要る」に掛けた洒落《しゃれ》という。

さけあたり【酒中り】
悪酔いして身体の調子が悪いことをいう。「昨夕《ゆうべ》の酒に悪酔いして、今朝は酒中り気味だ」などという。

石榴口［江戸入浴百姿］

さげじゅう【提重】
江戸時代の密売春婦で、重箱に饅頭《まんじゅう》を入れて武家屋敷の奉公人が住む長屋や独身者の組屋敷などを回り、饅頭を売るにかこつけて売春して稼いだ。捕まっても饅頭を売りに来たといって胡麻化した。江戸末期に流行り、重箱を提げて歩くので「提重」といった。

提重

さけのあい【酒の相】
酒の相手、または盃を愛想良く受けることなどの意に広く用いられる。「ちょっとで良いから一杯お相《あい》をしろよ」などといい、江戸時代にはよく用いられたが、現代ではこの洒落《しゃれ》た語を用いる人は少ない。

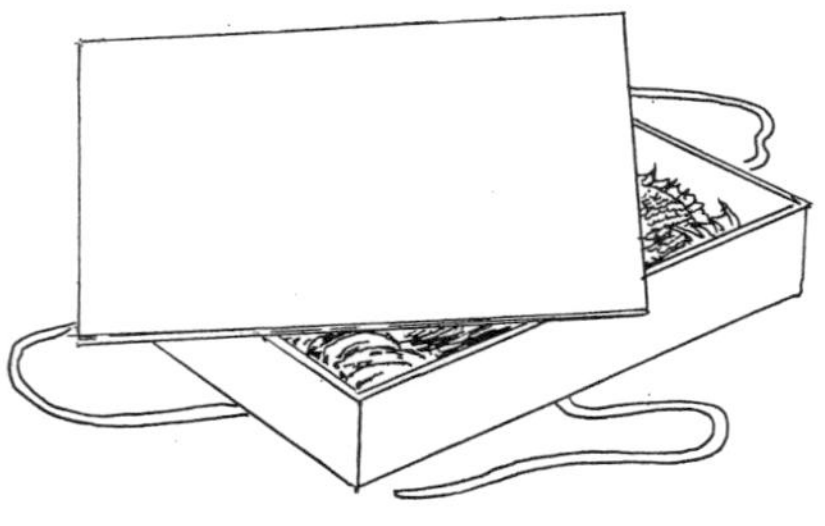
笹折

さけをくらう【酒を喰らう】
酒は液体で飲むものであるが、往々にして「喰らう」という。

ざこのととまじり【雑魚の魚交じり】
小魚が大きな魚に混じっているの意から、大人の中に子供が混じっていたり、名のある者の中に無名の者がいることの譬《たと》え。

ささおり【笹折】
経木（白木の薄板）で作った折詰をいう。「土産に笹折を持たせてくれた」などという。

ささばたき【笹叩き】
巫女が神憑《かみがか》りして口寄《くちよせ》する時に、神前で沸かした熱湯に笹の小枝を浸し、神前の台を叩きながら神意を述べる。江戸っ子は「笹《ささ》っ葉叩《ぱた》き」といった。現在これを行う神社は少ない。

笹叩き

さし【差・差合】
「差合《さしあ》い」の略。差障り、都合が悪いこと、望ましくないことなどをいう。「今日はちょっと差があって行かれない」「あすこにはちょっと差がある（不義理をする）」「差があるから遠慮した」などと用いる。狂訓亭主人『春色辰巳園』巻之五にも「おやおや此処も差合《さし》か」とある。

さしあたり【差し当り】
取りあえずの意。「いろいろとやってもらいたいことがあるが、差し当りこれをやってくれ」などと用いる。「さしずめ」ともいう。

さしがねをいれる【差し金を入れる】
「差し金」は歌舞伎などで用いる小道具で、黒塗りの細長い竹竿《たけざお》の先端に作り物の蝶や鳥や鬼火などをつけて、観客には竹竿が見えないように操る。転じて、陰で指図すること、陰で人をそそのかして操ることをいう。「おい、これは誰の差し金だ」などと「差し金」だけで用いることも多い。

ざしきぼうき【座敷箒】
室内の塵を掃くための道具で、ホウキグサや棕櫚《しゅろ》の繊維を平たくまとめて刷毛《はけ》のようにし、竹の柄を付けたものをいう。大正頃までは箒を五、六本担いだ職人が「ほうき屋、ほうき屋で御座い」と呼び声を張り上げながら町を流して売り歩いており、また雑貨屋でも必ず売っていた。現在は各家庭に電気掃除機が普及したので、ほとんど用いられていないだろう。

座敷箒

さしぐち【差し口・指し口】
密告、告発をいう。「居所を差し口した」などという。

さしこ【刺子】
木綿布を重ねて木綿糸で一面に細かく縫い刺した衣服で、江戸時代の火消《ひけし》の防火服であった。火消は紺染めの長外套《がいとう》のようなものを着て頭巾《ずきん》をかむる。水を浴びると刺子の衣服は十分な水分を含むので、炎や火の粉を浴びても燃え付かない。また、保温性があり、丈夫で長もちするので庶民も刺子の半纏《はんてん》を作ったが、細かく縫うので手数がかかった。江戸っ子は語勢良く「さしっこ」という。すこぶ

刺子

る丈夫なので、現在も柔道着や剣道着などに用いられている。

さしずて【差捨て】

酒宴で盃を渡して相手に酒を飲ませ、返盃《へんぱい》は受けぬことをいう。「いやあ、酒に弱いのでひらにひらに」などといって断る。

さしつさされつ【差しつ差されつ】

「差す」は酒を注ぐことを表す。酒の席で相手に酌をしたり相手から酌をされたりすることで、親しく酒を飲み交わすさま。「久しぶりで逢った友と差しつ差されつ楽しいときを過ごした」などという。

さしでぐち【差出口】

頼まれてもいないのに出しゃばっておせっかいを言うこと。差し出がましい口をきくこと。そうした行為をする者を「差出者《さしでもの》」という。➡横槍《よこやり》を入《い》れる

さしひかえ【差控え】

江戸時代の武士に対する軽い刑罰の意。職務の上で過失があった時、登城停止となり、自宅で謹慎《きんしん》せねばならぬ。軽くて三日で、長期間に及ぶこともある。また、遠慮する意味にも用い、「その事は差控えよう」などと用いる。

さしもの【挿物・差物・指物】

戦国時代頃までの挿物といえば、武士が軍装した際、鎧の背の受筒に指した個人の目印となる小旗や飾り物をいった。江戸時代には挿物というと女性の髪に挿す物をいい、簪《かんざし》、櫛《くし》、笄《こうがい》の類である。また江戸時代には、武士が腰に差している刀と脇差をいうこともあった。長い刀と短い刀であるから大小《だいしょう》ともいう。「あのさむれえのさしものは立派だ」「さしものの中身は竹光《たけみつ》か何だか知れねえが」などといった。

差しつ差されつ

さじをなげる【匙を投げる】

漢方薬を調合するために用いる「さじ」を放り投げることから、直る見込みがない病人を医師が見放すこと。転じて、物事が改善されたり、救済されたりする見込みがないので、断念することの譬（たと）え。「そんなに簡単にさじを投げるな。他にも何か手段はあるはずだ」などと用いる。

挿物

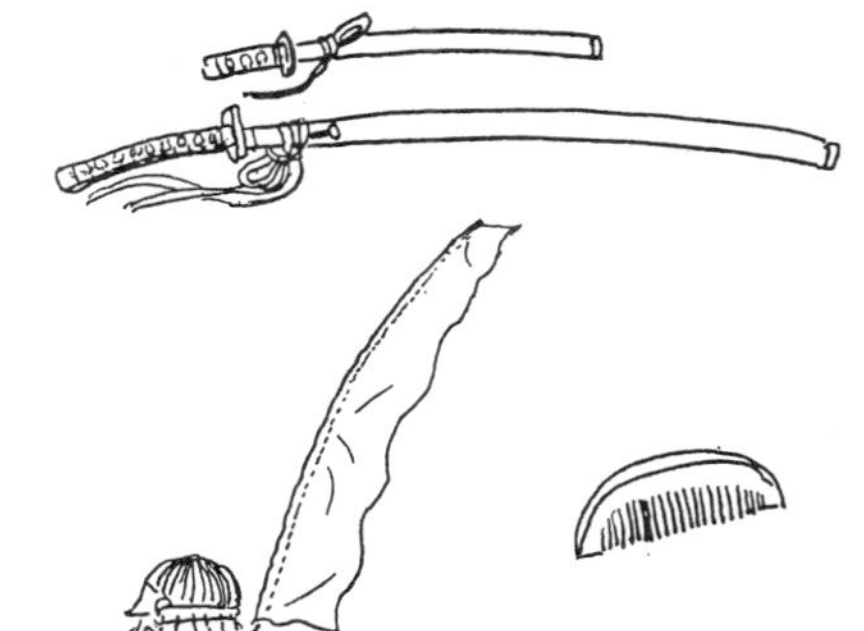
挿物

さすが【流石】

「そうはいうもののやはり」「熟練しているが、それ以上」「予想に背かず」の意。「頑固者でも流石に我が子には甘い」「さすがの名人でもうまく行かなかった」などと用いる。

さすが【刺刀】

武家が用いる短刀をいう。いろいろな形式があり、懐中できるので庶民もやくざも用いた。武家の刺刀は意匠を凝らしたものであるが、やくざなどが用いるものは柄《つか》も鞘《さや》も白木で「どす」ともいう。

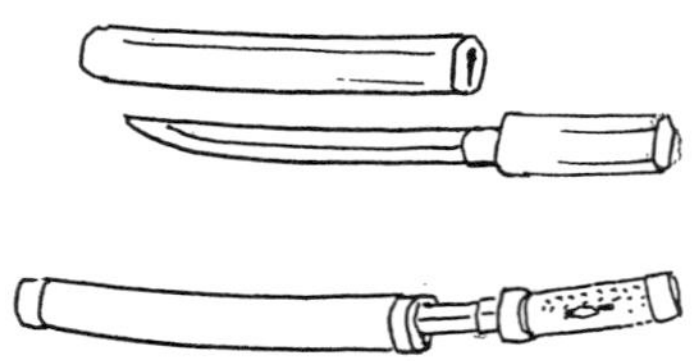
刺　刀

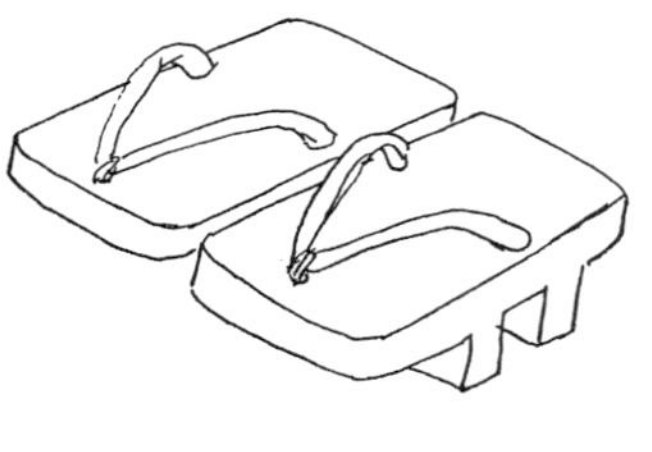
薩摩下駄

⬇どす

さぞかし

「さぞ」を強めた語で、「直接見たり聞いたりしたわけではないが、想像するにずいぶんと」の意。「さぞかし淋しがっているだろう」「さぞかし困っているのではないか」などと推量する時に用いる。

さっきから【先から】

先刻《せんこく》からの意。「さっきからお待ちです」などという。

さっきゅう【早急】

非常に急を要すること、ひどく慌しいことをいう。十返舎一九『東海道中膝栗毛』初編にも「えエ、それは又早急な」とある。

ざっくばらん

ざっくくっと切って、ばらんと中を見せるように、心に隠し立てなく、あっさりとの意。「あけっぱなし」ともいう。単刀直入、遠慮のない態度に用いられ、ときには「あけすけ」の意で用いる。「ざっくばらんに話すと内容はこうだ」「あの人はざっくばらんな人だ」などと用いる。

ざっと

大まかに、大雑把《おおざっぱ》にの意。「ざっと仕上げた」は「取り合えず間に合うように粗く仕上げた」、「ざっと話した」は「概要を話した」、「ざっとこんなもんだ」は「ちょっとやってもこれだけのことがやれるんだ」と自慢げな言い方である。

さっぱり

①余計なものがなく、淡泊でさわやかさがあること。「あの人はさっぱりした性格だ」は「執念深くなく淡白な性格だ」の意。「さっぱりした」は「すべての気懸りがなくなって気持ちがすっきりした」の意。

②まるきり、まったくの意。十返舎一九『東海道中膝栗毛』初編の「さっぱりしらなんだ」は「まったく知らなかった」の意である。

さつまげた【薩摩下駄】

明治頃から流行し始めた男子用の下駄をいう。桐材や杉材の幅の広い台に厚味のある歯を二枚削り出したもので、緒は白く太い。和服に薩摩下駄は改まった時の服装である。桐の柾目《まさめ》のものは上等品で、一家の主人や余裕のある若い男が履いた。九州薩摩の武士が用いたので薩摩下駄という。

さつまのかみ【薩摩守】

源平時代の豪傑薩《さつ》摩守平忠度《まのかみたいらのただのり》の名を「ただ乗り」に掛け、無賃乗車のことを「薩摩守」といった。

さて

会話中に改まって発言するときや局面、話題を変えるときに用いる言葉。「扨」と漢字表記する。「さて、その話はそのくらいにして、今度は……」などと用いる。歌舞伎『白浪五人男』の稲瀬川堤の場で、日本駄右衛門が名乗ると、次に弁天小僧が「さて、その次は……」と区切りとして用いている。

さてもさても

相手に返事をするときなどに用いる。「さてさて」「いやどうも」「本当に」「まったく」などの意。

さとことば【里言葉】

一般には、田舎言葉や郷里の国言葉をいうが、江戸時代、浅草吉原の遊廓で用いられた独特の言葉も「里言葉」といっていた。「廓《くるわ》言葉」ともいう。⬇ありんす

さとすずめ【里雀】

この場合の「里」は吉原遊廓のこと。雀はピイチクパアチクと賑やかに鳴くことから、吉原でのできごとや噂話、花魁《おいらん》と客の評判などをあちこちに喋って歩く者をいう。⬇廊下鳶《ろうかとんび》

里　雀

さとびらき【里開き】

結婚した新妻が初めて親元に報告に戻ることをいう。「帰る」は「離婚して戻る」に通じるので、縁起を担いで「里帰り」とは言わずに「里開き」という。宴会を終えるのを「お開きにする」というのと同じ。

さばけた【捌けた】

「さばけた」はすべてが売れたの意であり、錯雑《さくざつ》した物事が整う意から、物分りが良くてさっぱりしており、人情の機微《きび》をよく察しているの意に用いられた。

「あの人はさばけた人だ」「さばけた言い分だ」などいう。捌けた人を「捌《さば》け者《もの》」という。江戸っ子は捌けていることを第一とした。

さばさばした

さっぱりした気分、晴々とした気分をいう。ものにこだわらず、一種のあきらめの意にも用いる。未練のないこと。「言いたいことは言ったのでさばさばした」「あの人はさばさばした性格だよ」「丸焼けになって、さばさばした。これから新規に出直しだ」などという。

さばをよむ【鯖をよむ】

自分の都合の良いように数を胡麻化《ごまか》すことをいう。諸説あるが、鯖はいたみやすいので、数える時には急いで数え、実数を胡麻化《ごまか》すことが多いことからともいわれる。

さびちゃう【淋ちゃう】

さびれる、淋しくなるの意。「あの事件以来、この通りはすっかり淋ちゃった」などと用いる。

ざま【態・様】

①様相やありさまの意。嘲笑《ちょうしょう》するときに用いられる語。「なんてざまだ」などと服装や態度が良くないことをけなしたり、「ざまを見ろ」と相手の行為の失敗を嘲笑したりするようなときに用いる。⇩様《ざま》あ見《み》やがれ

②「そのとき同時に」の意で、「すれちがいざまに財布をすられちまった」などと用いる。

ざまあみやがれ【様あ見やがれ】

「ざま」は相手の行為や態度が失敗したさまをいい、「自分自身の失態を見ろ。いい気味だ」と相手を嘲笑するときの語。「～やがれ」は相手の行動を卑しめていうときの接尾語で、「見やがれ」は「見ろ」の野卑な言葉。「ざまを見ろ」「ざまあ見ろ」ともいう。⇩ざま

さまさずにくいねえ【冷まさずに食いねえ】

熱を加えた食物を「冷めないうちに食べなさい」という言い方。「冷まさずと食いねえ」ともいう。一方、熱いのをさけて食べなさいというときは、「冷ましてお上がりよ」などという。

さまになっていない【様になっていない】

体裁が悪い、不恰好《ぶかっこう》、形を成していないの意。「できたといっても、ちっとも様になっていないじゃないか」などという。

さむれえ【武士】

「さむらい」の江戸っ子訛り。「さむらい」は江戸時代、主君のそば近くに仕える意の「侍《さぶら》う」からきた語であるが、江戸っ子は武士を軽蔑して「二本差しが怖くて蒲焼《かばやき》が食えるか」と意地を張ったくらいであるから、きちんと「さむらい」と発音せず、適当に「さむれえ」と言ったものである。⇩二本差《にほんざ》しが恐《こわ》くっちゃあ鰻《うなぎ》が食えねえ

さやあて【鞘当て】

鞘当て

武士が往来で行き交った時に、お互いの刀の鞘が当ること。これは武士として心得のないことなので、武士の意地として互いにとがめだてすることとなる。どちらかが詫びねば、斬り合いになる。転じて、ちょっとしたことから生じた争いや、一人の女性を廻って二人の男が敵視し合うことをいう。

さやがた【紗綾形】

卍の形が縦横に連続している模様の綾織《あやおり》をいう。

紗綾形

さよなら【左様なら】

「さようならば（それでは）これでお別れしましょう」の略。別れの挨拶の言葉。「さようなら」が「さよなら」「さいなら」と順に訛る。

ざら

どこにでもあって目新しくないものの形容。「そんな品はざらにある」などと用いる。「ざらにない」はその否定であるから、滅多にない、はなはだ少ないの意。「そうざらにはない珍しい花だ」などと用いる。

さらいねん【再来年】

「さ」は「再」の略で、明後年、二年後のことをいう。「再来年は成人だな」などと用いる。

さらう【復習う】

繰り返し練習する、稽古するの意。狂訓亭主人『春色辰巳園』巻之八に「あの子はいつでもよく精出してさらふよのウ」とあるのは「あの子は常に一所懸命《いっしょけんめい》に復習するよなあ」の意。さらうことを「おさらい」という。

さらけこむ【さらけ込む】

「さらけ出す」の反対で、全部入れるの意。「あの男は此処にある物を全部さらけ込んだ」などという。十返舎一九『東海道中膝栗毛』初編でも弥次郎兵衛が「仏を桶へさらけ込んでしまおう」と言っている。

さらけだす【さらけ出す】

表に出ていなかったものや、持っているものを全部出すことをいう。また、隠し事などを打ち明けることもいう。「あいつの欠点を全部さらけ出した」などと用

いる。

さらわれる【さらわれる】
物を奪われる意であるが、東京下町の常套語《じょうとうご》では「持って行かれる」の意に用いられ、正当の取引で買われることにも用いた。「関西の好事家《こうずか》にさらわれて行った時は金一千六百円であった」「こっちが落札しようと思っていたのに、法外の値でさらわれてしまった」などという。

さりげなく【さり気なく】
そんな様子も見せず、何気なく、何でもない振りをして、相手に意向を悟られないようにの意。「さり気なく様子をして」「さり気なく訊いた」などと用いる。

さるがえり【猿返り】
とんぼがえり。後方に宙返りする技をいう。歌舞伎の立ち回りなどで、主人公の活躍にすっ飛ばされる役者が行う。

猿返り

さるとうじん【猿唐人】
相手を罵《ののし》る語。猿も唐人（異国の人）もこちらの言うことが分からないという意で、物のわからない者を侮蔑していう。十返舎一九『続膝栗毛』十一編下でも「エエ、猿唐人めが」と悪口として用いている。

さるまなこ【猿眼】
猿のように大きく凹《くぼ》んでいる目をいう。「確か犯人は猿眼の男でした」などと用いる。また、目が疲れて落ち凹んでいることの形容にも用いられ、「さんざん探して猿眼のようになってしまった」などという。

猿　眼

ざれごと【戯れ言】
戯《たわむ》れでいう言葉。相手の言ったことを軽蔑してまともに受け取らないような場合に「戯れ言いうな」などと用いる。

さわざわしい
「騒々《そうぞう》しい」の訛り。「さわざわしい奴等だ」などという。

ざわつく【騒つく】
騒いでいるようにざわざわすることをいう。

さんかい【三回】
江戸の遊里吉原言葉。一流の花魁《おいらん》は初めて会った客には身体を許さぬ。初めて会うことを「初会《しょかい》」といい、二度目は「裏を返す」、三度目を「馴染《なじみ》」といって初めて契る。吉原で「三回」といえばこの回数をいった。

さんかくやろう【三角野郎】
四角四面でない者、几帳面でない者、普通の人とは違う者に対する侮蔑語《ぶべつご》で、「三角野郎め」などという。

さんがわら【桟瓦】
屋根を葺くための、断面が波状になっている普通の瓦。「丸瓦」に対していう。高いところから家々の屋根を見渡した光景を「甍《いらか》の波」という。江戸時代、一般庶民の住まいは柿葺《こけらぶ》きであったが、江戸は火災が多く、柿葺きだと延焼しやすいので瓦葺きにするよう強制され、仮小屋以外はすべて瓦葺きとなった。「屋根に尻餅をついて桟瓦を壊してしまった」などと用いる。⇒柿《こけら》

桟　瓦

散切り

ざんぎり【散切り】
①江戸時代までの男は大人も子供も髪を結って元結《もとゆい》で束ねたが、明治になってから西欧人に倣《なら》って短く切り揃えるようになり、これを散切り頭といった。「ざんぎり頭を叩いて見れば、新沢庵《しんたくわん》の味がする」（沢庵の漬けたてのように髪の毛がぱりぱりしていること）、「散切り頭を叩いて見れば、文明開化の音がする」などといわれた。
②江戸時代に、吉原遊廓では馴染になった遊女とは長く関係を続けねばならぬ定めがあり、他の遊女と交わったことがわかると、吉原式刑罰として髪をざっくり切り取った。これを散切り頭という。

さんげさんげろっこんざいしょう【懺悔懺悔六根罪障】
江戸時代は大山詣の講中の者が両国橋東詰めの水垢離場でこのように唱えながら水垢離《みずごり》をした。「懺悔」の語は「慚愧《ざんき》」の訛りのようである。「大峰八大」と続く

水垢離

が、これも「おしめにはったい」と訛る。さらに「金剛童子　不動明王　大山石尊大権現」と唱えて水をかぶる。

さんざ【散ざ】
散々《さんざん》の略で、程度のはなはだしいこと、沢山の形容。「さんざ世話になったのに裏切った」などという。意を強めて「さんざっぱら」ともいう。

さんしたやっこ【三下奴】
博奕《ばくち》を打つ者の中で最下級の者をいう。やくざ、無頼漢《ぶらいかん》、職人、駕籠舁《かごかき》、馬子《ご》などの下っ端は三尺帯をしているので侮蔑していった。「三下」ともいう。「三下奴の癖に偉そうな口をきくな」などと用いる。

三下奴

さんじゃく【三尺】
三尺は九〇センチと少しで、その長さのものをいう。越中褌《えっちゅうふんどし》を始め、手拭《てぬぐい》、下賤の労働者が半纏《はんてん》の上から締める粗末な帯などをいう言葉。

さんじょうじき【三帖敷・三畳敷】
一軒分が九尺二間（約三メートル×約四メートル）の棟割《むねわり》長屋のさらに半分の広さしかない最下級の長屋で、屑屋の仕切場に働く下級労働者の住まいをいう。また最下級の住まいの形容としても用いる。

さんじるし【三印】
岡場所の売春婦と遊ぶ値段は「昼三《ちゅうさん》」といって昼だと三分《ぶ》であったので、これを符牒《ふちょう》で「三印」といった。

さんすくみ【三竦み】
蛇は蛞蝓《なめくじ》に、蝦蟇《がま》は蛇に、蛞蝓は蝦蟇に負けるといわれることから、三者が牽制《けんせい》し合って誰も動き出せないことをいう。三者が互いに苦手《にがて》であることをポーズで表現する遊戯の「拳《けん》」では猟師は庄屋に頭が上がらず、庄屋は猪が苦手で、猪は猟師に撃たれる。

さんすけ【三助】
銭湯で洗い賃を取って客の背中を洗う若い男衆をいう。背中を流してもらいたい客があると番台の湯銭受取りの者が柝《き》をチョンと打って合図する。客は木札をもらって洗い場に行き、背中を流してもらう。女湯ではいなせな男が好まれた。桃山時代は「湯女《ゆな》」と呼ばれる女がこれを行っていたが、売春もしたので禁じられ、男の仕事になった。⬇流《なが》し

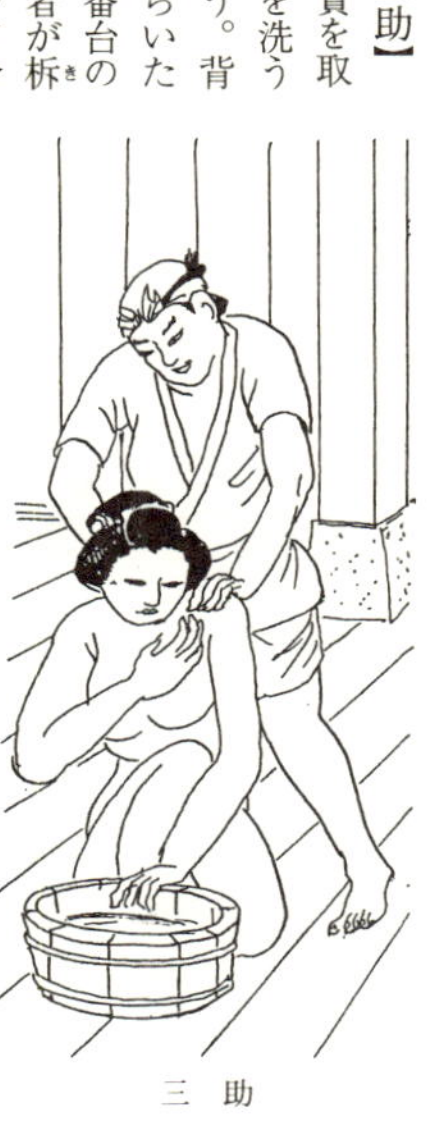
三　助

ざんすよ
「御座いますよ」の略。「そうでござんすよ」「嫌でござんすよ」などと用いる。狂訓亭主人『春色梅ごよみ』巻之二にも「ざしきざんすよ」とあるのは「御座敷でございますよ」の意。

さんずんなわ【三寸縄】
罪人として捕らえられることをいう。縛り上げる時の縄の掛け方からの語。罪人を縛る際は、後ろ手に縛った縄を首に掛け回し、手首と首の間が三寸（約十センチ）くらいになるように縛り上げた。

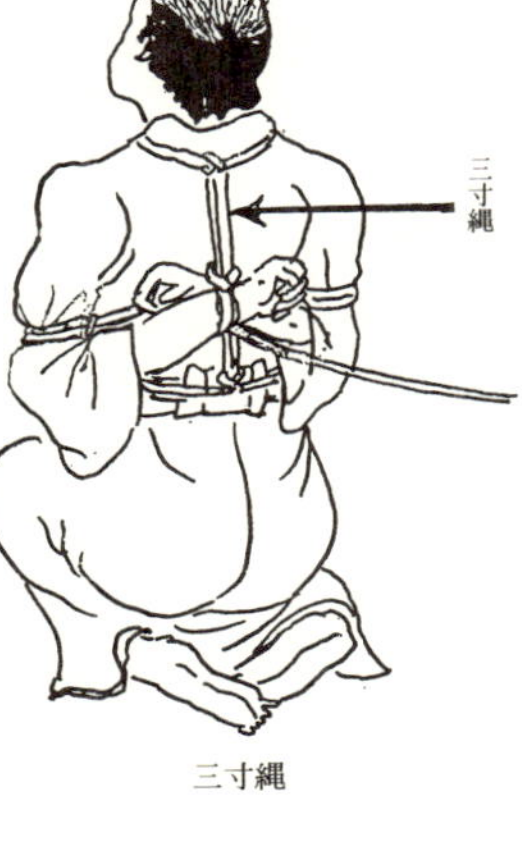

三寸縄

さんだいばなし【三題噺】
寄席《よせ》で落語家が客に三つの題を求め、それを巧みに織り込んで一つの噺《はなし》にし、まとめて落ちをつけることをいう。

さんだらぼっち
「桟俵法師《さんだらぼうし》」の訛り。桟俵は米俵の両端に当てる藁製《わらせい》の平たく円い蓋《ふた》をいい、法師は人名化するための語。

さんだらぼっち

さんぴん（三一）

さんぴん【三一】
三一侍《さんぴんざむらい》の略。「ぴん」は博奕《ばくち》などにおける「一」の隠語。武士に反感をもっていた江戸の庶民は三両一人扶持《ぶち》の下級武士を軽蔑してこのように呼んだ。三両は年俸、一人扶持は一人分の支給米である。そのような下級武士も大小二刀を差し、苗字を名乗るれっきとした武士階級であった。➡筆舐《ふでな》めぴんこ

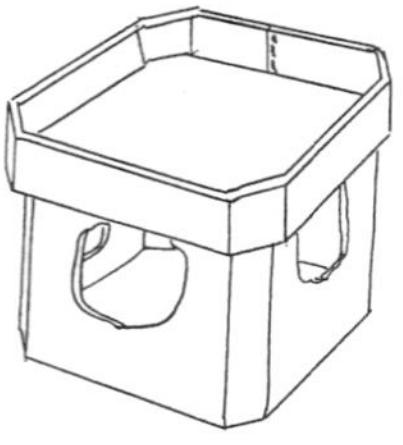
三　方

さんぼう【三方】
檜の白木造りの折敷に、三方に宝珠《ほうしゅ》の形を刳《く》ってある台を付けたものをいう。釘は用いず、後板を合わせて平糸状にした桜の皮で留め付け、折敷と台は嵌《は》め付けてある。神仏への供物を盛ったり、祝い事などの品を載せる。「さんぼ」ともいう。

さんまい【三枚】
①三枚駕籠《かご》の略。駕籠は前後二人で舁棒を担ぐが、急ぐ時は交替要員としてもう一人付く。これを三枚駕籠といった。走りながら舁《か》き手を交替し、舁かずに走っている時は「あらよ、おらおら」と掛声をかけて通行人をよけさせる。駕籠賃は高くつくが、早いのと威勢が良いので、気前の良い客は乗った。上下に大きく揺れるので乗り心地は決して良いものでなく、天井から下がっている布を縒った紐につかまっていないと転げ出てしまう。
②魚の調理法で、魚の頭を切り除き、背中から左右に二枚に切り開く。これを「三枚におろす」という。

三枚・三枚駕籠

ざんまい【三昧】
仏教用語で、心を一つに集中して安定している精神状態をいい、物事に熱中することの意として一般にも用いられる。「贅沢三昧《ぜいたくざんまい》」は思うまま贅沢をすること、「読書三昧」は読書に夢中になっていることをいう。「あんな贅沢三昧な暮しをするから破産したのだ」などと用いる。

「し」

しあんなげくび【思案投げ首】
良い考えが思い浮かばず、困りきって首を前に傾けていることの形容。

思案投げ首

しいたけたぼ【椎茸髱】
江戸時代の奥女中の髪の結い方の一

椎茸髱

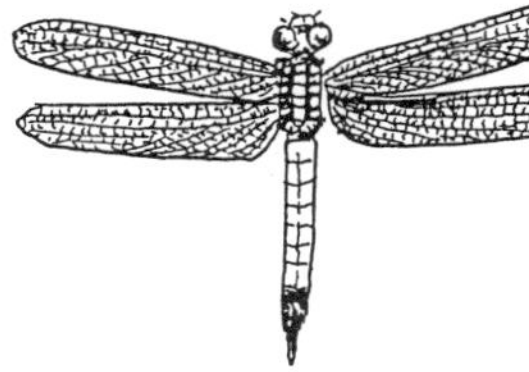
塩蜻蛉（塩辛蜻蛉）

つ。椎茸の傘のように左右の鬢《びん》を張り出したところからの名。

しいれもの【仕入物】
店で大量に仕入れた品をいう。でき合いの既製品。安売り用になる。「これは仕入物でないから大切にしろ」などという。

しおしお【悄悄】
「しおれる」の語を重複させ、気落ちして元気ないさまをいう。

しおとんぼ【塩蜻蛉】
塩辛蜻蛉《しおからとんぼ》のこと。夏季には街にも飛んでいる。

しおひがり【潮干狩り】
江戸っ子訛りで言うと「ひおしがり」になる。潮の温む四月から五月（旧暦では三月から四月）になると、江戸っ子は潮の引いた江戸前（東京湾）の浜に出て、浅《あさ》利《り》や蛤《はまぐり》を掘り出した。これは習俗的な行事で、食べきれないほど採って近所に御《お》裾《すそ》分けするのが江戸っ子の見栄であった。現在は埋立てのために江戸前の潮干狩りはできなくなった。

潮干狩り［小児遊戯］

しおふき【潮吹き】
「潮吹き面」の略で、「ひょっとこ」のこと。小さく口の尖った滑稽《こっけい》な男の面で、里神楽《さとかぐら》の馬鹿踊りに用いる。口を尖らせて火吹き竹を吹く飯炊きや風呂の釜炊き男の顔をかたどっており、「火男《ひおとこ》」が「ひょっとこ」と訛った。

潮吹き

しおやかみや【塩屋紙屋】
江戸時代の少女の遊戯。背に幼児を横向きに抱えて仲間の少女に「塩屋、紙屋、買わないか」と呼びかけ、「買った」と言った少女の手に幼児を渡し、「要らないよ」と言われればまた他の少女に呼びかけにいく。これを繰り返す単純な遊びであるが、下町の路地裏が遊び場所であった大正時代頃までよく見られた。

塩屋紙屋

しかい【四海】
日本は四方を海に囲まれていることから、日本国内、つまり社会、世の中、世間の意に用いる。「四海の掟」「四海の定め」「四海広しといえども」などという。

しかくばる【四角張る】
四角は整然と直線で構成されていることから、きちんと、几帳面に、真面目にの意となり、態度などが折り目正しいこと、威儀を正していること、また、真面目過ぎて堅苦しいことの形容に用いる。「そう四角張らないで、もっと楽にして下さい」などという。「四角四面《しかくしめん》」ともいう。

四角張る

しかた【仕方・為方】
やり方、方法、手段の意。「仕方がない」は「方法がなくてやむを得ない」、「何とか仕方があるだろう」は「熟慮すれば他に何かやり方があるだろう」の意。

しかたがねえ【仕方がねえ】
「仕方がない」の訛りで、始末のつけ手がいない、どうしようもない、処置に困るの意。「仕方のねえ野郎だ」「仕方がねえから俺がやってやろう」などと用いる。

しかたばなし【仕方噺】
身振り手振りをまじえた落語をいう。両手を拡げて、「するってえと、こんな長い蛇が藪から出て参りやした」などと演じる。

しがねえ
「さがない」「しがない」「しがねえ」と順に訛った語。大したことのない、取るに足りない、つまらないの意で広く用いられた。歌舞伎『与話情浮名横櫛《よわなさけうきなのよこぐし》』には与三郎の「しがねえ恋の情《なさけ》の仇《あだ》」という名台詞《めいせりふ》がある。「しがねえ仕事をして世《よ》過《すぎ》（生活）をしています」「今は一介のしがねえ小商人ですが、将来は大店《おおだな》の主《あるじ》となるつもりです」などと用いる。

じがねをあらわす【地金を現す】
「地金」とは本来、貨幣・刀剣・器物などに加工する前の素材となる金属を指すが、鍍金《めっき》の下地となる金属をもいうところから、本心、本音、本性、持ち前などの意となった。「地金を出す」ともいう。「地金が出る」「鍍金が剥《は》げる」は、うわべのごまかしがきかなくなる、よくない本性が現れる意。

じがみうり【地紙売り】
地紙は扇《おうぎ》に貼る紙で、その形に切り抜いてあるものをいい、「地紙売り」は傷《いた》んだ扇の地紙を張り替える流しの商売である。扇は礼装用にも、夏の暑さしのぎに涼風を入れるためにも、江戸時代には欠くことのできぬ道具で、傷み易かった。簡単な品は呼び込まれた家の一隅で地紙を張り替えたが、手の込んだ物は持ち帰って翌日届けた。女性の行商で風流な内職であったが、明治以降、姿を消した。川柳に「地紙売り芝の屋敷（薩摩藩の江戸上屋敷）で口説かれる」とある。

地紙売り

獅噛火鉢

しがみつく【獅噛付く】
力を入れてかじりつくことをいう。獅《し》噛《がみ》は獅子の顔を文様化した装飾で、鎌倉時代に兜《かぶと》の鍬形台《くわがただい》に上歯と牙を見せた獅子の顔を彫ったのが始まりである。真《しん》鍮《ちゅう》の上等な火鉢の脚などにも飾りとして用いられる。「もう逃がさないわよと獅噛つかれて弱ったよ」などと用いる。

しがみひばち【獅噛火鉢】
獅噛《しがみ》は鎌倉時代の兜の眉庇《まびさし》に彫られた、歯をむき出しにした獅子面をいう。江戸時代に武家では、獅子が口を開け、その口から足が出ているのを三脚とした真《しん》鍮《ちゅう》製の火鉢を用いた。これを獅噛火鉢という。上等な火鉢である。⬇醜女《しこめ》火鉢《ひばち》

しかめっつら【顰めっ面】
額に皺《しわ》を寄せたり眉根を寄せたりしてゆがめた顔、嫌な顔をいう。昔の兜の飾りとした「獅噛《しがみ》」、能面の一である鬼の面「しかみ」もしかめっ面である。

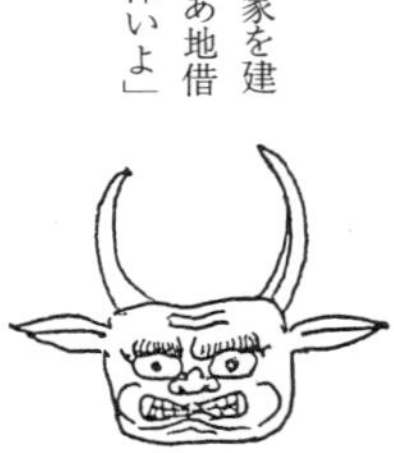
しかみ

獅　噛

顰めっ面

しからば【然らば】
「それでは」「それなら」の意。武士が用いたが、まれに庶民も用いた。「然らば、その証拠を出して見ろ」などという。

じがり【地借】
土地を借りて自分で家を建てることをいう。「まあ地借でも家を建てただけ偉いよ」などという。

じがわら【地瓦】
その土地で焼いた瓦のことをいう。「これは地瓦だからしっかりしているよ」などという。

しかんげた【芝翫下駄】
歌舞伎役者の三代目中村歌右衛門（初代芝翫）が好んだといわれる下駄をいう。厚い桐の台の先を「ぽっくり」のように斜めに削り、踵《かかと》の歯も削り残した粋《いき》な履

芝翫下駄

物。

しぎ【仕儀】
物事のなりゆき、事情の意。「そういう仕儀で、今回は全部返済できます」などという。

しきいをまたぐ【閾・敷居―を跨ぐ】
閾とは、出入口を区切る戸や障子を受けるために敷く溝のある横木。「閾を跨ぐ」とはつまり、家に入ること。「閾が高い」は不義理などしていて訪問しにくいこと、「閾を跨がせない」は家に入れることを拒否するの意。

しきがね【敷金】
現在では「しききん」という。家を借りるときに保証金として入れる何がしかの金をいう。貸主への一種の礼金で、引っ越す時も返されなかった。また嫁入りの際の持参金も「敷金」といい、往時はその一部を仲人が取る習慣であった。

しきたり【仕来り・為来り】
「為て来たこと」の意で、古くから行っている習慣、慣例、ならわし、家の伝統をいう。「しきたりは守ってもらわなければならない」などと用いる。

しきゃあ
「しか」の訛り。「自分にはこれっぽっちしきゃあ分けてくれなかった」などと用いる。

じぎりがね【地切金】
自腹を切ること、自分の金を出すことをいう。「地切金を出しても支払いますからお願いします」などという。

しきりに【頻りに】
同じことが続けて何度も起こることの形容。「しきりに手を揉む」「しきりにそのことを言っていた」などと用いる。

しきりばん【仕切判】
取引が決済した証拠として、商人が捺《お》す印という。

しきりをたてる【仕切りを立てる】
明治維新後、四民平等になったが、昔の意識が残っている元士族は平民に対してつい威張って見せる。この身分のへだて意識が「仕切り」である。「いまだに仕切りを立てられちゃあ、承知できねえ」などという。

しぐさ【仕草】
「仕」は「する」「為す」、「草」は「その態」「動作」「表情」の意。「そのしぐさが憎らしい」などと用いる。

しくじる
失敗する、やり損うの意。「奉公先をしくじった」「彼女に言い寄ったがしくじった」などという。

じぐちあんどん【地口行灯】
地口は世間のよく知っている諺《ことわざ》などを、別の意味にとれるように語呂合わせしたものをいい、例えば「着たきり雀」は「舌切り雀」の地口である。江戸時代の天保年間頃に、山崎美成の『三宝雑記』に「初午稲荷詣　江戸にて稲荷祭には地口行灯をつらねともすならはしなり　この地口といふは土地の口あひと云ふことにて　たとへば地張きせる　地本絵冊子　地酒などの類　いずれも此の地といへるは江戸をさして云ふ詞なり」とあり、江戸時代中期に初午《はつうま》（二月の最初の午の日）の稲荷の祭には地口と戯画を描いた絵《え》行灯《あんどん》を境内や杜の周辺に立て並べることが流行った。こうした絵行灯は参詣人を喜ばせ、江戸の稲荷祭りの風物となった。

地口行灯

じくねだす【じくね出す】
「じくねる」は「すねる」「我《が》を張る」の意。十返舎一九『続膝栗毛』二編上に「娘がいやだとじくねだし」とあるのは「娘が嫌だと強情をはってすね出した」の意。

じぐる【地口る】
地口《じぐち》（諺《ことわざ》や俗語などをもじって語呂合せをし、異なる意味をもたせる洒落《しゃれ》）を言ったり、洒落を飛ばしたりすることをいう。下手に地口ったり、連続して地口ると面白くない。

しけえし【仕返し・仕帰し】
仕返《しかえ》しの訛りで復讐すること、応分にやり返すことをいう。「仕返《しけえ》しをしてやるからな」などと宣告する。

職人などが用いた。

しけえる【控える】
「待機する」の意だが、江戸っ子は「ひかえる」を「しけえる」と訛る。歌舞伎の『白浪五人男』では稲瀬川堤の場で南郷力丸が「扨《さて》、どんじりにしけえしは」と名乗る。

しけこむ
時化《しけ》になると漁師は船を出さずに家に籠《こも》ることからきた言葉で、こっそり人目につかぬように遊廓などに入り込むことをいう。また、漁ができないので懐《ふところ》が淋しく、遊ぶ金がなくて家に閉じこもっている意にも用いる。「いくら探しても居ないと思っていたら、女のところにしけこんでいた」「このところ仕事がなくて、すっかりしけこんでしまった」などという。

しけてる【時化てる】
「時化《しけ》」とは風雨で海が荒れることである。そうした時は不漁で収入がないことから、「時化てる」とは懐《ふところ》が淋しいことや興行などが不入りになることをいい、また銭が乏しいと暗い気持ちになるので、「陰気」の意でも用いる語である。「このところ時化てるから、酒も飲めねえ」「あいつは時化てやがる」「時化た面をするなよ」などという。

しけをくったこうや【時化を食った紺屋】
時化は風雨で海が荒れることをいい、紺屋（染物屋）も時化の時は染めた布を乾かすことができぬ。収入が上がったりになることで、不運の譬《たと》え。

じこうにあたる【時候に当る】

季節の変り目に身体がついていけず、体調を崩すことをいう。曲山人補綴『仮名文章娘節用』にも「あいにくわたくしも時候にあたつて」とある。

じごくのかまのふたがあく【地獄の釜の蓋が開く】

正月と盆の十六日は地獄の鬼も亡者を責めるのを休み、亡者を茹でる釜も使わないので蓋も開けているという意で、この世の人間も仕事を休まなければならないという譬《たと》え。往時は「藪入り」という習慣があり、商家などではこの両日は商売を休んで使用人に暇をやった。

じごくみみ【地獄耳】

地獄の耳は現世の悪業をすばやく聞き取るといわれているところから、一度耳に入ったら決して忘れないこと、人の秘密などをすばやく聞き込むことをいう。「あの男は地獄耳だから、あいつの前では滅多なことは言えないぞ」などという。

しこたま

たくさん、どっさりの意。「しこたま儲けてきた」「しこたま溜め込んでいる」などという。明和五年（一七六八）の『川柳評万句合』にも「げんきんだなどとしこたまねぎるなり」とあり、現金で買うからうんと安くしろの意である。

しごと【仕事・裁縫】

昔は衣類を縫うことが女性の主な仕事であったので、「しごと」と言えば裁縫《さいほう》のことであった。「針仕事《はりしごと》」ともいった。など「嫁入前に一通りの仕事を覚えさせた」など用いるが、現在では専門家まかせで裁縫をしない女性が大部分である。

しごとし【仕事師】

江戸の諸町内におり、火災の折に消防を行う雇い職人で、鳶口《とびぐち》を持っているので「鳶《とび》の者《もの》」略して「鳶《とび》」ともいう。平時は町内の屋根の修理、普請《ふしん》、足場懸け、門松建て、祭礼の屋台《やたい》造りなどの土木を請負ったり、大店《おおだな》や屋敷に出入して雑用や供などをした。いろいろの仕事をするので江戸・東京では仕事師といい、関西では手伝い、土工夫《どこうふ》などという。粋《いき》な姿で威勢が良く、町奉行所の与力同心、相撲《すもう》取りと共に江戸の三男《さんおとこ》の一つにあげられている。

錏土蔵

爺染みる

しこめしばち【醜女火鉢】

獅噛《しがみ》火鉢の訛り。⇩獅噛火鉢《しがみひばち》

しころぐら【錏土蔵】

兜《かぶと》の錏《しころ》のように上部と下部（二階と一階）の外観が異なる形式の土蔵をいう。一階の壁をさらに厚く塗って瓦を張り、海鼠《なまこ》仕立てにしたものなどをいう。

じじい【爺・祖父】

老人男性、祖父のこと。江戸の庶民は蔑称でなく親称として用い、「うちのじじいが…」などという。丁寧《ていねい》にいうときは「じいさま」である。

じじいじみる【爺染みる】

老人臭い、老人のようだの意。「あの男はまだ若いのに爺染みている」などという。⇩爺臭《じじむさ》い

じじいばしょり【爺端折】

「じんじんばしょり」ともいう。着物の後の裾をくるりと巻き上げて帯の結び目の下に挟むことをいう。足を動きやすくする。若い男でも雨が降ってきた時などに、「爺端折」して駆け出して行く。

じじっけ【爺っ毛】

頭のてっぺんの毛を剃り残した乳幼児の髪形をいう。江戸から明治時代頃まで

爺端折

爺端折で駆ける

爺臭い

獅子っ鼻

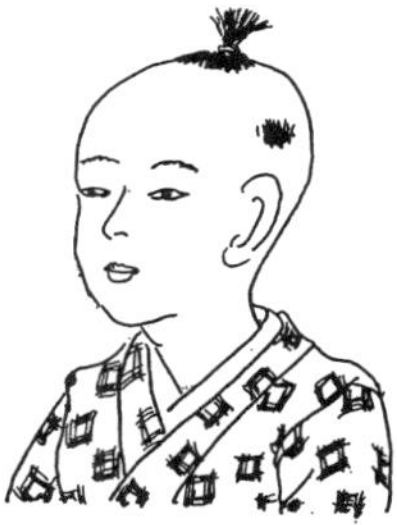
爺っ毛

見られた。この髪形は芥子坊主《けし》ともいう。
⇩芥子奴《けしやっこ》

ししっぱな【獅子っ鼻】
中国から伝わった獅子頭《ししがしら》は鼻が低く、小鼻が開いて鼻の孔が正面を向いている。これに似た形の鼻の者を獅子っ鼻という。

じじむさい【爺臭い】
「臭《くさ》い」を「むさい」と訛る。老人臭いこと、言動が老人染みていることをいう。「じじいくさい」ともいう。

しゃく【杓・柄杓】
「ひしゃく」の訛り。柄杓とは湯などを汲むための柄《え》付きの道具。

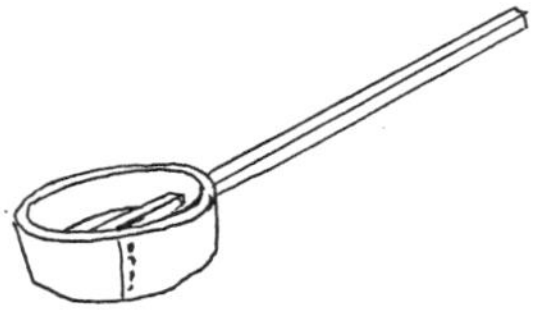
柄　杓

しじゅうづらさげて【四十面下げて】
孔子の『論語』に「四十にして惑わず」とあるように、人生五十年といわれていた往時は、人は四十歳になれば自分の生き方に迷わなくなり、酸いも甘いも熟知した分別盛り《ふんべつざかり》となる。「四十面下げて」は「分別盛りの年になったくせに」の意で、不惑《ふわく》の年齢になってもまだ人生を悟らず、いろいろな問題に動揺している者に対する形容。「何だ、四十面下げてその態《ざま》は」などと用いる。⇩青二才《あおにさい》

自身番将棋

ししょうかぶ【師匠株】
株は資格の意で、師匠となっても差し支えないくらいの資格、素養のある者をいう。

じしんばんしょうぎ【自身番将棋】
江戸時代、江戸市中警戒のために各町内に番所《ばんしょ》を設け、家持ちの町人自身が交替で詰めた。これを自身番という。当番で詰めていると退屈なので将棋をさして時間を潰したが、いずれもただの家主たちであり、下手である。故にへぼ将棋の意で用いる。⇩辻番《つじばん》

しずばなるまい
「しず」は「為《せ》ず」の訛り。「為《し》なくてはならない」の意である。狂訓亭主人『春色辰巳園』巻之七に「何とか済しかたをしずにはなるまい」とあるのは「何とか決着の方法をとらねばならない」の意。

じずり【地摺】
闘鶏《とうけい》用のちゃぼ鶏《どり》をいう。身を屈《かが》めて

地　摺

相手を狙う姿勢を取ることからいう。

じぞうにほうろく【地蔵に炮烙・焙烙】
　駒込大円寺に祀られている地蔵尊は頭痛瘡しに効き目ありと信ぜられ、その願掛けをする時は地蔵尊の頭に炮烙（素焼の浅い土鍋）をかぶせる。崩れ落ちるほど何枚も積上げられているさまから炮烙地蔵と呼ばれている。

焙烙地蔵

じぞうのかおもさんど【地蔵の顔も三度】
　お地蔵様はお願いごとのある者に常に顔を撫でられているが、同じ者が三回もお願いにきて顔を撫《な》でたら怒るであろう。転じて、いかに温和な人でも繰り返し無礼なことをされれば怒り出すことの譬《たと》え。「仏の顔も三度」と同じ。

したあん【下あん】
　大名行列が町に入ると、先払いが「したーに、したーに」と声をかける。「下に居ろ」つまり「土下座しろ」の意であるが、田舎訛りで「したあーに」となり、さらにそれが「したーあん」と聞えるので、大名行列のことを「したあん」というようになった。

したいざんまい【したい三昧】
　三昧は仏教用語で、心が一事に集中されて精神が安定した状態をいうが、これが俗語化して「したい（やりたい）放題」の意となった。演劇の台詞《せりふ》でもよく用いられている。

したおび【下帯】
　着物の下に着ける下着。男は褌《ふんどし》、女は湯文字《ゆもじ》（腰巻《こしまき》）をいう。

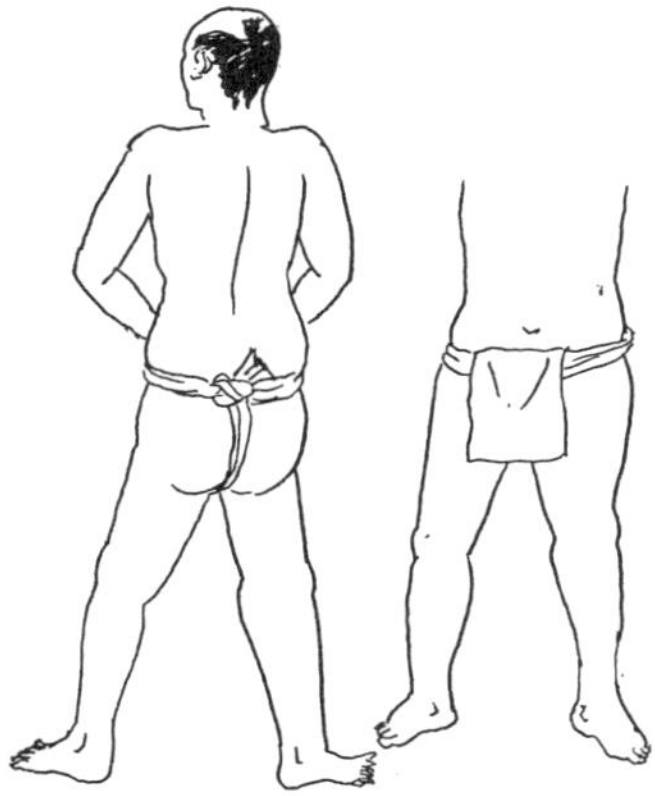
下帯（前・後）

したがた【下方】
　武家は庶民を一段下の地位の者と見て「下方」といい、町人風の身なりを下方風《したがたふう》といった。奥女中などが宿下《やどさ》がりした時、そのままの姿では目立つので、髪形や衣装を町人の娘風に変えることを「下方風に姿を変える」という。

したながい【舌が長い】
　舌が長いとよく回って饒舌《じょうぜつ》だといわれ、お喋りであることの形容に用いる。多弁であると言い過ぎたり迂闊《うかつ》なことを言ってしまい、失言する。江戸以前から「舌長し」と相手をたしなめるときに用いられていたらしいが、江戸っ子は「手前《てめえ》、舌がなげえぞ」といって注意する。

したさんずん【舌三寸】
　三寸は物の長さなどに比喩《ひゆ》的に用いる語で、口先だけで巧いことをいうこと、中身が伴っていない言葉をいう。「舌三寸であいつを丸め込んだ」などという。「舌《した》先《さき》三寸」ともいう。

したじ【下地】
　①醤油をいう。「おしたじ」ともいうが、粋《いき》な人は「むらさき」という。
　②素養、物事の基礎をいう。「あの人は芸人だった下地があるから、流石《さすが》に話が上手《うま》い」などという。

したじっこ【下地っ子・下地っ妓】
　主に芸妓に仕立てるために遊芸などを習わせている少女をいう。⇨江戸者《えどしゃ》

したなでびん【下撫鬢】
　江戸時代の商家の丁稚《でっち》などの髪形で、鬢《びん》を下げ気味に撫《な》でつけてまとめたものをいう。

下撫鬢

じたばた
　慌てもがくこと、手足を激しく動かして抵抗することの形容で、それに対して「じたばたするねえ」（じたばたするなの意）などと嚇《おど》す。「いまさらじたばたしても間に合わない」などと用いる。

したま【下間】

上座、上の間の反対で、卑しい者の詰める部屋をいう。また、「間」には巡り合わせ、機会などの意もあることから、「下間になる」「下間にいく」は運が下降する意となり、「為すこと次々と下間になって」などと用いる。

したまち【下町】

江戸の低地を下町といった。現在の台東区、千代田区、港区などである。下町には庶民、商人の町が多くあり、「下町育ち」の住人がいわゆる江戸っ子という独特の気質を誇った。用いる言葉もまた独特なものであった。

したみざけ【したみ酒】

枡《ます》や漏斗《じょうご》などから滴《したた》って溜まった酒や、残り物を集めた安酒《やすざけ》のことである。「したみ酒に酔っぱらってくだを巻いていやがる」と軽蔑する。「したみ」ともいう。

じだらく【自堕落】

だらしがないこと、身持ちが悪くふしだらなことをいう。「自堕落な暮しを続けてきたことを後悔して」などと用いる。

じだんだをふむ【地団駄を踏む・地団太を踏む】

「地蹈鞴《じたたら》を踏む」の転。「地蹈鞴」は「蹈鞴」ともいい、昔の鍛冶の道具で、金属を熱処理したり精錬する際に、数人の人間が足で踏んで空気を送り込む大きなふいごである。素足で踏むことから、怒りやくやしさのあまり、足で激しく地面を踏み鳴らすことの形容。「さすがのあいつも、地団太踏んで悔しがっているだろうな」などという。

地団駄を踏む

しちぐさ【質草・質種】

金を借りるために質屋に入れる抵当の品物をいう。「草」は「種々」でいろいろな種類の品の意。「もう持って行く質草もない」は、質に入れるほど価値のある物がなくなったの意。質草がなければ代りに質屋の下女として働かされることもあり、「女房を質草に取られた」などという。

質　草

しちくどい

「しち」は煩わしくて嫌だという意の接頭語で「七」の文字を当てることもある。大変くどくて煩わしいの意。「しちくどいことを言うな。もっと手短かに言え」などという。「七面倒臭《しちめんどうくさ》い」などともいう。

⬇七面倒臭《しちめんどうくさ》い

しちごさい【しち小才】

「ごさい」は「小才《こさい》」の訛り。小利口ぶった口をきく者を軽蔑して「まったくしち小才な奴だ」などという。猪口才《ちょこざい》な奴の意。職人などは訛って「しちごせえな奴」という。

七五三

しちごさん【七五三】

勇み肌の職人や遊び人などは、着物を仕立てる時に後幅七寸（約二十一センチ）前幅五寸（約十五センチ）衽《おくみ》三寸（約九センチ）にする。粋《いき》で勇ましく見えるこの仕立てを「七五三」といった。足捌《さば》きも良く、寒い季節にも股引《ももひき》を着けずに膝《ひざ》頭《がしら》を見せて座る。「あいつの七五三を見ただけでも喧嘩《けんか》っ早いことがわかるさ」などという。

しちさん【七三】

稼ぎの分け方をいう。遊廓などの玉代《ぎょくだい》は抱え主七割、娼妓三割であった。職人などの分け方も請負った者七割、働いた者三割の七三の分け前であったが、中には請負った者三割、働いた者七割の取分もあった。また、請負った者四割、働き手六割の「四分六《しぶろく》」という分け方もあって、これは農民と地頭（領主）の四公六《しこうろく》民《みん》に準じたものである。また、五分五分の分け方を「叩《たた》き分《わ》け」という。

しちさんがみ【七三髪】　髪形の一つ。髪を七対三の割合になるように左右に分けて筋をつける。

七三髪

しちのながれとひとのゆくすえはしれぬ【質の流れと人の行末は知れぬ】　質入れした品は期限までに金を作って請出さぬと質屋のものとなってしまい、その品は他に売られてしまうので、誰の手に渡ったかわからなくなる。これを質流れという。人の将来も同様で、どのようなことになるかは誰にも分からぬことの意。

しちまった　「してしまった」の訛り。「しちまったことは仕方があるめえ」「いつのまにか長生きしちまった」などと用いる。

しちめんどうくさい【七面倒臭い】　「しち」は煩わしくて嫌だという意を含む接頭語で「七」の字を当てる。大変面倒くさい、うんざりするほど面倒臭いの意。「七面倒臭い手続きをする」「俺は七面倒臭いことは嫌いだ」などと持ちいる。「しちくさい」ともいう。⇩しちくどい

しちょうにかかる【征に懸かる・翅鳥に懸かる・止長に懸かる】　「しちょう」は囲碁の基本技法のひとつで、相手の石を斜めに連続的に当たり当たりと追い詰めていき、死に石にすること。追い詰められる方は、逃げて行く先に自分の石がないかぎり助からないことから、転じて、窮地に陥ること、進退きわまることをいう。

しちりけっぱい【七里潔敗】　七里結界の訛り。七里結界は密教の言葉で、七里四方に結界《けっかい》を設けて仏道の修行を妨げる悪魔を寄せ付けぬようにすることをいい、転じて忌み嫌って遠ざけることをいう。十返舎一九『東海道中膝栗毛』初編の「七里潔敗いやだいやだといって」は「大変用心して嫌だ嫌だと言って」の意。

しちりん【七厘・七輪】　素焼の焜炉《こんろ》で、炭火を入れ、鍋を乗せて煮炊きした。銭七厘分の炭で十分足りるから付けられた名称である。筒状で、上部の漏斗《ろうと》状の空間に炭を入れ、下方に同じ素焼の引戸があって、渋団扇《しぶうちわ》でここから空気を送って火力を熾《さか》んにする。上下の空間の間にはいくつか目を開けた素焼の灰落しが置いてある。現代では民芸骨董品《こっとうひん》である。

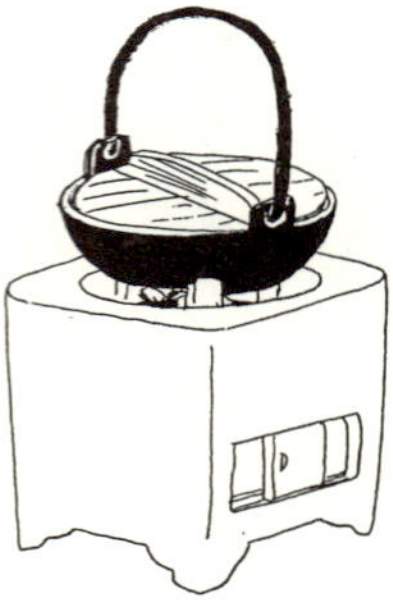
七　厘

しっかり　江戸っ子が日常会話によく用いた語。堅固で容易に崩れたりしないことの意から、「しっかり者」は「信頼できる確かな人」、「しっかりしろい」は「気を確かに持て」、「しっかり持て」は「注意して間違っても離すな」の意。

じっかんじゅうにし【十干十二支】　十干とは中国の五行「木《き》・火《ひ》・土《つち》・金《かね》・水《みず》」を「兄《え》」（陽）と「弟《と》」（陰）に分け、甲《きのえ》・乙《きのと》・丙《ひのえ》・丁《ひのと》・戊《つちのえ》・己《つちのと》・庚《かのえ》・辛《かのと》・壬《みずのえ》・癸《みずのと》としたもの。十二支は子（鼠）・丑（牛）・寅（虎）・卯（兎）・辰（竜）・巳（蛇）・午（馬）・未（羊）・申（猿）・酉（鶏）・戌（犬）・亥（猪）で、年、時刻、方角の名としたものをいう。中国の十二宮に動物を当てたことに基づくとされる。十干十二支はこの二つを組み合わせたもので、「えと」という。江戸っ子は「十」を「じっ」と発音することが多かった。

じっき【直】　江戸っ子は「直《じき》」を語勢良く「じっき」という。「じっきに帰ってくるよ」などという。

しつくす【仕尽す】　物事をもう十分と思うくらいやること、飽きるまでやり尽すことをいう。「女遊びを散々仕尽したあげく、零落《おちぶ》れた」「我侭《わがまま》放題を仕尽して」などと用いる。

しっくり　物事や人の心がうまく合うことの形容。折合いのよいことをいう。「どうも家の中がしっくりしない」「夫婦仲はしっくりいっている」などという。

しつこい【執念い】　執念深い、くどい、いつまでもこだわって離れようとしないことをいう。「言い出したらしつこいのです」「女にしつこく付きまとった」などと用いる。

しっこしがない【尻腰がない】　「しっこし」は「しりこし」の訛り。尻と腰がしっかり落ち着いてない、尻と腰が引けていることで、腰を据えてやる

尻腰がない

度胸《どきょう》がない、意気地《いくじ》がない、根気がないの意である。「尻腰のねえ野郎だ」「あの人は尻腰がないから何をやらせても駄目《だめ》だ」などと用いる。

しったかぶり【知ったか振り】

知りもしないことをいかにも知っているように振る舞うことをいう。「あいつは何でも知ったか振りをする」などという。

しっちゃあいねえ【知っちゃあいねえ】

「知ってはいない」の訛りで「そんなことは自分には関係ない」の意。「あいつがどう困ろうと知っちゃあいねえ、かまうもんかやっちまえ」などという。また、「知らないのだ、理解していないのだ」の意にも用い。「親がどんなに心配しているか、あいつは知っちゃあいねえんだ」などという。

しっちゃかめっちゃか

大混乱の形容。「何しろ時間が限られているから、一家総出でしっちゃかめっちゃかですよ」などと用いる。「せっかく揃えたのに、しっちゃかめっちゃかにされた」は「苦心して揃えたのに滅茶苦茶に掻き回されてしまった」の意。「俺のことをしっちゃかめっちゃかにけなしてた」は「自分のことを目茶目茶に悪く言っていた」の意。

しってんばっとう【七転八倒】

七回転んで八回倒れるの意から、苦痛に転げ回ることをいう。「腹が痛くてしってんばっとうの苦しみだった」などという。「しちてんばっとう」の訛りであるが、訛った方が迫力がある。

尻尾を巻く

じっと

動かずにそこにいること、我慢していること、凝視することをいう。「ちっともじっとしていない」「じっと見詰める」などと用いる。

しっぱちにいれる【質八に入れる】

質に入れることをいう冗語。「しっ」は「しち」の訛りで、質を「七」に通じさせ「八」をつけた語である。「ひっぱち」と訛ることも多い。「仕方がねえから女房を質八に入れた」などという。人間は質に入れられぬが、借金代りに無料働きをさせることを意味する。

じっぱひとからげ【十把一路・十把一絡げ】

一つ一つ取り上げるほどの価値はないとして、区別することなく何もかもひとまとめにして扱うことをいう。「こんな品は十把ひとからげだ」などという。

しっぽりぬれる【しっぽり濡れる】

「しっぽり」は雨がしとしと降ること、しっとり濡れることの表現。また男女間のこまやかな愛情の形容でもある。「濡れ事《ぬれごと》」というように、「濡れる」は男女の合歓《ごうかん》を表す。

しっぽをだす【尻尾を出す】

化けていた狐《きつね》や狸《たぬき》が尻尾を出して正体を見破られる意から、本性を見破られる、秘密が露見する、隠していた悪事がばれる、ぼろを出すことの表現。「とうとう尻尾を出しやがった」などと用いる。

しっぽをつかむ【尻尾を握む・尻尾を掴む】

狐や狸の尻尾を掴んで化けの皮を剥ぐことから、他人の隠しごとや秘密、悪事の証拠を押えることをいう。

しっぽをまく【尻尾を捲く・尻尾を巻く】

負け犬は後足の間に尻尾を巻き込んで逃げることから、負けて逃げることの譬《たと》えとして用いる。

しど【仕業】

「しわざ」の訛りで江戸時代の下賤の者が用いた語。したこと、行いをいう。狂訓亭主人『春色梅ごよみ』巻之三に「いづれにしても泣かせる仕業《しど》」とあるのは「どっちみち泣くような目に遭わせる行為」の意。現在は使われていない語。

しとだる【四斗樽】

酒が四斗（約七二リットル）入る竹箍《たが》

尻尾を出す

四斗樽

木造の樽をいう。菰《こも》で包むので「こもかぶり」ともいう。

しな

「何かをするその時」の意で「帰りしなに呼び止められた」「飛び降りしなに着物を破いた」などと用いる。

しなしな

体を柔かく動かすことの形容。

しなだま【品玉】

古くは猿楽、田楽などで行う毬《まり》の曲芸であったが、江戸時代に大道芸となった。毬などの小道具をいくつも空中に投げて巧みに受け止める曲芸。手品のこともいう。

しなだれる【撓垂れる】

「しなだれかかる」ともいい、媚《こ》びたり甘えたりして人に寄りかかることをいう。体をぐにゃぐにゃさせるから「しならぐならする」ともいう。

しなをつくる【科を作る】

「しな」とはあだっぽく色気を感じる仕草をいう。相手に自分を意識させるように、女性がこびを含んだ色っぽい仕草をしてみせることをこのようにいう。

品　玉

しなだれる

しにうまにはりをさす【死に馬に鍼を刺す】

『俚言集覧』にある諺《ことわざ》で、死んだ馬に鍼《はり》を打っても生き返らないことから、まったく効果がないことの譬《たと》えである。

しにせ【老舗】

「仕似《しに》す（代々同じ業を続ける）」の連用形からきた語で、数代続けて手堅く同じ商売をしてきて、信用があり、名の聞えた由緒正しい古い店をいう。「あの店はこの商店街では老舗の方だ」「羊羹《ようかん》の老舗といえば」などと用いる。

しにぞこない【死に損い】

死のうとしたが死にきれなかった者や老人に対する罵《のの》し言葉。「死に損い奴《め》、いつまで生きていやがるんだ、死ぬのを忘れたか」などと表現する。自嘲《じちょう》として本人が使うことも多い語である。江戸っ子は力をこめて「しにっそこない」と発音する。

しねえじゃあならねえ

「しなくてはならない」の訛り。狂訓亭主人『春色辰巳園』巻之七に「色のはなしをしねえじゃあならねえ」とあるのは「恋人の話をしなくてはならない」の意。

しのごの【四の五の】

僅かの違いにああだこうだと文句や不平を言ったり、あれこれ面倒なことを言ったり、屁理屈を並べたりすることの形容。「四の五の抜かしやがって」「四の五の言うな」などと用いる。

しばいっけ【芝居っ気】

歌舞伎芝居では表現が誇張されていることから、大袈裟に気持ちを表現したり、人に注目されるように、また面白く思わせるように、わざとらしい言動を見せることをいう。

しばいのうらきどからはいる【芝居の裏木戸から入る】

芝居の仕事に従事している者は裏木戸（裏口）から小屋に入ることから、演劇関係者をいった言葉。また、顔を利かして堂々と規則違反することの譬《たと》えに用いる。

しばや【芝居】

「しばい」の訛り。下町の人はよく芝居を「しばや」といった。江戸っ子は「え」「や」「い」をこのように訛ることが多い。

しばられじぞう【縛られ地蔵】

江戸本所業平橋《なりひらばし》近くにあった石地蔵は、俗に縛られ地蔵といわれ、盗難に遭《あ》った者がこの地蔵を縄で縛って祈願するとたちまち験《しるし》あって盗賊が捕まるといわ

芝居っ気

縛られ地蔵

れた。そのため、この地蔵はいつも縄でぐるぐる巻きにされていた。

じばらをきる【自腹を切る】

自分の腹を切る意で、転じて、本来支払う必要のない費用を自分の金で支払うことの形容。また、他人の費用まで支払う場合にもいう。「身銭を切る」「自腹を痛める」ともいう。「自腹を切ってみんなにご馳走した」などと用いる。

襦袢

じばん【襦袢】

「じゅばん」の訛り。安土桃山時代にポルトガル語のgiban（ジバン）に「襦袢」と当て字をし、着物の下着の意として定着した。一般に腰あたりまでの長さであるが、若い女性は着物の着丈と同じくらいのものを用い、これを長《なが》襦袢という。「あんまり暑いのでじばん一枚で涼んだ」などと用いる。

じびた【地びた】

地面のこと。「じべた」の訛り。「べた」は一面に拡がっていることの形容。「酒に酔って地びたに寝ていた」「じびたに手をついて謝った」などと用いる。

しひゃくしびょう【四百四病】

仏教で人間が罹《かか》るすべての疾病をいう語。日本人は「四」は「死」に通じるので忌んで「よん」と訓んだが、この語については『維摩経』に従い四百四病《しひゃくしびょう》といった。諺《ことわざ》に「四百四病より貧の苦しみ」とあるのは「どんな病気より貧乏ほど辛いものはない」の意である。

しぶい【渋い】

味覚の渋味以外をも表す語である。

①けばけばしくなく目立たない中に深く落ち着いた味わいがあることをいう。「あの着物は渋い味がある」「あの声の調子は渋味があって何とも良い」などという。

②苦り切った顔、不機嫌な顔付きをいう。

しぶうちわ【渋団扇】

骨が太く、紙に柿渋を塗った団扇をいう。粗末だが頑丈に作られており、竈《かまど》や七輪の火勢を強くするためにも用いられた。

渋団扇

しぶじゃのめ【渋蛇の目】

蛇の目傘に渋を塗ったものをいう。頑《がん》丈《じょう》で野暮ったい安物の傘。中央と周りに弁柄《べんがら》と渋を混ぜたものを塗る。

渋蛇の目

しぶっかわがむける【渋皮が剥ける】

「しぶっかわ」は「渋皮《しぶかわ》」の訛り。「渋皮」は果実や樹木の甘皮《あまかわ》（外皮の内側のうすい皮）のことで、とくに栗の甘皮のように渋みが強いものをいう。栗の渋皮がむけるように、女性が垢抜けして美しくなる意。また、物事に慣れて巧みになる、世慣れて堅苦しさが取れる意にも用いる。

しぶとい

粘り強い、強情の意。渋気が強くて扱いにくい相手に用いる。「しぶとい野郎だ」などという。「しぶてえ」と訛ることも多い。

しぶろくまい【四分六米】

明治時代、刑務所の飯は米が一〇分の四で麦が一〇分の六の割合であった。こ

四枚駕籠

のことから四分六米を食う立場の者、刑務所に入った者をさすようになった。

じぶんどき【時分時】
時分とはちょうど良い時刻の意。「時分時」とは主に食事時をいう。「時分時に他人様《ひとさま》の家を訪ねてはいけない」といえば、食事時に訪問してはいけないの意で、相手が気を使って食事の用意をしなければならないから、その時間帯は遠慮すべきであるとのエチケットである。

仕舞風呂

しま【島】
博奕《ばくち》打ち達が用いる語で、勢力範囲、縄張りなどをいう。「おれの島で大きい顔して勝手なことをされちゃあ許せねえ」などという。

じまい【自前】
「じまえ」の訛り。自分に必要なものに自分の金を出すことをいう。「この着物はお仕着せでなく自前《じまい》だ」などという。また、芸妓などが前借金を返済して自由の身となり、独立して商売をすることをいう。

しまいかご【四枚駕籠】
普通、駕籠は前後二人で舁くが、急ぎや長距離の場合には手代りが二人付いて走りながら交替する。「四枚《よんまい》駕籠」「四《し》枚肩《まいかた》」ともいう。

しまいぶろ【仕舞風呂】
閉店間際の風呂をいう。大勢の客が入浴して湯が溝泥のように汚れ、三助が風呂場を洗って湯船の栓《せん》を抜く直前の風呂。「仕舞湯《ゆ》」「終《しま》い」ともいう。

しまいをやる【仕舞をやる】
公許吉原遊廓の花魁《おいらん》を買う時に、まず茶屋へ上がって花魁の都合を聞きに人をやることをいう。

しまだまげ【島田髷】
女性の髪形の一つで、江戸時代の東海道島田宿の遊女が結い始めたともいわれるが、諸説ある。男髷の結い方を取り入れたもので、形は時代によって変化し、しめつけ島田、投げ島田、高島田、つぶし島田、奴島田、やつし島田、大島田、中島田、下げ島田、丸島田、取上島田などの結い方がある。主に粋筋《いきすじ》の女性が結った。明治以降は未婚の女性の髪形とされ、現代では和装の婚礼の際に文金高島田の鬘《かつら》をつける。

しまちり【縞縮】
縞模様の縮緬《ちりめん》をいう。江戸時代、縞物の着物は多く用いられたが、縮緬は高価であったので一般人にはなかなか手が出ず、着ているのは遊女、芸子、妾《めかけ》などであった。そのためこうした者たちをさす隠語となり「あれは縞縮だから」などといった。

しまった
失敗に気付いたときに発する語である。「南無三《なむさん》、しまった」などといい「ああ仏様、手遅れだ」の意。

しまつにおえねえ【始末に負えねえ・仕末に負えねえ】
始末は物事の締めくくりを付けること、きちんと処理をすること。「負えねえ」は「負えない」の訛りで手に余るの意。「あいつは始末におえねえ奴だ」などという。

一般的な島田髷

じまわり【地回り】
「地」は土地の意。公娼、私娼の集まっている一帯や盛り場を縄張りとしてうろつき回り、用心棒と称して娼家や飲食店に金銭をたかるならず者をいう。

地回り

しまんろくせんにち【四万六千日】
江戸中期、江戸浅草の金龍山浅草寺に七月十日に参詣すると四万六千日も日参したのと同じ御利益があるという信仰が広まった。現代もこの日はほおずき市で賑《にぎ》わう。

しみじみ【染み染み・沁み沁み】
心に深くしみいることの形容。「しみじみと身の上を語った」などという。「しみじみと懲《こ》りた」は身にしみて懲りたの意。

しみったれ
吝《けち》ん坊、吝くさい者、金銭や品物を出し惜しみする者を「しみたれ」といったが、江戸っ子は語勢良く「しみったれ」といった。「たれ」は「馬鹿ったれ」「糞ったれ」など相手を軽蔑する語に良く用いる。「これっぽっちの寄付か、しみったれだなあ」「ろくに買物もしないしみったれ」などという。

しめあげる【締め上げる】
隠しごと、悪事などを厳しく追及して白状させることをいう。「締め上げたら、奴《やつこ》さん、とうとう白状しやがった」などと用いる。

しめえ
「しない」の意。狂訓亭主人『春色辰巳園』巻之八に「どんなことがあつても穢《きたな》くしめえて」とあるのは「どんなことがあってもきたないことはしない」の意。

しめこのさっさ【占子のさっさ】
何かを首尾良く自分のものにした時に言う。「占め占《し》め」と言いながら、手に入れたものをさっさと懐に仕舞い込む様子を愉快に表現した言葉である。

しめしがつかぬ【示しがつかぬ】
「示し」は手本を見せて戒《いまし》め教えるの意で、手本となるべき者が手本にならぬことの形容。「わずかでも店の金を胡麻化《ごまか》したのでは、他の使用人への示しがつかぬ」などという。

しめっぽい【湿っぽい】
湿気が多くてじとじとしていることの形容であるが、愚痴や泣き言のように陰気な話や、涙を誘う話の調子もいう。「俺は湿っぽい話は嫌えだ」などという。聞いていて気分が沈んでくる陰気くさい話、涙の出るような気の毒な話をする際には「大変湿っぽい話になりますが」などと用いる。

しもがかったおはなし【下がかったお話】
下半身に関したお話。猥褻《わいせつ》がかった話。「少々下がかったお話で恐縮ですが」「ついうっかり下がかったお話になってしまいました」などと用いる。

しもがれ【霜枯れ】
霜が降りて草木がしぼんで枯れ、寒々とした冬の情景から、商売の景気が悪い時節を「霜枯れ時」、略して霜枯れという。

しもたや【仕舞屋】
「しもうたや」の訛り。商店や屋敷ではない、普通の家のこと。商売を廃業して（仕舞って）暮している人の家という意からの語。

しもんあきない【四文商い】
江戸時代後期には四文銭が最小額の貨幣であったので、裏長屋でごく僅かな雑貨などを売って生活している者を、表通りの商人が馬鹿にしてこのようにいった。

しもんせん【四文銭】
明和五年（一七六八）に一文銭四枚分に通用する真鍮《しんちゆう》製の四文銭が造られ、時代が降るに従って四文銭が最小額の貨幣となった。このことから、何の取り柄もない役立たずのろくでなしを「あの野郎は四文銭の値打もない」などといった。「四文もない」は銭がまったくないこと。

しゃあしゃあ【洒蛙洒蛙】
図々しいことを恥ずかしげもなく「しゃあしゃあ」と水の流れの如くに言ってのける態度をいう。「あんなことがよくしゃあしゃあと言えたものだ」などと用いる。強めて「いけしゃあしゃあ」ともいう。

しゃあしゃあのくにからまじまじをとってきたよう【洒蛙洒蛙の国からまじまじを取ってきたよう】
洒蛙は「蛙の顔に小便」の意で、一向に平気であることの意。「まじまじ」は恥ずかしげもなく平然と見詰めることで、鉄面皮《てつめんぴ》の厚釜《あつかま》しさをいう。少しも意にかけず平気の平左な様子に呆れ返って用いる語。

じゃがひでも【邪が非でも】
「悪いことをするのはいけなかろうが、どうしても強行したい」の意。「是が非でも」ということ。

しゃがれ【為やがれ】
「やってみろ」「やれ」の意の野卑で乱暴な言葉。「勝手にしやがれ」「どうとも為やがれ」などという。

しゃがれ
「皺嗄《しわが》れ」の訛り。かすれた声をいう。「しゃがれっ声しか出ない」などという。

しゃくしじょうぎ【杓子定規】
「杓子」は飯や汁などの食物をすくい取る道具だが、この場合はスプーン形で柄が曲がっているものである。曲がった柄を定規にしても直線は引けないことから、実情に合わぬ規準を用いて物事を決めたり、判断する意。転じて、きまりや形式にとらわれて融通がきかぬことの譬《たと》え。「杓子を定規にする」ともいう。「あの男が杓子定規なことばかりいうから、話がちっとも進まない」「杓子定規な考え方では、問題が出てきたときに応用がきかない」などという。

しゃくしではらをきる【杓子で腹を切る】
この場合の「杓子」は飯を盛る「しゃもじ」で、しゃもじで腹を切ろうとしても切れるわけがない。転じて、とうてい不可能なこと、形式だけのことをする意。「連木《れんぎ》（すりこぎ）で腹を切る」「杵《きね》で頭を剃《そ》る」「竹竿《たけざお》で星を打つ」「擂《す》り粉木《こぎ》で芋《いも》を盛る」なども同意。

しゃくだい【釈台】
講釈台の略で、講釈師が演じる時に前に置く低い台机をいう。調子を上げたりする時にこの台を扇子で叩いた。

しゃくにさわる【癪に障る】
相手の言動が不愉快でむしゃくしゃす

ることをいう。「癪に障る野郎だ」「癪に障って夜も寝られない」などと用いる。

しゃくのたね【癪の種】
不愉快で腹の立つ原因をいう。癇癪の原因。

しゃくば【釈場】
江戸っ子の隠語で、講釈場の略。今日の寄席であるが主に講談が演じられた。

しゃくりで【しゃくり出】
しゃしゃり出ること、おだてられて自分から進んで前に出ることをいう。狂訓亭主人『春色辰巳園』巻之八に「はたにしゃくり人《て》は多し」とあるのは「他から手を出す人も多い」の意。

しゃくる
おだてること、そそのかすことをいう。「あいつにしゃくられて、つい責任を負ってしまった」などと用いる。江戸時代にもっぱら流行した言葉とみえて、川柳にも「馬道《うまみち》で逢うたと内儀しゃくるなり」とある。「馬鹿だなあ、誰かにしゃくられたのだろう」などと用いる。

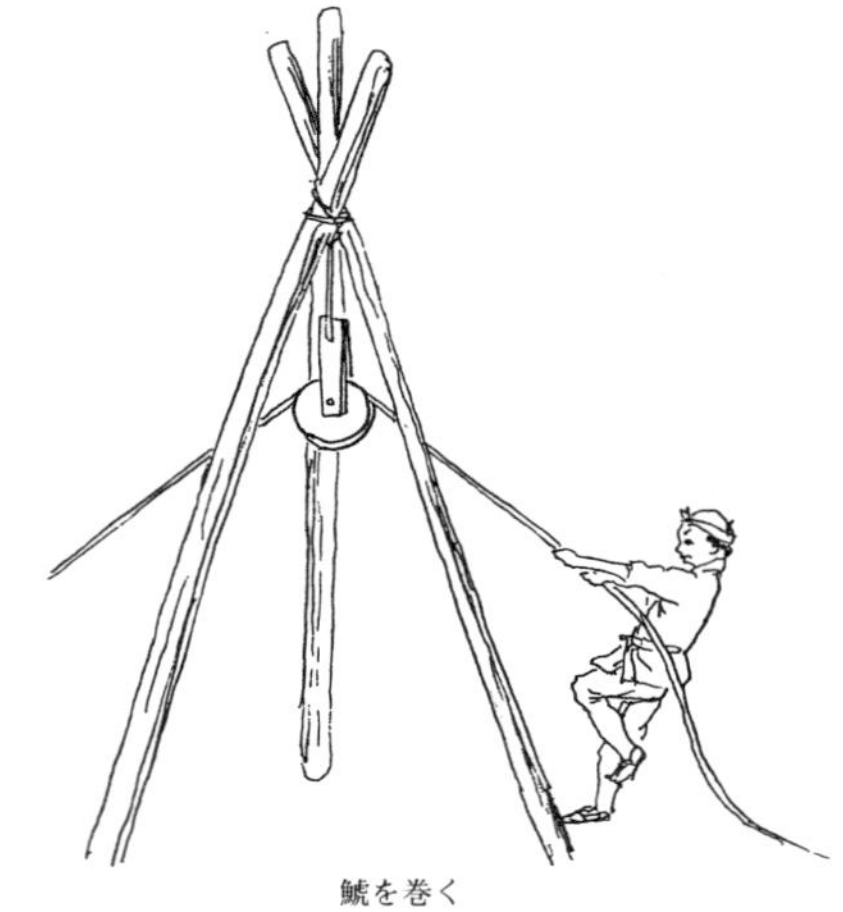
鯱を巻く

じゃじゃうま【じゃじゃ馬】
人に馴れないあばれ馬のこと。また、手に負えない扱いの難しい者、わがまま者の形容。とくに夫に従わぬ妻や娘、ふてくされた女郎などをいう。「じゃじゃ」を「邪邪」と書くのは当て字である。

しゃだれ
芸妓の蔑称。隠語として江戸時代の芸人などが用いた。「しゃ」は「芸者」の「者」の意である。

しゃちをまく【鯱を巻く・車地を巻く】
①重い石などを動かしたり引き上げたりする時に、組んだ材木に大型の轆轤《ろくろ》を取りつけて、そこに綱や鎖を当てて滑らすように引き、物を動かした。この装置を「しゃち」という。綱を引いて動かすことを「巻く」と表現する。
②江戸時代、与力や同心は罪人を縛り上げた縄目に十手を挿し込み、捻《ひね》り回して苦痛を与えた。これを「鯱を巻く」といった。明治時代の刑事の用語にまで残った。

しゃっきり

しゃっきり
折り目正しくしっかりしているさまをいう。呆《ほう》けたり手抜きをしたりしない人に対して「あの人はいつもしゃっきりしている」などと用いる。強調する場合「しゃっきりしゃんと」ともいう。

しゃっちょこばって【鯱張って】
江戸っ子は「鯱《しゃちほこ》張る」を語勢良く「しゃっちょこばる」と発音した。鯱は頭が竜のようで、背中に鋭い角を持つ想像上の魚。その勇ましさが好まれ、室町時代以降、城郭など大棟の両端に鯱瓦を取り付けるようになった。この瓦の鯱のように、いかめしいこと、体を硬くして緊張していることを「鯱張る」という。

しゃっつら【しゃっ面】
「しゃっ」は語勢を強めるのに用いる語で、「この顔でも拝め」と威勢よく言う時に「しゃっ面を拝みねえ」という。

しゃっぽ
フランス語のchapeau《シャポー》の訛りで帽子の意。洒落た語として用いられた。降参することを「兜《かぶと》を脱ぐ」というが、「しゃっぽを脱ぐ」ともいうようになった。

しゃば【娑婆】
梵語で三毒煩悩の苦や、風・雨・暑・寒の苦しみを味わわねばならぬ世界、つまりこの世をいう。また、牢獄、兵営、遊廓など自由を束縛されている世界に対して一般社会をさす。

しゃばっけがある【娑婆っ気がある】
娑婆は「あの世」に対する「この世」の意で、俗世間の名誉や欲得に執着することをこのようにいう。「娑婆気」を語勢良く「しゃばっけ」と発音した。「彼奴《あいつ》は娑婆っ気が多い」などと用いる。

しゃばふさげ【娑婆塞げ】
娑婆は梵語でこの世の中の意。生きて

鯱張って

鯱（しゃちほこ）

いるのに何の役にも立たず、その場所を塞いでいるだけでの邪魔な存在だと嘲笑《ちょうしょう》する語。穀潰《ごくつぶ》しの意。⇩塞《ふさ》げ

じゃぶじゃぶ

物を洗ったり水を掻き回したりするときの音を表現する語。「井戸端でじゃぶじゃぶやっていたら」「川をじゃぶじゃぶ渡った」「湯をじゃぶじゃぶ浴びた」などと用いる。

しゃもや【軍鶏屋】

鶏肉の料理店をいう。江戸時代は軍鶏肉を用いる店をいったが、明治以降大正時代頃まで、軍鶏の闘争心があって勇ましいところが好まれて、鶏肉屋はすべて「軍鶏屋」といった。

しゃらくせえ【洒落臭え】

「洒落臭《しゃれくさ》い」の訛り。分に似合わず利いた風である、生意気である、洒落た真似をするの意。「餓鬼《がき》の癖にしゃらくせえことを言うんじゃねえ」「しゃらくせえ真似をするねえ」などと啖呵《たんか》を切る時によく用いる。

じゃり【砂利】

子供の俗称。もとは劇場などで子供の客を指す隠語であった。「じゃりっこ」「じゃりんこ」ともいう。「路地にじゃりんこが集まって騒いで、うるさくて仕様がない」などともちいる。

洒落っ気

しゃれころばす【洒落転ばす】

聞き手のことなどお構いなしに、下手な洒落を思う存分言いまくることをいう。「しゃれ転ばしゃがって、本人は通人ぶっていやがる」は「何でも洒落のめせば通人だと思っているが、下手な洒落で聞いていられない」の意。

しゃれたまね【洒落た真似】

気の利いた行為をいうが、粋《いき》がったわざとらしい行為に対して皮肉としていう場合もある。「洒落た真似をするじゃあねえか」は「気の利いたことをするじゃないか」という誉め言葉ともとれるが「人目に付くような振舞いをするじゃあないか」と批判的な意にもとれる。

しゃれっけ【洒落っ気】

相手に良く思われようと、化粧や服装に気を使ったり、気の利いた言動をとったりすること。「あいつはすぐ洒落っ気のある言い方をする」「あの女は洒落っ気がある」などと、良い意味にも、皮肉った意味にも使いわけられて用いられる。

しゃれとばして【洒落飛ばして】

気の利いたことや地口《じぐち》の洒落言葉を言って相手を感心させたり、笑わせたりすることをいう。

じゃれる【戯れる】

戯《ざ》れるの訛り。子供や猫などが人や物にまとわりついてふざけて遊ぶことをいう。また、男女が戯れている状態もいい、「人前でそうじゃれるな」などと皮肉をいう時に用いる。「じゃれ付く」ともいう。

じゃんこづら【じゃんこ面】

疱瘡（天然痘《てんねんとう》）を患ってあばたができた顔をいう。「いもづら」ともいう。

じゃんじゃんいう

慌しいことをいう。江戸時代、火事があると火の見櫓《みやぐら》で半鐘が鳴り、近火、中火、遠火によって鳴らし方が異なった。近火は「擦《す》ばん」といって慌しく鳴る。「じゃんじゃん」はその半鐘の音を表している。⇩おじゃん

しゅうじゅう【主従】

主人と家来の意。往時は主人と譜代《ふだい》の家来をいった。現代では「しゅじゅう」と発音する。

しゅうたんば【愁嘆場】

芝居で嘆き悲しむ場面をいい、実生活の悲劇的な場面、気の毒な場面もいうことが多い。「親子別れの愁嘆場だ」「恋人と関係を切る愁嘆場だ」などと用いる。

しゅうとこじゅうとおにまんびき【姑小姑鬼万匹】

姑は夫の母親、小姑は夫の姉妹をいい、どちらも嫁いびりをするので鬼万匹に匹敵するほど恐ろしいという譬《たと》え。

じゅうにかいした【十二階下】

東京市下谷区（現在台東区）浅草の歓楽街に凌雲閣《りょううんかく》という十二階建ての煉瓦《れんが》造りの塔があり、土産物屋と展望台で賑わった。この付近は「十二階下」といわれ、私娼の巣窟として有名であった。塔は大正十二年（一九二三）の関東大震災で半壊し取り払われたが、その後もしばらく「十二階下」の名で呼ばれていた。

十二階下

じゅうねんはええ【十年早え】

一人前の者が未熟者をたしなめたり軽

蔑したりするときに用いる表現で、「あと十年くらい経験を積んでから一人前の口をききなさい、まだ一人前とは認めないぞ」ということ。「お前には十年早え」などという。

じゅうのう【十能】

金属製の椀状の物に一本の木の柄がついている道具で、火鉢や七輪などに炭火を移す時に用いる。まれに素焼のものもある。薪や炭を用いた昭和初期までは一般家庭で見られた道具。

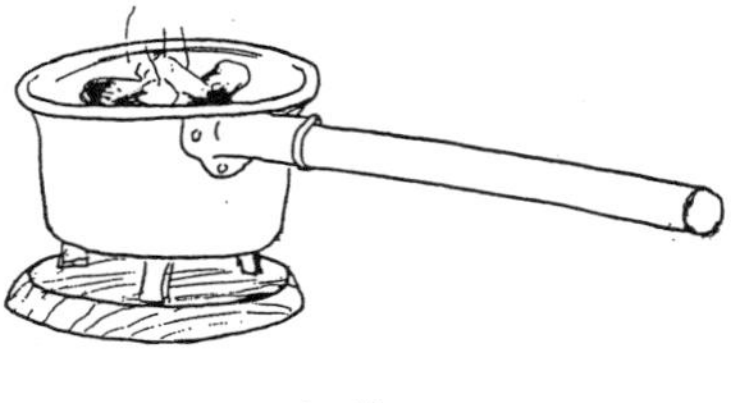
十　能

じゅうばこのすみ【重箱の隅】

「重箱の隅をほじくる」といい、取るに足りない細かいことまでほじくり出してうるさく言うことの譬《たと》え。

しゅくすずめ【宿雀】

宿《しゅく》は江戸の出入口の四宿をいい、この四宿では飯盛《めしも》り女（宿で旅人の給仕をする女）と足洗《あしあら》い女（宿に上がる旅人の足を洗う女）の売春行為を黙許《もっきょ》していた。そうした事情に詳しいことをいろいろとニュースとして言いふらす者をこのようにいう。

しゅび【首尾】

「首」は始め、「尾」は終りの意で、物事のなりゆき、結果、都合などの意に用いる。曲山人補綴『仮名文章娘節用』に「おやどの御首尾が大切だからさ」とあるのは「おやど（家庭）の御都合が大切だからさ」の意。「首尾よくできあがった」などと用いる。

じゅみょうのどく【寿命の毒】

「くよくよ考えるのは体に悪い」「くよくよ気にしなさんな」の意。曲山人補綴『仮名文章娘節用』にも記されている。

重箱の隅をほじくる

修羅場読み

「そんなこと考えちゃあ寿命の毒だ」などと用いる。

じゅみょうばかりはつぎたしができない【寿命ばかりは継ぎ足しができない】

天命には逆らえぬ、他人から余分の生命を譲り受けることはできぬの意。

しゅらばよみ【修羅場読み】

「修羅」は闘争的な仏教神・阿修羅王のこと。その戦いの場所を「修羅場」という。血なまぐさく激しい戦闘の場面をもいい、講談で合戦物を得意とした者を「修羅場読み」といった。またそういった演目を「修羅場もの」という。

しょいこむ【背負い込む】

「せおいこむ」の訛り。重いものを背負うことから、重い責任を負ったり、面倒なことを負担する意。物質・金銭に限らず人間に対しても用い、「男を背負《しょ》い込む」は「男の面倒を見る」の意。江戸っ子は「し」と「ひ」の発音が逆になるので「ひょいこむ」と聞える。

しょうがない【仕様がない】

やりようがない、他に方法がない、仕方がない、やむを得ないの意。「しょうがない子だ」「しょうがない、協力してやろう」などと用いる。江戸の庶民は「しょうがねえ」と訛る。

じょうける

ふざける、戯れること。ふざけてすることを「冗談事《じょうだんごと》」といい、この冗談と「戯《おど》ける」が合体して「じょうける」となった。

じょうさいや【定斎屋】

「じょさいや」ともいう。昭和初期頃まで市中を流して歩いた和薬売りをいう。紺の印半纏《しるしばんてん》に紺股引《ももひき》姿で、日中でも帽子を被らず、薬箱を天秤棒《てんびんぼう》で担いで「暑気払い、食中《しょくあた》りにきく定斎屋で御座い」と呼び声を上げる。薬箱の引出しの鐶がかたかた鳴る音が遠くからでも聞えた。定

定斎屋

斎とは夏の諸病に効くとされる苦い粉薬で、湯呑茶碗に一匙入れて塩を少し加え、熱湯を入れて掻き回してからふうふう吹きながら飲んだ。

しょうしょう【少々】
少し、ちょっと、僅かの意によく用いられる。「少々お訊ねしますが」「少々お待ち下さい」「少々足りない」などという。

しょうすけしょうあさからばんまでそうじしよう【庄助しよう朝から晩まで掃除しよう】
江戸時代末期に、無職の者が「庄助しよう、庄助しよう、朝から晩まで掃除しよう」と言いながら竹箒《たけぼうき》一本で町の表通りを端から掃いて行き、商家から僅かの掃き賃をもらった。中には先に丁稚《でっち》に掃除させて金をやらぬ商店もあった。

しょうせんでんしゃ【省線電車】
明治四十一年（一九〇八）に鉄道院ができて、その管轄下にあった鉄道を院線といったが、大正九年（一九二〇）に「院」が「省」に変ったので省線電車というようになった。現在のJR山手線の路線をこの連結車輛が走っていた。

じょうだんいっちゃいけねえ【冗談言っちゃいけねえ】
「ふざけたことは言うな」「間違ったことはいわないでくれ」という意の反論の言葉で、「冗談言っちゃいけねえ、あの夜、俺は真っ直ぐ家に帰ったぜ」などと相手の言ったことを否定する時に用いる。

じょうだんぐちをきく【冗談口をきく】
「からかい半分にふざけたことを言う」の意。

しょうとく【生得】
生まれながらにもっているもの、生まれた時から身についているものをいう。「せいとく」ともいう。「生得絵を描くのが好きだった」などと用いた。

しょうべえ【商売】
「しょうばい」の訛り。やくざっぽい下級の商人がわざと田舎者のように発音し、逆に語勢の良い言い方になった。「お前は何の商売《しょうべえ》をしているのだ」などという。

じょうろり【浄瑠璃】
江戸っ子は「じょうるり」をこのように訛った。

しょきばらい【暑気払い】
夏の暑さに負けないために何かをすることをいい、酒や薬を飲んだり料理を食べたりする。現代でも土用の日には鰻《うなぎ》を食べる。暑気払いにかこつけて飲食する時に用いることが多い言葉である。

しょげる【悄気る】
がっかりして元気を失うことの形容。「彼は落第して悄気ている」などと用いる。

じょさいない【如才ない】
手落ちなく、手抜かりなく、要領良くやることをいう。「あの人は誰にも如才ない」は誰にも愛想良く当りの良い人をいう。訛ると「じょせえねえ」となる。狂訓亭主人『春色辰巳園』にも「今の唄妓衆は如才ねえよ」とある。

しょさごとばり【所作事張り】
所作事は歌舞伎の舞踊曲または舞踊劇曲のこと。芝居好きの江戸っ子が、振舞い、言動、身振りなどが芝居がかっていることをこのようにいう。「所作事張りに振舞う」などと用いる。

しょせいっぽ【書生っぽ】
書生とは、金持や作家、芸術家などの家に居候《いそうろう》して、客の応対や給仕を務めながら勉学する者。その書生を見下して「書生坊」といったのが訛って「書生《しょせ》っぽ」となった。「書生っぽの癖に生意気言うな」などといった。

書生っぽ

しょたいがつまる【世帯が詰まる】
生活が窮迫してくること、生活が行き詰まることをいう。江戸っ子は「せたい」とはあまり言わず「しょたい」と言った。

しょたいじみた【世帯染みた】
言動の端々に生活の苦労がにじんでいて老けた感じがすること。また、生活のことばかり考えているので分別くさいこと。狂訓亭主人『春色英対暖語』巻之四にも「大分世帯染みたことをいふ」と記されている。

しょたいをはる【世帯を張る】
結婚して一家を構え、親元から独立することをいう。

しょっちゅう
常に、いつもの意。「初中後《しょちゅうご》」の略で、語呂良く「しょっちゅう」という。「しょっちゅう愚痴《ぐち》ばかりこぼしている」「しょっちゅう休んでいる」などと用いる。

しょってる【背負ってる】
自惚《うぬぼ》れている、いい気になっている、自負しているの意。「しょってる男は始末が悪い」などという。

しょっぱい【塩っぱい】
①塩気が強いことをいう。「しょっからい」ともいう。
②吝《けち》であること、勘定高いこともいい、「あいつはほんとにしょっぱい奴だ」などと用いる。

しょっぱな【初っ端】
最初の意。語勢の良い語である。「しょっぱなから失敗した」「しょっぱなから景気が良いじゃないか」などという。

しょば
「場所」の倒語で、下賤の者ややくざが用いた。露店などを張る場所の意で、現在でも的屋《てきや》などが用いている。

しょわけ【諸訳】
細かい事情、とくに男女間の込み入った事情をいう。狂訓亭主人『春色辰巳園』巻之八に「恋の諸訳も達入《たていり》も」とあるのは「愛する心情の複雑な様相も、他の女に対する意地や見栄をはるにも」の意。

しょわす【背負わす】
背中に負わせる、負担させるの意。「せおわす」を語勢良くいった語。

しょんべん【小便】
「しょうべん」の訛りで、尿のことをいう。

しらかわよぶね【白河夜船】
熟睡していてその間のことは何も知らないことをいう。京都の加茂川以東と東山の間の地名を白河というが、京都に行ったふりをした者に白河はどうだったねと訊いたところ、川のことかと思って、夜に船で通ったからまったく知らないと答えたので嘘がばれたという話から出た語といわれる。白河の「しら」には「知らず」を掛けた洒落《しゃれ》。昔の夜の川下りは、暗くて両岸の景色を眺めることもできず、眠るよりなかった。

しらくび【白首】
白粉をべったり塗った娼妓であるが、辻君《つじぎみ》や夜鷹《よたか》などの下級娼婦をいい、これらを「白首党《しらくびとう》」といった。普通、化粧は顔から襟近くまでほどこすが、「白首党」は耳の下から胸元あたりまで襟白粉《えりおしろい》を濃く塗りたてた。粋《いき》に見えるといって、下町の女房衆はこれを真似た。

白首

しらくもあたま【白蜘蛛頭】
往時は衛生状態が悪く、頭皮が皮膚病になって髪が抜け、白っぽくかさかさしている幼児が多かった。「白蜘蛛頭に青《あお》っ洟《ばな》垂らした悪戯《いたずら》小僧」などという。

しらける【白ける】
興《きょう》が醒めて寒々とした雰囲気《ふんいき》になることをいう。「座がしらける」「せっかく面白い話をしていたのに、あいつのお蔭でしらけてしまった」などと用いる。

じらす【焦らす】
苛立たせることをいう。苛立つことは「じれる」という。相手がなかなか理解しなかったり動作が鈍い時などは苛々《いらいら》して、「じれったいね」などという。

しらぬがほとけ【知らぬが仏】
事情を知れば腹も立つが、知らなければ腹も立たず、仏のような顔をしていられるという意の諺《ことわざ》。また、当人だけが馬鹿にされていることを知らず、平気でいることをいう。「知らないうちが花なのよ」というのと同じ。

しらばっくれる【白ばっくれる】
「しらばくれる」の訛りで、知っているのに知らぬふりをすることをいう。「しらばっくれたって、ちゃんと証拠を掴んでいるのだ」「しらばっくれやがって」などと用いる。

しらふ【白面・素面】
酒を飲むと血行が良くなり、赤い顔になることが多いので、酒を飲んでいない時の顔を「白面」といった。また素の状態であるから「素面」とも書く。文化頃に式亭三馬が書いた『浮世風呂』にも「暮に紅顔の酔客も、朝湯に醒的《しらふ》となるが如く」とある。「酔って文句を言わず素面で言え」「酒を飲むと虎狼《とらおおかみ》だが、素面の時は借りた猫のようだ」などという。

しらみつぶし【虱潰し】
毛を分けて虱を見つけ出し、捻《ひね》り潰《つぶ》すように、物事を片っ端から丹念に調べて片付けていくことをいう。「重大事件なので街中を虱潰しに調べる」などという。

しらをきる【白を切る】
「しら」は「知らぬ」の「しら」、「きる」は「きめこむ」「目立つようにする」意で、知っているのに知らぬふりをすること。「証拠は上がっているのに、まだしらを切るつもりだな」などと用いる。「しらばくれる」も、これが訛った「しらばっくれる」も同じ意である。

しらんかおのはんべえをきめこむ【知らん顔の半兵衛を極込む・決め込む】
秀吉の軍師竹中半兵衛は智謀縦横で策略万能であったが、つねに落ち着いており、他の者が騒いでも平気な顔をしていて、我《われ》関せずと冷静な態度を崩さなかったと講談で伝えられている。この話から、そ知らぬふりをして取り合わない者を「知らん顔の半兵衛さん」といった。

しらんぷり【知らん振り】
知らぬ振りの訛りで、そ知らぬふりをしてとぼけることをいう。「しらんぷり」と語呂良く訛ることもある。「皆が大騒ぎしているのに知らんふりをしている」などと用いる。

しりかくし【尻隠し】
自分のしでかした過失や悪事を覆い隠すことをいう。「尻」は身体の尻ではなく、悪事や秘密の意。「尻が剥《は》げる」「尻が割れる」「尻が破《ば》れる」は隠し事・悪事が露見すること。

しりがる【尻軽】
行動が軽々しいことや、女性が簡単に浮気をすることをいう。「あいつは尻軽だから気を付けろ」「あいつは尻軽女だ」などという。

しりがわれる【尻が割れる】
悪事や陰謀《いんぼう》などが露見すること、秘密が明るみに出ることをいい、「とうとう尻が割れた」などと用いる。着物が綻《ほころ》びて尻が見えてしまうことに譬《たと》えた言い方。

しりきれとんぼ【尻切れ蜻蛉】
物事が中途で途切れて最後まで続かないことをいう。また、何をやっても中途半端で長続きしない者を皮肉る時にも用いる。蜻蛉は飛翔力があるが、胴のくびれから先の尻尾を切り取ってしまうと飛べなくなってしまう。「話が尻切れ蜻蛉で終った」「あいつは尻切れ蜻蛉の性格だから当てにならない」などと用いる。

しりくせがわるい【尻癖が悪い】
①幼児の大小便を漏らす癖のあることをいう。
②男女関係にだらしない者のこと。「あの男は尻癖が悪いから気をつけなよ」などと用いる。

しりっぱしょり【尻っ端折り】
着物の裾を外側に折って、帯の間に挟むこと。「しりばしをり」が「しりばしょり」と略され、江戸っ子はさらに勢いよく「しりっぱしょり」といった。

しりっぺた【尻っぺた】
尻の肉が盛り上がっている部分をいう。尻を向けてぺたぺたと叩いて見せることはその者に対する侮蔑を意味し、日本では古代から行われてきたが、江戸っ子は相手を揶揄《やゆ》したり反抗する時にも行った。「目の前で尻っぺたを叩いて馬鹿にしやがった」などという。

しりとりもんく【尻取り文句】
大正時代頃までよく行われた言葉の遊戯で、熟語で似た音の尻を取って文章を続けた。「あんかけ豆腐に夜鷹蕎麦《よたかそば》、相馬のお金がとんちゃんちゃん、父ちゃん母ちゃん四銭おくれ、お暮が過ぎたらお正月、お正月の宝船、宝船は七福神」などと続ける。

しりにしく【尻に敷く】
妻が夫を見下して、自分勝手に振る舞い、威張ることをいう。往時の女性はふつう両下肢の間に尻を落として座ったので大尻に見えた。その大尻が夫の上に乗って押え付けるという形容。「亭主を尻に敷く」「あいつは女房の尻に敷かれている意気地《いくじ》なしだ」などといった。⬇山《やま》の神《かみ》

しりにほかけて【尻に帆掛けて】
あわてて逃げ出すことの形容。風のある時に船に帆を掛けると速力が出る。「尻」は「後を見せる」の意。

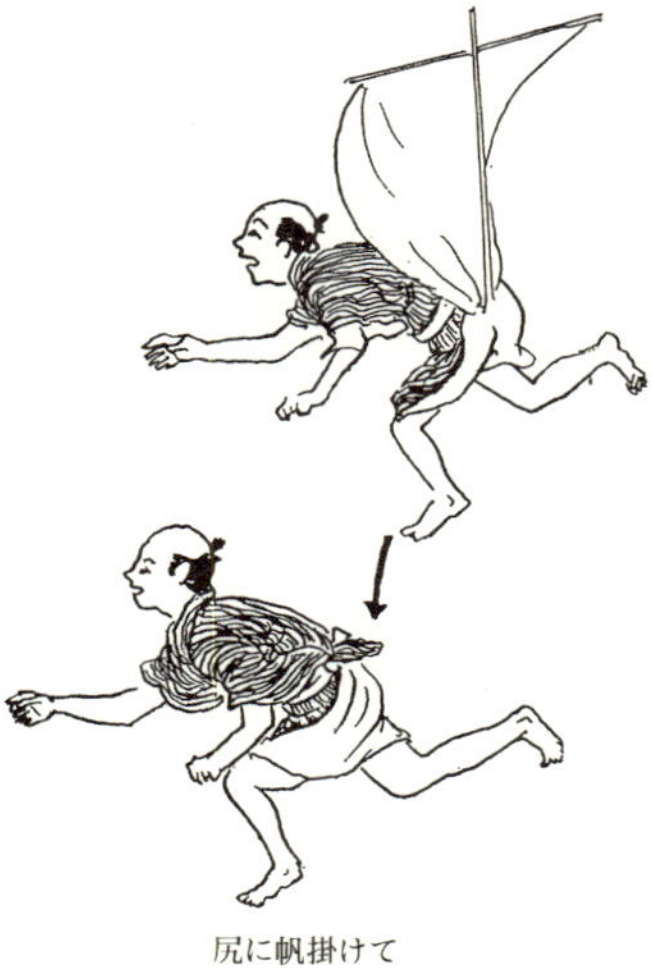
尻に帆掛けて

しりもちをつく【尻餅をつく】
不意に後ろに倒れて尻をつくことを、杵《きね》でぺったんぺったんと餅を搗《つ》くことに譬《たと》えてこのようにいった。

尻餅をつく

しりをまくる【尻を捲る】
江戸時代のやくざが相手を威嚇《いかく》する時に着物の裾をまくって大腿部《だいたいぶ》を出して胡座《あぐら》をかき、凄《すご》んでみせることをいう。芝居の『お富与三郎』の与三郎や『白浪五人男』の弁天小僧が強請《ゆす》りをするときのポーズ。⬇尻《けつ》を捲《まく》る、捻《ね》じ込《こ》む

しりをもってくる【尻を持って来る】
用便をすますと後始末をせねばならぬのと同じように、後始末や苦情を押し付けることをいう。「保証人になったばかりに尻を持って来られた」などと用いる。後始末を表す語に「尻拭《しりぬぐ》い」というのもある。

しるめえが【知るめえが】
「知らないだろうが」の訛り。十返舎一九『続膝栗毛』七編上にも記されている。

しるもんかい【知るもんかい】
「知るものか」の訛りで「知らない」の意。

しれたこと【知れたこと】
人々に良く知られたこと、わかりきったこと、言うまでもないことの意に用いる。十返舎一九『東海道中膝栗毛』初編に「しれた事よ、あしたの昼までにはきっと出かしてやる」とあるのは「当り前だ、明日のお昼までには必ず都合つけてやる」の意。

しれたもんじゃあない【知れたもんじゃあない】
はかりしれない、予知できない、その先のことはわからないの意。どのようなことになるのかわからないという不安の表現で、「仕返しにどんなことをされるか知れたもんじゃあない」などと用いる。

じれったむすび【焦れった結び】
江戸時代の下賤な女性が面倒だからと簡単にまとめた髪形を「じれった結び」といった。

じれってえ【焦れってえ】
「焦れったい」の訛り。思うようにならず苛々する、歯痒《はがゆ》くて苛々《いらいら》することをいう。面倒臭いの意にも用いる。

しれないもん【知れないもん】
「わからない」の女言葉。狂訓亭主人『春色梅ごよみ』巻之二の「知れないもんでありますね」は粋所《いきどころ》の女言葉。

しろい【為ろい】
「しなさいよ」「やりなさいよ」の乱暴な言い方。「静かにしろいっ」「さっさとしろい」などと用いる。「どうでもしろ

い」は「お前の思うようにやれ」の捨《す》て台詞《ぜりふ》。

しろいの【白いの】
江戸時代の駕籠舁《かごかき》が使う隠語で、濁り酒、どぶろくのことをいう。➡白馬《しろうま》、街道雲助《かいどうくもすけ》、赤《あか》いの

しろうま【白馬】
江戸時代に下賤の者が用いた隠語で白く濁っている酒をいう。どぶろくである。駕籠舁《かごかき》が金を持っていそうな客や女性に「白馬でも奢ってくんねえ」といって心付けを強要する。➡酒手《さかて》、白《しろ》いの

しろくろする【白黒する】
「目を白黒させる」の意で、目を白目にしたり黒目にしたりして狼狽したり驚いたりすることの形容。

しろくろつける【白黒つける】
物事の正邪、善悪、是非、有罪と無罪などの決着をつけることをいう。「はっきりと白黒つけようではないか」などと用いる。

じろっとみる【じろっと見る】
目玉を動かして睨みつけるように見ることをいう。

じろっと見る

白　馬

しろっぽい【白っぽい】
素人《しろうと》臭いことをいう。娼妓などを玄人《くろうと》というのに対して使われる。

しろねずみ【白鼠】
商家では、主人に忠実でよく働き、店の繁昌に功の大きな番頭などをいう語。白鼠は福の神の使いで、これが棲《す》む家は繁栄するとの迷信からきている。「この店がもっているのはあの白鼠がいるからだ」などという。

白　鼠

しろもの【代物】
本来は商品や材料をいうが、「大《てえ》した代物だ」というように人物をいうこともある。狂訓亭主人『春色梅美婦禰』巻之十四に「すてきなしろものが来ている」とあるのは「素晴らしい美人が来ている」の意。

しろゆもじ【白湯文字】
隠れて売春をする素人の女をいう。湯文字とは女性の腰巻（下着）のことで、玄人娼妓は赤湯文字をつけていたが、素人は浅黄か白木綿だった。京坂地方で用いられた語だが、江戸時代末期から大正時代頃まで江戸っ子も用いた。

じわじわ
物事が確実に進んで行くこと、水などが周囲へゆっくりと広がっていくことの形容。「じわじわと追い詰められる」「水がじわじわと浸み出た」などと用いる。「じわりじわり」ともいう。

しんござ【新五左】
遊女の隠語で、田舎侍や無粋《ぶすい》の侍をいう。「武左《ぶざ》」ともいう。➡武左衛門《ぶざえもん》

しんこっちょう【真骨頂】
本来の姿、真の価値をいう。

しんじょう【身上】
人の取り柄、値打の意。「あの人は親切なのが身上だ」などと用いる。現在は「身上調査」「身上書」など、本人の経歴の意に用いることが多い。

じんじょういちようの【尋常一様の】
ごく一般的な、並の、他と違うところがないことの意。「尋常一様の対応では効果がない」「尋常一様の取調べでは白状しない」などと用いる。

じんじんばしょり【じんじん端折り】
「爺端折《ぢぢいばしをり》」の訛り。着物の背縫いの裾から二十センチほど上のところをつまみ

白湯文字

新五左

上げて、帯の結び目の下に挟む端折り方をいう。脚の運びが楽になるが、野暮ったく、爺むさいのでいう。「じんじばしょり」ともいう。

じんじんばしょり

じんすけ【甚助】
江戸吉原遊廓などで用いられた語で、嫉妬深い男、娼妓の嫌う客をいう。「本当にお前は甚助だよ」などと皮肉る。

しんせつごかし【親切ごかし】
「ごかし」は「そのように見せかけて相手をだます」の意。いかにも親切そうに見せかけて、裏で自分の利益をはかることをいう。「おためごかし」ともいう。

しんぞ【新造】
江戸時代は、およそ二百石取り以上の武家の妻女を奥様といい、それ以下の身分の妻は「御新造《ごしんぞう》」といった。それを真似て大商人の若妻をもいったが、略して「ごしんぞ」「しんぞ」といった。また、吉原遊廓で姉女郎の後見付きで客を取り始めた妹遊女も「新造」といった。のちに未婚の若い娘もいうようになった。

しんぞう【心臓】
大正頃から図々しいことを「心臓が強い」といい、やがて略して「心臓だ」というようになった。他人の前で臆せず言動すること、厚釜しいことを「心臓に毛が生えた」といったが、これは「胆《きも》に毛が生えた」の転で、毛むくじゃらで逞《たくま》しい豪傑《ごうけつ》は内臓にまで毛がはえているという誇張した想像からの語である。

しんだい【身代】
その人の所有する資産をいう。「身代限り」は財産をすべて費やしてしまうこと、また所有する資産のすべてを提供してしまうこと、つまり破産の意である。

しんだいがぐらつく【身代がぐらつく】
資産が危なくなる、つまり破産しかかっていることをいう。「女に溺れて身代がぐらついて」などと用いる。

しんだいがたたなくなる【身代が立たなくなる】
身代は暮し向き、「立たなくなる」は「立ち行かぬ」の意で、生活が苦しくなってやって行けぬことをいう。狂訓亭主人『春色梅児誉美』にも「身代が立たなくなって」とある。

しんだいをけむにする【身代を煙にする】
身代は資産、「煙にする」は煙が立ち昇るように消えることの形容。資産がたちまち消え失せることをいう。または火事で身代を失うこと。「身代を棒に振る」は資産を浪費して破産することをいう。

身代を煙にする

しんだうまではない【死んだ馬ではない】
「死に馬に鍼《はり》を刺す」の諺《ことわざ》をふまえた言い方で、やり方によってはまだ利用できるなどの意。

しんにゅうをかけわをはめた【辵を掛け輪を嵌めた・之繞を掛け輪を嵌めた】
之繞《しんにゅう》は漢字の部首。そのものにさらに之繞を掛け、輪を掛けることで、どちらも程度をはなはだしくする、大袈裟《おおげさ》にするの意。「誰某も凄い男だが、彼某はそれに之繞を掛けて輪を嵌めたような男だ」などという。

しんねこ
男女が差し向かいで睦《むつ》まじくしていることの形容。「彼女は部屋に入ると彼としんねこを極《き》め込んだ」などという。仲の良い猫が寄り添っていることからきた語か。

しんねこ

しんぶんしょうらんじょ【新聞縦覧所】
現代のように新聞が各家庭に普及していないころ、盛り場では新聞を壁に貼って自由に立ち読みさせていた。これを新聞縦覧所といった。しかし新聞の番をしている女性は誘われると応じる密売春婦であることが多く、新聞縦覧所が密売春を意味する語ともなってしまった。

しんぼう【辛棒・辛抱】
我慢すること、辛くても耐え忍ぶことをいう。「棒」は当て字だが、辛いことも我慢して真っ直ぐ棒のようにやり通すさまとも取れる。辛さに耐え、仕事に励む人を「辛抱人《しんぼうにん》」という。

しんみり
落ち着いて静かな様子、しめやかな様

子をいう。「話を聞いてしんみりとした」「しんみりと言って聞かせた」「しんみりと事情を聞いた」などという。

ずいずいずっころばし

「す」

すい【粋】

人情や趣味に通じた垢抜けている人を京では「すい」と言ったのに対し、江戸では江戸っ子の心意気を誇って「いき」と言った。「粋《すい》が身を食う」という諺《ことわざ》は、粋に懲りすぎると金銭を浪費して貧しくなってしまうとの意である。「すい」の人を「粋人《すいじん》」という。

すいきょう【粋狂・酔狂】

酒に酔って気が大きくなり、判断力を失って、普通の人が行わないような風変わりなことをする者をいう。「あんなに心付けをやって、酔狂な人だ」などという。

ずいずいずっころばし

子供の遊戯。皆で丸座になって握り拳を前に出し、一人が鬼になって「ずいずいずっころばし胡麻味噌《ごまみそ》ずい、茶壺に追われてとっぴんしょ、抜けたらどんどこしょ、お父《と》さんが呼んでもお母《か》さんが呼んでも行きっこなーしよ、それがほんとの鬼ごっこ、俵の鼠が米食ってちゅう、豆食ってちゅう、ちゅう、ちゅう、ちゅう」と唄いながら人差し指で拳を順に指していき、歌の終りに指された者が代って鬼になる。土地によって少し異なる歌詞もある。また、最後に指された者が座から外され、繰り返しやって次第に人数を減らし、最後に一対一で勝負を争うこともある。

すいつけたばこ【吸付け煙草】

煙草盆に備付けの長煙管《ながぎせる》に刻み煙草を詰め、火入れの火をつけて客に「お吸いなさい」と煙管を差し出すことをいう。遊女が客を誘うために格子の内から差し出したり、睦まじい男女の間で行われたりした。

ずいとくじ【随徳寺】

脇目も振らず一目散《いちもくさん》に逃げることの洒落《しゃれ》言葉。「ずいと」（ためらわずに前へ進むことを表す）の語を寺名になぞらえて「随徳寺」と洒落て言ったもの。さらに「一目散」の語も掛けて「一目山随徳寺《いちもくさんずいとくじ》」とも言った。十返舎一九の『続膝栗毛』には「これなりに一目散随徳寺はどうだ」とある。

すいません【済いません】

「済みません」の訛り。詫びと感謝の意に使い分ける。また「御手数をかけますが」の意にも用いる。「済いません、御許し下さい」「済いません、そうしていただくと助かります」「済いません、ちょっとお尋ねしますが」などという。女性の言い方によって艶に聞える。

潜水艦

駆逐艦

軍艦

すいもあまいも【酸いも甘いも】

「酸い」は酸っぱいの意から辛《つら》いことや嫌なこと、「甘い」は楽しいことや嬉しいことで、人生経験を積んで世間の裏表や人情の機微《きび》に良く通じていることを「酸いも甘いも嚙み分ける」ともいう。

すいらいあそび【水雷遊び】

明治に日本の海軍がロシアに勝利して世界にその名を知られ、小学生の間では海軍の戦争遊びが流行した。敵味方に分かれて捕えっこするのであるが、「軍艦」を一人決め、その他は「駆逐艦《くちくかん》」「水雷《すいらい》」の役になる。敵の「軍艦」を捕らえれば勝ちであるが、捕らえるには三すくみの力関係を活かさねばならない。「軍艦」（戦艦）は「駆逐艦」を捕らえることがで

水雷遊び

きるが「水雷」（潜水艦）には負ける。「駆逐艦」は「水雷」を捕虜にできるが「軍艦」には負け、「水雷」は「軍艦」に勝つが「駆逐艦」に捕まると捕虜となる。「水雷」が「軍艦」に触れぬよう、防御のために「駆逐艦」が走り回る。捕まって捕虜となった「駆逐艦」や「水雷」は敵陣に繋がれるが、味方が助けに行って手と手でタッチすれば解放される。「軍艦」は鍔《つば》を正面にして学帽を被り、「駆逐艦」は鍔を横に、「水雷」は鍔を後に向けて印とする。屋外遊戯ではもっとも活動性のあるものだったが、現在は失われており残念である。

すえしじゅう【末始終】

将来ずっと、末永く、いつまでもの意。「末始終を契った」は「最後までともに暮すと誓った」の意。

すえぜん【据え膳】

すぐに食べられるように用意してある食膳を人の前に出すことをいう。「上げ膳据え膳」といえば相手に何もさせずに楽してもらう大もてなしの表現。「据え膳食わぬは男の恥」の成語は、女性に誘いをかけられたのに応じないことは、男の恥であるの意。➡膳《ぜん》を据《す》える

据え膳

すががき【清掻・菅掻】

江戸時代、公娼吉原遊廓で、夕刻になると芸妓が格子の内で弾いた歌のない三味線曲をいう。これを合図に遊女が店に並び、店開きとなる。

すかたん

当てがはずれること、だまされること、とんちんかん、見込み違い、見当違い、肩すかしの意。また、ぼんくら、まぬけ、うすのろのこと。転じて、そのようなことをした者を罵《ののし》っていうときにも用いる。「すこたん」「すかまた」ともいう。「すか」だけでも用い、「あいつの口車に乗ると、すかを食らうぜ」などという。

すかんぴん【素寒貧】

寒々しいほど何もない貧乏をいう。訛って勢い良く「すっかんぴん」という。「とうとうすっかんぴんになってしまった」などと用いる。

すぎたときのこと【過ぎた節のこと】

過去のことをいう。狂訓亭主人『春色梅美婦禰』巻之十二に「私に過ぎた節の事を言って聞かせて」とあるのは「私にさまざまな過去のことを語って聞かせて」の意。

素寒貧

すきもの【好き者】

女性に接することが大好きな男、好色の者。また風流な者、物事に凝り性な者をもいう。

すぐせのいんねん【宿世の因縁】

「宿世」は仏教で前世を、因縁は定められた運命をいい、「現在このような運命にあるのも前世からの因縁だ」の意。曲山人補綴『仮名文章娘節用』に随所に記されている。「宿世の縁」ともいう。「宿世」は「しゅくせ」とも訓むが、江戸っ子は「すくせ」「すぐせ」と訛った。大正時代頃まではよく用いた。

ずくにゅう【木菟入】

「木菟《みみずく》入道」の略とも、「俗入道」の訛りともいわれるが、僧侶や坊主頭の者を罵《ののし》っていう語。「入道」は仏門に入って修行をしている人で、剃髪していることから、一般の坊主頭の者にもいうようになった。

ずくめ【尽】

名詞に付いて、何から何までその物だけであることを表す接尾語。「いいことづくめ」はいいことばかりが続いて起きること、「お蚕《かいこ》ずくめ」は絹の着物ばかりだということである。

すけったらしい【好けったらしい・助ったらしい】

「好けったらしい」は「好きになり易い」、「助ったらしい」は「好色そうな」の意。

すけっちゃらべえ【助っちゃら兵衛】

好色者のあだ名。助兵衛《すけべえ》のことをいう。「ちゃら」には出まかせ、無責任の意もあるから、好色な者を揶揄《やゆ》する言葉として用いた。「あの男は助っちゃら兵衛だから、女といえばすぐ目尻を下げる」などという。語呂を楽しんで用いた語である。

すけない

「少ない」の訛り。狂訓亭主人『春色英対暖語』巻之四に「ムム、油がすけなかつたと見へる」とあるのは「うん、灯油が少なかったらしい」の意。

すけべえ【助平・助兵衛】

「平」も「兵衛」も「助」も人名によく用いられることから、「助《すけ》」を好色の「好《すき》」に通じさせた擬人化表現。色好みの者をいう。「すけべ」「すけべい」ともいい、はなはだしいのを「ど助平」という。

すける【助ける】

「たすける」の略。手伝う、援助するの意。名詞として使う場合は「すけ」となる。「これをやるから生活の助《す》けにしろ」などと用いる。

すけん【素見】

店で品物を見たり手に取ったりして、

買う振りをして何も買わないこと。また、そういう客をいう。⇩冷《ひ》やかす

すごいのなんの【凄いの何の】

「凄いの一語に尽きて他に形容のしようがない」の意。「祭の人出が凄いの何のって」などと用いる。

すこくろ

「すこぶる玄人《くろうと》」の略。「すこぶる」は「非常に、大変に」、玄人は専門家の意。その道の熟達者をいい、褒《ほ》め言葉である。職人などが用い、「流石《さすが》はすこくろだ。寸法がぴたりと合っている」などという。

すこしぐれえ【少しぐれえ】

「少しぐらい」の訛り。庶民がよく用いる。「少しぐれえ飲んでも良いだろう」などという。江戸時代の戯作本《げさくぼん》にさかんに出てくるが、現在でも聞かれる語。

すごすご

元気を失ってしょんぼりしていることの形容。「すごすごと立ち去った」などと用いる。「しおしお」と同じ。

すごろくのふりだし【双六の振り出し】

双六は室内遊戯で、参加者全員が順に賽子《さいころ》を振り、その目の数によって振り出しから駒を進める。転じて、出発点、始めの場所、事件などの始まりの意に用いる。

すさまじい【凄まじい】

恐いほど凄い、異様に激しいの意であるが、呆れるほどひどい、呆れ果てるの意にも用い、江戸っ子は後者の意の方を多く用いた。「人助けしてるとは凄まじいや。本当はあくどい金貸しじゃあねえか」といい、また「あれで自分はお上品だと思っているんだから凄まじい」などと「呆れる」の意を含んで用いる。十返舎一九『東海道中膝栗毛』初編にも「ナニあれがおやしきに奉公してゐたもすさまじい」とある。

すずしいかお【涼しい顔】

「涼しい」は心持ちが爽やかですっきりしていることを表しており、不都合な状況になったときなど、自分は関係ないといわんばかりに澄ました顔つきをいう。「あいつはこの件に関わっているのに、涼しい顔をしている」などと用いる。

すちゃらかちゃんちゃん

すたこら

わき目もふらず足早にその場から立ち去ることの形容。「すたこらさっさ」ともいう。

すたすたぼうず【すたすた坊主】

江戸時代、商人に代って寒垢離《かんごり》をした願人坊主《がんにんぼうず》の一種で、後に物乞いの乞食坊主となったもの。褌《ふんどし》一丁で、腰に注連縄《しめなわ》を巻き、頭に縄の鉢巻をし、串に銭の五、六文を貫いたものを割竹で挟んで持ったた姿で「すたすたや、すたすたや、すたすた坊主の来るときは、腰に七寸の注連《しめ》を張り、頭にしっかり輪をはめて……」などと調子をとって、滑稽《こっけい》な身振りで一軒ごとに歩いて物乞いをした。幕末まで見られた。江戸っ子は悪口の表現に用い、「すたすた坊主が編笠をかむったような奴だ」などと言った。⇩願人坊主《がんにんぼうず》

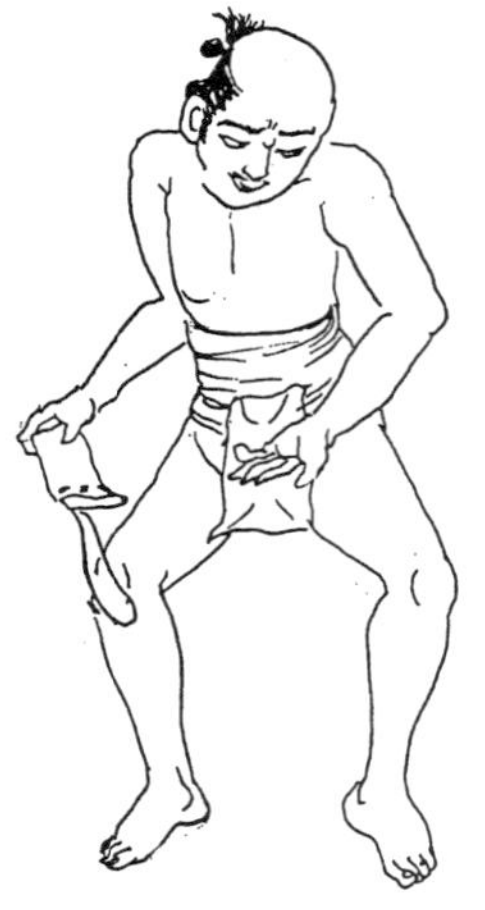

すっからかん

すちゃらかちゃんちゃん

遊び人が料亭や遊廓などで芸人を呼んでどんちゃん騒ぎをすることをいう。「すちゃらか」は身振り手振りの動きを表し、「ちゃんちゃん」は音曲の調子のを表す擬態語。⇩大《おお》すっちゃ

すっからかん【素空漢】

まったくの空っぽ、中に何一つ残っていないことの形容。「財布がすっからかんになった」などという。

すっかり

まったく、すべて、一つ残らずの意。「すっかりやつれてしまった」「すっかり御無沙汰してしまった」「すっかり食われてしまった」などと用いる。

すったもんだ【擦った揉んだ】

あれこれ意見が出てごたごた揉めることをいう。「彼が失言したばかりに擦った揉んだの大騒動になった」「擦った揉んだの揚句、相手が妥協してくれた」などという。

すってんころり

勢いよく転ぶことの形容。

すってんしょ

明治時代に鉄道ができた時、洒落《しゃれ》た人

すたすた坊主

は停車場（駅）を英語「ステーション」で言おうとしたが、江戸っ子は「す」を語勢良く発音する癖があるので「スッテンショ」「ステンショ」となってしまった。「新橋のスッテンショ」などと言っていた。

すってんてれつくてんぐのめんひょうさんひょっとこおかめのめん【素っ天てれつく天狗の面、兵さん火吹男お多福の面】

神社の神楽殿《かぐらでん》で行う神楽踊りを調子良くいった囃し言葉で、特別な意味があるわけではない。「すっ」は語勢を強める語、「てんてれつく」は神楽太鼓の音、「てん」を掛けて天狗の面となり、「ひょう」は笛の音で「さん」をつけて人名化し、さらに「ひょっとこ」と掛けて、その相手役の「お多福《かめ》の面」と続けた。語呂が良いので口伝に伝えられ、大正時代頃まで子供が軽口として言った。

素っ天てれつく天狗の面、兵さん火吹男お多福の面

すってんてん【素っ天々・素っ転々】

生まれた時のように裸になったこと、身に着けるものが一切ないこと、丸裸の意で、財産や金をすべて失うことをいう。「遊びすぎてすってんてんになった」などという。

すっとこどっこい

馬鹿囃子《ばかばやし》の囃詞《はやしことば》だが、調子のよい語呂が好まれ、相手を罵《のの》る時に用いられた。馬鹿野郎、まぬけ野郎などと同じ意。「何を、このすっとこどっこい奴《め》」「すっとこどっこい野郎が」などと用いる。

すっとばす【素っ飛ばす】

「素っ」は語呂を強める接頭語で、江戸っ子は良く用いる。慌てて急いで駆け付ける意に用い、「急用だというので、素っ飛んで来た」などと用いる。

すっとびかご【素っ飛び駕籠】

辻駕籠《つじかご》を担いだ駕籠舁《かごかき》が見た目も勇ましく勢い良く走っていることをいう。遊所へ乗り付ける客は酒手《さかて》をはずむ。⬇酒《さか》手《て》、辻駕籠《つじかご》

すっとぶ【素っ飛ぶ】

「すっ」は勢いの良いことを示す接頭語で、勢い良く飛び出ることを表す。訛って「ふっ飛ぶ」ともいう。「夢中になって口から唾《あわ》をすっ飛ばして喋りまくった」などという。また慌てて駆け去ること、または全速力で走って来ることをいう。「知らせを聞いてすっ飛んで来た」「親爺の姿が見えたのですっ飛んで逃げた」などと用いる。

すっとぼける【素っ惚ける】

「素っ」は語呂を強める接頭語で、「惚《とぼ》ける」を強調している。知らない振りをすること、しらばくれることをいう。「彼奴《あいつ》は知っているくせに素っ惚《とぼ》けていやがる」「素っ惚《とぼ》けやがって、てめえ、証拠は上がってるんだ」などという。

すっとんきょう【素っ頓狂】

「すっ」は続く語の意味を強める接頭語。出し抜けに間の抜けたことをする、いきなり調子外《はず》れの声を出すことなどの物事をなすことの形容。⬇すとんちょう。

すっぱだか【素っ裸】

全裸のことをいう。「すっ」は続く語の意味を強める接頭語。「素っ裸になって飛び込んだ」「素っ裸で暴れた」などという。

すっぱぬく【素っ破抜く】

他人の隠しごとや秘密を不意にあばくことをいう。「素《す》っ破《ぱ》」とは安土桃山時代の忍びの者で、「抜く」は「盗み取る」の意。語呂が良いのでよく用いられ、「あいつの情事を素っ破抜いてやった」などといった。

すっぱりと

刃物でみごとに切り離すことの形容。転じて、完全に、きれいさっぱりと、思い切り良くの意にも用い、「男と女がすっぱりと縁を切った」などという。江戸時

素っ惚ける

代に度胸《どきょう》のある庶民は武士に向って「さあ、すっぱりと殺《や》ってくんねえ」と開き直った。

すっぴんぴん【素貧々】
非常に貧乏なことをいう。重複語にして語勢を強めた語。「すっぴんぴんになってしまった」などという。素寒貧《すかんぴん》と同じ。

すっぽかす
約束などを守らずに放っておくことをいう。また、やらなければならないことなどをそのままにしておいて始末をつけないことをいう。

すっぽらかし
やらなければならないことなどを放り出したままにしておくことをいう。「火事だというので仕事をすっぽらかしにして駆け付けた」「頼まれた仕事をすっぽらかしにして遊んで歩いている」などと用いる。

すっぽり
物がはまったり、抜けたりすること、また、全体を覆うことの形容。「すっぽり穴にはまり込んだ」「栓がすっぽり抜けた」「野山を雪がすっぽり被った」などと用いる。

すてき【素敵】
非常に素晴らしいこと、並外れたことをいう。「この絵は素敵だ」などという。また、非常にの意でも用い、「今日は素敵に暑い」などと言った。

すてぜりふ【捨て台詞】
相手を侮蔑または威嚇《いかく》するために、立ち去り際《ぎわ》に吐き捨てる言葉をいう。「覚えていろよ」「勝手にしやがれ」などと語気荒く、答えを期待せずに投げつけるようにいう。

すてばち【捨鉢】
自暴自棄、思うようにならずやけになっていることをいう。「捨鉢になっているから何をやらかすかわからない」などと用いる。

すてばち【捨撥】
江戸の三味線弾きの用語で、三味線を弾く前に弦の加減を調べるために、曲目以外の音を鳴らすこと。

すてるかみあればたすけるかみもある【捨てる神あれば助ける神もある】
世は様々で見捨てる者もいれば助けてくれる者もいる。ひどいことをされたり見離されたからといって、くよくよ気に病むことはないという諺《ことわざ》。「捨てる神あれば拾う神あり」ともいう。江戸の川柳に「捨てる神あるで助かる屑拾い」というのがあり、これは「神」と「紙」の語呂合わせ。➡紙屑買《かみくずか》い

脛押し

すとんちょ
「素《す》っ頓狂《とんきょう》」の訛り。「すとんちょなことをする奴だ」などという。➡素《す》っ頓《とん》狂《きょう》

ずにのる【図に乗る】
図は思うつぼ、たくらみなどの意で、計画通りにことが運ぶので調子に乗ってつけ上がる、思い通りになっていい気になることをいう。「調子に乗って」ともいう。

すねおし【脛押し】
二人で向き合って腰を下ろし、お互いに片方の脛を出して押し合い、相手を倒す。両手で脚を抱えて脛の力だけで行う。

すねにきずもつあんばいしき【脛に疵持つ按排式】
「脛に疵持つ」は痛いところがある、つまり悪事を働いたことがあって後ろ暗いところがある、心にやましいことがあるの意。「按排式」は「按排通り」の意で、成り行きが決まり切っているということ。後暗い経歴を隠してもいつかは露見する運命に定まっているという意味の言葉。

すのこんにゃくの【酢の蒟蒻の】
「四の五の」のもじりかという。どうでもよいことについて、なんのかんのと文句をつけてうるさく騒ぎたてることの形容。酢と蒟蒻のとりあわせの面白さが取得の言い回しである。

すばしこい【素ばしこい】
行動の敏捷《びんしょう》なことをいう。

ずばぬける【ずば抜ける】
一般よりぐんと抜きん出ていること、ずっと秀でていることをいう。「ずば抜けて目立った」「ずば抜けて悪知恵が働く」などという。

すべた
元来はカルタで点数にならないつまらない札をいうが、顔の醜い女もいうようになり、女を罵《ののし》る語に用いた。

ずべら
投げやりでだらしのないこと、締まりのないことをいう。ずぼらで怠け者の意にも用いる。「あいつはずべらで頼りにならない」などという。また、この語を重ね「ずべらずべらしている」といえば、だらしのない態度を表す。

ずべらぼう【ずべら棒・ずべら坊】
「ずべら」はだらしのないことで、締

脛に疵持つ按排式

まりのない者をいう。また、そのような者はつかみどころがないことから、「のっぺらぼうず（顔に目鼻口のないお化け）」をいう。「ずんべらぼう」ともいう。

ずぼしをさす【図星を指す】

「図星」は弓や射撃の的の中心にある黒点の意で、これに当れば最高点である。つまり、もっとも重要な急所と同じであるので、転じて、相手の隠している急所をずばりと言い当てること、核心を突くの意に用いる。核心を突かれた方は「図星を指された」という言い方をする。

図　星

すぽんとう

江戸時代、公許の遊廓吉原では客は揚《あげ》屋《や》（遊女と逢う場所）に直接行くことはできず、まず茶屋に行って遊女との交渉を頼み、揚屋から来た迎えの女中に案内されてようやく揚屋に向かう。その際、吉原内は武器の携帯は厳禁であるから、武士といえども両刀を茶屋に預けねばならず、丸腰になる。この武士の無刀姿を「すぽんとう」という。「すっぽんぽん」と「刀」を繋げた語であろう。

すましている【澄ましている】

気取っていること、自分には関わりがないという顔をすることをいう。「乙《おつ》に澄ましている」「つんと澄ました顔をしている」などと用いる。企みがあっても表に出さない様子。

すまねえな【済まねえな】

「すまないな」の訛り。申し訳ないと相手に謝る時に用い、転じて「有難う」と謝意の意にも用いる。「御馳《ごち》（御馳走）になってすまねえな」「気を使ってもらって、すまねえな」などという。現在でも聞かれる言葉である。

すみけえ【住みけえ】

住み替えの訛り。住むところを替えること、移転のことをいう。狂訓亭主人『春色梅児誉美』にも「直《すぐ》に住《すみ》けえをねがつて」と記されている。雇われて住む場所を替わることもいう。

すみやきばいたんのはっかけじじい【炭焼き売炭の歯欠け爺】

「山奥で炭焼きしてその炭を売って歩く歯の欠けた爺」の意。歌舞伎の『助六縁江戸桜』で助六が大見得切って「俺の名は田舎者の老いぼれ爺でさえ知っているぞ」と自慢する時の台詞《せりふ》にある。どんな連中にも知られていることを表す際に用いられる言葉である。

炭焼き売炭の歯欠け爺

ずらかる【逃かる】

本来は盗人などの隠語で、姿をくらますこと、逃げることをいう。「危ないと悟ってすぐにずらかった」「あいつはずらかるのが早い」などと用いる。「とんづらを決め込む」ともいう。

すらっと

「すらりと」の訛り。背が高く形の良い姿態をいい、「あの人は背がすらっとしている」などと用いる。また、曲折なしに滞りなくことが運ぶ意にも用い、「問題をすらっと解いた」などという。

ずるずるべったり

「ずるずる」はだらしない状態が続くこと、しまりのないことの形容。「べったり」は座り込んでいることの形容。そこに腰を据えて居続けることをいう。「二、三日泊めてくれといったのが、ずるずるべったりに居付いてしまった」などと用いる。

するってえと

「するというと」の訛り。相手の言動を認めた上で反論する時の前置きの言葉で、「するってえと何か、それを主張しようというのか」などと用い、「そう言うということはつまり、それを主張するつもりなんだな」の意。また、「そうすると」の意で接続詞的にも用い、「するってえと、急に撲りかかってきたんだ」などという。

すれすれ【擦れ擦れ】

二つの物がもう少しで擦り合うほど近づいていることの形容。「対向車とすれすれに擦れ違った」「落第点すれすれで卒業した」などと用いる。

すわりずもう【座り相撲】

二人が向い合って正座し、両手だけでとる相撲《すもう》をいう。腰を浮かしたり膝頭《ひざがしら》を上げるのは反則である。

座り相撲

すをつくる【巣を作る】

住居を構えることを謙遜《けんそん》したり洒落《しゃれ》たりしてこのようにいう。「ごくちっぽけな巣を作った」「愛の巣を作る」などという。

すんでに

きわどいところで、もう少しでの意。「すんでに死ぬところであった」などと用いる。「すんでのところで」「すんでのことで」ともいう。「すんでのところで列車に乗り遅れるところだった」「すんでのことに溺れるところだった」などと用いる。

すんなり

細くてしなやかですらりとしていること、また抵抗なく順調に物事が運ぶことの形容。「すんなりした姿態《スタイル》だ」「話がすんなりまとまった」などという。

すんぽう【寸法】

長さを表す語であるが、転じて計画や予想、考えの意で用いられる。「無理をして気前よく見せようという寸法だから」などという。

「せ」

せい【理由・所為】

良くない結果の生じたわけ、理由の意でよく用いられる語。「関係ないのに、あの人の理由《せい》にした」「あの人のせいでこんなことになった」などという。

せいせい【晴々・清々】

悩みやひっかかり、わだかまりなどが片付いて心に残ることなくすがすがしい気持ちをいう。ことが済んではればれしたの意。「問題が解決ついたのでせいせいした」などという。

せいぜい【精々】

精一杯、一所懸命《いっしょけんめい》、全部の力を発揮しての意。また、多くても、最大限の意にも用いる。「せいぜい最低点で合格するのがやっとだろう」などという。

せいたかのっぽ【背高のっぽ】

背丈が一段と高い者をいう。「のっぽ」ともいう。「のっぽ」だけでもわかるが、強調して「せいたか」を重複させたもの。

せいらい【生来】

持って生まれた性格の意。「あの人は生来のんびりしている」などと用いる。生まれてこのかたの意もあり「そんなことは生来聞いたことがねえ」などという。

ぜえろく【賽六】

「さいろく」の訛り。「上方賽六《かみがたぜえろく》」といい、気前の良いところも見せず、贅沢もしない吝《けち》んぼ野郎のことをいう。江戸っ子が上方の者を罵《ののし》っていう。「上方猿《かみがたざる》」ともいう。

賽　六

せかい【世界】

地球上のすべての国家・地域の意に用いているが、「あっしらの世界では」などというときは「自分が属する社会では」の意である。

せかせか

「せかせか」は「急《せ》く」様子を表す語。気持がせいて忙しそうで落ち着きのない動作態度をいう。「そんなにせかせか歩くと転ぶよ」などという。

せがれ【伜】

自分の息子のことを卑下《ひげ》していうときの語であるが、他人の息子を侮蔑したり罵倒《ばとう》する時にも用いる。「あの家の伜は性悪だぞ」「小伜《こせがれ》のくせに生意気言いやがって」などという。

せきぞろ【節季候】

「せきぞろ」は「節季に候」の意で、江戸時代、季節の変わり目や盆と年末に、羊歯《しだ》の葉をつけた編笠を被って顔を赤布で覆った男女が、太鼓を叩いたりささら竹を擦って調子を取り、「せきぞろ、せきぞろ」と囃《はや》しながら門付けをして喜捨《きしゃ》銭を乞うて歩いた大道芸人である。明治以降は見掛けなくなった。

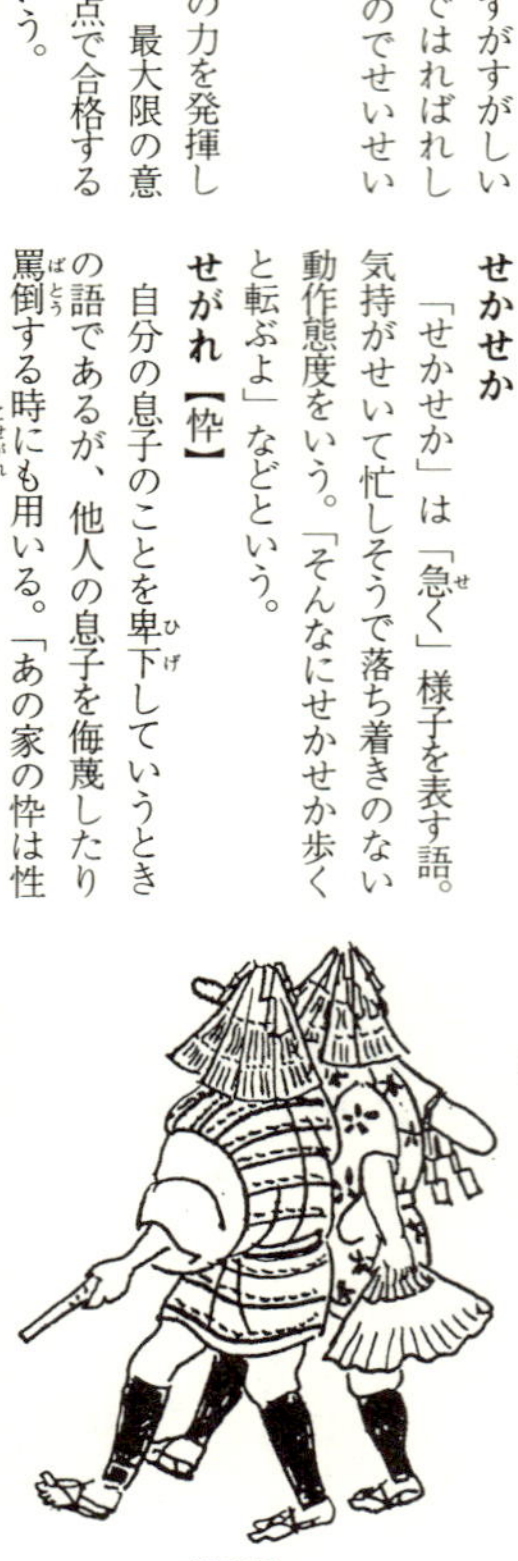
節季候

せきなおしのじじばばさま【咳治しの爺婆様】

墨田区向島の弘福寺境内には爺様と婆様の石像が祀られている。この石像に祈ると咳の出る病気が治癒するといわれ、江戸から明治にかけてにぎわった。かつては本所石原町の寺にも爺婆様の石像があったが、後に五の橋に移ったという。

咳治しの爺婆様

迷信的信仰の遺物である。

せきのやま【関の山】
精一杯、為し得る限度の意。昔、伊勢国（三重県）関宿の祭礼の山車《だし》が一番豪華といわれたので、これ以上はないの意で「関の山」と用いられたという。それが「せいぜいそんな程度」という軽視を含んだ語に変った。「彼がいくら頑張っても、そのぐらいが関の山だよ」などという。

ぜげん【女衒】
江戸時代に娘を遊女屋に売り込んで仲介料を取る職業の者をいう。古くからある闇の人身商売である。➡お医者《いしゃ》が帰《かえ》れば女衒《ぜげん》が来《く》る

せけんのかぜんなかにつきとばす

女　衒

【世間の風ん中に突き飛ばす】
子供などを世の中に出して苦労させることを言った語。「かわいい子には旅をさせろ」と同じ。

せけんみず【世間見ず】
特殊な環境で暮してきたために、一般庶民の習慣や風俗、生活環境などを知らぬ者をいう。例えば大奥や大名の奥向《おくむき》に仕えた女は退職してもなかなか庶民の暮しに慣れない。「世間知らず」ともいう。

せじがいい【世事がいい】
世間の俗事に対処するのがうまいこと、また、相手を愛想よくあしらうこと、うまい口ぶりで相手の気をそらさないことの形容。今では多く「お世辞」というかたちで用いられるが、本来は「世事《せじ》」（「せいじ」ともいう）で、世間・世俗の意。相手を喜ばせようとして、実際以上に褒《ほ》める意で用いられるのは江戸以来である。「世事に賢い」ともいう。

せずばなるめえ
「せずばなるまい」の訛りで「為なくてはならないだろう」の意。江戸っ子はよく用いる。十返舎一九『東海道中膝栗毛』初編に「是から買物をせずばなるめえ」とあるのは「これから買物をしなければならない」の意。

せちがらい【世智辛い・世知辛い】
「いろいろと面倒なこと、困難なこと、辛いことがあって暮しにくい」の意。「世知辛い世の中だ」などという。

せっかち
「急く勝ち」から来た語であろう。落ち着きがなく先を急ぐ性格の者をいい、活きの良い江戸っ子はせっかちである。「あの人はせっかちだから、ちっともじっとしていない」などという。

せつげっか【雪月花】
雪と月と花をいい、冬は雪見、秋は月見、春は花見で四季折々に美しいものを愛でることをいう。季節の移り変わりや年月を表す。

せっせ
一所懸命《いっしょけんめい》に励むことの形容。さっさと、休みなく励むこと。「せっせと働いた」などと用いる。

せっせっせ
主に女児が行う遊戯で、二人で向き合い、歌を歌いながら自分の掌《て》と相手の掌をリズミカルに打ち合せる。最初に「せっせっせ」と声を掛け合うことからの名。歌によって掌の打ちあわせ方も違うが、よく歌われるのは「夏も近づく八十八夜、…」という小学校唱歌の「茶摘」である。明治・大正時代には「旅順開城約なりて、敵の将軍ステッセル、乃木大将と会見の、所は何処水師営《いづこすいしえい》、庭に一本《ひともと》なつめの木、弾丸あとも著《いちじる》く、崩れ残る民屋に、かくて合見る二将軍」と歌われたが、これも小学校唱歌であった。➡てんてつとん

せった【雪駄・雪踏】
竹の皮で編んで裏に牛の革を張った草履をいう。裏の踵《かかと》の部分に金属の小さい平板をつけているため、歩くと「ちゃらちゃら」と音がし、これを「雪駄ちゃらちゃら」といった。武家が普段用に用いており、庶民の洒落《しゃれ》た男も用いていた。

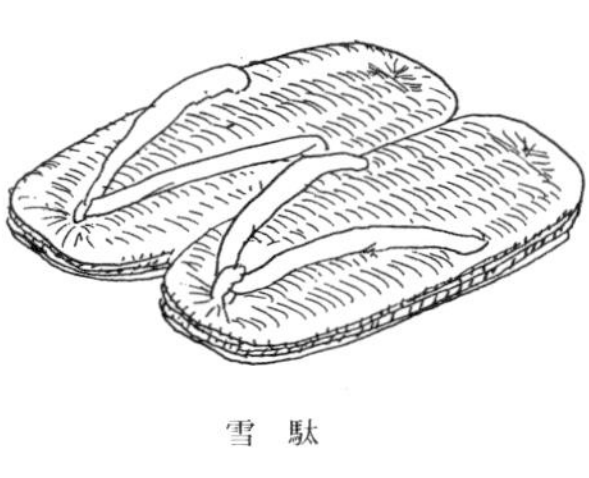
雪　駄

千利休が雪の上を歩くのに用いたのが始めといわれる。現代のものには、裏革に畳表の高級品がある。⇩ちゃらちゃら

せったのかわみたいなびふてき【雪駄の革みたいなビフテキ】

　安物の肉を使った薄くて硬いビフテキ（ビーフステーキ）の形容。明治・大正時代によく使われた表現。

せっちん【雪隠】

　昔、雪竇山霊隠寺で雪竇《せっちょう》禅師が便所の掃除を行ったので、便所の別名を「雪隠」としたといわれる。「せついん」が訛って「せっちん」という。

せっちんづめ【雪隠詰め】

　雪隠は便所のことをいい、元は僧侶の隠語。雪隠で扉を外から押えられてしまうとどうにも出られなくなってしまう。転じて、将棋で相手の王将を駒で囲み、盤の隅に追い詰めることをいう。また、相手を逃げ場のない状況に追い込むことをいう。「あいつも雪隠詰めにされてとうとう謝った」などと用いる。

雪隠

せっつく

　うるさく催促することをいう。「そうせっつかれてはたまらないので、言うことを聞いてやった」「やいのやいのとせっつかれて音を上げてしまった」などという。

せっぱつまる【切羽詰る】

　「切羽《せっぱ》」とは刀の鍔《つば》の表と裏に添える楕円形の板金で、刀身を固定する金具の受け金。由来には諸説あるが、切羽が詰ると刃が抜き差しならないことから、また、この鍔元のあたりで刀を交える「鍔《つば》迫《ぜ》り合《あ》い」になると、生きるか死ぬかの瀬戸際であることから、「切羽詰る」は事態が差し迫ってどうにも切り抜けられぬこと、土壇場《どたんば》になることをいう。「いよいよ切羽詰って」「切羽の詰り」などと用いる。

せっぱん【折半】

　棒を半分に折って同じ長さにするように、半分ずつ均等に分けることをいう。「この儲けは折半にしよう」などと用いる。

背と腹がひっつく

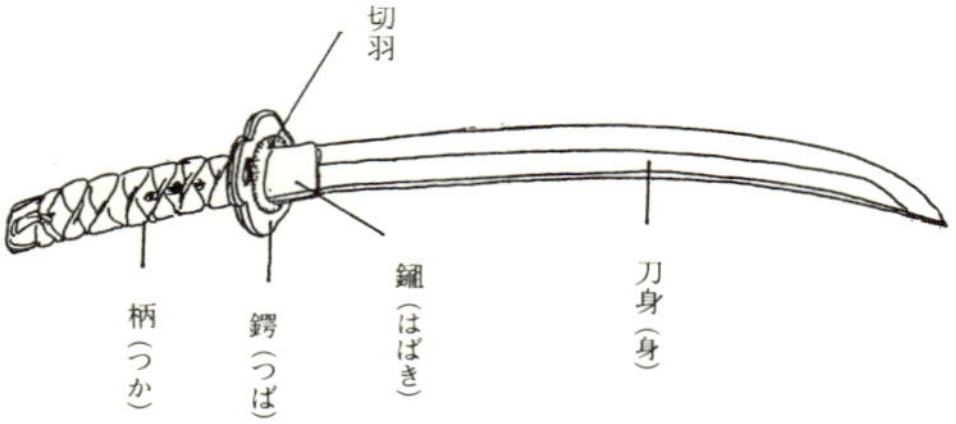

刀の部位名称／切羽

せとはらがひっつく【背と腹がひっつく】

　腹に何も入っていないため、背中の皮と腹の皮が密着するほどであるという空腹感を表す語。「ここ数日何も食べていないので、背と腹がひっつきそうだ」などという。

ぜにかねずく【銭金尽く】

　「ずく」は「それ次第で」「それにものをいわせて」「その手段だけで」の意の接尾語。「銭金づく」は「金額の多少次第で」「金にものをいわせて」の意。「銭金づくじゃあない」は「金額の問題ではない」の意。十返舎一九『続膝栗毛』十一編下で「わっちらあえどつこだから、そこへいっちやア銭かねづくぢあアねえ」と啖呵《たんか》を切っている。

ぜにごま【銭独楽】

　江戸時代、銭の穴に軸木を通して独楽を作った。指先で捻って回し、相手の独楽を弾《はじ》き倒せば勝ちである。

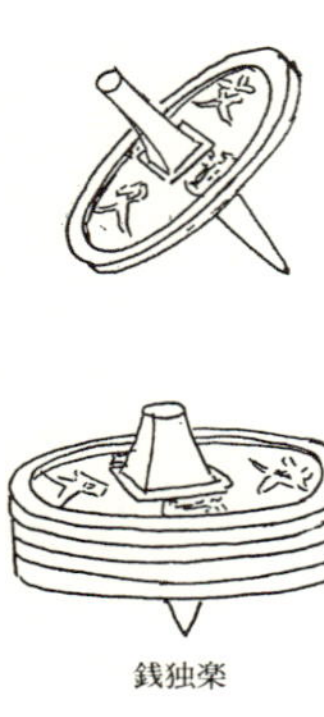
銭独楽

せびる

　金品を無理に要求すること、ねだることをいう。「お小遣《こうかい》をせびった」などとい

う。

せぶみ【瀬踏み】

川を渡るとき、実際に川瀬に足を入れて、深浅を測ることをいう。転じて、事をなす際に、試みに様子をさぐること、まず試してみることの意。

せまいものではない

「為《し》ないものではない」の訛りで「為ないという保証はない」の意。「いくら叱ってもまた悪いことをせまいものではない」などと用いる。十返舎一九『東海道中膝栗毛』初編に「不埒《ふらち》をせまいものではない」とあるのは「道理に外れたことをしないとは保証できぬ奴だ」の意。

せめえ【狭え】

「せまい」の訛り。曲山人補綴の『仮名文章娘節用』にも「女といふものは心のせめえものだから」と表現している。

せめて

銭山金山

「充分ではないが誠意の験として少しでも」「少なくともこれだけは」という話し手の気持ちを表す語。「返金の日なのだから、せめて少しでも持って来れば義理が立つのに」「これがお前に対するせめてもの思いやりだ」などと用いる。

せりふ【台詞・科白】

歌舞伎などの劇中で役者が述べる言葉をいうが、一般的に相手の言い草をもいう。「せっかく親切にしてやったのに、迷惑だとはなんという台詞《せりふ》だ」「必ず今日までに返済すると大見得を切った科白《せりふ》を抜かしたくせに、夜逃げしやがった」などという。

せわば【世話場】

芝居で庶民生活を見せる場面をいう。特に貧しい家で金の調達に苦しんだり、親子の別離や病苦や身売りなどで嘆く場面、観客をほろりとさせる場面をいう。「こんな世話場を見せられて黙っちゃあいられない」などと用いる。

せんこだい【線香代】

「線香」を「せんこ」と訛る。芸妓の揚げ代のこと。往時、芸妓は客に呼ばれると線香を一本立てて、それが燃え尽きるまでの時間を単位として料金の計算をしたことからの語。

せんざんきんざん【銭山金山】

江戸時代に少女達の間で行われた屋外遊戯の一つ。目隠しして鬼になった子の手を取って、「金山こっち」「銭山こっち」といいながら連れて行き、その場を当てさせる遊び。

千手観音

せんじゃふだ【千社札】

「千社詣で」「千社参り」といって多くの神社や寺に巡拝する者が、自分の名や屋号を木版刷りにした紙の札を、お参りしたしるしとして山門などに貼り付けた。これを千社札という。手の届かない高いところに貼るには、団子に固めた濡れ手拭に、糊を付けた裏面が上になるように札を乗せ、狙いを定めて投げつける。札が貼り付いて手拭だけ落ちてくる仕掛けで、職人や鳶《とび》の者が競って行った。江戸時代に流行したが、現代でも同好会があって、千社札を交換する集まりがある。

千社札

せんじゅかんのん【千手観音】

編笠を被って僧侶の旅姿をし、千手観音の御厨子《おずし》を背負い、数珠《じゅず》と錫杖《しゃくじょう》を持って観音経を誦えながら家々を回り、喜捨《きしゃ》を乞う。昭和の初期頃までよく見かけた。

ぜんすと【全スト】

ストリップ・ショーとは、衣類を次第に脱いで裸になる見世物だが、「全裸になるストリップ・ショー」を略して「全スト」といい、これから転化して全裸のことを指した語である。

せんぞやまんぞ【千艘や万艘】

縁側や縁台に腰かけて幼児を膝に跨《またが》らせ、「千艘や万艘、お舟やぎっちらこ、ぎ

千艘や万艘

っちぎっち漕げば、えびすか大黒か、こーちゃふーくのかーみ（福の神）」と唄いながら幼児を前後左右に揺すってあやす。江戸時代によく唄われた。

せんたくいた【洗濯板】　洗濯板は木の板に凸凹の横筋をたくさん彫ったもので、これを盥《たらい》に斜めに入れ、その上で衣類を揉むようにして洗った。昔は井戸端や小川で衣類などを洗濯し、時には、棒で叩いたり、足で踏んだりして汚れを落としていた。

せんたくいたのような【洗濯板のような】　衣類などを手洗いするときに用いる板で、表面の刻み目が肋骨のように見えることから、痩せてあばら骨が浮き出ている身体をいった。

ぜんてえ　「一体全体《いったいぜんたい》」の略「全体」の訛り。そもそも、本当にの意。十返舎一九『東海道中膝栗毛』初編に「ぜんてえ是はどういふ訳か」とあるのは「一体全体こうなったのはどういう理由からか」の意。

ぜんばこ【膳箱】　箱膳。武家の奉公人や商店の使用人などが自分の食器を入れておく箱で、蓋を取って裏返すと枠付きの膳になる。食器は飯椀、汁椀、おかず用の皿、箸で、食事がすむと飯椀に湯をもらって箸を洗い、飯椀も洗ってその湯を飲んで箱に納める。大正時代頃まで農村や商店で用いられたが、今では見られない。

洗濯板

せんべ【煎餅】　米粉や麦粉を練って薄く伸ばし、味をつけてから火にあぶって焼いたものを「せんべい」というが、江戸っ子は略して「せんべ」という。「瓦《かわら》せんべ」「塩せんべ」「甘辛せんべ」などがある。

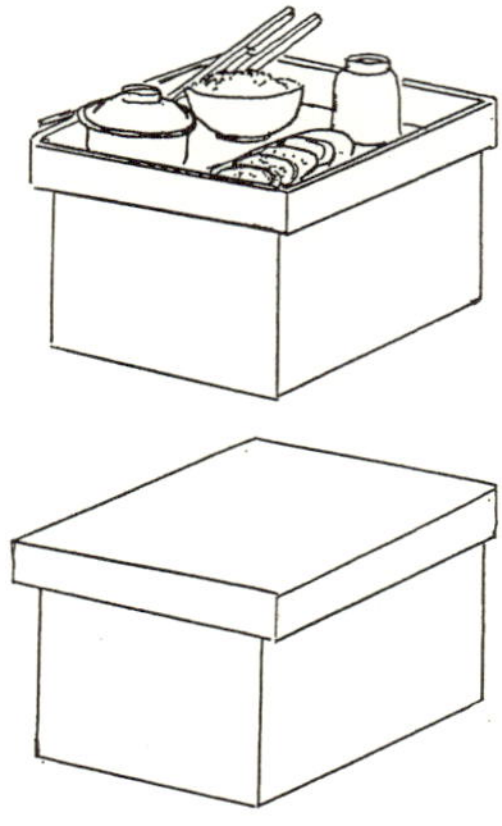
膳　箱

せんべいぶとん【煎餅蒲団】　綿が少なくて薄い蒲団をいう。貧しい家や書生の蒲団はおおかた煎餅蒲団であった。「せんべい蒲団にくるまって寝る」などという。

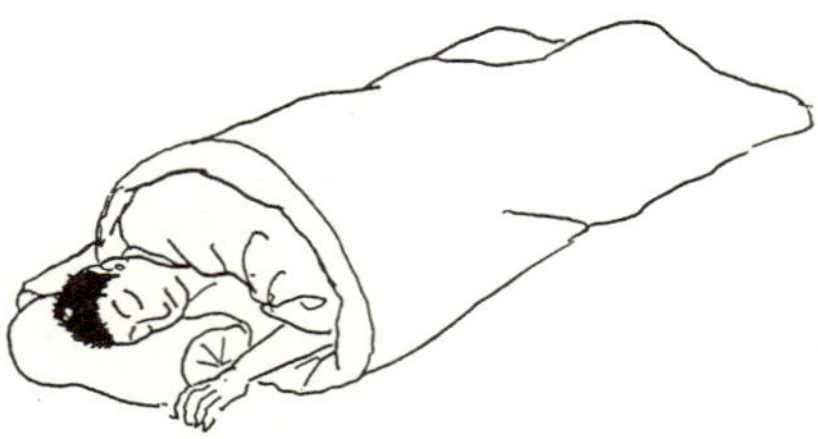
煎餅蒲団

せんみつや【千三つ屋】　千のうち三つくらいしか本当のことを言わない嘘つきをいう。「あの男は千三つ屋だから信用してはいけない」などと用いる。➡万八《まんぱち》

ぜんもんのとら、こうもんのおおかみ【前門の虎、後門の狼】　虎がいたと思ったら狼もいたというように、一つの災難を逃れたと思ったら、また別の災難に遭《あ》うことの譬《たと》え。

ぜんや【前夜】　前日の夜、また、特別なことが起こる前日の夜をいう。特別な行事のある日の前の夜に、その行事を祝って行う催しを「前夜祭」という。

ぜんをすえる【膳を据える】　御馳走《ごちそう》を並べた御膳を女性にたとえた言い方で、女性の方から言い寄ってくることをこのように表現する。➡据《す》え膳《ぜん》

「そ」

そいじゃ
「それでは」の訛り。「そいじゃ何かい、あれにしようというのかい」「そいじゃいこうか」などと用いる。

そうかそうか
相手に対して「おっしゃることは左様《さよう》、御もっともで」といって御機嫌《ごきげん》取りをすること。「何でも、そうかそうかというから、相手がつけ上がるのだ」などと用いる。

ぞうさく【造作】
家の内部に、天井、階段、棚、畳、建具などを取り付けて仕上げることをいう。「家の造作がいい」といえば家の内部の作りが良い、良い材料を使って丁寧に仕上げてあるの意。また、目鼻立ちのこともいい、「顔の造作が悪い」などという。

ぞうさない【雑作ない・造作ない】
「ぞうさ」は面倒なこと、手間や費用のかかることをいい、否定の「ない」を付けて「簡単である」「容易である」の意で用いる。「造作なく作ってしまった」「なんの造作もないことだよ」などと用いる。

そうさね【然うさね】
「そうだね」の訛り。相槌《あいづち》を打つ時に用いる。「そうさね、世の中にはそんなこともあるからあまりがっかりしない方がいいよ」などという。

そうざんすか【然うざんすか】
「そうでございますか」の訛り。相手に同意したり相手の言うことを肯定したりする時に用いる。さらに丁寧《ていねい》に言う時は「左様《さよう》でございますか」という。江戸時代の戯作本《げさくぼん》の会話によく出て来る。庶民が用いる一種の敬語である。

そうそう
何かのきっかけで思い出したときに発する語。「そうそう、そんなことがあったっけ」などという。また、相槌を打つときにも用いる。「そうだ、そうだ」の略。

そうてい【総体】
「総体《そうたい》」の訛り。江戸っ子はよく「た」を「て」と発音する。総じて、おおむね、大体のところの意にも用いる。十返舎一九『東海道中膝栗毛』初編に「総体男《そうてい》というものは」とある。

そうな
伝聞・様態の意の「そうだ」の古い形で、「という話である」「ということだ」の意で用いる。「あの人は悪事を働いて捕まったそうな」「ついに夜逃げしたそうな」などという。

そうはいかない
「思っている通りにはいかない」の略で、「簡単に勝手な要求を呑むことはできない」の意。「金を出してくれと言われたって、そうはいかない」などという。

そうばがきまっている【相場が決まっている】
相場とは世間一般の考え、多くの者が妥当だろうと考える金額などの意。「博奕《ばくち》は儲からないと相場が決まっている」などという。

そうはとんやがおろさない【そうは問屋が卸さない】
「そんな安い値では問屋は商品を卸してくれない」という表現で、転じて、なかなか思い通りにはいかない、身勝手な要求をしても簡単に応じてはもらえないの意。「おっとどっこい、そうは問屋が卸さない」「今頃やって来て俺にやらせろと言っても、そうは問屋が卸さない」などと用いる。「そうは虎《とら》の皮《かわ》」ともいう。十返舎一九『続膝栗毛』七編上に「イヤイヤ、さうは虎の皮さ」とある。「虎」は「取る」の同音の訛りで、「取れない」「そう思っている様にはいかない」の洒落《しゃれ》である。

そうばん【早晩】
「遅かれ早かれ」「いずれきっと」「どうやら近い内に」の意。「こうなったら早晩店をたたまねばならぬ」などという。

ぞうよう【雑用】
種々の細々とした仕事や、いろいろな細々とした費用をいう。雑用《ざつよう》や雑費《ざっぴ》。「丁《でっ》稚《ち》の時代は雑用にこき使われた」「なんだかだといって雑用ばかりかかる」などと用いる。

ぞうりきんじょきんじょ【草履近所近所】
江戸時代の子供の遊戯の一つ。一人が鬼になって両手で目隠ししている間に、他の者は自分の履物を何処かに隠す。鬼は「もういいかい」と催促し、皆が隠し終わって「もういいよ」といわれたら往来や路地のあちこちを探す。最初に探し出された履物の持ち主が次の鬼になる。

ぞうりげた【草履下駄】
板裏草履ともいう。畳表の裏に木片を

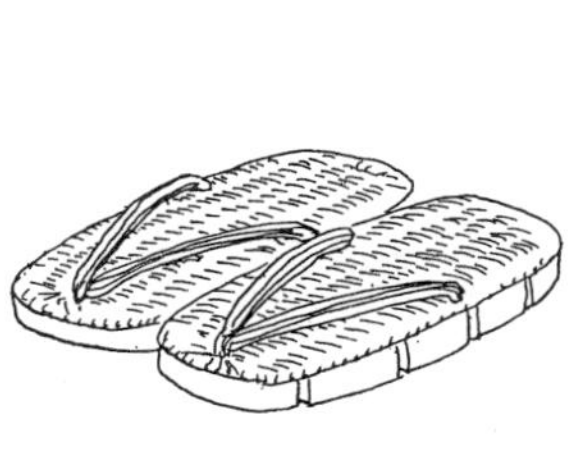
草履下駄

草履近所近所

打ち付けた下駄。履物としては低級品で商店の番頭や丁稚《でっち》が履いた。

そうりょうのじんろく【総領の甚六】

「総領」は家名を継ぐべき子をいい、「総領の甚六」は主に長男についていう。往時は最初に生まれた子が家のすべてを受け継ぐことになっていたので、弟や妹に比べると甘やかされて育てられ、鷹揚《おうよう》で世慣れぬのんびり者が多いという意。「甚六」は「ろくでなし」を意味する名か。「あいつは総領の甚六だからのんびりしている」などと用いる。

そうろうのごんぱち【候の権八】

候は居候《いそうろう》の略で、他人の家に寄食している者の意。歌舞伎『浮世柄比翼稲妻《うきよづかひよくのいなずま》』『鈴ヶ森』の場で幡随院長兵衛の居候になった白井権八《しらいごんぱち》が有名なので、「候の権八」と洒落た。「俺は目下、候の権八なのだ」などと用いた。➡権八《ごんぱち》

そく【束】

江戸時代に商人が用いた符牒《ふちょう》で、一文銭を緡紐《さしひも》で百枚通したものが通用したので「百」を「一束」といった。「この天気だもの。一束を稼ぐのも大変だ」などと用いた。

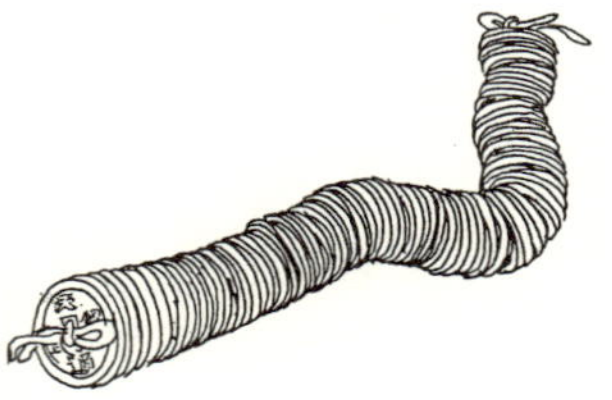

束

そくりき【足力】

足力按摩《そくりきあんま》の略で、足で客の腰や脚を踏んで揉む按摩《あんま》をいう。

そこここ【其処此処】

あちらこちら、あちこちの意。「小さな白い花がそこここに咲いている」などという。

そこぬけ【底抜け】

樽などの容れ物の底が抜けていてはいくら入れてもちっとも溜まらぬように、締まりのない者を罵っていう。また、呆れるほど限りがない意にも用いられ、「底抜けのお人好し」などという。いくら飲んでもきりのない大酒飲みを「底抜けの飲み助だ」という。大正時代に『底抜け鈍《どん》ちゃん』という連載漫画があった。

そこへもってきて【そこへもって来て】

その上にさらにの意。「事業に失敗した。そこへもってきて子供が病気になって」など、更に何か重なるときに用いる。

そこらへん【そこら辺】

その辺りの意。また、その程度の意にも用いる。「今ではこうした人情はそこら辺を探しても見つかりません」「そこら辺に置いたはずだ」「そこら辺が難しいところだ」などという。

そこんとこ

「そこのところ」の訛り。「そこんとこはお察し下さい」などという。

そしる【謗る・誹る】

人の悪口をいう、おとしめる、見下すの意。「それほどまでに人を謗るものではない」などと用いる。

そそう【粗相】

「粗」は「荒いこと、雑なこと」の意であるから手を抜いた荒っぽい行為による失敗、不注意による過ちをいう。「とんだ粗相をいたしました」「粗相のないように気をつけろ」などと用いる。

そそうび【粗相火】

不注意によって出した火事、つまり失火をいう。

そそっかしい

軽率、注意が足りない、粗忽者《そこつもの》の意で、慌て者の早呑み込みをいう。「訪ねる家を間違えるとはそそっかしい奴だ」などと用いる。

そだち【育ち】

養育のされ方、成長するときの周囲の状況をいう。「あいつは育ちが悪いから考え方がひねくれている」「育ちが良いからのんびりしている」「坊ちゃん育ち」などと用いる。

そだちがら【育ち柄】

育つ過程における環境をいう。「育ち柄が良いから何をやらせても立派だ」「育ち柄が育ち柄だから下品だ」などという。現在ではあまり用いられない語。

そつがねえ

「そつがない」の訛り。「そつ」は「手抜かり・落ち度」の意で、八方に気配りして落ち度がないことをいう。「苦労人だけあって、まったくそつがねえ人だ」などと用いる。

ぞっき

他のものが混じっておらず、すべてがそれだけであること、単一であることをいう。「綿ぞっき」は「綿一〇〇%」の意。「縮緬《ちりめん》ぞっきの衣装」「結城《ゆうき》ぞっきの衣装」などという。

そっくり

①よく似ていること。「親子の性格がそっくりだ」「写した絵がそっくりだ」。

②全部の意に用いる。「そっくりそのまま渡した」などという。

③「反《そ》る」意にも用い、「偉そうにそっくり返って他人を見下している」などと用いる。

そっけない【素っ気ない】

思いやりのない、親しみを感じさせない、冷たくすげないことの形容。「味も素

素っ気ない

っ気もない態度である」「素っ気ない返事をした」「素っ気ない奴だ」「素っ気なく断った」などと用いる。

ぞっこん【属魂】

心の底まで、すっかりの意。「あの女にぞっこん惚れた」「ぞっこん知った仲」などという。

そっちのけ

「そっち」は「そち」「そちら」の訛りで、相手をのけ者にして無視すること、構わないで放っておくことをいう。「俺のことなどそっちのけで、女同士で夢中になって喋っていた」などと用いる。

そっとして

手を触れたり口をきいたりせず、刺激を与えないようにすることをいう。「そのままそっとしておけ」などと用いる。

ぞっとする

恐ろしさや寒さで身の毛が逆立つような気分をいう。「あれを見てぞっとした」「あいつの話にはぞっとした」などと用いる。「ぞっとしない」は面白くない、感心しない、嬉しくないの意。

そっぱ【反っ歯】

「そりば」の訛り。普通よりも前歯が前の方に斜めに突き出ていることをいう。

そでにする【袖にする】

両手を袖に入れたままで何もしないことから、転じて、冷たくする、すげなくするの意。「彼女に袖にされてしまった」など言い、袖を振りひるがえして断ること。

そでのしたをつかう【袖の下を使う】

人目につかぬよう、袂《たもと》口からそっと金銭や品物を入れることをいう。悪いことをしている者が咎《とが》める立場にある者に、見逃してくれ、勘弁してくれと賄賂《わいろ》を渡し、金で解決しようとすることである。➡懐《ふところ》に入《い》れる

袖の下を使う

そのころ【その頃】

話題となっている過去のある時期をいう語。「その頃は取締りが厳重でした」「その頃〇〇が流行しました」などという。

そのじつ【その実】

本当は、実際にはの意。「わかったふりをしているが、その実、何も御存知ない」「立派なことを言っているが、その実、とんでもない野郎なのだ」などと用いる。

袖にする

そのすじ【その筋】

江戸っ子も、明治大正の東京人も、そのことに関係のある官庁名をはっきり言わず「その筋」といった。特に奉行所など警察関係の機関の名称を口にするのを憚《はばか》ったのは、役人があまりに権柄尽《けんぺいづく》（権勢を振りかざして横柄《おうへい》な態度を取ること）だったからである。「恐れながらとその筋に訴えれば、おめえなんかすぐ捕まっちまうぜ」「電話すれば、その筋の人がすぐ駆けつけてくれるぜ」などといい、現代でも用いている。

そのてはくわなのやきはまぐり【その手は桑名の焼き蛤】

その手は桑名の焼き蛤

江戸っ子一流の洒落《しゃれ》言葉。「その手は食わない（そんな口車には乗らない、そんな計略にはだまされない）」の「くわ」を「桑名」に掛けた表現で、江戸以来、よく用いられる。江戸時代、東海道桑名宿（三重県の地名）は焼き蛤《はまぐり》が名物で、炭火の上に金網を乗せて生の蛤を焼き、口が開いたところで醤油をたらす。熱いうちに食するとすこぶる美味であった。十返舎一九『続々膝栗毛』二編上に記されている。

そば【側】

近く、隣、脇、手の届くところなどの意で、時間的に間がないことにも用いる。「そばに寄るな」「刀をそばに置く」「あいつは俺が言うそばから口を出す」などと

傍杖

いう。

そばづえ【傍杖・側杖】
杖で殴り合いの喧嘩《けんか》をしている傍にいたために、関係ないのに思いがけず殴《なぐ》られることから、とばっちりを受けること、無関係なのに思わぬ災難を受けることをいう。「あの争いで、とんだ傍杖を受けてしまった」などと用いる。

そびれる
「何かをする機会を失う」「何かをしそこなう」の意。「言いそびれる」「寝そびれた」などと用いる。

ぞめく【騒く】
大勢が集まって騒がしいこと。「夕暮れになったら急にぞめいてきやがった」などと用いる。

そらこそ
「それ今こそ」が略され、さらに訛った語。「それ今だ」と喜ぶ表現。「そらこそと雀《こ》躍《おど》りして」などと用いる。

そらぞらしい【空々しい】
「そら」は嘘、偽りの意で、嘘であることが見え透いていること、知っているのに知らぬふりをすることの形容。「そらぞらしい態度をとるな」「そんな話はそらぞらしい」などと用いる。

そらほど【そら程】
「それほど」の訛り。狂訓亭主人『春色辰巳園』巻之七に「そら程いいとは思はねえ」とあるのは「それほど良い品とは思わない」の意。

そらよろこび【空喜び】
「そら」は空《むな》しいの意で、無駄な喜び、無意味な喜び、後で喜ぶほどではなかったことがわかって落胆することをいう。「糠《ぬか》喜び」ともいう。

そりがあわない【反りが合わない】
刀は一本ごとに刀身の反りに合わせて鞘《さや》を作るから、他の刀を収めてもぴたりと合わない。転じて、気心がぴたりと合わないこと、意気投合できぬことをいう。「あの男とはどうも反りが合わない」などと用いる。

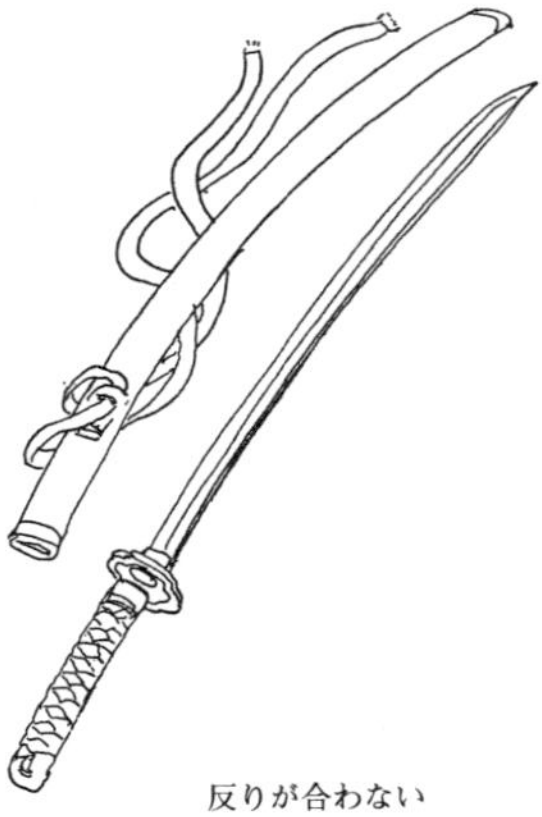
反りが合わない

それしゃ【それ者】
「その道の者」の意で、芸者や遊女などを指す隠語。一般の者が「あの女は粋《いき》なところがあるから、それ者とわかる」などと用いる。こうした職業の女性は一般人になっても何となく雰囲気が違い、一見して前歴がわかる。そうした女性を「それ者上《しゃあが》り」という。

それ者

それとなく
「そのものずばりの表現でなく遠回しに」の意。「それとなく言って聞かせる」「それとなく別れを告げた」などという。

それにはおよぶめえ【それには及ぶめえ】
「およぶめえ」は「およぶまい」の訛りで、その必要はない、そんな手数をかける必要はないの意。「雨も降っているんだから、わざわざ来るには及ぶめえ」などという。

それはおあずかりとして【それはお預かりとして】
「そのことはさておいて」「その件は今の話からちょっと外しておいて」の意の形容。「それはお預《あず》けとして」ともいう。

それはそれは
相手に共感したり、驚いたりした時に「それは」を繰り返して強調する。「それはそれは御愁傷《ごしゅうしょう》様でした」「それはそれは御目出度い」「それはそれはお気の毒な身の上ですよ」「それはそれは大きな蛇だった」などという。

それもそうですけど
状況を肯定しながら否定や反論の意を含めた表現。「仰《おっ》しゃる通りですが」の意。「それもそうですけど、こういう考えもあります」などと用いる。

ぞろっぺ
「ぞろっぺえ」ともいう。着物をぞろっと着流して気取っていては機敏に動くことができないので、てきぱきと動く者から見たらだらしがない態度、締まりのない者に見える。「あんなぞろっぺでやって来たって何の役に立つものか」などという。

ぞろっぺ

そろばんにあかるい【算盤に明るい】

損しないようにすぐに算盤を弾いて計算する者、勘定高い者をいう。「算盤高《そろばんだか》い」ともいう。

そろばんをはじく【算盤を弾く】

商人は損になることは避けたいから、損得の計算をすることをいう。昭和頃までは計算する時は算盤を用いた。

算盤を弾く

ぞんざい

物事の扱いが手荒いこと、いい加減なことをいう。また、乱暴なこと、礼儀を欠いていることにも用いる。「あの人の仕事はぞんざいで困る」「ぞんざいな口のき方をする」などという。

そんじょそこらの

「そんじょ」は「そこら」を強めた語。「そんじょそこらの奴とは違う」などと用い、そこいら辺にざらにいる者とは違うの意。

そんでもって

「それであるから」の意。「そんで」は「それで」の訛り。「そんでもって、あいつが一番になった」などという。

そんな

「そのような」の江戸訛り。「そんなことはない」「そんなに言うなら」「そんならこうしよう」などという。

そんなこんなで

「そんな」は「そのようなこと」、「こんな」は「このようなこと」の意の略。「いろいろなことがあって」と弁解めいたことを言う時に前置きのように用いられることが多い。「そんなこんなで取り紛れてつい忘れていました」「そんなこんなで話がいよいよもつれてしまった」などという。

そんなもん

その程度であるの意で、諦めや呆れた感がある語。「あいつは薄情《はくじょう》な男だというが、誰でもそんなもんだ」は「誰でも同じくらい薄情である」、「そんなもんは必要ない」は「その程度のものはいらない」の意。

そんならば

「それならば」の訛り。為永春水『春色英対暖語』巻之五に「そんならば私も腹をすえて」とあり、「そうであるのなら私も覚悟を決めて」の意。

11 庶民の旅姿と旅道具

江戸時代の庶民の男性の旅支度は、股引《ももひき》、脚半《きゃはん》、草鞋《わらじ》掛けに、着物は腰に尻《しり》っ端折《ばしょ》りで、日除けには菅笠《すげがさ》をかぶり、雨雪には引き回し合羽や半合羽を着た。半合羽は豆蔵ともいい、元文期（一八三六〜四一年）頃から流行し、丈《たけ》は羽織より五寸（約十五センチ）ほど長めで、合わせ目は鞐《こはぜ》掛《が》けにした。雨の日ばかりでなく防寒や衣服の汚れ除けにも用いたので、下の着物は裾を端折った。

江戸の庶民の一般的な旅姿

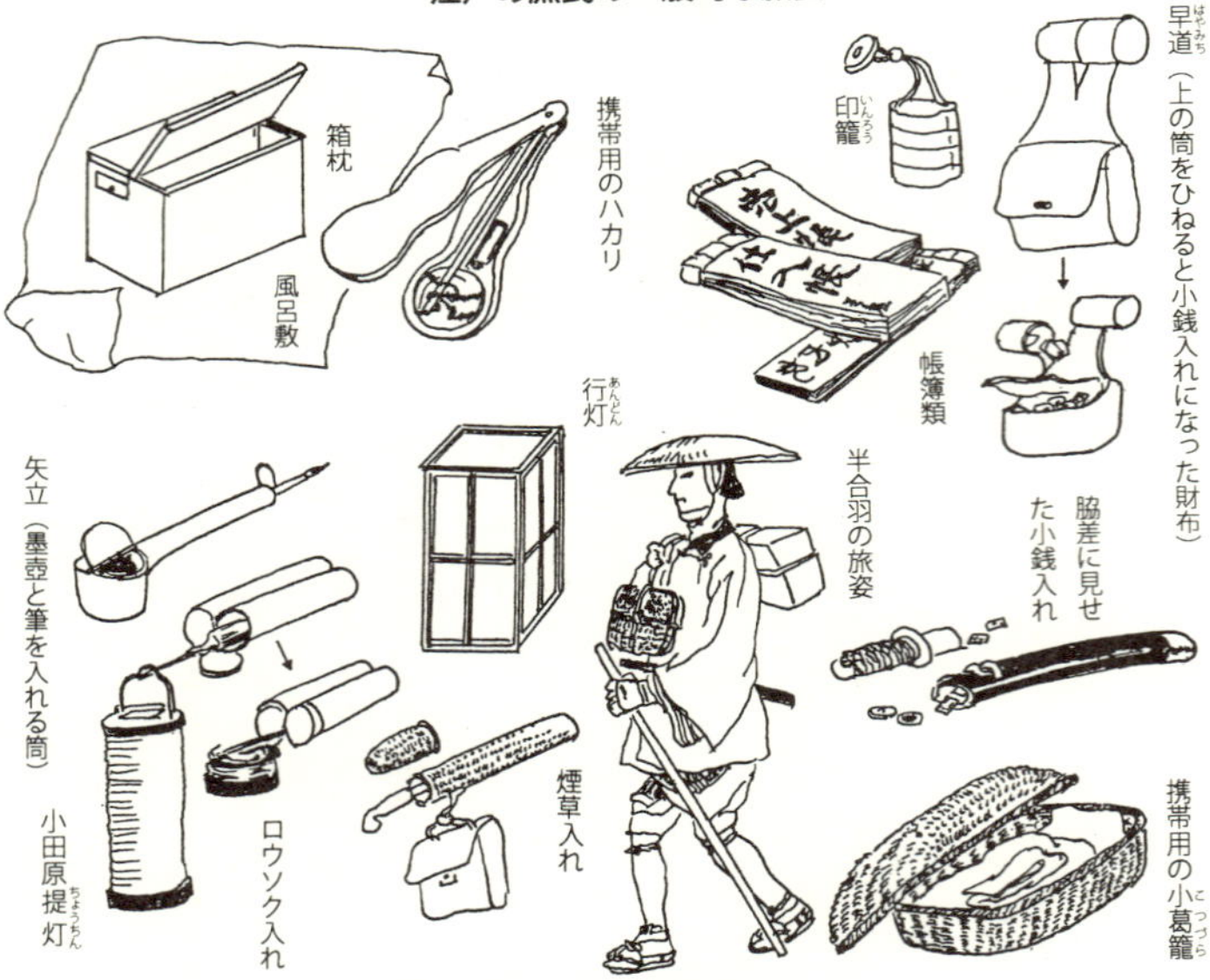

近江商人の旅姿と旅道具の例

女性は「出女《でおんな》と入鉄砲《いりでっぽう》」の言葉もあるように、厳しく制限されたので、江戸府外への旅行は少なかった。女性の行楽旅行としては、大師詣り（川崎大師）、大山詣り、鎌倉や江ノ島見物などが盛んであった。この場合、町名主を通じて幕府の通行手形を発行してもらう必要があった。

女性の一人旅は、馬子や駕籠屋の雲助に法外な料金をとられる被害が多く、少なかった。

女性の旅支度の服装は、日焼けを防ぐために菅笠をかぶるか、手拭《てぬぐ》いで髪の毛を覆い、衣服の上に埃除けの衣をはおった。ときには埃除けの腰巻きをまとい、手甲《てっこう》、脚半、足袋に草履《ぞうり》履きという格好であった。そして杖をつき、必要な荷物を風呂敷に包んで腰に巻いた。今日のような交通手段がなく、すべて歩行なので、経済的に余裕のある女性は、宿場の駄馬か駕籠を利用することが多かった。

上図に旅なれた近江商人が携帯した旅道具の主なものを示した。

近江商人はいつも宿代が安価な旅籠《はたご》に泊まった。また、旅籠が見つからないときに、辻堂などでも泊まることができるように、商品と宿泊用の道具一式をつねに風呂敷の中に包んで、背負って行商をしていた。この中には、夜道を歩けるように、二本の胴の筒にロウソクが収納された簡易の小田原提灯もあった。

「た」

たいくつのはらなおし【退屈の腹直し】
空腹の時に何かを食べて腹を満たすように、何かをして退屈しのぎをすることをいう。狂訓亭主人『春色辰巳園』巻之十に「退屈の腹直しをしやうと思つてのことか」とあるのは「退屈しのぎに他人をからかおうというのか」の意。

だいこ【大根】
「だいこん」の訛り。「大根おろし」も「だいこおろし」という。江戸庶民が用いた語で、明治以後、標準語が普及しても東京っ子は「だいこ」といった。

たいこいしゃ【帮間医者】
技術の劣っている医者を「藪医《やぶい》者《しゃ》」「藪井竹庵《やぶいちくあん》」などというが、診断や治療の技術が劣っているのに、口先だけでうまく適当なことをいって生計を立てている医者を帮間《たいこもち》になぞらえて「帮間医者《たいこいしゃ》」という。⬇男芸者《おとこげいしゃ》、竹庵《ちくあん》

だいこくさまのおひきあわせ【大黒様のお引き合わせ】
「七福神の大黒様が幸運を授けてくださったのであろう」という表現で、福の神が舞い込んだような幸運をいう。「宝《たから》籤《くじ》が当るとは大黒様のお引き合わせだ」などと用いる。

たいこばんをおす【太鼓判を捺す】
「太鼓ほどもあるような大きな判を捺しても良いくらい、その保証に自信がある」の意で、絶対に責任を持つから安心しろの意。⬇請判《うけばん》

たいこもち【太鼓持】
遊客の機嫌をとり、酒興を助けるのを職業とする男のこと。大尽《だいじん》客（富豪の客）を「大神」にかけ、それを取り巻く意から「末社《まっしゃ》」、また、「帮間《ほうかん》」「牽頭《けんとう》」「男芸者」ともいう。月に六度の斎戒日に、鉦《かね》や太鼓を打ち囃しながら念仏を唱える六斎念仏《ろくさいねんぶつ》の鉦持ち・太鼓持ちに由来する語で、金持ちにつき従う意からという。

太鼓持

たいしたもんだよかえるのしょんべん【大したもんだよ蛙の小便】
「田えしたもんだよ、蛙の小便」を掛けた語。田んぼに棲《す》む蛙が田に小便をするのは当り前である。つまり相手が自慢気に威張っていることに対して、大騒ぎするほどではないことだと茶化し、軽蔑する文句である。負けず嫌いの江戸っ子は、相手を揶揄《やゆ》するときも語呂良い軽口を好む。

たいしょう【大将】
将官の最高位で大軍を指揮統率する者の意から、最高位にある者、最も力のある者をいう。職人などは棟梁《とうりょう》を、庶民も一家の長を大将といった。子供達の集団の頭《かしら》を「餓鬼《がき》大将」「お山の大将」という。職人などが相手の主人を訪ねた時は、門口で「大将はいるかい」などと声をかけた。

だいち【代地】
政府から住居などの移転を命じられ、代りに別の場所に与えられた土地をいう。替地《かえち》ともいう。「今度もらった代地の方が広い」などという。

だいのもの【台の物】
遊廓の飲食物をいう。客が飲食物を注文すると、出入の仕出し屋が大きな台に乗せて運んでくるのでこのようにいった。

だいはちぐるま【大八車・代八車】
荷物を運搬するために用いる二輪の大型の荷車で、二、三人で引く。江戸前期から使用されるようになった。八人分の仕事の代りをするからとも、「大津八丁」の略で、昔から近江の大津で使われていたからとも、また、大八なる者が製造したからともいわれる。交通事情や生活様式の変遷とともに、今では都会ではもちろんのこと、田舎でもほとんど姿を消してしまった。

たががゆるむ【箍が緩む・箍が弛む】
箍は竹を編んだ輪や金輪で、木製の樽や桶《おけ》の外側に嵌《は》めて締めつけるもの。木が古くなったり乾燥したりすると、箍が緩んでばらばらになったり、木が痩せて樽や桶の用を足さなくなることから、年を取ったり緊張感が失せたりして気力や能力が衰えることをいう。「あの老人はしっかり者だったが、さすがに年齢で箍が緩んできた」などという。

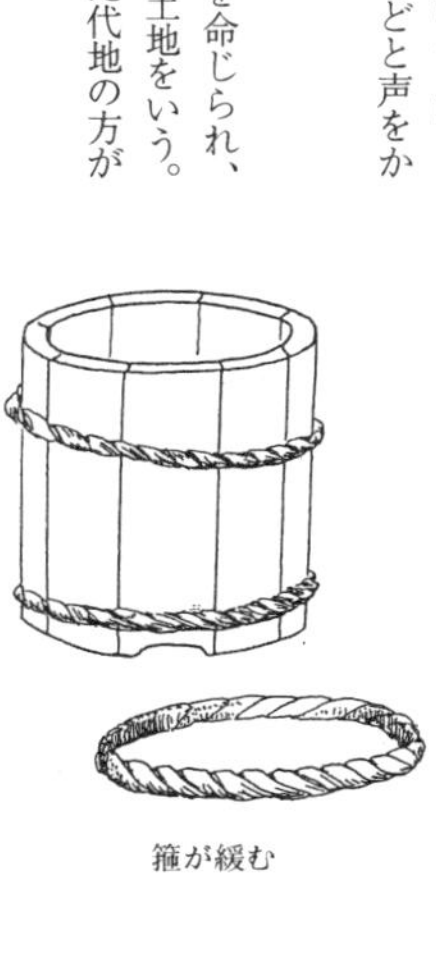
箍が緩む

たかだか【高高】
せいぜい、どう見ても、十分に見積っての意。「たかだか四、五百文ぐらいか」などと用いた。

たがまわし【箍回し】
酒樽や醤油樽が壊れて不用になった箍を子供が玩具として用いた遊び。二股になった枝や木片で、箍を車輪のように転がしながら走る。速く走らぬと箍が勝手な方向に走っていってしまう。大正時代

箍回し

頃まで見られた。「輪回《わまわ》し」ともいった。

たかみのけんぶつ【高みの見物】

「たかみ」は「高い場所」の意で、高い所から下の騒ぎなどを見物すること。転じて、直接利害関係のない気楽な立場で、事の成りゆきを面白がって傍観していることの形容。「高みで見物」ともいう。「高みの見物をきめこむ」などと用いる。

たかる

①一ヶ所に集まっていることをいう。「蝿が馬糞にたかっている」「夜店に人がたかっていた」などと用いる。人が集まっているところを「人だかり」という。

②脅迫したり泣きついたりして金品を取り上げることもいう。この意の「たかる」は「騙《かた》る」の倒語かもしれない。

たくあんついたかついたか【沢庵ついたかついたか】

大勢でやる子供の遊戯の一つ。一人が電柱などに両手でつかまっている上に、「たくあん、ついたか、ついたか」といいながら他の者がつぎつぎと駆けて来て飛び乗っていく。一番下の子供がついに堪《た》え切れずに潰《つぶ》れると、上に乗っていた者も皆転んで終わり。

たくしこむ【たくし込む】

①着物の裾《すそ》などを端折《はしょ》って帯に挟むことを。「裾をたくし込んで駆け出した」などという。

②手繰《たぐ》って手許《てもと》に入れること、金銭などを盗んで手許に入れること。「ずいぶん金をたくし込んだものだ」などという。

たくそ【袂糞】

「たもとくそ」の訛り。着物の袂《たもと》には、手や小物を入れたりできて便利であるが、布の繊維屑などが底に溜まる。これを「袂糞《たくそ》」といい、何の役にも立たぬことの形容に用いて、「そんな程度では何のたくそにもならない」「米櫃《こめびつ》のたくそにもならない（食っていけない）」などといった。江戸時代の無知な人々は血留めとしてこれを傷口に振りかけたりした。

沢庵ついたかついたか

たけうま【竹馬】

子供の遊具。昔は竹の枝に跨《また》って、紐を結びつけた根元の方を前にして持ち、馬に乗っているつもりで葉の部分を引きずって走った。やがて、二本の竹竿《たけざお》の適当な高さのところに足を乗せる棒を取り付け、それに乗って竹竿の上端を握って歩くのを竹馬というようになった。竹馬で競走をしたり、上手な子は一本を肩に担いで一本足でぴょんぴょん飛び跳ねることもできた。

竹馬［竹馬之友］

たけづっぽ【竹筒っぽ】

江戸っ子は竹筒《たけづつ》を威勢良く「たけづっぽ」といった。筒袖《つつそで》は「つつっぽ袖」といった。

たこあげ【凧上げ・凧揚げ】

凧《たこ》とは少年たちの遊具で、竹籤《たけひご》で作った骨組に紙を貼って、四隅《よすみ》と真中に凧糸《たこいと》をつけて三〇センチほどのところでひとつにまとめ、そこに長い凧糸を結び付ける。凧の強さと糸の操作によって空高く揚がり、高さを競った。喧嘩凧《けんかだこ》といって凧同士が相手の糸を切り合う遊びもあり、糸を切られて落ちた凧は相手の戦利品となる。また、竹馬に乗って凧上げをする器用な者もいた。四角い凧には絵や文字を描くが、武家奉公人が両手を広げている姿を模した「奴凧《やっこだこ》」や、鳶《とび》の翼を広げた形の「鳶凧《とんびだこ》」などもある。「烏賊《いか》のぼり」ともいう。正月に行うことが多いが、現在、都会では凧上げができる場所はほとんどなくなってしまった。

たごさく【田吾作】

田は「田畑」の意で、吾作は農民らしい名だと考えられてできた語。江戸っ子が用いた農民や田舎者に対する蔑称。「田印《たじるし》」ともいう。⇩田印《たじるし》

だしがねる【山車が練る】

神社の祭礼の時に、いろいろな飾り物

凧上げ［竹馬之友］

を付けた車に馬鹿囃子《ばかばやし》（調子の良い賑《にぎ》やかな音楽）を演奏する囃《はや》し方《かた》を乗せ、大勢の大人や子供が綱で引いて町内を練り歩くことをいう。山車を引く時は縁起の良い模様の浴衣を町内で揃え、花笠を背に負い、紅白の紐を縒《よ》った襷《たすき》をかけ、子供は鼻柱に白粉を一筋塗る。子供用の山車には大太鼓だけを乗せ、先頭に錫杖《しゃくじょう》を突く者が立つ。女性も男装して引くことがある。

田　印

助け鬼

たじたじ
相手に圧倒されてひるみ、後退《あとずさ》りすることの形容。たじろぐ様子。「相手が論客だったので受け答えにたじたじしてしまった」などという。また、足許が定まらずよろよろすることの形容にも用いる。

だしぬけ【出し抜け】
不意に何かが起こることをいう。「だしぬけにそんなことを言うから吃驚《びっくり》した」「だしぬけに撲りかかってきた」などと用いる。

たじるし【田印】
江戸っ子独特の符牒《ふちょう》で、農民や田舎者を軽蔑していう。「その着物の柄《がら》は田印向きだ」「あいつは田印だから通じねえ」などと用いる。➡田吾作《たごさく》

たすけおに【助け鬼】
子供の遊戯の一つで、鬼に捕まりそうになった時に誰かに縋《すが》り付くと、鬼はその子を捕まえることができぬという決まりの鬼ごっこをいう。

たそく【多足】
補《おぎな》い、たしまえの意。不足を補うものの事で、「店の売上の多足にはならない」などと用いる。

ただ【只】
①金銭を支払わずに済むこと。「只」の文字から「ロハ」ともいう。➡ろは台《だい》
②何事もなく平穏《へいおん》のこと。「そんなことを言ったらただでは済まされぬぞ」などという。

山車が練る

たたき【叩き】
江戸時代初期頃の大道芸人で、編笠を被った男二人が扇子《せんす》で掌《てのひら》を叩いて拍子を取りながら目出度《めでた》い唄を唄い歩き、門付《かどづ》けして銭を乞うた。「やんら目出度や、やんら楽《たの》しや、千町万町の鳥追いが参りて……」などと唄った。三味線を弾いて唄う鳥追女《とりおいおんな》の前身と思われる。『人倫訓蒙図彙』にも描かれている。⬇鳥追女《とりおいおんな》

叩き

たたき【三和土】
土間のこと。建物の中で床板や畳を張っていないところ、土が露出しているところを指した語。現在でも農家などの古い家屋に見られる。江戸時代は九尺二間《くしやくにけん》の棟割長屋《むねわりながや》でも三尺四方の土間があった。⬇九尺二間《くしやくにけん》に戸《と》が二枚《にまい》、土間《どま》

たたきわけ【叩き分け】
「叩き」は包丁の音「とんとん」を表し、包丁で物を半分ずつに分けること、つまり二つの物の差がほとんどなく、大体同じであることをいう。特に遊廓で抱え主が五分、娼妓が五分の折半《せっぱん》をこのようにいった。⬇とんとん

だだっこ【駄々っ子・駄駄っ児】
「だだ」は「地団駄《じだんだ》」の略訛といわれ、甘えて聞き分けのないことを言ったり、すねたりすること。「だだを捏《こ》ねる」子供、「だだを言う」子供を「だだっ子」という。大人にも転用することがあり、曲山人補綴『仮名文章娘節用』にも「いろ〳〵にす、めても、女郎も芸者も地者《ぢもの》もいやだと、だだつ子がすねるやうに、いやだ〳〵といひなすつたが、なんと、今の花魁《おいらん》はどうだエ」とある。「駄々」は当て字である。

ただのみではない【ただの身ではない】
身体が普通の状態ではなく、故障や異常のあることをいう。十返舎一九『東海道中膝栗毛』初編に「殊にただの身ではなし」とあるのは、「特に妊娠している身体であるから」の意。

たたむ【畳む】
①広げてある蒲団や布、着物など折り重ねることをいう。
②商品を整理して店を閉めること、家を引き払うことをいう。
③蹴ったり殴ったりして手ひどくやっつけること、さらには、殺してしまうことをいう。「畳んでしまえ」は「殺してしまえ」の意となる。

ただよりたかいものはない【ただより高いものは無い】
無料で物をもらって得をしたと思うのは大間違いである。見返りに無理な頼まれごとをされたり、結局は謝礼に金を使ったりで、却《かえ》って高いものにつくという諺《ことわざ》。

たたれねえ【立たれねえ】
「立ちあがれない」の訛り。十返舎一九『続膝栗毛』八編下に「イヤ立たれねエ」とある。

だち【達】
「友達」の略。香具師《やし》の隠語である。大正時代、少しぐれた青少年が洒落《しゃれ》たつもりで用い、現代でも用いられている。「今、だちを待っているんだ」などという。

たちうちできねえ【太刀打ちできねえ】
「たちうちができない」の訛り。相手の実力が数段まさっているので、互角の勝負ができないことをいう。「太刀打ち」は太刀で打ち合って戦うこと、転じて、実力で張り合うこと、真っ向から勝負する意で、それができないこと、とてもかなわないの意。「あいつはてえした色男だから、おめえなんざ、とても太刀打ちできねえよ」などと用いる。

たちんぼう【立ちん坊】
大正の頃、往来や坂の下などによく立っていて、重い荷車が来ると、後から押して、一文、二文と金を貰った者をいう。

だっこにおんぶ【抱っこに負んぶ】
「抱っこ」は抱くこと、「負んぶ」は背負うこと。可愛い子だと思って抱き上げると、今度は背負ってくれという。つまり、優しい心につけこんで次々と要求してくること、甘えてすべてを他人まかせにすることをいう。また、甘える相手にかかった費用を全部支払わせることの譬《たと》えにも用いる。「それでは抱っこに負んぶだ。あまりつけ上がるな」などという。「おんぶにだっこ」ともいう。

たっしゃ【達者】
①病気でなく身体が健康で丈夫なことをいう。「あの人は八十になってもまだ達者だ」「達者に暮せよ」などという。
②あることに優れていること、すこぶる上手なこと、達人をいう。「あの人は達者な文字を書く」「商売にかけては達者な奴だ」などという。

たったいま【たった今】
「たった」は「ただ」の訛りで「ほんの」「ただの」の意。「たった今」は「ほんの少し前」「つい今しがた」の意である。

たったひとつぶのまなむすめ【たった一粒の愛娘】
僅《わず》か一粒しかない種を大切に育てるように、大切に愛育している一人娘をいう。「一粒種《ひとつぶだね》」ともいう。

たっちののぞみ【たっちの望み】
「たっての望み」の訛り。強《し》いて希望すること、どのようなことがあろうとも実現したい望みをいう。「たっちの望みなら仕方がない。なんとかしよう」などと用いる。

たって

「たとて」の訛りで江戸以降に用いられるようになった語。「たとえ○○しても」の意で、「何を言ったって駄目《だめ》よ」（何を言ったとしても駄目だ）、「逃げようたってそうはいかない（逃げようとしても無駄《むだ》だ）」などと用いる。

だって

①「そうではあるが」「……だとて」の意で、「だって欲しいんだもん（拒否される理由はわかるが欲しい）」などと用いる。

②「○○でも」「○○でさえも」の意で、「あんただってそう言われれば嬉しいだろう」などと用いる。

③「○○だということだ」の意で、「あの人がそう言ったんだって」などと用いる。

たておやま【立女形】

「女形《おやま》」は歌舞伎で女役を演ずる男の役者。一座を背負って立つ役者を立役者《たてやくしゃ》といい、「立女形」は一座の女形のうちで最も格の高い者をいう。「立《たて》」は「伊達《だて》」の訛りともいう。

だてすごす【伊達過ごす】

伊達は粋《いき》で洗練されていること、人目に立つ華やかさがあること、少々意地になって侠気《きょうき》を見せることをいい、「伊達過ごす」は心意気を貫き通すことをいう。「伊達過ごすのもなかなか辛い」などという。

たてつづら【立葛籠】

檜の薄板を網代《あじろ》編みにして作った蓋付きの葛籠《つづら》をいう。内側に和紙を貼って渋を塗り、外側は黒漆塗りで防湿になっており、四隅に銅の角金物をつけて傷まないようになっている。上下に動く四角い鉄の取っ手が横に付いており、これに棒を通して担いだり手で持って移動させる。貴重な衣類などを入れるための高級な衣装箱として用いる。

立葛籠

たてば【立場・建場】

①江戸時代、街道筋で駕籠舁《かごかき》や馬方《うまかた》が休憩する場所で、居酒屋や休み茶屋が建っていたのでいう。明治以降は人力車などの発着場をいった。

②屑拾いや屑屋が集めた物を買う問屋をいう。

立　場

たてひき【立引き・達引き】

意地を張り通すことの意。特に、遊女が見栄と意地の張り合いをして、気前の良いところを見せて誇りとしたことをさす場合がある。「立てを引く」ともいう。

たてまえ【建前】

物事の基本となる方針、表向きの規則をいう。「借りたからには返すのが建前だ」「本音と建前は違う」などと用いる。

たてやのじ【竪やの字】

江戸時代の奥女中や武家の娘が用いた帯の結び方で、帯の端を斜め上に出して「や」の字の形に結ぶ。明治以降は「扱《しご》き帯」で上から押さえた。

竪やの字

だてら

身分や立場などを表す語につく接尾語で、その者の言動が相応《ふさわ》しくないことを表現する。「女だてらに乱暴を働いた」などと用いる。

たてをしのぐ【立てを凌ぐ】

「立て」は大立者、立役者、立唄の意で、首位の者を表す語。最も優れているはずの首位の者より力量を見せることをこのようにいう。

たとう【畳紙】

「たとうがみ」ともいう。「たたみ」が訛って「たとう」となった。厚手の和紙に柿渋などを塗って湿気防ぎとし、畳んだ衣類を包む紙をいう。

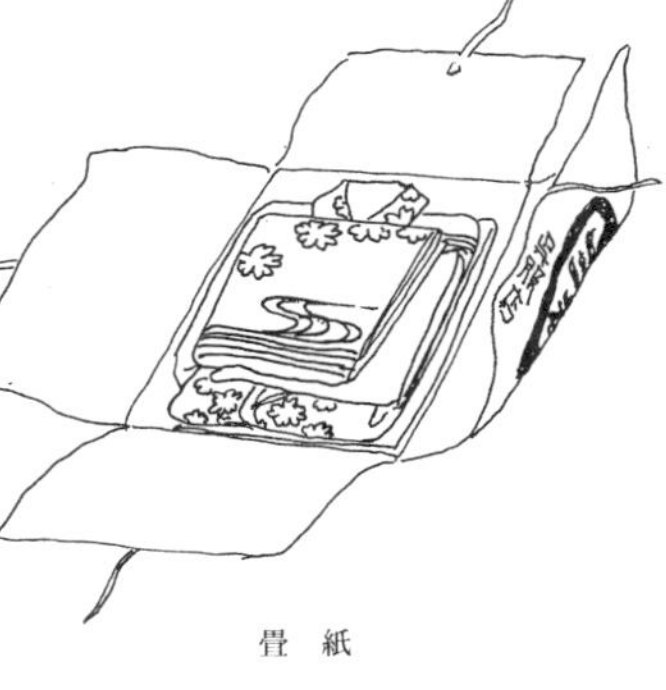

畳　紙

たなおろし【棚卸・店卸】

店の商品を棚から下ろして数を数えたり価格などを調査することから、他人の過失や欠点を並べ上げる意にも使われた。

たなだて【店立て】

江戸では商家だけでなく借家である長

店立て

屋の一軒も店《たな》といい、借家を管理している者を大家《おおや》といった。「大家といえば親も同然、店子《たなこ》（借家人）といえば子も同然」といわれたように、大家は店子に対して親のような責任と権利があり、店子の結婚にも大家の承認が必要であったが、店《たな》賃《ちん》の支払が長期間滞ったり、不埒《ふらち》なことがあると、追い立てて借家の明渡しを強要した。これを「店立《たなだ》て」という。「店立てを食って行くところがない」などという。➡店賃《たなちん》

たなちん【店賃】
家賃のこと。江戸時代は借家を「店《たな》」といい、空家を「空店《あきだな》」といった。十返舎一九『東海道中膝栗毛』初編の「ナント店賃の一年や二年溜まったとって」は、「なんの、家賃が一年分や二年分溜まったといったって、それくらいなことで」の意。➡店《たな》立《だ》て

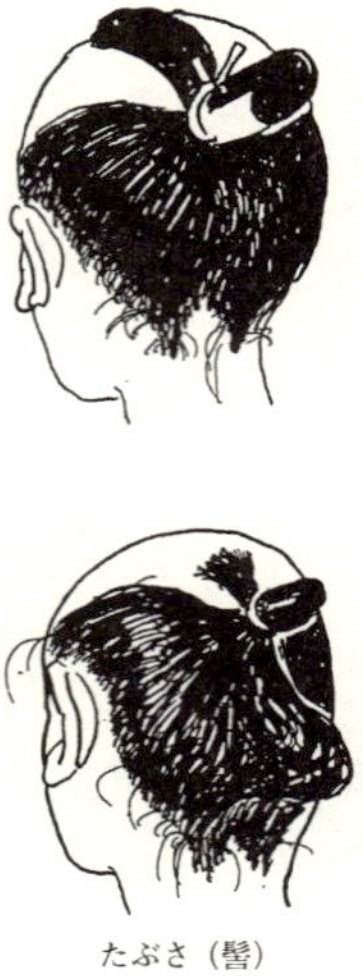
たぶさ（髻）

たなぼた【棚牡丹】
「棚から牡丹餅《ぼたもち》」の諺《ことわざ》を略したもの。棚から牡丹餅が落ちてきて、ちょうど開いていた口に入ったように、思いがけない幸運にありつくことの譬《たと》え。➡牡丹餅《ぼたもち》

たにん【他人】
自分以外の者。また、家族や親族でない者、血のつながりのない者、親しくない者、そのことに関係ない者もいう。

たにんぎょうぎ【他人行儀】
親しい関係にある者が他人のように一線を引いてよそよそしい態度をとることの形容。「他人行儀な言い方をしなくてもいいのに」などという。

たねとり【種取り】
噂やニュースの材料を探すことをいう。現在では倒語になって「ねた」といい、「ねた探し」などという。

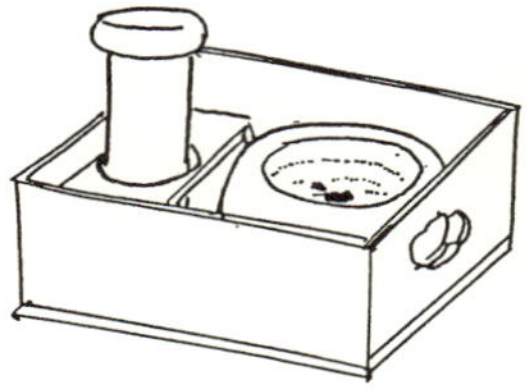
煙草盆

だのに
「であるのに」の略。「注意したはずだのに、また失敗した」などという。

たばこぼん【煙草盆】
木製や焼物製の箱型の盆。灰を入れた容器に小さい炭を埋《い》けた「火入れ」、「灰吹き」という煙管《きせる》の吸殻を叩き落すための蓋付きの竹筒などが入れてある。刻み煙草を入れるための引き出しや、煙管掛《きせるかけ》がついているような凝った作りのものもある。江戸時代以降、大正時代頃まで、来客の際に出した。

たぶさ【髻】
髪をつむじのあたりに集めて束ねたところをいう。「もとどり」ともいう。髪をすいたりせずにそのままの髪量で大きく髻を取る男の結髪《けっぱつ》を「大髻《おおたぶさ》」といい、地方人に多い結髪であった。

たぼ【髱】
江戸時代以来、洋髪《ようはつ》が主流となるまで、女性は日本髪に結っていた。その後方に張り出した部分を「髱」といい、形によっていろいろな名前がある。若い女性を指す語でもあった。「今度引っ越してきた髱《たぼ》は美形だ。きっと妾《めかけ》だろう」などといった。

おさふね髷の髱

女夫髷の髱

たぼ（髱）

たま【玉】
遊女や娼妓など客商売の女性を玉といい、器量などが良い者を上玉《じょうだま》、優位の娼妓になることを「玉を上がる」といった。相手を見下したり嘲《あざけ》ったりする時にも用い、「あいつもいい玉だよ」などという。

だまくらかす【騙くらかす】
騙すの意。「こっちがまともに聴いてやってれば、だまくらかしやがって」などと用いる。

たまったものじゃあない【堪ったものじゃあない】
「堪《たま》る」は堪えられる、がまんできるの意であるが、その限度を越えてもう持ちこたえられないことの表現。「人前で罵《のの》しられては堪ったものじゃあない」「これ以上負担がかかっては堪ったものじゃあない」などと用いる。

だまっちゃあひきさがれない【黙っちゃあ引退れない】
「温順《おとな》しく従ってはいられない、言い返したり仕返しをせねば気が済まない」の意。そこまで面目を潰《つぶ》されたら、「はいそうですか、ごもっとも」というわけにはいかない。「こんな道理に外れたことをされて、黙っちゃあ引退れない」などと用いる。

たまのこしにのる【玉の輿に乗る】
「輿」は昔の貴人が用いた乗り物。玉のように美しい輿に乗る意から、転じて、普通の暮らし向きの女性が、結婚などによって富貴な身分になることの譬《たと》え。略して「玉の輿」ともいう。『川柳評万句合』の「道鏡はほんに男の玉の輿」は、天皇に取り入って法王にまで成り上がった道鏡は、男が玉の輿に乗った好例だという川柳。

たまやかぎや【玉屋鍵屋】
玉屋も鍵屋も江戸の有名な花火屋の屋号である。大川（隅田川）両国で夏の川開きが行われる際には花火が打上げられ、夜空に花火が開くと、大人も子供も「玉やー、鍵やー」と声援を送った。花火屋鍵屋の手代であった長七が独立して両国広小路吉川町に玉屋を開業し、本家に負けぬ見事な花火を作るようになったが、鍵屋も負けずに新しい花火を考案して対抗したので、観衆は両家に甲乙なしとして「玉やー、鍵やー」と連呼したのである。現在でも盛大な花火大会が行われているが、この声援は聞かれなくなった。

玉や吹き屋

たまやふきや【玉や吹き屋】
江戸時代にシャボン玉を売り歩いた行商をいう。往時は無《む》患《く》子の皮を煮出した溶液を使った。葭《あし》の茎を短く切った先につけて息を吹き込むと泡が空洞の玉になって空中を舞う。子供にはそれが面白くてたまらず、玉屋が「評判の玉やー、大玉小玉吹き分けと御座い、玉やー、玉やー」と売り声を張り上げながらやって来ると親にせがんで買ってもらい、大小の泡を飛ばして喜んだ。明治以降はシャボンの溶液を用いた。

たまらねえ【堪らねえ】
堪らないの訛りで、がまんできない、ある感情を押さえ切れない、非常に困る、ものすごく良いなどの形容。「堪らねえ魅力だ」「皆に攻撃されては堪らねえ」「酒を見たらもう堪らねえ」などという。

だまをだす【だまを出す】
「だま」は凧上げのときに糸を繰り出すことをいう。転じて、凧糸を全部繰り出すように、心底まで思いをさらけ出すことをいう。明治時代によく用いられた語。

たむろ【屯所】
明治になって町奉行所が廃止され司法警察制度ができたが、巡査が詰めていた駐在所を「屯《たむろ》」あるいは「屯所《とんしょ》」と呼んだ。「あの人はたむろに連れて行かれた（連行された）」などといった。明治時代の江戸っ子がよく用いた語である。現代では派出所、交番、ポリス・ボックスなどという。

袂落し

ためつすがめつ【矯めつ眇めつ】
「矯める」はねらいをつける、目を据えて見る、「眇める」は片目を細くして見る、横目で見ること。「ためたりすがめたり」ということで、いろいろな角度・方向から、よくよく見ることの形容。「とみこうみ」も同意。「さっきの客は、この鍋をためつすがめつ見ていたが、結局買わずに帰っていった」などという。

だめをおす【駄目を押す】
「駄目」は囲碁で相手と自分のどちらの領分にもならない目をいい、勝っているのにさらにその目にもう一手を詰めることを「駄目を押す」という。転じて、念には念を入れて確認することをいう。「駄目押《だめお》しする」ともいう。

たもとおとし【袂落し】
江戸時代には財布や懐紙《かいし》を懐に入れて出歩いたが、巾着《きんちゃく》切りに狙われ易く、出し入れにも不便であった。そこで、羅紗《らしゃ》や揉革《もみかわ》で作った小さい袋を二つ、紐の両端に結び付け、懐中を通して左右の袂に落しておくことが流行した。洋服のポケットのような役をした。

たもとにろうそくをいれてやる【袂に蠟燭を入れてやる】

提灯《ちょうちん》を貸してやっても、時間が経つと中の蠟燭《ろうそく》が燃え尽きてしまので、予備の蠟燭をそっと袂に入れてやる。こうしたちょっとした心遣い、行き届くことの表現。

たもとをしぼる【袂を絞る】

袂を絞ると涙がしたたり落ちるほどであることから、激しく泣くことの形容。

たよわい【手弱い】

かよわいことの意で、女性に用いられる形容。

たらい【盥】

「手洗《てあら》い」の訛りで、直径八〇センチほどの丸くて平たい桶で、箍《たが》がはめられ洗濯に用いたり、夏場は行水《ぎょうずい》に用いたりもした。現在、金属やプラスチックのものもあるが、洗濯機での洗濯が主流の現在では用いられる頻度が違う。

だらけ

名詞につく接尾語で、そのものがいっぱいあること、またそのものが一面に拡がっているさまをいう。「借金だらけの暮し」「石ころだらけの道」「部屋中ごみだらけだ」などという。

だらしもねえ

「だらしがない」の訛り。「だらし」は「しだら」（手拍子）の倒語といい、しまりがない、節度がない、意気地がないこと。「金銭にだらしもねえ奴だ」「だらしもねえ格好をするんじゃねえよ」「すぐに逃げ出すなんて、だらしもねえ」などと用いる。

だりむくり

酒に酔ってくどくど言い募《つの》る者や、わからず屋をいう。十返舎一九『続々膝栗毛』二編上に「あのだりむくりの親父をも」とあるのは「あの気難しい嫌な親父をも」の意。

だるま【達磨】

①達磨大師が座禅を組んでいる姿を模した赤い張子の起上り小法師《こぼし》は、ちょっと押しただけですぐ転び、また起き上がる。このことから、転じて売春婦をいう。

②達磨には足がないことから「お銭《あし》がない」つまり無銭の者をいうこともある。

だるまがせつなくそをたれた【達磨が切な糞を垂れた】

達磨の起上り小法師《こぼし》は座禅姿で足がないように見える。足がないのを「お銭《あし》がない」に掛けて、一文無しになって切羽《せっぱ》詰まり、苦し紛《まぎ》れに脱糞《だっぷん》したという表現である。貧乏の揚句《あげく》に汚いこと（悪事）をしたという意。

たるみこし【樽御輿】

子供用の小型の御輿《みこし》がない時は、薦被《こもかぶ》り（薦で包んだ四斗入の酒樽）に縦横四本の担ぎ棒をつけ、子供御輿とした。草履《ぞうり》を胴に、渋団扇《しぶうちわ》を翼に見立てて作った鳳凰《ほうおう》を樽のてっぺんに取り付けた。大人の御輿に続いて、子供たちが樽御輿を担いで町内を廻《めぐ》った。「樽天皇」ともいう。「子供連」と書いた万灯《まんど》を振る者を先頭にして進んだ。

樽御輿

たれる【自惚る】

自惚《うぬぼ》れることをいう。「そうたれるない」は「そんなにうぬぼれるな」の意。十返舎一九『続々膝栗毛』三編下に「何でもはなしが出ると自惚《たれ》るのだ」は「適役な話が出ようものなら、自分で自分を売り込んで自慢した」の意。

だれる

気持ちがゆるんで締《しま》りがなく、たるんでくることをいう。「そんなことをいうと、だれるじゃないか」「生活がだれているぞ」などと用いる。「だらける」ともいう。

たわい

「たわいのない」「たわいがない」など否定の語を伴って用いられることが多いが、「たわい」はしっかりした考え、思慮分別《しりょふんべつ》の意。「子供だねえ、たわいなく眠っているよ」は「無邪気に寝ている」、「たわいなくやられてしまった」は「簡単に負けてしまった」の意。

たわけ【戯け】

「たわけ者」ともいい、愚か者、ばか者のこと。「たわけたことをぬかすんじゃねえよ」などと用いる。「戯言《たわごと》」はたわけた言葉、「たわけを尽くす」はばかげたことを言ったりしたりする。「たわけと疝気《せんき》に薬無し」は愚か者と疼痛をともなう下腹部内臓の病気は治しようがないの意で、「馬鹿は死ななきゃ治らない」に同じ。

たんかをきる【啖呵を切る】

勢い良く吐き出すように、口論や喧嘩《けんか》

啖呵を切る

の時に威勢良く相手を威嚇《いかく》する言葉を投げつけることの形容。

たんじゃあ

「していたのでは」の訛り。「家にくすぶっていたんじゃあ、一銭にもならねえ」「いつも叱られたんじゃあ、とても堪《たま》らねえ」などと用いる。

たんじろう【丹次郎】

為永春水『春色梅児誉美』の主人公の放蕩児《ほうとうじ》、唐琴屋《からことや》の若旦那丹次郎の名を借りて、女性にもてる柔弱な色男の異名として用いられた。

たんだ

「たのだ」「たのである」の訛り。「来てくれたんだ」「急いで仕上げたんだ」などと用いる。

だんち

「段違い」の略。比べものにならぬほど歴然とした違いがあることをいう。「彼はだんちに優秀だ」などと用いる。

たんと

数が多いこと、いっぱいの意で、上方の言葉が伝わったらしい。「たんと儲けた」「たんとお食べ」「お話したいことがたんとあります」などという。

だんなどり【旦那取り】

芸妓などが妾《めかけ》になることをいう。遊女とは異なり、芸妓は芸を披露して生計を立てるのが筋であったが、稼ぎが十分ないと旦那（パトロン）を作って生計の方便とした。

だんびら【段平】

「だびらひろ」の略の「だびら」の訛りといわれるが、幅の広い大刀をいう。江戸時代の職人などが武士に反抗する時に、「だんびらなんか引っこ抜いたって怖くはねえや」などと啖呵《たんか》を切った。切り合いの場面が見せ場の芝居を「だんびら物」といった。

たんまり

「たんと」と同じで、たくさん、数多くの意。また、悠々《ゆうゆう》と、のんびりとの意にも用いる。式亭三馬の『浮世風呂』二編上に「二度三度のお迎ひだ、ほんにほんに、たんまりと湯へも這入れません」とある「たんまり」は「満足ゆくまで」の意で用いているが、一般的には「たんまり儲かった」「たんまりせしめた」などと用いる。

だんまり【黙り】

「だまり」の訛り。歌舞伎で、暗闇の中で無言で探り合いをする場面を「暗闘《だんまり》」といい、転じて無言で何も言わないこと、口を開こうとしないことの形容。「何と言われてもだんまりで押し通した」などと用いる。

「ち」

ちからこぶ【力瘤】

腕に力を入れて肘を曲げると二の腕の筋肉が盛り上がる。これを力瘤といい、転じて熱意を込めて行うこと、骨を折って尽力することをいう。「あの仕事に力瘤を入れた」「特に力瘤を入れて説明した」などといい、そのことが実現するように努力する意で用いる。

ちからづな【力綱】

頼りとする命綱をいい、これによって安心感を得る時に用いる。「お前の協力を力綱にしている」などという。

ちからわざ【力業】

力仕事、重労働の意。また、力を頼りにことを行うことをいう。「業」は技術のこと。「力業なら俺に任せておけ」「あいつはいつも力業で相手をねじ伏せるから堪《たま》らねえ」などと用いる。

ちぎる【契る】

固い約束をすること。特に男女が将来夫婦になると約束すること、また、男女が結ばれることをいう。

ちくあん【竹庵】

藪井竹庵《やぶいちくあん》の略。藪井竹庵とは藪医者《やぶいしゃ》をもじって人名化させたもの。江戸時代、診断や治療が下手で信用の置けない藪医者をこのようにあだ名した。➡幇間医者《たいこいしゃ》

ちくいち【逐一】

「一つも抜かさず順を追って全部」の意。「逐一報告した」などと用いる。

ちぐはぐ

揃っているべきものが揃っていない、ぴたりと合わずに食い違っていることの形容。「羽織袴《はおりばかま》に靴履きではちぐはぐだ」「言うことがちぐはぐで、どうも怪しい」などと用いる。

ちくらがおき【筑羅が沖】

「ちくら」は朝鮮半島と対馬の間にある巨済島《きょさいとう》の古称「涜盧《とくら》」の転かといわれ、朝鮮と日本との潮境にあたる海。転じて、物事のどっちつかずの形容。「和漢まぜっこのちくらが沖だ」などといい、和風とも中国風ともつかぬものだの意。

ちげえねえ【違えねえ】

「違いない」の訛り。「まったく本当だ」「間違いない」の意で、相手の言い分に相槌《あいづち》を打ったり賛同する時に江戸庶民がよく用いた。狂訓亭主人『春色梅美婦禰』巻之十四に「違えねえ、独りは極く上品のいい大家のお嬢様」とあるのは「間違いない、一人はとても上品で、裕福な家庭のお嬢様だ」の意。十返舎一九『東海道中膝栗毛』初編にも「是ばっかりは違なし」とあり、「この件だけは間違いなく大丈夫だ」と自信をもって請合っている。

ちごまげ【稚児髷】
少女の髪形で、頭上に輪を二つ作るものをいう。「ちごわげ」と訛ることもある。

稚児髷

ちじり【地尻】
地所の表通りに面している方を顔と見立て、裏手の端をいう。「○○屋の地尻を北に向って」などと用いる。

ちちくさい【乳臭い】
乳児は乳を飲むので乳の匂いがすることから、子供っぽい、未熟だ、幼稚だの意。「乳臭いことをいうな」「まだ乳臭いのに、なかなか立派なことをいう」などと用いる。

ちちくりあう【乳繰り合う】
男女が馴れ親しんで戯《ざ》れ合《あ》ったり、密かに情を通じることをいう。

ちちばなれしない【乳離れしない】
乳児が大きくなっても乳を飲んでいることに譬《たと》えて、いつまでも親元で甘えていて独立しない若者をいう。「あいつは二十歳になってもまだ乳離れしない」などという。乳離れは「ちばなれ」ともいう。

ちちんぷい
子供が身体のどこかを痛めた時、そこを撫でさすりながら「ちちんぷいぷい…」とおまじないを唱えてなだめる。また、それまでに為したことや得たものが無駄《むだ》になることを「ふいになる」というが、「ちちんぷい」の「ぷい」を「ふい」に掛けて、無駄になる、駄目《だめ》になるの意に用いる。「せっかく貯めたお金をちちんぷいにして」などという。

ちちんぷいぷい御代の御宝

乳繰り合う

ちちんぷいぷいごよのおんたから【ちちんぷいぷい御代の御宝】
子供が転んだり、物に衝突したりした時、母親などが痛い部分を撫でさすりながら唱えるおまじないの言葉。そして息をふーっと吹き掛けてやると、子供は痛みが薄らいだような気がして機嫌を直したものであった。現代では「痛いの痛いの飛んでけ」という。

ちったあ【一寸あ】
「ちょっとは」の訛りで、「少しは」の意。「ちったあ俺の言うことを聞け」「ちったあ身にしみたか」などと用いる。

ちっと【些】
「ちょっと」の訛りで「少し」の意。「ちっと我慢しろ」「ちっとお訊きしますが」などという。狂訓亭主人『春色梅児誉美』巻之二にも「ナアニちつとしたこつて」とあるが「ちょっとしたことで」の意。

ちっとめ【些眼】
「ちょっとめ」の訛りで「ちょっと見た程度」の意。松亭主人『閑情末摘花』巻之二に「人並よく些眼の大きい方だから」とあるのは「ちょっと見た感じでは普通の人よりも大きく見える方だから」の意。

ちっとも【些とも】
「少しも」「まったく」「全然」の意。「一寸《ちょっと》も」に同じ。「ちっとも言うことを聞かない」「ちっとも効き目がない」などと用いる。

ちっぽけ
ごく小さいことの形容。「ちっぽい」ともいう。子供を見下して「ちっぽけのくせに一人前の口をきくな」などという。

ちは
「こんにちは」の略で、江戸から昭和の初め頃まで、商人が注文取りに来た時、「ちはー、酒屋でござい」などと挨拶した。

ちまう
「〜してしまう」の訛り。「上《うわ》の空《そら》で聞いてるから、すぐに忘れちまう」「風邪をひいちまいました」「戦災で焼けちまった」「今じゃ、すっかり変っちまって」などと用いる。現代でも東京の下町の人はよく用いる。

ちまちまとした
小さいこと、小さくまとまっていることの形容。「ちまちまとした家が立ち並んでいる」「ちまちまとした顔立ち」などという。

ちみどろ【血みどろ】
血だらけ、血まみれの意から、大変な困難な状況や、死にもの狂いであることの形容にも用いる。血みどろを強めて「血みどろちんがい」「血《ち》がい血みどろ」などともいう。

ちゃい

「～してしまう」の東京訛り。「絵は止《や》めちゃいました」「あの本は彼に上げちゃいました」「なかなか来ないから先に行っちゃいました」などと用いる。

ちゃかす【茶化す】
真面目な話を真剣に受け止めず、冗談《じょうだん》にしてしまうことをいう。「茶にする」ともいう。揶揄《やゆ》することにも用いる。

ちゃきちゃきのえどっこ【ちゃきちゃきの江戸っ子】
「ちゃきちゃき」は「生粋《きっすい》の」の意で、古くは嫡子《ちゃくし》から嫡子へと代々家を継ぐことを「嫡嫡《ちゃくちゃく》」といったから、これが訛ったともいわれる。江戸に生まれ江戸で育った者の意で、粋《いき》でさっぱりして威勢の良い表現である。

ちゃきちゃきの江戸っ子

ちゃくとう【着到】
江戸時代までは、主君の招集に応じて馳せ参じた武士が主君の元に到着したことをいったが、後に職人などが「大工、左官、石屋などがみんな着到した」「ジャンと半鐘が鳴ったので、それっとばかり仕度して着到した」などと用いた。職人や鳶《とび》の者などが好んで用いる倒語と、昔の語彙《ごい》が偶然合致した例である。

茶箪笥

ちゃだんす【茶箪笥】
茶道具の茶托《ちゃたく》、茶碗、急須《きゅうす》、盆、菓子類などを入れておく戸棚をいう。引戸があり、引出しがついている居間用の家具で、装飾も兼ねた。木肌が美しい楓《かえで》などで作ったものが多いが、現代では民芸品や古道具扱いである。

ちゃちゃふちゃ【茶茶不茶】
滅茶苦茶なこと、台無しになることの形容。「火事を出して茶茶不茶になってしまった」などと用いる。

ちゃちゃをいれる【茶茶をいれる】
「茶茶」は邪魔、妨害の意。他人の話に割り込んで冷やかすことの形容。「人の話にすぐ茶茶を入れるのは悪い癖だ」などと用いる。

ちゃっきり
素早いことの形容に使われる語。掏摸《すり》の意で用いられることもある。

ちゃっこい
狡《ずる》いことの形容。「あいつはちゃっこい奴だ」などと用いる。自分の得になるように抜目なく行動するさまを「ちゃっかり」というが、その訛りか。

ちゃにする【茶にする】
本来は茶を飲むために休憩する意であるが、茶化して、他人の話をはぐらかして真面目に受け答えしないことの形容にも用いる。「俺の話を茶にしやがって」などという。➡茶化《ちゃか》す

ちゃばん【茶番】
江戸時代、芝居小屋の楽屋では茶番、酒番、餅番などといって接待役が決められていたが、それらの者が趣向を凝《こ》らした話芸などを行うようになり、滑稽《こっけい》な寸劇や地口などで客を笑わせることを茶番というようになった。底の見え透いた馬鹿馬鹿しい言動を「茶番劇《ちゃばんげき》」という。

ちゃぶくろ【茶袋】
江戸末期に幕府が洋式の兵隊を募集した。武士は兵卒になるのを嫌ったので庶民からの採用も行ったが、多くは破落戸《ならずもの》であり、幕府の威信をかさに暴れて嫌われた。将校、下士官は幕臣《ばくしん》で羅紗《らしゃ》服であったが、兵士は呉絽服《ごろふく》の茶染めの袴《はかま》式ズボンに筒袖《つつそで》の上衣であったので、茶袋とあだ名された。

茶　袋

ちゃぶだい【卓袱台】
「ちゃぶ」は「卓袱」（テーブル掛け）の中国音からの語。短い脚が折りたたみできる多人数用の食卓をいう。昭和初期頃まで卓袱台を背負って「卓袱台屋で御座い。卓袱台は要りませんか」と外売りして歩く商人がいた。上等なものは家具屋で売っていた。

卓袱台

ちゃぶや【卓袱屋】
横浜などの開港場の、船員や外国人を客とした小料理屋をいう。売春婦を抱えている店が多かった。幕末から明治初期頃まで用いられた語。➡卓袱台《ちゃぶだい》

ちやほや
相手を甘やかしたり、お世辞を使って機嫌を取ったりすることの形容。「ちやほやされていい気になっている」などと用いる。

ちゃめ【茶目】
子供っぽく滑稽《こっけい》で無邪気ないたずらをすることをいう。また、そのようないたずらが好きな者を「茶目っ子」「お茶目さん」などという。

ちゃち
安っぽいさま、お粗末なことを歌舞伎の楽屋用語で「ちゃちろべゑ」といい、略して「ちゃち」といったのが、一般の上方用語となり、江戸でも用いられるようになった。「こりゃ、ちゃちな細工だな」などと用いる。

ちゃら
江戸時代から用いられた語で、でまかせ、いいかげんの意。「ちゃらを言うな」などと用いる。「ちゃらくら」ともいう。

ちゃらかす
冗談を言う、ふざけてからかうことをいう。「おちゃらかす」ともいう。

ちゃらちゃら
雪駄《せった》の踵《かかと》の底には金具が打ってあり、歩くとそれが地面にあたってちゃらちゃらと鳴ることから、雪駄で歩いている様子や、気取って歩いている様子を表す語として使われた。「ちゃらちゃら歩いてきた」などと用いる。➡雪駄《せった》

ちゃらっぽこ
その場限りのいい加減なことを言う者、出鱈目《でたらめ》を言う者の意。「ちゃらんぽこ」「ちゃらぽこ」ともいう。

ちゃらんぽらん
物事の後始末をつけず、無責任でいい加減なことの形容。『嬉遊笑覧』には「えしれぬ浮言をいう」ことと記されている。「ちゃらんぽらんなことばかり言って、少しも信用できない奴だ」などと用いる。

ちゃり【茶利】
操り浄瑠璃（人形浄瑠璃）でおどけた演技をいうが、日常でも滑稽《こっけい》な身振りや冗談の意で用いられた。「茶利を入れるない」は「冗談いって冷やかさないでくれよ」の意。

ちゃりんこ
隠語で子供の掏摸《すり》をいう。

ちゃん【父】
江戸の下級庶民が父親を「ちゃん」と呼んだことは喜田川守貞『守貞漫稿』第三編人事にも記されているが、大正頃まで職人の息子などは「そんなことをしたら、ちゃんに叱られる」などといっていた。中流家庭では「おとっつぁん」、上流では「とうさん」「とうさま」「おとうさま」といった。

ちゃんがり【ちゃん刈り】
「ちゃん」は「兄《あん》ちゃん」の略。明治の中頃から流行した男の髪形で、角刈りの前方をやや長めに刈ったものをいう。インテリのような印象を受けるので当時の青年はこぞってこの髪形にした。

ちゃんぎり
祭礼の囃子《はやし》などで笛や太鼓に合わせて用いる直径一〇センチくらいの銅鑼《どら》型の鉦《かね》をいう。左手にぶら下げ、撞木《しゅもく》などで打ったり鉦の内側を擦ったりして鳴らす。その調子の良い音から俗に「ちゃんぎり」といった。

ちゃんちゃらおかしい
笑止千万である、馬鹿馬鹿しいほど可笑《おか》しいことの形容で、相手を軽蔑する際に用いる。「ちゃんちゃら」の意は不明だが語呂が良い。

ちゃんちゃんこ
子供用の綿入れの袖無し羽織《はおり》で、防寒

ちゃんぎり

ちゃん刈り

ちゃんちゃんこ

ちゃんちゃんこ

着として着物の上に着用する。

ちゃんと

まちがいなく、しっかりと、立派な、十分に、きちんとなどの意に用いる語。「期日までにちゃんと支払ってくれ」「飯はちゃんと食べろ」「いい年をして、ちゃんとしておくれよ」などという。

ちゃんばら

「ちゃんちゃんばらばら」の略。映画や演劇で斬り合いの場面をいう。刀と刀が当って「ちゃんちゃん」と鳴り、「ばらりんずん」と斬ることからきた語。

ちゃんばらごっこ

子供の遊戯。数人が二組に分かれ、玩具の刀や刀に模した棒切れなどで時代劇や剣劇映画の斬り合いを真似る。刀と刀を合わせると「ちゃんちゃん」と音がし、「ばらり」と斬ることから「ちゃんばら」という。現在はあまり見なくなった遊びである。

チャンバラもの【チャンバラ物】

活動大写真の全盛時代に、映画館では雰囲気を盛り上げるため、洋画には洋楽器、日本映画には和楽器を演奏した。剣劇を上映する際、斬り合いの場面に合わせて越後獅子の音曲を奏したが、これを「ちゃんちゃんばらばら」と表現したため、「チャンバラ物」が時代劇の代名詞となった。

ちゃんぴちゃんと

「ちゃん」は「ちゃんと」、「ぴちゃん」は「ぴっちりと」で、「予定通りきちんと」の意。「ちゃんぴちゃんと始まった」などという。

ちゃんぽん

「ちゃん」は鉦《かね》の音、「ぽん」は鼓の音で、鉦や鼓などを交互に打ち鳴らすことからきた語。まぜこぜにする、あれとこれと入り混じること、かわるがわるにすることをいう。「ビールと日本酒をちゃんぽんに飲んだので、悪酔いした」などという。

ちゃんばらごっこ

ちゅうしんぐらのほんぞうをきめる【忠臣蔵の本蔵をきめる】

歌舞伎の演目の『仮名手本忠臣蔵』で、高師直《こうのもろなお》に斬りつけようとした塩谷《えんや》判官《はんがん》を、加古川本蔵が後ろから抱えて制止したことから、喧嘩《けんか》を仕掛ける者を後ろから抱き止めることをいう。「本蔵をきめる」は「本蔵になったつもりで喧嘩を止める」の意。

ちゅうぞう【中僧】

丁稚《でっち》（商家で使い走りや雑用をする年少の使用人）と、手代《てだい》（店の万事を預かる番頭の下に位置）との間に位置する年長の丁稚をいう。「奉公にきてから三年経ってやっと中僧になった」などという。

ちゅうちゅうたこかいな

子供が遊ぶとき、おはじきなどを二つずつ数える際に二《に》、四《し》、六《ろ》、八《や》、十《とお》の代りに用いた言葉。「ちゅう」は双六《すごろく》用語の「重二《じゅうに》」の訛りで二の二倍の四を表す。「ちゅうちゅう」で四の二倍の八となり、蛸《たこ》の足が八本なので「たこかいな」と続くといわれる。調子の良い文句である。

ちゅうっぱら【中っ腹】

短気なこと、また、むかむかしていることの形容。「すぐに中《ちゅう》っ腹《ぱら》を立てて家を飛び出して行く」などという。

ちゅうとはんぱ【中途半端】

物事が完成していないで、役に立たないことをいう。またどちらともつかずはっきりとしていないこと。「中途半端な野

忠臣蔵の本蔵をきめる

郎だ」などと用いる。

ちょいがき【一寸書き】

丁寧《ていねい》に書いたものでなく、心覚えにちょいと書き留めたものをいう。「ちょい書きだから、他人が読んでもわかり難《にく》い」などという。

ちょいかぶり【一寸冠り】

手拭《てぬぐい》などを無造作《むぞうさ》に被ることをいう。

ちょいかぶり

ちょいちょい

少し間を置いて同じことが繰り返されることの形容。「ちょくちょく」ともいう。「ちょいちょいお見えになります」などと用いる。

ちょいと

「ちょっと」と同じで、簡単に、気軽であることの形容。式亭三馬『浮世風呂』初編にも「手ぬぐいは丸くして　あたまへちよいとのせ」とある。また、気安く人を呼び止める時に「ちょいと、そこのお兄さん」などと用いる。

ちょいまち【ちょい待ち】

「ちょっと待てよ」の意。相手の話をさえぎって反論する時などに用いる。「ちょい待ち、それでは俺が悪いことになるではねえか」などという。

ちょう【町】

官許の遊廓「御町《おちょう》」の略で、江戸新吉原をいう。松亭主人『閑情末摘花』巻之一で「廓《ちょう》が立派に立っている」とある。「廓」を「ちょう」と読ませるのは、吉原廓には仲の町をはじめとしていろいろな町名があるとはいえ、吉原全体を一町《ひとまち》と見ているためである。狂訓亭主人『春色恵の花』巻の一に「廓《ちょう》の旦那が御座ったから」とあるのは「吉原の旦那が見えられたから」の意。

ちょい待ち

ちょいと

ちょうけし【帳消し】

金銭の勘定が済んで、帳面の記載に墨で線を引いて皆済《かいさい》した印とすることをいう。転じて、金銭に限らず互いの損得をなくすることをいう。「これでこの件は帳消しにしよう」などと用いる。➡掛取《かけと》り

ちょうさいぼう【嘲斎坊】

なぶりものにされる者、愚弄される人の意。「嘲《ちょう》され」を擬人化した「嘲され坊」の転かともいわれる。十返舎一九『東海道中膝栗毛』五編下にも「イヤきさまたちやア、おれをいゝてうさいぼうにする」とある。

ちょうし【調子】

加減、勢い、釣合いなどいろいろな意に用いられる。「調子がいい」には「音曲の調弦がうまく合っている」「健康状態がいい」「ちゃっかりしている」などの意がある。「お調子者」といえば、勢いに乗って軽はずみなことをする者、おっちょこちょいをいう。

ちょうじょう【長上】

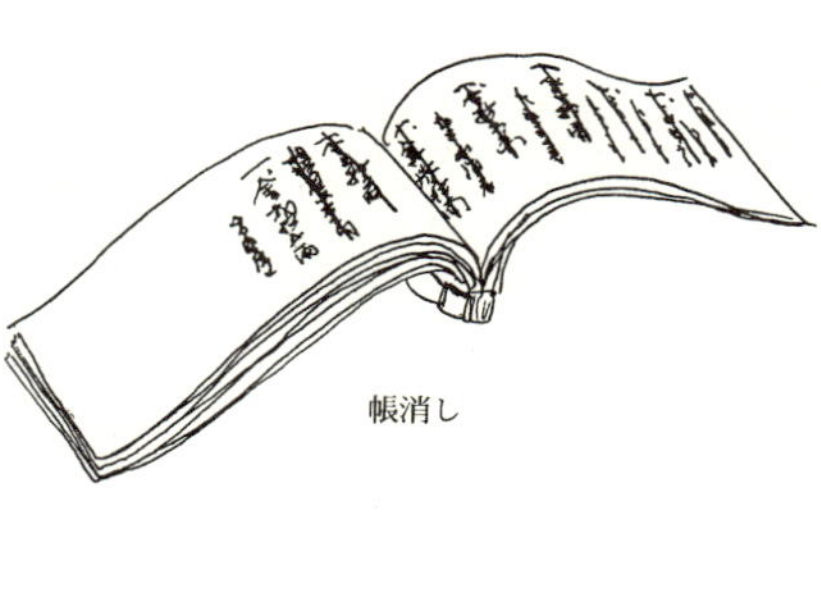

帳消し

目上の者、自分より年長の者、芸道や技術の先輩をいう。「年は若くても、この道じゃあ、あの人は長上だ」などという。

ちょうず【手水】

「てみず」の訛りで、元来は手を洗う水を言ったが、便所という語を人前で言うのを憚《はばか》って、代わりに「手水《ちょうず》に行ってくる」などと用いるようになった。「トイ

手　水

レへ行く」と言わず、「お手洗いに行く」というのと同様である。「手水場《ちょうずば》」ともいい、女性は「お手水」と言った。往時、一戸建ての家の便所は廊下の突き当たりにあることが多く、その手前の廊下の外に水を入れた陶製などの手水鉢《ちょうずばち》が置いてあり、柄杓《ひしゃく》で水を汲んで手を洗い、鴨居近くに掛っている手拭《てぬぐい》で拭くようになっていた。また、大小便を意味する場合もある。⇒厠《かわや》

ちょうずばち【手水鉢】
手を洗う水を張るための鉢。厠《かわや》（便所）の外などに置いた。手水鉢の周囲には砂利を敷いて泥はねを防ぎ、植物の蛇《じゃ》の髭《ひげ》や万年青《おもと》などを植えて風情を添えた。手水鉢は後に、底の金具を押し上げると水が出る仕掛けのブリキ製の水入れになり、上から吊るして用いた。現在も手水鉢は、庭園の飾りや茶室の露地などで用いられている。

手水鉢

ちょうせんやらい【朝鮮矢来】
竹垣の一種で、適当な間隔に立てた掘立柱に木か竹を横に取り付け、割竹を縦に組んだものをいう。江戸時代、朝鮮使節が参府した時に作り始めたといわれる。

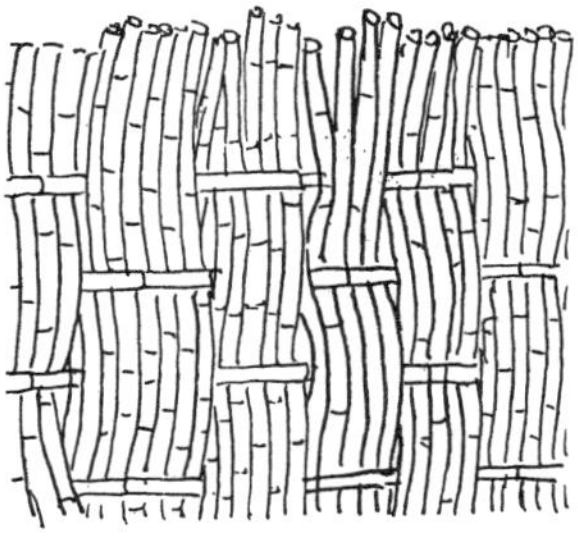
朝鮮矢来

ちょうちんばばあ【提灯婆】
提灯は細い割竹の輪を重ねて紙を貼ったものであるから折り畳める。同じように、老人は皺が多くて座ると畳んだように小さくなるという意でこのようにからかっていう。男性の場合は「提灯爺《ちょうちんじじい》」という。

提灯婆

ちょうちんまつり【挑灯祭・提灯祭】
町内の神社の祭礼日には、各家の軒先に紙で作った牡丹花をつけた提灯を飾ったので、挑灯祭ともいった。大正の初め頃までは提灯の灯りは蝋燭《ろうそく》を用いたが、火がついて危険なので、町内に電線を張り巡らせて豆電球を用いるようになった。提灯に灯りがつくと夜祭の雰囲気が一挙に盛り上がった。

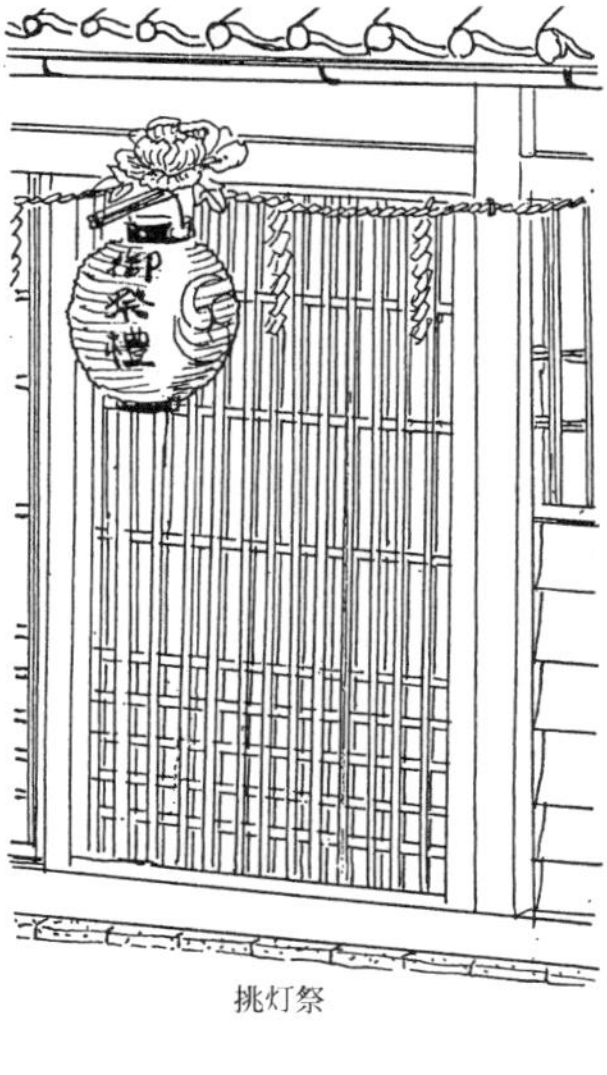
挑灯祭

ちょうちんもち【提灯持ち】
夜、提灯を持って先に立ち、武士や商人の足元を照らす使用人をいうが、転じて、お世辞を言ったり気を回したりするへつらい者を表す。「あいつは如才ない奴だから、すぐに提灯持ちを買って出る」などと言って侮蔑する。

提灯持ち

ちょうどよいま【ちょうど良い間】
「ちょうど良い刻《とき》だ」の意。曲山人補綴『仮名文章娘節用』に多用されている。

ちょうば【丁場・町場】
街道の宿と宿の間の距離のこと。長い道程《みちのり》を「長丁場」という。⇒長丁場《ながちょうば》

ちょうほう【調法・重宝】
役に立つものとして大事に使うこと。「この箱は手ごろな大きさで調法している」「あの人は重宝な人だ」などという。

ちょきぶね【猪牙船】
⇒猪《い》の牙《き》

ちょくちょく
あまり間を置かずに繰り返されることの形容。たびたび。ちょいちょい。「ちょくちょく見かける男だ」などと用いる。

ちょこざい【猪口才】
猪《いのしし》の口が出張っているようなことからの形容で、生意気なこと、さしでがましいことをいい、そのような者を非難する時に用いる。江戸時代には武士も「お

のれ、猪口才な奴だ、許しておけん」などと用いた。

ちょこすか

あちこち落ち着きなく動き回ることをいい、時には煩《わずら》わしいの意も含む形容。「ちょこちょこ」「ちょろちょろ」「ちょこまか」ともいう。「俺の前であまりちょこすかするなよ」などと用いる。

ちょっかい

他人のことに横から口を出すこと、からかい半分で手を出すこと、要らぬおせっかいをすることをいう。「よせばいいのに、お前はすぐにちょっかいを出すから嫌われるんだ」などと用いる。特に男が戯《たわむ》れに他人の恋人の女性を口説《くど》くことをいい、「俺の女にちょっかいを出すと承知しねえぞ」などと用いる。「直介」の字を当てることもある。

ちょっくら

軽い気持ちで短時間に何かを為すことの意で、「ちょっと」の俗な言い方。億劫《おっくう》がらずに気軽に用を足す時などに、「ちょっくら見てこよう」「そんなことはわけありません。ちょっくら行って参ります」などという。「ちょっくら」を強めて重複語のように「ちょっくらちょいと」ということもあり、「そんな大金はちょっくらちょいと稼げるもんじゃない」などと用いる。

ちょっくらもち【ちょっくら持ち】

人が油断している隙《すき》に品物を素早く奪う掻《か》っ払《ぱら》いをいう。

「ちょっと来い」と言う同心

ちょっとこい【ちょっと来い】

江戸時代の町奉行所同心や、昭和の終戦以前までは民衆に対する巡査（警察官）の権威は大きかったので、不審な者を交番（派出所）や警察署に連行する時や職務質問をする時に、巡査は「ちょっと来い」と命令口調でいった。

ちょっとじょうだんする【ちょっと冗談する】

男女間でその気があるかどうか試すためにちょっかいをだすこと。冗談は痴戯の表現。十返舎一九『続膝栗毛』十二編中に「ちょっと冗談する」とある。

ちょっぴり

ほんの少し、ほんのわずかの意。「ちょっぴら」「ちょっぽり」と訛ることもある。「ちょっぴりでいいから分けてくんねえ」などという。

ちょびちょび

少しずつの意。ちびちびともいう。「金がないのでちょびちょび使う」などと用いる。

ちょぼいち【樗蒲一】

江戸時代に行われた賽子《さいころ》を一個用いる賭博《とばく》をいう。目を予測して掛け、当たれば賭金が四倍になって戻るが、往々賽子《さいころ》に細工がしてあって外れる。そのため「出鱈目《でたらめ》」「いんちき」の意にも用いる。負けたほうは「そんなちょぼいちってあるかい」などと疑う。

ちょぼくれ

江戸時代の門付芸の一つ。手に持った小さい木魚《もくぎょ》を叩きながら、阿呆陀羅経《あほだらきょう》に節をつけて口早に江戸の出来事や幕政批判などを面白おかしく唄い、銭を乞うた。「ちょぼくれ、ちょんがれ」の囃子詞《はやしことば》を入れ、時には木魚の音を真似て「じゃかぼこ、じゃかぼこ」と言ったりする。「ちょんがれ節」ともいった。

ちょぼくれ

ちょろい

簡単だ、容易だの意の形容で、「あいつを騙《だま》すのはちょろいこった」などと用いる。また、考えなどが安易であることもいい、「甘っちょろい男だ」などという。

ちょろちょろ

少量の水が流れる音や、小さな炎が揺らめいている形容でもあるが、小さなものが目まぐるしく動き回る形容にも用いる。「往来を子供がちょろちょろしてて、危なくっていけねえや」などという。「うろちょろ」ともいう。

ちょろまかす

他人の目を胡麻化《ごまか》して金品をかすめ取ることをいう。「店の商品をちょろまかす」などと用いる。

チョンガー

大正時代頃から流行するようになった言葉で、朝鮮語の「総角（chong kak）」が日本語化したもの。成年の男の独身者をいう。「総角」とは朝鮮の成人前の男の髪形をいい、成人しても結婚しない男の蔑称として用いられるが、日本ではその意識なく、「あいつはまだチョンガーだ」「ぼくもチョンガーですから」などと用いている。

ちょんきな

狐拳《きつねけん》のときに、合の拍子に「ちょんきな、ちょんきな、ちょんちょんきなきな、ちょんがなのはで、ちょちょんがほい」と唱え、「ほい」と同時に拳を出す。調子がよいだけで意味はない。

ちょんぎる【ちょん切る】
「ちょん」は擬態語で、無造作《むぞうさ》にちょんと切ることをいう。

ちょんちょん
名簿や表などで「上に同じ」「右に同じ」などの意で二つ打つ点「〃」をいう。このことから「ちょんちょん」は同等・同様の意にも使われた。「これとそれとはちょんちょんだ」などと用いる。

ちょんのま【ちょんの間】
遊里で客がほんの短い時間だけ遊ぶことをいう。⇩百蔵《ひゃくぞう》

ちょんまげ【丁髷】
江戸時代中期以降の成人男子の髪形の一つ。天辺を月代《さかやき》に剃って、両鬢《りょうびん》を後頭部でまとめて元結で縛った髻《もとどり》を額の方へ折り返して小さい髷とする。

ちょんまげ（丁髷）

ちらばす【散らばす】
散らばるようにする、散らかすことをいう。「こんなに散らばして、早く片付けろ」などと用いる。

ちらばる【散らばる】
広い範囲に散っていること、まばらであることの形容。

ちらほら
物があちらこちらにちらりと見える程度にあることの形容。「ちらほら桜が咲き始めた」などと用いる。「ちらりほらり」ともいう。

ちりっぱいっぽん【塵っ葉一本】
「わずかな一つの物も」の意を強調した表現で、潔白を主張する時に「塵っ葉一本盗んでいねえ」などと用いる。「塵っ葉一つ」ともいう。

ちりれんげ【散蓮華】
陶製の匙《さじ》をいう。形が蓮華の花弁に似ているのでいう。また、顔が長くて鼻のあたりがひっこんでいるように感じる者の形容にも「散蓮華のような面《つら》をした奴だ」などと用いた。

散蓮華

ちろり【銚釐】
酒を燗《かん》するのに用いる銅や真鍮《しんちゅう》などの容器で、把手があるものをいう。燗銚釐《かんちろり》ともいう。

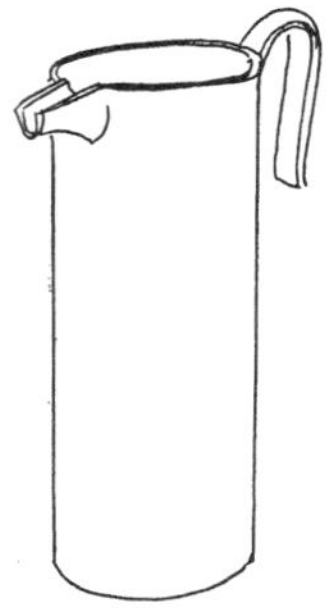
銚　釐

ちわぐるい【痴話狂い】
「痴話」は愛し合う男女が戯《たわむ》れながらする話をいい、傍から見ていられないほどいちゃいちゃすることをこのようにいう。「他人前《ひとまえ》で痴話《ちわ》狂いをあんまり見せつけるな」などと用いる。

ちんがうんこをふんだよう【狆が糞を踏んだよう】
狆は犬の品種の一つで、鼻が低く、くしゃくしゃした顔をしているので、しかめっ面をして黙っていることの形容に用いる。「ちんがふんをふんだよう」ともいう。⇩狆《ちん》くしゃ

ちんくしゃ【狆くしゃ】
狆は犬の品種の一つで平たく押しつぶしたような顔をしている。「ちんくしゃ」は「狆がくしゃみをしたよう」の略で、狆がくしゃみをしたらさらにくしゃくしゃの顔になるの意から、滑稽《こっけい》な顔の形容して用いられる。⇩狆《ちん》ころ

ちんけとう【珍毛唐】
「毛唐」とは外国人で、往時は物珍しい存在であった。その外国人の中でもことさら変っていると強調する「珍」の文字をつけて、「ひどく変っている」「人並みでない」の意。相手を軽蔑したり罵倒《ばとう》する言葉として「何を言いやがる、この珍毛唐めが」などと用いた。

ちんこ
幼児語で陰茎をいう。「ちんちん」「ちんぽ」「ちんぽこ」ともいい、「珍鉾」の文字を当てることもある。

ちんこきり【賃粉切】
乾かした煙草の葉を何枚も重ねて刻み煙草を作る押し切り機をいい、それで手間賃を稼ぐ職人を「賃粉切」「賃粉切職人」といった。明治になって煙草は専売特許となったので賃粉切の仕事もなくなった。

ちんころ【狆ころ】
狆という顔が平らでくしゃくしゃしている種類の犬をいう。「ころ」は小さくて丸いものを表す語。⇩狆《ちん》くしゃ

ちんころ

ちんころねえちゃん【狆ころ姐ちゃん】
狆は犬の一品種。大きくて丸い目が特

徴的で、目、鼻、口が平たい顔の中央に集まったような顔つきの小型の犬。江戸時代には室内愛玩用として飼われた。この犬の顔のように愛嬌のある顔つきの娘を、親しみと多少の揶揄を込めてこう呼んだ。⬇狆《ちん》くしゃ

ちんたら
だらしなく過ごすことの形容。「いつも家の中でちんたらしているんじゃねえ」などと用いる。重ねて「ちんたらちんたら」ということもある。

ちんちくりん
背が低い者の形容で、揶揄《やゆ》したりあざけったりする時に用いる。「ちんちくりんのくせに声だけはでかいな」などという。また、衣類の丈が短いことをいい、「つんつるてん」ともいう。⬇つんつるてん

ちんちろりん

ちんちんかもかも

ちんちろりん
秋に鳴く松虫の俗称。また、松虫の鳴き声や鋳物の風鈴の音を表す語でもある。

ちんちんかもかも
男女がむつまじくしていることの形容。「ちんがも」ともいう。

ちんちんでんしゃ【ちんちん電車】
明治の終わり頃に東京市営の一輌編成の路面電車が市内を走るようになった。発車する時、合図のために運転手と車掌の間で紐を引いて平たい皿状の鐘を鳴らす。また、通行人に注意を呼びかけるために走行中も鈴《ベル》をチンチンと鳴らして軌道上を行く人に警告したので「ちんちん電車」と呼ばれた。東京電車ともいった。

ちんどうちゅう【珍道中】
行く先々で騒動を起こしたりしながら旅をすることをいう。「道中」は旅をすること。十返舎一九『東海道中膝栗毛』はまさに珍道中の物語である。

ちんとんしゃん
「ちん」と「しゃん」は三味線の音調を表現する語。三味線の音調に合わせて足で「とん」と拍子を取って踊ることから、酒席に芸妓を呼ぶことをいう。「おい、ちんとんしゃんを呼んでくれ」「ちんとんしゃんがいないと席が淋しい」などと用いる。

ちんどんや【ちんどん屋】
人目につく派手な服装をし、背中に大きな紙の広告をつけて、太鼓と鉦《かね》を調子良く鳴らしながら通りを練り歩いて広告や宣伝をする者をいう。賑やかな太鼓と鉦の音からきた語。最初は一人だったが、後に三味線が加わり、大正時代にクラリネット吹きと広告の旗を持つ者の四人一組となった。開店を知らせるために雇われることが多い。「広め屋」「お披露目屋《ひろめや》」などともいう。⬇広《ひろ》め屋《や》

ちんぴら
小物のくせにえらそうな言動をする者をあざけっていう語。転じて、不良少年少女や下っ端のやくざ、新米の掏摸《すり》をいう。「ちんぴらのくせに生意気言うな」などと用いる。

ちんぷんかん【珍紛漢・珍糞漢】
何を言っているのかまったく訳がわからないことをいう。江戸時代に漢学者がさっぱり理解できない漢語を用いることを揶揄《やゆ》した言葉とも、外国人の言葉の口真似ともいわれる。「ちんぷんかんぷん」ともいう。

ちんまり
小さくまとまっていることをいう。「あの子がちんまり座っている姿が可愛い」などと用いる。

ちんどん屋

「つ」

つい
うっかり、思わずの意。また、時間や距離などがごく近いこともいう。「つい手を出してしまった」「つい其処まで参ったのでお寄りしました」などと用いる。

ついしょう【追従】
相手にへつらうこと、おべっかを使うことをいう。十返舎一九『東海道中膝栗毛』初編にも「いっそ追従ばかりいつて」と記されている。

ついぞ【終ぞ】
打消しの語を伴って、「今まで一度も」の意。「終《つい》ぞ見たことがない」「終ぞ聞かない」などと用いる。

ついで【序で】
何かを行う時に一緒に別のことも行う良い機会をいう。「ついでの折に」「おついでがありましたら」などと用いる。「ついでと言っちゃあ悪いが、これを持って来てやったよ」は、「わざわざ持って来てやったわけではないのだから、感謝しなくてもいいよ」の意が含まれている。

つうじん【通人】
世の中の義理人情に通じている人をいったが、江戸時代には花柳界の事情に明るい人をいった。通人は相手をよく理解し、どうすれば満足するかを心得ており、それを粋《いき》といった。

つかぬこと【付かぬ事】
出し抜けのこと、それまでの話とは無関係のことをいう。「付かぬ事を伺いますが」などと前置きの言葉として用いる。「つかん事」と訛ることもある。

つかまいられた【捕まいられた】
「捕まえられた」の訛り。江戸っ子は「え」を「い」と訛る。「逃げようとしたが捕まいられた」などと用いる。

つがもない
他愛もない、取るに足りないの意と、とんでもない、埒《らち》もないの意を使い分ける。「つがもねえことをするな」は状況によって、「つまらないことをするな」もしくは「怪《け》しからんことをするな」の意となる。時には謙遜《けんそん》して「つがもない話ですが」などという。江戸時代にはよく用いられた。

つきだしもの【突出し者】
のけ者、仲間外れにされた者をいう。「俺一人が突き出し者にされて」などと用いる。

つきとすっぽん【月と鼈】
月と鼈は丸いことでは同じであるが、まったく違うものであることから、似てはいても実際には比較にならぬほど存在が異なっていることの譬《たと》え。「月鼈《げつべつ》」ともいう。『望一后千句』に「月を頼りにゐる池の端　どう亀の背甲の露や払ふらむ」とある。「山本権兵衛《やまもとごんべえ》（明治・大正の海軍大将）と種蒔権兵衛《たねまきごんべえ》（農民に対する蔑称）とでは月と鼈だ」などと使う。

つくづく
深く考えたり、念入りに見たり、身にしみて感じたりすることの形容。「つくづく顔を眺めてしまった」「つくづく世の中が嫌になった」などと用いる。

つけあがる【付け上がる】
相手の寛大さにつけこみ、調子に乗って増長することをいう。「こちらが温順《おとな》しくしていればつけ上りやがって」などと用いる。

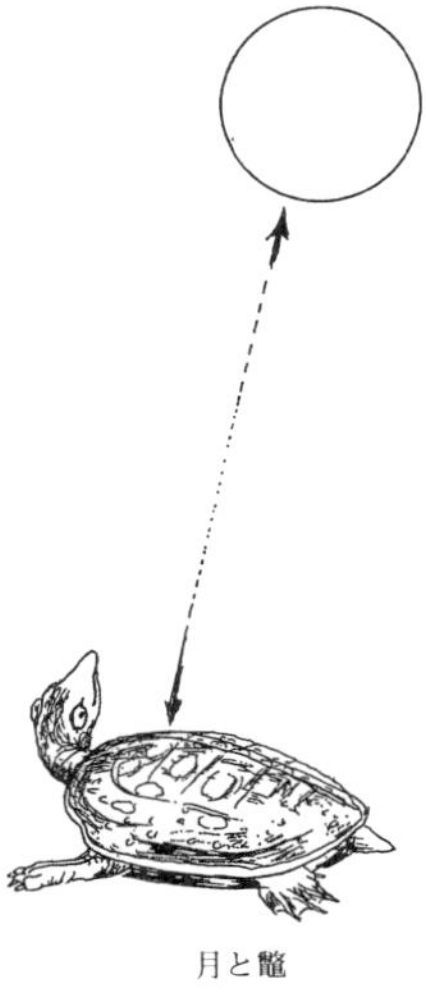
月と鼈

付　馬

つけうま【付馬】
遊里や料亭などで勘定が不足したり未払いの時、その金を受け取るために客と一緒に客の家までついて行く使いの者をいう。馬が馬方に連れられて行って用事を済ませてくることと同じに見ていう。

つけがわるい【つけが悪い】
「つけ」は「つき」の訛りで、運が良いこと、調子が良いことをいい、「つけが悪い」は運が悪いの意。「今日は朝からつけが悪いと見えて、草履《ぞうり》の鼻緒《はなお》が切れた」などと用いる。

つけこむ【付け込む】
機会に乗じて相手を利用することをいう。「こっちの弱みを握って付け込んできやがる」などと用いる。

つけひも【付紐】
幼い子供は帯を締めるのがたいへんなので、着物の胴の部分に布を平絎《ひらぐけ》にした

付　紐

紐を縫い付けて、それを前や後で結んだ。この紐が付紐である。「付紐の頃」といえば幼少時代を意味した。

つけめ【付目】

目的とするところ、目当、付け込むべきところの意。「そこが付目で」は「そこが利用する狙いどころで」の意。

つじかご【辻駕籠】

江戸時代初期は身分の高い者やそれに仕える者だけが駕籠を利用し、庶民には乗用が許されていなかった。江戸中期頃からは、庶民も駕籠を頼めば粗末ながらも乗れるようになり、駕籠屋という商売が生まれた。芝口の初音屋、大伝馬町の赤岩、浅草の江戸勘と伊勢屋、吉原の平松などが庶民用の駕籠屋であった。駕籠を担ぐ人夫を駕籠舁《かごかき》というが、客がないと盛り場や人の集るようなところの近くに待機して客を待つ。これを「辻駕籠」といった。駕籠は亀甲《きっこう》編みの枠付台の前後に太竹を折り曲げた支え棒を立てて茣蓙《ござ》で囲み、亀甲編みの台には座布団が敷いてあって、駕籠の中に通した担い棒から吊り手の布紐が垂れていた。駕籠舁は先棒と後棒の二人一組で、息杖《いきづえ》をついて調子をつけて勢いよく走る。揺られて転げ落ちぬよう、客は吊り手にしっかりつかまっていなければならなかった。駕籠舁は背中に彫物《ほりもの》（入墨）をしたようなやくざっぽい者が多く、冬でも襦袢《じゆばん》と半纏《はんてん》、パッチに草鞋履《わらじば》きであった。たちの良くない者は、公許吉原や岡場所に遊びに行く客や女性の客には「旦那、白馬《しろうま》（にごり酒）か赤馬《あかうま》（清酒）をはずんで下せえ」などと規定の賃金以外の酒手《さかて》を要求し、客が応じぬとわざとのろのろ歩いたり、駕籠を引っ繰り返したりして嚇《おど》した。➡街道雲助《かいどうくもすけ》、白《しろ》馬《うま》、赤《あか》いの、酒手《さかて》、息杖《いきづえ》、素《す》っ飛《と》び駕籠《かご》

辻駕籠

つじつまがあう【辻褄が合う】

「辻」は縫い目の十文字になったところ、「褄」は長着の裾の左右両端で、どちらもきちんと合うべき着物の縫い目。転じて、話が首尾一貫していること、筋道が通っていることをいう。話の前後に矛盾がある意で「辻褄が合わない」、話の筋道をうまく合わせて取り繕う意で「辻褄を合わせる」というかたちで用いることも多い。

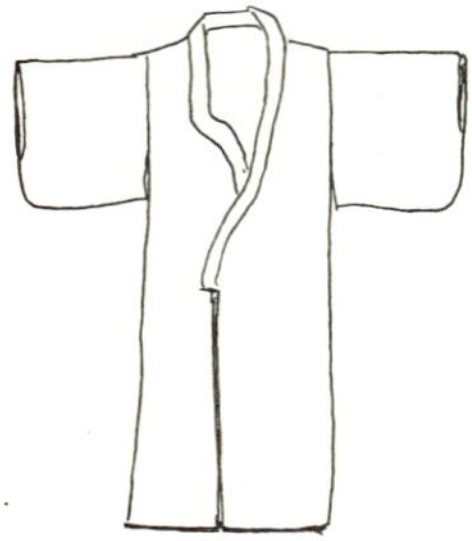

辻褄が合う

つじばん【辻番】

夜の江戸の町は辻斬りや盗賊が横行したため、寛永六年（一六二九）、幕府は武家屋敷の辻々に自警のための辻番所を、町方には自身番所を設けるよう下達した。武家の角屋敷は塀の一部を取り除いて間口二間（約三・六メートル）奥行九尺（約二・七メートル）の瓦葺《かわらぶ》きの小屋を作り、常時四、五名が詰めて通行人を見張った。御徒町の堀の辻番は厳しいので有名であった。➡自身番将棋《じしんばんしょうぎ》

辻　番

ったって

「……と言ったところで」の訛り。「働くったって、何、ちょっと掃除するだけだ」「助けるったってわずかな金を恵んだだけだよ」「食うったって、そんなもの丼に一杯も食えるもんか」などと用いる。

ったら

「と言ったら」の訛り。「今日の人込みったら呆れるほどだ」「一日中ひまだったらありゃしねえ」などと用いる。

つちほぜり【土ほぜり】

「ほぜり」は「ほじり」の訛りで、土を突ついて穴を掘ったり掻き回したりすることをいう。曲山人補綴『仮名文章娘節用』に「土ほぜりしている」とある。

つつがない【恙無い】
無事である、異状がない意。「つつが」は恙虫《つつがむし》というダニで、幼虫が病原体を媒介し、刺されるとしばしば致命的となるつつがむし病にかかることから、「つつがなし」が息災である意となったという。今でも「つつがなく暮らしております」などと用いられるが、古くからある語である。

つっきる【突っ切る】
一息に横切ることをいう。「往来を突っ切って行きやがった」などと用いる。

つっけんどん【突っ慳貪】
無愛想でとげとげしい口のきき方や態度をいう。「突っ慳貪な口で言われた」などという。「慳貪」は極めて欲が深いこと。また突き放すような粗暴さをいう。江戸時代の行商の蕎麦《そば》・饂飩《うどん》売りが客の注文に対し、極めて愛想悪く品を出すので、このことから彼らの売っている一杯ずつ盛り切りにしたものを「慳貪蕎麦《けんどんそば》」といった。➡慳貪蕎麦《けんどんそば》

つっころばし【つっ転ばし】
「突き転ばし」の訛りで、多く夜鷹《よたか》の異名として用いた。客が付くと、突き転ばされたように地面に敷いた薦の上に寝たことからの呼び名。➡夜鷹《よたか》びっくり土竜《もぐらもち》　土竜《もぐらもち》びっくり夜鷹《よたか》の屁《へ》

つっとばす【つっ飛ばす】
「突き飛ばす」の訛り。激しく突いたり勢い良くぶつかったりして相手をはね飛ばすことをいう。

つつぬけ【筒抜け】
筒の底が抜けていて遮るものがないので、入れたものが通り抜けてしまう意から、話し声がそのまま他に聞こえてしまうこと、また、秘密の計画などがたちまち他に漏れてしまうことをいう。「安普請の長屋だから、どんな話も隣へ筒抜けだ」などと用いる。

つっぱしる【突っ走る】
勢い良く、まっしぐらに走ること。

つっぱねる【突っ撥ねる】
相手の要求などをはねつける、手厳しく拒否することをいう。「頑《がん》として突っ撥ねた」などと用いる。

つっぱりもん【突っ張り者】
「もん」は「者《もの》」の訛り。意地っ張りや、虚勢を張る者をいう。「うちの親父は突っ張りもんで」などという。

つつましい【慎ましい】
控え目で遠慮がちであることの形容。また、質素であること、約《つま》しいことの形容でもあり、江戸っ子は「つつましい」と「つましい」を混同して用いることが多い。

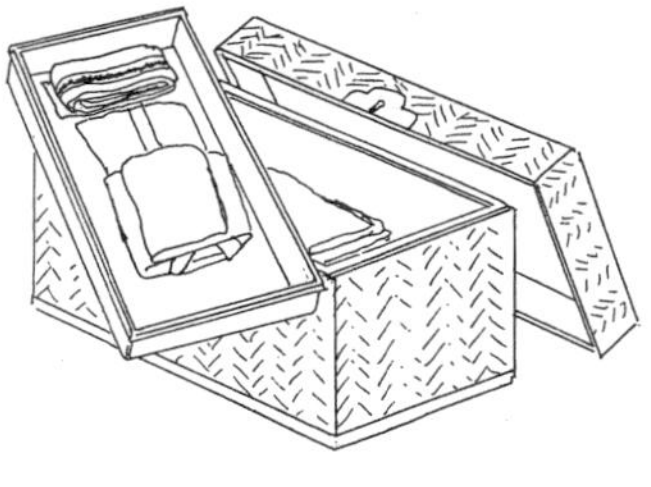
葛籠

つつもたせ【美人局】
男が妻や情婦などを他の男に言い寄らせ、その現場を押えて相手の男を脅迫し、金品を脅し取る行為で、江戸時代から盛んに行われた。現代でもこのような犯罪をニュースで聞くことがある。

つづら【葛・葛籠】
竹や檜《ひのき》の薄板を網代に編んで作った蓋付きの籠で、衣類などを収納するものをいう。柳の細枝で編んだものもある。後にはその上に紙を貼り、漆などを塗った物も作られた。

つて【伝】
目的などを実現させるための手がかりの意。知人などを頼っていくことをいうことが多い。「伝があったので仕事がもらえた」などと用いる。

ってんで
「ということで」の略。「ふざけるなってんで、はっきり言ってやった」などと用いる。

つとめあがり【勤め上り】
勤めを終えた者、つまり年季奉公を終えた者のことをいう語。ただし、曲山人補綴『仮名文章娘節用』にも記されているが、「つとめ上りの女」というと、特に、借金を背負って遊女となったが、抱え主との契約がついに終了した女性のことをいう場合がある。

美人局

勤め上り

つぶししまだ【潰し島田】
女性の髪形の一つで、島田髷《まげ》の髷を潰したような形に結う。江戸時代末期の頃の宿場にいた飯盛女《めしもりおんな》の髪形であった。野暮ったい中にも粋な雰囲気があるので、明治時代には芸妓も結った。

潰し島田

つぼ【壺】
博奕《ばくち》の際に使う小さな深い笊《ざる》のようなもの。この壺に賽《さい》を入れて振り、莫蓙《ござ》の上に伏せ、出た賽の目で勝負を争った。このことから博奕打ちを「壺振《つぼふ》り」といった。⇩盆莫蓙《ぼんござ》

つましい【倹しい・約しい】
質素な暮し方をいう。江戸っ子は「つつましい」と混同して用いた。

つまずき【躓き】
「躓《つまず》く」は爪先が何かに引っ掛かって体がよろけることから、ことが成功しないこと、失敗の意。「あの女に現《うつつ》を抜かしたのが俺の人生の躓きだった」などと用いる。

つまはじき【爪弾き】
嫌いな者をお弾《はじ》きの玉のように弾き出して退けることをいう。「あいつは世間の爪弾きだ」などと用いる。⇩お弾《はじ》き

つまるとこ【詰まるとこ】
「詰まるところ」の訛りで、結局、要するにの意。「つまるとこ大した野郎じゃあねえ」などと用いる。

つまをとる【褄を取る】
昔の女性の着物は引きずるほど長かったため、外を歩く時は褄を右手でつまんで持ち上げ、裾《すそ》が地面に付かぬようにすること。⇩左褄《ひだりづま》

つめてえ【冷てえ】
「冷たい」の訛り。寒い、冷淡、人情が薄いなどの意として用いる語。「この頃あの娘は冷てえ」は、女性が冷淡になった意。温度の低いことを「おお、冷てえ」という。芝居の『三人吉三』には「冷てえ風を、ホロ酔いに、浮れ鴉の唯一羽、女に化けて、つつもたせ……」とある。

つめにひをともす【爪に火を灯す】
油や蠟燭《ろうそく》を買うことができないので、自分の爪に火を灯して明りにする程であるの意から、非常に貧しいこと、また、極端に倹約していることの譬《たと》え。「爪に火を灯すようにして暮した時期もあった」などという。

つめのあかほど【爪の垢ほど】
爪の間にたまる垢のように、きわめて少しであること、また取るに足りないことの譬《たと》え。「爪の垢ほども悪いことはしていない」などと用いる。

つめのあかをせんじてのむ【爪の垢を煎じて飲む】
立派な人のものなら、爪の垢のような取るに足りないものでももらって、薬として飲んでその人にあやかりたいと思うことの譬《たと》え。「親父さんは立派なお人なのにお前は情けない奴だ。親父さんの爪の垢でも煎じて飲め」などという。

つめばらをきる【詰腹を切る】
周囲の力に強いられて責任を取らざるをえなくなること。武家社会において、事件や犯罪の責任をとらせるために否応なく切腹させた風習からきた表現。

つめる
「抓《つね》る」の訛り。爪や指先で相手の皮膚をつまんで強く捻《ひね》って痛みを与えること。「彼女に嫉妬されてつめられた」などと用いる。

つもる【積もる】
推量するの意。狂訓亭主人『春色梅児誉美』に「よくつもって見るがいい」とあるのは「よく周囲の状況や今のありさまを推し量った上で言うが良い」の意。また、たくさん溜まったの意。

つゆしらず【露知らず】
朝露の一粒ほども知らぬこと、少しも知らないことをいう。江戸の戯作本《げさくぼん》などによく記されており、曲山人補綴『仮名文章娘節用』上之巻に「いつわりとは露しらず」とあるのは、嘘だとはこれっぽっちも知らなかったの意。

つら【面】
顔のこと。その人の人格や名誉、体面の意に多く用いられる。「どの面下げて」は、どんな体裁の良い顔をして人前に出るのかの意。「面憎《つらにく》い」は、顔を見るだけでも憎々しいの意。「面の皮が千枚張《せんまいば》り」は、厚かましくて恥を知らず、鉄面皮《てつめんぴ》だの意。「大《で》けえ面《つら》」は人前で図々しく構えていること。「面魂《つらだましい》」は、顔に逞《たくま》しい様子が窺《うかが》われること。「外面《そとづら》が良い」は、他人に対して愛想が良いこと。「面当《つらあ》て」は、憎い相手に当てこすりをして嫌がらせること。「面汚《つらよご》し」は、体面を損なうこと。また、物などの表面も「面《つら》」という。

つらあて【面当て】
「面《つら》」は相手の面前の意。「当て」は当てこすり。嫌な人や憎いと思う人の面前でわざと相手の嫌がる皮肉を言ったり行動をすることをいう。「俺にはできないことだと知っているくせに、面当てに押しつけやがった」などと用いる。

つらいかし【面生かし】
ちょっとした工夫をして、見てくれ良く変化させることをいう。桐の柾目《まさめ》の下駄《げた》の側面を黒漆で塗り、鼻緒を天鵞絨《ビロード》でくるんだりすると高級品に見える。これを「下駄の面生かし」といった。

つらのかわがあつい【面の皮が厚い】
図々しいこと、厚かましいことの形容。少しぐらい嫌味や皮肉を言われても平然として顔色も変えない者をいう。「あいつは面の皮が厚いから、何と言われても感じない」などと用いる。鉄面皮《てつめんぴ》ともいう。

つらよごし【面汚し】
不名誉なことをして体面を損うことを

いう。また、仲間や家族などの恥となることをした者をいう。「あいつは家族の面汚しだ」などと用いる。「顔汚《かおよご》し」ともいう。

つりぎつね【釣り狐】

幼児や女児の室内遊戯の一つで、紐《ひも》一本あれば遊べる。「猟師」役の二人が紐で作った輪の両端を持って「罠《わな》」とし、菓子や小さい玩具の「餌」を置く。他の子供が反対側から「罠」に手を入れて素早く「餌」を取るのだが、動きが遅いと「猟師」の二人が紐を引いて「罠」で手首を締められてしまう。猟師が鶏や油揚げを仕掛けて狐を捕えるのに似ているので「釣り狐」または「狐釣り」という。大正時代頃までよく行われた遊びである。

釣り狐

つりぐい【吊り食い】

一種の饅頭《まんじゅう》食い競争。饅頭をやや太目の糸に吊るしてくわえ、少しずつ糸を噛み上げて饅頭を食う。なかなか饅頭が口に近づいて来ず、顎が疲れる。行儀が悪いといわれた遊びである。

吊り食い

つる【蔓】

「手蔓《てづる》」の意からの語。江戸時代は牢獄に入れられる時、金銭を隠し持っていくと牢内での待遇が違った。この金銭持込を「つる」といった。「お牢内はつるが要るんだ」などと用いる。

つるしんぼう【吊るしん坊】

店頭に吊るされて売られていることから、既製品の衣類をいう。「吊るし」ともいう。

つるのおなり【鶴の御成】

江戸時代に徳川将軍が鷹狩りに行くことをいう。遊戯と演武を兼ねた恒例行事で、鷹で鶴を捕え、朝廷に献上したり大名に下賜《かし》したりした。江戸近郊の亀有や三河島、小松川などで行われたが、コースはいろいろであり、多くは竪川筋に出て、帰りは千住あたりから御座船《ござぶね》で綾瀬川から大川（隅田川）を下り、西両国の新柳町河岸に上がって、駕籠で江戸城に戻った。この鷹狩りを「鶴の御成」といい、その時は江戸市中を厳戒した。

鶴の御成

つるのひとこえ【鶴の一声】

議論百出のときに、それらを威圧し、否応なく従わせてしまう、有力者や権威ある者の一言をいう。鶴は古くから長寿の鳥として尊ばれた特別な鳥で、その一声で多くの鳥も沈黙するようなものだということ。「なんだかんだと大もめにもめたが、大家の鶴の一声で話は決まった」などという。

つれ【連れ】

同行者、同伴者をいい、配偶者、仲間などの意にも広く用いられる。「気づいたら連れの姿が見えなかった」「お連れさんはお一人ですか」などと用いる。⬇連《つ》れ合《あ》い

つれあい【連れ合い】

連れ添う相手の意で、配偶者をいう。他人に自分の配偶者の話をする時に、「連れ合いを亡《な》くして子育てに苦労しました」などと用いる。

つれそう【連れ添う】

夫婦になること、夫婦として生活していることをいう。「連れ添ってから五十年、よくも無事で過ごしたものだ」などと用いる。

つれない

薄情《はくじょう》なこと、冷淡なこと、思いやりのないことの形容。男女間でよく用いられる。「つれない素振《そぶ》り」「つれなくあしらう」「あの人はほんとにつれない」などという。

つんつるてん

衣服の丈が短くて手脚が出ていることの形容。「背が伸びたから、その着物はもうつんつるてんだね」などという。

つんつるてん

つんのめる

「つん」は強めるための接頭語。勢いよく体が前に傾いて転びそうになる、あ

るいは転んでしまうことをいう。「石にけつまずいてつんのめった」などと用いる。

つんぼさじき【聾桟敷】
①江戸時代の歌舞伎小屋で二階正面の最後部の席は、豆粒ほどではあっても役者の演技は見える。しかし台詞《せりふ》がよく聞えないのでこのようにいわれ、最下級の席であった。
②仲間外れにされて必要なことを知らされぬことをいう。卑語的表現で、「俺だけ聾桟敷に置くとは、まったくひどい奴らだ」などと用いる。

つんぼのはやみみ【聾の早耳】
都合の悪いことは聞えないふりをするくせに、悪口を言われるとたちまち反応する者をいう卑語的表現。また、よく聞えなかったのに聞えたふりをして早合点することをいう。

「て」

であいぢゃや【出合茶屋】
江戸時代に男女が密会する時に利用した茶屋をいう。

てあしをもぎとられたよう【手足をもぎ取られたよう】
身動きが取れず窮地に陥っていることの形容。また、生活費を稼ぐための重要なものを取り上げられることもいう。「あんなに活躍していたのに、まるで手足をもぎ取られたようで落ち込んでいる」などという。

てあぶり【手焙り】
手を温めるために用いる小さい火鉢をいう。客用の手焙りは木肌の美しい箱火鉢であった。

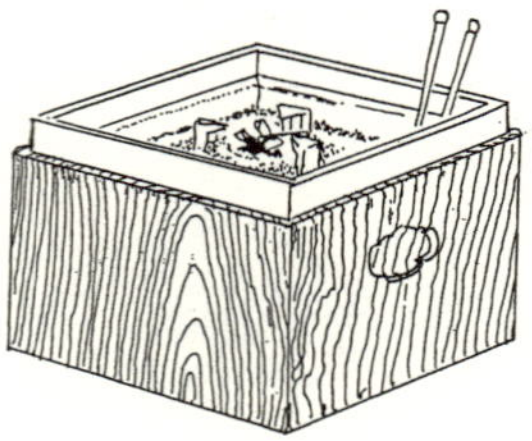
手焙り

ていけのはな【手活けの花】
自分で活けた花をいう。転じて、身請けして妻や妾《めかけ》にした娼妓などをいう。「あの女を落籍《ひか》せて手活けの花とした」などという。

ていさいのよいこと【体裁の良いこと】
「体裁」は見てくれ、体面の意。「体裁の良いことを言うな」は「口先だけで調子の良いことを言うな」の意。

ていし【亭主】
「ていしゅ」の訛りで、江戸下町の庶民がよく用いる。「うちの亭主《ていし》は」などという、狂訓亭主人『春色辰巳園』によく出てくる言葉である。

ていしゅ【亭主】
一家の主人の意で、妻が夫のことを他人に話す時に謙遜《けんそん》して用いるが、本来は誇らしげに用いるべき語である。「亭」は「東屋《あずまや》」で、これは東国風のひなびた建物であるが、広い邸宅の庭園などに設けられるもので、亭があるのは広大な屋敷であり、邸の主人が亭主である。それがいつしか「亭のように貧しい我が家の主」の意となった。この語は上流では用いず、下町の庶民が用いる。

ていしゅをしりにしく【亭主を尻に敷く】
妻が一家の実権を握り、夫をないがしろにしていることの表現。上に大きな尻が乗っているので夫は身動き取れないという面白い表現である。

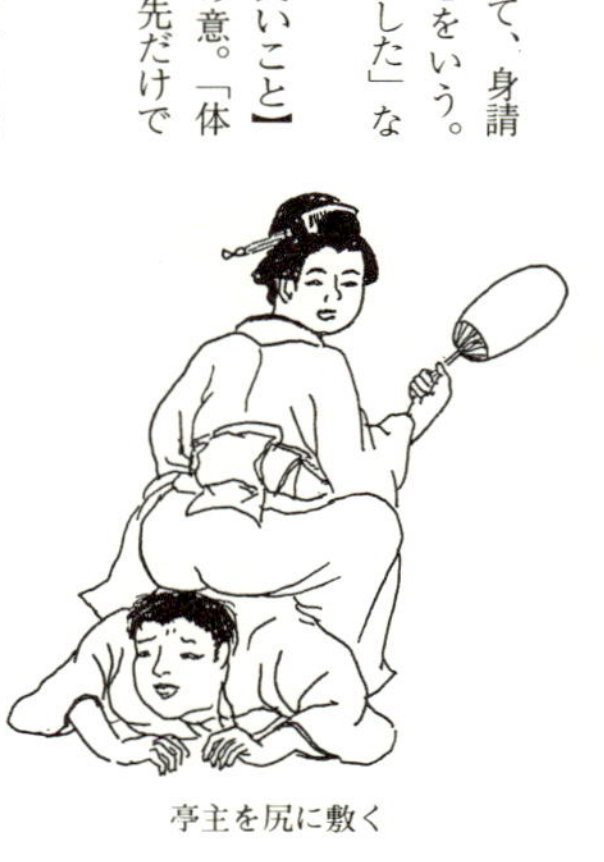
亭主を尻に敷く

でいり【出入】
①職人などが身分の高い者や富裕の商人などに贔屓《ひいき》にされ、仕事をもらうなどしてしばしばその家を訪れることをいう。「御出入《おでいり》」ともいい、「親父の代から御出入を許されている」などという。
②事の経過、内容をいう。「どういう出入かわかりませんが」などという。
③やくざ用語で喧嘩《けんか》の意。

てえげえ【大概】
「たいがい」の訛りで、大体、おおよそ、いい加減の意。「そのことならてえげえ知っている」などと用いる。狂訓亭主人『春色梅児誉美』巻之四に「てえげえにしねへか」とあるのは「いい加減にしないか」の意。

てえそう【大層】
職人などは「たいそう」を「てえそう」と訛った。普通より程度がはなはだしいことの形容。十返舎一九『東海道中膝栗毛』初編に「ごてえそうに小言をいいなすったが」とあるのは「大変に怒って文句をお言いになりましたが」の意。

でえそれた【大逸れた】
「だいそれた」の訛り。はなはだしく常軌をはずれていること、身のほどをわきまえないこと、とんでもないことの意。「でえそれたことをいう奴だ」「でえそれたことをしでかしたな」などと用いる。

てえと
「と言うと」の訛り。『『なにを抜かしやがる』てえと、あいつはいきなり撲り付けた」「そうするってえと相手は」などと用いる。

でえなし【台無し】
「台《だい》無《な》し」の訛り。「気をつけろ、落してでえなしにするなよ」などという。また、「代無し」とも書いて、それを壊したら代りのものが無いの意で用いる。

でえぶ【大分】
「大分《だいぶ》」の訛りで、かなり、大層《たいそう》の意。江戸時代以来、庶民の口の荒い者が用いた。十返舎一九『東海道中膝栗毛』初編にも「ホンに夕べはでえぶお賑《にぎ》やかでござりやした」と記されている。昭和初期頃まで職人などが「昨夜はでえぶ飲んだらしいな」「でえぶ使い込みやがった」などと用いていた。

てえへえらく【太平楽】
「たいへいらく」の江戸訛り。「太平楽」は天下太平を祝う雅楽の一つで、舞楽の中でももっとも豪華な装束や持ち物を用い、即位礼の祝賀にはかならず演ずる。転じて、好き放題の意となり、周囲の状況などおかまいなしに好き勝手なことをいう、言いたい放題、のんきにかまえていること、大言壮語、でたらめ、ほらを吹くこと、贅沢をいうことの形容。「太平楽を並べる」「太平楽の巻物を並べる」「太平楽を言う」などと用いる。

てえんで
「と言うので」の訛り。「それは大変だってえんで、すぐに駆けつけた」などと用いる。

でおくれおんな【出遅れ女】
適齢期を過ぎても結婚していない女性をいう。「おっかさんの看病で出遅れ女になっちまったとは気の毒だ」などという。

てかけ【手掛け】
手に掛けて愛する者の意で、妾《めかけ》のこと。また、手を掛けた女を妾に引取ること。

でかした【出来した】
「でかす」は「うまくやる」「作り上げる」の意に用いる。「こんなに骨の折れるものを巧く作ったな。でかしたではないか」は褒《ほ》め言葉。ただし「為《し》出《で》来《か》す」は良くないことをやってしまったの意となり、「えらいことをしでかしたな」は「とんでもないことをやってくれたな」の意になる。「でかす」と「しでかす」を混同して用いる江戸っ子も多い。

てがはいる【手が入る】
「手入れ」ともいう。検挙や調査のために博奕《ばくち》現場などに奉行所の者が踏み込むことをいう。現在でも「警察の手が入る」「司直《しちょく》の手が入った」などという。

できあい【出来合い】
注文を受けて作る商品ではなく、あらかじめ大量に作っておいて売る商品をいう。転じてありきたりのものをいう。「あの方《かた》はそんじょそこらの出来合いのお人じゃねえよ。ご立派なお人だ」などと用いる。

できあがる【出来上がる】
完全に酔っぱらっていることの形容。「酒に弱いのであっという間に出来上がってしまった」などという。⬇大虎《おおとら》になる

できごころ【出来心】
その場でふと頭に浮かんだ良くない考えをいう。「普段はそんなことをする人でないのだが、出来心でやってしまったのだろう」などと用いる。

できそこない【出来損ない】
出来上がりの品に欠陥などがある物をいう。また、能力などが劣る者を罵《ののし》っていう。「あの男はとんだ出来損ないだよ」などと用いる。

できたひと【出来た人】
世の中を経験して、酸《す》いも甘いもよく心得た人の意で、人柄がすぐれている人に対して敬意をもって用いる語。「あの人は出来た人だよ。見習いたいものだ」などと用いる。

てきぱき
物事を手際良くきちんと処理することの形容。「あの人は何事もてきぱきと片付ける」などという。また、もの言いが歯切れ良いこともいい、「てきぱきとした返事だ」などと用いる。「提起発起」の字を当てることもある。

できぼし【出来星】
不意に出現した星の意から、転じて不意に金持になったり出世したりした成り上がり者をいう。「あの人は出来星の成金《なりきん》になった」などと用いる。

できるのできないの【出来るの出来ないの】
「出来る」ことを強調する表現。「痛いの痛くないの（ものすごく痛い）」「美《う》味《ま》いの美《う》味《ま》くないのって（驚くほど美味い）」など、語の意味を強調するために否定形を重ねる言い回しはよく用いられる。

テクシー
かなり長い道のりを一定の速度で歩いて行くことを「てくてく歩く」と表現するが、大正時代にタクシーが流行した時、乗物には乗らずに歩いて行くことを「テクシーで行く」などと洒落《しゃれ》た。

でくのぼう【木偶坊】
気が利かぬ者、役に立たない者、能無しを罵《ののし》っていう語。「木偶」は木彫りの操り人形のこと

てぐるま【手車】
玩具の一つで現代のヨーヨーと同じ。小さい外側の脹らんだ車を二枚合わせて芯に糸を結び付け、糸を芯に巻きつけて放ったり、糸の端を持って下に下ろすと反動で車が巻き上がる。江戸時代末期に

手車

は大人までもが遊んだ玩具である。

でこすけ【凸助】
額が突き出している者に対する侮蔑の言葉であったが、額が出ている者にかぎらず相手を罵《ののし》る時に「凸助め」「凸助野郎」などと用いられるようになった。

てこずる【梃摺る】
思うように物事が運ばず、もてあますこと、処置に困ることをいう。「あいつを説得するのに梃摺った」などという。

てこづる【てこ鶴】
「梃摺《てこず》る」の語に掛け、吉原では客の付かない遊女を「てこ鶴」といった。遊女には秀鶴、綾鶴、千代鶴など鶴の名を付けた者が多かったので、もじってつけられあだ名となったもの。川柳にも「てこ鶴という傾城《けいせい》を浅黄《あさぎ》買い」というのがある。➡浅黄裏《あさぎうら》、傾《けい》

でこでこ
盛り上がったり凸凹していること、また、うんざりするほど着飾っていることの形容。「でこでことこ丸髷《まるまげ》を結う」などという。

てこまい【手古舞】
江戸時代、町内の祭礼の時に、娘や芸妓が男装して御輿《みこし》や山車《だし》の先頭に立って唄いながら舞いを舞った。髷《まげ》を大若衆に結い、緋縮緬《ひぢりめん》の襦袢《じゅばん》を片肌脱《かたはだぬ》いで、裁着《たつつけ》袴《ばかま》に草鞋《わらじ》を履いて、背には花笠、左に鉄棒（錫杖《しゃくじょう》）を突き、右に扇を持って、木遣《きやり》などを唄いながら舞い歩いた。何ともいえない色気のある姿で、町の若衆が騒いだ。現在も神田祭などで見られる。

手古舞

てごめにする【手籠めにする】
力ずくで相手の自由を奪うこと。特に暴力を振るって女性を犯すことをいう。

てさき【手先】
江戸時代、町奉行所の同心が捜査や追捕をする時に手伝いをした岡っ引をいった。また、人が集まる風呂屋や料理店などで働く者の中で、岡っ引の手下になって内偵の手伝いをする者も手先といった。

てしおにかける【手塩に掛ける】
手塩とは食膳に小皿で出される少量の塩。それを使って自分の手で塩加減をすることから、自分の手で大切に子育てすることをこのようにいう。「手塩に掛けて育てた子」などという。

でしたっけ
「〜でしたかしら」の意の疑問詞。「誰方《どなた》でしたっけ」「何でしたっけ」などと用いる。

でしたら
「でありましたら」「そういうことでありましたら」の意。「御都合が宜しいのでしたら御来駕《ごらいが》お待ちしております」「でしたら、仕方がありません」などと用いる。

手先

でしゃばる【出しゃ張る】
自分の存在を目立たせようとして、頼まれてもいないことや、無関係なことに口出ししたり手出しすることをいう。「子供のくせにでしゃばって生意気なことを抜かしやがる」などという。

でしょ
「でしょう」の訛り。推量を表すのではなく、相手に説明して納得させようとする語尾。「でしょ」の下には「だから」と続き、「うちは女が多いでしょ、だからみんなお喋りなのよ」などと用いることが多い。アクセントは下町特有で親しみを感じさせる。「着物を縫わなくちゃなりませんでしょ」は「縫わなくてはならな

いんですよ」の意で、立場と責任をあらわす。また、相手に同意を求めて「こうなったのは当然ですよ、ね、そうでしょ」などとも用いる。

でしょうよ
　推量を表す語で「と思いますよ」の意。「おそらくそのぐらいはあったでしょうよ」などと用いる。

ですぎのはやがてん【出過ぎの早合点】
　「慌《あわ》て者の早とちり」に似て、でしゃばりのおっちょこちょいで、すぐに理解したつもりになる者をいう。十返舎一九『続々膝栗毛』三編上に「北八は例の出過の早合点」とある。

てぜま【手狭】
　人数などに比べて部屋などが狭いこと。「御覧の通りの手狭で御座いますので、失礼のことは御勘弁のほどを」「入ったらすぐに裏に抜けられるような手狭な店ですから」などという。

てだまにとる【手玉に取る】
　娘たちが玩具のお手玉を自由自在に扱うように、他人を自分の思うように動かすことをいう。➡お手玉《てだま》

てっか【鉄火】
　戦国時代、二人のどちらが悪事を働いたのかを裁く場で結論が出ない時、焼けた鉄を握らせ、熱さに耐えきれず鉄を投げ捨てたほうを有罪とした。これを鉄火という。このことから、死や怪我などを恐れぬ激しい気性、侠気《きょうき》があるの意として使われる語でもある。➡鉄火肌《てっかはだ》

でっかす
　「出会《でくわ》す」が「でっくわす」と訛り、さらに省略された語。偶然出会う、行き会うの意。「大きな事件にでっかした」「道で借金取りにでっかしてしまった」「角を曲ったところで犬にでっかした」など、あまり良い出会いには用いない。

てっかば【鉄火場】
　博奕《ばくち》場の意。鉄火な（侠気ある）者が集まるのでいう。

てっかはだ【鉄火肌】
　荒々しく激しい気性・気質をいう。侠《きょう》気《き》のあること。「鉄火肌の姐御《あねご》」などと用いられる。悪度胸《わるどきょう》がある意でも使われる。➡勇《いさ》み肌《はだ》、鉄火《てっか》

てっきり
　きっと、想像どおりに、必ずの意。「物音がしたので、てっきり盗人《ぬすっと》が忍び込んだのだと思った」などと用いる。

でっこみひっこみ
　物事がすんなりとは運ばず、波乱のある経過をたどること、良いことも悪いこともあることの形容。「こうなるまでには、色々のでっこみひっこみがあって」などという。

でっち【丁稚】
　「弟子《でし》」の訛りで、職人の家で修業をする年少の者を言ったが、後《のち》には商店で使用する年少の者をいう語として多く用いられるようになった。小僧《こぞう》ともいい、重複させて「丁稚小僧《でっちこぞう》」ともいった。

でっちあげる【捏ち上げる】
　事実ではないことを、あたかも事実のように作り上げることをいう。捏造《ねつぞう》するの意。「こんな嘘をでっち上げやがって」などという。

でっちりはとむね【出っ尻鳩胸】
　昔は、尻が突き出て腰が太く、胸の張り出《で》た女性を「出っ尻鳩胸」といって、美女の容姿とは見ずに軽蔑した。

てっとりばやい【手っ取り早い】
　手間がかからないこと、素早いこと。「口で説明するより、俺がやって見せた方が手っ取り早いよ」などと用いる。

てっぺん【天辺・頂辺】
　「てへん」の訛りで、物の一番上をいう。兜《かぶと》の頂にある金物を「頂辺《てへん》の座」という。「てっぺんから冷水を浴びたようだ」は頭から冷水を浴びたように恐ろしさにぞっとして立ちすくむことの譬《たと》え。「杉の木の天辺《てっぺん》に烏が止まっていた」などと用いる。

天　辺

てっぽうだま【鉄砲玉】
　①鉄砲玉は鉛か鉄でできているため水に落ちると沈んでしまうことから、泳げぬ者の譬《たと》えとして用いる「あいつは鉄砲玉だから水泳には誘えない」などという。②鉄砲玉は撃てば戻ってこないことから、外出したきり帰ってこないことに譬えていう。「使いに出したのに鉄砲玉なんだから」「鉄砲玉の使い」などと用いる。遊び盛りの丁稚《でっち》などを使いに出すと、途中で引っ掛かってなかなか戻ってこないことを譬えていう。

てづま【手品】
　「手妻」とも書く。手品《てじな》の訛り。雑芸の一種で、指先を巧みに操ったり種々のしかけで見物人の目を胡麻化《ごまか》し、不思議なことをして見せる芸をいう。この芸を行う者を「てづま師《し》」「てづま遣《つか》い」という。

てづまり【手詰まり】
　金銭の遣り繰りがつかぬこと、つまり困窮することの意。「今ちょっと手詰まりだから、もう少し待ってくんねえ」などと用いる。

てつめんぴ【鉄面皮】
　「面《つら》（顔）の皮が鉄でできている」の意で、厚かましく図々しい者を表す語。「あいつは鉄面皮《てつめんぴ》だから、何を言っても感じない」などと用いる。

ててご【父御・爺御】
　父親に対する尊称。母親は「母御《ははご》」と

いう。喜田川守貞『守貞漫稿』第三編人事部に「お前の家の爺御《てゝご》は元気か」とある。「爺」の文字を用いるのは、息子が一人前になる頃には父親が老年になっているからであろうか。

てなぐさみ【手慰み】
本来は気晴らしに手先でするちょっとした作業や遊びをいうが、やくざは博奕《ばくち》の意で用いた。「ちょっと手慰みをする」は博奕を打つの意である。

手慰み

てなべさげても【手鍋提げても】
「手鍋」はつるがついた手取り鍋で、召使を使わずに自分で炊事をするような、貧しくつつましい暮らしをすることの譬《たと》え。好きな男と夫婦になれるのなら、どんな苦労もいとわないの意。

手鍋提げても

てにおぼえがある【手に覚えがある】
技術や技能、特に武道を長年稽古をしていると、技が身についているので、そのことについては自信があることをいう。「腕に覚えがある」ともいう。

てにのらぬほどの【手に乗らぬほどの】
「手に乗る」は「意のままに操れる」であるから、「思うままに動かせる」の意で、その否定であるから、「こちらの言うことを聞かぬほどの」「こちらの思うままにならぬほどの」の意。曲山人補綴『仮名文章娘節用』にも「手にのらぬ程のいたづら者」とある。

てぬぐいひき【手拭引き】
腕相撲《うでずもう》の一種で、腕引きともいう。二人が向き合って手拭または紐の両端を握り、肘を床または机に突いて引っ張り合う。引っ張られて肘が浮いた方が負けで、時には大人もやる。

てのあること【手のあること】
技術を身につけていること、腕の良いことの意。狂訓亭主人『春色辰巳園』巻之八に「手にあることは客取だと」は「身につけているものは客を引きつける技術だけだ」の意。

てのごい【手拭】
「てぬぐい」の訛り。「そのてのごいをちょっと取ってくんねえ」「てのごいで汗を拭いた」などという。

てのひらにあせをにぎる【掌に汗を握る】
「手に汗を握る」ともいう。緊迫した場面や危険な場面に出会ってはらはらしたり、熱狂したりして注目していることの形容。「ことの経過《なりゆき》を掌に汗を握って見守った」などという。

手拭引き

てのろい【手緩い】
「てぬるい」の訛り。なまぬるいこと、厳しさが不足していることをいう。ぐずぐずしていることもいう。

てば
「と言えば」の訛りで、くだけた話し言葉に用いられる。非難や親しみをこめて話題にする時に「お君ちゃんてばひどいのよ」などという。また、じれったくなった時の呼びかけに「お君ちゃん、急いでってば」などと用いる。

ではな【出花】
番茶や煎茶の最初の一煎を出花といい、質の劣る粗末な番茶でも出花は良い香がする。「鬼も十八、番茶も出花」は鬼のように器量がよくない娘でも、年頃になれば何処《どこ》か色気が出てきて娘らしくなるという譬《たと》えで、身内の者の話をする時に謙遜《けんそん》して用いる。略して「番茶も出花」ともいう。⬇煮花《にばな》

ではなをくじく【出鼻を挫く・出端を挫く】
出鼻は「物事が始まったばかり」の意で、相手が何かを始めたとたんに妨害して、その意気込みを失わせることの譬《たと》え。「ではな」とも訓む。「新しい仕事をもらったのに、あいつの一言で出鼻を挫かれてしまった」などと用いる。

てはみせんぞ【手は見せんぞ】
江戸時代、武家は町人を嚇《おど》かす時に「刀を抜く手は見せんぞ」といった。「手」

は「刀の柄にかける手」と「術《て》（手練）」の両方の意で、「刀を抜いたと気付かぬうちに斬ってしまうぞ」ということ。

でばり【出張り】

江戸時代は同心が、明治になってからは警察官が、何か事あるときに警備に出向くことをいう。「川開きの花火の日なので出張りがあった」などという。

でべそのちゅうがえり【出臍の宙返り】

おかしくて笑い転げることを「腹を抱える」というが、出臍であったらその臍がひっくり返ってしまうほど抱腹絶倒《ほうふくぜっとう》であることの形容。

でほうだい【出放題】

口に任せて勝手なことを述べ立てることをいう。十返舎一九『東海道中膝栗毛』初編に「むだやしやれやら出放題な」とあるのは、「無駄口《むだぐち》や洒落《しゃれ》を言いたい放題に言って」の意。

でまかせ【出任せ】

よく考えもせずに思いつきでいい加減なことをいうこと。

てまとり【手間取り】

職人になるために見習い小僧を何年もつとめ、やっと親方に認められると、親方の仕事の一部を請負って工賃をもらうようになる。これを「手間取り」または「手間稼ぎ」という。この手間取りを数年続けて、一本立《いっぽんだち》（一人前）の職人として一家を構える。技量の劣る者は「いつまでも手間取りをしているんじゃあねえよ」と叱咤《しった》される。

てめえ【手前】

江戸時代、武士は自分と対等か、対等に近い相手を「御手前《おてまえ》」という二人称で呼んだが、いつしか庶民がややへりくだった一人称として「手前《てまえ》」を用いるようになり、「申し訳御座いませんが、手前《てまえ》どもではそのようなお品は扱っておりません」などといった。また、下級庶民は対等か対等以下の相手をやや見下して「てめえ」というようになり、「手前《てめえ》なんかに負けるもんかい」などといい、さらに訛って「手前《てめえ》っち」「手前《てめえ》ら」などといった。

てめえがって【手前勝手】

「てめえ」は「手前《てまえ》」の訛りで、この場合は一人称。自分の都合だけを考えて自分勝手に行動することをいう。「手前《てめえ》勝手なことばかり言わずに、少しは他人のことも考えろ」などと用いる。

てめえっち【手前っち】

「てめえ」は「手前《てまえ》」の訛りで、職人や下町の者が蔑んでいる相手に二人称として用いた。「手前《てめえ》っちなんかにわかるもんか」などという。

でもどり【出戻り】

いったん嫁に出た女性が離縁になって親元に戻ることをいう。「出戻り女」などという。

賭場（寺銭）

てやんでえ

「何を言っていやがるんだ」「何を言ってやんでえ」「てやんでえ」と順に訛った語。相手の言葉に反撃するときに用いるが、相手の言葉がなくても威嚇的に「てやんでえ、べら棒め」などといった。明治・大正時代にも、やくざや下級庶民は矢鱈《やたら》に用いた。

てらせん【寺銭】

博奕《ばくち》場の借り賃として、場所持（貸元）にその日の賭場《とば》で動いた金額に応じて支払う金をいう。江戸時代の寺社は寺社奉行の管轄で、町奉行や勘定奉行、目付は矢鱈《やたら》に踏み込むことができなかったため、博奕打ちは祭礼の折などに寺社の境内に賭博小屋を建てて庶民を誘い、寺社に若干の謝礼を支払ったことからきた語らしい。➡寺銭取《てらせんと》り、胴元《どうもと》

てらせんとり【寺銭取り】

寺銭は賭場の貸し賃の意。寺社に謝礼を支払うという名目で場所持ちの親分が寺銭を集めたが自分の懐《ふところ》に入れていた。このことから「寺銭取り」は他人の上前《うわまえ》をはねている者の意で、その者の威勢をけなす時に「あいつは寺銭取りだからな」などと用いる。➡寺銭《てらせん》

でるまくじゃあねえ【出る幕じゃあねえ】

「出る幕ではない」の訛り。歌舞伎に譬《たと》えた言い方で、他の出演の役者が登場すると違った場面（幕）になってしまう

ので「出る幕じゃねえ」と声がかかり、その意から、出しゃばったことをするなという意で用いられる。関係のないことに余計な口出しをした者を非難して「手《て》前《めえ》の出る幕じゃあねえ。引っ込んでろ」などという。

でれ助

てれんてくだ【手練手管】
「手練」も「手管」も人を巧みに操ったり丸め込んだりする腕前の意で、重複させて意を強めた語。人を騙《だま》すためのありとあらゆる方法をいう。

てをいれる【手を入れる】
書画などに補筆することをいう。

てをうつ【手を打つ】
喧嘩《けんか》に仲介が入って仲直りをしたり、商売で折り合いがついて取引が成立したりしたときに、「手打ち式」といって双方揃って拍手をする。このように、交渉や取引などで合意することを「手を打つ」といった。また、前もって必要な対策を講じることも「手を打つ」という。

手を打つ

でれすけ【でれ助】
しまりのない態度の者をいう。でれでれしていることの形容で、助は人名化するための語。「いい女を見るとすぐに目尻を下げるでれ助野郎奴《め》」などという。⬇でれんこ

てれつくてん
囃子太鼓の音の形容。「てれつくてんてん　どこどん」などという。「すってん、てれつく、天狗の面。瓢さん火吹男《ひょっとこ》、お多福《かめ》の面」などともいう。

でれんこ
しまりがなくだらしのない言動をいう。「てれんこ」ともいう。「てれんこてれんこしているな」などという。⬇でれ助《すけ》

てをきる【手を切る】
関係を断つことをいう。男女が愛情関係を断つ時に相手に渡す金を「手切れ金」という。

手を拱いて見ている

てをこまねいてみている【手を拱いて見ている】
「拱く」とは両手を胸の前で合わせる、また両腕を胸の前で組むことをいい、何もしないで、あるいは何もできずにただ傍観していることをこのようにいう。「突然のできごとだったので、手を拱いて見ているしかなかった」などと用いる。

てんかはれて【天下晴れて】
雲一つなく空が晴れ渡っているということ。転じて、やましいことは何一つないのだから、誰に気兼ねもなく堂々とやっていけるの意。「天下晴れて夫婦《めおと》になった」などと用いる。

てんから【天から】
天は上にあるものの意で人体でいえば頭である。故に「頭から」「最初から」の意。「てんから信用しない」「てんから馬鹿にしている」などと用いる。

てんがんきょう【天眼鏡】
占い師が人相や手相を見る際に使う大きな凸レンズのこと。占い師自体をいうこともある。「天眼鏡のようなことをいう」というのは、占い師のようなことをいうの意。

でんぐりがえる【でんぐり返る】
両手を地について体を丸め、前方ある

でんぐり返る

いは後方に回転することをいう。また、状況などが大きく変化したり逆さまになったりすることをいう。「幕府がでんぐり返って明治の御維新となった」などと用いる。

てんだ

「と言うのだ」の訛り。「ご褒美《ほうび》をやろうってんだ」「何をするってんだ」などと用いる。

てんちからみたときは【天地から見た時は】

「大自然から見た場合は」の意。松亭主人『閑情末摘花』巻之二に「天地から見た時は蝶々よりもまだ果敢《はか》ねえ」と記されている。

てんで

天から、考えるまでもなく、丸っきり、全然の意。打消しの語を伴うことが多く、「てんで相手にしない」「てんで役に立たない」などと用いる。

～てんで

「と言うので」の訛り。「火事だってんで急いで駆け付けた」「任してくれってんで、預けてきた」などと用いる。

てんてこまい【てんてこ舞い・転手古舞】

「てんてこ」は里神楽などの太鼓の音。それに合わせて舞を踊るように、休む暇もなく落ち着かぬこと、慌ただしく動き回ることの形容。「転手古」は当て字。

てんてつとん

女児の遊戯。二人が向い合って座り、互いの手を調子よく打ちあわせて遊ぶ。

てんてつとん

「せっせっせ」の原型のような遊びである。→せっせっせ

てんでに

「手に手に」の訛り。各自が自分の思うようにすることの形容。「てんでに得物《えもの》（道具）を持って駆け付けた」などと用いる。

てんでんばらばら

各自が勝手な行動をしてまとまりがないことの形容。「てんでんばらばらに逃げて行った」などと用いる。「てんでんばらり」ともいう。→てんやわんや

てんどん【天丼】

天麩羅丼《てんぷらどんぶり》の略。丼に盛った飯の上に天麩羅を乗せて調味の汁をかけたものをいう。天麩羅は皿に盛って出すのが普通であったが、丼に盛り込むと手軽なために、丼物《どんぶりもの》といって人気が出た。

天　丼

てんぷらをはいのなかにおとしたような【天麩羅を灰の中に落したような】

天麩羅が灰まみれになると表面の凸凹がいっそう目立つことから、痘痕《あばた》のある顔を形容してこのようにいった。十返舎一九『続々膝栗毛』三編下に「天麩羅を灰の中に落したやうな癖に」と記されている。

てんぽうせん【天保銭】

天保通宝のことで、江戸幕府が鋳造した長円形の銅銭で中央に四角い穴があり百文に通用したが、銅に不純物を混ぜたために価値が下がり、次第に百文に通用しなくなった。転じて、知恵の足らない者を「天保銭」とあだ名し、「あいつは天保銭だから話しても無駄だ」などと言って馬鹿にした。

天保銭

伝法肌

でんぽうはだ【伝法肌】

伝法は「でんぽう」とも訓《よ》み、仏の教えを師から弟子へ伝えることをいう。江戸時代、浅草の伝法院の威光を笠にきた土地のやくざが浅草寺境内の見世物などに無銭で押し入り、拒否したりすると乱暴で啖呵をきって凄んだが、歯切れの良いその口調や態度が江戸っ子好みだったために真似する者が現れ、俗にこれを伝法口調《くちょう》といった。また、そうした言動を好む気質を伝法肌といった。「伝法肌の姐《あね》御《ご》」などと女性に用いられることも多い語。

てんまど【天窓】

屋根に開けた窓で、紐などを用いて開閉し、採光や竈《かまど》の煙を出したりするのに用いる。引き窓ともいい、大正時代頃まで台所にあった。明治以降は枠に硝子《がらす》を嵌《は》めたものになった。

てんやもの【店屋物】

店屋は飲食物を売る店の意。客に食べ

店屋物

物を出してもてなす時は、その家で心をこめて作った物を出すのが礼であるが、急な場合などには飲食店に注文して食事を届けてもらう。これを店屋物という。「店屋物でお口に合わないと思いますが。どうか召し上がってください」などといって出す。

てんやわんや

「てんでん（それぞれが勝手に）」と「わや（無茶苦茶）」が結合した語。大勢が勝手に動いて混乱することの形容。「それはもう、てんやわんやの大騒ぎになって納まりがつかなかった」などと用いる。

➡てんでんばらばら

「と」

どあほう【奴阿呆】

「ど」は相手に対する罵《ののし》りやその下の語を強める接頭語。「どあほう」は大変愚かな者をいう。「弩阿呆」とも書く。

といたではこぶ【戸板で運ぶ】

昔の雨戸は縦が六尺（約二メートル）で幅三尺（約一メートル）程で、重病人や行き倒れ人が出ると、この雨戸を外し、担架代りにして運んだ。「戸板で運ぶ」とは医者に運び込むことを表す。

戸板で運ぶ

といち【卜一】

呉服屋で「上」の文字を二分して「といち」と読み、「上等」「上物」の隠語として用いられ、転じて「美女」の意にも用いられた。「これは卜一《といち》なお嬢様」は「これは美しいお嬢様」の意である。

どうおしだえ

「どうなされましたか」「何かあったのですか」の意で、江戸時代の粋《いき》な女性がよく用いた。狂訓亭主人『春色梅美婦禰』巻之十一にも記されている。

とうがたつ【薹が立つ】

野菜などの花茎が伸びて、固くて食べられなくなることをいう。また、多く女性の若々しい盛りの時期が過ぎることをいう。「うちの娘も薹が立ってしまい、もう縁談話がない」などと用いる。

どうぐやのてさきえし【道具屋の手先絵師】

道具屋とは骨董屋。骨董屋に命じられ、生計のために有名画家の贋作《がんさく》を描く貧乏絵師をいう。「一生認められず、道具屋の手先絵師で終った」などという。

どうこ【銅壺】

長火鉢の炭火の隣に埋めて使う銅製の湯沸しで、徳利《とっくり》を入れて酒を燗《かん》する（温める）ことが多いため、燗銅壺《かんどうこ》ともいう。

どうしたこって

「どうしたことで」の訛り。狂訓亭主人『春色辰巳園』巻之三に「どうしたこって増吉さんと」と記されている。

とうすみとんぼ【とうすみ蜻蛉】

イトトンボの異名。体長四センチほどで体は細長く、透明の四枚の翅《はね》を立てて止まる。江戸時代、行灯《あんどん》の灯芯《とうしん》を「とうすみ」と訛り、胴がこれに似ているので「とうすみ蜻蛉」と呼んだ。優美な蜻蛉である。

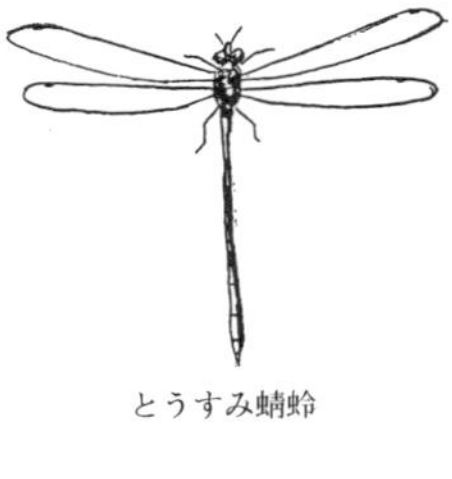
とうすみ蜻蛉

どうするれん【どうする連】

明治時代、娘義太夫に夢中になった若い衆が「どうするどうする」と掛声をかけたことから、女芸人などに熱を上げて、

どうする連

足繁く寄席などに通う連中をいう。「美貌と演技に惚れ込んで逢瀬を重ねたいが、どうしてくれるのだ」という意味である。

どうだい
訛って「どうでえ」ともいい、意見を言う時に「どうだろうか」と仮定的に用いる。「どうだい、俺にそれを一つ分けてくんねんか」などという。また、「どんなものだ」と自慢する時にも「どうだい、俺がやればこんなもんだ」などという。

どうでがす
「どうで御座いますか」の訛りで「どうでがんす」ともいう。

どうどうめぐり【堂堂巡り】
子供の遊戯の一つ。右なら右と同じ方の片手をつないでぐるぐる回り、目が回ってきたら止める。単純な遊びであるが、大正時代頃まで狭い往来で行われていた。

堂堂巡り［吾妻余波］

どうともごかってに【どうとも御勝手に】
「どうにでもそちら様の御自由にして下さい」の意。十返舎一九『東海道中膝栗毛』初編に「しかたがねえ、どうとも御勝手になせえまし」とあるのは「やむを得ません、どうにでも御自由にして下さい」の意。

とうなすかぼちゃ【唐茄子南瓜】
「唐茄子」はカボチャの一品種で、カボチャより小さく、美味であるが、江戸ではとくに区別をせず、カボチャ類を総称して「とうなす」といい、「かぼちゃ」とともに男を罵《のの》ったり、美しくない女を罵る語としても用いた。「あいつもいけねえ唐茄子だよ」「道理で南瓜が唐茄子だ」「この南瓜やろう」などという。「唐茄子にお歯黒」は醜女《しこめ》の形容。「かぼちゃ」はカンボジアから伝来したことからの名。

とうはちけん【藤八拳】
狐拳《きつねけん》と同じで、吉原の幇間《ほうかん》藤八が始めたとの説がある。また、江戸時代に藤八五文薬《ごもんぐすり》を売り歩く二人一組の掛声からとの説もある。「藤八、五文、奇妙」の掛声を狐拳の掛け声に用い、勝負を争う。凝ると夢中になり、「藤八拳に金を賭けて失敗した」などといった。職人の間で流行したが、今は知る人も少ない。⇩狐拳《きつねけん》

どうぶつえん【動物園】
芝居劇場の立見席は観客席の最後列で一段高くなっており、一般席と鉄格子で仕切られていたので檻に譬《たと》えられ、動物園と呼ばれた。昭和頃に格子はなくなったので、この表現も失われた。

とうへんぼく【唐変木】
唐（中国）から輸入された使いようのわからない木の意で、転じて、わからずや、気の利《き》かぬ者、間抜け、偏屈な者などに対する罵《のの》り言葉。「この唐変木め」などという。

どうまごえ【胴間声】
濁って太く調子はずれの下品な声をいう。「いきなり胴間声で怒鳴りつけられた」などと用いる。

どうもと【胴元】
江戸時代から用いられた語で、竹で編んで作った筒《どう》に賽《さい》を入れて振り出すことから、博奕《ばくち》場の親分で寺銭《てらせん》を取る者をいう。⇩寺銭《てらせん》

どうよく【胴欲】
貪欲《どんよく》の訛りで、すこぶる欲が深いことをいう。転じて、残酷な意にも用いる。「病人の蒲団《ふとん》まで剥いで持って行ってしまうなんて、それは胴欲だ」などという。

どうらん【胴乱】
韋《かわ》や布などで作った長方形の袋で、銭、薬、印形《いんぎょう》、煙草などを入れる。折目に紐をつけて、その先に根付《ねつけ》や短い煙管筒を付けたりして帯に挿し込み、腰に下げる。本来は鉄砲の弾丸入れであった。裕福で洒落《しゃれ》た人は金唐韋《きんからかわ》などを用いた胴乱を持っていた。

胴　乱

とうりゅう【棟梁】
「とうりょう」の訛り。江戸時代には主に大工の親方をいったが、庶民はお世辞で親方に雇われている職人大工も棟梁と呼び、そのうち大工職の代名詞となった。

どうりよきつねのこ【道理よ狐の子】
「道理だときた（当り前のことを言ってきたな）」の「き」を意味なく「狐」の「き」に掛けて語呂良くした冗語。十返舎一九『東海道中膝栗毛』初編で弥次郎兵衛の江戸っ子らしい喋り方の中に記されている。

どうろくじん【道陸神】
道祖神と同じ。道端や峠などに祀られ、悪霊を防いで旅人を守る民間信仰の神をいう。

道陸神

どえらい【ど偉い】
「ど」は程度がはなはだしいことを示す接頭語。「偉い」は褒《ほ》め言葉ではなく、「大変な」の意で、「ど偉いことをしてくれた」は「とんでもなくひどいことをやったな」、「どえらいことを抜かしやがる」は「大変な大法螺《おおぼら》を吹いたもんだ」の意。

とおせんぼ【通せんぼ】
「通せん棒《ぼう》」の略。下級武士が二人で六尺棒を交差させて突き立て、往来の通行を遮断することをいう。「通せん」は「通せぬ」で「通さない」の意。両手を広げて立ち塞がり、通ろうとするのを邪魔する子供の遊びも「通せんぼ」という。

通せんぼ

とーふいー【豆腐いー】
「豆腐屋《とうふや》ー」の訛りで、流し売りの豆腐屋の売り声がそのままあだ名になった。昭和の初め頃までは、朝夕、豆腐屋が天秤棒を担いで「とーふいー、油揚《あぶらげ》、雁《がん》もどき」と売り声を上げながらラッパを吹いて町を流し歩いた。その後、自転車の荷台に豆腐を入れた白木の箱を載せて流すようになった。現代でも夕刻に時折見かけるが、めっきり少なくなった。

豆腐いー

とか
並立を表す助詞の「と」と「か」をつなげた語で、物事の状態などを例示的に列挙する時に用いる。「行くとか行かないとか言って、はっきりしない男だ」「映画とか読書とかいろいろな趣味をおもちですね」などと用いる。

どかた【土方】
土木工事に従事する労働者のこと。土工ともいった。土木機械のない時代、土を盛ったり掘ったりをすべて人力で行った。

どかべん【どか弁】
「土方弁当《どかたべんとう》」の略で、大きな弁当箱や、弁当が多いことをいう。土方は土木工事に従事する労働者で、こうした肉体労働者は食事も大量に採るため、大きい弁当箱を持つことからの語。育ち盛りの学生の弁当も多いので「あいつはどか弁だ」などという。

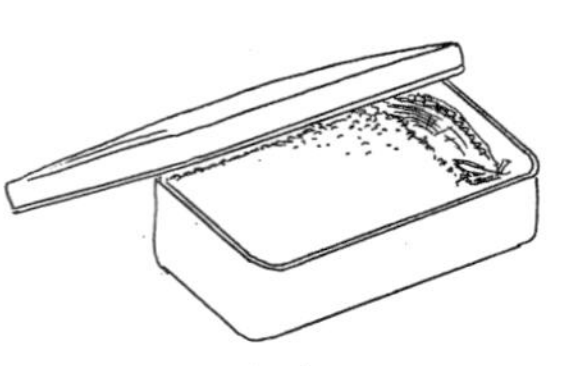
どか弁

土　方

どぎもをぬく【度胆を抜く・度肝を抜く】
「ど」は「胆」を強め、非常にびっくりさせることを表す。「度胆を抜かれる」という受身の形でも用いられる。「度胆を抜くようなことをしでかす奴だ」などという。

どく【退く】
「退《の》く」の訛り。その場所から退《しりぞ》くことをいう。「どいてくれ」「どいたどいた」「どきやがれ」などと用いる。

どくぐちをたたく【毒口を叩く】
「毒」は相手の心を傷付ける悪意、「叩く」は攻撃的なさまを表し、悪意のこもった言葉を投げ付けることをいう。「言葉に毒がある」ともいう。

とくしんずく【得心ずく】
「互いに承知の上で」の意。得心は心底から納得すること。江戸っ子がよく用いた語である。十返舎一九『東海道中膝栗毛』初編に「得心ずくでおもひきり」とあるのは「承知の上であきらめて」の意。

とぐろをまく【蜷を巻く】
蛇が渦巻のように体をぐるぐる巻いて鎌首を持ち上げるよ

とぐろを巻く

うに、その場にどっかと居直って動こうとしないことの形容。また、数人が用事もないのにたむろして不穏な雰囲気が漂っていることの形容。「啖呵《たんか》を切って、玄関先でとぐろを巻いた」「あの境内には人相のよくない連中がとぐろを巻いていることが多いから、気をつけた方がいい」などと用いる。

とこ
「所」の略。「汚れたとこを摘《つま》み洗いしておく」「君んとこの奥さんはお元気ですか」などと用いる。

どこかあながある【どこか穴がある】
どこかに欠点・問題があるの意。「うまい話には必ずどこか穴がある」などという。

どこじゃあない
「どころじゃあない」の訛り。「危機的状況なので他のことには構っていられない」「そのようなことをしている場合ではない」の意。「親父が病気なので、祭りどこじゃあないんだ」などという。

どこのうまのほね【何処の馬の骨】
往時は乗馬用や荷役用の馬は死ぬと路傍に捨て、それが腐って骨だけになり、散乱する骨は邪魔にされた。骨になってしまえば誰の馬だったのか分からなくなる。転じて、身元素性のはっきりしない者を罵《ののし》っていった。「せがれがどこの馬の骨とも知れない奴を連れてきた」などと用いる。

とこはな【床花】
「花」とは遊女と遊ぶ時に床で与えるチップのこと。床で遊女に与える金をこのようにいう。

とこみせ【床店】
商品を並べるだけの簡単な露店や、移動できる小さな店をいう。蕎麦《そば》屋、天麩《てんぷ》羅《ら》屋、稲荷寿司屋などがあった。大正時代頃から荷車を改造した中華蕎麦屋などもあった。

とさ
結びの語で伝聞の意を表す。「ということだ」「だそうだ」の意。為永春水『春色梅美婦禰』巻二の「由さんが知せましたとさ」は「由さんが知らせてやったということですよ」の意。

どさ
賭博《とばく》場などに巡査に踏み込まれて、やくざなどが検挙されることの隠語で、明治時代の東京っ子が用いた。「どさどさ」と踏み込まれることからきた語か。

どざえもん【土左衛門】
江戸では、男女を問わず水死した者を「土左衛門」といった。これは、享保の関取、成瀬川土左衛門が肥大漢であったので、膨れあがった溺死体を土左衛門のようだと戯れたのに起るという。また、妊婦もふくめて身体の肥満している者を「土仏《どぶつ》」と呼び、その擬人化ともいう。訛って「どざえむ」「どぜえむ」ともいった。

どさくさ
混乱して騒いでいることの形容。江戸時代に役人が賭場《とば》に踏み込んで無頼《ぶらい》の者や博徒《ばくと》を捕え、佐渡金山に送り込んで水場人足としたので、賭場の混乱した状態を佐渡送りの「さど」の倒語で「どさくさ」と形容したとの説がある。「どさくさに紛《まぎ》れて金を盗まれた」などと用いる。

どじ
間の抜けた失敗、「へま」の意。また、そのような行為をする者を罵《ののし》って「なんてどじなんだろう」などという。「どじを踏む」は「間抜けな失敗をする」の意。御丁寧《ごていねい》に「馬鹿、どじ、間抜け」ということもある。

どじあま【どじ尼】
この場合の「尼《あま》」は女性を罵る言葉。「どじ」は愚鈍の意であり、「馬鹿な女」と罵るのと同義。

としこしそば【年越蕎麦】
江戸の年中行事の一つ。大晦日《おおみそか》に釜払《かまはら》い（竈締《かまどじめ》ともいう）をしたら、大晦日の晩には飯を炊かず、細く長く続くようにとの縁起から蕎麦《そば》を食べる風習があった。饂飩《うどん》は用いない。現代でも行われている風習。

としごろ【年頃】
「おおよその年齢」の意。また思春期、特に女性の結婚に適した年齢になっていることをいう。「あの娘も年頃だから」などという。

床店

としま【年増】
娘盛りを過ぎて少し年を取った女性をいう。江戸時代には二十歳代をいったが、時代が下ると三十代をいうようになり、時代によって年齢は変わる。四十代は大《おお》年増《どしま》といった。年増の語が相応《ふさわ》しく見えるのは島田や丸髷《まるまげ》の日本髪の女性である。

としよりのひやみず【年寄りの冷や水】
胃腸も弱っている老人が冷たい水をがぶがぶ飲むように、年齢に不相応な振舞いをすることの譬《たと》え。老人が若い人のまねをして危険なことなどをするのを冷やかしたり、軽くたしなめたりする時に用いる。

どす
やくざが用いる鍔《つば》のない短刀。柄《つか》も鞘《さや》も白木である。おそらく短刀を見せて「嚇《おど》す」の意の略であろう。

どすけべ【ど助平】
「ど」は意味を強める接頭語で、並外《なみはず》れた好色者を罵っていう。「あんなど助平な奴はいねえ」などと用いる。

どすのきく【どすの利く】

どすの利く

「どす」は鍔《つば》のない短刀で、やくざはこれを呑んでいて（懐《ふところ》に隠し持っていて）、何かというとちらつかせて相手を嚇《おど》す。このように人を嚇すような凄みがあることを「どすが利く」といい、「どすの利いた声」などと用いる。

とせい【渡世】
世の中を働きながら生きて行くことをいい、またその仕事をいう。「舶来物渡世《はくらいものとせい》」といえば輸入品を売る商売のこと。しかし、「渡世人《とせいにん》」といえばやくざや博奕《ばくち》打ちのことである。

どぞうがしなう【土蔵がしなう】
「土蔵が膨らんで傾くほど」の意で、有り余るほどあることの形容。「土蔵がしなうほど金を貯めている」などと用いる。

どたばた
家の中などで暴れたり騒いだりすること、あわてて騒ぐこと、騒々しい足音などの形容。五月蝿《うるさ》くて落ち着かぬことから「七顛八倒」を当て字にする。

どたばたきげき【どたばた喜劇】
役者が大げさで滑稽《こっけい》な動きをし、笑わせようとする喜劇をいう。

どたふく【ど多福】
三平二満《さんぺいじまん》、つまり額と鼻と顎が平らで左右の頬が膨れている「お多福」に、意を強める接頭語「ど」がついた語。女性の器量をけなして「このど多福め」などという。

とたんに【途端に】
「ちょうどその時、はずみに、直後に、と同時に」の意。「その話をしたら、途端に顔色が変わった」などと用いる。

どたんば【土壇場】
江戸時代、土壇（土を盛り上げた台の前に穴が掘ってある場所）に罪人を座らせて斬首したことから、死ぬか生きるかの切羽詰《せっぱつま》った状態、物事の最後の場面、死の寸前をいう。「事業がうまくいかず、土壇場まで追い詰められた」などという。

とちめんぼうをふる【栃麺棒を振る】
栃の実の粉を使って蕎麦《そば》切りのような麺にしたものを「栃麺《とちめん》」という。これを製する際、粉を練ったものを棒で押し延ばすが、この棒が「栃麺棒」である。栃麺は早く作業をしなければよく延びないこともあり、また「とちめく」（慌《あわ》てふためく）の語にかけて、「栃麺棒を振る」で「急ぐ」「急ぎ促《うなが》す」ことの形容に用いる。大正時代頃は、通ぶって洒落《しゃれ》めかす職人がこの語を用いたが、現在は聞かない。十返舎一九の『東海道中膝栗毛』にも見られる。

とちる
何かをやりそこねることをいう。また、役者が台詞《せりふ》を忘れたり、演技を間違えたりすることをいう。「あわててとちっちゃった」「主役がとちったので芝居が台無しになった」などと用いる。

とっかえしがつかぬ【取っ返しがつかぬ】
「とっかえし」は「取り返し」の訛り。二度と元の状態に戻らぬこと、戻そうとしても不可能であることをいう。「あの子は取っ返しのつかぬことをしてくれた」などと用いる。

とっかえひっかえ【取っ換え引っ換え】
「取り換え引き換え」の訛りで、取り替えたり、出したものを引っ込めて別の物を出したりすることの形容。さまざまな物が出入りすること。つぎつぎの意。「着物を取っ替え引っ替え着てみた」「取っ換え引っ換え人が見舞いにきた」などと用いる。

とっかかり【取っ掛かり】
「取り掛かり」の訛りで、始めること、始めのきっかけをいう。「何事も取っ掛かりが大事だ」「あいつはいつも取っ掛かりが遅い」などと用いる。

とっかかる【取っ掛かる】
「取り掛かる」の訛り。着手するの意。「そろそろ取っ掛かろうか」などと用いる。

とっくみあい【取っ組み合い】
「取り組み合い」の訛り。互いに相手に組みついて争うことをいう。「取っ組み合いの大喧嘩《おおげんか》があった」などと用いる。

とっくり
「念を入れてじっくりと、納得がゆくまで」の意。「胸に手を当ててとっくりと考えろ」などと用いる。

とっけえして
「取り返して」の訛りで、取り戻すことをいう。「あいつにやった壺をとっけえして来よう」などと用いる。また、急いで戻ることもいう。

どっこい
本来は力を入れて何かをするときの掛声であるが、相手の言動などをさえぎるときにも「おっとどっこい、そうは問屋が卸《おろ》さねえ」などと用いる。この場合の「おっと」は否定の語。

どっこいどっこい
①ほとんど同じ程度で優劣がつけにくいことの形容。「俺とお前は背丈はどっこいどっこいだが、体重はお前の方があるな」などという。
②大正時代頃まで縁日などに大道で行われたルーレット式の賭け事をいう。台の上で回転する円盤の一ヵ所を指で指したり、吹き矢で当てたりして賞品をもらう。円盤が回転する時に大道商人が「どっこい、どっこい」と掛声を掛けるが、仕掛けがあってなかなか良い賞品は当らないようになっていた。

どっこいどっこい

とっさ【咄嗟】
一瞬の意で、「とっさの場合に備えて」などと用いる。

とっさき【突先】
突《つ》き出た物の先端の意だが、突き当りの意としても用いる。「伝馬町《てんまちょう》から入ると、とっさきが古着屋で」などという。

とっさに【咄嗟に】
一瞬の間に反応することの形容。「とっさに身をかわした」などという。

どっさり
沢山《たくさん》の意。大量のものをどさっと置いた形容。「こんなにどっさり頂戴して申し訳ありません」などと用いる。

どっち
①「どちら」のくだけた言い方で、「どっちでもいいよ」「そんなことで喧嘩をするなんて、どっちもどっちだ」などと用いる。
②「いずれかの方角」「どの場所」の意に用いる。「あいつはどっちに逃げたんだ」などという。

とっちがえる【とっ違える】
「取り違える」の訛り。間違えて別の物を手に取るの意。また、話の内容などを誤解するの意にも用いる。「話をとっ違えて怒られた」などという。

どっちかというと
「どちらかというと」の訛りで、いくつかを比較をする時に用いる。狂訓亭主人『春色辰巳園』巻之七に「気をもみつくらでは、どつちかというと」とあるのは「気を使って悩む方はどちらかというと」の意。

とっちゃ【取っちゃ】
「取りては」が「とっては」「とっちゃ」と順に訛った語。「○○から見れば」「○○の立場で考えれば」の意。「あいつにとっちゃ、藁《わら》にもすがる思いだったろうよ」などと用いる。

とっちゃんこぞう【父ちゃん小僧】
見かけは一人前の大人でありながら、子供っぽいところがあったり、考えなどが幼稚な男をいう。「父ちゃん坊や」ともいう。また、いやに大人びた外貌《がいぼう》の子供をいう。

とっちりもん【とっちり者】
「とっちりもの」の訛りで、酔っぱらいのこと。『誹風柳多留』に「髪置《かみおき》は乳母もとっちりものになり」とあるのは、子供が三歳になって、頭髪を伸ばし始めるのを祝う髪置の儀式を行い、その祝いで乳母も酔っぱらっているの意である。「鳶《とび》の者《もん》」「突《つ》っ張《ぱ》り者《もん》」など、江戸っ子は多く「者《もの》」を「もん」と訛る。

とっつおいつ【取っつおいつ】
「取りつ置きつ」の訛ったもの。「とつおいつ」ともいう。どういう方法を取って良いか、いろいろと思案すること。「この件については取っつおいつ考えたが、名案が浮かばなかった」などと用いる。

とっつかれる【取っ憑かれる】
「取り憑かれる」の訛り。神霊、魔物、狐や狸などの霊に乗り移られることをいう。また、何事かに夢中になることにも用いる。「あれはきっと御稲荷さんに取っ憑かれたんだ」「義太夫を始めたら、取っ憑かれたように夢中になってしまった」などという。⬇狐憑《きつねつ》き

とっつきようもなく【取っ付き様も無く】
縋《すが》り付くような隙《すき》もなく、態度が冷酷であるさま。「何が気に入らなかったのか、取っ付き様も無くあしらわれた」「始めから素《そ》っ気《け》ない態度なので、取っ付き様が無かった」などと用いる。

とっても
「とても」を強めた語。「どんなことをしても、到底」の意。「そんなことはとっても無理だ」「とっても及ばない」などと用いる。

とっとき【取っとき】
「取《と》って置《お》き」の訛り。
①いざという時のために大切にしまっておくこと、そのようにしまっておいた品をいう。「取っときの菓子を出した」などと用いる。
②その品のあることを忘れていたこと、置きっぱなしにしておいたものの意にも用いる。「番茶の取っときみたいで」は「湯を入れたまま淹れるのを忘れていた番茶のような色で」の意。

とっとと
「疾《と》く疾《と》く」の訛りで、「急いで、すみやかに」の意。「とっととやれ」「とっとと出て行け」などという。

とっぱずす【取っ外す】
「取《と》り外《はず》す」の訛り。「足掛かりを取

っ外《はず》されて、しでえ（ひどい）目に遭った」などと用いる。

とっぱらう【取っ払う】

「取り払う」の訛りで、取り壊して跡形もなくする意。「河岸倉がとっぱらわれて、その跡が公園になった」などと用いる。

とっぴょうしもない【突拍子もない】

「突拍子」はひどく調子が外《はず》れていること、思いもかけないことの意で、普通でないこと、とんでもないことの形容。「突拍子もない声を張り上げた」「突拍子もないことを言う」などと用いる。

どてかぼちゃ【土手南瓜】

相手を罵《ののし》る時に用いる語。「かぼちゃ野郎」の意。

とてシャン【とてシャン】

学生語で「とてもシャン」の略。シャンはドイツ語の「schön」で美しい女性の意。「あの娘はとてシャンだ」などといい、明治・大正・昭和とすこぶる流行した語である。⇩土手《どて》シャン

どてシャン【土手シャン】

とても美しい女性を「とてシャン」といったが、これをもじってすこぶる不美人を「土手シャン」といった。⇩とてシャン

とてシャン

どてっぱら【土手っ腹】

腹部を罵《ののし》っていう語。卑しめていうときにも用いる。「布袋腹《ほていばら》」が訛って「ほてっぱら」となり、江戸でさらに訛って「どてっぱら」となったのであろう。七福神の一の布袋の腹のように、太って突き出た太鼓腹である。「胴体腹《どうていばら》」の転がさらに訛ったものともいう。江戸っ子は相手を脅《おど》す時に「土手っ腹に風穴《かざあな》をあけてやろうか」などといった。

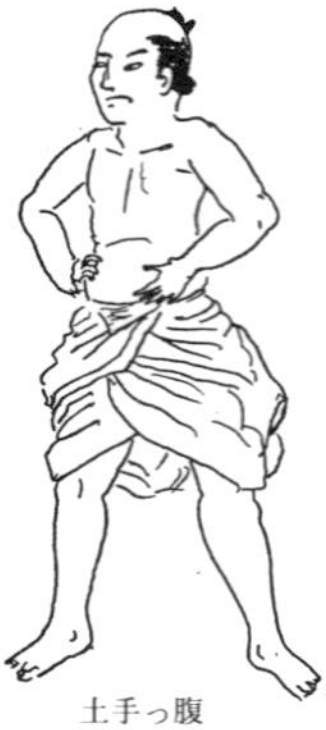
土手っ腹

とてつもねえ【途轍もねえ】

「途轍」は「道」「轍《わだち》」で、転じて道理、筋道の意。「ねえ」は「ない」の訛りであるから、筋道から外れている、常識がないことをいう。「とてつもねえことを言う奴だ」などと用いる。

とても【迚も】

「とてもかくても」の略で、否定をともなって「どのようにしても、何としても」の意。「とてもかなわない」などと用いる。歯切れ良く「とっても」ともいう。

とてものことに

いっそのこと、思い切って、ついでのことにの意。「とてものことに身投げしようかと思ったこともある」などと用いる。狂訓亭主人『春色梅美婦禰』巻之十一に「兎《と》ても事に片付けて仕まひやせう」とあるのは「ついでに片付けてしまいましょう」の意。職人などがよく用いた。

どてらさんじゃくごぶさかやき【縕袍三尺五分月代】

博徒《ばくと》・地回りの姿をいう。「どてら」を着て、三尺帯を締め、「月代」を五分ほど伸ばしている意。「どてら」は、普通の着物よりやや大きく仕立て、綿を厚く入れた広袖の着物で、防寒のために着物の上に羽織ったり、これを着て三尺帯を締める。「さかやき」は、成人男性の髪を額から脳天へかけて半月形に剃った部分で、毎日剃っておくべきであるのに、博徒などは五分（約一・四センチ）くらい伸ばしておく風習があった。

縕袍三尺五分月代

どど【度々】

たびたび、しばしばの意で、気取って言う時に用いる。「感心したことがどどあります」「どど注意しています」などと用いる。

とどのつまり【鯔のつまり】

「とど」は魚の「ぼら」のことで、この魚は、ハク、ゲンプク、キララゴ、オコボ、イナッコ、スバシリ、イナ、ボラ、トドと成長するに従って名が変わる出世魚である。成魚になって「とど」が最後の名であるので、「結局、行きつくところ」の意で、「究極は」の意に用い、良い意味にも用いるが、あまり良くない結果になった場合にも用いられる。「任せてくれと大きなことを言っていたが、とどのつまり、この程度の仕事しかできないわけだ」などと用いる。

どなた【何方】

「誰」の尊敬語。「どなた様ですか」「あの方はどなたでしょうか」などという。相手の名や素性がわからぬ時に用いる。

とにもかくにも【兎にも角にも】

「兎《と》に角《かく》」、「いろいろ事情はあるが、いずれにしても」の意。「とにもかくにも、この話はまとめなければならない」などと用いる。省略や訛りの好きな江戸っ子としては珍しく長ったらしい表現で、気取った時に用いる。

とばくち【とば口】

出入口、戸口の意で、転じて、物事の発端《ほったん》の意にも用いる。「あの事件のそもそものとば口は」「とば口からして、何だかおかしな話だったではないか」などとい

う。

とばっちり【迸り】

「とばちり」の訛りで、そばにいて飛び散った水飛沫《しぶき》を浴びる意から、転じて、ちょっと関係があったりしたために巻き添えになることをいう。「一緒にいたので、とばっちりを食らって俺まで叱られてしまった」「とんだとばっちりだ」などと用いる。

とびがしらのあかすじ【鳶頭の赤筋】

鳶職《とびしょく》の頭《かしら》（親分）の半纏《はんてん》には赤染めの筋が入っているのでそれをこのようにいう。庶民が用いた隠語。

とびきり【飛び切り】

ずば抜けていること、極上の意。語勢良く「とびっきり」ともいう。「飛び切り上等の品」などと用いる。

とびのもん【鳶の者】

「とびのもの」の江戸訛りで、略して「鳶《とび》」ともいう。鳶口《とびぐち》（棒の先端に鳶のくちばしの形をした鉄鉤《てつかぎ》をつけた用具）をたずさえ、土木工事の人足を職とする仕事師で、多くは組を作って町内の土木工事を独占していた。同時に町火消として消火に当たり、その際には、鳶口は家などをひっかけて倒したりするのに用いられた。明治以後も消防夫の俗称として用いられた語だが、しだいに土木や建築工事の人夫としての仕事の方が本業となっていく。「火事と喧嘩は江戸の花」といわれ、江戸では毎日のように火事があり、勇み肌でいなせな「とびのもん」の出番は多かった。今では、正月の出初め式の梯子《はしご》乗りなどに、わずかにその名残《なごり》が見られるだけになった。

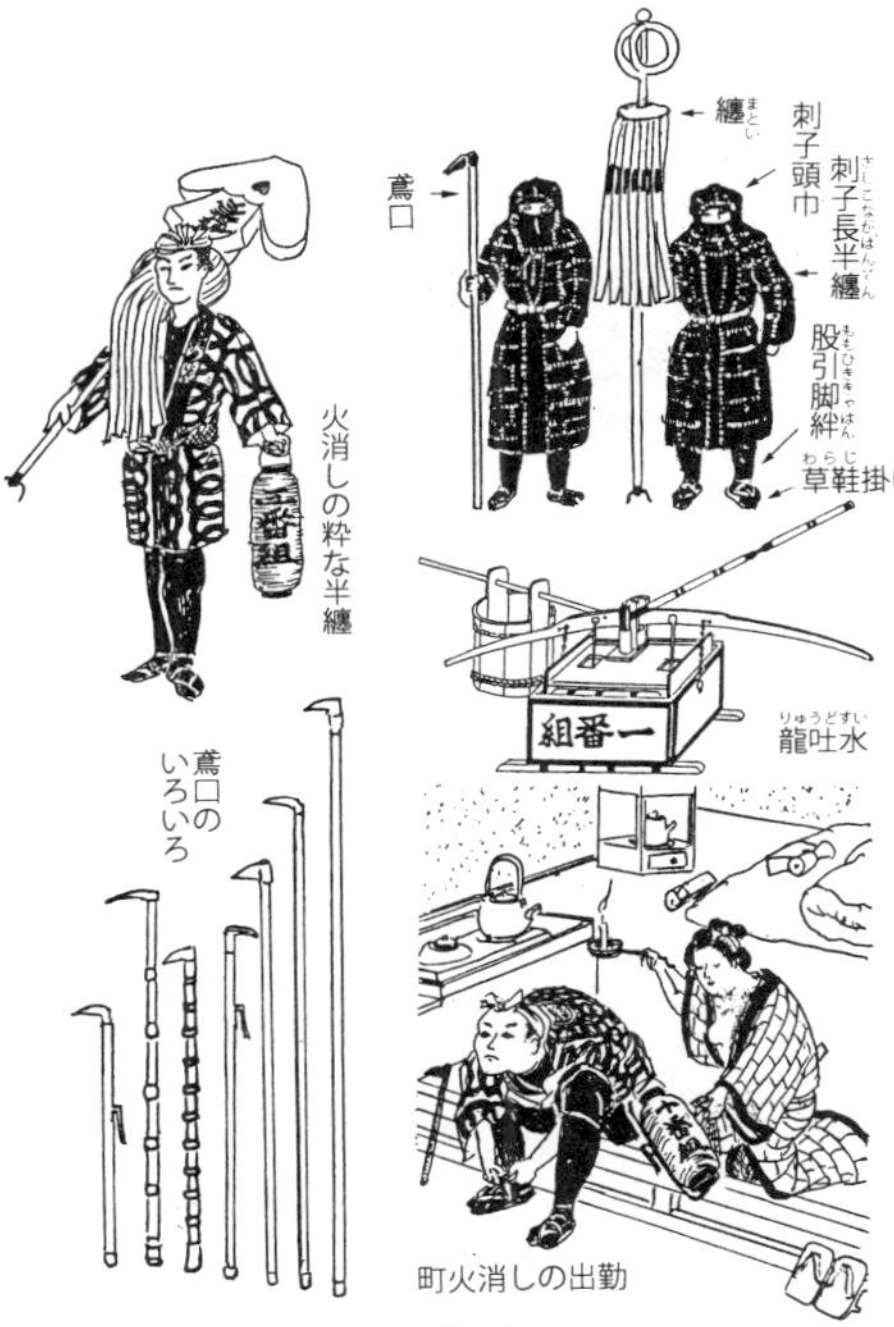

鳶の者

どぶいたくさい【溝板臭い】

大正時代頃まで、裏長屋の路地の真中には家庭の廃水や雨水を流す溝《どぶ》があり、踏み込まぬように溝板《どぶいた》がかぶせてあった。しかし今日のように下水装置が完備しているわけではなかったから、溝の汚水が腐って特有の臭気があり、これを「溝板臭い」といった。貧しく賤しいことの形容に用いられた。

どぶいたやろう【溝板野郎】

下水を流す溝《どぶ》を覆う板を溝板といい、江戸時代には裏長屋の路地の中央に長々と敷かれてあった。路地が泥濘《ぬか》った時にはこの板の上を歩いたりしたことから、人に踏みつけられるような最低な奴、裏長屋に住む貧乏者という意で罵《ののし》り言葉として用いた。「何だ、この溝板野郎め」などという。

溝板臭い

とほうにくれる【途方に暮れる】

途方はめあて、方法などの意。よい方法や手段が思い浮かばず困り果てることの形容。「急に仕事を失って途方に暮れている」などと用いる。

とほうもない【途方もない】

途方は筋道、道理などの意で、常識からかけ離れている、道理に合わないの意。また、並外れている、とんでもないの意にも用いる。「途方もないことを言うやつだ」「それは途方もない望みというものだ」などという。「とてつもない」ともいう。

とぼける【恍ける】

知っていても知らないふりをすることをいう。また、「わざと間の抜けたこと、滑稽《こっけい》なことを言う」の意にも用いる。「恍けたことを言っちゃあいけない」は「ふざけたことを言うな」の意。

どま【土間・三和土】

屋内で床板を張ったり畳を敷いたりせず、土のままにしてあるところをいう。➡三和土《たたき》

どまんなか【ど真ん中】

「ど」は下の語

「真ん中」を強める接頭語。「江戸のど真ん中の日本橋で生まれた」などと用いる。

ともらい【弔い・葬い】

「とむらい」の訛り。葬式のことをいう。「とむらい」は人の死を悲しみ、哀悼の意を表すことであるが、そのために人々が集まって送別の式を行う意となった。江戸っ子は「ともらい」「おともらい」といったが、職人などは「もらい」というのを嫌って「ともれえ」といった。

どや

「宿《やど》」の倒語で、宿屋など泊まるところを指す隠語。下級庶民がよく用いた語である。「どや無し」は「宿無し」のこと。

どやす

怒鳴りつける、撲りつけるの意。「あいつにひどくどやされた」などという。意を強めて「どやしつける」ともいい、「目ん玉が飛び出すくらい背中をどやしつけられた」などと用いる。

とやにつく【鳥屋に就く】

羽の抜け替わる時期の鷹は鷹狩りを休ませて鳥屋に籠らせることから、遊女が梅毒を患って休むことを言った。

どようのうしのひ【土用の丑の日】

土用は旧暦で年に四回あり、立春、立夏、立秋、立冬の前の十八日間をいう。丑の日は十二支の丑に当る日。土用の丑の日といえばふつう夏の土用の丑の日をいい、その頃は酷暑で脂っこいものは食べたくないので鰻屋《うなぎや》の客が減った。そこで江戸時代、平賀源内が「本日土用の丑の日」と書いた紙を表に貼り出してみろと知恵をつけたところ、早合点の江戸っ子は「この日に鰻を食うと縁起が良いのだ」と思い込み、以来江戸では夏の土用には鰻を食うようになったといわれている。

土用の丑の日

どら

道楽の略か。放蕩者《ほうとうもの》、怠け者の意。「あのどらは手に負えない」などと用いる。「どら太郎」などともいう。⇩のら息子《むすこ》

とらのかわのふんどしだ【虎の皮の褌だ】

虎の皮の褌をしているのは鬼であるが、「虎」を「取らぬ」に掛けて「受け取らぬ」「言うことを聞かぬ」の意とする冗語である。十返舎一九『続膝栗毛』五編上に「文遣させようとは虎の皮の褌だ」とあるのは「手紙を届ける使いに利用しようとしたって、そうはいかねえぞ」の意。

とらめえる【捕めえる】

「捕《と》らえる」と「捕《つか》まえる」の二語が混じた「とらまえる」の訛りで、「つかまえる」の意。

とり【取り】

芸人用語で、寄席《よせ》で最後に出演する者をいう。人気の高い真打《しんうち》の意。「あの小屋で取りを取れば押しも押されぬ一流の芸人だ」などと用いる。

とりいのかずかずをくぐった【鳥居の数々を潜った】

諸方の神社をお詣りして御加護の多い人の意から、転じて人生経験豊かな人をいう。また、初詣をした年数の多いということから、年配者、老巧者の意。「さすがに鳥居の数々を潜ったただけあって世情に明るい」などと用いる。

とりおいおんな【鳥追女】

本来は関東から東北地方の小正月（一月十五日）の行事で、子供達が田畑を荒らす鳥を追う歌を歌いながら農家を一軒一軒回って祝儀をもらい、集まって食事をしたのを鳥追といった。江戸時代に女大夫という芸人が、三味線を弾き、小唄を歌いながら門付《かどづけ》をして喜捨《きしゃ》を乞うたのを、江戸では鳥追女といった。着物と帯は木綿で日和下駄《ひよりげた》を履き、正月の十五日までは編笠を、それ以降は菅笠を被った。明

鳥居の数々を潜った

鳥追女

治以降見られなくなった。⬇流《なが》し

とりかえっこ【取り替えっこ】
交換の意。主に子供が用いる語。「お菓子を取りかえっこしようよ」などという。

とりこしぐろう【取越し苦労】
将来のことを今からあれこれ思い悩んで、つまらぬ心配をすること。「そんなに取越し苦労をすると、白髪が増えるよ」などと用いる。

とりてき【取的】
相撲取りとして地位の低い者の通称。

とりなす【取り成す】
仲直りなどの仲裁に立つこと、相手をなだめて機嫌を取ることをいう。「間に立って取り成しました」「なんとか親父に取り成してもらえないか」などと用いる。

とろ
鮪《まぐろ》の腹側の肉で脂肪の多い部分をいう。脂肪の多少によって「大とろ」、「中とろ」、「とろ」とある。寿司屋で酒を飲みながらとろの握りを賞味するのは最高である。

どろをはく【泥を吐く】
取り調べられて、隠していた悪事を白状すること。「さんざん問い詰められて、とうとう泥を吐いた」などと用いる。この場合の「泥」は悪事の形容。

とろんこ
とろい（鈍《にぶ》い、愚かである）者に対する蔑称。「よく説明してやれば、あのとろんこさんでも簡単な用ぐらいは足すよ」などと用いる。

どろんこ【泥んこ】
泥だらけになることをいう。泥まみれ。「遊びに夢中で泥んこになった」「ぬかるみで転んで泥んこになった」などと用いる。

どろんじゃらん
どろんは太鼓の音。じゃらんは銅鑼《どら》の音。芝居で合戦の場面で鳴らすので、「合戦の場」の意で用いる。「どろんじゃらんで戦が始まった」などという。

どろんする
芝居などで、幽霊や忍者などが姿を消す場面に太鼓をドロドロと打つので、姿を消すことを「どろんする」と言った。このことから、逃げ去ることを「どろんを決め込む」と言った。⬇薄《うす》どろどろ

取　的

どん
「殿《どの》」の訛り。目下の者や同輩の者、使用人を呼ぶときに相手の名前に添えて用いる敬称。「丁稚《でっち》どん」「番頭どん」「おさんどん」「〇助どん」などと用いる。
⬇おさんどん

とんかち
釘を打ち込む鉄の槌を鉄槌《かなづち》のこと。トンと打つと釘頭に当ってカチッと音がすることから俗称「とんかち」という。矢鱈《たら》に人に当たる（怒りを発散させたりひどいことをする）者を「とんかち野郎」といった。

とんがらかす【尖らかす】
「尖《とが》らかす」の訛り。先を細く鋭くすることで、神経を尖らせること、苛立っていることの形容。「そうとんがらかすない」などと言ってなだめた。口を尖らせて怒っている態度にも合致する語である。

とんがらがっちゃだめよ【尖らがっちゃだめよ】
昭和の初めに「とんがらがっちゃだめよ」という歌が流行した。「腹を立てて、突険貪《つっけんどん》な態度を取っては嫌だ」の意。

どんぐりまなこ【団栗眼】
団栗の実のように丸くて大きな目になったさまの顔付きをいう。

どんじり【どん尻】
「どん」は接頭語「ど」をさらに強めた接頭語。一番最後、「びり」の意。歌舞伎『青砥稿花紅彩画《あおとぞうしはなのにしきえ》（白浪五人男）』稲瀬川堤の場面で、南郷力丸が「扨《さて》、どん尻に控《ひけ》えしは」と名乗りの冒頭に言っている。「どん仕舞《じま》い」ともいう。

とんずら
「とん」は遁走、「ずら」は「ずらかる」つまり逃げ出すことをいう。やくざなどが用いる俗語。「やばい仕事をしたんだから、さっさととんずらするのが身のためだ」「都合が悪くなったもんだから、とんずらしやがった」などと用いる。

団栗眼

とんずら

とんだ
意外な、思いがけない、大変な、とんでもないの意。十返舎一九『東海道中膝栗毛』初編に「ナニ、とんだめにあふものか」とあるのは「何だと、予想もしない迷惑な状況に巻き込まれてたまるか」の意。「とんだ目に遭った」「この度はとんだことで」などとよくないことに用いられることが多いが、逆説的に「とんだ儲けものだ」などと用いることもある。

とんだきれい【とんだ綺麗】
「とんだ」は「とんだ災難だ」などと主によくない意で用いられるが、十返舎一九『続膝栗毛』九編下の「コリヤ、飛んだ御綺麗だなア」は「思いがけないほど大変美しいなあ」の意。

ドンタク
オランダ語のzondag（日曜日）から、日曜日、休日の意。土曜日は半日休みなので「半ドン」といった。

とんだよくする【とんだ良くする】
思いがけないほど良い、意外に良い、案外上手だの意。曲山人補綴『仮名文章娘節用』に「とんだよくするねエ」とあるのは「意外に美味しいねえ」の意。

とんちき【頓痴気】
「とんま」を人名化した「とん吉《きち》」の転。間抜け、のろまなどの意の罵《ののし》り言葉として、江戸っ子は「このとんちきめ」などとよく用いた。

とんちゃく【頓着】
気にすること、心配すること、深く考えることをいうが、否定の形で用いられることの多い語。「あの男は他人のことには頓着《とんちゃく》しない性格だ」などという。

どんちゃんさわぎ【どんちゃん騒ぎ】
「どん」は陣太鼓の音で進軍の合図、「ちゃん」は鐘の音の「じゃん」の訛りで退却の合図。入り乱れて戦うさまを表す語が転じて、太鼓や三味線などの鳴り物入りで遊び、酒を呑んで大騒ぎすることの意となった。「どんちゃか騒ぎ」ともいった。

どんちょうしばい【緞帳芝居】
江戸で一流の芝居小屋は、赤・黒・緑の幔《まん》を用いたが、この幔の使用を許されず、上方に絞り上げる緞帳を用いた下級の芝居小屋や小芝居をいう。「どうせ緞帳芝居だ、面白くないよ」などといい、江戸っ子は一流の役者が出演しない下手な芝居を軽蔑した。

とんちんかん【頓珍漢】
鍛冶屋《かじや》の相槌は二人で交互に叩いていつも音がそろわないことから、調子の合わないこと、辻褄《つじつま》の合わぬこと、ちぐはぐなこと、また、わけのわからぬとんまな言動をすることをいう。「頓珍漢な返事をするんじゃないよ」「まったく頓珍漢な男だ」などと用いる。

どんつく【鈍付】
太神楽《だいかぐら》の主役である太夫《たゆう》の相手になって、間の抜けた滑稽の役を演じる者を「鈍付」というところから、勘の鈍い者、とんま、間抜けの意。「あいつはどんつく野郎だ」などと罵《ののし》る。「とんつく」ともいう。

どんつく（鈍付）

どんづまり【どん詰まり】
最後のことをいう。これ以上は打つ手がなく、追い詰められてぎりぎりの状態の形容。「どん詰まりの日々を過ごした」などと用いる。

とんでもねえ
「とんでもない」の訛りで、思いもよらない、常識では考えられないの意。「とんでもねえことをしでかしてくれた」「あいつはとんでもねえ時刻に訪ねてきた」などと用いる。昭和時代には英語めかした「とんでもハップン（happen）」という流行語があった。「never happen（とんでもない）」とあわせた語である。

どんでんがえし【どんでん返し】
芝居で場面を変えるために、舞台の大道具を後へ倒して底の部分を垂直に立てる仕掛けをいう。転じて、物事が一気に逆転することの形容。「最後の最後になってどんでん返しが起こった」などと用いる。

とんと
打消しの語をともなって、「少しも、一向に、まったく」の意。「とんと気がつかなかった」「とんと見掛けなくなってしまった」などと用いる。

どんと
力いっぱい、思いきりの意で、「どんとかかってこい」などという。また、たくさんの意にも用い、「どんと金が入った」などという。

とんとん
二つのものが同量・同等であることをいう。包丁で物を均等に切る音からきた語。「仕入れと売り上げがこれでやっととんとんになった」などと用いる。⬇叩《たた》き分け

どんどん
溝口から川へ水が勢いよく流れ込む音から、その土地の異名とした。江戸には数ヵ所「どんどん」と名付けられたところがあり、淀橋のどんどん、飯田町のどんどんが有名であった。⬇飯田町《いいだまち》のどんどん

とんとんとんからり
「とんとん」は戸を叩く音、「からり」

は戸を開ける音。昭和の初めに隣組制度ができた時に、「とんとんとんからりと隣組、格子を開ければ顔馴染」という歌が流行った。

どんどんばしわたれ【どんどん橋渡れ】
子供の遊戯の一つ。溝《どぶ》の上やぬかるみなどに細い板が渡してあるのを丸木橋に見立てて、両手を広げて平均をとりながら、「どんどん橋渡れ」と掛声をかけて渡る。地方には丸木橋があったが、江戸や明治・大正の東京は板の橋ばかりであった。

どんどん橋渡れ

とんとんぶき【とんとん葺き】
江戸時代、安普請《やすぶしん》の裏長屋や物置の屋根には瓦《かわら》を用いず、薄い木の板を並べて葺いた。釘を「とんとん」と打ちつけながら葺いていくのでこのようにいう。柿《こけら》葺《ぶ》きともいう。時代が下ってトタン葺きの屋根のことも「とんとん葺き」というようになった。

とんとん葺き

どんな
「どのような」の訛り。「どんなものなのか説明して下さい」などという。

どんなにか
程度がわからぬ時に「大変に、はなはだ」の意をこめて用いる。どれ程かの意。「どんなにか喜ぶであろう」「どんなにかつらかっただろう」などという。

どんなもんだい
「どうだ、驚いたか」という気持ちで、自分の力量を見せつける時に用いる。「どんなもんだい、ちょっと手を貸しただけでこうも仕上がりが違うんだからな」などという。

とんび【鳶】
鳥の鳶《とび》をいう場合「とんび」と語呂良くいい、鳶の形をした凧も「とんび凧」という。

とんびがたかをうむ【鳶が鷹を生む】
平凡な親から能力のすぐれた子供が生まれることの譬《たと》え。

どんぴしゃり
少しの違いもなくぴったりと合致することの形容。略して「どんぴしゃ」ともいう。

とんびにあぶらあげをさらわれる【鳶に油揚をさらわれる】
大事な物を急に横取りされることの譬《たと》え。鳶は油揚が大好物というわけではないが、江戸時代は豆腐屋で油揚を買うと、むき出しのまま紐で結んでくれるだけで包まなかったので、獲物を狙って飛翔している鳶が急降下してきてさらっていくことがよくあったのである。➡昼鳶《ひるとんび》

どんぶりかんじょう【丼勘定】
江戸時代の職人は半纏《はんてん》の下に紺木綿の腹掛けを着けたが、前の部分に小銭などを入れる大きなポケットが付けてあり、これを丼《どんぶり》といった。気《き》っ腑《ぷ》の良いところを見せるのが江戸っ子の心意気であったから、職人は丼の小銭を数えることなく無造作につかみ出して気前良く支払った。このことから、あるにまかせて無計画に金を使うことを「丼勘定」といった。現代でもよく用いられている語である。

丼勘定

鳶に油揚をさらわれる

どんぶりもの【丼物】
丼は丼鉢《どんぶりばち》の略で、大ぶりで厚みのあ

る陶製の鉢。この丼に飯を盛り、その上に具をのせたものをいう。天麩羅《てんぷら》をのせた天丼、鰻《うなどん》をのせた鰻丼《うなどん》、鶏肉を溶き玉子でとじた親子丼などがある。「時分時《じぶんどき》にあの家に行くと、いつも丼物が出る」などという。➡時分時《じぶんどき》

丼　物

とんぼがえり【蜻蛉返り】

　昔は蜻蛉は前進のみで後退しないと思われていたので武士に好まれ、兜《かぶと》の前立などに用いられたが、実際には素早く後方に身をひるがえす。このことから、目的地へ着き、すぐに引き返してくることの形容として用いる。「東京で用事を済ませ、とんぼ返りで帰ってきた」は「泊まらずにその日のうちに帰ってきた」の意。

とんぼつり【蜻蛉釣】

　子供の遊戯の一つ。よくしなう細竹に糸をつけ、雌の蜻蛉を結びつけたものを振り回して雄の蜻蛉を引き寄せて捕まえる。また、細い竹竿《たけざお》の先に鳥もち（樹皮から採った粘体《ねんたい》）を塗って、草木にとまっている蜻蛉を捕える遊びをもいう。

蜻蛉返り

蜻蛉釣

とんま【頓馬】

　間抜けでのろまなこと。「まったくとんまな話だよ」などと用いる。また、そのような者も「とんまな男だ」などという。子供はよく「ばか、かば、まぬけ、とんま」と連続して悪態《あくたい》をついた。

とんもろこし【玉蜀黍】

　「とうもろこし」を語勢良くいう。「とんもろこしを焼いている匂いがたまらなく食欲をそそる」などという。江戸っ子は「唐辛子《とうがらし》」も「とんがらし」という。

どんより

　空が重苦しく曇っていることの形容。また、目が濁っているさまもいう。「どんよりとした天気だ」「どんよりとした目をしている」などと用いる。

「な」

ないあたまをひねる【無い頭を捻る】

知恵、常識、思考力が無いにも関わらず色々考えるの意。「頭を捻る」は腕を組んで小首をかしげて思案するしぐさをいう。「無い頭を捻ったが解決策は浮かばなかった」などと用いる。

ないえん【内縁】

夫婦として生活しているが、法的に婚姻の手続きをしていない男女関係をいう。一般的には、妾宅《しょうたく》に住む妾との関係も内縁といい、また、陰で男女関係をもっていることも内縁ということがあった。⇩囲《かこ》い者《もの》

ないがしらにしやあがって【蔑らにしやあがって】

「無きが代《しろ》」（無いも同然の意）が転じて「ないがしろ」となり、「ないがしら」はその訛り。人や物事を、あっても無いかのように軽んじ、侮《あなど》ることの形容。「親をないがしらにしやあがって、とんでもねえ奴だ」などという。

ないしょはともかく【内証は兎も角】

「ないしょ」は「ないしょう」の約で、家の中の遣繰《やりくり》や資産など、他人に公開しない秘密をいう。「兎も角」は、「さて置いて」の意。「家の暮らし向きや財政状態は不明だが、それはさておいて……」の意に用いる。また、内証は、妻や妾《めかけ》のこともいう。

なおす【直す】

江戸時代に遊里などで時間を延長して遊ぶことをいう。「直して居続けるから」などと用いる。

なか【吉原】

江戸時代、幕府公認の遊廓であった吉原の符号的な呼び名。吉原の中にある仲町が代表的であることから用いられた。吉原の中でも羅生門河岸あたりの下級遊女屋へ行ったにせよ「なかに行った」と言えば聞えが良いので、江戸っ子は通振《つうぶ》ってこの語を用いた。⇩羅生門河岸《らしょうもんがし》

ながいわらじをはく【長い草鞋を履く】

凶状《きょうじょう》持《もち》などがその土地にいると捕まえられてしまうので、他国に走り、故郷に戻らないことをいう。「長い草鞋」とは草鞋自体が長いのではなく、草鞋を履いて歩いている期間が長いの意で、旅が長期に及ぶことを表す。「博奕《ばくち》のいざこざで人を殺してしまい、長い草鞋を履いた」などという。⇩草鞋《わらじ》を脱《ぬ》ぐ

長い草鞋を履く

ながし【流し】

①盛り場や街を流れるように歩き、呼び止めに応じ、金銭の額によってさまざまな芸を披露する芸人、および行商人。三味線を弾きながら「新内節《しんないぶし》」を歌い歩く芸人を「新内流し《しんないながし》」といった。江戸時代には、鳥追女《とりおいおんな》が三味線を弾きながら小唄を歌って歩き、「流し三味線」とよばれた。また、目の不自由な按摩《あんま》が、杖をつき、笛を吹きながら「按摩上下《かみしも》○○文」と言って流して歩いた。これを「流し按摩」といった。大正時代には、書生が内職として繁華街の辻角や木陰などでバイオリンを弾きながら流行歌を歌って、歌詞を書いた紙を売った。これも「流し」といえよう。⇩鳥追女《とりおいおんな》、按摩《あんま》

②江戸時代から昭和にかけて、銭湯《せんとう》で客の背中などを洗い流した「三助《さんすけ》」も「流し」とよばれた。⇩三助《さんすけ》

ながしば【流し場】

食器などの生活用具を洗う場所。昭和初期までは台所の床より低く作られたので、座るか、かがんで洗っていた。ときには盥《たらい》を置いて洗濯した。前方に向って斜めに低く作り、水は細い溝から外部の溝に流れる構造となっていた。立って洗う流し場が登場するのは昭和初期を過ぎてからである。また、湯屋で体を洗い流す場も「流し場」といった。⇩水甕《みずがめ》

流し場

ながちょうば【長丁場】
歌舞伎や寄席《よせ》で役者や講釈師が長々と台詞《せりふ》を喋る場のこともいうが、元は街道の宿場と宿場の区間が長いことをいう。昔の旅行街道図では、ほぼ等間隔に宿場名が並べてあるが、実際に歩くと意外に長距離の区間がある。このことから仕事など物事が長時間を要することの表現に用いられる。⇩丁場《ちょうば》

ながっぱなし【長っ話】
飽きが来るほど話が長いこと。「ながばなし」の語勢を強めて「ながっぱなし」といったもの。「あいつのながっぱなしには飽き飽きした」「遅いではないか。どこで長っ話してたんだ」などと用いる。

なかび【中日】
相撲《すもう》や芝居などの興行期間の真中にあたる日をいう。「中日でだいたい入《い》りの成績がわかる」などという。また、歌舞伎ではこの中日に、上位の役者が楽屋の者に祝儀《しゅうぎ》をだす習慣があり、このことから「中日《なかび》」は「祝儀」の意でも用いられる。

ながびつ【長櫃】
⇩長持《ながもち》

ながひばち【長火鉢】
木目の良い板で、細長く作った火鉢。脇に茶盆などを置く猫板《ねこいた》という板があり、炭火を入れる箇所は銅板で囲われ、脇には銅壺《どうこ》という湯沸かしがついている。炭火が隣りにあるので銅壺は常に沸いている。猫板の下には数段の引出しがあり、本体の下方にも引出しがあって、日常で必要なものを入れた。今日では民芸品として珍重されているが、昭和初期頃までは、各家の居間に必ずというくらいあった。⇩銅壺《どうこ》

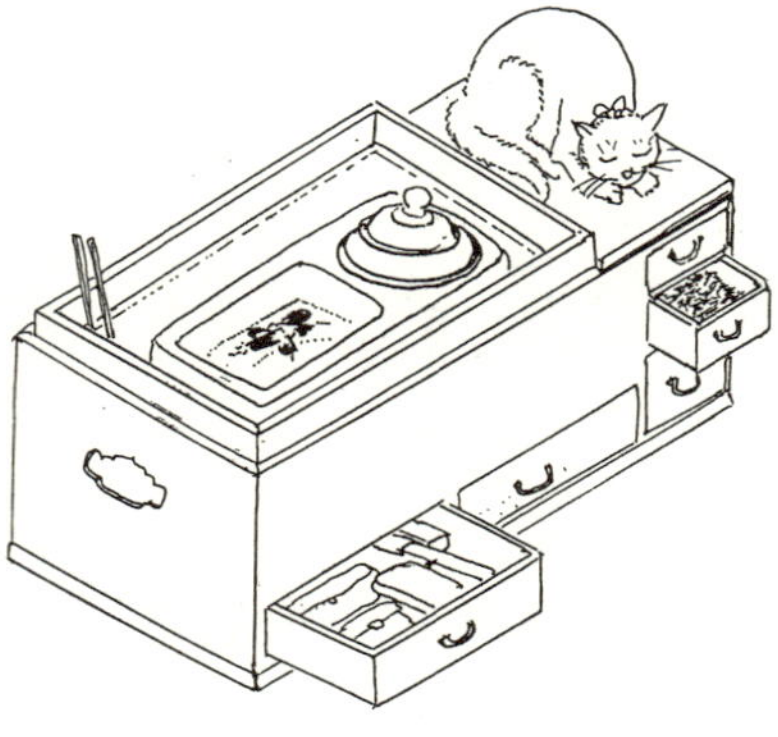
長火鉢

なかまうち【仲間内】
同業者などでお互いに交流のあるグループ。ともに事にあたる友達や趣味上の同好者。「あっし（私）らの仲間内じゃ、ちょっとは知られている立場だ」などと用いる。多く職人が用いたことば。

長　持

ながもち【長持】
長さ約二メートル、幅約六五センチ、高さ約六五センチの蓋付の大形の箱。中蓋があり、両端には担ぎ棒を入れる鉄環、中央には錠前がある。衣服や調度品を保管した。武家では雑品入れの移動用道具として用いられた。長櫃《ながびつ》ともいう。明治以降箪笥《たんす》が全盛を極めたため用いられなくなった。

泣きっ面に蜂

なきっつらにはち【泣きっ面に蜂】
泣きっ面は不幸や災難に遭って悲観してべそをかいたさま。そうした悲運の上に更に蜂に刺されて痛い目に遭うこと。つまり不幸に不幸が重なることをいう。こうした状態を、「泣きっ面に蜂で散々《さんざん》だ」という。

なきべそをかく【泣きべそをかく】
いまにも泣き出しそうな顔の表情になること。「べそ」は泣きそうになる時に顔の表情をゆがめること。泣き出す寸前か、泣くのを堪《こら》える時の表情で、すぐ泣きそうになる子を「べそっかき」という。

なきべんけい【泣き弁慶】
弁慶は源義経の臣下で屈強の豪傑。この強い弁慶が安宅の関で義経を雇い人に見せかけて叩いた後、敵の目を欺くため

泣き弁慶

だったとはいえ、主人を叩いたことへの申し訳なさで号泣する。これが生涯一度の涙といわれるが、弁慶という人気の人物はさまざまな芝居に登場するため、さまざまな舞台で泣き、また好評のためくり返し上演されて、まるで弁慶は泣き虫のごとく何度も泣く姿を見せている。

なきむし【泣き虫】

叱られたりするとすぐに泣く者、特に子供をいう。昔は、体内に癇《かん》の虫のような虫がいて、その虫に刺激されて泣いたと思われていた。このため、よく泣く子を「泣き虫」といった。「泣きみそ」ともいう。➡弱味噌《よわみそ》

なきわかれ【泣き別れ】

不幸な事などがあって互いに涙流して別れること。未練を捨てきれず悲嘆のまま別れること。「可哀想《かわいそう》な（の）はズボンのオナラ、右と左に泣き別れ」という冗談口がある。

泣き別れ

なくことじとうにはかてぬ【泣く子と地頭には勝てぬ】

源頼朝は全国の武士団を統一して守護・地頭の制を布いたが、結局は武士の地主的存在を容認したものであった。領主である地頭は農民に過酷な取り立てと課役を命じ、土地に拘束された農民は苦しみながら課役貢納を果たした。地頭のこの理不尽な横暴と、要求を通そうとして泣き喚《わめ》く子の聞き分けのなさと掛けたもの。つまり、道理を主張して権力と争っても勝ち目のない譬《たと》えである。

なくちゃあ

「なくては」の東京訛り。「これをしなくちゃあならない」は「これをしなくてはならない」の意。「行かなくちゃあならない」は、「行かなくてはならない」の意。「これを食べなくちゃあ怒られる」「宿題をしなくっちゃあ、遊びに行けない」などと用いられる。

なくになけずわらうにわらえず【泣くに泣けず笑うに笑えず】

相手の失敗した言動や結果を気の毒にも滑稽《こっけい》にも思うの意。また、自分の失態振りにも用いる。自分であるが、当人は人前で他から見たら滑稽な失態であるが、当人は人前で口惜し泣きも出来ない複雑な心情の表現。

なげかし【無気かし】

相手を無視した態度。「無気《なげ》に」ともいう。「私が目の前にいるのに無気かしの振りをした」などと用いる。「人も無気《なげ》に私の悪口を言った」は「私がいるにもかかわらずまったく居ないような態度で、私の悪口を言った」の意。

泣くに泣けず笑うに笑えず

泣く子と地頭には勝てぬ

なけなしのかね【無けなしの金】

ほとんど無いに等しい僅《わず》かな金の意。「無けなしの金を出して買った」などという。この語の表現の場合は、必要に迫られて支出をする、残り少なくなった貴重な金をいう。

なげやり【投げ遣り】

物事を途中で止めて投げ捨てておき、その後のことに責任をもたないこと。「どうなっても良いという投げ遣りな態度になった」などと用いる。

なげる【投げる】

手に持っているものを投ず

ること。転じて、途中で放棄すること。「投げ出す」ともいう。「仕事を投げ出した」といえば、仕事を続けることを放棄したの意。「足を投げ出した」は、くつろぐために足を前に放り出したの意となる。

なごみ【和み】

「なごむ」の名詞的用法。慰めのこと。心の安静をはかる事。「患者の心の和みです」などと用いる。

なさけはひとのためならず【情は人の為ならず】

人に親切にし、情をかけるのは相手のためばかりではない。情をかけた恩義というものは必ず自分に報いとなって良い結果として返ってくる。したがって人に情をかけてやるのは、人のためでなく自分のためでもある。「積善《せきぜん》の家には余慶あり」と同じ。現代では、人にいたずらに情をかけては、その人の為にならないという利己主義的解釈をする者もある。

なさぬなか【生さぬ仲】

「生《な》す」は生んだの意で、「生さぬ」は生んでいない、血のつながりが無いの意。つまり親子でいうと母親から生まれた子ではないこと。継《けい》母《ぼ》・継《けい》父《ふ》と継《けい》子《し》の関係や、養子と養父母の関係をいう語。

なじみ【馴染】

長年連れ添った夫や妻をいう語だが、江戸時代の吉原においては、同じ遊女のもとへ三度以上通った客のことをいった。吉原では最初にきた日を「初会《しょかい》」といい、二度目は「裏を返す」といって、逢って親しくするだけであった。三度通って初めて「馴染《なじみ》」となり、遊女と床を共にすることができる。ただし遊女が客に惚れたり、客の金払いが良いと二度目でも床に誘うことがあり、これを「裏馴染《うらなじみ》」といった。➡馴初《なれそ》め

なすくって

なすり付けて、撫でさすりしての意。

なっちまう

「なってしまう」の訛り。「どうしてこうなっちまったんだろう」「嫌になっちまう」などと用いる。

なっとううり【納豆売り】

大正頃まで貧しい家の老人や子供が早朝から「納豆、みそ豆」と声をあげ、箱を抱えて町へ売りに歩いた。納豆は苞《つと》に入れた十数本で、みそ豆は味噌の原料にする茹でた大豆で、量り売りをした。僅《わず》かな副収入であるが、子供が登校する前に稼げるので貴重な仕事であった。厳冬でも足袋《たび》に下駄《げた》、外套《がいとう》も着ずに町を流して売り歩いた。江戸っ子・東京市民は朝食の副食物に納豆をよく買った。朝食のおかずは味噌汁と納豆がつきものであった。

納豆売り

なないろとんがらし【七色唐辛子】

振り掛けて使う調味料で、唐辛子・胡麻《ごま》・山椒《さんしょう》・罌粟《けし》・菜《な》種《たね》・麻の実・陳皮《ちんぴ》（蜜柑の皮）の七種を砕いて混ぜて作ったもの。「しちみ」「ななみ」とは言わなかった。七色唐辛子売が唐辛子をかたどった張子の籠《かご》を抱えて「なないろとんがらし」と勇ましく言いながら売り歩いた。

唐辛子をかたどった張子の籠

七色唐辛子売り

ななくさなずな【七草薺・七種薺】

春の七草は、芹《せり》・薺《なずな》・御形《ごぎょう》・はこべ・仏座《ほとけのざ》・菘《すずな》・蘿蔔《すずしろ》（大根の異称）の七種類で、正月七日の七草の日に粥に入れて食べた。江戸では、まな板に七草をのせて吉方《えほう》に向かい、「唐土《とうど》の鳥が日本の土地へ渡らぬ先に七草なずな」などと囃しながら、包丁や擂粉木《すりこぎ》などで叩き、それを粥に入れた。『誹風柳多留』に「ななくさに道具のたらぬ新世帯」とあるのは、台所道具がまだそろっていない新婚夫婦の七草を詠んだものである。

ななつや【七つ屋】

「七《しち》」と「質《しち》」が同音であるところから、質屋の隠語として用いた。「今朝も七

七つ屋

ツ屋に褒められた」という都々逸《どどいつ》まである。⇩五《いつ》つ屋《や》

ななふぐり【七睾丸】

女房の尻に敷かれた亭主をさす隠語。睾丸は陰嚢《ふぐり》の当て字。「七」は「質《しち》」と同音で質屋の意。男の象徴である睾丸を、質屋の担保にしてしまったのではないかと思われる程の意気地《いくじ》無《な》しの亭主という表現。江戸時代は、男には睾丸があるから雄々しく強いのだと思われていた。⇩七《なな》つ屋《や》

なにくそ【何糞】

「何」は「何《なん》のそんな程度のこと」の略。「糞」は反発の掛け声。自分の気持を奮《ふる》い立たせるときの野卑な言葉である。「何糞と頑張った」などと用いる。

なにさまだとおもっているんだ【何様だと思っているんだ】

「自分をどんなふうな偉い人だと思って錯覚しているのだ」と相手の我儘《わがまま》や尊大さを軽蔑して、諭《さと》すために用いられる言葉。「何様か知らねえが、そんなに威張るない」「あれもやれ、これもやれと命令ばかりして、一体お前は何様だと思って居やがるんだ」などと用いる。

なにぬかしやがる【何抜かしやがる】

相手に向って「何を言っているのだ」という乱暴な表現。「何抜かしやがる、唐《とう》変木奴《へんぼくめ》」などと用いる。「抜かす」は口から言葉を発することを、鞘《さや》から刀を抜いた様に譬《たと》えたもの。⇩唐変木《とうへんぼく》

なぶる【嬲る】

相手をいじめたり冷やかしたりして困らせること。「彼奴《あいつ》は嬲り者だ」などと用いるが、「嬲り者」とは嬲る側ではなく、嬲られる側をいう語。「嬲」の文字は、二人の男に女がはさまれて、ああでもない、こうでもないと悪口やおだての対象にされ、つきまとわれているさまを表しているようだ。

なまざむらい【生侍】

官位があっても低く、禄《ろく》も少ない下級侍のこと。江戸っ子が、姿だけは二本差しの下級武士を軽蔑していった言葉である。室町時代頃までの身分の高い人とは違い、御歯黒《おはぐろ》をつけておらず、生《なま》の歯であるところからの名称。⇩二本差《にほんざ》し、青《あお》歯武者《はむしゃ》

生　侍

なまっちろい【生っ白い】

「生白《なまじろ》い」の訛り。「生っちょろい」ともいう。顔色が「なんとなく白い」ことをいう。転じて、未熟さやひ弱さの形容として用いられ、一人前でない者や青少年に対する軽蔑を表す。「生っ白《ちろ》いくせに余計な口を出すな」などという。⇩青《あお》二才《にさい》

なまなか【生半】

中途半端の意。生半可《なまはんか》に同じ。『世話《よわ》情浮名横櫛《なさけうきなのよこぐし》』の中のお富の台詞にも「楽すぎるだけ生半に引留めてはかえって御迷惑でしょう」などと用いられた。⇩生半可《なまはんか》

なまぬるい【生温い】

中途半端な温《ぬる》さの意から、物事への処置・対応が不徹底で明瞭でないこと。「手《て》ぬるい」ともいう。「そんな生温い方法では駄目だ」などと用いる。

なまのはなし【生の話】

本人から直接聞いた話。「これは彼から聞いた、生の話だが」と話の冒頭に述べて真実性を帯びさせる。

なまはらだたしい【生腹立たしい】

なんとなく物事が心に引っかかって腹が立ったような気分になることをいう。「腹立たしい」というほどはっきりしない感じ。「あの物の言い方が心に残って、何となく生腹立たしい」などと用いる。

なまはんか【生半可】

十分に理解をしていないで、分かった振りをすること。中途半端なこと。「生」は煮えきらず不十分であること。「生半可な手出しをしないほうが良い」など用いる。⇩生半《なまなか》

なまびょうほう【生兵法】

「生」は未熟の意と生半可《なまはんか》の意で、ろくに奥義も極めない者が、達人と自惚《うぬぼ》れて武道の技を発揮すること。転じて、武道に限らず、広く一般的な知識にもいう。「生兵法は大怪我《おおけが》のもと」と言われ、これは中途半端な知識で軽々しく物事を行うと大失敗をするという譬《たと》えである。

なむさん【南無三】

驚いたときや失敗したときに、思わず口から出る仏に頼む言葉。「南無三宝《なむさんぼう》」の略。「南無《なむ》」はサンスクリット語で、帰命《きみょう》や敬礼の意で信仰する仏の名号の冒頭につける語。「三宝《さんぼう》」とは、仏教において帰依すべき三つの宝である仏《ぶつ》（仏陀）、法《ほう》（教法）、僧《そう》（仏教修行者）をいう。つまり「南無三（宝）」という口誦《こうしょう》は、仏・法・僧に対して救いを願うことである。しかし、そこまで篤《あつ》い信仰心がなくとも、単に「しまった」の意で用いる語である。

なめる【舐める】

古くは無礼を「なめ」といい、そこから相手や物事を馬鹿にしてみくびることを「なめる」という。「あんまり人を舐めんな」などと用いる。また、「舐める」には親密になる意があり、女性と性的な関係をもつことをいう隠語でもある。

ならい【習い】

世の中の習慣、世の常の意。「浮世の習いだ」「年頃になって男が女に関心を持つのは世の習いだ」などと用いる。「仮名

文章娘節用」にもよく用いられている。

ならずもの【破落戸】

「破落戸」は当て字。悪いことばかりして「どうにもこうにもならぬ者」の意で「ならず者」という。金を強請《ゆす》ったり博奕《ばくち》を打ったりして、人に迷惑をかけて生活する小悪党。「無頼漢《ぶらいかん》」「鼻つまみ者」などともいう。⇩やくざ

ならずもの

ならぬかんにんするがかんにん【成らぬ堪忍するが堪忍】

堪忍（我慢して許すこと）しにくいことを、こらえて堪忍してやることこそが本当の堪忍であるという意。気短かな江戸っ子は、よくこの言葉を用いて自分の怒りの爆発を抑えた。「成らぬ」には「奈良」の地名を、「するが」には「駿河」の地名を入れて洒落《しゃれ》て言った言葉でもある。

成らぬ堪忍するが堪忍

なり【形】

身形《みなり》のこと。「なりは立派だが心は卑しい」「そんななりではみっともない」などという。⇩形《なり》振《ふ》り

なりあがり【成上り】

貧しく身分の低い者が成功して急に裕福となったり高い地位を得たりすることをいう。そのような者を「成上り者《もの》」という。金持ちになり、立場も上になった者への羨《うらや》ましさと、その者特有の傲慢な振舞いに対しての軽蔑の意をこめた言葉。

なりひらしじみ【業平蜆】

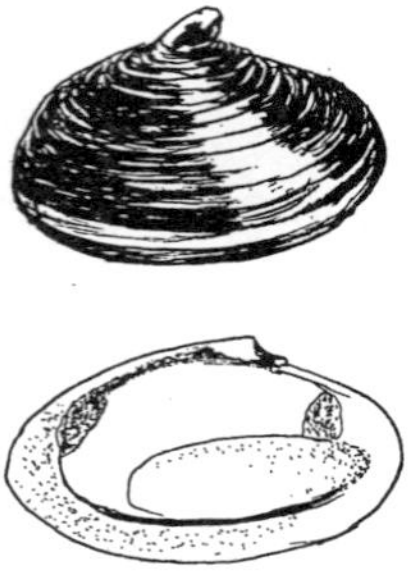

業平蜆

江戸の業平橋付近の大川端で採れる蜆。上品な味だが、味噌汁の具にする場合は大量に用いる必要があるような小さい蜆であった。

なりふり【形振り・姿振り】

「なり」は姿、服装、「振り」は振舞い、態度の意。みなりそぶりのこと。「なりふりかまわず駆け出した」は、日頃の気取った振舞いや見栄を忘れるほど慌てて、駆け出したの意。「なりふり構わず働く」は身なりに気を使うことなく、ひたすら働くの意。

なりやしめえ

「仕様《しよう》がない」の江戸っ子語的用法。仕方がない、我慢しにくいの意。「寒くってなりやしめえ」などと用いる。狂訓亭主人の『春色英対暖話』巻之四にある「あつくってなりやアしめえ」は「暑くって仕方が無いだろう」の意。

馴合い

なれあい【馴合い】

互いに馴れ親しむことからきた語で、仲間同士が他人を誑《たぶら》かすために口裏を合せること。ぐるになること。「あの二人は馴合って私をだました」などと用いる。また、男女が密かに通じることの意にも用いる。

なれそめ【馴初め】

男と女が知り合って互いに恋しく思うようになった最初の契機をいう。二人が知り合ったきっかけを「そもそもの馴初めは」などと紹介する。⇩馴染《なじみ》

なれっこ【馴れっこ】

馴れてしまって特別なこととしての刺激がないこと。

なれっこない【成れっこない】

成れるわけがないの意。「あんな調子じゃあ名人になれっこないよ」という。

なわこぐり【縄こぐり】

縄飛び遊びのこと。三メートル位の縄紐の両端を持った二人が、縄紐を左右に揺らしたり、回したりし、そこを別な者が巧みに飛び越えたり、潜ったりする。足に縄がかかると負けとなり、縄回し役の一人と交代する。縄紐を長くして一度に二人以上が列なって入ることもある。「縄飛びする者寄っといで」と歌って仲間を集める。また一人で遊ぶときは、両手に縄の端を持って前後に回し、縄が下に来たときに飛上ることを繰返す。

縄こぐり

なんか
「武士なんか恐くない」「じっとしてなんかいられない」などという。「など」を威勢よく言った言葉。

なんか【何か】
「なにか」の音便。「何者か」「何事か」の意。「腹が空いた、なんか食べ物はないか」「なんか知らないがこわい」などと用いる。

なんしなえ
「～しなさい」の略の江戸時代の女性の用語。狂訓亭主人『春色梅ごよみ』巻之二「本間《ほんま》へお這い入りなんしなえ」は、「本当に座敷へお入りなさいませ」という鄭重《ていちょう》な言葉。

なんじゃらほい
「何だ」の語を洒落めかして言ったもの。「一体全体《いってえぜんてえ》何じゃらほい」などと軽口にして言う。「ほい」は調子付けの言葉。

なんしろ
「なにしろ」の訛り。他の事はさておいて、一番重要な事を強調する気持を表現する時に用いる言葉。「なんしろ七人の子を育てなければならないので必死に働いた」などと用いる。

なんせ
「なにせ」の音便。何しろ、とにかくの意。「なんせ大雪だったから」「なんせ腹ぺこで」などと用いる。

なんぞ
「なんか」「など」の意。物事を軽視するときに用いられることが多く、「お前の言う事なんぞ信用出来ねえ」「こんなものなんぞ食えるか」などという。

なんだ
「なのだ」の訛り。

なんだかんだで【何だかんだで】
「何用《なによう》だ彼《か》の用《よう》だで」の意。あれやこれやで。語呂合せで「何だ神田《かんだ》で……」と言ったりする。あわただしさや、煩雑《はんざつ》さ、多様性を表現する言葉。「なんだかんだで大散財させられた」は「何が要る、何が欲しいで、たくさんの金を使わされた」の意。「何だかんだといっても結局実力ある者にはかなわない」は「どんなことをいっても実力者にはかなわない」の意。

なんだらぼっちのかきのたね【南陀羅法師の柿の種】
他人に「何だ」と問い掛けられたときに、即座に返すときの駄洒落《だじゃれ》の軽口で、語呂が良いだけで特に意味はない。「南陀羅法師」とは、桟俵《さんだわら》のことをいう「さんだらぼっち」という語と「何だ」の問いを掛けた語である。人からの問い掛けに答えず、からかい気味にあしらうときの文句である。⬇さんだらぼっち

なんて
①「など」「なんか」の意。上に主語が来る「病気なんてしたことがない」など用いる。
②「何《なに》と」の訛り。「誰がなんていったって、あの腕には適《かな》いっこない」などと用いる。「なんてえ事を抜かすのだ」は「何というとんでもない事を言うのだ」の意。

なんです
①「なのです」の略。「あの人の右に出る人は無いといって良いくらいなんです」「理由はこうなんです」などと断定する文で用いる。
②「何《なに》です」の略。「その品は何です？」などと疑問文に使う。

なんでもかんでも【何でも彼でも】
江戸っ子は「かでも」を「かんでも」と語勢良く言う。「すべて」「どうしても」の意で用いる。「あの人を陥《おとしい》れるために、何《なん》でも彼でもあの人のせいにしたようだ」「彼は欲しいとなったら何《なん》でも彼《かん》でも手に入れる男だ」などと用いる。

なんてものは
「などというものは」の訛りで、物事をけなしたり強調したりしたいときに用いる。「昔の丁稚奉公《でっちぼうこう》なんてえものは」「鰻《うなぎ》なんてものは、なかなか贅沢《ぜいたく》な品で」などという。

なんでもや【何でも屋】
日頃使うさまざまな生活用品を揃えて売る小売商のこと。このことからどんな仕事でも器用にこなす者をいう。「あの人は、なんでも屋だから頼んでご覧《らん》、すぐにやってくれるよ」などと用いる。しかし、何事にも口や手を出したがる性質の者を批判的にいう語ともなる。

なんのこった【何のこった】
「こった」は「事だ」の略。どんなに大事な事だと思っていたら、大した事ではないの意。「なぁんだ」と同じで、相手の言葉の内容が心配するほどではなかった時に使う。ただし「何《なん》てこった」になると「何という大変な事だ」の意になる。

なんのわけだか【何のわけだか】
「どういう理由か分からないが」の意。「何のわけだか、俺を目の仇《かたき》にする」などと用いる。

なんぼくちょうをきめる【南北朝をきめる】
南北朝の内乱時代のように、二派に分かれて対立することをいう。ときには敵味方が都合によってあちら側についたり、こちら側に寝返ったりする意にも用いる。

「に」

にあい【似合い】
よくつりあっていること。「似合いの夫婦」「その髪型と服はよく似合いだ」などと用いる。

にえきらない【煮え切らない】
きちんと煮ていない食物はおいしくなく中途半端な味であることから、態度がどちらつかずで明瞭でないこと。「煮え切らない返事をした」は内容が明瞭でないい加減な返事をしたの意。

にえゆをのまされる【煮え湯を飲まされる】
沸騰した湯を飲めば口の中を火傷《やけど》する。このことから自分が信じていた人にひどく裏切られた時の表現。「あんなに面倒みてやったのに煮え湯を飲ましやがった」などと用いる。

におうだち【仁王立ち】
仁王とは寺の山門に立ち、寺を守っている金剛力士のこと。このたくましい像のような力強い立ち姿の形容。「仁王立ちになって立ち塞がった」などという。

仁王立ち

握り拳

苦み走った好い男

にがみばしった【苦み走った】
にやにやと薄笑いを浮かべたりせず、キリッと引き締まった凛々《りり》しい顔つきの好男子の形容。甘ったるくない男である。

にきびしょうせつ【にきび小説】
青年の好む、青臭い内容の小説をいう。大正時代によく用いられた語。

にぎりこぶし【握り拳】
金を拳《こぶし》の中に握りしめて出さない、つまり金銭を蓄えていながら出し惜しみするけち振りをいう。「握りっ拳《こぶし》で儲けようったってそうはいくか」は投資もしないけちな奴には儲けさせないぞという意。⬇六《むい》日《か》知らず

にぎりめし【握り飯】
炊いた飯を両手で握り固めたもの。「おむすび」「おにぎり」ともいう。よく弁当として食す。腐敗防止と味付けのために塩や味噌をつけたり、浅草海苔で包んだり、中に梅干しなどの具を入れたりする。飯は赤飯、混ぜ飯など色々ある。表面を焼き焦がした焼きおにぎりもある。

にくくねえ【憎くねえ】
「憎めない」で「可愛らしい」の意。曲山人補綴の「仮名文章娘節用」にも「子どもといふものはどうも憎くねえものだ」とある。

にくてい【憎体】
憎らしく思えるような態度。敵意と憎悪を顔や態度にあらわすこと。「いかにも憎体な態度を見せる」などという。

にくまれっこ【憎まれっ子】
他人に嫌がられる人や可愛げのない子。「憎まれっ子世に憚《はばか》る」は、「他人に憎まれるような者が、却《かえ》って大きな顔を

憎　体

二重回し

して世間に幅《はば》をきかせている。世の中は皮肉なものだ」の意。

にじゅうまわし【二重回し】

両脇が大きく刳《く》れていて、その上に短いマント状の覆い袖をつけた外套《がいとう》で、折襟には毛皮が縫いつけてある。現在は見かけないが、明治時代から昭和の初期頃まで和服用防寒着として流行した。

にせをちかう【二世を誓う】

夫婦や男女間で、現世も来世も共に仲睦《むつ》まじく暮そうと、変らぬ愛情を誓い合うこと。ちなみに「三世」は、前世、現世、後世をいい、縁の深さを表す諺《ことわざ》として「親子は一世、夫婦は二世、主従は三世」というのがある。

二束三文

にそくさんもん【二束三文】

物を捨売りにする値段。江戸時代初期の金剛草履《こんごうぞうり》が二束（二組）で三文という安い値段であったといわれ、それから安売り、捨売りの表現として用いられた。「二束三文で売り飛ばされた」などいう。

にそくのわらじをはく【二足の草鞋を履く】

一足は一人分の草鞋。二人分の草鞋を履くとは、二種類の仕事を使い分けていること。江戸時代の八州回《はっしゅうまわ》りの道案内の多くは、一方で土地の博奕《ばくち》打ちを職業としていた。八州回りに従っている時はお役人風を吹かせ、八州回りが去ると博奕打ちのやくざ稼業となったのである。

二足の草鞋を履く

にたものふうふ【似た物夫婦】

性格や趣味などがお互いに似ている夫婦をいう。仲の良い夫婦は良く似ているといい、「あの家の夫婦は似た物夫婦だ」などと用いる。

にたり【荷足】

荷物の運送を職業とした小形の川舟で「荷足船《にたりぶね》」の略。明治以降は蒸気船がこれにとってかわった。

荷足船

にたりよったり【似たり寄ったり】

お互いに似ていて差異や優劣の判断がつけられないこと。「皆の考えも似たり寄ったりだ」は誰も同じような考えだの意。大同小異であること。「似たり寄ったりの夫婦だ」は夫婦の性格、趣味、好み、程度がお互いに似ていることをいう。

にちゃにちゃ

ねばねばすることの形容であるが、男女間の絡《から》み付くような親しさを表す語として用いられる。「人前であんまりにちゃにちゃするなよ」などと用いる。「いちゃいちゃ」と訛ることもあり、そのようにしたしくすることを「いちゃ付く」「にちゃ付く」という。

にっころがし【煮っころがし】

「煮ころばし」「煮ころがし」の訛り。芋の子や慈姑《くわい》などを焦がさないように揺き回しながら汁がなくなるまで煮たもの。

にっちもさっちもいかない【二進も三進も行かない】

「にっち」「さっち」は算盤《そろばん》用語「二《に》進《しん》」「三進《さんしん》」の訛り。どう勘定しても行き詰まってしまうの意で、金の工面や、物事が行き詰まって身動きがとれず、どうにもこうにもできない状態を表す言い方。「暮れが近付き、収入も無く、借金だらけで、二進も三進も行かなくなった」などといった。

にっぱち【二八】

商人が使う語で、商いが少ない二月と八月を表す語。二月の寒い月と八月の暑い月は客が来ないので不況の月といわれた。➡二八《にはち》

にてもやいてもくえない【煮ても焼いても食えない】

どのように調理しても食べることができないことから、性格が偏《かたよ》っていたり、

変に世なれしていたりして、どう対応しても手に負えない、扱い切れない相手へのあきらめの表現。「あいつは煮ても焼いても食えねえ奴だ」などという。

にどあることはさんどある【二度ある事は三度ある】
人の不幸は度重なることも多い。二度続けて起ると、またその次にも繰返して起きる恐れがあるから、よくよく注意せよという言葉である。

にどぞい【二度添い】
妻を亡くした男の二度目の妻になること。「後添《のちぞ》い」に同じ。「添い」は妻が夫に添う意。⇩後添《のちぞ》い

にどとふたたび【二度と再び】
一度を最後に二度は繰返さないという決意の意。「二度」「再び」の同義語を重ねて強調した言葉。「これに懲《こ》りて二度と再び繰返しはしない」などと用いる。

ににはにつこりにわとり
数え唄の一文句で洒落《しゃれ》語遊びの一つ。狂訓亭主人の『春色辰巳園』巻之六には「コリヤ、一《いち》に俵《たはら》をふんまえて　二《に》には完尓鶏《にっこりにはっとり》　イヤ鳥《とり》は喰《くふ》とも、どりくふな」の語呂合せで笑わせる場面がある。

ににんぐみ【二人組】
一般には「ふたりぐみ」と読むが、江戸時代の武家は威勢のよい発音を好んだので「ににん組」「ににん侍」などといって「に」の音を好んだ。

二の矢

にのつぎ【二の次】
物事が「あとまわし」になること。最初の事が片付かない限り、すべてが片付かない。故に二番目のことはさておいての意。目下当面していることからまず処理しろという意で用いられる。「入学した後のことを考えるのは二の次にして、まず入学できるように努力しろ」などと用いる。

にのや【二の矢】
弓で最初に射る矢の次に射る矢をいう。矢を射るときは、二の矢を必ず右拳の中に握る。一の矢が敵に当らなかったらすぐに二の矢を番《つが》えて射るのが心得であった。このことから、口論などで相手を攻撃し、言い返された場合、またすぐに攻撃できるように用意しておく言葉のことも「二の矢」という。

にはち【二八】
①江戸時代の安蕎麦《そば》のこと。二八蕎麦といって小麦粉二割に、蕎麦粉八割の混ぜ合わせであるというところからきた語であるという説と、値段が一杯一六文だったため、掛算の二《に》×八《はち》＝十六文の洒落《しゃれ》からきたという説がある。
②二《に》×八《はち》＝十六歳で、娘ざかりの年頃のことをいう。⇩二八《にっぱち》、二八《にはち》の色盛《いろざか》り

にはちのいろざかり【二八の色盛り】
掛算で二《に》×八《はち》＝十六、つまり「二八」とは十六歳のことをいう洒落《しゃれ》。江戸時代の戯作《げさく》本によく用いられる言葉で、十六歳頃の色気付いた娘ざかりをいう。⇩二《に》八《はち》

二八の色盛り

にばな【煮花】
「煮端《にばな》」とも書き、「出花《でばな》」ともいう。煎じたての香りの良い茶をいう。また初めて湯を注いだばかりの番茶、煎茶《せんちゃ》をいう。丁寧《ていねい》に「お煮花」ということもある。とくに番茶は茶の中でも安価なものであるが、熱湯を入れると香ばしい香りがする。江戸時代は「煮花」の語を多く用いたが、「鬼も十八、番茶も出花」の諺《ことわざ》が広まったため、現在は「出花《でばな》」の語が多く用いられている。⇩出花《でばな》

にひゃくさんこうち【二百三高地】
日露戦争（一九〇四〜〇五年〈明治三四〜三八〉）で、乃木希典《のぎまれすけ》大将の率いる日本軍が激戦地旅順の二百三高地を陥落させた頃に流行した女性の髪形。前庇《まえびさし》が大きく膨らんだ髪形で、旅順攻略の成功に

二百三高地

因んで「二百三高地」といった。

にべもない【鰾膠も無い】

海魚のニベの鰾《うきぶくろ》から製した接着剤を「鰾膠《にべにかわ》」といい、粘着力の強いことから親密な交際や、愛想の良いことに譬《たと》えられた。しかし多くは否定形の表現で用いられ、「にべもなく断られた」（取り付く島もなく断られた）、「にべもない返事をした」（取り付く島を与えない冷たい断り方をした）などといった。

にほんざし【二本差し】

大小二刀を差していることで、武士をいう隠語。十返舎一九の『続膝栗毛』六編上には、「二本ざしでござる」とある。

にほんざしがこわくっちゃあうなぎがくえねえ【二本差しが恐くっちゃあ鰻が食えねえ】

二本差しは大小二の刀を差していることで、武士のことをいう。鰻《うなぎ》の蒲焼《かばやき》も串を二本差して焼く。この共通点から、武士を恐れず軽蔑していた江戸っ子らしい表現ができた。「刀を差していても武士なんて恐くない」の意。「二本差しがこわくっちゃあ田楽は食えねえ」ともいうが、田楽の串は一本であるから、「二本差し」と並べる語は鰻の蒲焼きのほうが良い。

二本差しが恐くっちゃあ鰻は食えねえ

二本差しが恐くっちゃあ田楽は食えねえ

にほんざしがこわくっちゃあでんがくはくえねえ【二本差しが恐くっちゃあ田楽は食えねえ】

二本差しは大小二刀を差している者、つまり武士のことをいう。刀を差す武士が恐くては、串に刺してある田楽など食べることができないの意で、「武士なんて刀を差していたって恐くない」という武士に対する侮辱の表現。ただしこの言葉はもともとは「二本差しが恐くっちゃあ鰻《うなぎ》が食えねえ」である。⇩二《に》本《ほん》差《ざ》しが恐《こわ》くっちゃあ鰻《うなぎ》が食《く》えねえ、両《りょう》腰《ごし》

にほんばし【日本橋】

江戸時代、江戸の日本橋の袂《たもと》には罪人の晒《さら》し場があり、心中未遂をした者たちが晒《さら》された。このことから「晒し場」という隠語となった。

にほんぼう【二本棒】

①鼻の下から上唇《うわくちびる》までの間に二筋の盛り上がったところがあるが、何かに魅せられて、茫とすると鼻の下が長く伸びたように思えるところから、相手に見取れた時の表現に用いる。転じて女に惚れやすい好色な男のことをいう。また茫としている鈍い者のこともいった。

②水洟《みずばな》を垂らす子供。両方の鼻孔から唇にかけて水洟が二本並んで垂れているところからの語。⇩水《みず》っ洟《ばな》垂れ、横撫《よこな》で

③大小二刀を差していることで、武士をさし、武士を侮辱した隠語。十返舎一九の『続膝栗毛』六編上にある「いめへましい二本棒が」は「癪にさわる武士が」の意。⇩二本《にほんざ》差し

にまいじた【二枚舌】

あちらではそう言い、こちらではこう言い、という具合に違う舌を使っているかの如く、前後の話の内容に矛盾があることをいうこと。つまり嘘《うそ》吐きのこと。「二枚舌を使う」という。

二本棒

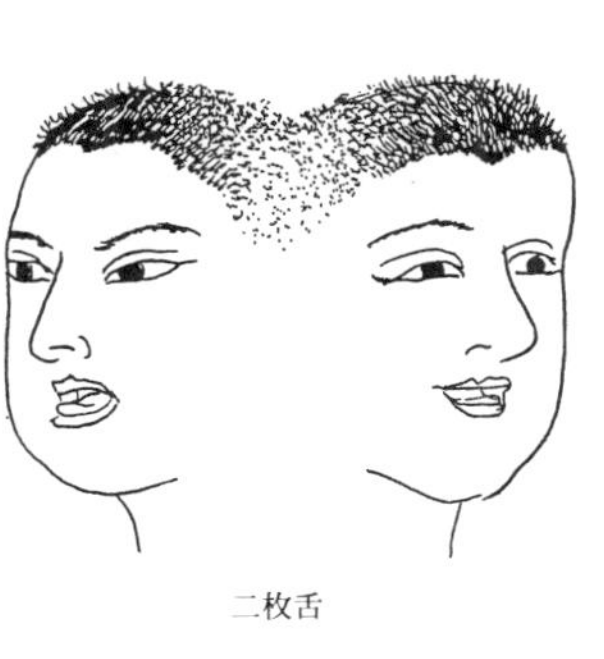

二枚舌

にまいめ【二枚目】
往時、芝居小屋には役者名が書かれた看板が並んでいたが、右から二枚目の看板には演目の好男子（色男）役の名が書かれた。このことから美男子を二枚目といった。「あの二枚目はいい役者だ」などという。女性に対しては使わない語。

にむらい
「侍」を「三《さ》むらい」ともじり、町人から侍に引き立てられた者を、一つ足りない「二《に》むらい」と言った。安永五年（一七七六）の『柳樽』に「いい妹持ってにむらい様になり」とある。妹が武家の妾《めかけ》になったので、その引きで兄貴は庶民でありながら雇《やと》い侍《ざむらい》になったが、一向に相応《ふさわ》しくない、情けない侍姿の男だということで、侍には一つ足りない「にむらい」だと詠んだ川柳である。⬇俄武士《にわかぶし》

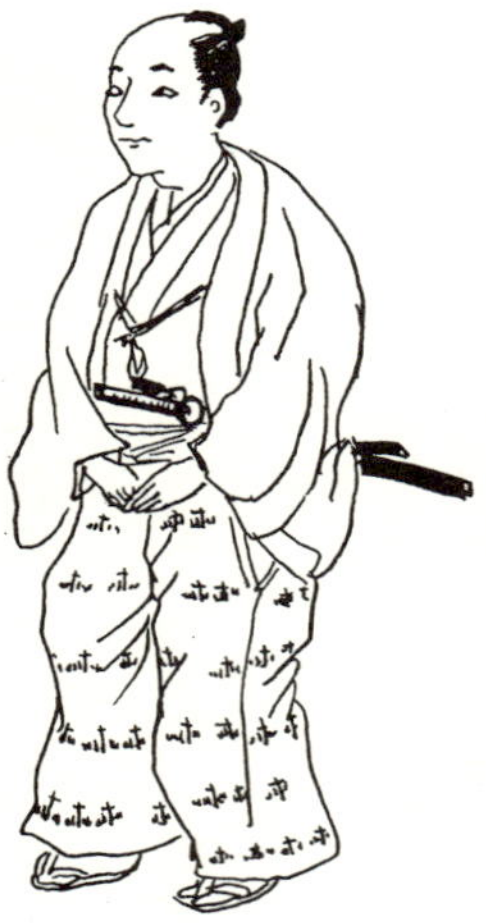
にむらい

にゃあ
「には」の訛り。「庭にゃあ雑草一本生えていねえ」「築山にゃあ躑躅《つつじ》が植わって」「食事の時にゃあ皆揃って」などと用いる。

にやける【若気る】
男がめめしく、色っぽい動作や服装をする様子をいう。江戸時代には「若気（にゃけ）」という陰間《かげま》（男色者）をさす語があり、男のくせに色っぽい容姿《ようし》や仕《し》草《ぐさ》をする者を「にやけ男」「にやけた男」といった。「あいつはにやけているから好《す》かない」などと用いる。

にょうぼう【女房】
本来は宮中や貴族に仕える女性の呼称であったが、江戸時代頃から自分の妻をいう語として使われた。江戸末期頃からは庶民も「うちの女房は……」などと用い今日に及んでいる。

にょうぼうひでり【女房日照り】
妻となる人がなかなか見つからないことをいう。

にょっきり
細長い物の姿が高くそびえたり突き出て目立つ様子をいう。「杉の樹が一本にょっきり立っていた」「暗闇に人がにょっきり立っていた」などと用いた。

にらみつける【白眼付ける】
「睨み付ける」の当て字。「白眼《しろめ》で見る」は、冷やかに見るの意。狂訓亭主人の『春色英対暖語』巻之三には「白眼《にらめ》付けて打形《ぶつまね》を」とある。

にらめっこ【睨めっこ】
子供の遊戯の一つで、「にらめっこしましょ、一、二、三」といって互いに睨み合ってから顔付きをいろいろ変えて、相手を先に笑わせた方が勝ち。⬇目比《めくら》べ

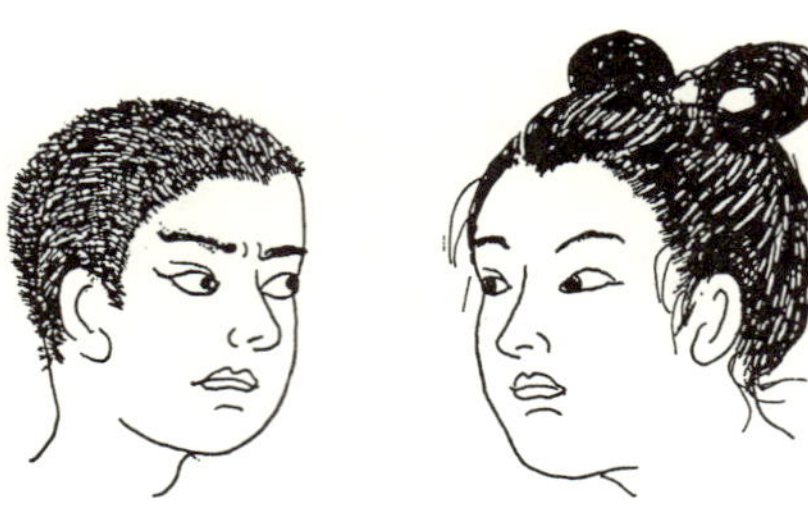
睨めっこ

にわかぶし【俄武士】
「にむらい」に同じ。安永の『柳樽』に「でえでえと言いながら乗つてく俄武士」という川柳がある。身内の女が武家の側室になった関係で、雪駄直《せった》し職人の男が雇いの侍に取り立てられたが、それまで雪駄直しは鼓《つつみ》を打ちながら「でえでえ」と言って街を流していたので、侍姿になっても馬の操縦に「どうどう」ということができず、いつもの口癖がでたという皮肉。馬術も知らないので落馬もするような侍なのである。⬇にむらい

にわげた【庭下駄】
庭を散策するときなどに履く下駄。杉の厚木製で、裏の中程が刳《く》られ、表面は杉の板目が目立つように焦がしてある。一般には用いられず、庭の沓脱石《くつぬぎいし》などに装飾的に置かれた。または、厠《かわや》（便所）用として、便器の両側にも置かれた。

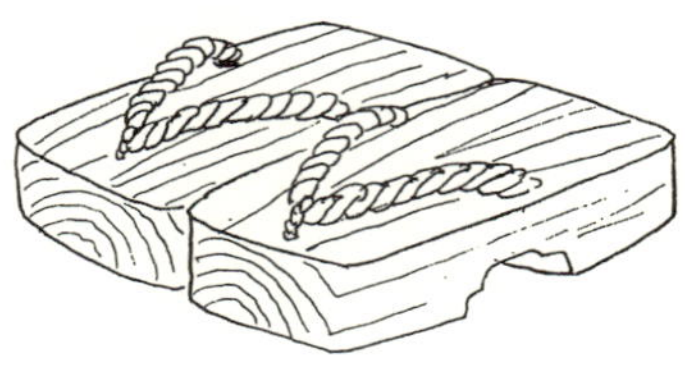
庭下駄

にをおろす【荷を下ろす】
相手の所を頼って荷物をおろすことから、目的を果たし、負担になっていることから解放されて気が楽になること。「やっと荷をおろして落ち着いた」などと用いる。「重荷《おもに》をおろす」とも言う。「やっと学校を卒業させて、これで重荷がおりた」などと用いる。

荷を下ろす

人偏のあると無いとが品の客

にんさんばけしち【人三化七】

容貌の醜い人を侮蔑する言葉。人間並みといえるところが三分で、化物のようなところが七分の意。多くは女性に対して用いられた悪口。

にんてい【人体】

人の容姿や、服装、人柄などをいう。「人体《にんてい》からみて四十歳位の人だった」と後で風貌などを思い出していう時に用いたり、「怪しげな人体《にんてい》の奴らがうろついている」「品の良い人体《にんてい》の方が来られた」などという。

にんにん【人人】

「ひとびと」の意でなく、「その人、その人」の意をいう。「めいめい」に同じ。「にんにんによって、考え方がそれぞれ違う」などといった。

にんべんのあるとないとがしなのきゃく【人偏のあると無いとが品の客】

「侍《さむらい》」の字には人偏があるが、人偏を取ると「寺」になる。つまり侍と僧侶のことをいっている川柳。「品」とは品川のことで、品川には遊女屋が多かった。品川に遊びに行く客は、侍と寺僧が多かったことを皮肉った寛政期の作品である。

「ぬ」

ぬかす【抜かす】

江戸っ子は「抜かす」という言葉をよく用いた。「言う」の乱暴な言い方である。「吐かす」の字を当てることもある。「よくも図々しく抜かしやがったな」は「ずいぶん図々しいことを言ったな」の意。

抜打ち

抜き足差し足

ぬかる【抜かる】

うっかりして手落ちがある意。「そんなこと抜かるもんか」は「そんなことに手落ちがあるものか」の意。十返舎一九の『東海道中膝栗毛』初編にも「それをぬかるもんか」とあり、「そのことは忘れるものか、ちゃんとするぞ」の意で用いている。

ぬきあしさしあし【抜き足差し足】

足音を立てずに静かに歩くことで、抜き足は、踏んで持上げた足。差し足は一歩進んで地につけた足。膝を曲げ、腰を後ろに引いて用心深く、そっと歩くさまの形容である。

ぬきうち【抜打ち】

武士が相手の油断

を見澄まして、不意に刀を抜くやいなや切り付けることを「抜打ち」という。このことから一般的には不意打ちの行動を表す語となる。「抜打ちに訪れる」は相手の家を不意に訪問すること。

ぬきさしならぬ【抜き差しならぬ】
抜くことも差すこともできないこと。つまり、身動きがとれないことや避けられないこと、立場に窮することをいう。武士が腹を立て、相手を斬ろうと刀を抜きかけたところで思い直したが、体面上刀を鞘《さや》に戻すこともできず、困ったという状況からきたものらしい。
➡退《の》っ引《ぴ》きならぬ

ぬくぬく【温温】
温かいさまを表すことから、不自由なくすごしていることや、恵まれた環境でふてぶてしくしていることの形容にも用いられる。「ぬくぬくと地主面《づら》をして」などと用いる。

抜け参り

ぬけさく【抜け作】
間抜けな者を侮蔑した言葉。「抜け」は遅鈍であるの意。「作」をつけて人名化している。「こんなことするとは、何という抜け作奴《め》」などという。

ぬけまいり【抜け参り】
江戸っ子は「ぬけめえり」という。親や主人の許可を得ずに無断で家や職場を抜け出し、伊勢神宮に参詣に行くことを「抜け参り」といった。江戸時代に旅行をするとき、庶民は町役の手を経て勘定奉行からの証明書を持たないと関所を通行することができなかった。ただし伊勢神宮詣りだけは証明書なしで関所を通行できた。また、抜け参りをして帰ってきても罰せられない習わしとなっていたため、抜け参りや抜け参りと偽った旅行が多くあった。十返舎一九『続膝栗毛』十二編上にも、「抜参り《ぬけめえ》めら」とある。

塗師屋

ぬしや【塗師屋】
漆《うるし》を塗る者を塗師《ぬし》といい、その商売をする家、また、それを生業とする者を「塗師屋《ぬしや》」といった。漆はすぐれた塗料として、食器などのさまざまな生活用品や工芸品などに用いられた。

盗み食い

ぬすみぐい【盗み食い】
こっそり食物を盗んで食うこと。転じて他人の夫や妻、愛人と密かに通じることをもいう。男の場合にも女の場合にも用いる。密通のこと。江戸時代の戯作《げさく》本や春本によくある言葉である。

ぬりこみ【塗込み】
①壁などを一面に塗込めること。江戸時代は火事が多かったので、壁を塗込みにして防火に備える商店が多かった。「あの店は外袋のところまで塗込みがあって」などという。
②役者が顔だけでなく体の足や手の部分まで白粉を塗って化粧をすること。
③塗込めると中が見えなくなることから、ごまかすことの隠語としても用いられる。

ぬれえん【濡れ縁】
住宅で雨戸の敷居の外側についている縁側をいう。雨などが吹き付けると濡れ

濡れ縁

るところからの名称。風流な濡れ縁には、板を並べた間に竹を一本置いたものや、竹を並べて縁としたものがある。古くは離れ座敷の外縁としたり、渡り廊下に用いたりした。

ぬれごけ【濡後家】

好色な未亡人のことをいう。「濡」は「濡場《ぬれば》」「濡事《ぬれごと》」など男女の情事を表す。

ぬれごと【濡事】

歌舞伎などで男女の情事を演じる仕草をいう。情事を「しっぽり濡れる」と表現したことからきたもの。濡場を演じる役者を「濡事師《ぬれごとし》」といい、やがて情事に巧みな男をさすようになった。「あの男は濡事師だから、女性は気を付けたほうがいい」などという。➡濡場《ぬれば》

濡　場

ぬれてであわ【濡手で粟】

粟粒は小粒で軽いため、濡れた手で掴《つか》めば、濡れた手の甲などにまでくっついてくるので、掴んだ分より多くとれる。このことから苦労しないでより多くの利益を得るたとえに用いられる。「そんなに儲けられるなんて、まるで濡手で粟の様なものだ」などと用いる。

濡手で粟

ぬれば【濡場】

歌舞伎などで、男女の情事を演じる場面のこと。「濡幕《ぬれまく》」ともいう。このことから男女の情事について「まるで歌舞伎の濡場のような二人だった」などと用いられる。➡濡事《ぬれごと》

「ね」

ねえ

「ね」の転。文末について「それをちょっと取ってくんねえ」などと要求の意につかわれる。また、言葉をかけるときに、「ねえ、そうだろう」などと用いられる。

ねえ【無え】

「無《な》い」の訛り。「そんな事《こた》ぁねえよ」は、「そんな事は決して無いよ」の意。「ねえけりやぁ」は「無ければ」の意。

ねえかな【無えかな】

「無いかな」の訛り。「その時代は一番高かったのじゃあねえかな」は、「その頃は一番高かったのではないかな」の意。「何か良い仕事ねえかな」「娘をもらってくれる婿はねえかな」などと用いられる。

ねえさん【姉さん】

①「さん」をつけた姉に対する軽い尊称。同じ意で「あねさん」「あねさま」とも用いられる。

②姉妹の関係ではなくとも、江戸時代頃から、庶民が名を知らない女性に対して一般呼称として用いた。

③料理店などで客が若い女性店員に対して用いる呼称で、「ねえさん」と声をかけた。

④芸者が目上の芸者や、売れっ妓《こ》の芸者に対して用いる呼称。そのような芸者を「姉《ねえ》さん芸者」「姉芸者」と呼んだ。姉芸者に対し、自分が面倒を見ている芸者を「妹《いもと》芸者」という。

ねえしょ【内所】

「ないしょ」（内証《ないしょう》の約）の訛りで、遊廓などで主人の居間や、家族が住んでいる所をいう。また主人をもいう。『春色恵の花』二編巻下にも「内所の前は」とある。また、内々の秘密の意でも用いられる。

ねがえりをうつ【寝返りを打つ】

寝たまま体の向きを変える意から、転じて、味方を裏切って敵方につくこと。また、心変わりすることの意にも用いる。江戸では、いったん決めたことを一方的に破る意でも用いた。「寝返る」「寝返り」ともいう。裏切られた方は「寝返りを打たれた」といい、「いいか、絶対に寝返ったりするなよ」などと、現代でもよく使われる形容である。

ねこ【猫】

芸者の蔑称。三味線の胴に猫皮を使っていることから三味線の異称となり、芸者が三味線を使うところから芸者の異称となったといわれる。また、「寝子」の意とも、芸者が座った姿が猫に似ているとも、客に馴れ馴れしく媚《こび》を売るさまが猫に似ているからともいわれる。無教養な

成り上がり者などが、芸者にむかって「おい、そこのねこ、一寸来て酌をせい」などと威張ったりすると、江戸っ子芸者は「おっちょこちょい節」を歌ってやりかえした。大正、昭和の頃に多く使われた言葉である。⇩おっちょこちょいのちょい

ねこじゃらし【猫じゃらし】

①帯芯をやわらかくして、簡単に結び、長くだらりとさげる帯の結び方。帯先が軽く揺れるので、猫がじゃれて手をだしそうなのでこういう。②エノコログサの異名。

猫じゃらし

ねこぜ【猫背】

猫が座ると背中が丸く見えるので、首が少し前に屈み、背が丸くなった姿の人をいう。江戸時代は「猫背中《ねこせなか》」といった。

ねこっかぶり【猫っ被り】

「ねこかぶり」の語調を強めて「っ」の音を入れたもの。おとなしい振りをしながら、腹の底では反対のことを思っていることをいう。「猫を被っている」ともいう。

ねこっかわいがり【猫っかわいがり】

猫は外見が可愛らしく見え、自分の欲求の為には甘えるので、昔から愛玩動物として人間に飼われてきた。このため、要求を何でもきいてやり猫をかわいがるように甘やかすことを「猫かわいがり」というが、江戸っ子は「猫っかわいがり」と語勢良くいった。多く子供や孫を盲愛することの表現にも用いられ、「初孫だというので猫っかわいがりしている」などという。

ねこなでごえ【猫撫で声】

相手の機嫌をとるために発する、媚びるようにやわらかい声、わざとやさしさを装った甘い声のこと。猫が人になでられたときに発する甘えた声からとの説もある。「猫撫で声に油断をするな」は、猫撫で声で話しかけてくるような人間は下心がある場合が多いから、ゆだんしてはいけないという戒め。

ねこにかんぶくろ【猫に紙袋】

紙で作った袋を江戸っ子は「かんぶくろ」と訛っていった。猫の頭に紙袋をかぶせると、前が見えず後退する。昔の子供はそれが面白く、猫にこの悪戯《いたずら》をして遊んだ。

ねこにまたたび、おじょろうにこばん【猫に木天蓼、お女郎に小判】

マタタビは猫の大好物だが、猫がこれを食べるとたちまち酔ったようになる。遊女も遊興費を小判で気前よく払ってくれる客が大好きである。このことから著しく効果があることのたとえ。「そうかい。それは好《よ》かった。猫に木天蓼《またたび》、女郎に小判さ」などという。

ねこばば【猫糞】

「猫婆」でなく「猫糞」が正しい。なんとなく、物をごまかしても平気で知らない振りをしている海千山千《うみせんやません》の老女を、盗み食いをしても知らん顔をしている猫に譬《たと》えた語のようだが、これは間違い。猫は用便をすると土砂をかけて隠すから、「汚いこと（悪事）を隠す」という意の語。「ばば」は糞の隠語で、汚いことを「ばばっちい」という。

ねこもしゃくしも【猫も杓子も】

誰も彼もの意。『続一休咄』三に「正法に不思議なし。猫は禿げても猫なり。杓子は割れとも杓子なり」（世の中は特別に変化しないの意）とあり、いつの間にか「何でも彼でも、有象無象《うぞうむぞう》のもの」の意として通用するようになったものと思われる。その他「女子《めこ》も若子《じゃくし》も」（老若男女の意）が訛ったという説もある。

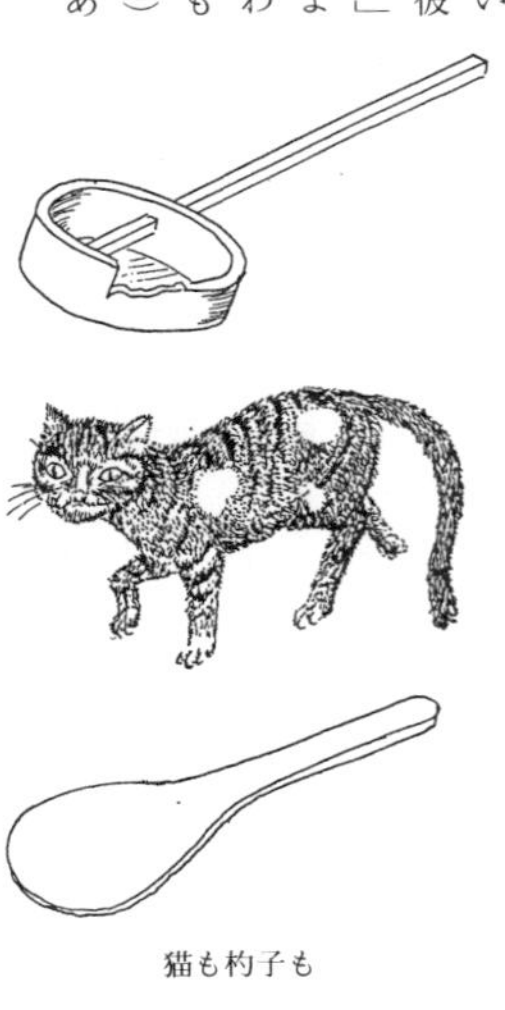
猫も杓子も

ねこばば

ねじくれる【拗くれる・捻くれる】
　性格が真っ直ぐでなく、ねじれ、精神や思考がひねくれていること。「あいつの心は拗くれている」などと用いる。

ねじこむ【捻じ込む・捩じ込む】
　強硬に文句を言いに行くこと。「かんかんに怒って捻じ込んできた」「いきなり俺に捻じ込んできやがった」などと用いる。ちょっとやそっとでは引き下らないこと。➡尻《けつ》を捲《まく》る

捻じ込む

ねじりはちまき【捩り鉢巻】
　通常、鉢巻は布（手拭など）を細長くたたんで前頭部から後頭部に巻きつけるもので、気を引き締め、緊張を高める効果があるが、捩り鉢巻は布を縄撚《なわより》状にしたもので、鉢巻よりも勢いのある締め方。すぐに行動に移れる威勢の良さや、仕事に取り組む気合いのすごさを示したものである。気合い十分で仕事に取りかかることを「捩り鉢巻で仕事にとっかかった」などという。

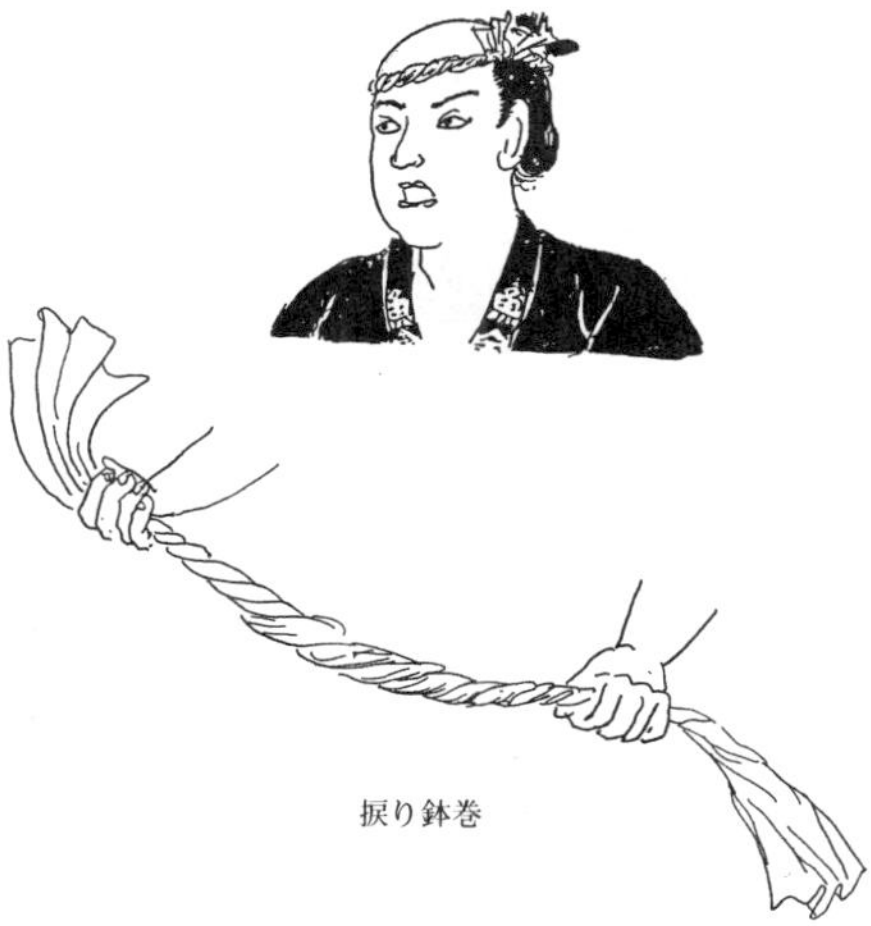
捩り鉢巻

ねじをまく【螺子を巻く・捻子を巻く】
　鋼鉄のゼンマイなどは、螺子《ねじ》を巻き締めると元の位置に戻ろうと動き出す。これと同じように相手のだらけた行動を戒め、叱り、けしかけて、もとの正しい感情や行動をとりもどさせること。「螺子を巻いてやったからあの男もまともな行動にたちもどるだろう」などと用いる。

螺子を巻く

ねずなき【鼠鳴き】
　遊女などが、通行の客を引きつけるために口をつぼめて、チュッチュッと鳴らして呼ぶこと。これは鎌倉時代頃にも行われたらしく、『今昔物語』（二九）にも「半蔀の有りけるより鼠鳴きをして手を指し出でて招きければ」と記されている。

鼠鳴き

ねずみいらず【鼠入らず】
　調理した食料や食器を保管するための食器棚をいう。頑丈な木で作り、鼠が侵入できないようにした。冷蔵庫が普及していなかった昭和のはじめ頃までは良く

鼠入らず

見られた。

ねそべる【寝そべる】

横になるの意の「そべる」と「寝」を重ねた語。腹ばいになり両足を伸ばして横になること。「寝そべって悠々とした」「寝そべって本を読んだ」などと用いる。

ねた

「種《たね》」の倒語。材料のこと。料理の食材や会話の話題などの意で用いられる。「良いねたを仕入れて来た」は、良い食材を見つけてきた、もしくは面白い話題を聞いてきたの意。また、「ねた探し」というのは興味深い話題やニュースを探すことをいう。

ねだがたまらねえ【根太が堪らねえ】

家屋の床板を支える横木を根太《ねだ》というが、その根太が重みで折れてしまうの意。狭い部屋などに大勢の人が入ったときの表現。十返舎一九の『東海道中膝栗毛』初編には「大屋《おおや》から根太がたまらねえ店《たな》を明けろと追い出される」とある。

ねつき

ねっから【根っから】

草木の源は根であるから、「根から」は元からの意に用いられ、はじめから、もともとの意。「っ」が入るのは江戸っ子調。「あの人は根っからの怠け者だ」「あの人は根っから正直な人だ」などと用いられる。また、「他人《ひと》のことを根っから聞いてくれねえ」は「他人の言葉をまったく聞き入れてくれない」の意となる。

ねつき

最初の者が、長さ三〇センチほどの先を尖らせた木の棒を投げつけ、地面に刺す。次の者が同様に木の棒を投げつけて地面に刺さっている相手の棒を倒す遊び。先に刺さっている木が倒れれば、後から打ち込んだ者の勝ちとなり、前の者の木を取ることができる。

ねっこ【根っこ】

植物の根や、物事の下端をいう語。「こ」は接尾語。

ねばっこい【粘っこい】

粘り気がある意で、転じて言動や性格がしつこいさまを形容する言葉。「ねばっこくつきまとうので困った」「ねばっこく文句をいうので参った」などと用いる。

ねばりがある【粘りがある】

粘り気が転じて、頑張る力があるの意である。「粘《ねば》る」ともいう。物事をあきらめずに頑張って行うこと。「あいつは何事にもねばりがある」などという。しつこくする意も表し、「あの男にねばられて、とうとういうことを受け入れてしまった」「そうねばられては困る」など否定的な意味にも用いられる。

ねぼけやろう【寝惚野郎】

寝惚けたような行動をする、ぼんやりした奴という侮蔑語。「野郎」は元は男を罵る語であるが、この場合は男女の区別なく用いられる。

ねほりはほり【根掘り葉掘り】

「葉掘り」は「根掘り」と語呂を合わせた語。根本から枝葉に至るまで、何からなにまで残らず、細かい点まで徹底的にの意で、執拗に問いただすさまをいう。「なんであの娘と別れたんだと根掘り葉堀り聞かれて、ほんとに参った」などと用いる。「根問《ねど》い葉問《はど》い」も同意。

ねむったい【眠ったい】

「眠たい」の訛り。江戸っ子は「っ」を入れて語調を良くする。

ねめまわす【睨め回す】

警戒してじろじろと睨《にら》むこと。「あの人だよ、と睨《ね》め回された」「そうおっかなそうに睨め回すなよ」などと用いる。

ねりもの【練物】

「邌物」とも書く。江戸・東京の町内祭礼で練り行く踊屋台《おどりやたい》。破風《はふ》造りの建物に車をつけ、山車《だし》のように引く。屋台では舞踏を習っている娘や芸子が手踊りをする。その後に続く底無し屋台（底ぬけ

練　物

屋台）の中では、御囃子《おはやし》を担当する人が歩きながら音曲を催して調子を合せた。

ねをはやす【根を生やす】

草木が地に根をおろすように、その環境や土地に定着して長く居着くことをいう。「この家に厄介になってから丸三年、すっかり根を生やしてしまった」などという。

ねんあけ【年明け】

「年明《ねんあ》き」ともいう。職人や商人になるために子供が奉公にでるときは、八年とか一〇年などと「年季証文」で働く期間を約束した。「年明《ねんあ》け」とはその期間が切れることをいう。通常は仕込んでくれたお礼にと、それから一～二年働くのが不文律であった。この期間を「御礼奉公」といった。遊女の「年季証文」の期限がきれることもいう。

ねんがらねんじゅう【年がら年中】

その年一年中の意で、常にの意。「ねんがねんじゅう」ともいう。「年が年百」（ねんがねんびゃく）、「年百年中」（ねんびゃくねんじゅう）の語もある。「ねんがらねんじゅう貧乏している」「ねんがねんじゅう忙しい」などという。

ねんね【寝んね】

幼児に使う言葉で寝ること。「寝んねしなさい」「良い子だから寝んねするのよ」などと子供に眠りなさいと語りかける。転じて「幼い」意に用い、純真で世間を知らない無垢《むく》な若い女性のことをいった。「あの娘はまだ、ねんねだから」と用いた。

ねんねこ

「良い子だから寝《ね》んねしな」と子供をあやし、寝かしつけるときの言葉。また子供を背負った上に着る防寒用の綿入れの衣裳を「ねんねこ半纏《ばんてん》」といい、略して「ねんねこ」といった。❹寝《ね》んね、犬《いん》の子犬《こいん》の子《こ》

ねんねこ半纏

「の」

のうてんき【能天気】

いつもお天気が良いと思っているような少々ピントはずれで物事を深く考えないさま。自分本位の気楽な人をいう。脳がカラリと晴れたような好《い》い気な奴の意で「脳天気」の文字を使うこともある。「まったく、あいつは能天気な野郎だ」などという。

のうのう

「のんき」の意。悠々《ゆうゆう》、のんびりの意。「あいつは親が財産を残しておいてくれたので、のうのうと暮している」などという。

のけのけ

「抜《ぬ》け抜《ぬ》け」の訛り。知っていながら知らないふりをするなど、あつかましく平然とした態度をいう。相手の図々しさに呆れていうときの表現である。「あれだけ人に迷惑をかけておいて、よくものけのけと頼みに来たな」「俺の前に恥ずかしげもなく、よくのけのけと現れたな」などと用いる。

のこのこ

気まずい場面や危険な場所にもかかわらず、状況を気にもせずに現れるようなさま。「遅れているのに、のこのこ歩いて現われた」などという。強調して「のこのこさいさい」という。

のさばる

他人の事を考慮せず、横柄な態度で自分本位の行動をとること。「彼はいつものさばっている」「何かというとすぐのさばりやがって」と用いる。

のだいこ【野太鼓・野幇間】

職業としての幇間《たいこもち》ではなく、素人《しろうと》の幇間。転じて、客の座をとりもつだけの無芸な幇間を卑しめていう。

のちぞい【後添い】

「後添《のちぞ》え」ともいう。夫婦が離縁、また妻が死亡して、その後に妻となった者。二度目の妻。後妻。「あの人は後添いをもらって仲良くやっている」などと用いる。❹二度添《にどぞ》い

のっけ

最初、はじめ、初手、しょっぱなの意。「のっけから」は「始めからいきなり」の意で「逢った途端、のっけから叱られた」などと用いる。

のっそり

動作が鈍重なさま。「のそり」ともいう。「のっそりのっそりと歩く」「のっそりと突っ立っていた」などという。

のっぴきならぬ【退っ引きならぬ】

身を退くことも、避けることも出来ない、どうにも動きのとれない状態をいう。「退《の》く」を「のっ」と勢いよくいい、「引

き」を発音勇ましく「ぴき」という。「とうとう退っ引きならぬ立場に追い込まれた」は窮地に立ったことをいう。⬇抜《ぬ》き差《さ》しならぬ

のっぺいじる【のっぺい汁】

「能平汁」「濃餅汁」などとも書く。油揚や大根・椎茸・人参・里芋・蒟蒻《こんにゃく》・焼豆腐・干瓢《かんぴょう》などさまざまな食材を具にしたすまし汁に、葛粉《くずこ》を入れてとろみをつけた汁料理。堀之内妙法寺（杉並区）の辺りはのっぺい汁が有名であった。

のっぺいやろう【のっぺい野郎】

「のっぺい」は「のっぺり」の訛り。小奇麗だがやや平坦で変化がない顔つきをいい、美男子や優男《やさおとこ》に対して反感を持っていう罵り言葉。⬇のっぺり

のっぺらぼう

「のっ」は伸びた意、「ぺら」は平らでつるりとしている意で、凹凸のないことを表す。それが擬人化されて「のっぺら坊」となったものと思われる。

①江戸時代の怪談にでてくる、目も鼻も口もない卵のようにつるりとした顔のお化け。

②平坦な顔つきだったり特徴の無い、捕らえどころのないような顔つきの人に対しての比喩《ひゆ》、あだ名として用いられた。

のっぺらぼう

のっぺり

凹凸が少なく掴み所のないさまをいう。小奇麗だが平坦でどことなく間の抜けた軽薄な顔付きを「のっぺりした顔」という。⬇のっぺらぼう

のっぽけ

背が高いことや、背の高い者の意。「のっぽ」を「のっぽけ」と言った。

のづら【野面】

原義は野外のことであるが、石工用語では、山から切り出したままの、加工していない石の表面をいう。転じて、鉄面皮、厚かましい顔つき、恥知らずの顔の意。「のづらのぽん」ともいう。

咽がひっつくようだ

のどがひっつくようだ【咽がひっつくようだ】

呼吸が乱れたり咽が渇いたりして、咽頭部《いんとう》がぴったりと張り付きそうだの意。「ひっつく」は「干っ付く」と「引っ付く」の両方の意。狂訓亭主人の『春色梅児與美』には「急いで歩いたもんだから、のどがひっつくようだ」とある。

のどでいしころをころがす【咽で石塊を転がす】

うまく滑《なめ》らかに歌えないことの形容。「柄にもなく細い声を出しているが咽で石塊《いしころ》を転がしているみたいだ」と用いる。

ののちゃんになる【仏ちゃんになる】

死ぬこと。死んで仏になること。「仏《のの》ちゃん」とは仏様《ほとけさま》の意の幼児語で、大人がわざと用いた表現。曲山人補綴『仮名文章娘節用』にもある。⬇めでたくなる

のびたりちぢんだり【伸びたり縮んだり】

行商人が使う客集めのための小道具。竹細工の小枝を糸や釘で繋《つな》げたもので、上に投げると伸び、手元の締め工合でその状態を維持したり、もとの形に戻したりする。「サアサア召しませ、のびたりちぢんだり、ちぢんだりのびたり、さあこう伸びた所は甲斐の猿橋《えんきょう》、ちぢんだ所は爺《じじい》の睾玉《きんたま》」などと口上を述べながら物を売る。大正時代頃まで縁日で見かけた光景。

伸びたり縮んだり

仏ちゃんになる

のべがね【延金】

金属を打ち延ばしたものを延金《のべがね》というが、江戸時代の庶民は武士の刀剣のことをいい、「延金が恐ろしくて江戸が歩けるかい」などと強がっていた。一方、武士は刀を抜いて「払うのはこの延金だ」といって威嚇《いかく》した。

のべぎせる【延煙管】

雁首から羅宇《らう》（柄）、吸口まで、一つの金属で作られた煙管《きせる》をいう。「金の延煙管」といえば純金製の煙管のこと。金持ちの商人などが、これ見よがしに用いた。大正時代には真鍮《しんちゅう》の延煙管が流行し、筒が平たいので鉈豆煙管《なたまめギセル》といった。「延煙管で頭をコツンとやられ、痛いの痛くないのって……」などと用いられた。⬇芋張《いもばり》

のべつ

しょっちゅう。絶え間なくの意で、「のべたら」ともいった。だらだらと常に述べるから、いったものらしい。⬇のべつ幕《まく》なし

のべつまくなし【のべつ幕なし】

「のべつ」は絶え間なくの意。「幕なし」は、芝居では一度幕を引いて区切りをつけるのが普通であるが、幕を引かずに引き続いて演じること。つまり絶え間なく続けていることの形容。「のべつ幕なしに小言ばかり言っている」などと用いる。

のほうず【野放途・野方図】

野に放したら捕えようがなく、勝手気ままに何を為出かすかわからないさま。転じて「無責任な行為や言葉」をいう。「子を野放途に育ててしまったので、今になって困っている」「野放途な事を言うな」などと用いる。

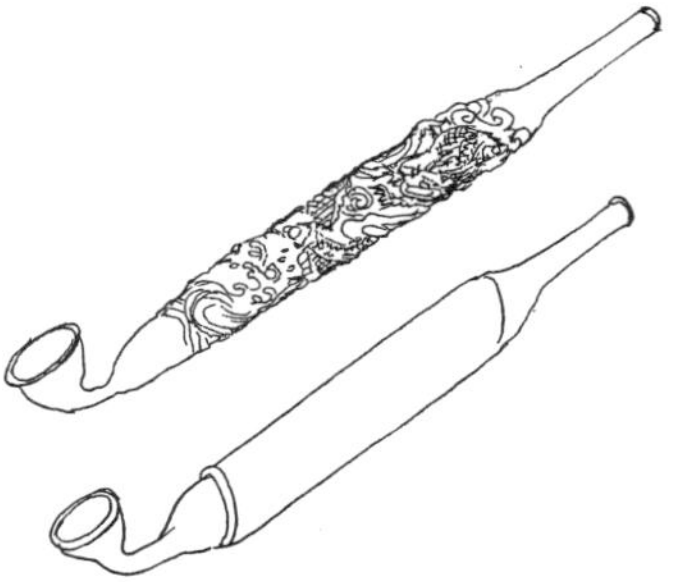

延煙管

延　金

のぼせる【逆上せる】

逆上《ぎゃくじょう》する意。頭に血がのぼって上気すること。転じて、何かに夢中になって理性をなくす意ともなる。女性に夢中になることを「女にのぼせる」という。「最近碁にのぼせているので仕事もしない」などと用いる。

のほほんとしている

物ごとに頓着《とんちゃく》しないで、のんきな顔をしていること。「何があっても我関《われかん》せず」と澄ましていること。「のほほん」は江戸時代の俗謡の囃子《はやし》ことば。「あいつは人が心配しているのに、のほほんとしている」などと用いる。

のみこみがわるい【飲み込みが悪い】

昔は胸腹に判断力があり、物事の是非を腹中に入れて判断を下していると思われていたことから、「飲み込みが悪い」は理解力が悪いことをいったもの。今では「頭のめぐりが悪い」「頭の回転が悪い」「頭の閃《ひらめ》きが悪い」などともいう。

のみこみしょうちのすけ【呑込承知之助】

相手の要求や希望を理解して承知するということを人名化した洒落《しゃれ》言葉。「呑込」とは、相手の意向の言葉を腹の中に入れたという形容。「俺にまかして大船に乗った気でいろ」と威勢の良い態度を取るときなどに「呑込承知之助だ」と言う。⬇合点承知之助《がてんしょうちのすけ》

のみこみやまのかんがらす【呑込山の寒烏】

相手の相談事や依頼を承知してぐっと腹に納めるために咽喉《のど》を通したという洒落《しゃれ》で、「呑込」を山の名とし、その山の寒烏（冬の烏）と言ったもので、意味はなく語呂よく見栄を切った表現。

のみすけ【飲助・呑助】

酒飲みを軽蔑していう言葉。「飲兵衛《のんべえ》」ともいう。酒好きの擬人化。「あの男は飲助だから相手に出来ない」などという。⬇飲《の》んだくれ、飲《の》んだら兵衛《べえ》、蟒蛇《うわばみ》

のみつぶれる【飲み潰れる】

酒を飲み過ぎて酔って動けなくなること。「飲み潰れるまで酒を飲むから始末におえない」などと用いる。

のみとりまなこ【蚤取り眼】

蚤をさがして捕まえようとする時のように、絶対に取り逃がすまいと気を配って見る目つき、きょろきょろとさがし回る目つきをいう。「猿の蚤捕り眼」の「猿の」が省かれた形である。

のみや【飲屋】

主に酒を飲ませる飲食店。広くは料理屋、銘酒屋などをいうが、一般的には「一杯飲屋《いっぱいのみや》」の略で、気軽に立寄って一寸《ちょっと》酒を飲む小店をいう。明治頃の銘酒屋では、客相手の酌婦《しゃふ》を置き、密売春をする

飲屋

ことが多かった。⇩銘酒屋《めいしゅや》、居酒屋《いざかや》

のむ【飲む】

相手の要求や願いを了承すること。「飲み込む」ともいう。昔は頭脳ではなく胸腹で思考したと思われていたことからの表現。

のむうつかう【飲む 打つ 買う】

男の代表的な放蕩《ほうとう》の三つとされるもの。「飲む」は大酒を飲むこと。「打つ」は博奕《ばくち》を打つこと。「買う」は女を買う、女遊びをすること。手のつけられない放蕩児をいうときに用いる。⇩色酒《いろざけ》

のむくち【飲む口・呑む口】

酒などが大好物であるという表現。酒には目がない（善悪の判断力がなくなるほど夢中である）の意。「あの人は飲む口だから一緒に付き合うと損する」などと用いる。⇩いける口《くち》

のめのめ

「おめおめ」と同義。恥を恥とも思わず、あつかましく平気でいるさま。また、恥辱《ちじょく》を受けたままの意味にも用いる。「相手に言いくるめられて、黙ってのめのめと帰れない」「さんざん侮辱《ぶじょく》されては、のめのめと言われ放題になってはいられない」などと用いる。

のらくらもの【のらくら者】

「のらくら」は「のらりくらり」の訛りで、人の役にも立たずに怠惰な生活を送っている者をいう。「あいつはのらくら者だ」などと用いる。「野良暗者」とも当て字し、畑仕事もろくにしないで、ぶらぶらしている者をさす。

のらむすこ【のら息子】

怠け者で遊び好きの息子をいう。「のらくらしている息子」の略とも。「どら息子」に同じ。「どら」は道楽の意。⇩どら

のりかかったふね【乗り掛かった船】

船旅行や渡しでは、船に一度乗ったら目的地まで行かねばならず、急に気が変っても引き返せない。それと同様に、目的を決めて、いったん着手したことは、途中で止めるわけには行かないの意。

のるかそるか【伸るか反るか】

飲む・打つ・買う

「伸《の》る」は長く伸びることで、「反《そ》る」は反対側に反りかえること。物事を行うときに成功するか、失敗するか、運は天まかせで一番やって見ようという意。「一《いち》か八《ばち》か賭けて見よう」と同じ。⇩一《いち》か八《ばち》か

のれんにきずがつく【暖簾に傷がつく】

「のれん」はもと禅家で冬の隙間風を防ぐのに用いた垂れ幕をいい、「のんれん」「のうれん」ともいった。江戸時代になって、商家では屋号などを染め抜いた「のれん」を店の入り口に張るようになり、店の格式や商業上の信用、家の名誉を象徴するものとなった。その「のれん」に傷がつくのであるから、長い時間をかけて築いてきた店の信用や名誉が損なわれることの意である。「少しでも味を落としたら、たちまち老舗ののれんに傷がつく」などと用いる。「看板が泣く」も似たような意で、それまでに獲得した評判を裏切ること。「暖簾に拘《かか》わる」は店の信用にかかわる意。「暖簾を分ける」「暖簾分け」は長年よく働いた使用人に自分の店をもたせてやり、同じ屋号を名乗ることを許

可し、お客も分けてやることをいう。

のろくさ【鈍臭】
　動作が鈍《にぶ》いことを軽蔑していう。「くさ」はいやになるほどの意。「態度がのろくさして腹が立つ」などと用いる。

のろくなる【鈍くなる】
　一般的に、女と見ると甘くなること。色におぼれやすいこと。十返舎一九『続膝栗毛』十一編下にも「ぢきにのろくなる奴さ」とあり「女と見るとすぐ目尻をさげる奴さ」の意。

のろける【惚気る】
　色におぼれること。他人に自分の色恋を自慢気に吹聴すること。「お惚気話《のろけばなし》」「惚気るな」などと用いる。

のろすけ【野呂助】
　女性の甘言《かんげん》にすぐ騙される甘い男をいう。女性や遊び仲間が軽蔑していう言葉。「野呂助」は愚鈍《ぐどん》で野呂松《のろま》の意であるが、女性、特に、商売柄うまいことを言って客から金を絞り取るような遊女の嘘を見抜くことができずに、その甘言に乗ってしまう男を馬鹿にしていったもの。子供にもこの語を用いるが、その場合には何事にも行動が鈍いことへの悪口として言う。➡野呂松《のろま》

のろま【野呂松・鈍間】
　愚鈍《ぐどん》で言動が遅れていること。「野呂《のろ》助《すけ》」ともいう。昔、野呂松勘兵衛という操り人形師が愚鈍な役の人形を操ったところから「野呂松《のろまつ》」を略して「のろま」といった言葉。愚図愚図《ぐずぐず》していることを「のろのろ」しているという。

のろまいろ【野呂松色・鈍間色】
　野呂松《のろま》は野呂松《のろまつ》人形のことで、青黒い顔で道化の役に使われた。その人形の顔のような色。また、のろまな者のごとく薄ぼんやりとした色をいう。「十年も一つの湯文字《ゆもじ》を使っていたので、いいかげん野呂松色になってしまった」などという。

のんき【呑気】
　「暖気」「暢気」とも当て字する。人の性格や気分がのんびりしていること。少し気が利かない者にも用いる。「あの人はのんきな人だ」「のんきもん」などという。大正時代、「のんきな父さん」という漫画や「のんき節」という歌が流行した。

のんこ
　のらくらして他人を意に介さない者。面の皮が厚い者（あつかましく図々しい者）。そのような者の様子を「のんこのしゃあ」といい、「あんな事を為出《しで》かしても、のんこのしゃあとしていやがる」など用いる。

のんだくれ【飲んだくれ】
　手に負えない大酒飲みをいう。「くれ」は「ぐれる」の意で、正常な行為から外れること。いつも酒を飲んで、酔ってぐれる傾向のある者で、「あいつは飲んだくれで、始末に負えない」などと用いる。➡飲助《のみすけ》

のんだらべえ【飲んだら兵衛】
　大酒飲みのこと。「飲兵衛《のんべえ》」ともいう。酒を飲むと自制心がなくなり、だらしなくなる者を軽蔑した呼称。➡飲助《のみすけ》、蟒蛇《うわばみ》

のんのんずいずい
　講談師が合戦などの修羅場《しゅらば》の場面を表現するときに、景気付けでいう言葉。「のんのん」は火の燃えさかる形容で、「ずいずい」は進撃するさまの形容。勇ましく進軍するさまを擬態語で表現した。字で読むだけではピンと来ない表現かも知れぬが、講談師が張扇《はりおうぎ》を叩いて調子よく演じると、なぜか情景が髣髴《ほうふつ》としてくるのである。

のんのんずいずい

のんびり
　他に対して気を使うことなく心身がゆったりしていること。悠長《ゆうちょう》。「のんびりしてやがる」「やっと仕事が終って、明日からのんびりできる」などという。

のんべんだらり
　のんきに振る舞ってしまりがないさま。「のんべん」はのんびりと平然としていること。「だらり」はだらしのないさま。「そんな、のんべんだらりとしてないで、早く始末をつけろよ」などという。「のんべんだらりこ」ともいうが、さらにだらしのない感じを受ける。「のんべんだらりこしているうちに夜になってしまった」という。

12 幕府が庶民に示した風俗習慣の法規（一）

→（二）は338頁

江戸幕府は、武家に対しては御定書百箇条を公布して、武家の守るべき法規を示したが、庶民に対しても人倫を守るべき事柄を町役人（江戸の場合、江戸町年寄とよばれ、樽屋・奈良屋・喜多村の三家が世襲した）に命じ、その下の家主が庶民に知らせた。それらの条項は日本橋際の高札場などに御定書として公示された。

喧嘩・口論・争いをしないこと

親子・兄弟・夫婦仲良くすること

盗みをしたり盗賊を匿《かくま》わないこと

博奕をしないこと

人身売買をしないこと

鉄砲をみだり打たないこと

正徳元（一七一一）年五月の御定書には、

一、親子兄弟夫婦を始め、諸親類に親しく下人等に至るまでこれをあわれむべし。主人あるともがらは各その奉公に精を出すべき事。

一、家業を専《もっぱ》らにして懈《おこた》る事なく、万事その分限に過ぎるべからざる事。

一、いつわりをなし、又無理をいい、惣《そう》じて人の害になるべき事をすべからざる事。

一、博奕の類、一切に禁制の事。

一、喧嘩口論をつつしみ、若《も》しその事ある時は、みだりに出合うべからず。手負いたる者を隠し置くべからざる事。

一、鉄砲をみだりに打つべからず。若し違反の者あらば申し出ずべし。隠し置き他所よりあらはるるにおいては、その罪重かるべき事。

一、盗賊悪党の類あらば申し出すべし。急度《きっと》御褒美下さるべき事。

一、死罪に行わる者ある時、馳《は》せ集るべかざる事。

一、人売買かたく停止す。但し男女の下女或は永年季或は譜代に召し置き候事は相対に任すべき事。

一、譜代の下人またはその所に住い来るともがら、他所へ罷り越し、妻子をも持ちあるもの呼び返すべからず。

但し罪科ある者は例外の事。

右の条々これを相守るべく、若し相背《あいそむ》くにおいては、罪科に行なわるべきものなり

正徳元年五月　奉行

「は」

ぱあ
あっという間に消えてしまうことを表す語で「ぱあっと無くなってしまった」などと用いる。「ぱあになってしまった」などと名詞として使うときもあり、これは、だめになってしまった、台なしになってしまったの意。

はい【蝿】
「はえ」のなまり。江戸っ子は「え」と「い」をよく混同し、蝿帳《はいちょう》、蝿取蜘蛛《はいとりぐも》、蝿《はい》たたきなどといった。

はいかぐら【灰神楽】
火鉢などをひっくり返したり、灰の中に湯をこぼしたときに、灰が濛々《もうもう》と立ちのぼることをいう。寺社などの祭礼で神楽と踊りが大袈裟に演じられることから「神楽」は滅茶苦茶ぶりを表わしている。甚だしい状態を表現するときには「大《だい》灰神楽」という。「火鉢の薬缶《やかん》をひっくり返したら灰神楽で大騒ぎになった」などと用いる。

ばいた【売女】
売春をする女性を卑しめていう呼称。また女性を激しく侮蔑する言葉。「女」を「た」と読ませるのは、火の番や盗人の番人の役をした「番太郎《ばんたろう》」を「番太」と蔑称した語から当てたものか。➡番太《ばんた》

はいつくばる【這い蹲る】
這うようにして地面や床に頭が付かんばかりにかしこまるさま。恐縮して平伏すること。「つくばる」はうずくまること。「這い蹲って謝った」などと用いる。

這い蹲る

はいならし【灰均し】
火鉢の灰を形よく整えるための真鍮《しんちゅう》製もしくは銅製の道具。髪梳《かみす》き櫛に似た形で下方が鋸目《のこぎりめ》になっていて、鋸目の所で灰をならしたり、燃えている炭に灰を掻き寄せたりして火勢を加減する。これで灰をならすと美しい筋がつく。火鉢には必ず用意されていた。

はいにばけてしまう【灰に化けてしまう】
火災に遭うことをいう。「あの大火事でわが家は灰に化けてしまった」などという。

はいをおうようなこともできない【蝿を追うような事も出来ない】
江戸っ子は「蝿《はえ》」を「はい」と訛る。体力が衰えて、細かい仕草も十分にできないことの形容。「顎《あご》で蝿を追う」という言い回しからきた譬《たと》え。

はおりご【羽織妓】
「羽織芸者《はおりげいしゃ》」「唄妓衆《はおりし》」「辰巳《たつみ》芸者」ともいう。深川芸者の事。江戸芸者は羽織を着ないで帯を見せ所としたが、一段下るとされる深川芸者は帯を羽織で隠した。

灰均し

羽織ごろ

蝿を追うような事も出来ない

はおりごろ【羽織ごろ】
「羽織破落戸」と当て字した。羽織は武士や庶民でも裕福層が着た。それをまねて羽織を着た上品ぶっている無頼漢《ぶらいかん》をいう。「あいつは羽織をつけていても、性《しょう》の良くない破落戸《ごろつき》だという噂だぞ」などといい、そういう者を称して「はおりごろ」といった。

ばかくさい【馬鹿臭い】
馬鹿なさまの意。「そんな

馬鹿臭い話があるのか」は、そのような愚かな話は聞いたことがないの意。関西では「阿呆臭《あほくさ》い」という。

ばかっぱな【馬鹿っ花】

僅かな掛け金をかけてやる素人賭博《しろうとばく》の花札のこと。「一人前の職人でもねぇのに馬鹿っ花に凝りやがって」などという。

袴　越

ばかっぱなし【馬鹿っ話】

たわいもない、くだらない話。とりとめない世俗の話から「世間話」と漢字を宛てる場合もある。「井戸端で馬鹿っ話をしていた」などと用いる。くだらぬ話と謙遜《けんそん》して用いる場合もある。江戸っ子は語勢を強めて「っ」の促音を入れる。

ばかに【馬鹿に】

大変、滅法《めっぽう》、頗《すこぶ》るなどの意で、「馬鹿に安い」「馬鹿にうまい」などと用いる。

はかねえ【果敢ねえ】

「果敢無《はかな》い」の訛り。松亭主人の『閑情末摘花』巻之二には「蝶々よりも未だ、はかねえ」とあり、飛んでいる蝶々よりもまだ頼りないの意。

ばかばかしい【馬鹿馬鹿しい】

馬鹿げた、愚かしい、論外な、話にならないの意。「そんな事を考えるのは馬鹿馬鹿しいからやめた」などと用いられる。

ばかばやし【馬鹿囃子】

江戸祭礼の舞台などで、ひょっとことおかめの面をつけた踊り手が、滑稽な仕草で舞うのに合わせて、笛や太鼓、鉦《かね》などで奏された囃子《はやし》。この踊りを馬鹿踊りといい、葛西の農民が踊り、各地の祭礼に招かれた。時には素戔嗚尊《すさのおのみこと》の八岐大蛇《やまたのおろち》退治の演舞などもして見せる。子供たちは「おかめ、ひょっとこ、天狗の面」と言って囃《はや》し立てた。田舎囃子《いなかばやし》ともいった。

馬鹿囃子

➡ひょっとこ

はかまごし【袴越】

袴の後腰の部分を「袴腰《はかまごし》」といったが、この部分に板や厚紙で作った台形の腰板を当てたので、その形のものも袴腰と呼んだ。上野広小路口から上野山内に入るところにはこの形の石垣があり、「袴越」の字を当てて呼ばれていた。大正の初め頃まであったが今はない。大正の頃のタクシーには「袴越まで行《や》ってくれ」といえばわかったが、今やこの地名を知っている人はどのぐらいいるのであろうか。

はがゆい【歯痒い】

歯がむずむずすることから、もどかしい、じれったいの意を表す。「はたから見ても歯痒い」などと用いる。

はぎしり【歯軋り】

歯を噛みしめ、こすりあわせて軋ませること。もどかしさや口惜しさを強調する仕草である。「歯軋りして口惜しがった」となどと用いる。

ばく【貘】

もとは中国の俗信で、夢を食うとされる想像上の動物。貘の絵を枕元の蒲団の下に敷いておくと、悪夢を見ても貘が食ってくれると信じられた。昔は箱枕を用いたので、箱の側面に貘の絵を描いたり、貼ったりした。

歯軋り

はくたく【白沢】

中国の想像上の動物で、この絵を懐《ふところ》に入れて旅行すれば、病にかからず、

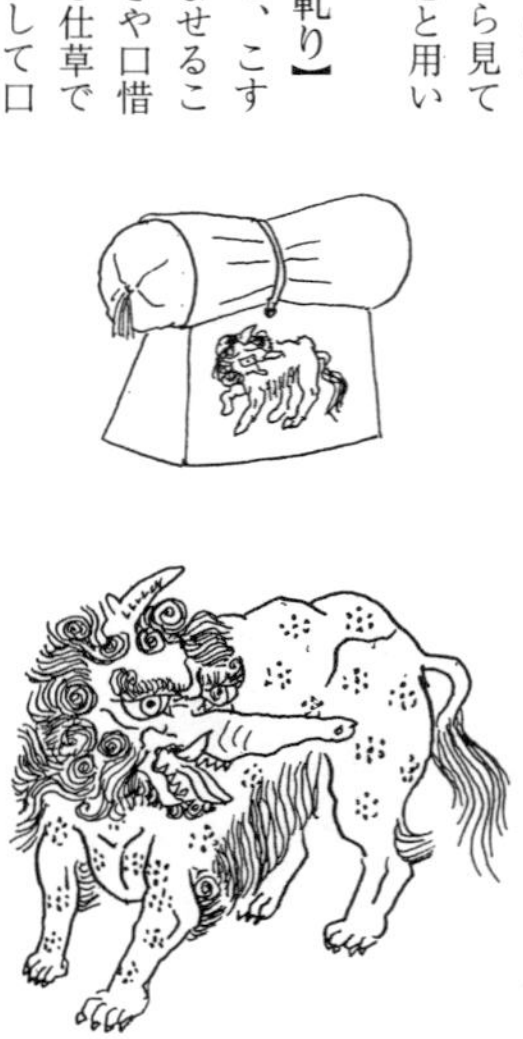

貘・貘枕

白沢

災難にあわずにすむとされた。魔除けのお守りである。

はぐった
見失う、機会を逃したなどの意で用いる。「宝くじを買いはぐった」は買う機会を逃した、「最終電車に乗りはぐった」は乗りそこねたの意である。

はぐらかす
話をそらして言い紛らすこと。訛って「ほぐらかす」ともいった。「ひとが話しているのに、馬鹿にして話をはぐらかした」などという。

ばくれん【莫連】
世間ずれして素行が悪く、すれっからしの女をいう。「莫連」は「連《つら》なる莫《なか》れ」の事であり、一緒になってはいけない女、転じてすれっからしの女、素行の悪い女の意となったものと思われる。「あんな莫連女《おんな》と付き合っては駄目だよ」などと用いられる。

はこぜん【箱膳】
江戸時代頃までの食事は一人ひとりが箱膳という膳を用いた。箱になっており、中に一人分の食器を入れられるようになっている。食事の際は蓋を取って箱の上に裏返して乗せ、それに一人前ずつの食器を並べた。食事を終えると茶碗に湯か茶を入れ、洗うように掻き回し、その湯茶を飲む。その後、食器を箱に入れて台所に戻した。

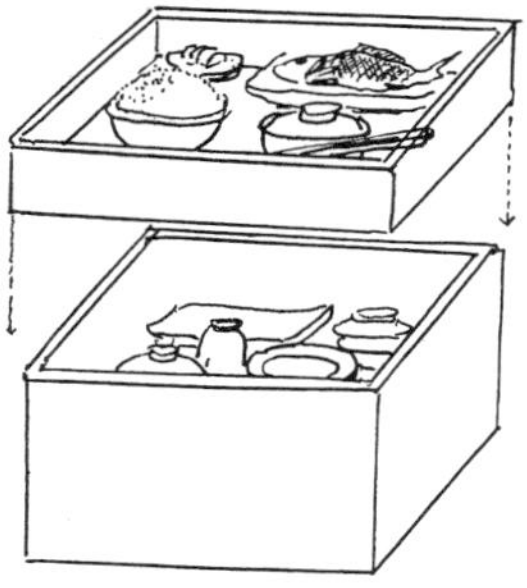

箱膳

はこや【箱屋】
芸者が客に呼ばれた時に、芸者の弾く三味線が入っている箱を持ってついて行く人のこと。芸者の諸雑用も務める。三味線箱は古くは妹芸者や見習い芸者が持ったが、江戸時代末期頃から男が持つようになった。

箱屋

はさみしょうぎ【挟み将棋】
将棋遊びの一つ。敵味方とも将棋盤の両端に九枚の駒を一列にならべ、交互に駒を前後左右に動かし合い、敵の駒を両側で挟んで取り合う。敵の駒を先に取りきった方が勝となる。

ばさらに【婆娑羅に】
もと字は「跋折羅」。本来は梵語《ぼんご》のVajraで金剛の意であるが、鎌倉時代頃から、風流、伊達などの意に用い、やがて放蕩《ほうとう》を意味し、さらに、物にこだわらない無頓着、無遠慮、遠慮なくの意に変化した。江戸っ子が「ばさらに」といえば、遠慮なく、勝手にの意となる。「あの店の座敷は、ばさらに入れるようになっていた」などと用いる。

はしかたし【箸片】
箸一本では突き刺すことしかできないところから、わずかにしか役に立たないことをいう。「かたし」は一片。一本。役に立たない意で用いる。人が死んだとき、枕元や仏前に一本箸を立てた茶碗飯を供えるので、不吉な意にも用いられ、「箸片とは縁起でもねえ」などといった。現代ではほとんど聞かれない言葉である。

はしごだん【梯子段】
一般的な梯子ではなく、二階などに上る急勾配の階段をいう。江戸っ子は階段といわずに梯子段といった。庶民の家は狭いため、二階に上る階段の傾斜が急で、梯子を立てたのに似ているところからそう呼ばれた。

梯子段

はしっこい
「はしこい」を促音化したもので、早いの意。「あのはしっこい男にはとてもかなわない」などという。また、機敏な動作や機転の速さもいう。

はしのあげおろし【箸の上げ下ろし】
「箸の上げ下ろしまで文

句をいわれる」とは、食事の仕方の一つ一つが作法に適《かな》っていないと注意されること、つまり、やることなすことのすべてにいちいち口うるさいうことの譬えとして用いられる。

ばしょまわり【場所回り】

①出張する結髪屋《けつばつや》のこと。髪結《かみゆ》い道具一式を引き出しの多い道具箱に入れ、片手に下げてお得意様回りをした。月代《さかやき》を剃ったり客の身分に応じた結髪《けつばつ》をしたりして回る。八丁堀の町奉行所の与力同心の家へは毎日髪結いが回って、結髪、月代《さかやき》剃りをしたが無料であった。結髪屋には長年の修業を積んだ弟子が顎付《あごつ》き（食事付き）で雇われていたが、毎朝得意客の家を順番に回って髪結いもしていた。

②八百屋、魚屋等の丁稚や番頭が毎朝注文を取って歩くことをいう。

はしょる【端折る】

衣服の裾《すそ》を持ち上げて帯に挟み、足さばきを良くして動きやすくすること。また転じて、物事を要領よく略して簡潔にすることもいう。「この話は長いから端折って言うと……」などと用いる。➡爺端《じじいばし》折《より》、追《お》っ掛《か》け端折《ばしょ》り

端折る

はしらどけい【柱時計】

居間の柱や、長押《なげし》などに掛けられた大形の時計。ネジ巻き式の振子時計で、一定時間毎に時を知らせる音を鳴らす。大正時代には文字盤の周りが木で八角に組まれ、振子が硝子戸に収められた八角時計が多くあった。現在では骨董品として珍重されている。

はすっぱ【蓮っ葉】

「蓮葉《はすは》」の訛り。軽はずみなことの形容。とくに女の態度や行いが軽薄で、落ち着きのないこと。また、身持ちの定まらない浮気女のこと。不良少女の意もある。蓮の葉が水を弾くときの形に譬《たと》えた語といわれる。

蓮っ葉

はずみ【弾み・勢み】

はずむことや、調子づくこと、なりゆき、きっかけなどの意に用いる。「何かのはずみで落《お》っことした」は、何かの拍子で落としたの意で、「一寸《ちよつと》したはずみで転んでしまった」などとも用いる。

はずむ【弾む・勢む】

奮発《ふんぱつ》すること。思い切って良い条件をだすこと。金銭取引の際などに用いられる表現。「金をはずむから」といえば「金を通常より多くだすから」の意になる。江戸時代には、客が駕籠屋《かごや》に「はずむから景気良く吉原《なか》へ飛ばしてくれ」などといったり、駕籠屋が「旦那《だんな》、一つはずんでやって下せえ」などといった。

はたき【叩き】

室内や家具に積もった埃をはたいて払う道具。丈夫な紙や布を細長く切って束ね、細い棒の先にくくりつけたもの。

はだしでにげる【跣で逃げる】

相手があまりにも優れているのに驚いて、その道の専門家が履物も履かずに慌てて逃げ出すことから、飛び抜けて優れていることの譬《たと》え。「遠く及ばない」「顔負け」の意。井原西鶴『日本永代蔵』巻六に「茶の湯は利休がながれをくみ、文作《もんさく》には神楽願斎《かぐらがんさい》もはだしでにげ」とあるのは、「茶の湯は利休の流派を受け継いでおり、宴席で即座に洒落《しやれ》や地口《じぐち》をいうことにかけては、その道の専門家である神楽や願斎もとてもかなわぬと降参して退場し」ということ。この言い回しから、「玄人《くろうと》はだし」（玄人も及ばない）「菊五郎はだし」（菊五郎も顔負けのいい男）などと用いるようになった。

はためいわく【傍迷惑】

他人が迷惑すること。そばにいる人に振りかかる迷惑を考えないで振舞うことで、「そんな事をするなんて、傍迷惑だ」などという。

はたらきがない【働きが無い】

稼ぐ手段が無いこと。したがって収入のないことをいい、「夫の働きが無いから惨めな暮しをした」などという。

ぱたる

江戸時代、京都の公卿は例幣使《れいへいし》として下向する際、金を借りている商人を供人に仕立てて従わせることがあった。例幣使はわざと駕籠《かご》から転げ落ちて言い掛りをつけると、御供回りの役人に詫びの内済金を出させ、これを付き従った偽《にせ》の供人の商人に返済金として渡した。この転げ落ちることを「ぱたる」といった。

はちたたき【鉢叩き】

空也念仏を唱えながら市中を行脚《あんぎや》する僧。片手に錫杖《しやくじよう》を持ち、胸に吊した鉦《かね》を叩きながら、経文を唱え、一軒一軒の門口に立って喜捨《きしや》を乞い、巡り歩いた。江戸時代に見られ、『絵本加賀御伽』に描かれている。明治以降はあまり見られなくなった。

鉢叩き［絵本家賀御伽］

鉢巻取り

はちまきとり【鉢巻取り】
運動遊戯の一つ。鉢巻をした者が同人数で二組に分れ、敵の組の者を追い掛け、鉢巻を奪って争う。取った鉢巻の多い組を勝ちとする。

はつうまはすみっこばかりがさわがしい【初午は隅っこばかりが騒がしい】
「初午」は陰暦二月の最初の午の日で、この日に京都の伏見稲荷大社の神が降りたといわれる。江戸以来、とくに子供の祭礼日として稲荷神社で祭事が行われた。江戸には多くの稲荷社があり、『誹風柳多留』にあるこの川柳は、屋敷の隅や路地の奥の小さな稲荷社で行われた初午祭の様子を詠んだもの。にぎやかな子供たちの声が聞こえてきそうである。

はっかい【発会】
年頭に初めて能楽興行を行うこと。「発」は発声の意。年頭に初めて声を出し、謡うことをいう。

ばっかし
「ばかり」の転。「ばっかり」ともいう。「〜だけ」の意で、直前の語を限定する助詞。「自分ばっかし良い子になっている」「他人の事ばっかし悪くいう」「こればっかっしは譲れない」などと用いる。

はっけよんや
相撲の行事の掛け声で、「はっけよいや」のなまり。「はっけ」は八卦《はっけ》で、占いのこと。「よんや」は「良いぞ」で、「さあ相撲《すもう》の条件は良いぞ」の意。

はっけよんや

ばったうり【ばった売り】
大量に仕入れた商品や、売れ残った商品を店先に沢山並べ、竹板を叩いて調子をつけ、面白おかしく口上を述べながら人集めして売りさばくこと。バッタバッタと竹篦《たけべら》を叩きながら売るところからこの名が付いたといわれる。少し前までは縁日や夜店の西瓜《すいか》売りやバナナ売りで見かけることがあった。

ばった売り

ばったり【ばったり】
思いがけなく出会うこと。「ばったり」はぶつからんばかりの勢いが感じられ、予感なしに唐突《とうとつ》に合うことを表している。「路上で彼とばったり顔を合わせた」などという。

はったりをかける
「はったり」は、路傍博打《ばくち》などで「さあ張ったり、張ったり」と大声で客に呼びかけたことからといわれる。実際よりも大げさにいったり、いい加減なことを本当らしく話すこと、また、山をかけたりすることをいう。「はったりを利《き》かす」ともいう。

パッチ
男の下穿《ば》きで、長くて足首まである股引《ももひき》をいう。江戸では絹製のものをパッチと呼んだ。初めは筒が幅広かったが、やがて下方が狭いものになった。

ばっちらあい【奪合】
「奪《うば》い合《あ》い」の訛り。争って求めること。威勢よく「何たって、ばっちらあいですから」などと用いる。明治頃まで用いられた。

ばっちらかる【ばっ散らかる】
ぱっと物が四散していることを江戸っ子らしく表現した言葉。「ばっ」は手に掴んだものを広範囲に撒き散らすさまを表す。「そこらへんに紙屑がばっ散らかしてある」などと用いる。江戸っ子は語呂の良さで語を強調する表現が多い。「おっちらかす」「ひっちらかす」も同意。

はっぱ【葉っぱ】
葉のこと。語尾に「っぱ」がついた語調の良い言葉を江戸っ子は好んで用いた。「はすっぱ」「下っぱ」などといった。⬇原《はら》っぱ

はっぱをかける【発破を掛ける】
発破とは、石材や鉱物を採るために、爆薬を仕掛けて山や崖などを崩すことである。転じて、相手に荒い言葉で刺激を与え、気合いを入れてやることを「発破《はっぱ》

を掛ける」という。「あいつ、この頃、少したるんでいるんで、発破を掛けてやった」などと用いる。

ばつをあわせる【ばつを合わせる】　相槌を打ってその場の調子を合わせること、辻褄《つじつま》を合わせること。「場都合《ばつごう》」の略という。「腹の調子が悪いので仕事を休んだことになっているから、ばつを合わせておいてくれ」などと用いる。

はてさ　相手の言動に対して、怪しんだり、感心したり、考えなどを言おうとしたりする時の間投詞としてよく用いる。「はてさて」ともいう。十返舎一九『続東海道中膝栗毛』十一編下にも「ハテサ、その代物《しろもの》が目当てだ」とあり、「いやそれは、その相手が狙いだったのだ」の意。

はでっけ【派手っ気】　貧しいのに見栄を張って裕福に見せたりすること。「派手」は一目を引くような服装や振舞いをいう。「あの人は派手っ気が多い」などと用いる。

はなさきであしらう【鼻先であしらう】　「鼻であしらう」ともいう。相手の目の前で、冷淡に対応すること。相手の言動に対して「ふん」と鼻先を突きだすようにして応じ、馬鹿にしている様子である。「一所懸命《いっしょけんめい》頼んだのに鼻先であしらわれた」などと用いる。

鼻先であしらう

はなしがめ【放し亀】　江戸時代に、魚、鳥などの殺生供養のためとして、大川（隅田川）の橋番が内職として橋の袂で売った作り物の亀。買った人はその亀を橋の上から川に落として供養とした。明治の頃まで行われていた。

放し亀

はなしがもつれる【話しが縺れる】　お互いの意見が食い違ったり、話が複雑になり理解しにくくなること。縺《もつ》れる糸に譬《たと》えた表現。「一寸《ちょっと》した事から話が縺れて物別れになった」などという。

はなしじたになれる【話舌に慣れる】　特定の口調に慣れるの意。「ようやく江戸（東京）の話舌に慣れて来た」などと用いる。

はなしのつじつま【話の辻褄】　話の筋道、道理をいう。「辻褄」とは「辻」は道が合うところであり、「褄」は着物の裾《すそ》の左右が合うことから、合うべきはずの物事を表す。それぞれの話が一貫して筋道が通っていることを「話の辻褄が合う」という。「話の辻褄が合っているから、それは本当のことだろう」などと用いる。

はなたれこぞう【洟垂れ小僧】　洟水を垂らしている幼少年の意。転じて幼少期の意味に用いたり、意気地のない少年や経験不足の者を揶揄《やゆ》するようなときに「この洟垂れ小僧め」と用いたりする。「洟垂れ小僧の昔から、俺は……」というのは、自分の幼少期を謙遜《けんそん》していったもの。「はなったれ」と勢いよく言うこともある。➡水《みず》っ洟垂《ばなた》れ

はなっぱりがつよい【鼻っ張が強い】　相手に臆せずに、ずけずけとした挑戦的な態度をとること。「子供の癖に鼻っ張が強い」などと用いられる。「鼻っ端《ぱし》が強い」ともいう。

はなつまみ【鼻摘み】　「鼻を摘《つま》む」とは臭《にお》いを避ける仕草。このことから人に嫌われることを「鼻摘み」という。また嫌われている者を「鼻摘み者」という。「みんなに鼻摘みにされてしまった」「あいつはどこへ行っても鼻つまみ者だ」などと用いられる。

はなでんしゃ【花電車】　①東京が市制の頃、東京市営の路面電車が市内を運行していたが、祝祭日などには記念として、客は乗せずに、イルミネーションや花、人形で装飾された電車車両を走らせた。これを花電車といった。②浅草界隈の裏町あたりでは、生活の苦しい女性が性的な演芸を披露して見物料をとったことから、客を乗せずに（売春をしないで）見せるだけという意味で、この種の芸をする女性のことを「花電車」と呼んだ。好色な見物人たちは、しゃれ

洟垂れ小僧

て「フラワー・カーを見に行こう」などといった。

はなのしたでんこんりゅう【鼻の下殿建立】

「鼻の下殿」とは口のことをふざけて言った語。口は物を食べる器官であることから、つまり生計を立てることをこのように表現した。「鼻の下殿建立のため、あくせく働いた」などと用いた。

はなもひっかけない【洟も引っ掛けない】

相手にしないこと。洟は鼻から垂れる鼻水の事で、片方の鼻を指で押え、もう片方の鼻から鼻水を吹きだすことを「手鼻をかむ」といって、下品な仕草として軽蔑された。「洟も引っ掛けない」はそうした行為にも価しない意で、相手を完全に無視するさまをいう。「あいつなんか洟も引っ掛ける必要もない奴だ」などと用いる。

はなをもたす【花を持たす・華を持たす】

「花」は本来の意味から転じて、花のようであること、そのようなものを指すのに用いられる語。一般には「花」の文字を用い、「華」はきらびやかで美しいもの、すぐれた性質の譬《たと》えに多く用いる。ここでは、手柄・栄誉・勝ちなどを相手に譲り、その人の面子《めんつ》が立つように取り計らうこと、相手を立てる意。「今回はあいつに花を持たして、勝たせてやろうよ」などという。「花を持つ」は「面目をほどこす意。

はなをよこなで【洟を横なで】

鼻水を横にこすり取ること。昔の子供は着ていた着物の袖で鼻水をこすり取るのでそこが乾いて光っていた。このことから、下品で汚いこと、または、下品なことをして澄ましていることの表現として用いられた。

洟を横なで

はにかみや【はにかみ屋】

すぐにはにかむ者、はずかしがり屋、人怖《ひとお》じする者をいう。「あのはにかみ屋はどこの娘かな」などという。

はにきぬをきせぬ【歯に衣を着せぬ】

歯に衣が引っ掛かると、喋りにくく物が言えない。「歯に衣《きぬ》着せぬ」は相手に遠慮をすることなくずけずけと言うこと。歯に衣《ころも》を着せるとはいわず、衣を「きぬ」と読ませていう。時には皮肉に用いられることもある。これとは正反対の、何かを隠しているようなはっきりとしない喋り方を「奥歯に物が挟まったような言い方」という。

はねがはえてとぶ【羽根が生えて飛ぶ】

人々が争うように買っていくような、商品がよく売れているさまを「羽根が生えて飛ぶ」と形容する。「美味《うまか》ったので噂を聞いた人が押し掛け、羽根が生えて飛ぶように売れてしまった」ともいう。江戸っ子らしい形容。

はねつき【羽根突き】

主に正月に行われる子供の遊びの一つ。ムクロジの種子に三〜五片の羽根を植えたものを、羽子板の裏でお互いに打ちあう。打ちそこなって羽根を地面に落とした方が負けとなる。

羽根突き

はねる【跳ねる】

歌舞伎など、その日の興行が終了すること。江戸でよく使われた語だが現在でも用いる。「芝居が跳ねたら食事に行こう」などという。

はばかり【憚り】

遠慮、気兼ね、差《さ》し障《さわ》り、人目を避けることの意。転じて、便所という語を人前で使うのを憚るとして、便所のことを表す場合もある。「ちょっと憚りに行ってくる」は便所に行ってくるの意。

はばかりさま【憚り様】

相手への感謝と恐縮を表わす挨拶の言葉。「あなたの留守に○○しておきましたよ」「おや、それは憚り様でした」などという。明治時代、東京に出てきた金沢出身の泉鏡花は、花柳《かりゅうかい》界の妓がこの「憚り様」の語を用いているのを聞いて堪《たま》らぬ魅力を感じたという。

はばかりながら【憚り乍ら】

謙遜《けんそん》するときや、恐縮しながら話し出すときに用いるが、江戸っ子はそう言いながらもむしろ自慢気である。「憚り乍ら、そんな威しに驚く俺じゃあねえ」「憚り乍ら、こちとら先祖代々の江戸っ子だ」などといった。

ばばっちい

江戸時代の幼児語で汚いことを「ばばっちい」といった。「ばっちい」

ともいう。「ばば」は「婆」ではなく「糞」のことをいうので汚い意になった。「それをいじっちゃぁ駄目《だめ》よ、ばばっちいから」「ばばっちいことしちゃ駄目よ」「おお、ばばっちい」などと用いる。

はまる【嵌る・填る】
溺れる、惑う意で、恋愛や賭事に夢中になり、悪い状態のまま身動きがとれなくなること。その甚だしいことを「深嵌《ふかはま》り」といった。「賭事《かけごと》に嵌って浪費ばかりする」などという。

はみだす【食み出す】
物事が一定の範囲から出過ぎていることをいい、「樹の枝が隣の地所に食み出している」などと用いる。また公衆道徳に反した行為をする者を「食み出し者」という。

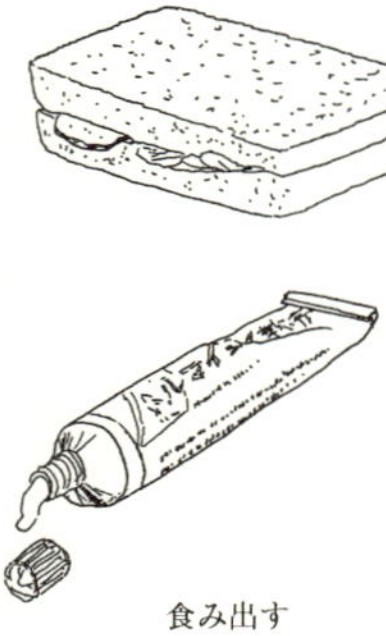
食み出す

はめにおちる【羽目におちる】
「破目」とも書く。「こんな羽目におちてしまった」は、こんな苦境に陥《おちい》ってしまったの意。

はやいたとえが【早い譬えが】
「てっとり早く例を上げれば」の意で曲山人補綴の『仮名文章娘節用』には、「早い譬えが世の中に……」とある。

はやる【逸る】
いらだち、あせること。「血気《けっき》に逸る」は血の気が多く、じっとしていられないことで、若い人の性急な行動の形容に用いられる。「馬が逸る」は馬が苛立っていて制御しにくい状態をいう。

はら【腹】
腹部のことであるが、昔は物を考えたり、判断するのは頭脳ではなく胸や腹と考えられていたので、さまざまな表現に用いられる語である。「腹をきめる」「腹をくくる」は覚悟をする、決定すること。「腹が立つ」は不愉快な怒りの感情が起ること。「腹んばいが悪い」は「腹案配《はらあんばい》が悪い」の訛りで、精神的に調子が悪いことをいう。「腹芸」は度胸《どきょう》や経験で相手を巧みに操ること。「腹が出来てる」「腹が座っている」は度胸のあること。「腹をこしらえる」「腹をしたためる」「腹をつくる」は食事をして空腹を満たすこと。「腹具合《ぐあい》」は胃腸の調子のこと。「腹を見透《みすか》す」は相手の考えを察知すること。

はらがきたやま【腹が北山】
「腹が減ってきた」の「きた」を京都の北山に掛けた洒落《しゃれ》。「腹が北山桜《ざくら》」「腹が北山時雨《しぐれ》」などともいう。「なに、二時過ぎか、道理で腹が北山だ」などと用いる。

はらがへってはいくさができぬ【腹が減っては戦が出来ぬ】
空腹では敵を相手に力の籠《こも》った戦いは出来ないということ。つまり物事に取り掛かる前にはきちんと食事をする必要があるということを表す。

腹が減っては戦が出来ぬ

はらがわり【腹変り】
父親は同じで、母親が異なる兄弟姉妹をいう。「腹違《はらちが》い」ともいう。「誰家の何さんは腹変りの子だ」「あの子は腹変りの子だから家は継がせない」などという。
➡妾腹《めかけばら》

はらだちまぎれ【腹立ち紛れ】
腹が立つのに乗じて物の見境もなく行動すること。「まぎれ」は気持が入り交じって分からなくなる様子。曲山人補綴の『仮名文章娘節用』にも「愛想《あいそ》づかしの腹立ちまぎれ」とある。

はらっぱ【原っぱ】
「原」をくだけて表現した用語で、原の広々とした感じをあらわしたもの。➡原葉《は》っぱ

はらっぺらし【腹っ減らし】
ただ腹が減るだけの無意味な労働をいう語。無駄な労力を使って損をすること。意味のない労働で空腹となった空《むな》しさや憤《いきどお》りを表す。「腹っぺらしなことまでやりやがって本当に困った奴だ」などという。

はらづもり【腹積もり】
前もって腹の中で計画を立てて、どう対応するつもりか決めていること。➡腹《はら》

はらにおさめる【腹に収める】
承知すること。我慢して相手の言動を容認することの意に用いる。昔は思考は胸や腹でなされるものと思われていたことからの語。「胸に収める」ともいった。「けしからんと思ったが、相手の立場を考えて腹に収めた」「合点承知之助《がってんしょうちのすけ》と腹に収めた」などと用いられる。➡腹《はら》

はらのそこにおちる【腹の底に落ちる】
昔は思考は胸や腹でなされるものと思われていたことからの表現。自分の考えの整理がついて納得すること。理解し、

了承すること。「その意見がコトンと腹の底に落ちるまでは、ああでもない、こうでもないといろいろ悩んだね」などと用いる。

はらのむし【腹の虫】

心中に収めた感情を腹の中の虫に譬《たと》えた表現。「腹の虫が納《おさ》まらない」は腹が立って我慢できないの意。「おれは我慢しても腹の虫が承知しない」「腹の虫の居所が悪かったせいか」などと怒りの感情を虫のせいにすることもある。

はらのむしがなきどおし【腹の虫が鳴き通し】

腹が空いた状態の表現で、空腹で腹がぐうぐうと鳴り続けること。腹が鳴る音を、まるで腹の中に虫がいて、虫が食事を催促して鳴いているかの如く譬《たと》えたもの。

はらぺこ【腹ぺこ】

空腹で腹が凹んだという意の語。「腹ぺこだから早く飯を食わしてくれ」「あの男は年中腹ぺこのようだ」などという。

ばらまく【散蒔く】

①手で掴《つか》んで、飛び散らかすように蒔くこと。「草の種をばら蒔いた」というのは種の一粒ずつを丁寧《ていねい》にならべて蒔くのではなく、掴んだ種を広範囲に一度に蒔き散らすことである。

②金銭などを多くの人に区別なく、気前よく、または見栄で与えること。「小粒（金・銀の小さい銭）をばら蒔いて紀文（紀伊国屋文左衛門）の真似をした」「方々《ほうぼう》の人に金をばらまいて合格した」などと用いる。無駄に金を遣うこともいう。

散蒔く

はらもみのうち【腹も身の内】

この場合の「腹」は胃袋をいう。胃も身体の一部なのだから、いくら空腹でも健康を考えて適当な量を食べることが大切である、暴飲暴食を慎めの意。「いくら腹が空いたとて腹も身の内だ。腹八分《はらはちぶ》にしときなさい」などと用いる。

腹も身の内

はらをくくる【腹を括る】

昔は思考は胸や腹でなされるとされていた。このことから、「腹を括る」は「思考をまとめる」つまり「覚悟をする」という意で用いられた。「腹を括って、決行した」などという。「腹を据《す》える」も同義。

はらをたたしった【腹を立たしった】

「腹を立てなすった」の訛り。立腹《りっぷく》なさったという意。狂訓亭主人の『春色梅児誉美』の中でよく用いる語。「腹を立たしったかえ」は腹を立てたのですかの意。

はりがねだより【針金便り】

明治初期に敷設された電信設備をいう。電柱間に張られた電線は針金とよばれ、その針金を伝わって電文が走って行くと信じられていたようで、電線に手紙を結びつけようとした人もいたという。

はりこのとら【張子の虎】

張子は型に紙を重ね張りをして、形を作ったもので「一閑張《いっかんばり》」ともいう。乾いた後、渋や漆、泥絵具を塗って仕上げる。こうした作業で首がゆらゆら揺れるように作った虎の形の民芸品をいう。玩具にしたり、置物や縁起物として飾ったりする。虎は獰猛《どうもう》で強い動物として恐れられているが、張子で作った虎では威力が全く無い。このことから実力がないにもかかわらず虚勢を張る人を軽蔑する語として「張子の虎」が用いられた。

張子の虎

はりこむ【張り込む】

①声を張り上げて威嚇すること。相手を毒づいたり言い負かしたりすることをいう。「また隣で張り込む声がする。酒癖の悪い亭主だ」などと用いる。

②気持ちを集中させて力いっぱいに仕事をすることや、思いきり奮発することをいう。「この仕事は大切なお得意様だから、ひとつ踏ん張って張り込んでくれ」「今日は珍しく大金が入ったから張り込んで遊ぶぞ」などと用いる。

はりたおす【張り倒す】

勢い良く打つことを「張る」と表現することがある。相手を殴り倒すことを

「張り倒す」というが、語勢良く「はっ倒すぞ」ということもある。

はりもち【張り持ち】

重い石や材木を移動させるときに、それらの下に短い棒を差し込んで、全身で凭《もた》れかかるようにして動かすことをいう。職人たちが使う語。

張り持ち

はるごま【春駒】

江戸時代、年頭に家々を回った門付けの大道芸人。一人が作り物の馬の頭に唐草の布をつけたものを持って、馬に乗った動作などを演じて踊り、男二人がそれに合わせて三味線と太鼓で伴奏したもの。明治頃まではよく見られた光景だった。

春駒［絵本御伽品鏡］

パルテノン

東京都豊島郡長崎村（現在東京都豊島区長崎町、千川町辺り）にあったアトリエ村のこと。安い家賃であったため、貧しい画家や彫刻家たちが集まり、畑のなかや川沿いにアトリエが出来ていった。一般的にアトリエは八畳から十二畳くらいで、北向きの側と天井に磨《すり》ガラスの窓があり、三畳から六畳程の畳敷きの部屋と小さな台所と便所が付いていた。芸術家たちはこの村をギリシャ神殿の名をとってパルテノンと呼んでおり、麻生三郎、熊谷守一らも活動していた。池袋モンパルナスとも呼ばれていた。

パルテノン

はんえんすけ【半円助】

一円を「円助」ということから、五十銭のこと。按摩の用いた隠語。大正時代頃まで用いられた語。

はんかけ【半かけ】

今日《こんにち》でいう半襟《はんえり》のこと。着物下に着用する襦袢《じゅばん》の襟の上に重ねる掛け襟で、この部分は見えるので、江戸時代末頃より洒落《しゃれ》た布や模様などを縫いつけておしゃれをするようになった。大正時代頃までは、好意のしるしとして若い女性に半かけを贈ったものである。

ばんから【蛮カラ】

風采《ふうさい》、言動とも粗野《そや》なこと。質朴を誇りとした旧制中学校や旧制高等学校の生徒は蛮カラに憧れて、わざと粗野で無《む》頓着《とんちゃく》な服装をし、豪傑風《ごうけつふう》に振舞う者が多かった。「蛮カラ野郎」といって軽蔑されることもあった。

蛮カラ

はんがんびいき【判官贔屓】

「判官」は薄幸の武将、九郎判官源義経《みなもとのよしつね》のこと。転じて、不遇な者や弱い者に味方したり、同情を寄せることの形容。「判官」は非違使《けびいし》の尉《じょう》をいい、義経はその任にあった。「ほうがん」というのが正しいが、江戸では「はんがん」といった。浄瑠璃や歌舞伎では、「ほうがん」といえば源義経を、「はんがん」といえば『仮名手本忠臣蔵』の塩谷判官《えんやはんがん》、つまり浅野内匠頭《あさのたくみのかみ》を指す。

ばんじのゆきわたり【万事の行渡り】

すべての事に、心遣いが行き届いている意。狂訓亭主人の『春色辰巳園』巻之五に「万事の行渡りは百段も能《いい》ぜ」とある。すべての事に対する心遣いは他人に比べたら百段の差があるほど優れているという意。

はんじょうをいれる【半畳を入れる】

江戸時代、歌舞伎小屋の客は役者の演技が気に入らないと半畳敷きの敷物を舞台に投げて野次《やじ》った。このことを「半畳を入れる」というが、転じて、一般的に非難したり野次ったりすることもいう。「あいつは何かというとすぐ半畳を入れる」などと用いる。⇒槍《やり》を入《い》れる

ばんた【番太】

江戸時代には町内自治のために、隣町との境の道路に門と木戸が設けられ、その両側に自身番小屋と木戸番小屋を置いた。自身番には町内の家主が当番制で詰めたが、木戸番には町内で雇った「番太郎《ばんたろう》」略して「番太」と呼ばれる番人がいた。番太は当番の家主の雑用を行い、夜六時に門を、一〇時には木戸を閉めて、非常時以外は町内の人の出入りを禁じた。そして夜中は拍子木《ひょうしぎ》を打ちながら「火の用心」と触れて町内を数回見回った。番太の給料は町内で賄《まかな》った。木戸番小屋は四畳半ぐらいの座敷一つと土間があった。火災の時は自身番の屋根にある梯子《はしご》に登って、半鐘を鳴らして町内の火消人足に知らせた。火消人足が出勤する時は握飯《にぎりめし》を作って運んだりもした。町内の雑用係である。名があっても皆に「番太郎」と呼ばれた。内職に雑貨や焼き芋を売る者もいた。⇒送《おく》り拍子木《ひょうしぎ》、かちかちかち

番　太

夜回りをする番太

はんだいなりのものもらい【半田稲荷の物貰い】

江戸から明治の時代にいた物貰い。行者のように頭を布でくるみ、半纏《はんてん》、股引《ももひき》の白装束《しろしょうぞく》に草鞋《わらじ》掛けで、半田稲荷と書いた幟旗《のぼりばた》を抱えていた。狐の首がついている仕掛けを持ち「葛西金町半田《かさいかなまちはんだ》の稲荷、疱瘡《ほうそう》も軽いが麻疹《はしか》も軽い」と調子をつけて踊りながら稲荷の真言《しんごん》を唱える。家々を回り、米を貰って歩いた。

半田稲荷の物貰い

半　纏

はんちく【半ちく】

中途半端なこと。いい加減で努力をしないこと。「そんな甘やかすから半ちくになってしまうのだ」「この半ちく野郎め」などと用いる。「ちく」とは、江戸時代の『教草女房形気』七序にも「類物考の芋ともならず、何処《どちら》つかづのちくらもの」と記されている「ちくらもの」の略で、「どっちつかず」の意である。

はんてん【半纏】

往時の職人、商店の番頭、鳶《とび》の者などが着た、その組、その家の目印となる仕事着。木綿筒袖《つつそで》、腰切りで、背中には紋、前襟には組や店の名が白抜き紺染で入っ

ている。腰のあたりに模様を染め抜いたものもある。半纏を着ていれば一見してどこの者かが分かるので「看板《かんばん》」ともいった。現在でも半纏を着用している商売人や職人もいるが、昭和の頃まではもっと多く見られた。

はんどん【半ドン】
色々と説がある。長崎のオランダ人から日曜日の意のオランダ語「ドンタク」の語を知り、休日をさす語として使われていたが、明治になって曜日の制度が取り入れられ、土曜日は午後が休みとなったので、半分のドンタクの意で「半ドン」となったという説。また、明治から昭和の初め頃まで、東京では正午の合図に砲兵隊が当番で空砲を撃った。土曜日はその空砲のドーンという音の合図から休みになるので「半ドン」となったという説などがある。

はんぱもん【半端もん】
「もん」は「者」「物」の訛り。きちんと揃っていない物、また一人前ではない者、人並みの技量を習得していない者をいう。「あっしゃあ、どこに行っても半端もんでして」「半端もんばかりで役に立たない」などと用いる。「半端者《はんぱもん》」はぐれた者の意にも用いる。

はんびつ【半櫃】
長櫃《ながびつ》の半分の大きさの櫃。木製のものや、檜の薄板に紙を貼って漆を塗ったものなどがある。衣類や調度品《ちょうどひん》などを入れるための道具。十返舎一九の『東海道中膝栗毛』初編にも「あき半櫃がある」とある。➡長櫃《ながびつ》

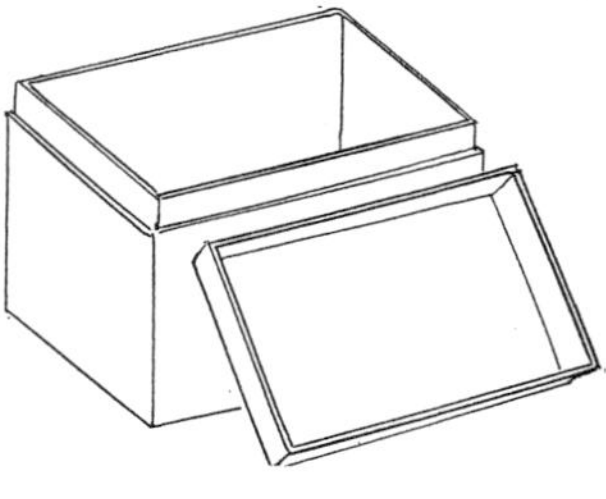
半櫃

「ひ」

ひいきのひきだおし【贔屓の引き倒し】
贔屓は特別に好意を持つことであるが、贔屓しすぎることによってかえって当人に迷惑を与え、好意の意義が失われることをこのようにいう。勝川春章の『役者夏の富士』にも「ひゐきのひきだおしといふたとえハあれど」とある。

ぴいぴい
金の遣《や》り繰《く》りに困り、悲鳴を上げているさまを表す。「いつもぴいぴいしている」などと用いる。

ひいひいたもれ
子供っぽい者、幼稚な者、世間知らずの者をいい、とくにそのような若い女を軽蔑していう語。「あんなひいひいたもれが」「ひいひいたもれが呆れるよ」などと用いる。「火い火いたもれ」という遊びをする年頃の幼い女の子の意から転じた語。「玩具の笛をおくれ」という幼児語からの転との説もある。

ひおしがり【潮干狩り】
「しおひがり」の江戸っ子訛り。江戸っ子にとって春のころの楽しみであった。➡潮《しお》干《ひ》狩《が》り

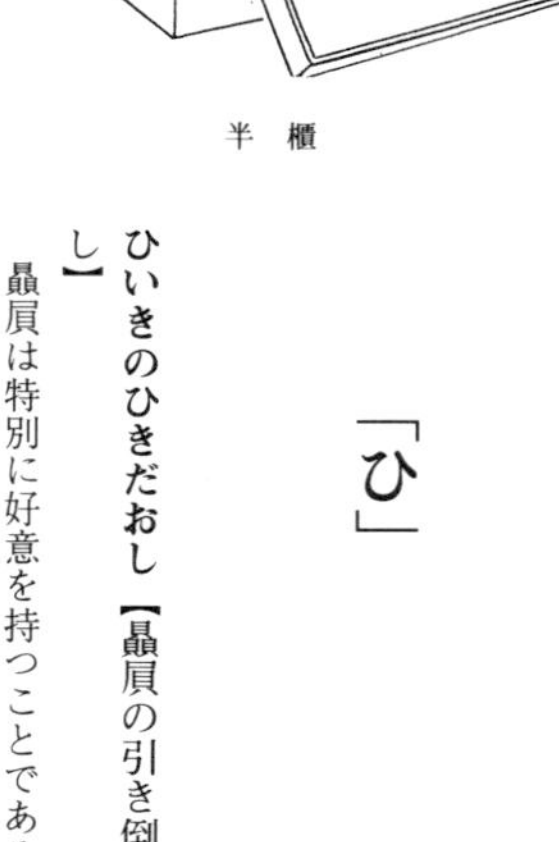
潮干狩り

ひかげづま【日陰妻】
日の当るところを堂々と歩けない肩身の狭い妻、つまり内緒で囲われている妾《めかけ》のこと。曲山人補綴の『仮名文章娘節用』にも「日かげ妻」の語が用いられている。➡日陰者《ひかげもの》、囲い者《かこいもの》

ひかげもの【日陰者】
犯罪者など、世の中の日の当たるところに堂々と出られない立場の者。また、正妻に対して顔向けできない妾のことをいう。➡日陰妻《ひかげづま》

ひかれもののこうた【引かれ者の小唄】
江戸時代の刑罰で、磔《はりつけ》、打首、獄門になる罪人の多くは、見せしめのために江戸の町を引き回された。捨鉢《すてばち》になった罪人の中には、殺されることなぞ恐くはないと平静を装い、引き回しの途中わざと小唄を口ずさむ者もいた。しかし結局は殺されるのであるから、そんな強がり

引かれ者の小唄［江戸時代刑罰図譜］

は無意味である。このことから駄目な者が負け惜しみでいくら強がっても無駄《むだ》で、かえって笑い者になることを表す。

ひきあい【引合い】

参考のため、前例として話に出されること。また他人の動向を例として引用すること。「いつも私のことが引合いにされる」「この前の件を引合いに出して弁解していた」などという。

ひきあけ【引明け・払暁】

夜の闇が去り、日の出前の明け方になること。「夜の払暁《ひきあけ》に草鞋《わらじ》の紐を結んだ」とは、夜明けと共に出発した意である。

ひきあわせる【引き合せる】

引き寄せて合わせる意で、対照させることをいうが、仲を取り持って対面させること、人を紹介することをもいう。

ひきおいて【引負手】

引き受けて責任を負う者の意。江戸っ子はよく用い、「引負手が無くて困った」などいう。

ひきて【引手】

大川（隅田川）の船頭で、料理屋や、待合茶屋に客を案内した者。客が船から桟橋や岸に上がるときに川に落ちないように安全のために手をとったことからきた呼称とも、料理屋、待合茶屋へ案内する役であるから名づけられたともいう。『守貞漫稿《もりさだまんこう》』第四編生業上に「川遊船を専とし、各小戸なれども晒掃を精く屋造り綺麗を専とし、男女の密会をなし、或は客の需《もとめ》に応じ宴席を兼ね、又青楼娼家に引手と号《なづけ》、導く事をなす」とある。

引　手

ひきや【曳き屋】

江戸時代、大きな荷物や大量の荷物を大八車に乗せて運ぶ商売を「曳き屋」と言った。現代でいうところの運送屋である。

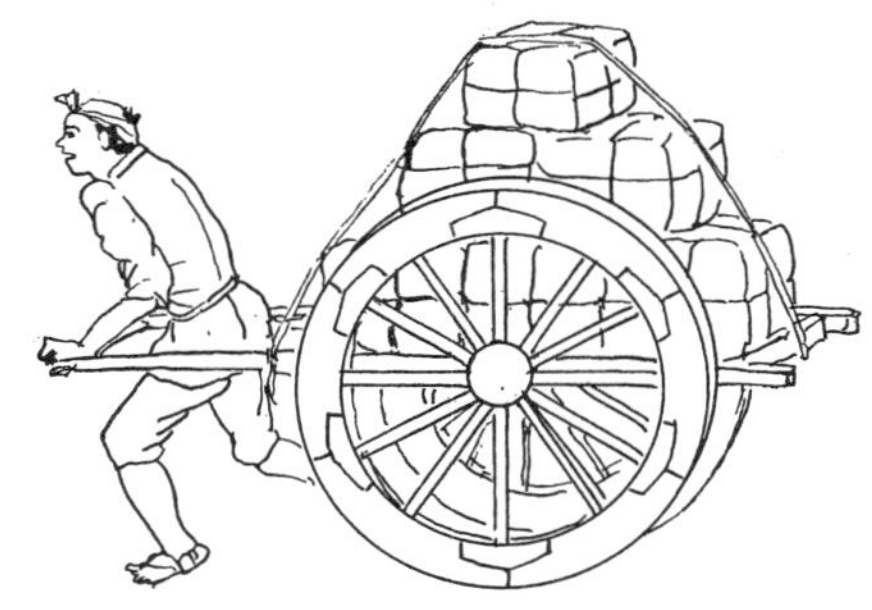

曳き屋

ひく【敷く】

正しくは「しく」であるが、江戸っ子は「布団《ふとん》をひく」などと言う。

ひくて【引く手】

誘いかける人の意。「美人なので引く手数多《あまた》だ」などと用いられ、美人なので交際または結婚の申し込みがたくさんあるの意になる。

びくびく

恐れおののくさま。不安や恐怖のため、緊張してささいなことでもびくつくこと。「びくびくするな」などと用いる。「戦戦競競」「戦戦恐恐」などと当て字する場合もある。

ひけ【引け】

「退け」とも書き、退散の意から、負け、遅れ、ひけめなどの意に用いられる。「競走をして引けをとった」は競走して負けたの意。「引けをとらない」は遅れをとらない、負けないの意。「引け目を感じた」は他より劣っていると感じて肩身の狭い思いをすることである。

びけい【美形】

美しい容貌、美貌であること。美人。男の形容にも用いる。「なかなかの美形でして」などという。

ひさしをかしておもやをとられる
【廂を貸して母屋を取られる】

家のほんの一部を情《なさけ》で貸したがために、相手に家全体を乗っ取られてしまったという譬《たと》えから、ちょっとした親切をかけた相手から、恩を仇《あだ》で返すように、多大な迷惑をかけられることをいう。「彼には廂《ひさし》を貸して母屋《おもや》を取られたような仕打ちを受けた」などと用いる。

ひさまつるす【久松留守】

江戸時代、お染久松の悲恋事件があった頃に悪性の感冒《かんぼう》（インフルエンザ）が流行したため、この病は「お染風邪《かぜ》」と俗称された。人々はこの感冒に伝染しないためのまじないとして、「久松留守」と

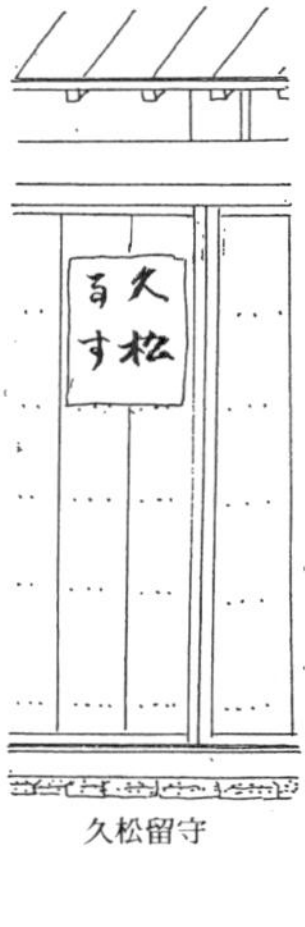

久松留守

肘鉄砲

書いた紙を貼った。当時この俗信が流行した。

ひじでっぽう【肘鉄砲】

肘で相手を突くこと。略して「肘鉄《ひじてつ》」ともいう。相手に痛さを与える強烈な反撃の技であることから、相手の申し出を強く断る形容としても用いられる。「肘鉄砲を食わせる」という。

びしょびしょ

ひどく濡れるさま。「びしょびしょに濡れた」はずぶ濡れになること。

ひじをとってかたるなか【肘を取って語る仲】

「肘を取る」は、肘を張っていかめしくしないこと。お互いに気心の知れた仲であること。「取って」は「取り除いて気楽に」の意。仲の良いことの表現である。

びたいちもん【鐚一文】

鐚銭《びたせん》とは江戸時代の粗悪な貨幣で、十文が十文として通用しなかった。その最低の悪貨幣の一文ということは、ほんとうにわずかな金額である。「寄付には鐚一文もださない」「他人から物をもらっても、自分は鐚一文もださない」などというのは非常に吝《けち》であるということになる。「鐚一文まけられない」というのは、値引きは一切しないということである。

肘を取って語る仲

ひたいにしょうじきのかんばんをぶらさげている【額に正直の看板をぶらさげている】

見るからに正直そうに思える人柄の意。表情を看板に見立てた表現。「あの人は額に正直の看板をぶらさげているような人だ」などと用いる。

ひだり【左】

酒好きなこと、酒が強いことをいう。鉱山では右手に槌《つち》を、左手に鑿《のみ》を持つことから、金山詞《かなやまことば》では右手を槌手《つちて》、左手を鑿手《のみて》といい、この「鑿手」に「飲み手」をかけて酒飲みの意となった。一説に、酒盃は左手に持つからとも。「左利《き》き」「左が利く」「左党《ひだりとう》」ともいう。「左が強い」は酒豪、「左が過ぎる」は酒を飲みすぎる、「左の耳で聞く」は酒飲みが聞いて喜ぶの意。曲山人補綴『仮名文章娘節用』にも「乳母《ばあば》は酒《ひだり》の方だから」とある。

ひだりうちわ【左団扇】

利《き》き手《て》の右手でせわしなく扇ぐのではなく、左手でゆったり団扇を使う姿から裕福である境遇の表現として用いられる。「左団扇の生活」「左団扇の御身分」などという。

左手で褄を取る

ひだりづま【左褄】

昔の女性の着物は引きずるほど長かったため、外では褄を手に持って歩いた。一般の女性は右手で褄を取ったが、芸者の女性は左手で褄を取る。このことから「左褄」は芸者を指す語となり、「もともとは左褄を取っていた」といえば、以前は芸者稼業をしていたの意である。➡褄《つま》を取《と》る

左団扇

ひだりまえになる【左前になる】

着物は相手から見て右の衽《おくみ》を上側にして着る。この逆は左前といい、死者の装束《しょうぞく》に用いるため縁起が悪い。このことから商売などが順調に行かなくなることをいう。「あの家の商売は左前になった」「事業に失敗して左前になった」などという。

びちょびちょじめり【びちょびちょ湿り】

梅雨時《つゆどき》の様子をいう。雨で空気も地面も湿り、すべてがびしょびしょに濡れているようなさま。

ひっかけおび【引っ掛け帯】

江戸時代末期

頃から芸妓などが用いた帯の結び方の一つ。結んだ帯の端を垂らしたままにする結び方。「ひっかけ結び」といい、粋な結び方とされた。

引っ掛け帯

びっくら
吃驚《びっくり》の訛り。「ああ、びっくらした」「びっくらこいた」などという。松亭主人『閑情末摘花』巻之二には、「やぁ、あんまり女児《むすめ》が美麗《うつくし》いのに恂《びっく》らして」とある。

ひっくりかえる【引っ繰り返る】
さかさまになること。転倒すること。「氷の上を滑って、ひっくりかえった」「バケツをひっくりかえした」「茶碗をひっくりかえした」などと人に限らず物にも用いた。「ひっ」は語勢を強める接頭語で「ひっぺがす」「引っ捕《とら》える」「ひっぱたく」などの用い方と同じ。

びっくりしたやのこうとくじ、おそれいりやのきちもじん【吃驚下谷の広徳寺、恐れ入谷の鬼子母神】
びっくりした意の洒落《しゃれ》表現。「びっくりした」に「下谷」をかけ、下谷で有名な広徳寺に語呂を繋げ、さらに、「恐れ入った」の「入」から入谷の鬼子母神と続け、二つの名所を語呂合わせしたもの。「恐れ入った」というときに「恐れ入谷の鬼子母神」とだけ言うこともある。江戸っ子は鬼子母神を「きちもじん」と訛って言った。➡鬼子母神《きちもじん》、広徳寺《こうとくじ》

ひっくるめる【引っ括める】
「引っ」は「引き」の訛り。ひとまとめにする意。「ひっくるめると幾らだ」「前々回の借金をひっくるめて一度に払う」などと用いる。

ひつこい
「しつこい」の江戸訛り。くどい、うるさいなどの意。「ひつこい味」「ひつこい奴」などという。語勢を強めて「ひっつこい」ともいう。

びっしょり
ひどく濡れているさま。「びっしょり汗をかいた」「傘がないのでびっしょり濡れた」などと用いる。

ひったくる【引っ手繰る】
無理に手で奪うこと。「引っ」は「引き」を威勢よく発音したもので、勢いを表す語。「たくる」は「手繰《たぐ》る」で、手元に引き寄せること。「ぶったぐる」「ぶったくり」なども同意。

ぴったり
密着していて、すき間やずれの無いことを表す語。「あの二人はぴったり息が合っている」「この引出しにぴったり入る」などと用いる。

ひっちゃぶく【引っ破く】
「ひきやぶく」の訛り。引っ張って破くこと。

ひっちらかす【引っ散らかす】
あちらこちらへ引きずり回したように散らかすこと。「ちょっと目を離すと、もう引っ散らかして…」と用いる。「引っ」は「引く」の語勢を強めたもので、「引っぺがす（引きはがす）」「引っ捕らえる」「引ったくる」「引っ裂く」「引っ切る」などと用いる。

ひっつかまいて【引っ捕まいて】
捕えての意。「引っ捕《つか》まえて」の「えて」をなまって「いて」と発音したもの。

ひつな【執な】
江戸っ子は「しつこい」を「ひつこい」と訛り、それを略して「な」を付して暗号的に言ったもの。「何て、ひつな野郎だ」と用いる。

ひっぱがす【引っ剥がす】
引っ張って剥がすことを語勢を強めて言ったもの。「上衣を引っ剥がす」「貼り紙を引っ剥がす」などという。庶民はさらに乱暴に訛って「ひっぺがす」と言った。

ひっぱずす【引っ外す】
「引き外す」を威勢よく表現した語。「引っ」は「引く」の語勢を強めたもの。

ひっぱたく【引っ叩く】
「叩《はた》く」を強めた語。手を後ろに引いて弾みをつけて勢いよく叩くこと。語呂が良いのでよく用いられ、「ひっぱたくぞ」などという。

ひっぱり【引っ張り】
江戸時代の下級の遊女。暗い街路にたたずみ、客の袖を引っ張って、自分の家や安宿に誘ったことからついた呼び名である。

引っ張り

ひっぺがえし
「竹篦返《しっぺいがえ》し」が訛ったもの。相手の仕打ちに対して即座に反撃の行動を行うこと。やられた方は「ひっぺがえしを食《く》っ

た」という。

ひでえ【酷え】
「酷《ひど》い」の訛りで「非道《ひど》い」の字を当てることもある。苛酷、残酷、度を過ぎている、悪いの意。「ひでえ奴だ」「ひでえこと為やがる」「ひでえことを言いやがる」などと用いる。

ひとあんしん【一安心】
物事の始末がついて、もうその分の心配はしないで済むこと。一つのなすべき事が無事に片付いたことをいう。「ひと安心したら、また次の難題が持ち上がった」「合格して、まずはひと安心だ」などと用いる。

ひとおもいに【一思いに】
思い切って一気に行うこと。「蛇の生殺しのようにしないで、一思いに止《とど》めを刺せばよい」「もじもじしていないで一思いに言ってしまった方が為になる」などという。

ひとかい【一貝】
江戸時代、口紅や鬢付《びんつけ》油、塗り薬の容器として蛤《はまぐり》の貝殻を用いたため、これらの品を数えるときは「一貝《ひとかい》」「二貝《ふたかい》」と言った。大正時代頃までこの語は用いられた。蛤は二枚貝であるから、一枚を蓋にして、もう一枚の内側に口紅が厚く塗りこめてあったり、塗り薬や鬢付《びんつけ》油が盛り上がるほど入っていたりする。➡薬指《くすりゆび》

一　貝

ひとかわむけば【一皮剝けば】
見た目は美しかったり善良そうに見えたりするが、その下にはまったく反対の真の姿がある。上辺《うわべ》だけ良く見えることをこのような語を使って表す。「あの人はおとなしく、善人に見えるが、一皮剝けば油断のならない悪党だ」と用いる。

ひときりぼうちょう【人斬り庖丁】
江戸庶民が武士の差している刀剣を軽蔑して言った言葉。主君を守るための刀だとか、正義の為に人を斬るためのものだとか、武士は勿体ぶっていうが、しょせん台所の庖丁と同じではないかと軽蔑をこめて言った。

ひとくさり【一齣】
物語の中のひとこまのこと。また、ある話題について一通りまとまった経過をひとしきり話すこと。「ひとくさり聞かせてください」などという。

ひとくちにいう【一口に言う】
要約して手短な言葉で話すこと。「話せば長いことになるが、一口に言うと…」という。

ひとさま【人様】
「他人様」とも書く。他人のことをいう尊敬語。「人様の悪口を言うのではない」という。

ひとしお【一入】
一際《ひときわ》、一段と、一層《いっそう》の意。「ひとしお哀れを催《もよお》した」「春雨が葉を濡らすと一入緑が美しく見えた」などと用いる。

ひとしきり【一頻り】
その当座盛んであることを表す語。「ひとしきり騒いだ」「ひとしきり鳥が囀《さえず》っていた」「ひとしきり囃《はや》し立てた」「ひとしきりその話が評判になって」などと用いる。

ひとじゅうばい【人十倍】
「人一倍」の大袈裟《おおげさ》な表現。「人十倍も働いた」という。

ひとすじなわではてにおえぬ【一筋縄では手に負えぬ】
通常の方法では押え込めない、または処理できないこと。体を束縛するのに一本の縄で縛っても解かれてしまったりちぎれてしまったりでどうにも効果がないことからの譬え。「一筋縄では行かない」ともいう。「簡単な注意や警戒では不十分で、厳重に対処しなければ解決できないし、いつまたどうなるか分からない」の意で用いられる。

ひとずれ【人擦れ】
世間に揉まれてさまざまな経験を積んだため、世の中に対して舐めてかかっている様子をいう。「あの子は苦労を散々したせいか人擦れしてしまった」と用いる。

ひとだのみ【人頼み】
自分ですべき事を無精《ぶしょう》して他人まかせにすること。他人を当てにすること。「あの人はなんでも彼でも人頼みにする」と用いる。

ひとつあなのむじな【一つ穴の貉】
同類の意。昔は狸《たぬき》と貉《むじな》を混同し、狢も人を騙《だま》す動物と思われていた。このことから悪だくみの仲間、同類の悪人の譬《たと》えとして用いられる。

ひとつかなえばまたふたつ【一つ叶えば又二つ】
一つの願いが叶えば、また次の欲望が起きるという人間の性《さが》を表現したもの。江戸っ子が良く用いた。きりが無いこと。曲山人補綴の『仮名文章娘節用』にも「一つかなえば又二つ」とある。

ひとっぱしり【一っ走り】
ちょっと走って行ってくることを言う。その労力を厭《いと》わず、気軽に思っている場合に用いる。「なぁに、一っ走り行ってくるよ」などという。

ひとはこ【一箱】
本来は「千両箱一つ」の意であるが、明治・大正時代頃は一円を一両と見積もっていたので、千両に値する千円を、江戸時代と変わらず「一箱」といった。

ひとはしをかける【人橋をかける】
橋は川の両岸を往来する人の仲介の役をする。このことから「人橋」とは仲介人、仲立人《なかだちにん》の意で、「人橋をかける」は仲介人を頼む、人伝《ひとづて》をたどるの意。「人橋をかけて話をまとめた」「人橋をかけて結婚

を申し込んだ」などと用いる。

ひとはたあげる【一旗揚げる】

敵の城を攻めて陥落させたり、占拠した証拠に自軍の旗を立てたことから、転じて、新たな事業や仕事にいどむことをいう。「旗を揚ぐ」「旗揚げ」の語は古くからあるが、「一旗揚げる」は江戸以来のことば。「一旗揚げようと田舎から出てきたが、世の中、そう甘くはなかった」などと用いる。

ひとはだぬぐ【一肌脱ぐ】

ひとつ奮発して手助けすること。協力したり応援したり助けたりするときに「俺にまかしな」といって諸肌《もろはだ》を脱ぎ、全力を尽して事にあたる頼もしい態度から来た表現。➡弥蔵《やぞう》を決《き》める

ひとまえにでられない【人前に出られない】

世間に対して恥ずかしく、気後れがして公衆の前に出られないこと。「こんな姿では人前に出られない」「こんな事を為出《しで》かしたので、もう人前に出られない」などという。

ひとみしり【人見知り】

見慣れぬ人に対してははにかんだり、恐れたりすること。

ひとむかし【一昔】

一昔《ひとむかし》は普通一〇年前をいう。二昔は二〇年前。正確でなくとも、およそ一〇年前後の年数ならば用いる。

ひとめやうきよのぎり【人目や浮世の義理】

他人の目やこの世の慣習に縛られた義理人情のこと。曲山人補綴の『仮名文章娘節用』にも「ほんの人目や浮世の義理」とあり、世間の目や、生きて行く上で破ることのできないしきたりがあることを記している。

一肌脱ぐ

ひとりしばい【独り芝居】

自分一人が勘違いしていただけで、同調してくれる相手もなく、勝手な思い込みで行動していただけの状態を、一人で芝居を演じていることに譬《たと》えていう。「結局は独り芝居になってしまった」などと用いる。

ひとりずもう【独り相撲】

①大道芸の一つ。一人で、二人が相撲を取っているように見せ、小銭を投げてもらう。

②相手にされていないのに、一人で力んで事に当たっていること。「結局あいつが独り相撲しているだけだ」などという。

ひとりっこ【一人っ子】

「ひとりご」の訛り。両親にとって一人だけの子で、兄弟姉妹がいない子をこのようにいう。「一人息子」「一人娘」などともいう。

ひとりでに

意識しなくても、自然と。感情に逆らうことなく素直に感じたまま行動すること。「自然に」と当て字する場合もある。「涙がひとりでに出てくる」「ひとりでにその方向に足が向いてしまった」などと用いる。

ひとりぼっち【独りぼっち】

「ぼっち」は「法師」の訛り。たった一人でいることや、孤独な状態を表す語。「独りぼっちで悲しかった」などと用いる。

独り相撲

ひとりよがり【独り善がり】

自分勝手に。他人の意見や考え方を顧みないで、自分一人だけが良いと思い込んでいる状態。「おまえは独《ひと》り善《よ》がりにこれでいいと思っているようだが」などという。

ひにまして【日に増して】

一日毎に増大すること。略して「日増し」という。曲山人補綴の『仮名文章娘節用』にも「日にまして、だんだん御酒を上るから」とある。

ひねくりまわす【捻くり回す】

その物が捻《ね》じくれてしまうほどもてあそぶこと。縦横さまざまな角度から観察すること。「その品をひねくり回して楽しんでいた」と用いる。

ひねくれる【捻くれる】

精神、考え方が素直でなく、曲っていること。「ひねくれ者」「ひねくれ根性」「あの人は何を言ってもひねくれて受け取る」などと用いる。

ひのきえたよう【火の消えたよう】

淋しいたたずまいになること。現代の夜は電灯が煌々《こうこう》と点いていて明るいが、往時の夜の町並みは暗く、ところどころの火の明かりから、商売の活気や、煮炊《にた》きなど人々の生活の営みを窺《うかが》うこと

ができた。火が見えないのは淋しい無人の町であり、そのことからの表現である。

ひのくるま【火の車】

罪人《つみびと》が死ぬと地獄の鬼が火車《かしゃ》で迎えに来るという仏教の教えから、地獄に行くのと同じくらいに苦しい状態であること。特に生計が苦しいことをいう。「家のやりくりが火の車だ」などと用いる。⬇火車《かしゃ》

火の車

ひのしたかいさん【日の下開山】

天下に比べるもののないほど優れている意に用いる。日の下は世界、天下の意。開山は開祖と同じで、宗派や寺院の創始者のこと。相撲《すもう》などで天下無敵の力士の形容によく用いる。「あの横綱は日の下開山だ」と用いる。

日の下開山

ひのてをあげる【火の手をあげる】

発火の意味から、事の始めの場所の意に用いる。「まず出城《でじろ》から攻撃の火の手をあげた」などという。また、「火の手があがる」はまた、失火して火事になる事をいう。「本郷弥生町から火の手があがった」などという。

ひのまるべんとう【日の丸弁当】

弁当箱に詰めた飯の真中に梅干を一個入れたもの。日本の国旗の日の丸に似ているのでいう。夏場には腐敗を防ぐ効果がある。貧しい家では入れるおかずがなく、日の丸弁当を子供に持たせた時代もあった。

ひのようじんさっしゃりませ【火の用心さっしゃりませ】

江戸時代から大正時代頃まで、東京の各町の鳶《とび》の者が、町や鳶組の印のある弓張提灯《ゆみはりちょうちん》を腰にさして、火事装束《しょうぞく》で防火の見回りに出た。その際に、拍子木《ひょうしぎ》をカチ、カチ、カカチと叩きながら「火のよーうじん、火の用心、さっしゃりませ」と声を上げた。夜じゅう二時間おきぐらいに見回る。町によっては拍子木の代りに金棒（錫杖《しゃくじょう》に似たもの）を地面に突きながら歩く見回りもいた。

ひふ【被布】

「被風」「披風」とも書く。和服の外套の一つ。羽織に似る。着物の柄と同じ模様の布地が多く用いられ、袖の部分は着物の袖が出るように作り、

日の丸弁当

火の用心の見回り

被　布

前は深い衽《おくみ》を重ね合せて着る。胸元の両端に総角《あげまき》の総《ふさ》をつけた。丈は着物よりやや短い。江戸末期には茶人や俳人が着用していたが、明治の頃には婦人や子供が外出用として用いるようになった。⬇道行《みちゆき》

ひものちょう【桧物町】

昔は日本橋桧物町は芸妓屋が多く粋《いき》な所だったので、「粋」という意で用いられた。「いよっ、桧物町だね」というのは粋に見えるという褒《ほ》め言葉。また、「あの人は桧物町だ」などと言い、芸妓をさす隠語としても用いられた。

ひやかす【冷やかす】

相手がどきっとして、冷や汗を流すほどに嘲弄《ちょうろう》すること。「真面目に話しているのだから、冷やかしてはいけない」「俺を冷やかしやがって」などという。「冷やかし半分に…」は、発言の中に相手を嘲弄する意が半分含まれていること。また店で品物を見るだけ見て買わないこともいう。⬇素見《すけん》

ひゃくぞう【百蔵】

吉原の切見世などにいる下級遊女の別名。「ちょんの間」の遊びで百文の値がついていたのでこのようにあだ名した。「百助《ひゃくすけ》」とも言った。⬇ちょんの間《ま》

ひゃくにちのせっぽうへひとつ【百日の説法屁一つ】

百日間、説法して人々に尊敬された高僧が百日目に音を立てて放屁したため、それを聞いた人々は高僧に対する尊敬をいっぺんに失ってしまったという逸話から、長い苦労もたった一つの不手際で無駄になることの譬《たと》え。十返舎一九の『東海道中膝栗毛』初編にも「忽《たちまち》百日の説法屁ひとつ」とある。

ひゃくねんめ【百年目】

現代では百歳以上の者もかなりいるが、昔は人生五〇年といって、五〇歳から長寿といわれたほどであり、百年生きるなどとは途方もないことであった。陰謀や悪事などが死ぬまで露見しないと思っていたのに、悪運尽きて到頭《とうとう》露見してしまったという表現に用いる。「ここで見つかったのが百年目」などという。また、またとない好機の意にも用いられる。

ひゃくまなこ【百眼】

江戸時代末期、浅草大音寺前に住んでいた歯磨き売りの半吉が、歯磨きの入った箱を片手にさげて行商をしながら披露した芸。目鬘《めかずら》（目のあたりを覆う仮面）でいろいろな目付きにして人相を変え、身振りおかしく売り歩いたもの。明治以降は見られなくなった。目玉をおもしろおかしく動かして他人を笑わせるようなことをすると「百眼のようだ」といった。

百　眼

ひやめしくい【冷飯食い】

武家は長男が家督《かとく》を継ぐので、次男以下は長男の厄介になる。そのため食べるのは炊き立ての飯ではなく、残って冷えた飯を与えられたとの意で、次男以下を冷飯食いといった。居候《いそうろう》、厄介者の意としても用いられた。「あいつは次男の冷飯食いだ」などという。

ひやめしぞうり【冷飯草履】

「冷飯」は墓に供えた冷たい飯で、江戸では家督を相続しない次男以下の男や、居候を卑しめて「冷飯」「冷飯食い」といい、冷遇されている者の代名詞のように用いた。「冷飯草履」も同様の意からできた語で、藁緒《わらお》のもっとも粗末な藁草履のこと。葬式の時、親族のはく草履もこれである。式亭三馬『浮世床』二編上にあるように、「ハイ私のは、はなはだお恥しいが冷飯草履でござります」などという。

ひょうきんもの【剽軽者】

飄々《ひょうひょう》、気軽、明朗の意で他から見ると滑稽《こっけい》に見える者のこと。「きん」は「軽《けい》」の江戸っ子らしい訛り方。「あの男は剽軽者だ」「剽軽者だからすこし落着きが無い」などと用いられ、悪意の無い表現であるが、やや人を軽く見た言葉である。

表六玉

ひょうろくだま【表六玉】

「兵六玉」「瓢碌玉」とも書く。間抜けな者を罵っていう言葉。「ひょう」は「飄々《ひょうひょう》」の音・意からきたものと思われ、滑稽《こっけい》・間抜けの意。「六」は「碌《ろく》でもない」の意がこめられたものと考えられる。「玉」は相手を侮蔑した時に用い、「奴《やつ》」のこと。相手を碌《ろく》でもない奴と罵《ののし》る時に用いられる。

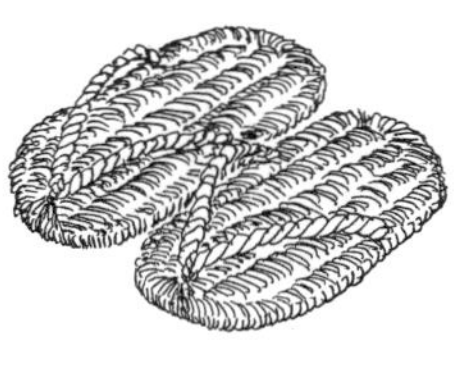

冷飯草履

ひょこひょこ
身軽に行動するさま。「ひょこひょこ歩き回る」「ひょこひょこ出歩く」などという。「ぴょこぴょこ」「ひょいひょい」も同義。

ひよっこ
「雛《ひよこ》」の語勢を強めたもの。鶏の子の意から、人の子のこともいい、身体・能力・技術などが未熟で一人前でない者の形容に用いられる。「ひよっこの癖に生意気言うな」「未だほんのひよっこですから…」などという。

ひょっと
「ひょいと」の訛りで、不意に、出し抜けに、偶然に、身軽に、などの意に用いる。「ひょっとやって来た」（「ひょっくらやって来た」ともいう）、「ひょっと飛出して来たから、危なくぶつかるところだった」という。⇩ひょっとすると

ひょっとこ
火男《ひおとこ》の訛りという。煙のため片目をしかめながら、火吹き竹を使い、または口をつぼめ尖らして息を吹き出し、火勢を強めるときの顔つきが、滑稽《こっけい》な仮面に作られた。馬鹿踊りなどで、おかめ（お多《た》福《ふく》面）と共に演技する。また、男を馬鹿にするときの言葉として「ひょっとこ野郎」などと用いて罵る場合もある。⇩馬鹿囃子《ばかばやし》

ひょっとこ

ひょっとすると
「もしかすると」の意で「ひょっとすると、あの時の人かも知れない」などと用いる。⇩ひょっと

ひよりげた【日和下駄】
通常のものより歯・台が薄く、やや低い下駄。おもに晴天の日に履く。男物・女物があり、女物は縁が黒塗りで鼻緒には小模様があるものが多い。

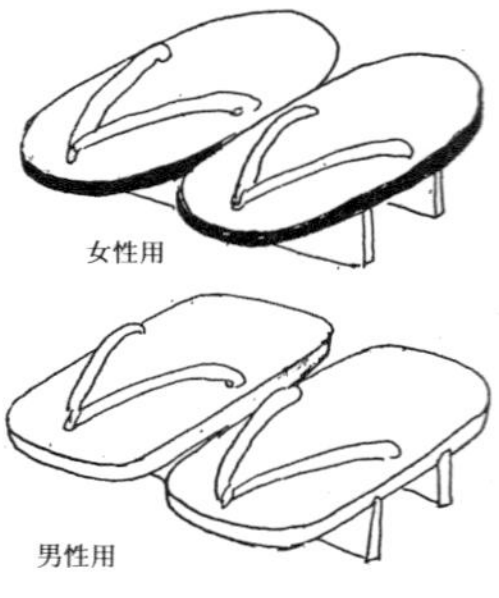

日和下駄

ひよりみ【日和見】
天候の様子を窺《うかが》って行動すること。このことから状況を見て判断しようとする態度をいう。事のなりゆきを見ながら、その時々で自分に有利な方を選ぶこと。

ひょんなことから【ひょんな事から】
ちょっとした意外な機会からの意。「ひょんな事」は思いも付かない出来事、奇妙な事の意。「ひょん」は「変な」の訛りとも考えられる。「ひょんな事から二人は出会って、恋仲になった」「ひょんな事から悪事がばれて捕まってしまった」「ひょんな事から発見された」などと用いる。

ビラ
広告、宣伝のための紙片をいう。人目につくように方々に配ったり貼ったりするので「散《ち》らし」ともいう。絵が全面に描かれたものを「絵ビラ」といい、小さなものを「小ビラ」という。英語「bill」から来ている語。

ひらあやまり【平謝り】
平身低頭して謝ること。「平蜘蛛のように這いつくばって平謝りした」などという。

ひらねえ
「し」を「ひ」と発音した「知《し》らない」の江戸っ子訛りで「ひらない」→「ひらねえ」となったもの。野卑な言い方では「ひらねえな」という。

ひらめのえんがわ【平目の縁側】
ヒラメのひれの基部をいう。魚のひれは切り捨てられることが多いが、ヒラメの場合は肉身も多少付いているので、貧しい庶民はこの部分を買って煮付けなどにしてわずかな肉身をつまんで食べた。今とは違い、往時はただ同然の値段であった。

びりでいり【びり出入り】
情事のもつれからの争いをいう。「びり」は男女関係、「出入り」は争いのこと。女の事で複数の男が争うこと。『誹風柳多留』に「びりでいり　大屋もちつとなまぐさし」とあり、店子の若い女に、恋愛関係のもつれがあったので大屋が仲裁に入ったが、実は大屋もその女と関係があったから、あまり強いことは言えないの意。

ひるとんび【昼鳶】
「鳶《とんび》に油揚をさらわれる」の諺《ことわざ》があるように、鳶は街の空を飛んでおり、油断していると食物を掠《かす》め取って飛び去る。このことから、昼間、留守の家に忍び込

びり出入り

んで空き巣ねらいをすることを昼鳶という。「ひるとび」ともいうが、江戸っ子は「とび」とは言わずに「とんび」と言った。「昼鳶にさらわれた」は、空き巣に入られて物品を盗まれたという意。⬇鳶《とんび》に油《あぶら》揚《あげ》をさらわれる

ひろいごんぱち【拾い権八】

物を拾ったときに言う洒落《しゃれ》。歌舞伎『浮世柄比翼稲妻《うきよづかひよくのいなづま》』に出てくる美少年・白《しら》井権八《いごんぱち》の「白井」と「拾い」を掛けている。「思いもかけず財布を拾い権八」などと洒落る。芝居通の江戸っ子が好んだ言い回しである。

びろう【尾籠】

不作法、無礼、不潔、猥褻《わいせつ》なこと。「尾籠な話ですが」は汚く不作法な話ですがの意。馬鹿を意味する語「おこ」の当て字「尾籠」を、「びろう」と読んだことからの言葉。上流階級が用い、庶民に広まったもの。「尾籠な話ですが、そのときは我慢しきれずに漏らしてしまいました」などと用いる。

ひろめや【広め屋】

明治時代、始めはちんどん屋をこのように呼んだ。開店祝いや大売出しがあると広め屋に頼み、町中を宣伝して歩いてもらう。背に広告の絵ビラをつけ、鉦《かね》と太鼓を胸前に吊して鳴らしたり、口上を述べたり、広告ビラを通行人に手渡したりしながら練り歩く。大抵、三味線を弾く女性が付く。大正時代頃からはクラリネット吹きが加わることも多くなった。⬇ちんどん屋《や》

広め屋

ピンからキリまで

ポルトガル語で点のことを「ピン」と言うところから、博奕《ばくち》では賽《さい》の目《め》の一を連想し、一を「ピン」という。「キリ」もポルトガル語の十字架を表す語で、日本人は十字架の形から「十」の字を連想し、十を「キリ」といった。つまり「ピンからキリまで」は「一から十まで」の意であり、最初から最後まで、最上のものから最低のものまでという表現である。また、めくりカルタでは、正月の札を「ピン」、十二月の札を「桐《きり》」と呼ぶので、ここから来た語ともいわれている。⬇三一《さんぴん》

びんた【鬢た】

本来は江戸時代の結髪《けっぱつ》用語で、頭の側面の毛髪「鬢《びん》」のことだが、頬の部分まで指すようになり、ここを叩くことを「びんた」というようになった。明治以降の軍隊では上の者が下の者に懲罰として「びんた」を行うことが多かった。「びんたを食らわせてやる」などと言った。

びんた

ピンはね【ピン撥ね】

ポルトガル語で「点」を「ピン」ということから、サイコロの目の一を博奕《ばくち》仲間の隠語で「ピン」という。「ピンはね」とは関係した他人の利益の一部を取り上げることである。「上前《うわまえ》をはねる」「上前《うわまえ》を取り上げる」などともいう。

びんぼうがみ【貧乏神】

俗信で、貧乏神が住み着くとその家が貧乏になるという。貧乏神は痩せて背が低く顔色は青ざめ、手に渋団扇《しぶうちわ》を持った風体《ふうてい》で描かれることが多い。貧乏神の居心地が良いといつまでも家は貧乏のままであるといわれた。貧しい家のことを「貧乏神に取りつかれたようだ」などといった。また、貧しく、かつ皆から嫌われている者を貧乏神と形容した。

貧乏神

びんぼうくさい【貧乏臭い】

生活や態度、言動が貧しく見えること。「貧乏たらしい」ともいう。「貧乏臭いことをいうな」は「貧しいように受け取られるようなことをいうな」の意。

びんぼうくじをひく【貧乏籤を引く】

貧乏になる籤を引き当ててしまうとの意しから、他より悪い条件で請負ったり、嫌な事を引受けざるを得なくなったりして、損な役回りになることをいう。

びんぼうじょたい【貧乏所帯】
貧しい生計で暮らす家族。所帯は家を構えて独立した生活をいう。貧乏で苦労しているさまを「所帯やつれ」という。

ピンぼけ【ピンぼけ】
カメラのレンズのピントがずれたために、写真がぼけてしまうことから、肝心な点を外すことや呆けた人の譬《たと》えとして用いられ、「あいつはピンぼけだ」などといった。

ひんむく【引ん剝く】
手荒く引き剝がしたり、奪ったりすることをいう。盗賊、追剝ぎなどが相手から物品や金銭を奪うことの表現にも使われ、「引ん剝いた金を分配《わっぷ》して」などと用いる。⬇わっぷ

「ふ」

ぶあいそ【無愛想】
愛嬌《あいきょう》がなく、冷たいこと。またそうした態度。江戸っ子は愛想《あいそう》の事を略して「あいそ」と発音することから「ぶあいそ」という。「あの男は、いつ会っても無愛想だ」「客商売なのに店の者はみな無愛想だ」などと用いる。

ふい
いままでに得たものや、やった事が全て無駄になること。失敗すること。「身代《しんだい》をふいにする」は全財産を失うこと。「約束をふいにする」は約束を不履行にすること。

ふうつき【風付】
身なりや態度にあらわれる人柄をいう。風体《ふうてい》・風姿《ふうし》も同義。「お参りにでも出掛ける風付で」「着物に前掛《まえか》けつけて、如《い》何《か》にも商人風付で」などと用いる。「あの客は風付が良い」は身なりや態度が良いの意。

ふうてい【風体】
服装・姿の意。とくにその人の地位や人柄がうかがい知れるような外見上のさま。「みすぼらしい風体でやって来た」などという。

ぶうぶういう【ぶうぶう言う】
頬をふくらませ、口を尖らせて文句を言うことの表現。「あいつは直《す》ぐぶうぶう言いやがる」などと用いる。

ふうらいぼう【風来坊】
木の葉が風に吹かれて、どこから飛んで来たのかわからないように、どこからともなくやって来た得体の知れない人物。転じて、気まぐれな人、落着かない人の譬《たと》えとなった。「風来人《ふうらいじん》」「風来者《ふうらいもの》」も同義。

ぶかっこう【不恰好・不格好】
姿や形が醜いこと。均整がとれていないこと。似合わないこと。「あいつは何を着ても不恰好だ」などという。

ぶき
「不器用」の略。「何をやらせてもぶきな奴だ」などと用いる。⬇ぶきっちょ

ぶきっちょ
器用でないこと。物を仕上げる技術が拙《つたな》いこと。「不器用」の転。「あいつは、ぶきっちょだから…」などと用いる。略して「ぶき」ともいう。⬇ぶき

ふくしにおさめる【腹笥に収める】
腹の中を箪笥《たんす》の引出しに譬《たと》えて「腹笥《ふくし》」といい、不満、怒りを腹の中に収めて我慢することをこのように表現した。「今回だけは腹笥に収めてやる」などと用いる。

ふぐはくいたしいのちはおしし【河豚は食いたし命は惜しし】
うまい河豚料理は食べたいが、河豚の毒は強烈で、当たれば命を失うから怖い。転じて、やりたいことがあるが、大きな危険もあるために、どうしたらいいのか決断に迷うこと、欲望は満たしたいが、あとの祟《たた》りが怖くてためらうことの譬《たと》え。
「河豚にも当たれば鯛にも当たる」は、猛毒の河豚だけでなく、毒のない鯛を食っても当たることがあることから、転じて、安全無害だと安心していると、思わぬ災難をこうむることがある意。「河豚」を「鉄砲」というのは、当たれば死ぬところからの異称。

ふくれる【膨れる・脹れる】
①不平・不満が顔の表情にあらわれて、頬を膨らましたように見えるところから、腹を立てることを「膨れる」といった。「ふくれっ面《つら》」は腹を立てた表情の形容。②腹が膨れる、つまり満腹の意。

ふくろび
「綻《ほころ》び」の江戸訛り。着物の縫い目がほどけていることをいう。十返舎一九の『東海道中膝栗毛』初編には「狼の口のあいたようなふくろびもふさぎて」とある。

ぶけのしょうほう【武家の商法】
明治に入り、士族となった元武士たちは主君から禄《ろく》をもらえなくなったので、生活のために商売を始めた。しかし四民平等となっても、江戸時代に武家階級であった彼らは庶民を見下していたため、客に接する態度が居丈高《いたけだか》で、ほとんどの者が商売に失敗した。このことを「武家の商法」「士族の商法」といい、そのよう

なまずい商売や、権高《けんだか》な商売を表わす語となった。

ふけばとぶような【吹けば飛ぶような】

息を吹きかけただけでも飛んでしまいそうなほど軽い存在の譬《たと》え。「吹けば飛ぶような奴《やつ》だけど」、「吹けば飛ぶようなあっし（私）ですが、相手の不正は見逃せない」などと用いる。

ぶざえもん【武左衛門】

吉原の遊女たちが使った隠語で、田舎侍を侮蔑して呼んだ語。略して「武左《ぶざ》」とも言う。➡浅黄裏《あさぎうら》、新五左《しんござ》

ふさぎこむ【塞ぎ込む】

憂鬱《ゆううつ》になること。元気を失い、陰気になること。「年中ふさぎ込んだ面《つら》をしている」などと用いる。憂鬱《ゆううつ》になるのは腹の中に「ふさぎの虫」がいて、それが動き出したためという俗信があった。

ふさぐめえ【塞ぐめえ】

気分を沈滞させて憂鬱《ゆううつ》になるのは止《よ》そうの意。「めえ」は否定の意の「まい」の転。狂訓亭主人『春色梅児誉美』には、「モウふさぐめえ、ふさぐめえ」とある。

ふさげ【塞げ】

①邪魔なことの意で、「場所塞げ」（場所ふさぎの事）と用い、「そこらに居ると場所塞げだから退《ど》いてくれ」、略して「ふさげになるから退いてくれ」などという。➡娑婆塞《しゃばふさ》げ

②空いている所を満たす意で「腹ふさげに饅頭《まんじゅう》を食った」などという。

ふざけてえほうでえ

「ふざけたい放題」の訛り。散々人をからかっての意。狂訓亭主人の『春色梅児誉美』巻之四にも「ふさけてへほでへ、ふざけやがって」等と記す。

ふざけんじゃぁねえ

「ふざけるんじゃない」の訛り。「ふざける」は、冗談をいう、戯《たわむ》れる、浮かれて悪戯《いたずら》をするなどの意から転じて、馬鹿にするの意を持つ。「ふざけんじゃあねえ」は「ふざけた真似をするな」、つまり「馬鹿にするな」の意である。誇り高い江戸っ子が、相手に侮《あなど》られたように感じたときなどに見栄を切る文句。ちなみに「ふざける」は「巫山戯る」と当て字する。

ぶしはくわねどたかようじ【武士は食わねど高楊枝】

武士たる者はたとえ貧しくて何も食べていなくても、これみよがしに爪楊枝《つまようじ》をくわえ、腹いっぱい食べたあとであるかのような振りをするぐらいして体面を守るべきだということ。江戸っ子は「侍《さむれえ》食わずとも高楊枝」とも言った。

ぶす【醜女】

トリカブトの根から製した生薬「附子《ぶし》」は猛毒で、人から恐れられていることから、醜女の意となり、「ぶす」という音になったようである。美醜に関わらず、女性を侮蔑したり罵《ののし》ったりする時にも用い、「何だ。このぶす」「ぶすおんな」「ぶすっ垂《た》れ」などという。

ふださし【札差】

江戸幕府の旗本・御家人の代理として禄米《ろくまい》を受取り、旗本・御家人の必要とする以外の米の売りさばきや換金を担当し、その手数料を取った商人をいう。「～家〇〇」と書いた立札を、支給された米俵の山に差すことから札差といった。また、米を担保に金を前貸しして利子を取るような金貸し業も行っており、札差は皆裕福であった。➡蔵宿《くらやど》

ふだつき【札付】

江戸時代にも戸籍簿のような人別帳《にんべつちょう》というものがあり、家族ごとに記載されていた。その家から犯罪者が出ると一家一族に累《るい》が及ぶので、犯罪を犯した者に対しては久離《きゅうり》・勘当《かんどう》の手続きをし、家との関係を絶つ方法を取った。この久離・勘当になるおそれのある者は家族があらかじめ町役人に届ける場合もあり、町役人は人別帳《にんべつちょう》のその者の名の上に紙札を貼っておく。そこから悪い定評のある者、犯罪を犯す危険性のある者を「札付」といったという説がある。

ふたまたごうやく【二股膏薬】

股の付け根に膏薬《こうやく》を貼ると、足を動かすごとに右に付いたり左に付いたりする。このことから有利な方について、敵になったり味方になったりする不定見な者をいう。「二股膏薬」ともいう。「内股膏薬《うちまたごうやく》で世を渡っている」などという。

ぶたやのおつねさん【豚屋のお常さん】

子供の遊び。二人向い合ったら、一人が手を出し、もう一人がその手の甲に触れて遊ぶ。最初は「そー麺《めん》、にゅー麺《めん》」

札　差

豚屋のお常さん

と言いながら麺が流れるようにくすぐり、次に「蛎殻町《かきがらちょう》の」と言って引っ掻き、「豚屋の」でぶち、「お常さん」といってつねるのである。

ふだんのしゃくがかんになって【普段の癪が癇になって】
普段から癪《しゃく》にさわっていたのがついに癇《かん》にさわったの意。今まで我慢していたが、とうとう癇癪をおこしたということ。

ふちあんない【不知案内】
不案内。まったく見当がつかないこと。方角もわからないこと。その事柄について知らないこと。

ぶちつける
「打《う》ち付ける」の江戸っ子訛り。「とんでもねえことをぶちつけやがって」「石を打《ぶ》ち付けやがったな」などという。

ぶちまける【打ちまける】
物をすっかり取り出して打ち散らかすこと。また、事柄を隠すことなくすべてを言うこと。「黙っていてやったが、あまり嘘を言うので、事実をぶちまけてやった」などと用いる。

ぶつ【打つ】
打《う》つこと。「う」よりも「ぶ」の発音が勇ましいのでよく用いられた。他の動詞の上に付いて、語勢も良く強調する意で使われることも多い。叩くことを「ぶったたく」、打ち倒すことを「ぶちのめす」、公開することを「ぶちあける」、殺すことを「ぶっ殺す」、打違いを「ぶっ違い」などといった。

ふっかける【吹っ掛ける】
「吹《ふ》き掛《か》ける」の訛り。大袈裟《おおげさ》にいうこと。鼻息荒く仕掛けたり相手に因縁《いんねん》をつけたりする形容。「喧嘩《けんか》を吹っ掛ける」という。また、値段を高く言うことを「客に値を吹っ掛ける」という。

ぶっきらぼう【打っ切ら棒】
棒を断ち切ったように、面白みが無く無愛想で愛嬌《あいきょう》のないこと。言動に飾り気がなく好感情をもてないこと。「あいつはぶっきらぼうな口しかきかない」などという。

ぶつくさ
不明瞭に不平不満をぶつぶつとつぶやくさま。湯が沸騰するように不平不満が滾《たぎ》る形容。「何をぶつくさ言っているんだ。文句があるならはっきり言って見ろ」などと用いる。

ぶっこぬいた【打っこ抜いた】
「打《ぶ》ち抜いた」の意。「引き抜いた」を「引っこ抜いた」と江戸っ子調でいうのと同じで、語勢を強めて「ぶっこ」といった。例えば、部屋の境の襖《ふすま》を引き払って広くすることなどを「ぶっこ抜いた」といった。「とうとう刀を打《ぶ》っこ抜《ぬ》いて嚇《おど》かした」などと用いる。

ぶっころす【打っ殺す】
「殺す」を強調していう語。生命を絶つという意だけでなく、役に立たなくすることもいう。質に入れた品が取り戻せず質流れになったとき、「到頭《とうとう》打《ぶ》っ殺《ころ》して食《く》ってしまった」といった。質の請け出しが出来なくなって食料に化けてしまったの意である。

ぶったおす【打っ倒す】
「倒《たお》す」を江戸っ子らしく勢いよく言った語。「この野郎、生意気な事を抜かしやがって打っ倒すぞ」と威嚇《いかく》的に用いる。

ぶったくり【打っ手繰り】
価値以上に高額の金を支払わされること。無理に取り上げること。「こんな品を高く売るなんて、まるでぶったくりだ」「あんなものを見せて見料をとるなんて、しどい《ひどい》ぶったくりだ」などと用いる。

ぶっちゃきはおり【打裂羽織】
普通の羽織は背通りが裾《すそ》まで縫い合わせてあるが、武士が大小の両刀を差すと、その辺りが刀の鞘《さや》で持ち上がってしまい、見た目が悪くなる。また乗馬時も不都合である。そのため江戸時代末期頃から羽織の背通りの縫い合わせを途中までにして、刀の鞘が露出するようにさせた羽織をいう。まるで裂いたように割れ目があるので「打裂《ぶっさき》羽織」といったが、江戸っ子は語勢よく「ぶっちゃき羽織」といった。

打裂羽織

ぶっちょうづら【仏頂面】
脹れっ面の表情をいう。仏教の尊者像は厳《いか》めしい顔をしているのものも多く、一説に仏頂尊の恐ろしい形相に譬《たと》えたものとも。「一寸《ちょっと》注意すればすぐに仏頂面しやがって」と小言《こごと》をいうときなどに用いる。

ぶっつわる【ぶっ座る】
座り込むことを語勢良く言った語。

ふっとばす【吹っ飛ばす】
「吹《ふ》き飛ばす」を促音化したもの。息を吹き付けて勢いよく飛ばすように、激しく相手を払いのけること。腕で打ち退けることも「吹っ飛ばす」といい、「飛んでいった」ことは「吹っ飛んだ」という。

ふてえやつ【太え奴】
「不逞《ふてい》」（ふとどきの意）の語もあるが、「肝が太い」（図々しいの意）の語からきた表現であろう。「他人の迷惑も気にしない常識外れの憎い奴」の意である。十返舎一九『続膝栗毛』七編には「お客に向って太え奴だ」とあり、お客様に対して図々しい、けしからん奴だの意。「他人《ひと》の酒をだまって皆飲んでしまって太え奴だ」などと用いる。

ふでなめぴんこ【筆舐めぴんこ】
祐筆《ゆうひつ》の下役の渡り者をいう蔑称。三両一人扶持《ぶち》であることから「さんぴん」と

筆舐めぴんこ

よばれ、また、書くときに筆先の固い部分を歯で噛んで柔らかくする様子が筆を舐めているように見えるところから「筆舐めぴんこ」と言われた。「祐筆」とは武士の職名で、身分の高い者に従って文書を書く役。「渡り者」とは、臨時雇いのことである。➡三一《さんぴん》

ふてね【ふて寝】
ふてくされて寝ること。「ふてくされ」は、不満があってやけな振舞いをすること、不平があってすねていることをいう。「ふて寝の捨礫《すてばっつけ》」は、大の字になってふて寝をすることをいう。「不貞寝」は当て字である。

ふところにいれる【懐に入れる】
懐中《かいちゅう》する意であるが、一般的に「誰某が懐に入れた」といえば、誰某が金品を受取った、つまり賄賂《わいろ》を受け取った意になる。「頼み事で訪ねた時、あの人は私が差し出したものを黙って懐《ふところ》に入れた」などと用いる。➡袖《そで》の下《した》を使《つか》う

ふとしたことから
ちょっとしたきっかけでの意。その理由の説明を略した表現。「ふとしたことから関係が付いた」「ふとしたことから風邪を引いて」「ふとしたことから彼の所在がわかった」などと用いる。

ふとっぱら【太っ腹】
腹が太ったさまからの連想なのか、度量のある人、胆が太く大胆な人、大まかで、気持が広い人の意に用いた。「あの人は太っ腹な人だ」などと用いる。

ふとどきなすびのしぎやき【不届茄子の鴫焼き】
「不届な」の洒落《しゃれ》。不埒《ふらち》なの意。語末の「な」に「なすび」を言いかけ、さらに語呂よく「しぎやき」と続けた言葉である。「不届」は心が法や道に届かない意で、法や道にそむいた行いをすること。「不届き千万《せんばん》」「不届きなことを言う」「不届きを働く」などと用いる。

ふなやどしのてんじょう【船宿衆の天井】
「ふなやどし」は「ふなやどしゅう」の訛り。船宿は遊山《ゆさん》や魚釣りなどに貸船を仕立てるのを業とする家で、柳橋など

船宿衆の天井

の船宿は遊里通いの客の送り迎えをし、求めによっては宴席や、男女の密会の席も貸した。「船宿衆」はその家の人をいう（単複いずれにもいう）。船宿では天井に櫓《ろ》を納めていて、船の出し入れの際に櫓を下ろしたり上げたりすることから、人を上げたり下げたりすること、つまり、ほめたりけなしたりすることの形容である。

ふにおちない【腑に落ちない】
納得しがたい、素直に理解出来ない、不審であるの意。「腑」は腸《はらわた》のこと、つまり腹の中をいう。「胸に手を当ててよく考えてご覧」「腹をくくって」「腹をきめて」などの用語があるように、昔は頭で考えるのではなく腹胸で考えると思われていた。理解することは「腹におさまった」といい、承知したことを「飲んだ」「飲込んだ」といった。したがって体内に素直に納まらず、何か引っかかって理解できないのは体内に落ちて行かないことなので「腑に落ちない」という。

ぶま【不間】
気が利《き》かない。間の抜けたこと。まぬけ。「彼奴《あいつ》はぶまなことをやりやがった」などと用いる。

ふみつける【踏みつける】
①足で踏んで押さえつけることから、相手の状況を考えず侮蔑したり、面目を潰したりする意としても使われる。「俺を踏みつけにしやがって」は、馬鹿にしやがっての意。
②江戸時代の浪人・粂平内《くめのへいない》は、何人も

粂平内兵衛守祠

の人を斬ったことを懺悔《ざんげ》し、江戸浅草観音堂の参道の敷石に自分の像を彫り、参拝に訪れる人々に踏みつけてもらうようにした。それがやがて「踏みつける」を「文つける」と縁起をかつぎ、平内は恋文をつける神となり、文の奉納が盛んになった。

ふやける
水に浸かって膨れてしまうように、身体の筋肉がゆるんで緊張感が無くなることをいう。「このところ暇で家でごろごろしていたので、すっかりふやけてしまった」などと用いる。

ぶら
「ぶらぶら歩く」などというように、目的地に真直《まっす》ぐ行くのではなく散歩でぶらつくことをいう。⬇銀《ぎん》ぶら

ぶらさがり【ぶら下がり】
首を吊って自殺した者を「ぶらさがり」といった。「ぶるさがり」ともいう。「俺はぶら下がりそこなった」などという。

ぶらさん
万延元年（一八六〇）三月三日上巳の節句に大老・井伊《いい》直弼《なおすけ》の行列が、大雪の中で水戸の浪士に襲われて直弼が暗殺された。それ以後、大名登城の行列の後ろには、藩士の次男、三男の腕っこき（腕利き）が赤鞘の大刀を差して従った。何気ない振りをしてブラブラと付き従って警護したので、これを「ぶらさん」といった。

ぶらさん

ふらちなやつめ【不埒なやつめ】
「埒」は馬場の周囲の柵《さく》のことであるが、ものごとの区切りや秩序の意ともなり、法や道理にはずれることをいう。「不届き」と同様に用いられる武家の言葉である。

ふらねる
フランネルの訛り。略して「フラノ」「ネル」ともいう。江戸時代に輸入された織物で、羊毛のつむぎ毛糸を平織り、綾織りにし、軽く起毛を施したもの。

ぶらんこ【ぶらんこ】
二本の綱か鎖で吊り下げた横板に乗って、前後にぶらんぶらんと揺り動かす遊戯をいう。

ぷり
言葉の語尾につけ、「〜としての態度」「〜している様子」などを表す語。「振《ふ》り」の訛りで、江戸っ子はよく用いる。「男っぷり」「女っぷり」「笑いっぷり」「落着きっぷり」「食べっぷり」「喋りっぷり」などと促音とともに用いる。「何だかんだといって引受けっぷりが良くなった」は引き受ける態度が気持ちいいの意。

ふりのきゃく【振りの客】
常連ではない一回きりの客、関西の「一見《いちげん》さん」と同じ。

ふりをする【振りをする】
それらしい態度を示すこと。「知らないふりをする」「知ったかぶりをする」「おとなしいふりをする」などと用いる。

ふる【振る】
遊女が嫌いな客を拒否すること。袖を振り払うさまから連想された語。「背を向ける」ともいう。一般でも用いられ、「彼女が彼を振った」などと用いる。⬇袖《そで》にする

ふるこうじょう【古口上】
古くから用いられた言い方や、月並みな言い方で新鮮味のないものをいう。「そんな古口上は聞き飽きた」などという。

ぶるさげる【ぶる下げる】
吊り下げること。「ぶら下げる」というのが一般的だが、江戸っ子は「ぶる下げる」「ぶる下がる」という。

ふるわずじまい【振わずじまい】
いきおいがない、芽が出ないままの状態、実力を発揮しないで終ったなどの意をいう。「一生振わずじまいでした」などという。

風呂桶

ふろおけ【風呂桶】
入浴設備のない家庭は銭湯《せんとう》（風呂屋）に行ったが、昭和の中頃までは、家の風呂といえば檜づくりの小判型の風呂桶が多かった。端には風呂を沸かす焚き口があり、材木や石炭を燃料にした。江戸時代は鉄釜に桶を付けた五右衛門風呂があり、釜の下で火を焚き、湯の中に簀子《すのこ》を入れ、その上に乗って入浴した。

ぶんきんたかしまだ【文金高島田】
文金島田髷《まげ》のことで、島田髷の根に元《もと》結《ゆい》を巻いて高くした女の髪の結い方。江

文金高島田

戸時代中期頃から娘の盛装の際に結わかれた。文金高髷ともいう。高髷は武家の腰元などが結ったが、明治に入って髪の脹らましをさらに誇張して初々しさを出した。

ふんごむ【踏ん込む】

「踏み込む」のなまり。「勇気をだして危険な場所に踏ん込む」などという。勢い良く足を踏み入れることから、思い切った決断をする、奮発するの意にも用いられ、「踏ん込んで金をくれてやる」などという。「文句を言いに家の中に踏み込んで来やがった」などと侵入する意として用いられることもある。

ふんぞりかえる【踏ん反り返る】

「反《そ》り返《かえ》る」の誇張した表現。胸を張って反り返るポーズで、威張った態度。「偉そうに踏ん反り返って」などと用いる。

踏ん反り返る

ふんだりけったり【踏んだり蹴ったり】

立て続けで散々な目に遭うこと。「破産した上、家を出ていけと言われ、踏んだり蹴ったりの有様さ」などと用いる。

ふんだんに

「不断」の訛り。途切れることなくいつもたくさんあることの形容。「ふんだんに蓄《たくわ》えていた」などと用いる。

ふんどん【分銅】

秤《はかり》にかける時のおもりである「分銅《ふんどう》」の訛り。行灯《あんどう》を「あんどん」というのと同じ。「分銅《ふんどん》をごまかす」は秤の目盛りをごまかすこと。

ぶんなぐる【打ん殴る】

「殴《ぶ》る」を強めて威勢よく発音したもの。「打《ぶ》ん」は直後の動詞を強める語で、「打《ぶ》ん投《な》げる」「打《ぶ》ん蒔《ま》く」などとも使う。

ふんべつざかり【分別盛り】

『論語』に「四〇にして惑わず」の語があるように、世間に馴れて物事の道理が良くわかり、判断力がついた年令をいう。判断力の無いことを「無分別《むふんべつ》」という。

ぶんや【聞屋】

新聞屋《しんぶんや》の略で、ときには新聞記者の事もいう。現代でも用いられている語。

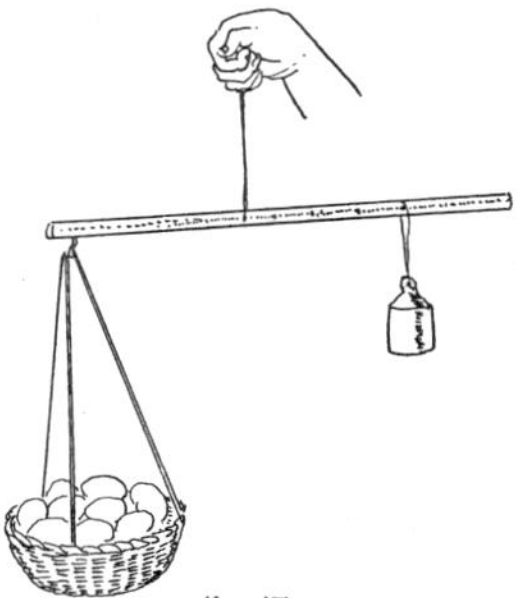

分　銅

平気の平左

貝独楽

「へ」

へいきのへいざ【平気の平左】

平気であること（物に動じない、他からの影響を受けないこと）を擬人化していったもの。平左は平左衛門の略。「そんな事されたって平気の平左さ、ちっとも応《こて》えないよ」「いくら悪口を言われたって、平気の平左衛門さ」などと用いる。

へいこうする【閉口する】

言い負かされたり圧倒されたりして、返答につまること、一言もないことをいう。まいった、降参だ、の意。「閉口頓首」は、手の打ちようもなく、まったく困り果ててしまうこと。

べいごま【貝独楽】

巻貝の独楽《こま》の貝回《ばいまわ》し、貝《ばい》独楽《こま》が訛った語。明治以降、鉛や鋳物の独楽となっても「べいごま」と言った。バケツや桶の上に筵《むしろ》を敷いて、その上に独楽を放って回し、ぶつかり合って筵からはじき出された独楽が負け。その独楽は勝った方の所有物となる。上手な子供は勝ち取った独楽の数が多いのが自慢であった。

へいたいごっこ【兵隊ごっこ】

日清戦争（明治二七～八年・一八九四～九五）と日露戦争（明治三七～八年・一九〇四～〇五）に勝利してから、国は軍国調になり、子供たちの間では兵隊遊びが流行した。年長者が隊長になり、玩具の軍刀、鉄砲、喇叭《らっぱ》を持ち、それが手に入らない時は棒切れで代用し、行進や突撃ごっこをして遊んだ。ときには敵味方に分れて突撃の真似をした。

兵隊ごっこ

へいはくしだい【幣帛次第】

神社に参詣して、「お初穂料《はつほ》」「玉串料《たまぐし》」を包んで奉献をするが、その金額の多少によって、神社側の待遇が違うこと。奉祭料が多いと丁寧に行い、少ないと簡単な作法で終ってしまう。幣帛は神に奉献《ほうけん》する物の総称。「幣帛次第で有難みが違う」などという。寺であると「お布施《ふせ》次第」という。

べいべいことば【べいべい言葉】

地方の方言で語尾に「べえ」をつけ、「そうだんべえ」「行くべえ」「食うべえ」などという言葉づかいを江戸っ子が軽蔑して言ったもの。「べいべい言葉が止《や》んだなら、一貫三百突出《つんだ》すべえ」と言ってからかった。「突出《つんだ》すべえ」は呉れてやるの意。職人は「悪かんべいなら、あやまるよ」などといい、よく用いた。

へえりやす

「へえり」は這い入ること。「やす」は結びの「ます」の意。つまり「這《は》い入ります」の意。松亭主人『閑情末摘花』巻之一に『兎角泥水《ぬかるみ》へ這《へえ》りやす』は、往々にしてぬかるみに入ることがありますの意。

へこ【兵児】

薩摩では若い者を「兵児《へこ》」と言ったが、かれらは江戸の人のように平帯《ひらおび》を締めずに、布をしごいて帯とした。この帯を「兵児帯《へこおび》」と言ったが、ちょうど甲冑《かっちゅう》武装の時の上帯《うわおび》のようであり、腰が締めやすいので、江戸時代末期頃から他地の者も用い、明治になると大人も子供も兵児帯をするようになった。この兵児帯を略して「兵児《へこ》」といった。黒縮緬《くろちりめん》のものが多く、上等なものは鹿《か》の子絞《こしぼ》りであるが、明治の書生《しょせい》などは白木綿を用いた。江戸時代までは幅一八センチ、長さ三・一五メートルの小倉織りか博多織りの平帯《ひらおび》を用いていた。

へこたれる

へこは凹でへこむこと。相手にやられて参ることをいう。「屁こたれる」の当て字もある。へたばって屁を洩らすという下品な表現。

へしおる【圧し折る】

押し付けてたわめて折ること。力まかせに折ること。「押《お》っ圧《ぺ》し折《お》る」などともいう。田舎言葉が江戸に入って用いられたらしい。

へしつぶす【圧し潰す】

押し潰すこと。「押《お》っ圧《ぺ》す」ともいう。

へそくり【臍繰り】

他に内緒で倹約して貯めた金銭をいう。原義は綜麻《へそ》を繰って貯めた金銭の意で、綜麻が臍に誤用されたもの。また、江戸時代には財布は首から紐で下げ、腹の胴巻きに入れて他人に見えないようにした。そのため財布の位置が臍のあたりであることから、臍繰りといったという説もある。

べそっかき

泣きそうな顔を「べそ」「泣きべそ」などというが、そのような顔になることを「べそをかく」という。そして、すぐに泣きそうになる子を「べそっかき」という。「べそ」は口をへの字にへし折るところからきた語か。「あの子は、べそっ

臍繰り

兵児帯

かきだから、仲間に入れてやらない」など用いる。

へそでちゃをわかす【臍で茶を沸かす】

おかしくてたまらない形容。腹を抱えて笑うと腹が熱を持って茶を入れた土瓶が沸くであろうとの極端な表現。略して「臍茶《へそちゃ》」ともいう。滑稽《こっけい》でたまらないことの表現。

へそのおきっていらい【臍の緒切って以来】

臍の緒は臍帯《さいたい》のことで、胎児が生れると臍の所で胎盤から切り離す。つまり生れてから現在までに初めて経験することの表現。「こんな大地震に遭うなんて、臍の緒切って以来だ」などと用いる。

へそまがり【臍曲り】

偏屈な者のこと。臍は下腹部中央にあるが、偏屈な者の臍は正常の位置にないのであろうと表現したもの。「彼奴《あいつ》は臍曲りだ」などという。

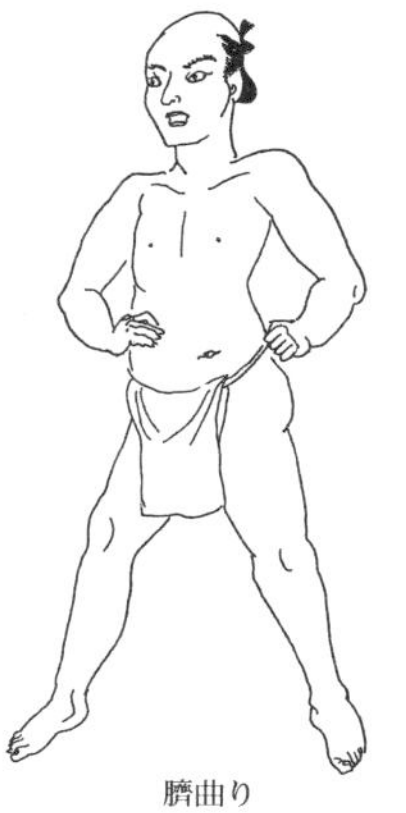

臍曲り

へたがこねるといまどやきのたぬき【下手が捏ねると今戸焼の狸】

下手な作品を皮肉った表現。今戸焼とは浅草今戸町（現在の台東区今戸）の焼物で、瓦や人形などが作られた。江戸の屋根職人が瓦を葺く際には、捏ねた土を敷いて、その上に瓦を葺いた。この土の捏ね加減が難しく、下手な職人が土を捏ねると駄目になってしまうので、「こんな捏ね方じゃ今戸焼の狸人形用だ」という意で、親方がこのように叱った。⇩今戸焼《いまどやき》

糸瓜野郎

へたくそ【下手糞】

不手際を罵って、「糞」を加えて侮蔑する際に用いた語。「お前は何をやっても下手糞だなあ」「下手糞な字だ」などと用いる。勢いつけていうと「へたっくそ」となる。「下手っぴい」ともいう。

べたつく【べた付く】

べったりと粘り付くことから、男女が人前も憚らず、馴れ馴れしい言動を示すことをいう。「いくら仲が良いからって、あまり人前でべた付くなよ」とか「二人でいちゃいちゃとべた付く」などという。

へたっぴい【下手っぴい】

物事の行為が下手なことを罵《ののし》っていうこと。「下手糞《へたくそ》」ともいう。「ぴい」は語呂よくつけた語。

へたのよこずき【下手の横好き】

ものごとに巧みでないくせに、そのことがやたらに好きで、熱心であることの形容。「下手の物好き」ともいう。「ちっとも腕があがりませんが、下手の横好きで、せっせと稽古に通っております」など用いる。

へたばる

へこたれる。弱りきる。へたへたと疲れきって動けなくなること。「へたっ」と力が抜けている表現。ひれふすこともいう。

べたぼめ【べた褒め】

すべてのことを条件無しに褒めること。「べた」は平らですべてに隙間のないさま、またべったり密着するさまで「全面的に」の意。「親馬鹿というか、自分の子をべた褒めして、なんとも聞き苦しい」などと用いる。

へちまもいらぬ【糸瓜もいらぬ】

「糸瓜の皮もいらぬ」の略。糸瓜は皮も種も捨てて繊維だけにして垢すりなどに用いるから、「糸瓜の皮」は不用なものという意。「糸瓜もいらぬ」はどんなものもいらない、何もいらないの意。十返舎一九の『続膝栗毛』五編上には「おいら下《くだ》りだから川もへちまもいらねえ」とあり、俺は下り道中だから川渡しも、その心配もいらないの意。

へちまやろう【糸瓜野郎】

ぬるりと棚からぶら下《さが》っている糸瓜の間の抜けた様子から、役に立たない人、間の抜けた人の意で、人を罵る言葉として用いられる。

べちゃくちゃ

区切りなく喋《しゃべ》りまくること。「べちゃくちゃ喋ってうるさい奴だ」などという。「ぺちゃくちゃ」ともいう。

へちゃむくれ

口をへの字にへし曲げて腹を立ててい

へちゃむくれ

るような表情をいう。「へしむくれ」が訛って、語呂上勢い良く「へちゃむくれ」となったもの。そのような表情の者に対して罵《ののし》る言葉で、「へちゃむくれ奴《め》」「へちゃむくれ野郎」などと用いる。「へちょむくれ」ともいう。

ぺちゃんこ

相手に負けて押し潰されるさま。「今まで威張っていたのが、あの人の為にぺちゃんこにされた」「ぺちゃんこにされて、ぐうの音《ね》も出ない」などと用いる。「ぺしゃんこ」とも、語勢勇ましく「ぺっしゃんこ」「ぺっちゃんこ」などともいう。

へったくれ

取るに足らないと意に介さず、強がりをいうときの言葉。「痛いもへったくれもあるもんか」「寒いもへったくれもあるもんか」などと威勢良く反発する時に用いる。また「そんな事はへったくれだ」なども用い、そんなことはなんとも思わないの意で、平気の平左ということ。⬇平気《へいき》の平左《へいざ》

べったらいち【べったら市】

江戸の大伝馬町一帯で、陰暦十月十九日の夜に立つ市。「腐れ市」ともよばれた。⬇腐れ市

べったらこ

べったりと一面に密着しているさま。「あの御駕籠《おかご》は朱塗りをべったらこに塗って金鋲打って…」「水飴をべったらこ着物につけてしまった」などと用いる。

べったり

物が密着して貼り付くさま。「べったり塗りまくった」「べったりと合わさった」などと用いる。また、男女間の親密さを批判的に表現するときにも「べったりと身体を寄せ合っている」などという。⬇べた付《つ》く

べつだん【別段】

「別」は平常と変っていること。その意から、「とりわけ」「特に」の意で用いられるが、通常、下に否定の語を伴う。「別段不審な点は無い」は、特に不審な点は無いの意。「別段お変わりなく」は普通に平穏で変ったことがない状態で、大変結構ですの意が略されている表現。

へっちゃら

平気の意。「平気の平左」のように、「平気」の語をふざけて擬人化して「平《へい》ちゃら兵衛《べえ》」といったものが、略されて「へっちゃら」になったもの。「そんな仕事なんてへっちゃらさ」などと、日常多く使われるようになった。

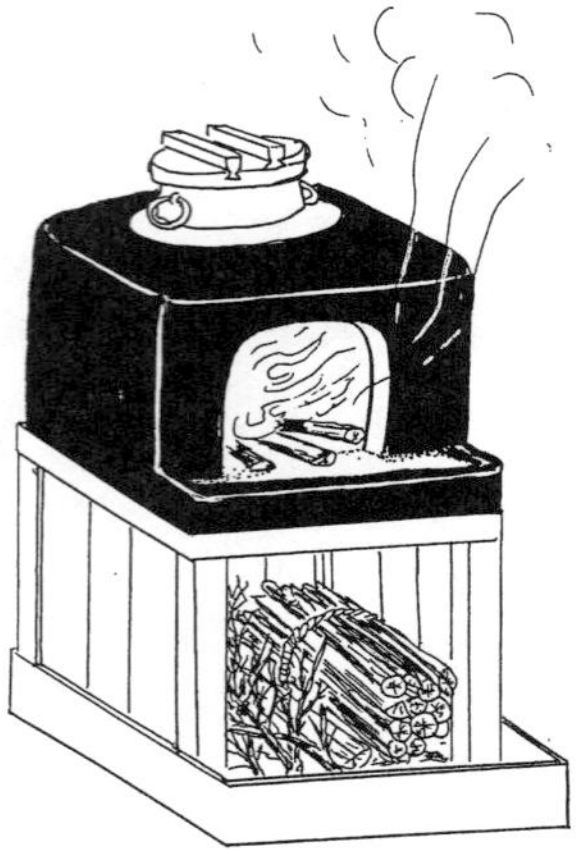

竈（へっつい）

へっつい【竈】

竈《かまど》のことを「へつい」というがその訛り。土や瓦で形をつくり、その内外を漆喰《しっくい》で厚く塗り固めた竈。上部には鍋釜を載せる口があり、側面の一方に焚口《たきぐち》がある。鍋釜を載せる口の数は竈によって違うが、一〜三個ほどある。石の台の上に据えられた竈もあれば、下部に薪入れの箱のあるものもある。焚口の前面は灰を掻き出しやすいように拡げてある。江戸っ子は「かまど」とは呼ばず、語勢の良い「へっつい」の語を使った。

へっぴりごし【屁っ放り腰】

腰を後に退いて放屁でもするかのように、おっかなびっくりの及び腰の姿勢をいう。「そんな屁《へ》っ放《び》り腰《ごし》でなく堂々とやれ」などと用いる。

べっぴん【別嬪】

特別の嬪《ひん》の意。特別に美しい女性に対するほめ言葉。語呂も良いので庶民がよく用いた。「あの女《ひと》は別嬪だ」と言ったり、名前の分らない女性に「そこの別嬪さん」と呼びかけたりした。特に希有《けう》な美人には「頗《すこぶ》る付きの別嬪《べっぴん》」といった。

屁っ放り腰

別　嬪

へっぽこ【屁っぽこ】

技術や知識などが劣った者を罵《ののし》っていう言葉。「あのへっぽこ医者」「へっぽこ植木屋」などというが、相手を侮蔑する際にも「へっぽこ野郎」などといった。「下手っぽう」から「へっぽこ」になり、軽視の意が込められて「屁っぽこ」に転移したと考えられる。「ぽこ」が音を連想するので「屁」の字が用いられたのであろう。

ペテン

人をだますこと。「ペテンにかける」

などという。ペテンにかけるための策略を「ペテン仕掛《じか》け」、財物をだましとる詐欺師を「ペテン師《し》」という。

へなちょこ

漢字で書く場合は「埴猪口」とすることがあるが、埴《へな》とは「粘土《へなつち》」の意。粘土で作った猪口《ちょこ》は水が滲《し》みて、もろくて役に立たない。あまり役に立たない未熟者を嘲《あざけ》っていう言葉。「このへなちょこ野郎奴《め》」などと用いる。

へなへな老婆

へなへなろうば【へなへな老婆】

気力や体力の衰えた老婆のこと。「へな」は粘土《へなつち》のことで、水を多く混ぜるとやわらかく、形が崩れやすい。「へなへな」はすぐに倒れそうな老婆の形容である。

べにかん【紅勘】

幕末から明治にかけて浅草で活躍していた大道芸人。浅草の紅勘という老舗《しにせ》の化粧品屋の息子が道楽をした揚句《あげく》、零落《おちぶれ》となり、木の柄の柄杓《ひしゃく》を三味線にして、その下には金網をぶら下げ、いろいろな音を奏でつつ踊って往来を歩き、通行人から情けの小銭をもらっていた。浅草では有名で、大正・昭和のチンドン屋業にヒントを与えたとも言われている。物を叩いて音を鳴らし、調子を取ったりすると「紅勘のようだ」と形容された。

紅　勘

べにつけゆび【紅付指】

昔は口紅が棒状でなく、蛤《はまぐり》の貝殻の内側に紅が厚く塗られているものを使用した。薬指（第四指）の指の腹を濡らして紅を解かし、その指で唇を塗って化粧した。このことから右手の薬指を「紅付指《べにつけゆび》」「紅《べに》差指《さしゆび》」などといった。➡一貝《ひとかい》

へのかっぱ【屁の河童】

➡河童《かっぱ》の屁《へ》

へへへ、ごじょうだんなすって【へへへ、御冗談なすって】

「へへへ」は冷笑。「からかっちゃいけませんよ」と相手の手の内を見透かして、丁寧《ていねい》な言い方で皮肉る極り文句。低姿勢に出ながら相手を揶揄《やゆ》する返事によく用いる。

へま

失敗すること。「へまをする」という。また、間の抜けたことの意にも用いる。「またへまをやった」などという。

へらずぐちをきく【減らず口をきく】

負け惜しみや、よけいなことを喋ること。口がよく減らない、よく言葉が途切れないと呆《あき》れる表現。「減らず口を叩く」「減らず口をききやがって」などと用いる。

へらへら

紙片を「紙っぺら」というように、「へらへら」は薄いものがひらめく如く軽薄なさまをいう。「男のくせに、やたらへらへら笑うな」「へらへら喋る」「へらへらする」などと軽率な言動を表す語として用いる。

べらべら

軽率な感じで切れ目なく喋るさま。「べらべら喋《しゃべ》るな」などと用いる。

ぺらぺら

外国語を流暢《りゅうちょう》に喋ること。また外国語という意味にも用いる。「誰某はぺらぺらをよく喋る」「あいつは英語がぺらぺらだ」などという。

べらんめえ

江戸時代、寛文年間（一六六一〜七三）に三都（江戸・京都・大坂）において、便乱坊《べらぼう》という見世物があった。黒い体に赤色の目で、猿のようなあごをした人のような生き物だったという。このことから馬鹿者、呆気者《うつけもの》を「便乱坊のようだ」というようになり、この語が流行した。滝沢馬琴の『燕石雑誌』にも「関東の方言、江戸の俗、白者《しれもの》を罵りてべら棒といふ、このべらも可《べく》なり」と記され、十返舎一九の『東海道中膝栗毛』四編下にも「婚礼があるのを羨しやがって（中略）とうとう襖《ふすま》をぶッこわしやがつた大笑ひのべら棒どもだ」とある。「馬鹿野郎」「間抜け」「とんちき野郎」の意で罵る言葉として使われ、「何言ってやがる、べらぼうめ」などと言った。「べらぼうめ」は勢い余って「べらんめえ」と発音されるよう

べらんめえ

になる。歯切れ良く語勢もあり、特徴的な江戸っ子調言葉であったので、このような江戸っ子の喋り方全体が「べらんめえ口調」といわれるようになった。また、「べらぼう」は「異常なほど」「信じられないほど」の意ともなり、「それはべら棒に高けえぞ」などと用いた。➡巻《ま》き舌《じた》

へんくつ【偏屈】
性格が偏《かたよ》って強情な者をいう。ひねくれもの。変わり者の意でもあり、「あの人は偏屈だから誘っても駄目だよ」などと用いる。

べんし【弁士】
トーキー映画ができる前の無声映画の時代、映画館には弁士という説明役がいて、画面の脇の暗い場所で状況の説明をしたり、俳優のセリフを代弁したりした。当時の客はそれでも映画に興奮し、画面に見入ったものである。しかしやはり弁士の語りの上手下手で観客の入りに影響があったので、上手な弁士は権威も高く、高給取りだった。「活動写真弁士」が略されて「活弁《かつべん》」とも呼ばれた。➡活動大写《かつどうだいしゃ》真《しん》

へんじん【変人】
「偏人」とも書く。一般の人とは違った風体や考えの人。変り者、奇人。「変人とは付き合えねえ」などという。

へんちきりん【変ちきりん】
「変な」を語呂良く表現した語。略して「変ちき」ともいう。妙な物、不思議な者、変人、ばかげた事などの意。「変ちくりん」「変てこりん」「変てこ」ともいう。

へんてこ【変梃】
「変な」の意。「変梃」は当て字。➡変《へん》ちきりん

べんべらもの
粗悪な薄い絹などの織物のこと。「ぺらぺら」「べらべら」が語調良く訛って「べんべら」となった。

ぺんぺんぐさがはえる【ぺんぺん草が生える】
「ぺんぺん草」はナズナの異称。種の莢《さや》が三味線の撥《ばち》に似ており、また、莢を二つまんで弾《はじ》くと、ぺんぺんと三味線のような音を発するのでいう。「ぺんぺんが生える」は家などが荒れ果てること、また、家や蔵などが取り払われて空き地となって荒れ果てることの形容。

ぺんぺんぐさ

「ほ」

ぽい
「ぽい」は接尾語で動詞や名詞の後につけて促音化し、「～の傾向がある」の意で用いられる。「忘れっぽい」はすぐに忘れてしまうの意。「怒りっぽい」「水っぽい」などと用いる。

ほいきた【ほい来た】
十返舎一九『東海道中膝栗毛』に出てくる喜多八がよく用いる語。そのため「きたはち」という名になっている。「それ、待ってました」「はい、承知しました」の意。「合点承知之助《がってんしょうちのすけ》」などと同じ意で用いられる。そそっかしい喜多八の早呑込みの返事である。➡合点承知之助《がってんしょうちのすけ》

ぽいこくられた
「ぽい」は放《ほう》り出されたさま。「こくられた」は「～された」の意で、例えば「追われた」は「追いこくられた」という。ぽいと無雑作《むぞうさ》に追《お》っ放《ぽ》り出されたの意。「他人《ひと》の物を平気でぽいこくった」などという。

ほい、そいつはおおしくじり【ほい、そいつは大しくじり】
「ほい」は言葉を言い出す時の掛声。「おっと」などと同じ掛声。「大しくじり」は大失敗のこと。「おっと、これは大失敗だ」の意。曲山人補綴の『仮名文章娘節用』には、「ホイ、そいつは大しくじり」とある。

ほいほい
肯定の返事「はいはい」の訛り。相手の気に入るように何でも要求を受け入れているさまを表す。「いくらかわいいからと言って何でもほいほい甘やかすな」などと用いる。

ぼうおし【棒押し】
竹や木、天秤棒《てんびんぼう》などの両端を二人がそ

棒押し

れぞれ持って押しくらべをすること。かっての子供の遊びであるが大人が行うこともあった。「棒捻《ぼうね》じ」という遊びもあったが、これもやはり二人の力比べで、棒の両端をそれぞれが持って、双方で反対方向に捻《ね》じり合い、捻じり取った方が勝ちとなる。「棒引き」はお互いに一本の棒を引き合い、引き取った方が勝ちとなる。

ほうきではくほどある【箒で掃く程ある】

ごみのように無数あること。手で拾うより箒で掃いた方がよいほどたくさんあること。

ほうきをたてるまじない【箒を立てるまじない】

江戸時代から長居をする客を早く追い返すまじないとして、壁に家箒を立てかけて煙草の煙を吹掛けたり、手拭をかぶせたり、また、逆さにした下駄に灸《きゅう》を据えたりした。こうすると客は早く帰るという迷信があった。現在でも嫌な客を帰すために行う家もあるようだ。

ぼうぐみ【棒組】

駕籠舁《かごかき》の相棒をいう語。駕籠の舁棒《かきぼう》の前を担ぐ者を先棒《さきぼう》、後ろを後棒《あとぼう》と言って、二人で息杖をつき、歩調や呼吸を合わせていく。一緒に舁く相手を「相棒」「棒組」といった。のちに駕籠舁ばかりでなくとも二人組の相手役を「相棒」「棒組」というようになった。狂訓亭主人『春色梅ごよみ』巻之七にも「おめえの艶色《きりよう》に棒組も」とあり、「お前の美しさに駕籠舁の相棒も」の意。⇩息杖《いきづえ》、相棒《あいぼう》

ぼうずっくり

僧のように頭髪を剃った頭「くりくり坊主」のこと。「くりくり」は丸く平滑の意。「くりくり坊主」もしくは「坊主そっくり」から来た語であろう。明治以降男の子は髪の毛を短く苅ることが多く、その頭を「ぼうずっくり」といった。

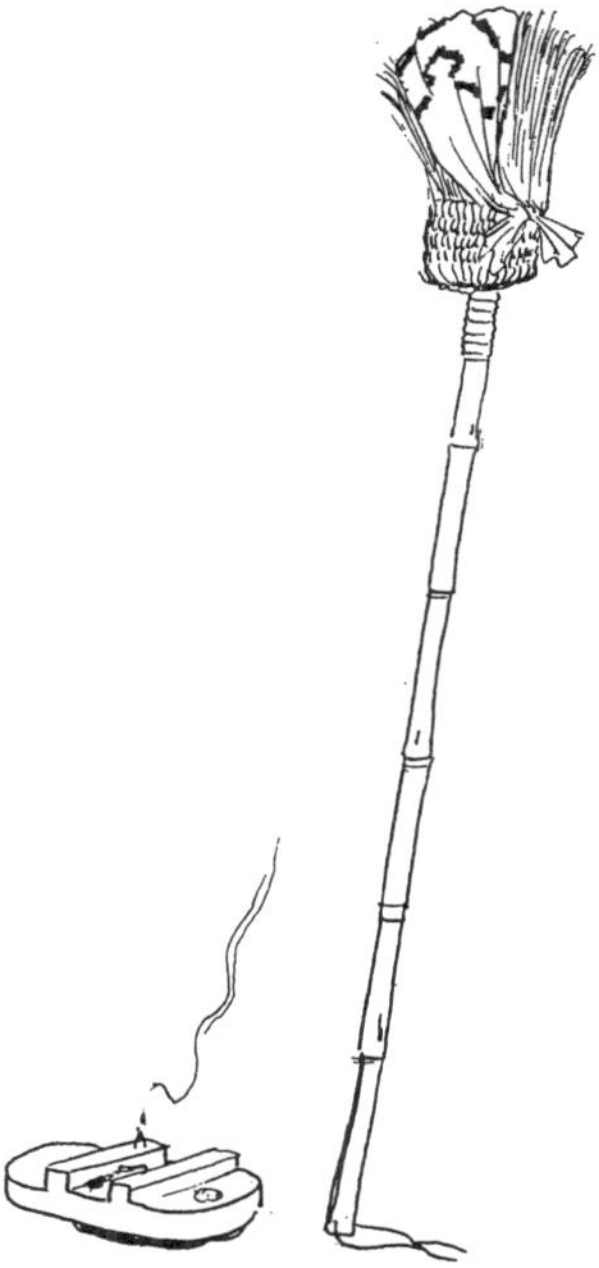
箒を立てるまじない

棒　組

ほうそうっこ【疱瘡っ子】

昔は疱瘡にかかると、疱瘡の病気神は赤色を嫌うというので、治療の一つとして赤色の着物を着せた。このため子どもが赤ずくめの衣裳だと「疱瘡っ子だ」などといって揶揄《やゆ》した。また、明治時代、重罪人は赤衣を着たので、重罪人の女を「疱瘡っ子」といった。

ほうそうよけのまじない【疱瘡除けのまじない】

「鎮西八郎為朝公御宿」または「佐々良三八御宿」と書いた紙札を門口に貼ると、疱瘡鬼が恐れて家人を襲わないといわれ、明治頃まで行われたまじない。

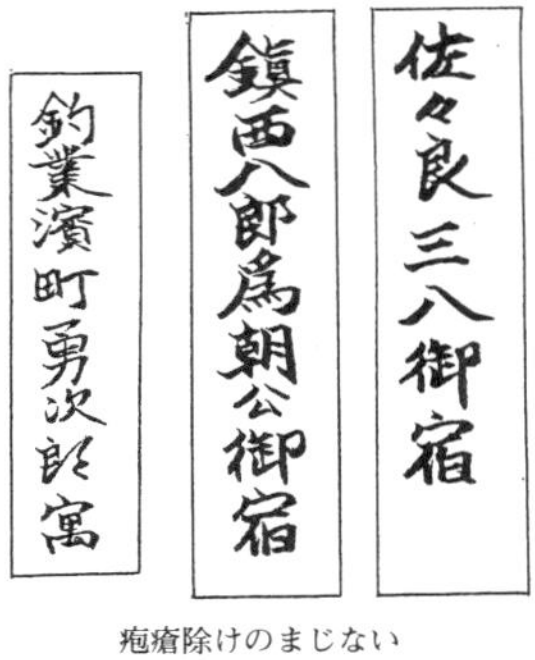

疱瘡除けのまじない

ほうふくぜっとう【抱腹絶倒・棒腹絶倒】

腹を抱えて笑い転げること。たいへん滑稽なことをいう。

ぼうや【坊や】

子守歌の歌詞にも「坊やは良い子だ、

抱腹絶倒

ねんねしな」とある。幼児を優しく呼ぶときの語。やや上流の階級になると「坊《ぼ》っちゃん」「お坊《ぼ》っちゃん」ともいった。世間馴れしていない幼稚な男の意にも用い、「あいつは、まるっきり坊やだ」という。今は男児に対して言う語だが、江戸時代は女児にも用いていた。

ほうろくずきん【焙烙頭巾】

老人らが頭の防寒に被った頭巾。もじって「耄碌《もうろく》頭巾」と呼ぶこともある。禿《は》げ頭の場合、そのまま頭の形になることから「丸《まる》頭巾」ともいう。「置《おき》頭巾」ともいった。

焙烙頭巾

ほえづら【吠え面】

泣き顔のこと。泣く時の声や様子を犬などの吠える様《さま》にたとえたもの。「吠え面をかくな」は泣くなの意。「かく」は「べそをかく」の「かく」と同じ。

ほおばげた【朴歯下駄】

明治から昭和にかけて、おもに学生が用いた下駄で、頑丈な朴《ほお》の木で作られ、歯はやや高く埋め込みになっている。単に「朴歯《ほおば》」ともいった。石畳やコンクリートの道を歩くとカランカランと音がした。

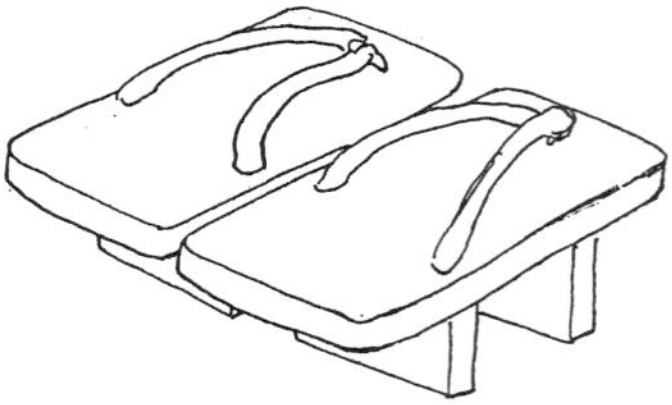

朴歯下駄

ぼく【僕】

もともとは「下僕《げぼく》」「奴僕《ぬぼく》」などの語があるように、貴人に対して自分を謙遜していった言葉。幕末には地方武士がインテリ振って使った。明治になると書生達が盛んに使うようになり、書生言葉となった。今日では、男性が自分を称する言葉として定着している。また、子供は自分の事を「僕ちゃん」などと呼んだ。

ほくち【火口】

畳表を編むのに用いる糸を、畳職人はこう呼んでいた。

ぼくねんじん【朴念仁】

無口で愛想のない者や、物の道理のわからない者。わからずや。「いくら言って聞かせてもわからねえ朴念仁だな」などと非難するときに用いる。

ほこだし【鉾山車】

江戸・東京の祭礼に出場する山車《だし》で、櫓《やぐら》の上に神武天皇、日本武尊《やまとたけるのみこと》、神功皇后《じんぐうこうごう》、鍾馗《しょうき》などの木偶《もくぐう》を立て、その下の屋台で笛・太鼓の囃子《はやし》を鳴らして大勢の町内の者が引いて練り歩く。鉾山車は京都の祇園会《ぎおんえ》の祭礼に倣《なら》ったもの。

鉾山車

ほごにする【反故にする】

「ほぐにする」「ほうごにする」ともいう。「反故」とは、本来書画などの書き損じや、無用になった書類などのことで、転じて役に立たないもの、無用のものをいうようになった。「約束を反故にする」とは約束を破棄するの意。しかし、実際反故紙《ほごがみ》はさまざまな用途に使われた。反故紙を買い集める紙屑屋がおり、それを屑物の仕切場《しきりば》が買い取って、反故紙を大釜で煮て紙の繊維を崩し、漉《す》き直して「浅草紙《あさくさがみ》」などの落し紙《おとがみ》にして安く売る。また反故紙を細く裂いて紙捻《こより》にし、煙管《きせる》に詰った脂《やに》を掃除する道具に用いたり、書類綴りに用いたりした。⬇落《おと》し紙《がみ》、浅《あさ》草紙《くさがみ》、紙縒《こより》

ほごれる

「ほつれる」の訛り。織物などの組糸がばらばらになることをいう。「糸のほごれ」「ほごれた博多帯《はかたおび》」などという。

ほこをむける【鉾を向ける】

鉾の先を相手に向けて構えることか

ら、攻撃目標にすることや、議論などで相手方に挑《いど》むことをこのような譬《たと》えで表現する。「鉾《ほこ》を納《おさ》める」はその攻撃をやめること。

ほじくる【穿る】
掘って掻き回すことから来た語で、「他人《ひと》のあらを穿《ほじく》り回す」は他人の欠点や知られては具合の悪いことを暴こうと掘り出すようにかぎ回ることをいう。

ほそうで【細腕】
やせて弱そうな腕。細々と生計を立てている女性を表すときの譬《たと》えとして、よく用いる。「女の細腕一つで一家を養った」などという。

ぼたもち【牡丹餅】
米にもち米を混ぜて炊いたものを団子状にまとめ、黄粉《きなこ》や小豆餡《あずきあん》をまぶしたもの。「萩《はぎ》の餅」「おはぎ」ともいう。⇩棚《たな》牡丹《ぼた》

ぽちゃぽちゃ
幼児や若い女性の、ふっくらした頬など、顔や体型が丸みを帯びているさまを表す語。「ぽちゃぽちゃの可愛い娘だ」などという。「ぽっちゃりした顔」などともいう。⇩ぽっちゃり

鉾を向ける

ぽちゃぽちゃ

ほっかむり【頬被り】
「ほおかむり」「ほおかぶり」ともいう。頭から頬にかけて手拭をかぶって、鼻の下か顎で結ぶこと。昔は暑さしのぎや、顔形をよく知られたくない時に頬被りをした。江戸時代には、人態《にんてい》が不明瞭であったため、一時的に頬被りを禁止した事があった。また頬被りをすると誰だかわからないことから、何かの事に関係していながら、関係のない素振りや素知らぬ顔をすることを「頬被りする」「頬被りをきめこむ」などといった。

ほっかむり

ぽっきり
「ぽっきり」は、花などがもろく折れるさまから、ちょうどそれだけ、かっきりの意。「千円ぽっきりしかない」などと用いる。

ぽっくり【木履】
「ぽっくり」ともいうが、江戸っ子は勢い良く「ぽっくり」といった。少女の盛装時の履物で、小町形、二番小町、堂島形などがある。木製で歯の部が高く、踵《かかと》の近くを刳《く》り抜いてあるので履いて歩くとポックリ、ポックリと音がする。側面と裏は黒漆塗りで、表は畳張りとし、華やかな模様の鼻緒《はなお》をつける。

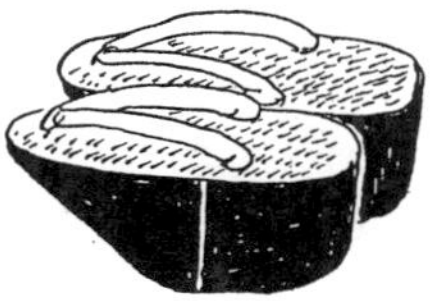
ぽっくり

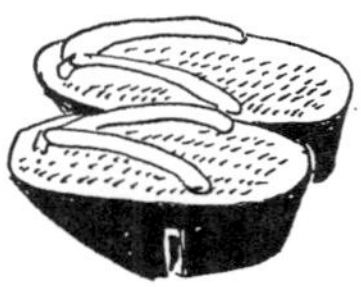
小町形

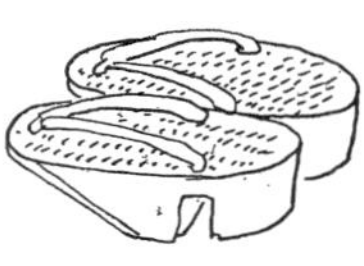
二番小町

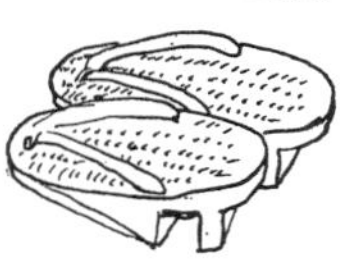
堂　島

ほっくりかえす
「穿《ほじく》り返す」の略。「過ぎた昔の罪状をほっくりかえす」などという。

ほったらかし【放ったらかし】
放置したまま何もしないこと。「仕事をほったらかして遊んでいる」などと用いる。

ぽっち
点《ぽち》のなまり。「ぽっち」ともいう。ぽちっとした小さな一点から、少数、僅《わず》かの意を表す。「これぽっちしか財布に入っていない」などという。さらに「一人ぽっち」というように孤立する意にも用いられる。「ぽっちり」として副詞的に使う

場合もある。「ぽっちりとだけもらった」はほんの僅かだけもらったの意。

ぽっちゃり

ふくよかな表情や体型の形容。「丸顔でぽっちゃりした可愛らしい娘だ」などと用いる。「ぽちゃぽちゃ」ともいう。

➡ぽちゃぽちゃ

ぽっちゃり

ぼっちゃんがり【坊ちゃん刈り】

前後左右の髪をやや長めに切りそろえて垂らし、襟元《えりもと》を刈り上げた髪形をいう。裕福な家や上流の家庭の男児がよくした髪形なのでこの名がある。明治・大正の頃の一般庶民の男児は、バリカンで五分刈り（一・五センチくらいに切りそろえる髪形）にするのがほとんどだった。

坊ちゃん刈り

ほっといてくれ【放っといてくれ】

「放《ほう》っておいてくれ」の転で、構わないでくれの意。「大きなお世話だ。ほっといてくれ」などと用いる。

ほっとする

精神的な緊張や心配事などが消え、安堵すること。「永年の悩みが消えてほっとした」などという。胸のつかえが下りて、ゆったりと呼吸ができたさまを表す。

ほっぺた【頰っぺた】

「頰辺《ほおべた》」の訛り。頰のあたりの意。「頰《ほ》っぺたを撲られた」「不服そうに頰っぺたをふくらました」「頰っぺたが赤い」などという。「頰っぺたが落ちそうだ」は食べたものが美味であることの形容。

ぼてふり【棒手振】

「ぼて」は天秤棒《てんびんぼう》を略した倒語か。天秤棒で荷を担いで売り歩くこと。「ぼうてふり」「ふりうり」ともいい、特にそのような行商の魚屋をいうことが多い。十返舎一九の『東海道中膝栗毛』初編にも記されている。昭和の初め頃まで出入りの魚屋の名称として用いられた。

ほどがよい【程が好い】

程度が良いことを人柄の表現に用いたもので、人となりが良い、洗練されている、気が利くなどの意。曲山人補綴の『仮名文章娘節用』にも「あんまり程が良いから」とある。

ほとけくせえ【仏臭え】

「仏臭《ほとけくさ》い」の江戸っ子訛り。仏法じみたことをいう。「俺は仏臭え話は嫌えだ」というのは、宗教的なお説教めいた話は嫌いだの意。現実主義者が、僧侶の説くような勧善懲《かんぜんちょう》悪《あく》、因果応報《いんがおうほう》などの話を嫌っていう言葉。「坊主くさい」「線香くさい」も同じ意。

棒手振

ほとほと

極めて大変に、非常に、本当にの意。「子供の悪戯《いたずら》にはほとほと困ってしまった」などと用いる。

ほどほど【程程】

「ほど」は程度のことで、「程程《ほどほど》」は限度を越えない適度なことを表す。「叱言《こごと》もほどほどにして」「酒もほどほどにして」などと用いる。

ほとぼり【熱】

熱気の意。興味や関心が失われることを「ほとぼりがさめる」といい、「あの噂のほとぼりがさめる頃」などと用いる。

ほねかわすじえもん【骨皮筋右衛門】

痩せている人を嘲笑《ちょうしょう》した言葉。痩せたさまを人名風に言ったもの。肉がなく

仏臭え

て、骨と皮と筋だけのような痩せさらばえている体格の人のあだ名にされた。

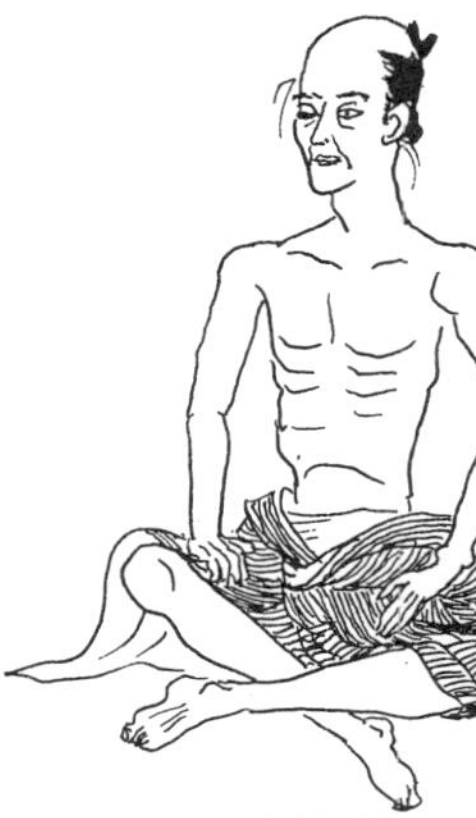
骨皮筋右衛門

ほまち

「帆待」「外持」などと当て字する。臨時所得や内緒の儲け、役得《やくとく》、へそくりなどの意。語源は船出する時、帆を上げる前に船員が何やかやといって役得をとることから来たという。また、香具師《やし》、的屋《てきや》の隠語では、割の良い儲けのある仕事を「ほまち」という。渡り者の香具師は、その人の口上《こうじょう》の巧みさや商売の上手、下手の手腕によって、露店の売場所、売物の品を割り当てられた。

ほまち

ほやほや

煮炊《にた》きしたばかりで湯気の立っているさまや、できたてでやわらかいさまを表す。完成してから時間が経っていないこと。「出来立てのほやほや」などと用いる。物だけでなく人にも用いる語で「教わったばかりのほやほやで」は物事を教わったばかりの知識や新人であるの意。関東大震災直後、玄米で作ったパンを売り歩く者が「玄米パンのほやほやー」と流していた。

ほらがとうげ【洞が峠】

有利な方に付こうと様子を見ること。天正一〇年（一五八二）、羽柴秀吉と明智光秀が山崎で合戦した際、光秀は京都府と大阪府の境の洞《ほら》が峠《とうげ》に来て、筒井順慶に去就《きよしゆう》を打診した。このことが「光秀に応じた筒井順慶が洞が峠に陣を張り、形勢を見て、有利になった秀吉方に応じたので光秀方は破れた」と誤伝されたことにより、有利になる方に付こうとする日和見《ひよりみ》行為の譬《たと》えとなった。狂訓亭主人『春色辰巳園』巻之九にも「おらはほらが峠の大和勢で」とあり、「俺は形勢を見て有利な方に付く」と洒落ている。

ぼられる

法外な金を取られること。「暴利《ぼうり》」を「ぼる」と動詞化させ、暴利をむさぼる意とした。「ぼられる」はその受身形。「相手の要求にしたがっていたら物凄《ものすご》くぼられた」などと用いる。

ほり【堀】

浅草裏の山谷堀《さんやぼり》の通称で、隅田川から今戸橋を経て山谷へと通じた堀割《ほりわり》。狂訓亭主人『春色辰巳園』巻之七にも記されている。

ポリこう【ポリ公】

明治時代の警察官の蔑称。警察を表す英語「ポリス」から来た語で、巡査に恨みをもつ者は「ポリ公」と侮蔑した。⬇角袖《かくそで》

ほりさげる【掘り下げる】

土を掘り崩してその下を確かめるように、物事を追究して調べること。「問題の本質を掘り下げてみると犯人の目星が付いてきた」などと用いる。

ほりもの【刺青・入墨・彫物】

現在では一般に入墨《いれずみ》というが、往時は罪人のしるしとして入墨《いれずみ》の刑があったので、江戸っ子は決して「入墨」とは言わなかった。混同されるのを嫌って「ほりもの」と言ったのである。「立派な入墨《いれずみ》ですね」と言ったら叱られた。⬇倶利迦羅《くりから》紋紋《もんもん》、押《お》し肌脱《はだぬ》ぐ、入墨者《いれずみもの》

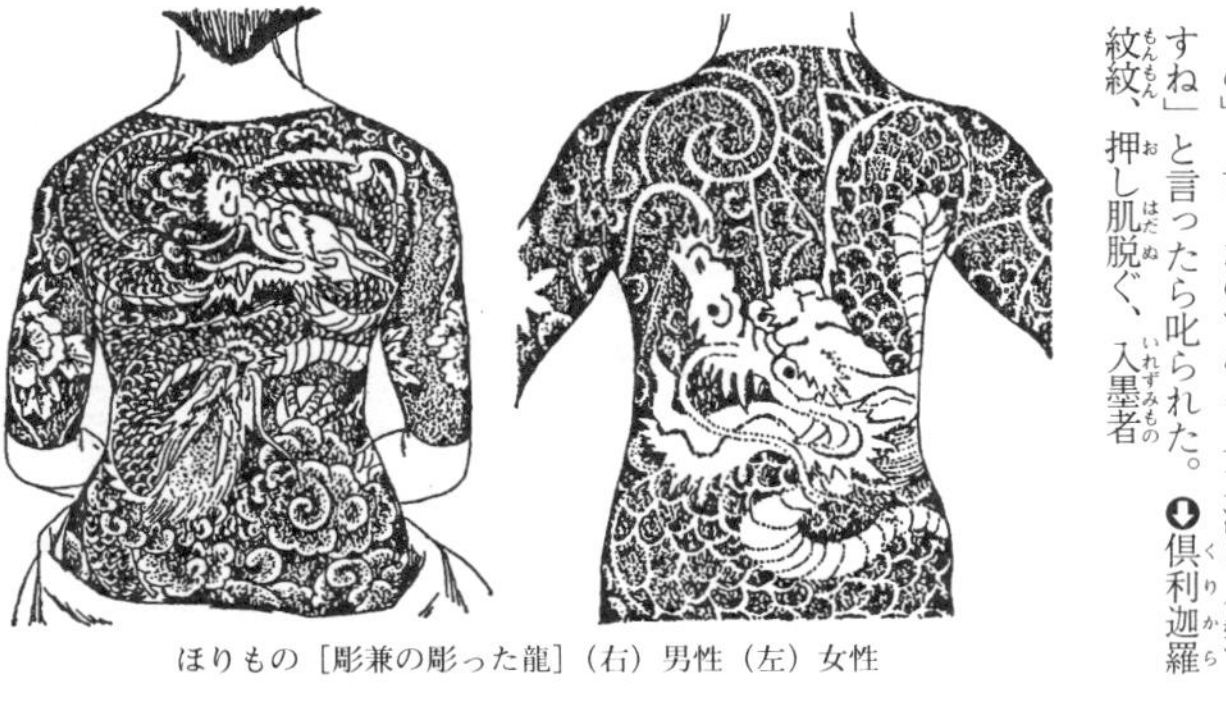
ほりもの［彫兼の彫った龍］（右）男性（左）女性

ほれ

相手がすでに知っていることを話し出すときに、掛け声のように使う語。「ほれ、あのときのことだよ」などという。

ほれてしまへばあばたもえくぼ【惚れてしまえば痘痕も靨】

相手にぞっこん惚れ込んでしまえば痘

痕もかわいらしいえくぼに見えるということ。惚れてしまえば相手の欠点までが好ましく、すべてが良く見えるの意。

ほろがやでもとつかでもねえ【母衣蚊帳でも戸塚でもねえ】

「ほれ……だ」と、言いたい言葉が直ぐに出てこない時に洒落て言う語呂合せの文句。「母衣《ほろ》蚊帳」とは、骨組を四手にし、母衣の形にした小さな幼児用の蚊帳をいう。その母衣蚊帳を地名の保土ケ谷に掛け、東海道の次の宿・戸塚を続けて洒落《しゃれ》たもの。十返舎一九『続々膝栗毛』にも記されている。⇩五六《ごろく》

ぼろくそ【襤褸糞】

「襤褸《ぼろ》」はぼろきれ、屑などで役に立たない廃品、「糞」は不潔で嫌なものとしての譬《たと》え。相手の言動を徹底的に軽蔑し非難する言葉である。「襤褸糞に罵ってやった」「襤褸糞に非難してやった」などという。こてんこてんにやっつけること。

ほろっとする

「ほろりとする」ともいう。感動して同情や共鳴の涙を流さんばかりになるさま。「彼の身の上話を聞いていて、思わずほろっとした」などという。

ぼろもうけ【ぼろ儲け】

襤褸《ぼろ》のようなただ同然のものを高価に売って過大な利益を得ること。少ない元手で多くの利益を得ること。「あの男は下《くだ》らねえ物をたくさん売ってぼろもうけした」などと用いる。そのような商売で利益を得ること「ぼろい」と形容する。「そんなぼろい話があるのか」は「そんなにぼろ儲けできる巧い話があるのか」の意。

ほろよいきげん【ほろ酔い機嫌】

「ほろ」はほろっと酔った程度の意。酒を少し飲み、心が解放され、良い気分になる程度の酔いを表す語。「一杯《いっぱい》機嫌」も同意。「ほろ酔い機嫌で家に戻った」などという。

ほろ酔い機嫌

ほんき【本気】

真剣な気持になること。「本気で掛かって来い」などと用いる。「本気になって信じた」は信じ込んで疑わないこと。また、「そんなことを言って、それ本気かい」は、それは、本当にそう思っているのかの意。真面目な話かの意。

ぼんくら【盆暗】

博打《ばくち》用語で、さいころを伏せた盆の中を見通せず、常に負けるという意から、転じて、ぼんやりしていて、ものごとがわかっていない人。馬鹿、あほうをいう。

ほんこ

「本当のこと」の略。「あの噂はほんこだった」などという。

ぼんござ【盆茣蓙】

博奕《ばくち》場で賽《さい》を壺に入れて振りおろす茣蓙《ござ》。転じて、やくざ者がいる場所をいう。⇩壺《つぼ》

ほんごしをいれる【本腰を入れる】

一所懸命《いっしょけんめい》行うこと。腰を据えて真剣に取り組むこと。しかし、原義は男女の性交行為をいう。江戸時代に女性が人前で「本腰を入れてやってみます」といったら淫乱と叱責《しっせき》されてしまうような言葉である。

ぽんこつ

「ポンコツ屋」が現れたのは戦後であるが、この語は明治初年から見られ、明治五年に刊行された仮名垣魯文『安愚楽鍋』三編の牛馬問答で、牛が、「四つ足を杭へ結わいつけられて、ポンコツをきめられてヨ、人間の腹へはうむられて、実にふさいでしまふわけさ」といっている。「ぽんこつ」は家畜などを殺すこと、一撃をくらってのびてしまうことをいう。もと「金槌《かなづち》」とも「げんこつ」の意ともいわれ、それでポンと殴られることの意ともいわれる。廃車などを叩き壊して解体することをいうようになり、転じて、古くなったもの、廃品をいうようになった。「私もこの年ですからね、ぽんこつですよ」などと用いる。

盆茣蓙

ほんしょうをあらわす【本性を現す】

生まれつきの性格や本心が出ること。「ついに彼奴《あいつ》は本性をあらわした」などと用いる。近似の言葉に「正体をあらわす」がある。

ほんぞうもどき【本蔵もどき】

歌舞伎の『仮名手本忠臣蔵』三段目に塩谷判官が高師直《こうのもろなお》に斬りつけ、それを加古川本蔵が後から抱き留める場面がある。このことから喧嘩を止めるのに後から抱き押さえることを「本蔵もどき」「本蔵を極《き》める」という。⇩忠臣蔵《ちゅうしんぐら》の本蔵《ほんぞう》を極《き》める

ほんだな【本店】

本店《ほんてん》のことをいう。一族の宗家のよう

に、系列の商店をたばねる店、ときには妓楼、料理店の本家のこともいう。狂訓亭主人の『春色梅こよ美』巻之三に「只本店《ほんだな》の持同前」とある。

ぽんつく

ぼんやりした、間の抜けた人を罵《ののし》る言葉。「ぽん」はぼんやりの意。「つく」は「とんつく」「とんきち」などの訛ったもの。「あいつは、ぽんつくだ」などと用いる。

ほんと【本当】

本当《ほんとう》の略。事実の意。「ほんとの事はコレコレである」「それ、ほんと?」などと用いる。

ほんに

江戸に入ってきた関西言葉で、「本当に」の略。「ほんにそうさな」は粋な言い方で「本当にそうだな」の意。下賤になると「ほんとにそうでえ」という。曲山人補綴『仮名文章娘節用』には「ほんにお前は浮気者」「みせねえ。ほんにねえ」などとある。

ほんね【本音】

心の底の本意。本心。「とうとう本音を吐いた」は、ついに本当に思っていることを喋ったの意。本音はたいていの場合に「言う」とは言わず「吐く」「洩らす」という。心に秘めている本当の気持をやむなく口から喋るからである。「本音と建前《たてまえ》」というが、これは心の中で思っていることと、表面で言っていることの違いをいう。建前は社会生活や交際上の常識的な対応、方針である。

ほんのこぞう【ほんの小僧】

「ほんの」は「ただの」の意。狂訓亭主人『春色辰巳園』巻之七にも「たかが、ほんの小僧じゃァありませんか」とあるが「ただの子供じゃないですか」の意。「小僧」は一般に男児をいうが、江戸時代には女児にも用いた。

ぼんのじゅうろくにち【盆の十六日】

「盆の十六日　閻魔《えんま》様御命日　蛙踏みやギャアと鳴く　おらが隣の一軒二軒三軒目の　次郎兵衛のかかあが　小便溜落っこって…」。映画がまだ無声映画の大正頃、映画館では弁士が画面を説明した。剣劇が映ると、越後《えちご》獅子《じし》の長唄の三味線が始まった。東京の子供たちはその調子に合わせ、このような歌詞を歌った。トーキー映画になってからはこの伴奏もなくなったので歌われなくなってしまった。当時の東京っ子だけの流行か。

ぽん引き

ほんのとうぶんのこと【ほんの当分の事】

「ほんの」は僅《わず》かの、ちょっとの意。「当分」は、その当座、その間の意。曲山人補綴『仮名文章娘節用』に「わたしのは、ほんの等分の事」とあり、わたしが具合が悪くなったのは僅かの期間であるの意。女言葉である。

ぽんびき【ぽん引き】

職を探しに地方から上京した男を巧みに口車に乗せて、就職口があるように誘って、所持品を巻き上げ、炭坑夫などに売り飛ばしたり、女性であると良い職を世話するとだまして、売春街の経営者に売り、また、売春街に遊びに来た男性が不案内だと、口先巧みに誘って、あらかじめ打合せてある売春家に案内して、口利料《くちききりょう》を稼ぐ悪質な客引きのこと。

ほんぶたい【本舞台】

本式の場所、注目すべき晴れの舞台の意に用いているが、もとは歌舞伎の正面の舞台の左右にある大臣柱《だいじんばしら》の間、三間の部分をいった。「本舞台を見ると熱演の真っ最中」などと用いる。

ポンポンじょうき【ポンポン蒸気】

大正時代頃に隅田川を往来した蒸気機関の渡し舟。隅田川の名物であった。煙突から煙が輪のようになって上り、ポンポンと音がしたのでこの名がついた。「川蒸気」「白蒸気」ともいった。当時乗車賃が一銭であったので「一銭蒸気」ともいった。➡一銭蒸気《いっせんじょうき》

ポンポン蒸気

ほんもの【本物】

偽物の反対。本当の物。その名に価する実態があり、間違いのないものの意。「あの人は本物だ」はあの人は思った通り確かな人だの意。「この品は本物だ」はこの品は偽物でないの意。

「ま」

まあ　一応、まず、ちょっとの意で用いる。江戸っ子はこの語で話し始めることが多い。「まあ、お待ちなさい」「まあ、やってご覧なさい」「まあ、一服なさった上で」「まあ、良いでしょう」「まあ、それはそれとして」などと用いる。

まいご【迷子】　「迷《まよ》い子」の訛り。道に迷って家に帰れなくなった子の意。往時は外で遊んでいるうち、子供が道を間違えて遠くに行ってしまい、帰れなくなることが多かった。夕刻になり親が心配して探し始めると、隣近所の人も協力する。「迷子の迷子の三太郎《さんたろう》やーい」などと皆で叫んだり、小太鼓を叩いたりして探しに出た。また、大人でも道に迷うと「迷子になった」という。⬇迷子札《まいごふだ》

まいごふだ【迷子札】　子供の帯や衣類につけた、住所や氏名が書いてある小さな札。お守り袋と一緒につけることが多かった。迷子の子供を保護した者は、それを頼りに連絡したり送り届けたりした。昭和の始めのころまではあった習慣である。

まいまいつぶり【舞舞螺】　蝸牛《かたつむり》の異称。蝸牛が触角を出したり引っ込めたりするさまを舞う表現にたとえたものであろうか。同じく蝸牛の異称である「デンデン虫」は「（殻から早く）出よ出よ」の意である。

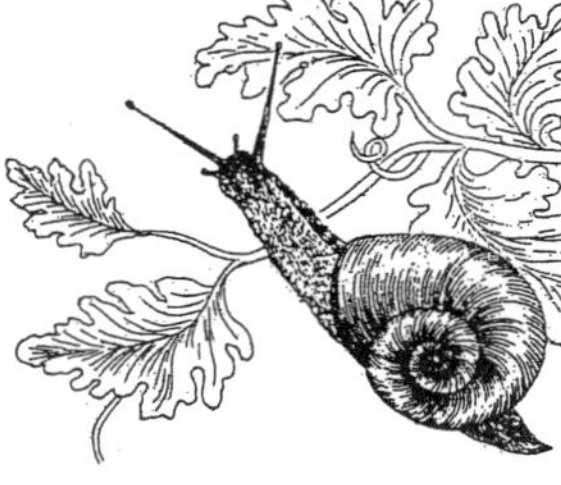

まいまいつぶり［博物全志］

まいもどる【舞い戻る】　故郷など、もともと居た場所に再び戻ってくること。故郷を出ていくことを「飛び出す」といい、その結着として用いる。巣に戻って来る鳥に譬《たと》えた表現。「故郷が懐しいと見えて元の巣に舞い戻った」「尾《お》羽《は》打《う》ち枯《か》らして舞い戻って来た」などという。⬇尾《お》羽《は》打《う》ち枯《か》らす

まえきん【前金】　取引上、何かを購入するときに、購入が決まった時点で前もって売る側に渡すいくらかの金のこと。「手付《てつ》け金《きん》」ともいう。

まえこうじょう【前口上】　話の本題に触れる前に述べる前置きの言葉。「そんな前口上はどうだっていい。早く本論に入りな」などという。

まがなすきがな【間がな隙がな】　「間」は時間的な余裕。「隙」は手すきで暇なこと。「ちょっとした時間や暇ができればすぐに」「暇さえあればいつも」の意。

まかりまちがう【罷り間違う】　「まかる」は来るの意ではなく、動詞の上について語勢を強め、丁重な感じを与える言葉として用いる。この場合は「間違う」を強めている。「罷り間違う」は条件や仮定として使われることの多い語。「もし間違ったら…」の意となる。「まかり間違ってたら命がなくなるところだった」「まかり間違っても～をしてはいけない」などという。

まきじた【巻き舌】　江戸っ子の職人らの喋り方で、舌の先を巻き上げるような感じで勢い良くかつ滑らかに喋るさまをいう。相手を圧倒する口調。「巻き舌で言いまくられて閉口した」「べらんめえの巻き舌でおどかされた」などという。⬇べらんめえ

巻き舌

まくぎれ【幕切れ】　芝居で終了した時に幕を引いて舞台を隠し、その場面が終わったことを客に知らせること。このことから物事の一段落着いたことをいう。「あっけない幕切れとなった」（簡単に結着した）などという。

まくしたてる【捲し立てる】　言葉の切れ目なく激しく言い立てて、

幕切れ

相手に反論の隙をあたえないこと。江戸っ子は巻き舌で早口に言い立てるので、この「捲し立てる」という語は江戸っ子にふさわしい表現である。➡巻《ま》き舌《じた》

まくらさがし【枕探し】

家や旅館で旅客が寝ている間に、枕の下に隠している金銭や財布を探って盗むこと、またはその盗人。歌舞伎の『白浪五人男』の弁天小僧の台詞にも「岩本院の講中の、枕捜しも度重《たび》なり…」とある。枕探しをする盗人を「邯鄲師《かんたんし》」ともいう。

枕探し

枕引き［絵本大人遊］

まくらひき【枕引き】

江戸時代の枕は木の台が付いていて、この台の両端を二人がそれぞれ片手で引っ張り合う遊びをいう。

まくらをたかくしてねる【枕を高くして寝る】

昔は低い枕より高い枕の方が熟睡できるとされた。このことから安心して寝ることの形容となり、転じて安心する意となった。「一件が落着したから、これで枕を高くして寝られる」などという。

まぐわい【媾合】

男女間の肉体交渉のこと。本来は「目合《まぐわい》」で、男女が目を見合わせて愛情を通じ合せることからきた言葉。江戸時代の艶笑本によく用いられ、「亭主が留守だと思って媾合《まぐわい》してたら戻って来た」などと用いる。大正時代頃までよく使われた語。

まげる【曲げる】

①質に入れる事を江戸っ子はよく「まげる」という。「七《なな》つ屋《や》（質屋）にまげて僅かの金を手に入れた」などという。「質《しち》」に通ずる「七《しち》」の字の二画目が曲がっているところからの語らしい。また、正規の金の稼ぎ方ではない意からの語か。➡七《なな》つ屋《や》

②理をまげる、無理をする、止むを得ず通すことの意。無理であろうが要求を聞き入れて欲しいと頼むときには「まげてお願い致します」などという。

まごつく

迷ってうろうろすること。どうしてよいか分らず対応にうろたえること。「不意に質問されてまごついた」「ちょっとまごついたが、すぐ落着きを取り戻した」などと用いる。

まごまごする

「狼狽《まごまご》する」とも当て字する。判断がつかず、対応できずにいること。まごつくこと。「まごまごしてると金を騙し取られるぞ」（早く対応しないと金を騙し取られるぞ）などと用いる。

枕を高くして寝る

曲げて頼む

まごみせ【孫店】

支店からさらに分かれた分店のこと。「孫店を出した」「あの店は孫店が数店あるほど繁昌している」などという。ただし、支店を「子店」とは言わない。

ましょくにあわない【間職に合わない】

「間尺《ましゃく》に合わない」と同じ。「間職」は「間尺」の訛りに当てた字。「間尺」は工事の折の寸法やその計

算でのことで、その工程によって工賃が決められる。したがって「間尺に合わない」のは工賃に見合わないこと。予想に反した損となるときに用いる語。「そんな仕事を請負ったら間職（間尺）に合わない」などという。

まずくない【拙くない・不味くない】
「まずい」の否定であるから「上手だ」「美味しい」の意。少し勿体ぶって誉めるときなどに用いる言い方。「あのお芝居は素人《しろうと》としては拙《まず》くなかった」などという。

ますはな【増花】
男女関係において、女性を花に譬《たと》えた語で、前の女に増して愛すべき対象の女の意。江戸時代の庶民が用いた。「今迄《いままで》わたしに夢中だったのに、何処《どこ》かに増花ができたらしく、この頃ちっとも来ない」などという。

まぜこ
「まぜこぜ」の略。いろいろなものが秩序なくまざっていること。「まぜこの話になるが」（いろいろな話が前後するような話になるがの意）などと用いられる。

まっこうまびさしからたけわり【真向眉庇幹竹割】
講談師などが修羅場を演じる表現で、敵の真っ正面から太刀を振るい、敵を頭から縦に真っ二つに斬るという形容。「真《まっ》向《こう》」は兜の鉢の前正面で、「眉庇《まびさし》」は真向の下にある防具で庇状の防御部。「幹竹割《からたけわり》」は竹を割るように人をすぱっと斬ること。つまり、真向、眉庇から頭、胴にかけて一撃するさまを調子よく大袈裟に表現した口上である。➡蜘蛛《くも》手角縄十文字《でかくなわじゅうもんじ》

真向眉庇幹竹割

まっさら【真っ新】
「新《さら》」を強め、本当に新しいこと。「こんな真っ新《さら》のお品を戴いて」などという。

まったりさんすけ【待ったり三助】
「待て」と命令するときの冗語。「三助」は語呂を良くするためだけの意味のない語。「おっと、待ったり三助だ」などと相手の言動をさえぎるときに出る口上。

まっちろ【真っ白】
「白《しろ》」を「ちろ」と訛って発音したもの。非常に白いの意。「お白粉《しろい》を真《ま》っ白《ちろ》く塗った」「粉を浴びて真《ま》っ白《ちろ》くなった」などと用いる。

まっつぐ【真っ直ぐ】
「まっすぐ」の江戸っ子訛り。真一文字。目的に直線的に行くこと。「この道を真《ま》っ直《っ》ぐに行って突き当たったら左へ曲る」などという。また「あの人は真《ま》っ直《っ》ぐな性格の人だ」のように、心正しく精神が曲っていないこと。正直であることにも用いる。

まっとう【真っ当】
至極《しごく》まとも、正当、本当の意。道理に合っていること。「真っ当に働く」は、実直で陰日向《かげひなた》なくよく働くことをいう。「真っ当な話だ」は虚飾《きょしょく》のない正しい話という意。

まつばがえし【松葉返し】
明治から大正時代にかけて、商人の妻などが好んだ髪型で、ちょっと粋《いき》にしたいときに結《ゆ》った。特に洒落気《しゃれけ》のある女性に好まれた。

松葉返し

まつばっきり【松葉っ切り】
二人で松の葉をそれぞれ持って、二股の根元を交叉させる。引っ張り合って、松葉の根元が裂けた方が負けとなる遊び。

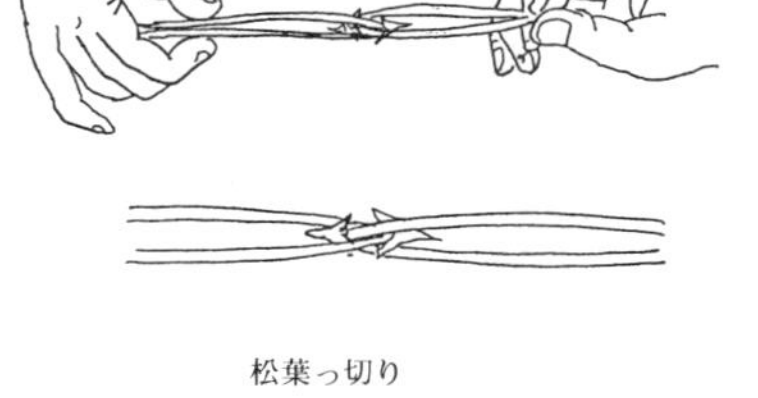
松葉っ切り

往時は正月の門松から葉を抜いて遊んだものである。

まっぴら【真っ平】
　もともとは「平《ひら》にご容赦を」というように、平伏してお願いする意として使われていた語の強調表現。「真《ま》っ平《ぴら》御免《ごめん》ねえ」は「容赦《ようしゃ》してくれ」の意である。それが転じ「真《ま》っ平御免《ぴらごめん》」は、非常に嫌だ、とにかくやめてほしいの意として用いられた。「真っ平」は「ひたすらに」「ひとえに」の意となった。この語だけでも否定的な意となり、「そんな話なんて真っ平だ」でそんな話は辞退する、嫌だの意になる。

真っ平

まっぴるま【真っ昼間】
　昼のまっただ中の意。「真っ昼間から寝ていやがる」などと用いる。「真っ」は下の語を強める接頭語としてよく用いられ、「まさしく」「その盛り」「最中」などの意を表す。

まてしばし【待て暫し】
　相手にしばらく待つように命じる言葉であるが、しばらく辛抱《しんぼう》して待つ行為をいう名詞としても使われる。ちょっと待ってしばらく待機または熟考しなければならないこと。「待て暫しのない人」とは、短気ですぐに行動に出る人をいう。

まとはずれ【的外れ】
　弓矢で的を狙ったはずの矢が、的に当たらないことから、「見当違《けんとうちが》い」の意に用いる。「その意見は的外れだ」などという。

的外れ

まとも【真面】
　「真《ま》つ面《も》」（真の面）の訛り。正面、真面目《まじめ》の意。「まともに風を受けたから堪《たま》らない」「まともな話、実は～だ」などと用いる。

まぬけのいきどまり【間抜けの行き止まり】
　失敗ばかりする人を「間抜《まぬ》け」というが、「行き止まり」はそれ以上先はないこと。つまり究極の間抜け、大《おお》間抜けのことをいう。狂訓亭主人『春色梅児誉美』にも「間抜けの行止りでありますのサ」と自嘲するくだりがある。

まぶ【間夫】
　情夫のこと。密かに愛し合っている男女のうちの男。特に旦那や客を持つ遊女や芸妓が、密かに逢瀬《おうせ》を繰り返している愛人の男をいう。「色《いろ》」ともいった。「間夫は苦界の憂《う》さ晴《ば》らし」などともいい、嫌な客も取らねばならぬ彼女たちにとっては心の慰めであった。しかし金銭に不自由して、遊び代を支払いたくないがために遊女に近付く男もいた。夫のいる女が他の男を愛した場合は、その男を「密男《みそかお》」「間男《まおとこ》」という。

間　夫

まぶり【守り】
　お守り札や巾着に入れたお守りのことを訛って「まぶり」という。曲山人補綴の『仮名文章娘節用』にも「転《ころ》ばずの玉《たま》子守《ごまぶり》」とある。

まみえをつけさせる【眉毛を付けさせる】
　江戸時代、既婚女性は眉毛を剃っていた。その既婚女性が眉毛を剃らなくなるということは、遊女となったということ。家庭の事情で妻を遊女として遊里に売り払ったことを「女房に眉毛を付けさせる」と表現した。

まみえをぬらす【眉毛を濡らす】
　江戸っ子は眉毛《まゆげ》を「まみえ」と言った。狐や狸に化かされそうになったら眉のあたりに唾をつけて冷やすと冷静になって

眉毛を濡らす

正気にもどり、だまされないという俗信があった。相手にだまされないためのおまじないとして定着し、転じて、だまされないように用心するの意となった。⬇眉唾《まゆつば》

まめ

忠実、勤勉、息災の意。「あの人はまめに働く」は勤勉の意。「まめに暮らしているようだ」は息災に、無事、達者での意。

まめいり

明治の頃、男の子と女の子が交じって遊んでいると「○○ちゃんと××ちゃんはまーめいり」といって、子供たちはからかって囃《はや》し立てた。「まめいり」はもとは男女の情事をいう語。江戸の川柳に「まめ入りの名人店を度々追はれ」とあり、どこの店でも男女の不義を犯し、解雇される番頭を詠んでいる。

まめぞう【豆蔵】

江戸時代から明治期の大道芸人。手品や曲芸をし、早口でいろいろと滑稽《こっけい》なことを喋って金を乞うた。このことからよく喋る人を「豆蔵」とからかった。

まやかし

まぎらすこと、ごまかしてだますこと。「あいつはまやかし者だ」「これは、まやかしの品だ」などと用いる。略して「まや」ともいい、インチキなもの、まやかしのものを「まやもの」という。

まゆげをよまれる【眉毛を読まれる】

眉の毛の本数までを知られているぐらい、相手に自分の心のすべてを知られていることをいう。「あの女にすっかり眉毛を読まれている」などと用いる。

まゆつば【眉唾】

狐や狸に化かされそうになったら眉のあたりに唾をつけて冷やすと冷静になって正気にもどり、だまされないという俗信がある。いい加減な話や出来すぎた話を聞いたときに、信じられない、だまされないという意味で「眉唾」という。またそういった類《たぐい》の話を「眉唾物《まゆつばもの》」という。⬇眉毛《まみえ》を濡らす、きな臭《くさ》い

まゆにひがつく【眉に火がつく】

すぐ目の前に炎が燃え盛っているような、突然の危険が迫っている様子を表す。「焦眉《しょうび》の急《きゅう》」ともいう。

豆　蔵

まりつき【毬突き】

女の子が歌いながら調子を取って毬をつく遊び。「貴方《あんた》がた何処《どこ》さ　肥後さ　肥後何処さ　熊本さ　熊本何処さ　せんばさ　せんば山には狸が居《お》てさ……」や、「いちじく　にんじん　さんしょにしいたけ　ごぼうで　むかご……」など数多くの毬突き歌がある。

眉　唾

毬突き

まる【丸】

すべて、完全の意で、下につく語を強める。「丸損《まるぞん》」は全部を損すること。「丸潰《つぶ》れ」は完全に潰れることで「面目が丸潰れになる」は対面を失うの意。「丸見え」は全部がよく見えること。

まるがっぱ【丸合羽】

「坊主《ぼうず》合羽」ともいう。桐油塗りで紙製のマント状の雨よけ合羽。江戸時代、旅行者や大名行列の者が用いていた。

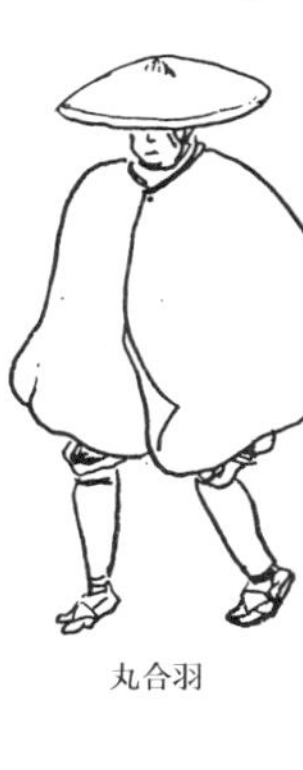

丸合羽

まるっきし

「丸《まる》っ切《き》り」の訛り。全然。すべての意。「まるっきし出来ない」「まるっきし出鱈目《でたらめ》だ」などのように用いる。

まるで【丸で】

まったく、ちょうど、さながら、すべての意として広く用いられる。「丸で子供のようだ」はあたかも子供のようだの意。「丸で相手にしてくれない」は全く相手にしてくれないの意。

まるのみ【丸呑み】
よく噛《か》まないで、そのまま飲み込むこと。このことから、よく考えないでそのまま受け入れることもいう。「他人の噂を丸呑みにして信じた」は噂をよく吟味しないでそのまま信じたということ。

まるはちたばこ【丸八煙草】
江戸時代、庶民の間に流行した安物の刻《きざ》み煙草をいう。刻み煙草の束《たば》を紙で包み、一包み八文で売られていたところから「丸八《まるはち》」と俗称された。「丸八を吸っている癖にでかいことを言うな」などと侮蔑された。明治以降は巻煙草に変わっていったので、刻み煙草は見なくなり、この言葉も失われた。明治以降は金色の蝙蝠《こうもり》の図案で知られる「ゴールデン・バット」（戦時中に「金鵄」と名を改め、戦後再び旧名に戻った）が安価な煙草の筆頭であった。

まるまげ【丸髷】
江戸時代から昭和初期にかけての既婚女性の髪型。当時の女性は結婚すると島《しま》田髷《だまげ》から丸髷に変えるのが一般的で、髪型を見ただけで既婚者かどうかが分かった。丸髷とは髷の部分を丸く膨らませた形からの名。丸髷は若いほど大きく、年齢を加えるにしたがって小型化した。その丸め方にも庶民と貴婦人とは少し異なり、髷の形にも多少の変遷があった。

まるめこむ【丸め込む】
掌で餅などを包み込んで、形を丸く整えるように、自分の意のままに相手を信じ込ませることをいう。「すっかり丸め込まれた」は全面的に信用するようになってしまったの意。

まるもうけ【丸儲け】
費用がかからず、収入のすべてが儲けとなること。丸は丸ごと（全部）の意。「坊主《ぼうず》丸儲け」とよく用いるが、僧侶は元手が少なくて収入を得られるということ。丸儲けの「丸」は僧侶の丸頭にかけているともいわれる。

まわしをとる【回しを取る】
一人の娼妓に、複数の指名客が来たとき、それぞれの客を部屋に待たせ、一夜のうちに順に回って相手をすること。嫌な客がいるときは待たせたままにすることもある。その場合、客はすっぽかしを食っても、玉代《ぎょくだい》を支払うことになる。回しを取るのは、売れっ妓《こ》か、または数稼ぎの下級娼妓である。

一般的な丸髷

上品な丸髷

まんなおし【間直し・真直し】
機嫌直し、気分転換のこと。十返舎一九の『東海道中膝栗毛』初編に「いつその事まん直しに」とあり、「思い切って気分転換に」の意である。

まんぱち【万八】
万の内に真実がたった八つの意。つまりほとんどが偽《いつわ》り。嘘吐《うそつ》きのあだ名に使われる語である。⬇千三屋《せんみつや》

まんべんなく【満遍無く】
ゆきわたらぬところなくどこまでも満たすこと。「満遍なく愛嬌《あいきょう》を振り撒《ま》く」は誰彼《だれかれ》の区別なく、すべての人にお愛想《あいそ》を示すこと。

まんま
「儘《まま》」の訛り。そのままの状態をいう。「寝巻きのまんまで出て来た」「そのまんまで」などと用いる。

回しを取る

「み」

みいちゃんはあちゃん
女の子の名前が「み」「は」で始まることが多かったことから、流行に流れやすい庶民や、その行動を軽蔑した語。趣味、素養の低い人をいった。現在は略して「みいはあ」という。

みいり【実入り】
収入《しゅうにゅう》のこと。技術にしろ商売にしろ、それによって収入を得ることをいう。「実入りがなくて困る」などという。

みえすいたうそをつく【見え透いた嘘をつく】
真実が透けて見えるのに平然と誤魔化《ごまか》して嘘をつくこと。「見え見えの嘘をつく」ともいう。

みえっぱり【見栄っ張り】 外見を格好よく見せようと必要以上に言動を意識した行動をとること。「あいつは見栄っ張りで、心は浅はかだ」などという。「見えを切る」は自分を誇示し格好《かっこう》をつけること。

みくびる【見縊る】 力や価値がないものと判断して侮ること。軽視し、軽蔑すること。「相手を見縊《みくび》ってはいけない」「素人《しろうと》だと思って見縊るな」などと用いる。「舐《な》めてかかる」と同じ意味。

みぐるみ【見包み】 体を包んでいるもの、身に付けているものすべて。「見ぐるみ剝がされて、素っ裸になった」「見ぐるみお蚕《かいこ》もんだ」(身につけているもののすべてが絹物だの意)などと用いる。

みごうしゃ【見巧者】 芸や美術品などの良し悪しの見極めが上手な人。「踊りの見巧者」「芝居の見巧者」などと用いる。

みさおをたてる【操を立てる】 貞節を守ること。特に、女性が契った男または夫以外の男に体を許さないこと。この反対語を「操《みさお》を破《やぶ》る」という。

みさかいない【見境ない】 物事の分別がないこと。「見境なく何でもしゃべって困った奴だ」「前後の見境もなく」などと用いる。

見巧者

みじまい【身仕舞】 身支度。身づくろい。身なりを整えること。化粧して着飾ること。『仮名文章娘節用』に「鏡台出して身じまいの、紅粉《べに》おしろいもふかくはせず」とあるのは、鏡台を出して化粧するのに口紅も白粉《おしろい》も厚塗りはしないでの意。

みじょう【身状・身性】 素行、身持ち、身分、品格のことをいう。「あいつは身状が悪い」などという。

みじんまく【身慎莫】 洗濯・繕《つくろ》いなどの衣類の始末、身支度《みじたく》、身仕舞《みじまい》の意の江戸言葉。「身仕舞」と「身支度」の混淆によるものかといわれるが、さだかではない。式亭三馬『浮世風呂』二編巻之上「着物もの、おめへ、身じんまくをよくすればじゞむさくもなく」は、「こざっぱりとしたかっこうをしていれば、爺くさくもない」の意。

みずあげ【水揚】 遊女が初めて店に出て、客を取ることをいう。「未通揚《みずあげ》」とも書く。水揚の客は、大抵お大尽《だいじん》か通人《つうじん》であった。

みずいらず【水入らず】 親しい内輪の者だけで、他人が混じっていないことをいう。転じて、きわめて親しい間柄にもいう。多く、「親子水入らず」「夫婦水入らず」などと用いられる。水に油を入れても決して混じり合わないことから、「油に水の混じるが如《ごと》し」という、性質の違うものは反発しあってしっくりしないことの譬《たと》えからできた形容である。

みずがし【水菓子】 江戸っ子は果実類を「水菓子」といった。果物屋《くだものや》を一般に「水菓子屋」といって他の加工菓子類を売る店や八百屋《やおや》と区別した。果物には水分があるところからの名だが、水分の少ない栗なども水菓子という。

みずがふくれだす【水が膨れ出す】 長雨、大雨などで川が増水することをいう。「その日の午後から隅田川の水が膨れ出した」などという。

みずがめ【水甕】 昭和初期まで、裏長屋などでは、共同水道から桶やバケツで水を運び、台所の水甕に満たしていた。それを柄杓《ひしゃく》で汲んで使用する。台所の流しはほとんど板張りで、細い溝が切られており、排水はその溝を通って流れた。⇨流し場《ながしば》

水　甕

みすぎ【身過ぎ】 暮していくための手だて。職業を持ち、収入を得て生活すること。なりわい。生計。境遇。「虚無僧《こむそう》で辛うじて身過ぎをした」「裁縫仕事の手間賃で見過ぎをして飢えをしのいだ」などという。⇨口過《くちす》ぎ

みすぎよすぎ【身過ぎ世過ぎ】 生活して世間を渡ることをいう。「身過ぎ」は生計をいい、「世過ぎ」は世間並の対面を保つことをいう。「主人が亡くなってから身過ぎ世過ぎに大変な苦労をし

た」などという。

みずきり【水切り】

「ちゃうま」ともいう。扁平な石を川や湖沼の水面に投げて、何回水面を跳躍するかを競う遊戯。

水切り

みずごりをとる【水垢離を取る】

身内の者が重病であったり苦難に遭ったりした時に、神仏に祓いよけてもらうために、寺社の境内内《けいだいない》の垢離《こり》場で、裸になって桶で冷水を汲み、数回浴びて祈願した。この苦行を行うことを「水垢離を取る」といったが、現代では稀になった。➡寒垢離《かんごり》

水垢離を取る

みずっぱなたれ【水っ洟垂れ】

現在では少なくなったが、昭和初期頃までの子供はよく洟《はなみず》を唇の上まで垂らしていた。これを「水っ洟垂れ」、またはやや青みがかった洟だと「青《あお》っ洟垂《ぱなた》れ」といった。垂れてくる洟《はなみず》をしょっちゅう着物の袖で拭くので、袖が不潔に光って見えた。こうした子供を「洟垂《はなた》れ小僧」「洟《はな》っ垂《た》れ」「二本棒《にほんぼう》」などと呼んだ。

みずっぱなとなみだをいっしょにのみこむ【水っ洟と涙を一緒に飲み込む】

悲しさで大量の涙を流している形容。頬を伝わる涙だけでなく、涙で鼻から流れ出た水洟までも、への字になった口の中に入れ込んで、しゃくりあげているさま。なりふり構わず泣く姿である。

みずてん【不見転】

相手を見ずに転ぶ、つまり誰彼の区別なく、たやすく情を売る芸妓をいう。「転芸者《ころびげいしゃ》」ともいった。➡転芸者《ころびげいしゃ》

不見転

みずにする【水にする】

これまでの努力や、かけた費用などを無駄にする、成果が出ないまま放置する、無にすることをいう。また、今までのいきさつについてとやかく言うのをやめて、何事も無かったことにすること。「水に流す」ともいう。「あれほどお金も時間もかけたのに、何もかも水にするなんて」「何事も水にして、許してください」などと用いる。

みずのあわ【水の泡】

水面に浮かぶ泡の意から、はかなく消えやすいものの譬《たと》え。また、努力などが無駄になり、何も得るものがないままに終わること。曲山人補綴『仮名文章娘節用』三編中之巻にも、「いつか世に出し、人並の楽な暮しをさせてえと、思った事も水の泡」とある。

みすみす【見す見す】

認識していながら、特にどうするわけでもなく放っておく様子を表す語。わかっていながらどうにもならない状態を表す。「見す見すあいつを逃がすわけにはいかねえ」などと用いる。

みずをむける【水を向ける】

巫女《みこ》が生き霊《りょう》や死霊《しりょう》を呼び出す口寄《くちよ》せをする時に、茶碗に入れた水に樒《しきみ》の葉を浮かべて霊に手向けることから、相手の関心をある方向へ向けさせるために、それとなく誘いをかけること。また、こちらが知りたいことを話し出すように、暗示を与えて様子をさぐったり、うまくもちかけることをいう。「さかんに水を向けたが、あの男はどうしてもうんとは言わなかった」などという。

みせたくねえ【見せたくねえ】

見せたくないの意。「ねえ」は「ない」の江戸訛り。「したくない」は「したくねえ」「やらない」は「やらねえ」などという。十返舎一九の『東海道中膝栗毛』にも「今宵は来ませぬといって見せたくねえが」とある。

みせばおり【見せ羽織】

江戸時代、裕福な町人は夏には絽《ろ》の羽織を着たが、暑くて着られなくなるとその羽織をたたんで懐中した。そのときに羽織の端が懐から見えるのが粋《いき》とされ、このように懐中することが流行した。庶民もそれを真似しようとしたが、絽は高価で買えなかった。そこで古布の端に絽の切端を縫い付け、いかにも絽羽織をたたんで懐中しているように見せた。これを

見せ羽織

「見せ羽織」といった。

みせびらかし【見せびらかし】

「びら」はびらびらと人目につくさま。他人《ひと》に目につくように見せること。「自慢げに見せびらかした」などという。店を開いて他人の目につくように商品を並べたことからきたともいう。また一説に、開店祝いに、絵ビラ（縁起の良い絵を描いた大判の紙の広告）をたくさん貼って店の盛大さを誇示したので「見せびらかし」の語がうまれたともいう。

みせふさげ【店塞げ】

店先で邪魔になることをいう。「あの行列で店ふさげになる」などという。たとえば大名や大身《たいしん》の武士の長い行列がゆっくりと往来を通ると、そこを横切ることができず、行列の通り過ぎるまで待たなければならない。店にとっては大変な迷惑でこのようなことを「店ふさげ」といった。また、大道芸人が店先で長々と芸をしていると店に客が入りにくい。このようなときも「店ふさげ」といった。

みせもの【見世物】

縁日や、寺社の境内で演じられる旅芸人の興行物をいう。その多くが旅から旅を回り、舞台は天幕《テント》掛けや、丸太組で薦《こも》掛けのものなどがあった。野師《やし》の仲間で、入口で木戸札《きどふだ》を買い、それを木戸番《きどばん》に渡して中に入る。入口で呼込みが「入《い》らはい、入らはい」と景気をつける。風俗上いかがわしい見世物もあった。

みくそにけなす【味噌糞にけなす】

味噌も糞も区別なくの意から、めちゃくちゃにけなすこと。「糞味噌《くそみそ》にけなす」ともいう。また、判断力の無い者に対しては「味噌も糞も一緒」「味噌糞一緒くた」などと侮蔑した。

みそこなった【見損なった】

見間違った、判断・評価を誤ったの意で、主に他人の人柄に対して用いる。「信用していたのにあいつを見損なった」などという。

みそっかす【味噌っかす】

味噌を濾《こ》した糟《かす》は利用価値のないことから、子供の遊びの中で、一人前に扱われず、役に立たないと罵られる子供のことをいう。ちっぽけな存在の意にも用いる。子供同士が口げんかしたときなどに「味噌っかす奴《め》」などという。➡弱味噌《よわみそ》

みそをあげる【味噌を上げる・味噌を揚げる】

「手前味噌を上げる」に同じ。江戸っ子は自慢の意で「味噌」の語を用いることが多く、手前味噌も自家製の味噌のこと。転じて、自慢の意。「味噌を上げる」は手前味噌を並べる意。「味噌を打《ぶち》上げる」「味噌を上げのめす」「味噌を放《ひり》散らす」となると、自分で自分を褒めちぎること。くだらない自慢は「駄《だ》味噌」、「味噌な奴」は生意気で自慢げな奴、「味噌気《みそっけ》」はうぬぼれ気味の意。

みそをつける【味噌をつける】

失敗すること。面目を失うこと。往時、火傷をするとそこに味噌をつけたところから、失敗することを「味噌をつける」といった。「散々自慢していたのに味噌をつけた」などと用いる。

味噌っかす

みたいな

「〜のような」の意。江戸っ子は例を挙げたり譬えたりするときに、よく「〜みたいな」を用いる。➡みてえ

みだらごと【淫らごと】

男女関係の乱れたありさま。おもに性的な行為をいう。「淫らごとを止《や》めようとしない好色家だ」などという。

みだればん【乱れ盆】

竹の網代《あじろ》編みの枠付きの箱に、和紙を貼って漆仕上げにした蓋《ふた》なしの衣類入れ。大きさは長さ約八〇センチ、幅約五〇センチ、高さ約一〇センチ。料理屋の床《とこ》

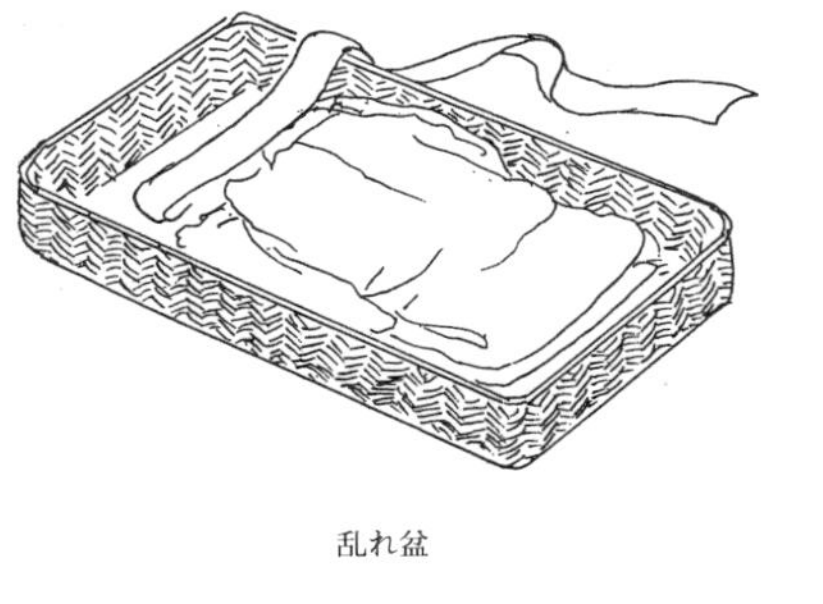
乱れ盆

の間《ま》の脇に置かれ、くつろいだ客が羽織や袴を脱ぐと、女中がそれをていねいにたたんで乱れ盆に入れておく。「乱《みだ》れ箱《ばこ》」ともいう。女中は、数人の客がいても誰の羽織や袴か、覚えていなければならなかった。主に高級料理屋に備えてあるものだったが、乱れ箱を備えている家庭もあった。

みちみちする【道々する】
あっちの道、こっちの道と寄り道すること。「使いに行っても道々するので時間がかかった」などという。

みちゆき【道行】
和服の外套の一つだが、明治時代には和洋折衷のモダンなものとなり、襟は折襟、ダブルボタンで裾は長め、襟に毛皮を縫い付けたものもあった。⇩被布《ひふ》

道　行

みつがせる【貢がせる】
税として金や生産物を納めることを「貢ぐ」というが、「貢がせる」とは人に金や物資を贈らせること、特に男女の関係において相手に金品をせっせと運ばせていることをいう。「あの男は女に貢がせている」などという。

みっかぼうず【三日坊主】
物事を三日も続けると飽きてしまうような、長続きしない者を揶揄する語。「あいつは三日坊主だから何をやらしてもだめだ」などという。

みつけっこ【見付っこ】
子供の隠《かく》れん坊遊《ぼうあそ》びのこと。「目《め》っけっこ」ともいう。⇩隠《かく》れん坊《ぼう》

みっこ【見っこ】
見ること。「っこ」を語尾につけて「〜すること」の意とする。「大目に見っこするんだ」などと用いる。

みつご【三歳児・三つ子】
三歳の子に限らず、赤ん坊、子供の意で用いられる。赤ん坊のときからの意で「三歳児《みつご》のときから」という。「三つ子の魂《たましい》百まで」は、幼児のときの性格は百歳の老人になっても変わらないという意の諺《ことわざ》。一緒に生まれた三人の子供の「三つ子」ではない。

みっちり
「みっしり」ともいう。たくさん。いっぱいに。すきまなく充満していること。「みっ」は「密」の意であろう。「みっちり勉強しろ」などと用いる。

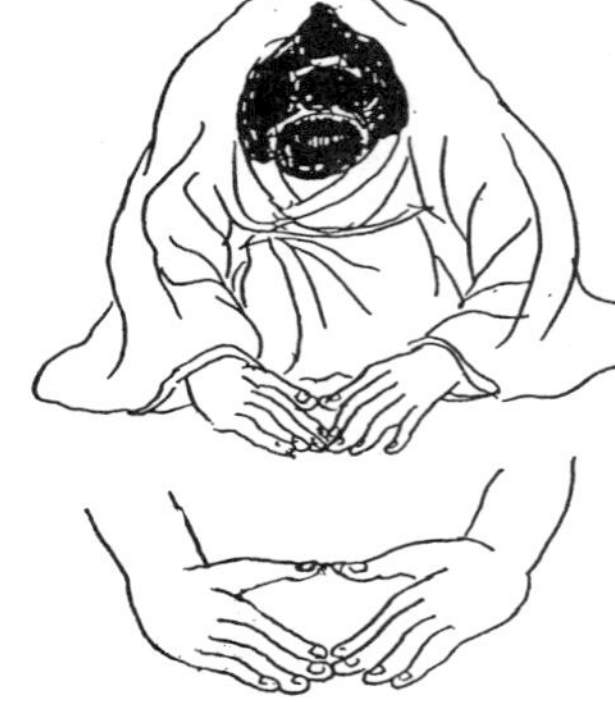
三つ指付く

みっともない
体裁が悪い、他人聞《ひとぎき》が悪いの意。「みたくもない」の意で「みともない」の促音化。恥ずかしい言動や容姿に用いる。「みっともない事を言うな」「みっともない服装《なり》をしないでくれ」などと用いる。

みつゆびつく【三つ指付く】
丁寧な礼をすること。相手の前に正座して両手の親指、人差指、中指を平らに突きあわせ、三角形の隙間に顔が付かんばかりに頭を下げる。非常に礼儀正しい行為である。

みてえ
「みたい」の訛り。「親みてえにかわいがる」「馬鹿みてえだ」「手前《てめえ》みてえな野郎は」などと用いる。

みてくれ【見て呉れ】
「これを見てくれ」の意からきた語。見せかけ、外見の意。「見て呉れは立派だが、中身は貧弱だ」などと用いる。

みにつまされる【身につまされる】
自分の身に比べて他人事とは思えず、気の毒に思うこと。

みのけがよだつ【身の毛がよだつ】
恐ろしさ、寒さ、緊張などのため、体の毛が逆立つように感じること。「よだつ」は「弥立《いよだ》つ」の訛り。「身の毛もよだつような話」「身の毛のよだつような光景」などという。江戸っ子は怪談話が好きで「身の毛もよだつ丑三《うしみつ》つ時《どき》（午前二時頃また真夜中）」などといって、お化けや怪物の出現するような様子を表現した。また残酷な光景を目撃した時の形容にも用いる。

みふたつ【身二つ】
身体が二つになったということで、妊婦が子供を生んで二人になったの意。「あの嫁もやっと身二つになった」などとい

身の毛がよだつ

身二つ

う。

みぼれ【見惚れ】
相手を見て、その魅力にぞっこん参ってしまうこと。ただし異性に対する場合ばかりでなく、物に魅力を感じて忘れえないことも「見惚れ」という。

みみうち【耳打ち】
相手の耳に口を近づけて、他に聞えないようにひそひそと話すこと。「耳相談《みみそうだん》」ともいう。⬇耳擦《みみこす》り

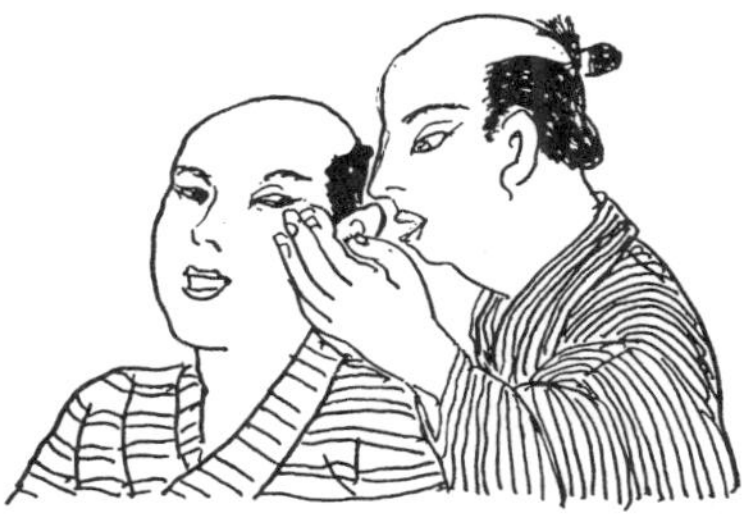
耳打ち

みみがくもん【耳学問】
自分で学習して覚えないで、他人の話を聞き齧《かじ》って得た知識をいう。「あの人は耳学問だから、言うことは当てにならない」などという。⬇聞《き》き齧《かじ》る

みみがけがれる【耳が汚れる】
いやな話を聞くことを拒否する表現。「そんな話を聞くと耳が汚れる」などと用いる。

耳が汚れる

みみこすり【耳擦り】
①口で耳を擦らんばかりに近づけて、ひそひそ話すこと。他人の悪口や噂を周りに聞かれないようにする行為。調子よく「耳っこすり」ともいう。耳打ちに同じ。⬇耳打《みみう》ち
②自分の欠点をわざわざ言われて、聞いているのがつらいこと、耳が痛いことをいう。当《あ》て擦《こす》りの意。「皆の前で耳擦りされて、居ても立ってもいられなかった」などという。

みみっちい
小さい、けちな、けち臭い、しみったれの意。「みみっちい野郎だ」などと罵るときに用いる。「みみっちい考えだ」は小さな、しみったれた考えだの意。

みみっとお【耳っとお】
相手の耳のそばで聞えないくらいの小声でつぶやき、相手が聞えないというと、大きな声で「耳っとお」（耳遠）といって

耳っとお

驚かす子供の遊び。大正時代頃までよく行われた。

みみにたこができる【耳に胼胝ができる】
「胼胝《たこ》」は摩擦などで皮膚が厚く固くなったところをいう。同じような言葉を何度も聞くと、あたかも言葉によって摩擦されたかのごとく耳の皮膚も厚く固くなると形容したもの。聞き飽きたの意。「耳に胼胝《たこ》ができるほど聞いた」「耳に胼胝《たこ》ができるほど言っているのに…」など

耳に胼胝ができる

と用いる。

みみにぴたりとはまる【耳にぴたりとはまる】
聞いたことが忘れられないこと。気が散ることなく耳に入ること。「何某《なにがし》の講釈師の講談は上手で、耳にぴたりとはまった」などと用いる。

みみよりなはなし【耳寄りな話】
知りたいと思っていたことを偶然聞け

耳寄りな話

たときの話。有利な話。「それは耳寄りな話だ。私も早速《さっそく》そうしよう」などという。聞こうとして耳が寄っていってしまうという意であろう。

みもふたもない【身も蓋もない】
　中身も覆うものもないということで、情緒も趣《おもむき》もない様子を表す。「身も蓋もない話で」は、どうしようもない話での意。「そこまで暴露されてしまっては身も蓋もない」などと用いる。

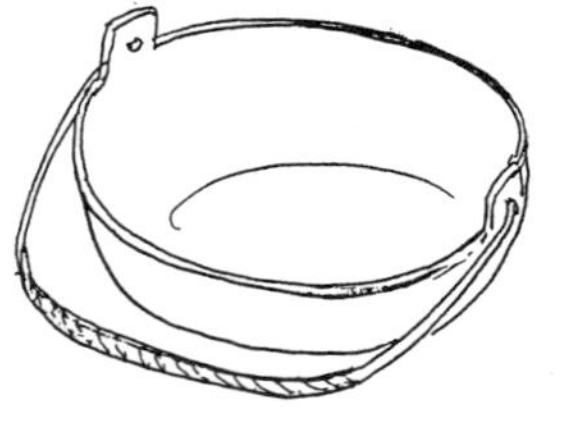
身も蓋もない

みょうがにかなう【冥加に叶う】
　知らないうちに神仏の加護を受けること。十返舎一九の『続膝栗毛』十編下にも「冥加に叶った奴さ」とあり、神仏の御加護をいただいた奴だの意である。「冥加に余《あま》る」は神仏の御加護を身に過ぎるほどいただくの意。

みょうだ【妙だ】
　不思議だの意。転じて、上手である、すぐれている、美しいなどの褒《ほ》め言葉にも用いる。曲山人補綴の『仮名文章娘節用』にも「ハハ、これは妙だ」と褒め言葉として用いている。

みょうちきりん【妙ちきりん】
　妙は奇妙の略。変なこと。「妙ちき」「変《へん》ちき」「変《へん》ちくりん」ともいう。「りん」は別に意味があるわけではなく語呂が良いので用いる。

みょうとなか【夫婦仲】
　「夫婦仲《めおとなか》」の訛り。夫婦の間柄《あいだがら》。実際の夫婦ばかりでなく、夫婦同然の間柄の意で用いられることが多い。狂訓亭主人『春色梅児誉美』巻之四には「お客の座敷に出ていても、心は離れぬ夫婦仲」とある。

みょうりのわりい【冥利の悪い】
　「冥利」は神仏の加護によって得る御《ご》利益《りやく》のことで、御利益を受ける運が悪いことをいう。また、自分の行為が悪いために報いを受ける意にも用いられる。狂訓亭主人『春色辰巳園』にも「女郎唄妓《じょろうげいしゃ》の身の上ほど、冥利のわりいものはないヨ」とある。

みをこにはたらく【身を粉に働く】
　身体が磨り減り、骨も砕けて粉になるほどに、集中して働くこと。休む隙《ひま》なく、寝食《しんしょく》を忘れて働くさまを表す。

「む」

むいかしらず【六日知らず】
　吝《けち》、しみったれに対する陰口。日数を数えるときに指を折っていくと、一日《ついたち》、二日《ふつか》、三日《みっか》、四日《よっか》、五日《いつか》で手を握った形となる。六日《むいか》以降は指を開いて数えるので、握ったものは手放さないような吝《けち》はそれ以降は数えないという意からの語である。「あいつときたら木《こ》っ端《ぱ》でももらうが、自分が支出するときは六日《むいか》知らずだ」などと用いる。⬇熊手性《くまでしょう》、握《にぎ》り拳《こぶし》

むいかのあやめ【六日の菖蒲】
　普通は「十日の菊」と続く。どちらも時機に遅れて無用のものになってしまうことの譬《たと》え。陰暦五月五日の端午《たんご》の節句には菖蒲を、九月九日の重《ちょう》陽《よう》の節句には菊を飾るが、一日遅れて手に入っても役に立たず、意味がないことからいう。

むかしかたぎ【昔気質】
　江戸っ子は「むかしっかたぎ」と促音に訛って威勢よく発音する。昔からの習慣や習わしなどを守り続ける律義《りちぎ》な性格をいう。「昔っ気質の頑固親爺《がんこおやじ》」「昔っ気質の義理堅《ぎりがた》さ」などと用いる。

むかしとったきねづか【昔取った杵柄】
　昔は米は籾殻《もみがら》をつけたまま保存し、食べる際に必要な分を臼《うす》に入れ、杵《きね》を両手で縦に持って臼の籾に搗《つ》きおろし、籾殻を飛ばして玄米に、または白米にして炊いた。女性は毎日搗いたので、この動作も手馴れて身についていた。その役を娘や嫁に受け継がせても、いままでやっていた業《わざ》を忘れることはなかった。このことから過去に習熟したことは今でも出来るという意味で「昔取った杵柄《きねづか》」という。「昔取った杵柄だ。そんなことはわけはない」などと用いる。

むかっぱらをたてる【向っ腹を立てる】
　相手に向って腹を立てることである

昔取った杵柄

が、「むかっ」は、「むかむかする」の意でもある。相手の言動が非常に不愉快で、怒る意。「っ」「ぱ」で語勢が強くなるので、非常に腹を立てている様子を表すのに用いられる。「なにが気に障ったか、急に向っ腹を立てて怒鳴りだした」などという。

むかむかする
　吐き気を催すほど気持が悪いことから、こみ上げてくる怒りを押さえるのに苦心するさま。腹が立って仕方がないこと。「相手の態度にむかむかして」などと用いる。「むかつく」ともいう。⬇向《むか》っ腹《ばら》を立《た》てる

むぎこがしやろう【麦焦がし野郎】
　新内《しんない》を語る者を罵《ののし》っていう語。新内節の鼻に抜いた声を、「麦焦がし」に噎《む》せたようだというのである。麦焦がしは、大麦を炒《い》って焦がし、碾《ひ》いて粉にしたもので、砂糖をまぜてそのまま食べたり、水や湯で練って食べる。江戸では近在からのみやげ物として喜ばれた。

むぐらもち【土竜】
　「もぐらもち」の訛りで、モグラのこと。江戸っ子は「潜《もぐ》る」と言わず「むぐる」と言い、戸棚へ隠れることを「戸棚へむぐり込む」などといった。

むこうあご【向う顎】
　他人《ひと》を顎《あご》で使って、何でも思うようにできる立場のことをいう。「大店《おおだな》の若旦那だったから向う顎《あご》で過ごしてきたせいで、落ちぶれてもその癖が抜けない」「向う顎《あご》の御身分《ごみぶん》だから」などという。

むこうきず【向う疵】
　戦《いくさ》や喧嘩などで体の前面に受けた疵をいう。敵から逃げようとして背面に受けた疵とは違い、体の前面の疵は敵に向かって受けたものなので、勇ましいしるしとして自慢の種となる。「向う疵の○さん」などとあだ名されることもある。

向う疵

むこうさま【向う様】
　自分より立場が上の相手のことを丁寧にいうときの語。「いろいろと向《むこ》う様《さま》が面倒を見てくださる」などと用いる。

むこうのおばさん【向うのおばさん】
　三人でやる鬼ごっこ遊びの一種。二人がお互いに離れて拠点を置き、鬼は中央に居て拠点を離れた人を捕える。鬼でない二人は「向うのおばさん、ちょいとおいで」「鬼が恐くて行かれません」「そんならお駕籠《かご》に乗っておいで」「それでも恐くて行かれません」「そんならお馬に乗っておいで」「それでも恐くて行かれません」「そんなら私がお迎えに」と言葉のやりとりをすると、一方が行かざるを得なくなり、待っていた鬼をかわして相手方に行こうとする。そのとき鬼に捕まれば、鬼の役を交代する。

向うのおばさん

むこうみず【向う見ず】
　「向う」は先の方。前方や目的地に何の危険があるか確認せず、そんな事に頓着《とんちゃく》することなく突進し、立ち向うこと。「あいつは向う見ずな奴《やつ》だから、何をするか分からないぞ、気をつけろ」などという。

向う見ず

むざむざ
　問題に気付いていながらも結果として何も尽力できず失敗してしまうさまを表す。また思慮分別なく行動したり労力を惜しんだりしたためにしくじるさまにも用いる。「まだ使えるものをむざむざと捨ててしまった」などという。

むしけら【虫螻】
　螻《けら》はバッタ目ケラ科の虫。「虫螻《むしけら》」とは人を卑しめる言葉に用いられ、螻のように無視された存在という意。「虫螻同然《むしけらどうぜん》だ」とは、人格のある人間に対して、ま

るで虫ほどの価値しかない存在であると卑しめている言葉。「おけら」というと卑しい者、貧しい者の意で用いられる。

むしずがはしる【虫酸が走る】

口中に上ってくる胃酸のことを、口の中に酸を発するような虫が動き回っていると表現した語。ひどく不愉快になることをいう。忌み嫌っていることを表すのに用いられ、「あいつの顔を見ると虫酸が走る」などといった。

むしのいい【虫のいい】

自分の都合だけで、他の迷惑を考えないこと。昔は腹の中に虫がいて、その虫が人にさまざまな感情を起こさせると思われていた。「虫のいいことを言うな」は自分にとってだけ有利なことを言うなの意。

むしもころさぬかお【虫も殺さぬ顔】

小さな虫を殺すことさえ嫌がるような慈悲心のある温和な顔付き。「虫も殺さぬ顔をしていながら人殺しなどは何とも思っていない」などという。「外面女菩薩内心如夜叉《げめんにょぼさつないしんにょやしゃ》」と同じ。

むしゃくしゃ

心が乱れるほど腹立たしいこと。いらいらすること。煩悶《はんもん》するさま。近松門左衛門の『曾根崎心中』に「心の中はむしやくしやと　やみをみつちやの皮袋」とあるから関西方面の言葉が江戸に伝わったものであろうか。「むしゃくしゃする」などという。

むしゅく【無宿】

江戸時代、庶民は人別帳に記載されて戸籍を持っていたが、罪を犯して人別帳から外された者は住地・家が無いので「無宿」または「無宿者」とよばれた。訓読みにして「やどなし」ともいう。歌舞伎『白浪五人男』の中の弁天小僧菊之助の台詞《せりふ》に「鎌倉無宿と肩書きも…」とあるように肩書としても使われ、例えば「江戸無宿」とは江戸の人別帳から外された者をいう。

無宿

むしょうやたらに【無性矢鱈に】

本来「無性」とは仏性がないことをいうが、江戸っ子は本性がない、思慮がないの意で用い、「無性に恋しくなる」「無性に帰りたくなる」など一途《いちず》に気持が走ることをいう。「矢鱈《やたら》」は秩序のないさま、むやみに、みだりになどの意であるから、「むしょうやたら」は滅茶苦茶、わけもなくむやみにの意となる。「犬が無性矢鱈に吠える」「無性矢鱈に親に会いたくなった」などと用いる。

むしろぶとんによをおくる【筵蒲団に世を送る】

橋の下や木陰、軒下で筵《むしろ》にくるまって人生を送ること。つまり乞食のことをいう。曲山人補綴『仮名文章娘節用』に「むしろ薦《こも》ふとんに世を送る」とある。

筵蒲団に世を送る

むずかしいひと【難しい人】

小うるさく理屈をいう人をいう。気難しい人。「あの人は難しい人だから言葉に気をつけろ」などという。

むすめごころ【娘心】

純情で初々しい、娘らしい心の意。「娘心にも忘れられない出来事でした」「娘心のはかなさ」「娘心のしおらしさ」などという。

むたいなこと【無体なこと】

無理なこと。無鉄砲なことの意に用いる。「無体なことを言うな」などと用いる。

むちゃくちゃ【無茶苦茶】

筋道が通ってないこと。乱暴なの意もある。「無茶」だけでもその意となるが、「苦茶」をつけ、出鱈目《でたらめ》の意味を強めた語。「無茶苦茶な話だな」などという。甚だしく無理な状態を表す語になる。

むちゅうのすけ【夢中之助】

夢中になることを擬人化した冗語表現。「もう、娘義太夫の太夫に夢中之助になって寄席《よせ》に毎日通《かよ》った」などという。

➡合点承知之助《がってんしょうちのすけ》

むなくそがわるい【胸糞が悪い】

不愉快である。非常にいまいましいの意。「糞」の語が気分の悪さを強調している。「そんなこと聞くだけでも胸糞が悪い」などと用いる。

むなぐら【胸倉・胸座】

着物の左右の襟が胸で重なり合っている部分のこと。「胸倉を掴《つか》む」は相手の着物の襟の辺りを掴《つか》む意で、相手を攻撃する態度をいう。「胸倉を取る」ともいう。「怒りが込み上げてきて、思わず相手の胸倉を掴《つか》んでしまった」などと用いる。

胸　倉

むなざんよう【胸算用】
昔は思考は頭でなく胸中や腹でするものとされていた。このため心の中で損得を計算することを「胸算用」といった。

むねがふたをしたように【胸が蓋をしたように】
驚いて息が詰ることの形容。「はっと胸が蓋をしたようになって」などと用いる。

むねにおさめる【胸に納める】
往時、思考は胸や腹で行うとされていたので、相手の意向や言葉を心に受け入れ、外に漏らさないことをこのようにいった。「腹に納める」ともいう。

胸に手を当てる

むねにてをあてる【胸に手を当てる】
しっかり考えることをいう。昔は胸腹で思考すると思われていた。思考するときに、胸前で手を組むことをいう。相手に反省させるときに「胸に手を当ててよく考えろ」などといった。

むねにほうがある【胸に法がある】
胸に考えがある、解決する方法があるの意。狂訓亭主人の『春色梅児誉美』の中に「少しは胸に法もありますよ」とあるが、私にも少しは処理するくらいの方策はありますの意。

むねのそこをたたく【胸の底を叩く】
胸中に秘めていることを打診すること。

むねわりながや【棟割長屋】
長屋の棟（屋根の中央）の下を壁で区切って表裏二軒分とし、一軒が間口《まぐち》一間《けん》半（約三メートル）、奥行《おくゆき》二間《けん》（約四メートル）の広さで、それぞれ片側が五軒分くらいが並ぶ。江戸時代の普通の長屋は一軒分が間口二間（約四メートル）、奥行三間（約六メートル）であったのに対し、棟割長屋とよばれる長屋は最下級の長屋であった。大正時代以降、このような棟割長屋はあまり見かけられなくなった。

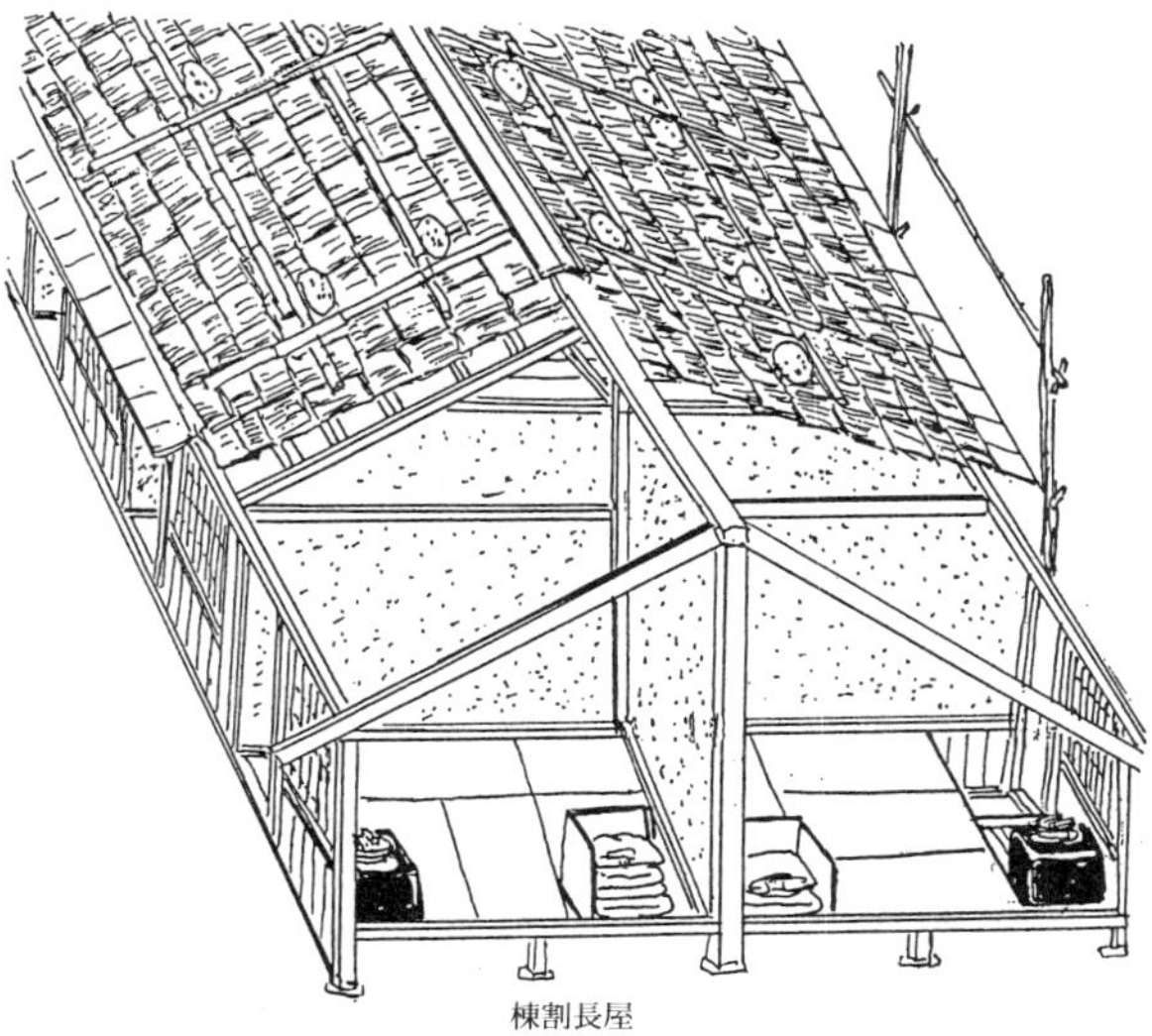
棟割長屋

胸を叩く

むねわる【胸悪】
往時、思考は胸の中でなされると思われていたので、「胸悪」とは心が曲っている者、根性が悪い者、胸に悪い謀《はかりごと》のある者。腹黒いの意に用いた。「いつからあんな胸悪になってしまったのだろう」などという。

むねをたたく【胸を叩く】
承知して胸の中に納めたということを示した動作。「『任せておけ』と胸を叩いた」などという。➡胸《むね》に納《おさ》める

むりへんにげんこつ【無理偏に拳骨】
職人の世界での、兄弟子や先輩を言い表した言葉。先輩にかかれば無理も道理となり、理不尽なことでも拳骨で殴られ、叱られる。見習いたちは「何しろ兄弟子は無理偏に拳骨だからなぁ」と言い合って、我慢し、励みとした。

「め」

めいしゅや【銘酒屋】 居酒屋のように銘酒を並べてあり、酒を飲ませることを名目としている店だが、並んでいる銘酒の酒瓶の中身は実は安酒で、蜜柑《みかん》や茹卵《うでたまご》を出し、相手をする店員の女が客を誘う。客と話がまとまれば、奥座敷か、近所の曖昧屋《あいまいや》に客を連れていく。実際はこのような私娼を抱えて稼いでいた店であった。➡曖昧屋《あいまいや》

銘酒屋

めがあがる【目が上がる】 ①目が悪くなること。「腕が上がる」といえば上達することであるが、この場合の「上がる」は「終了する」「悪くなる」の意で、利用価値や能力が落ちることをいう。江戸っ子が良く用いた言葉である。

②鑑識眼が利くようになる意にも用いる。

めかくしおに【目隠し鬼】 子供の遊び。手拭《てぬぐい》などで目隠しをした一人の鬼が、手を打ったり声を出したりして囃《はや》し立てる他の子供を追う。鬼に捕えられた者が代って鬼役となる。単に「目隠し」ともいう。このように簡単で情緒豊かな遊びは後世にも残したい。

目隠し鬼

めかけてかけ【妾手懸】 「妾《めかけ》」は正妻のほかに養っている愛人。「手懸《てかけ》」は手をつけられた女性の意で、妾とほぼ同義。「めかけ」「てかけ」を語呂良くつなげた言い回し。愛人を囲うことを表す。狂訓亭主人の『春色辰巳園』巻之八にも「めかけてかけは当りめえ」とある。➡囲《かこ》い者《もの》

妾手懸

めかけばら【妾腹】 妾が生んだ子をいう。「あの子は妾腹の子だから家は継がせない」などという。➡腹変《はらがわ》り

めがすわる【目が据わる】 一点を凝視していることをいう。怒りのあまり度胸が据わって物事に動じない目つきとなっている場合は、「その話をすると目が据わって来た」などと用いる。酒に酔ってぼうっとなり目が空《うつ》ろになっている場合もある。

めがねばし【眼鏡橋】 石造りまたは煉瓦《れんが》造りの二連式アーチ橋の愛称。半円状の二つのアーチが水に

映ると円が並んで眼鏡のように見えるところからこのように俗称した。東京で「眼鏡橋」と呼ばれていたのは神田川に架かる千代田区外神田の万世橋《まんせいばし》である。

眼鏡橋

めからくちへぬける【目から口へ抜ける】
利口《りこう》であることを現代では「目から鼻へ抜ける」と形容するが、同じ意味を江戸時代には「目から口へ抜ける」ともいった。曲山人補綴の『仮名文章娘節用』には「目から口へぬけます様で」とほめ言葉に用いている。

めきめき
樹木がめだって成長したり、病気が早く回復したり、技術が急速に進歩したりするような変化の度合いが著しく進展するさまを表す語。「腕がめきめき上達した」「めきめき出世した」「めきめき回復していった」など、歯切れが良い言葉なのでよく用いられる。

めくじらをたてる【目くじらを立てる】
目が険しくなること、ちょっとしたことに怒りをあらわにすること。「目鯨」という当て字を見ることもあるが、実際は「くじら」は「抉《くじ》る」の意。抉《えぐ》ったところ、つまり角や隅を表す。まなじりをつり上げているということである。「あの人に迂《う》闊《かつ》なことをいうと、すぐに目くじらを立てる」などと用いる。

目くじらを立てる

めくらじまのももひき【盲縞の股引】
「盲縞」とは縦糸・横糸とも紺木綿で織ったもの、つまり紺無地のこと。職人たちは盲縞の股引を着用した。修業期間を終え、一本立ちできる職人になると、股引も与えられた古着などではなく、自分の身体に合った盲縞の股引を足袋屋《たびや》に注文して作るのが一人前の職人となった証であった。⬇馬《うま》の腹掛《はらがけ》の様《よう》な股引《ももひき》

盲縞の股引

めくらべ【目比べ】
睨《にら》み合って笑いを我慢する遊び。「見《み》比《くら》べ」「睨めっこ」ともいう。⬇睨《にら》めっこ

めくらめっぽうかい【盲滅法界】
無我夢中の意。「盲」は見えないことを表し、「滅法界」は法外で甚だしいさまの意。つまり、やみくもに、滅茶滅茶《めちゃめちゃ》なこと。「盲滅法界に走った」「盲滅法界に暴れ回る」なぞと用いる。

めぐりあう【廻り合う・巡り合う】
はからずも出会うこと。輪廻《りんね》・因縁《いんねん》がめぐりめぐってきて出会うこと。このことから「廻《めぐ》る」の語を用いた。つまり、さまざまな運命が変化をもって回転し、また二つの運命が因縁によって邂逅《かいこう》することをいう。「死んだ子供にめぐり合ったような思いをする」などと用いる。

めけん【目見】
江戸の職人たちが用いた言葉。腕のいい職人は、一目で寸法が分かるといい、下手な職人が物差しで測るよりも正確であったという。目で寸法を予測することを「目見《めけん》」といった。

めこぼし【目溢し】
見て見ない振りをして見過すこと。咎《とが》めるべきであることを知っていながら見逃してやること。丁寧に「お目こぼし」ともいう。特に官憲の目を意識していうことが多く、「特別にお目こぼしされた」などという。

めじろおし【目白押し】
メジロという小さい野鳥は群れをなして飛び、枝や電線に肩を並べるようにとまる。それを遠くから見ると互いに押合っているように見えるところから、人や物が群れ集まり、混みあって並んでいたり、次々と続いたりするさまの形容に用いる。「目白押しで大道芸を見ていた」などという。

めたて【目立て】
目立て職人は鋸《のこぎり》の目立て直しをすることを生業《なりわい》としているが、鋸を日常使わない一般庶民には役立たずの職業と思われていた。大工や細工師にとっては貴重な職人であることを知らず、庶民には無用の長物の代表のように思われていた。

めちゃくちゃ【滅茶苦茶】
筋道の通らないことや手の施《ほどこ》しようもなく壊れた様子を表す語。語呂が良いのでよく使われる。「君の言っていることは滅茶苦茶だよ」「店が滅茶苦茶になった」などと用いる。

めっかち
片方の目が不自由で視力のないこと。また、その人をいう語。『守貞漫稿』第二四編、夏冬の項にも「又めつかち生姜と云う。めつかちは一眼を云。江戸の方言」とある。

めっきがはげる【鍍金が剥げる】
鍍金《めっき》は銅・鉄等の表面を金属の薄膜で

覆ったもので、古くなると磨り減って地《じ》金《がね》が現れることがある。このことから、高価そうに見せた外面の飾りが取れ、たいしたことのない本地・本性が現れることのたとえとして用いられる。虚飾でごまかしても本体が暴露されること。

めっきり
　短い間に大きく変化するさまを表す語。急激に。「めっきり寒くなった」「病気してからめっきり痩せた」などと用いる。

めっけた【目っけた】
　「見付けた」の訛り。江戸っ子は「見《み》」をよく「目《め》」と用いた。隠れん坊遊びでも、鬼が隠れた者を見つけると「目《め》っけた」という。

めっけっこ【目っけっこ】
　子供の隠れん坊遊びのこと。「見付《みつけ》っこ」の訛り。⬇隠《かく》れん坊《ぼう》、見付《みつけ》っこ

めっけもの【目っけもの】
　数ある物の中から見出して得た良い物。掘出し物。幸運の意にも用いる。「あの大地震で命を失わなかったのがせめてもの目っけものだ」などと用いる。

めっそうもない【滅相もない】
　とんでもない、心外だの意。相手の言動に対して謙遜《けんそん》、恐縮して否定するときに用いる言葉。「滅相もございません。そんな恩知らずなことは考えたこともありません」「こんなに良くしていただくなんて滅相《めっそう》もない、勿体《もったい》ない話です」などと用いる。

滅相もない

めった【滅多】
　むやみに、やたらにの意。「滅多《めった》腹が立つ」はやたらに腹が立つということ。なお「滅多打ち」は滅茶苦茶《めちゃくちゃ》に打つこと。

めったなこと【滅多な事】
　前後のことも考えず分別のないことをいう。「滅多な事をお言《い》いでない」（言わないでちょうだい）などと用いる。

めったむしょう【滅多無性】
　無闇矢鱈《むやみやたら》、無茶苦茶《むちゃくちゃ》のこと。説明できないほど夢中になること。男女間の思慕の情の表現によく用いられる。

めっためた【滅多滅多】
　滅茶滅茶《めちゃめちゃ》の訛り。「めっためたに壊された」などと用いる。

めったやたら【滅多矢鱈】
　分別のない、前後の事を考えない、無茶苦茶でむやみなさまを表す。「滅多」も「矢鱈」も、単独で「むやみに」の意で用いられる語。重ねて意味を強める。「あの人は滅多矢鱈に文句をいう」「敵の中を滅多矢鱈に斬り込んだ」などという。⬇滅《めっ》多《た》

めっぽう【滅法】
　仏教用語の「無為法《むいほう》」のことで、「法外に」の意であるから、大変、とても、ずばぬけていることをいう。「めっぽう力の強い」（一般より飛抜けて強い）、「めっぽう高い」（法外に高い、物凄く高い）、「めっぽう調子がいい」（とても調子が良い）などと用い、発音が勇ましいので江戸っ子はよく用いた。

めでたくなる
　「死ぬ」の忌み言葉。成仏するの意から「めでたくなる」としたもの。「あいつもとうとうめでたくなった」はあの人も遂に死んだの意。十返舎一九の『東海道中膝栗毛』初編にも「これも今にめでたくなるは必定」（この人もやがて死亡するは当然）とある。⬇仏《のの》ちゃんになる

めどがたつ【目処が立つ】
　「目処《めど》」は目当て、目標の意で、「ようやくめどが立った」は、ようやく計画の目標、方針、手順などが整ったの意。「目処がつく」ともいう。「まったくめどが立たない」は目標に向けての計画が全然立てられないの意。「商売がこのままで良いのかどうか先行《さきゆき》のめどが立たない」は今後の方針が分からず決着方向が不明のこと。また、針の糸を通す孔のことも「針孔《めど》」という。

めとはなのさき【目と鼻の先】
　目の下にはすぐ鼻がある。このことから距離が非常に近いことの譬え。

めにいっていじもない【目に一丁字もない】
　この「丁《てい》」の字は「个《か》」の字を誤って使ったもので、「个」は「個」の字と同じ意であるから「目に一個の字もない」ということ。つまり文字を読む能力がないの意。転じて、常識もわきまえない、教養のない意ともなる。「あいつは腕力ばかり強くて、目に一丁字もない困った奴だ」などという。

めにかどをたてる【目に角を立てる】
　「角を立てる」は荒々しくすること。目に怒りを込めて相手を睨《にら》みつけることをいう。

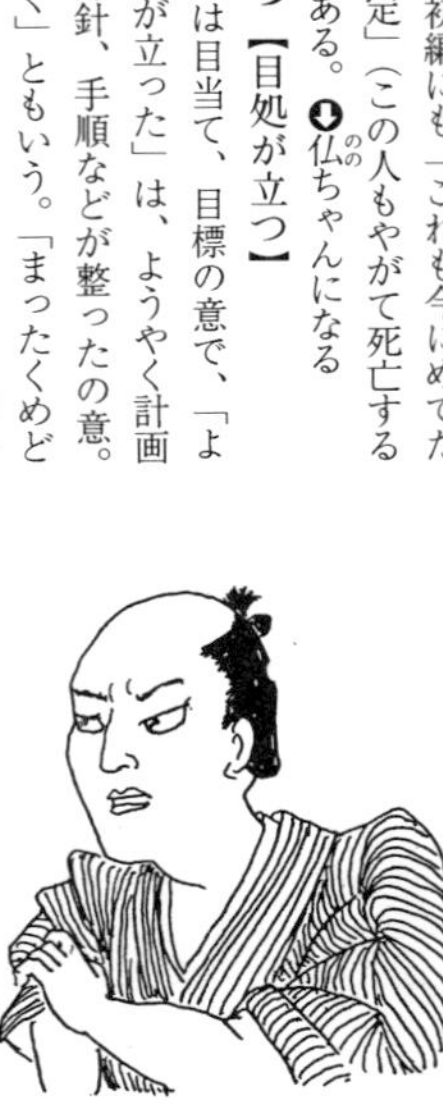
目に角を立てる

めにものみせる【目に物見せる】
　相手にわかるように自分の実力を見せつけること。相手に精神的、もしくは肉体的なダメージを与えて思い知らせること。

目に物見せる

めのうえのたんこぶ【目の上のたん瘤】
目の上に脹《ふく》らんだ瘤《こぶ》は目障りであることから、自分が行動する上で邪魔となるような自分より上位にある存在に対していう。「あの男がいる限り、いつも目の上のたん瘤《こぶ》と思っている」などと用いる。

目の上のたん瘤

めひきそでひき【目引き袖引き】
仲間同士が、相手に目で合図したり袖を引いたりして、しゃべることなく自分の意志を通じさせること。

めぼしい【目ぼしい】
目立っている、価値がある、著しいの意。自分の欲しいもの。「目ぼしいものがみつからない」などと用いる。

めまぐるしい【目まぐるしい】
次から次へと目にさまざまなものが映るような慌ただしい様子や、目のまわるような忙しさの感覚を表現した語。「ちょこちょこして目まぐるしい奴だ」「目まぐるしい変化だ」などと用いる。

めめずがのたくったような【蚯蚓がのたくったような】
「めめず」は「みみず」の訛り。「みみず」だけでも下手くそな文字の形容であり、そのみみずが泥の上をくねくねと這い回ったようだというわけで、ひどく乱雑で下手くそな文字づらをいう。「あの男は、めめずがのたくったような字で手紙を書いてくる」などと用いる。

目引き袖引き

めりはり【減り張り】
一般には音や声の抑揚をいうが、物事の緩急のこともいう。「流石《さすが》にあの男は減り張りが利《き》いている」などと用い、緩急を使い分けて巧みに処理する様子をいう。

めりやす
江戸時代に輸入された毛織物をメリヤスという。伸縮性に富むことから、曲の長さなどの伸び縮みに通じるとしてか、義太夫では略して「めり」といって三味線だけで唄のない音曲の意に用いたり、歌舞伎では長唄より短く、小唄より長い、しんみりと唄う曲のことをいったりする。

めをさらにする【目を皿にする】
目を大きく見開いて、驚いたり、呆れたり、探し物などをする形容。「目を皿のようにして失《う》せ物《もの》を探した」などと用いる。

めをつぶる【目をつぶる】
相手の悪いところを見ていながら見えないふりをして咎《とが》めないこと。我慢や諦《あきら》めの気持も込められる。

めをながくする【目を長くする】
気を長くして見守っていることをいう。式亭三馬『浮世風呂』前編下に「先刻《さっき》から傍《そば》で口を出したかつたが、喧嘩《けんくわ》になつては悪いと、目を長くして居ました」とあるのは、「さっきから一言いいたかったが、喧嘩になってはまずいと思って、短気を起こさずに気長に見ていました」の意。古来、「目」という語を用いた慣用句は多くあるが、「目を長くする」のように、江戸でもいくつかの形容が生まれた。値段が法外に高いことを「目が出る」「目の玉が飛び出る」、鉢合わせした時の強烈な痛さを「目から火が出る」、生きている間にの意で「目が黒いうちに」などもそうである。

めんくい【面食い】
面は顔のこと。容貌の良い人を好むこと。器量好《きりょうごの》み。「あなたは面食いだねえ」

などという。「面食い虫《むし》」などということもある。

めんくらう【面食らう】　不意に驚かされて慌てること。たじろぐこと。「いきなり出てきやがって面食らうじゃないか」などと用いる。

めんこ【面子】　子供の遊び。江戸時代は泥で作った素焼きの小さなお面のようなものを地面に描いた輪の中に投げ入れ、相手の面を輪の外にはじき出した方を勝ちとした。明治頃からの面子はカルタ状や丸いボール紙となり、それを地面に置いて、交互に打ち当て、相手の札を裏返せば勝ちとした。その面子の表には英雄や豪傑、映画スターの顔などが描かれていた。「面子《めんこ》起《お》こし」ともいった。

面食い

面　子

めんたまがとびだすほど【目ん玉が飛び出す程】　驚いた瞬間に目を大きく見開き、眼球が飛び出さんばかりの表情であるという驚きの形容。「目ん玉が飛び出すほど叱られた」「目ん玉が飛び出るほどの値段だ」などという。

めんつ【面子】　世間体、面目の意。「ぼくの面子にかかわるからやめてくれ」などという。

めんどうくさい【面倒臭い】　「めんどくさい」ともいう。「くさい」は「～のように感じられる」の意に用いられる。つまり、面倒がかかりそうなので事を起こす気があまりない、積極的でなくわずらわしいの意。厄介な人に対しても「面倒臭い奴だ」などと用いる。

めんぼく【面目】　人に合せる顔。世間に対する体裁《ていさい》。「めんもく」ともいう。「面目ない」は人に合せる顔がないほど恥ずかしいことの意に用いる。面子《めんつ》ともいう。

目ん玉が飛び出す程

「も」

もう　①もはや。すでに。これ以上の意で、「もう駄目だ」「もう忘れてしまった」などと用いる。②さらに。この上になお加えての意で「もう一杯ください」「もう少し右へ」などと用いる。③まもなく。直にの意で、「もうじきでしょう」「もう来るでしょう」などと用いる。④意味を誇張して、「それはもう」などと用いる。

もうしご【申し子】　神仏に子供が授かるよう祈願したおかげで生まれた子のこと。霊力の効験あって生まれたと信じられた子をいう。「長いこと子ができなかったが、鬼子母神様に日参したお蔭で子が生まれた。これは鬼子母神様の授けてくだされた申し子だよ」「弘法《こうぼう》様の申し子だから利口なんだ」などという。

もうしちゃあなんですけど【申しちゃぁ何ですけど】　「こう言っては誤解を受けるかも知れませんが（正確に理解してくれれば納得いただけるはずです）」の意。「何ですけど」は言い難《にく》いことを話すときの表現。

もうしぶんはあるめえ【申し分はあるめえ】
不服はないだろう、異議を唱えることはないだろうの意。十返舎一九の『東海道中膝栗毛』初編にある「女房を譲ったから申し分はあるめえ」は女房をそちらに譲り渡したのだから異議はあるまいの意。

もうろうぐみ【朦朧組】
朦朧《もうろう》駕籠舁《かごかき》、朦朧車夫《もうろうしゃふ》など、客に付け込んで酒手《さかて》を要求したり、客に嫌がらせをするなどして運賃を多くもらおうとしたり、客に嫌がらせをする悪質な者をいう。「朦朧《もうろう》」はおぼろ気な、実態が不明瞭な、得体が知れないの意。➡街道雲助《かいどうくもすけ》、重《おも》た増《ま》し、酒手《さかて》

モガ・モボ
大正の頃の流行語で、モダン・ガールとモダン・ボーイを略した語。洋装の洒落《しゃれ》た人をいう。モガの女性は髪を洋風に短く切ったので「毛断《もだん》ガール」などともいわれた。東京銀座の舗道をこうしたモボとモガが連れ立ってよく歩いていた。➡銀《ぎん》ぶら

モガ・モボ

もくろみ【目論見】
計画や予測、企みなどのこと。「目論見が見事に当った」「目論見が外れて落胆した」「目論見が破れた」などと用いる。

もしかしたら【若しかしたら】
「若しか」は仮想の意。ひょっとしたら、ひょっとするとの意。「もしかしたら道を間違えたのかも知れない」「もしかしたらあの人かも知れない」などと用いる。

もちあげる【持ち上げる】
意図的に褒めておだて上げ、良い気持にさせて利用すること。「あいつは自惚《うぬぼ》れが強いから、持ち上げれば何でもいうことを聞くだろう」などという。

朦朧組

もちあつかってしまう【持ち扱ってしまう】
扱い兼ねている、持て余すの意。取り扱いや待遇に神経を使って骨の折れること。「持ち扱ってしまってずいぶん困ったこともあった」などという。

もちち【持地】
個人が所有している土地をいう。江戸っ子がよく用いる。「あそこは○○さんの所有地《もちち》で貸家もある」などという。一方、借りた土地に家を建てている場合は「借《かり》地《ち》」という。

もちまい【持ち前】
「持《も》ち前《まえ》」の訛ったもの。持って生まれた性格をいう。「機転の利く持《も》ち前《まい》」「持《も》ち前《まい》の明るさで」などという。

もちゃくちゃ
滅茶苦茶《めちゃくちゃ》の訛り。今はあまり使われない。狂訓亭主人『春色辰巳園』に「もちゃくちゃにして、そうそうに」とあり、滅茶滅茶にして急いでの意。

もちやはもちや【餅屋は餅屋】
素人《しろうと》がついた餅と餅屋がついた餅とでは、餅の出来が違う。さすがに餅屋だけあってうまい餅である。餅屋と看板をかけているだけのことはある。そのようなことから、物事にはそれぞれ専門があり、専門の者は、自称するだけの価値があるの意。やはり専門の者にまかせるに限るということ。餅屋の語が二つ重なって意味がとりにくいためか、今日では「餅は餅屋」というのが一般的であるようだ。

もっけ【勿怪・物怪】
不思議の意。不審に思う顔や不思議がっている顔付きを「勿怪顔《もっけがお》」といった。

もっけのさいわい【勿怪・物怪の幸い】
「勿怪」とは物《もの》の怪《け》の意で、「異変」「意外」を表している。それに「幸い」であるから、予想もしていなかった幸運。機会《チャンス》のこと。「これは勿怪の幸いと喜んだ」

餅屋は餅屋

「自分の意見が思いがけず採用されたのを勿怪の幸いと実力を発揮した」などと用いる。

もっそうめしをくう【物相飯を食う】

「物相」は「盛相」とも書き、飯を盛ってその量を計る器のこと。また、一人分の飯を盛って出す器もいう。「物相飯」は盛り切り（お代わりなし）の飯、また、物相に盛って出す飯で、武家の下僕や囚人にあてがう飯をいう。江戸では、罪人として牢屋に入ることを「物相飯を食う」といった。「生意気なことをいいやがって、おまえは物相飯を食ったこともねえんだろう」などとすごむ。

物相飯

もったいをつける【勿体を付ける】

重要なことのようにことさら仰々《ぎょうぎょう》しくことをいう。「あれっぽっちのことに勿体をつけやがって」などと用いる。また、恩着せがましい態度を表現するにも用い、「そう勿体付けないで話してくれ」などという。

もってうまれたさだめ【持って生まれた定め】

宿命のこと。人は前世の因縁をもって生まれてくるので、その定めから逃れられないという表現。「こうなるのも持って生まれた定めとあきらめている」などと用いる。

もっとい【元結】

髪を結《ゆ》うときに、髻《もとどり》を結ぶ紐のことをいう。「元結《もとゆい》」というのだが江戸っ子は発音勇ましく「もっとい」といった。古くは糸紐を用いたが、江戸時代頃から紙捻《こより》の水引を用いた。

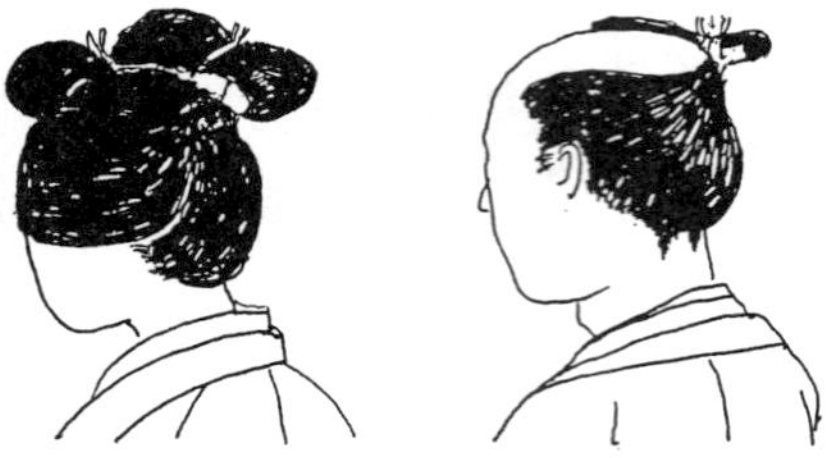
元　結

もとのさやにおさまる【元の鞘に納まる】

「鞘」は刃物の刀身の部分を納める筒で、離縁していた夫婦や、仲たがいしていた者どうしが、元どおりの関係を取り戻すことをいう。また、主家を離れていた奉公人などが、ふたたび元の身分になることをいう。

もとのもくあみ【元の木阿弥】

いったん栄達した者が、ふたたびもとの無一物に戻ること、努力などが水泡に帰して、もとの悪い状態に戻ってしまうことの形容。戦国時代、大和郡山《やまとこおりやま》の城主筒井順慶《つついじゅんけい》が幼少のとき、父順昭《じゅんしょう》が病死したが、遺言によりその死を秘し、替え玉として、声や顔がよく似た木阿弥という盲人を薄暗い寝所に伏させた。三年後（一説に、順慶が成長した後）、順昭の喪を公にし、木阿弥は元の市井《しせい》の人になったという、『天正軍記《てんしょうぐんき》』にある故事によるという。また、木食《もくじき》（穀物を断ち、木の実を食べて修行すること）をして木阿弥と呼ばれていた僧が、年老いて弱ったために元の妻のもとへ戻ったので、長年の修行も水の泡になってしまったという話からともいわれる。

もとはたもと【元は旗本】

「旗本」とは、本来、大将の居るところに立てる旗のもとに集まっている武者をいう。江戸時代は徳川将軍の直属の家臣「直参《じきさん》」の「御目見《おめみえ》」以上（将軍にお目見《めみえ》する資格のある者）が旗本とよばれた。明治になって、幕府から支給される禄《ろく》が途絶え、食うに困った直参は、小商《こあきな》いを始めたり人力車夫《じんりきしゃふ》になったりした。しかし武士の誇りを捨てきれず、権高になり、よく「元は旗本だ」と負け惜しみを言った。➡武家《ぶけ》の商法《しょうほう》

もぬけのから【蛻の殻】

「もぬけ」は蝉《せみ》や蛇などが脱皮した皮のこと。転じて、目指す獲物や人などが逃げ去ったあとの様子の形容。また、魂の抜け去った死骸をいう。「隠れ家に踏み込んだときには蛻の殻だった」などと用いる。

ものしりがおする【物知り顔する】

物事や人情の機微《きび》を知っているような顔つきをすること。知識人振ること。「あの人は何でも物知り顔する」「物知り顔で取り計らってくれた」などと用いる。

ものとり【物取り・物奪り】

物を取る、すなわち強盗、掻《か》っ払《ぱら》いの意。「暗い夜道を歩いていたら物取りに襲われた」などという。

ものもち【物持】

①財産をたくさん持っている者。富豪。「あの家は物持だ」（あの家は資産家だ）と用いる。

元は旗本

②物を大切に扱って、長く使っていることを「物持がよい」という。

もひとつ【も一つ】

「もうひとつ」の略。「も一つお話があります」「も一つ言い残した事がある」「も一つ欲しい」などと用いる。

もめをこしらえる【揉めを拵える】

ああでもない、こうでもないと言い争って、揉め事を起こすこと。十返舎一九『続々膝栗毛』三編上に、「そんなに楽屋でもめをこしらへちやァいかねェ」とあり、「そんなに内輪で勝手な事を言って揉めては駄目だ」の意。

ももわれ【桃割れ】

江戸時代末期頃より、一二～一三才頃の少女は銀杏返《いちょうがえ》しを結《ゆ》い、やがて一七才頃になると島田髷《まげ》に変えたが、その間に桃割れ髪《がみ》に結う娘もいた。桃割れは髷《まげ》を

桃割れ

丸く輪のように結い、平元結《ひらもとゆい》で結んだもの。明治・大正時代まで見られた。一五才頃の娘が桃割れ髪に花簪《はなかんざし》などで飾った姿は、いかにも娘らしい風情があった。

ももんじや【ももんじ屋】

江戸時代、猪や鹿、熊などの肉を売ったり、料理して食べさせたりした獣肉店をいう。➡獣肉茶屋《けだものぢゃや》

ももんじ屋

もやもや

悶々として、靄《もや》がかかったように実感がわからず、悩むさまを表す。男女の情事に関する悩みなどの形容に用いることが多かった。曲山人補綴の『仮名文章娘節用』に「今のもやもやで持病の癪が」とあり、「今の混乱している情事の悩みで、以前からよく起きる腹の痛みが」の意。

もらいなき【貰い泣き】

他人が悲しんで泣いているのにつられ、こちらも泣くこと。勝川春章の『絵本紅葉橋』に「お道理さまよと、もらい泣せれば」とあり、「もっともなことだと同情して、相手の涙ながらの話しに引き込まれて一緒に泣いてしまう」意。

貰い泣き

もん【者・物】

江戸っ子は「もの」を「もん」と発音する。「与太者《よたもん》」「馬鹿者《ばかもん》」「他所者《よそもん》」「この者《もん》かわからない」「何者《なにもん》」「曲者《くせもん》」「怪《あや》しい者《もん》」「どんな物《もん》」「女物《おんなもん》」「くだらん物《もん》」「そう言ったもんだ」「知らないもん」「駄目だもん」「どういうもんか」「怪しいもんだ」「突っ張りもん」「強情もん」等々。断定したときには「……もんだ」と「だ」をつける。

もんきりがた【紋切型】

元来は家紋《かもん》など定まった図案などを切り抜くための型。このことから新鮮味のない決まりきった形式や見方、やり方をいい、「紋切型の挨拶」「紋切型の台詞」などと用いる。「手紙の冒頭に紋切型の季候の辞が記されている」などと、ときには「陳腐な」の意味も含まれる。

もんじやき【文字焼き】

砂糖蜜で溶いた饂飩粉《うどんこ》（小麦粉）を小さい容器に入れ、それを火鉢にかけた鉄板の上に流し、平たく円形に焼き上げて食べるもの。一銭、二銭ほどで、値段によって量の多少があり、また餡《あん》や干海老、海苔の粉などを混ぜて焼くこともある。江戸時代からあった食べ物。明治・大正時代には、露地の駄菓子屋や縁日の露店などで売られていた。このたねで鉄板に文字を書いて遊んだので文字焼きと呼ばれるようになったといわれる。金属の篦《へら》で十文字に切れ目を入れ、ソースをかけて古新聞の八ツ切りくらいの紙に乗せて売った。「ドンドン焼き」ともいった。「文字焼き」が転じて「もんじゃ焼き」となったといわれている。

もんちゃく【悶着・捫着】

「悶」は心に引っ掛かる悩み。「着」はそうした原因や材料が起きたこと。もめごと。いざこざがあること。「あの男はまた悶着を起こした」「息子が悶着ばかり起こして心の休まるひまがない」などと用いる。

13 幕府が庶民に示した風俗習慣の法規（二）

↓（一）は274頁

江戸幕府は、二七四頁に示した「幕府が庶民に示した風俗習慣の法規（一）」の他に、毒薬売買及使用、偽金《にせがね》製作及その使用、風俗上宜しからざる書籍の販売、諸職人による高価な手間賃の要求、放火行為、御留場区域内の発砲などは、特に厳しく取り締まられた。また不義密通、姦通《かんつう》、盗み（十両以上の盗みは死刑）、ただし掏摸《すり》・巾着切《きんちゃくきり》は盗まれる方に油断があるとして入墨《いれずみ》、昼間の盗みは敲《たたき》放し、心中は晒《さら》し、心中未遂は三日間晒されて男女とも被差別民の身分にされた。

駆け落ちの関所破りは男が主犯とされ関所の脇で磔の刑にされた

掏摸《すり》・巾着切《きんちゃくきり》は入墨《いれずみ》の刑

密通・姦通は男は獄門、女は死罪であったが、のちに労役刑、内済（示談金）となった

庶民は、絹の衣服を着ることを禁じられたが、外から見えない裏地に用い、これが粋とされた

密通・姦通の内済（示談金）は、江戸では七両二分、大坂では銀三百匁（五両）が相場であった

寛保三（一七四三）年の御定書では、密通・姦通は、男は引き回しの上、獄門とし、女は死罪とされた。しかしのちに労役刑となった。また、「内済《ないさい》」といって当事者が罰金を払って済ますようになった。今日でいう示談金である。

示談金は、享保十（一七二五）年には、大判一枚が相場であった。しかし大判は庶民には流通していなかったので、大判一枚は十両であったが、実際は七両二分の価値だったので、七両二分が支払われた。大坂では、商業都市なので銀貨を用い、一般に銀三百匁（五両）が内済料とされた。

駆け落ちをして裏道を通り、関所破りで捕らえられると、男は関所脇で磔《はりつけ》の重刑とされ、女は「奴《やっこ》」として遊廓などで一生奉公の身分にされた。一般に男は主犯、女は従犯とされて、処罰は男に厳しかった。ただし、主従関係の心中で、主人が死んで、召使いの女だけが生き残った場合は、主殺しの罪とされて、女は死罪とされた。封建制度下では、主従の関係が最も重視されたのである。

また、泰平が続いて庶民の暮らしが安定してくると、庶民は木綿の衣服であったが、絹物を羽織の裏地に用いるようになり、それがかえって江戸っ子の通人と見られるようになった。

「や」

やあおかえ
江戸時代、商人などが客に品物を売って銭を受取ると、「取引は立派に済みました。品物を持ってお帰りなさい」という表現を略語で「やあおかえ」といった。悪く取ると「売ったからもう用はない、さっさと帰れ」という意味に聞えるが、愛想の良い言葉として明治時代頃まで通用していた。大正時代頃から「毎度有難《ありがと》う御座《ござ》います」というようになった。

やいのやいの
「やいの」は女性が切迫して気持を表すときの言葉であったが、一般に執拗《しつよう》に迫ることの意となった。「やいのやいのと催促する」は、何度もいろいろに責め立てて催促すること。➡やいのやいのを極《きわ》める

やいのやいのをきわめる【やいのやいのを極める】
うるさく要求して押し付けること。相手が乗気でない時に、合意承諾させるために繰り返し迫ることで、「やいのやいのを極めても嫁に行く気を示さない」などと用いる。

やおちょう【八百長】
馴れ合った者同士で、あらかじめ勝ち負けを決めておき、勝負を争う振りをして予定通りの結果を出すこと。通称「八百長」の「八百屋の長さん」が囲碁でこの手を使ったので語源となったとの説がある。「あの相撲は八百長勝負だ」などと用いる。

やかいまき【夜会巻】
明治以降女性の洋装が流行したが、日本髪では似合わないので、後髪の髱《たぼ》をねじり上げ、洋風に高く結い上げた髪型。鹿鳴館《ろくめいかん》の夜会で上流階級の参会者に同伴した女性がこの髪型をしたことから、民間でも夜会巻が流《は》行《や》った。

夜会巻

やかましいやい【喧しいやい】
「うるさい」と怒鳴《どな》るときの言葉。「やっかましいやい、静かにしろい」などと促音《そくおん》を入れて威勢よく言う。

やかましいやい

やがる
江戸っ子がよく用いる「行《おこ》う」「為《す》る」の乱暴な表現。「なにを為《し》やがる」（何をするのだ）「こんなことしやがった」（こんなことをしてくれた）「付け上《あが》りやがって」（調子に乗って）「覚えていやがれ」（覚えていろよ）などと用いる。

やきもき
状況が思い通りにいかず、気が揉《も》めていらいらすること。「結果がどうなることかとやきもきした」などと用いる。

やきをいれる【焼きを入れる】
刀剣類を仕上げる際、火中で焼《や》きを入れてから水に浸して堅く鍛えることから、水火の責めのように厳しい制裁を加えて、相手を屈服させたり、たるんだ精神をしゃんとさせたりすること。また、年を取って心身の働きが衰えて惚《ぼ》けることや、頭が混乱して失敗をすることを「焼きが回る」というが、刀剣を鍛えるとき、火中で長く焼きすぎると、かえって刃の切れ味が鈍くなることからの表現である。

焼きを入れる

やくおさめ【役収め】
いろいろな役目に対し、それぞれの適任者を選別し、その者に役目に就くことを承知してもらうこと。役の割り振りをすること。行事などの時、各役目を分担するが、喜んで引き受けるものと、役不足が不満で拒む者が出る。それを納得さ

せて引き受けさせるのが役収めである。

やくざ

「三枚《さんまい》」というカルタ賭博《とばく》では八と九と三の目が出ると負け。この八・九・三から出た言葉で、役に立たないこと。『商売往来』にはないような世から退《の》け者にされた職業を表し、博奕《ばくち》打ちのあだ名となる。転じて不良者の意などにも用いる。⇩破落戸《ならずもの》

やくざ

やくたいもない【益体も無い】

為《ため》にならない、役に立たないの意。「益体も無いことをいう」などと用いる。

やくどし【厄年】

江戸っ子は気っ風《ぷ》がよく達観《たつかん》しているようでいながら、迷信や易、占いに関心が強く、厄《やく》をすこぶる気にする。陰陽道《おんみょうどう》などの十干十二支《じっかんじゅうにし》の組合せや、語呂合せの災厄《さいやく》を大いに気にした。男の二十五才、四十二才、女の十九才、三十三才などを厄難のふりかかる年として戒め、その前年を前厄《まえやく》、次の年を後厄《あとやく》として行動に気を付けた。「今年はお前の厄年だ」などといった。

やけくそ【自棄糞】

自暴自棄《じぼうじき》の意で「自棄《やけ》」の語を「糞」で強めた表現。「焼糞」とも書く。「もうこうなったらやけくそになって食べた」などと用いる。⇩自棄《やけ》のやん八《ぱち》

焼け棒杭に火がつく

やけのやんぱち【自棄のやん八】

自棄《やけ》になること。思い通りにならないことに腹を立て思慮の無い行《おこな》いをすることを、語呂の上で擬人化して「自棄《やけ》のやん八になる」といった。また、「自棄《やけ》のかん八になる」ということもあった。略して「やけっぱち」ともいう。⇩自棄糞《やけくそ》

やけぼこり【焼け誇り】

火事で焼けたあと、出火前より事業や暮らし向きが隆盛することを「焼け太り」というが、江戸では「焼け誇り」といった。「焼け誇りで良い」は、着物を焦がしたり、焼け穴をつくってしまった者に、からかい半分でなぐさめるときに用いる。焼け誇りというくらいだから縁起が良いの意である

やけぼっくいにひがつく【焼け棒杭に火がつく】

棒や杭などが燃え、火が消えて炭状になったものを焼け棒杭というが、また火を付ければすぐに燃えることから、一度切れた仲が元に戻ることをいう。とくに男女関係をいう。

やし【野師・香具師】

祭礼や縁日など、人出の多いところで通行人を立ち止まらせ、見世物などを興行したり、口上《こうじょう》巧みに粗悪品を売ったりする商人。「的屋《てきや》」ともいう。

やじうま【野次馬・弥次馬】

人が特定の人や事柄を非難するのに乗じて、関わりもないのに自分もいっしょに野次《やじ》ったり、騒ぎ立てたりすること。またそういう人をいう。「何しろ野次馬が多いので参ってしまった」などという。人の発言に同調することを「乗る」ということから馬に連想していった語。⇩野次《やじ》る

やじる【野次る・弥次る】

大衆の面前で相手を大声で揶揄嘲弄《やゆちょうろう》すること。「野次を飛ばす」ともいう。⇩野次馬《やじうま》

やす

助動詞「ます」の訛り。おもに商人や職人が用いた。「お願いします」を「お願《ねが》えしやす」、「そう致します」を「そう致

野師

しやす」などという。「どう致しまして」などの謙遜の語も、「どう致しやして」という。十返舎一九の『続中膝栗毛』五編上には「往来がとまりやした」とあり「行き来が止まりました」の意である。

やすうけあい【安請合い】
熟慮せずに、軽々しく簡単に引き受けること。「仲人なんか安請合いして大失敗だ。親にあわせる顔がない」などと用いる。

やすかろうわるかろう【安かろう悪かろう】
品物が安いのには意味がある。粗悪品であるからだということ。「安物《やすもの》買《が》いの銭失《ぜにうしな》い（安価だと思い、飛びついて買ったものが粗悪品で無駄金を使う結果になる）」の戒めになる言葉。

やすくしやがる【安くしやがる】
軽視されることをいう。江戸っ子は気《き》っ風《ぷ》と気前がよいのが自慢であるが、得《え》てして安っぽい性格に見られる。江戸っ子にはそれが一番腹立たしいことで「安っぽく見られた」と感じて怒ることが多い。十返舎一九『続膝栗毛』十二編上にも「安くしやがつて」（軽蔑してからかいやがって）とある。

やせすがた【痩せ姿】
すらりとしたスタイルの良い姿。「痩せ姿のなかなかの別嬪《べっぴん》」はスタイルの良い大層な美人ということ。優美な姿をいう「優姿《やさすがた》」の語があるが、「やさ」を「やせ」と訛ったための語か。

弥蔵を決める

やせっぽち【痩せっぽち】
痩せた人のことを揶揄《やゆ》する語。「ぽち」は「ぽちっと」「これっぽっち」などの語に通じ、僅《わず》かの意を表す語。

やぞうをきめる【弥蔵を決める】
「弥蔵」とは、握りこぶしにした手を着物の中に引っ込め、その手を胸元に持っていった姿をいう。すぐに肌脱ぎになれそうなこの恰好《かっこう》は、いなせな勇ましさを示すことができるので、粋《いき》がった職人、博徒《ばくと》などは着物の片裾をめくって前帯に挟み、弥蔵を決めて歩いていた。⬇一肌脱《ひとはだぬ》ぐ

矢大臣を決め込む

やだいじんをきめこむ【矢大臣・矢大神─を決め込む】
神社の随身門《ずいじんもん》の両脇に安置されている弓矢を持った神像を「矢大臣」といい、その腰掛けている姿から、江戸時代末期頃の居酒屋で空樽《あきだる》に腰を掛け、向かい合わせで酒を飲む姿を「矢大臣を決め込む」といった。また、居酒屋やそこで飲む人を「矢大臣」といった。

やたいばやし【屋台囃子】
祭礼では、山車《だし》のような移動式の屋根付き舞台「屋台《やたい》」が練り、その上では大太鼓や締め太鼓、鉦《かね》、横笛、三味線などを、楽師たちが賑《にぎ》やかに囃《はや》す。

やたら【矢鱈】
秩序なく、無茶苦茶に、無性にの意。「人を見れば矢鱈に当り散らす」「矢鱈に金を浪費する」「矢鱈に腹が立つ」などと用いる。「矢鱈」は当て字。「矢鱈」を強調するときは「矢鱈滅法界《やたらめっぽうかい》」といった。「滅法界」は法外で甚《はなは》だしいさまの意。

屋台囃子

やたら

やたらじま【矢鱈縞】
　天保頃（一八三〇〜四三年）に江戸で流行った縞織物《しまおりもの》、またその模様のこと。主に女性用の着物の柄で、縞の太さが不均等だったり、色糸の配列が不規則だったりし、それらの特徴が粋《いき》とされた。木綿から縮緬《ちりめん》にまで広く用いられた。喜田村守貞の『守貞満稿』にも記されている。弘化頃（一八四四〜四八年）には鼠色の矢鱈縞が京坂にも流行したが、明治に入ってからはあまり見られなくなった。

矢鱈縞

やつ【奴】
　「やっこ」の略からきた語。庶民の間では「彼《かれ》」と同様、代名詞的に用いられたが、指している人物に対する侮《あなど》りが感じられる語である。「奴《やつ》はこの頃姿を見せぬが、どうしているか」などと仲間としての親しみをこめて用いる場合もあれば、「こんなことをするのは奴《やつ》の仕業《しわざ》だ」などと嫌悪《けんお》感を表している場合もある。「やっこ」のまま同様の意で用いる場合は「奴《やっこ》さん、この頃どうしているのだろう」などと「さん」を付ける。また「やっこ」という語について言えば、奈良時代頃までは、宮中の臣下が天皇《すめらみかど》に対する敬意をこめ、従う者という意で自らを「大君の御奴《みやつこ》」と称した。これが、武家階級が勃興《ぼっこう》してからは武家の使用人を「やっこ」といい、江戸時代には武家に雇われた奴《ぬ》僕《ぼく》を「やっこ」と称した。

やっかい【厄介】
　①迷惑、面倒であること。「荷厄介《にやっかい》」（荷物のように負担がかかり、持て余してしまう物事）、「厄介者」（他人に負担や迷惑をかける者）、「厄介な話」（面倒な話）などと用いる。

厄介者

　②面倒をみること。世話。「御厄介《ごやっかい》になります」は、お世話になりますの意。

やっかいもっかい【厄介目介】
　面倒な、邪魔な、迷惑なの意。「やっかい」に「もっかい」と語呂の上で調子よく続け、「厄介」を調子よく強めた語。「目介《もっかい》」の字を当て、目障りなことを表すか。「厄介目介の居候《いそうろう》をやっと追い出した」などと用いる。式亭三馬の『浮世風呂』では「やつけえもつけえにはならねえ」と江戸っ子訛りで用いている。

やっかいもの【厄介者】
　江戸時代、武家では長兄が家督《かとく》を継ぐので、次男以下は他家に養子に行くか、家を出て武家奉公するしか将来の道はなかった。そのような行動に出ずに長兄の家にとどまっている者は「厄介者」といわれた。⇩居候《いそうろう》

やっかむ
　嫉妬すること。うらやむこと。「あいつはすぐやっかむからなあ」などという。すぐにやっかむ人を「やっかみ屋」という。

やっき【躍起】
　躍《おど》らんばかりに急《せ》き込むあまり、苛立《いらだ》つこと。むきになるさま。「躍起になって反論する」「探しだすのに躍起になる」などと用いる。

やづくり【家作り】
　江戸っ子は、家構《いえがま》えの意として用いた。「家作りが立派だ」などという。

やっこしまだ【奴島田】
　江戸後期頃以降、女性は、娘時代には島田髷《まげ》、結婚してからは丸髷に髪を結う風習となった。島田髷にもいろいろあるが、明治・大正時代、若い女性たちがよく結っていた島田は奴島田《やっこしまだ》といった。高い位置で結ってある髷を横から見ると平たくなっている。

奴島田

やっこらさ
　力を入れて動作をするときの掛声。「よっこらしょ」と同じ。転じて、「努力・苦心してようやく」の意に用いる。「やっこらさと商売に専念できるようになった」などと用いる。

やっさもっさ
　悶着《もんちゃく》、揉め事をいう。意見がもつれること。安永九年の『古朽木』にも「罷成《まかりな》らぬと云払つて仕廻へば、其跡がやつさもつさ」とある。現在はあまり聞かないが、大正時代頃まで職人たちがよく口にしていた。「引っ越しのことでやっさもっさした」などという。

やっちゃば【やっちゃ場】
　青物市場の俗称。八百屋が仕入れにいき、競《せ》るときに「やっちゃ、やっちゃ」と掛け声をしたらしい。

やっつける【遣っ付ける】
　①「する」を強めた語で、為《な》し終えること。いい加減に物事を処理するようなときによく用いる。「どうやらこうやらやっつけた」は、何とかそれなりに為し終えたの意。
　②相手を手痛い目にあわせること。ときには殺すことの意味にも用いる。「あいつをやっつけろ」は相手を攻撃しろの意。

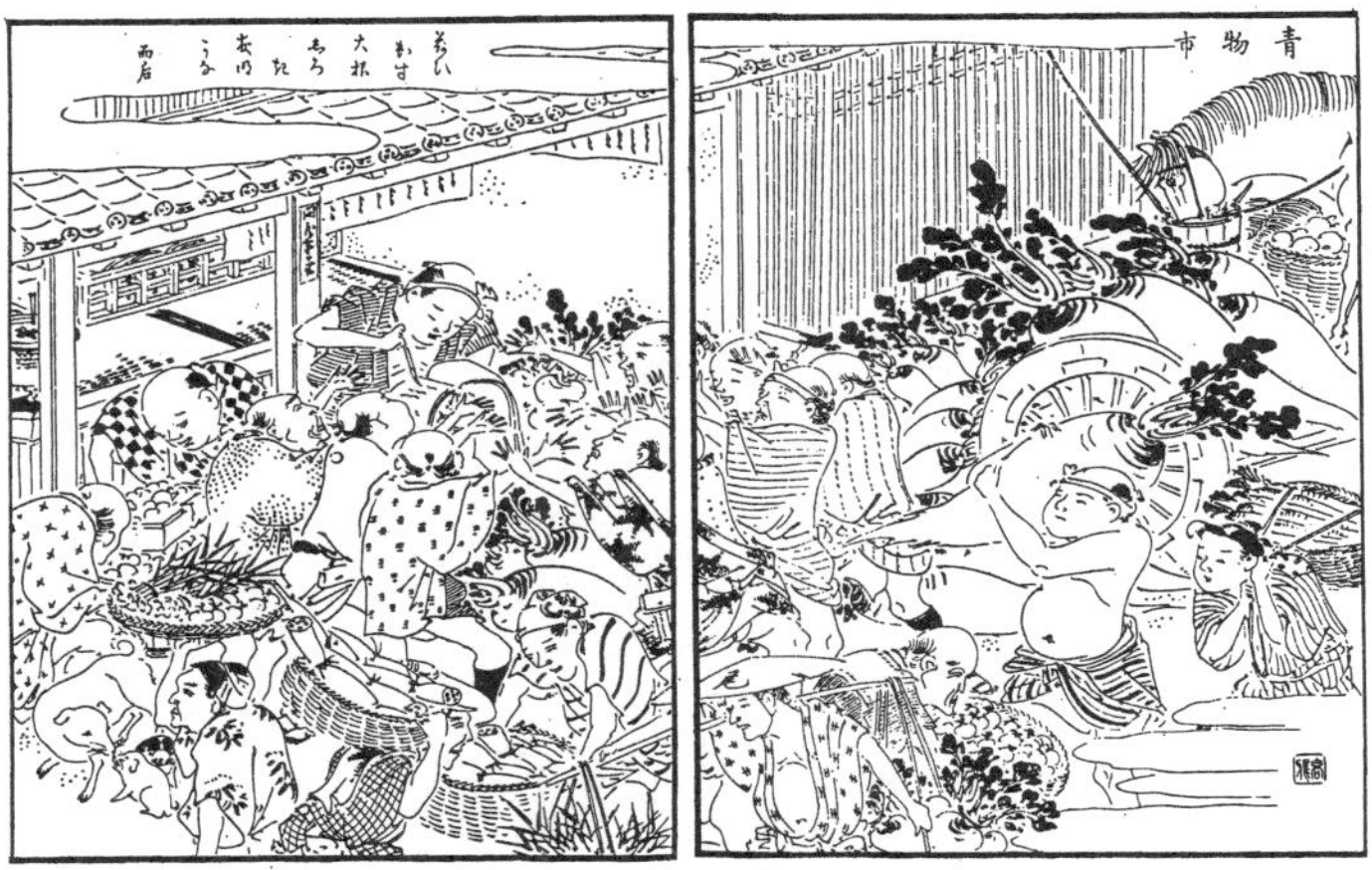

やっちゃ場（青物市場）［尾張名所図会］

やっと
　ようやくの意で、「やっと念願が叶った」「やっとたどり着いた」などと用い、困難な物事がなんとか実現にこぎつけたさまを表し、期間や努力の意味が含まれる。

やっとう
　剣術の稽古の掛声から、剣術、剣の道の意となった語。「何しろ相手はやっとうが上手だから堪《たま》らない」などという。また式亭三馬『浮世風呂』では侍《さむらい》の意で用いている。「やっ」は打ち込むときの、「とう」は受けたり反撃したりするときの掛声。

やっとう

やっとこさ
　ようやく、かろうじての意。「やっとこさ重い荷を運んだ」「やっとこさ完成にこぎつける」などと用いる。

やっとこすっとこ
　苦心惨憺《さんたん》して、力の限りをつくしてようやくの意。「やっと」の語を強めて、語呂合わせの冗語「すっとこ」をつける。歯切れが良いので、江戸っ子は「やっとこすっとこ辿り着いた」などとよく用いた。

やっとこせ
　「やっとこせー」と、歌や踊りの間に調子良く入れる囃《はや》し声。

やっぱり【矢っ張り】
　「矢張《やは》り」の訛り。「結局」「思っていた通りに」「他と同じように」「つまるところは」などの意。「矢っ張り駄目だった」「矢っ張り結果は同じだった」「矢っ張り想像していたような人だった」などと用いる。同意して頷《うなず》くときには「矢っ張りねえ」という。「矢《や》っ張《ぱ》し」と訛ることもある。

やど【宿・主人】
　庶民が他人に夫のことをいうときに「やど」という。家の者の意である。⬇宿六《やどろく》

やどろく【宿六】
　「家のろくでなし」を人名風に表現した語で、下町の長屋などの女房が、自分の亭主のことを親しみをこめ、また卑下して他人にいった言葉。「うちの宿六はいま出掛けているよ」などといった。

宿　六

やなかしょうがにねづみょうが【谷中生姜に根津茗荷】
　江戸市街にも田畑が残っていたころ、

谷中（文京区）のショウガと、根津（文京区）のミョウガが有名であった。それを語呂良くつなげた言い回し。

やにさがる【脂下がる】
　通人ぶった男は、煙管《きせる》で煙草を吸う際に、雁首を上に向けて吸口をくわえた。煙草の脂《やに》が羅宇《らう》を伝って吸口の方に下がってくるので、このような吸い方をすることを「脂下がる」という。脂《やに》が口元に来て苦いのだが、このポーズが粋とされていたので気取った男はこうして煙草をふかしていた。このことから無理に気取っていること、得意気になってうぬぼれていることなどの意でも用いられる語となった。⬇銀煙管《ぎんぎせる》に脂下《やにさ》がり、雁首《がんくび》

脂下がる

やにっこい【脂っこい】
　①脂っこいと滑って危ないことから、職人は、壊れやすい、安っぽいの意で用いた。
　②脂《やに》のようにねちねちした性格の人を「脂っこい」と表現する。

やにわに【矢庭に・矢場に】
　急に、いきなり、不意にの意。「矢庭に襲いかかる」「矢庭にそう言われても困る」などという。「矢庭」とは合戦場で敵味方が矢を射合うその中間の場をいう。その場所は敵味方双方の矢が飛び交う危険な場所であり、ほんの僅かの隙《すき》をぬって素早く突進しなくてはならないことから、寸時に、敏捷《びんしょう》にの意となった。

やぬし【家主】
　「家守《やもり》」「大屋《おおや》」ともいわれ、地主の土地や貸家を管理して、地代・店賃《たなちん》を取り立てて地主に納める役である。家の所有者、地主の貸家持ちのことを「いえぬし」というが、言いにくいため江戸っ子は「やぬし」ともいったので、この二つは混同されやすい。江戸時代初期には家主《いえぬし》が順番に自身番《じしんばん》に詰めたが、家主《やぬし》が代理に詰めることもあり、後には親方《おやかた》という専門の者が詰めた。また、家主《やぬし》には、長屋の共同便所の糞尿を農民に肥料として売ってよいという役得があった。家主《やぬし》は長屋の表で商売を営むか、裏長屋の露地の入り口付近に住んで、借家人の管理や監視をした。⬇自身番将棋《じしんばんしょうぎ》、家主《いえぬし》

やばい
　危ない、危険であるの意。矢が飛び交う「矢場《やば》」のように危ないということからの語か。語源は諸説あるようだ。江戸時代のころから「やば」は危ないことをいう隠語として用いられていた。

やぶいり【藪入】
　江戸時代から昭和初めにかけての習慣。商店などの番頭や、手代《てだい》、丁稚《でっち》などの奉公人が正月の初めと盆一六日前後に奉公先から休暇をもらって故郷や親元などに帰ること、またその日のことをいう。

やぶからぼう【藪から棒】
　「藪から棒を出す」の略。藪の中から突然棒が突き出されるように、思いもかけぬことが唐突に生じること、出し抜けであることの譬《たと》え。「離婚したいだなんて、藪から棒にいったいどうしたんだ」などと用いる。

やぼ【野暮】
　人情の機微をわきまえず世情に疎《うと》いこと、風流心がないこと、遊里の事情に通じていないことなどをいう。「野夫」の訛りもいわれ、世情、人情を知らないことを、野原が暗くなってよく見えないさまに見立て「野暮」の字を用いたものであろう。「こんなことも分らないなんて野暮な奴だ」などという。野暮な人を「野暮天《やぼてん》」「野暮の助六《すけろく》」「野暮助《やぼすけ》」、究極の野暮を「野暮の骨頂《こっちょう》」、垢抜けない様子を「野暮《やぼ》ったい」などと言い表す。⬇生《き》野暮《やぼ》

やま【山】
　①重要な所。肝心な所の意。「この話はそこのところが山で」などと用いる。また「山をかける」「山を張る」などというのは、合致しそうなことを推定したり、万一の幸運を期待して物事を行うことをいう。
　②大量の意。「金を山ほど積んだ」などという。

やまぜげん【山女衒】
　「衒」は売ることであり、女衒《ぜげん》とは、女を女中や遊女に売って儲ける人身売買者のこと。そのなかで地方の宿場などで売買する女衒を「山女衒」といった。昭和初期までこの職業はあり、女衒の語も用いられていた。⬇お医者《いしゃ》が帰《かえ》れば女衒《ぜげん》が来《く》る

やまのかみ【山の神】
　山を守護し司る神であるが、この神のおかげで山が安泰であることと同じように、家計を切り回して家を守ってくれる女房も「山の神」という。敬意と揶揄《やゆ》を込めていったもの。山の神の怒りを買うと恐ろしい事が起きるように、気の強い女房を怒らせると、大の男もてこずることになる。女房の尻に敷かれているような亭主は「今夜は付き合いたいと思うが山の神が恐ろしいので」などと用いる。⬇嬶左衛門《かかあざえもん》、尻《しり》に敷《し》く

山の神

やまぶしくぐり【山伏潜り】
子供の遊戯。三、四人が手を繋いで一人を中に入れ、輪を作り、繋いだ手を上にあげておく。その中にいる子がくぐり出ようとしたときに繋いだ手を下げて抜け出さないように止めて遊ぶ。江戸時代から行われていたらしく岩瀬京山著の『蜘蛛の糸巻』にも描かれている。大正時代頃まで狭い往来でも行われていた。

山伏潜り

やまわけ【山分け】
山地の面積を正確に計るのは大事《おおごと》である。よってあの岩からこの樹までは誰某の所有というように適当に分けられた。これと同様に、獲物や収穫物、利益などを、目分量で大雑把《おおざっぱ》に分けたり、みんなで平等に分けあったりすることを「山分け」という。「この仕事で儲かったら三人で山分けだ」などという。

やみくも【闇雲】
闇中や雲中では方角もわからない。このことから十分な判断力や判断材料がない状態をいう。そこから脱出するにはむやみやたらに一直線に走るしかない。「闇雲に（走る）」は、「我武者羅《がむしゃら》に・無我《むが》夢中《むちゆう》で（走る）」の意。不分明な状況から脱出するための焦った気持や動作の形容に用いられる。

やみつき【病み付き】
病気のはじまり。このことから一つの事に夢中になることをいう。「一度連れて行ってもらったのが病み付きで」「それから俳句が病み付きとなって」などと用いる。凝り性《こりしょう》の病《やまい》にかかってしまった、病が取り付いたという表現である。

やみっこない【止みっこない】
止《や》むことがないの意。「〜っこ」は「〜のこと」の訛り。「五月じゃ雨はやみっこない」「酒の味を覚えたからにはやみっこない」などと用いる。

やもめ【寡婦・鰥夫】
夫婦のうち片方が亡くなって生活をしている者をいい、夫を亡くした妻を「寡婦」、妻を亡くした夫を「鰥夫」と書く。連れ合いを失っても家を守っている意の「屋守女《やもりめ》」「屋守男《やもりお》」からきた語である。「女やもめに花が咲く」（寡婦になると、かえって化粧などをきちんとするようになり、男が交際を求めて寄ってくることが多くなるの意）と「男やもめに蛆《うじ》が湧く」（妻を亡くした男は無精《ぶしょう》で不潔になるの意）の対句がある。

山分け

ややこしい
「ややこしい」の江戸っ子訛り。込み入って煩わしいことをいう。「話しがややっこしくなった」「ややっこしい手続きは面倒だ」などという。

やらかした【遣らかした】
「遣《や》った」の俗っぽい言い方。「食った」「飲んだ」の意もあり、「一杯やらかした」は酒を一杯飲んだの意。

やらずぶったくり【遣らずぶったくり】
相手に何も提供せず、一方的に取り上げるばかりのことをいう。「それじゃあ、まるで遣らずぶったくりじゃあねえか」などと用いる。

やらねえ【遣らねえ】
与えないという意味で「これは大切な品だからやらねえ」と用い、実行しないという意味で、「ちっともやらねえじゃないか」などと用いる。

やられる【遣られる】
損害・危害を与えられるということ。盗まれた、害を加えられた、欺かれた、一杯食わされた、などの意味に用いる。刃物で殺傷される場合を「斬《や》られる」、殺される場合は「殺《や》られる」と当て字する場合がある。

やり【遣り】
「遣《や》ること」で、略した語。十返舎一九『続々膝栗毛』三編上にも「宿六《やどろく》が帰《けえ》って来た所を、おどかしてやりはどうか」とあり、夫《おっと》が戻って来た所を、驚かしてやるという方法はどうだろうかの意。

やりきれない【遣り切れない】
最後まではとても遣り続けられないの意。「指定された日までにはとてもやりきれない」などという。また転じて、我慢できない意で、「隣の赤ん坊の泣き声がうるさくてやりきれない」などという。

やりくち【遣り口】
遣り方。しかた。「口」は手口、方法の意。「同じ遣り口で試《ため》しても二度めは利《き》き目《め》がない」などと用いる。

やりくり【遣り繰り】
あっちへやって埋め合わせたり、こっちを操作したりと、不十分な状況をいろいろと工夫をして辻褄《つじつま》を合せること。多く、家計・金銭の運用の意に用いる。落語では敵に槍を突っ込んだり繰り戻したりするところからきた語であるなどと虚《こ》実《じつ》付けている。都々逸《どどいつ》の歌詞に「都々逸《どどいつ》は下手《へた》だが、遣り繰りゃ上手。今朝も七《なな》ツ屋《や》に褒《ほ》められた」とある。「遣り繰り算段《さんだん》」という言葉があるが、「算段」は算盤《そろばん》を弾《はじ》いて計算することをいい、計算

しつついろいろと金銭の工面をすることを表す。⇩七ツ屋《ななや》

やりこなす【遣り熟す】

「熟《こな》す」は土などを砕いて細かくすること。転じて行為、仕事などを十分に為《な》し遂《と》げることをいう。首尾よく遂行することである。

やりこめる【遣り込める】

相手を議論などで言い負かすこと。

やりすごす【遣り過ごす】

先に行かせること。「過ごす」は後からきた者を自分より先に行かせる意。「怪しい人がついて来るのを遣り過ごした」などと用いる。

やりだまにあげる【槍玉にあげる】

槍で狙った相手を刺し殺すことから、多くの中から一人を選んで非難や攻撃の的にすること。「槍玉」とは槍身の根元の玉縁《たまぶち》をいうのであろうが、敵の「首っ玉」という意味も感じる語だ。

槍玉にあげる

やりつけた【遣り付けた】

実行して終ったの意。「やっつけた」と同義。十返舎一九の『続膝栗毛』十一編にも「やう〳〵やりつけた」（やっとのことで実行した）とある。相手を敗北させる意味にも用いられる語。

やりて【遣り手】

①江戸時代に遊女を監督し、客に遊女を引き合わせたり諸事を切り回したりした女をいう。遊女上がりの年配者が多く、駆引きや取引き、相手をそそのかすことが巧みであった。⇩火車《かしゃ》

②現代では取引き、弁論、金もうけの巧みな者の形容に用い、「あの男は商売上手でなかなかの遣り手だ」などという。

遣り手（図中央の女）［青楼年中行事］

やりをいれる【槍を入れる】

演芸などで下手な芸を野次《やじ》ること。「あの芸人は下手で聞いちゃいられねえ。槍を入れてやった」などと用いる。⇩半畳《はんじょう》を入れる

やろう【野郎】

江戸時代は単に若い男子のことをいった。後には「青二才《あおにさい》」と同じく、男を罵《ののし》る言葉として用いた。『守貞漫稿』第三編人事にも「小民他に卑しめて野郎と云」とある。「この野郎」「糞《くそ》っ垂《たれ》野郎」「馬鹿野郎」などと罵る。

やろうあたま【野郎頭】

江戸時代、少年が成人の儀式をあげる際、前髪を剃って月代《さかやき》にし、成人男性のしるしとした。この成人男性の髪形を「野郎頭」という。「野郎」は若者をさす言葉だが、若衆歌舞伎で少年の役者が前髪を剃って演じていたことからこの呼び名になったらしい。⇩野郎《やろう》

野郎頭

やわたのやぶしらずにまよいこむ【八幡の不知藪に迷い込む】

「八幡《やわた》の不知藪《やぶしらず》」は、平将門《たいらのまさかど》伝説の土地と伝えられている千葉県市川市にある竹藪で、ここに入ると中で迷って出られなくなるなどと言われている。このことから、いろいろと悩んで迷うことを「八幡の藪不知に迷い込む」と譬《たと》えた。

やんちゃ

親の言うことを聞かず、よく駄々をこねたり、いたずら好きであったりすること。またそのような子供。「ちゃ」は「茶目」の意が含まれるのであろう。「本当に

うちの子は、やんちゃで困ります」などという。「やんちゃん」「やんちゃやんぼう」などともいう。

やんちゃぼうず【やんちゃ坊主】

駄々をこねたり、いたずらをしたり、大人の言うことを聞かない男の子をいう。明治・大正時代頃の男の子の髪型は五分刈りが多く、坊主のような頭に見えるので、「坊主」は男児の代名詞的な呼び名として用いられた。「おい坊主、ちょっと此《こ》処《こ》へ来い」などというときの「坊主」は、僧侶のことではなく子供の意である。

やんなっちゃう

「嫌《いや》になっちゃう」の訛り。

やんねえ

「遣りなさい」の訛り。「呉れてやんねえ」（あげなさい）、「帰ってやんねえ」（帰ってあげなさい）、「折角《せっかく》来たんだから喜んでやんねえ」（よろこんでおあげなさい）などと用いる。

やんや

「喝采」が当て字される。上手な芸などを客が誉めそやす喝采《かっさい》の声。聴衆・観衆が大騒ぎして声援を送ること。「やんやの喝采《かっさい》が起きた」などという。「やんややんやと客が喜んだ」と重ねて用いることもある。感動詞「やあやあ」の訛りか。

やんちゃ

「ゆ」

ゆあがり【湯上り】

往時は家に風呂のない家庭が多く、「銭湯《せんとう》」「湯屋《ゆや》」「風呂屋《ふろや》」と呼ばれる公衆浴場まで風呂に入りに行った。風呂から出、衣服を着て帰ることを総じて「湯上り」といった。湯上りの肩に手拭《てぬぐい》を引っ掛けて歩く光景は、江戸の男の粋姿《いきすがた》。また、入浴後に着る単衣《ひとえ》の着物や体を拭くタオル、湯治《とうじ》を終えることも「湯上り」といった。⇩上《あが》り湯《ゆ》、湯屋《ゆや》

ゆいしょありげ【由緒あり気】

氏、素性、来歴が良いように見えること。「態度や物腰が上品で、もとは上流の人であったような由緒あり気な人で」などという。

ゆうに【優に】

十分に、たっぷり、はるかにの意で、余裕のあるさま。「優に十万を越える大軍が」「優にすぐれている」などと用いる。

ゆえありげ【故有り気】

「故」は理由、訳、内情のことで、「有りげ」は有りそうな気配や様子の意。「あのように遠慮しているのは何か故有り気に思える」などと、他人に知られたくない隠し事があるのであろうの意などに用いる。また前歴や家柄を隠しても、何となくその気配が漂っている様子の表現にも使われ、「今は商人になっているが、何処《どこ》となく品があって、故有り気」などと用いる。⇩由緒《ゆいしょ》あり気《げ》

ゆきがけのだちん【行き掛けの駄賃】

馬に荷を乗せて行くときに、ついでに他の荷物を乗せて途中でおろし、その運送代を自分の懐に入れること。つまり、事のついでに別な事もして、利を得るような行動の譬えである。また、「ついでに」の意にも用い、「行き掛けの駄賃に表に置いてあったものを掻《か》っ払《ぱら》ってきた」などと用いる。

ゆきき【往き来・行き来】

道を往来する意から転じて、交際することをいう。訪ねて行ったり、相手が訪ねてきたりすること。「往き来が激しくなる」（交際が頻繁になる）などという。

ゆくゆくは【行く行くは】

将来。行く末。やがての意。「ゆくゆくは出世するであろう」とか「今から悪いことばかりしていると、ゆくゆくが案じられる」などと用いる。江戸っ子は音を重ねる語を好んだのでよく用いた。

ゆすり【強請】

「強請」は当て字。人を脅《おど》して金銭や物品を奪い取ること。また、それをする人。脅迫や嫌がらせ行為で相手の心を揺すり、金品を差し出させようとすること。「やくざ」がよく因縁《いんねん》をつけて行う行為である。⇩やくざ

強　請

ゆっくり【緩】

悠然と、のんびりと、慌《あわ》てずにの意。時間的に追われていないさま。「ゆっくりしていらっしゃい」「ゆっくりと湯に入る」

など と用いる。

ゆったり【寛】

余裕のあること。十分な空間もあり、気分ものんびりしているさま。「まだあの時代は町も人々の気持もゆったりしていた」「あの人はゆったりとした性格だ」「ゆったりとした席」などと用いる。

ゆであずき【茹で小豆】

茹でた小豆は、餡《あん》や汁粉《しるこ》のように甘くして食べる物。まだ子供だったり、立場的に未熟だったりする者に向かって「お前は茹で小豆でも食ってろ」と言えば、まだ酒を飲めるほど一人前ではないの意であった。

ゆびがてんじょうにとどきそうなおおあくび【指が天井に届きそうな大欠伸】

手を頭の上へ思いきり伸ばして、呑気《のんき》に大欠伸《おおあくび》をするさま。心に憂《うれ》えることもなく、天下泰平《てんかたいへい》である表現。「よっぽど隙《ひま》だったと見えて、指が天井に届きそうな大欠伸をしていた」などと用いる。

指が天井に届きそうな大欠伸

ゆびをくわえる【指をくわえる】

欲しいものがそこにあるのに手に入れられず、要求することもせずに、ただ物欲しそうに見ているだけのさま。子供は、他の子がおいしいそうなお菓子などを食べているのを見ると、自分も食べたくなり、代わりに人差し指を思わずくわえてしまう。他人の巧《うま》い話や喜んでいるさまを、自分には望むべくもないこととして、うらやましそうに傍観する仕草《しぐさ》として譬《たと》えに用いた。「あいつが儲けるのを指をくわえて見ているしか仕様《しよう》がねぇ」などという。

指をくわえる

ゆびをそめる【指を染める】

物事に手をつけて始めること。事業などに着手すること。「手を染める」とも言う。

ゆもじ【湯文字】

➡湯文字《いもじ》

ゆや【湯屋】

公衆浴場のことで、「銭湯《せんとう》」「風呂屋《ふろや》」ともいう。中級以上の武家や、裕福な商人や農民には家に風呂があったが、庶民の多くはその設備がないので湯屋に行った。湯屋の看板は、矢をつがえた弓を棹《さお》の先に吊り下げたもので、「弓射る《ゆみいる》」を「湯入る《ゆいる》」に掛けた洒落《しゃれ》であった。江戸時代は男女混浴が普通であったが、明治以降は男湯、女湯に区分されるようになった。➡三助《さんすけ》、岡湯《おかゆ》、板《いた》の間稼《まかせ》ぎ

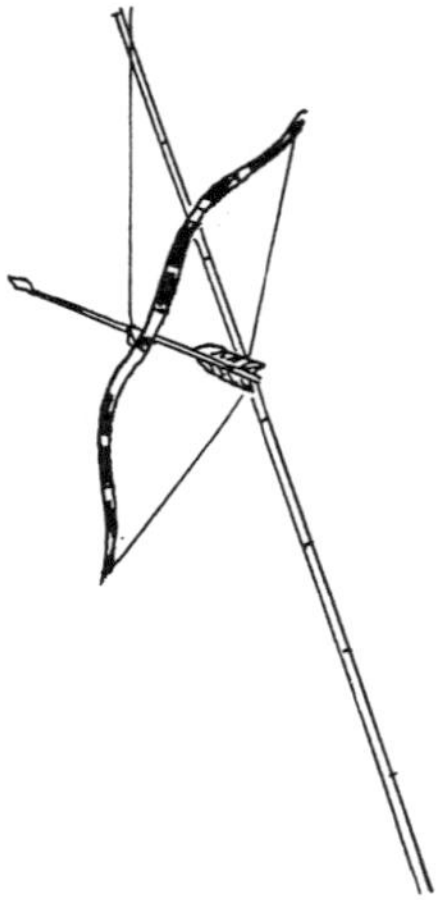

湯　屋

ゆりおこす【揺り起こす】

眠っている人の体を揺り動かして目覚めさせること。「せっかく熟睡しているのに揺り起こされてしまった」などという。

ゆれる【許れる】

「許《ゆ》る」は許《ゆる》すの意で、「許《ゆ》れる」は許《ゆる》されるの意。「事情が事情だから許《ゆ》れてやろう」、「勘当《かんどう》が許《ゆ》れた」（勘当がとけた）、「免許が許《ゆ》れた」（免許をもらった）などと用いる。

ゆんです【言んです】

「言《ゆ》うのです」の訛り。下町ではよく用いられた。「相手が押し付けにこうしろああしろと言《ゆ》んです」「あの人の名は○○と言《ゆ》んです」などと用いた。

「よ」

よあかし【夜明し】
夜に物事をしていてそのまま夜が明け、朝まで寝ずに過ごすこと。徹夜のこと。「夜明しで久しぶりに話しあった」「夜明しで仕事に打ち込んだ」などと用いる。

よいごしのぜにはもたぬ【宵越しの銭は持たぬ】
その日に稼いだ銭を翌日に残すことなく、その日じゅうに使い果たすこと。明日（将来）のことをくよくよと考えないで「宵越しの銭を持たねえ」のが江戸っ子の見栄であり気っ風《きぷ》であった。翌日が雨や雪で仕事にありつけない場合もあったが、江戸っ子はそれでも我慢した。

よいっぱり【宵っ張り】
夜になると元気が出て、遅くまで張り切ること。また、その習慣のある人。「お前は宵っ張りでなかなか帰ってこない」「宵っ張りで遊び歩く」などと用いる。「宵っ張りの朝寝坊」という言葉もある。

よいのくち【宵の口】
「宵」は夜になった時をいい、「口」は始まりを表す。日が暮れて間もない頃をいう語。正確な時刻的区分はなく、夜《よ》更《ふ》けになる前の意で用いる場合もある。「まだ宵の口だ、もう少し付き合ってくれ」などという。

ようきゅうてん【楊弓店】
江戸から明治にかけ、浅草の繁華街の裏露地に、間口二間、奥行五間ほどの、楊弓で遊ぶ店が多くあった。しかしそこで働く女性は、実際は私娼として稼いでいたという。楊弓店に行くことは暗に買春を意味する場合が多かった。

楊弓店［絵本吾妻の花］

ようたし【用足し・用達】
①用事をすること。「得意先に用足しに行ってくる」というときは所用があって出掛けるの意。
②大小便の用を済ましてくること。人前で憚《はばか》る為に用いた隠語で、「一寸《ちょっと》用を足してきますので失礼します」「御用足しをして来ます」などと丁寧にいう。➡憚《はばか》り
③江戸時代には、大奥の必要な用品を調達する役職をいった。また、武家や貴人の家に注文の品を納めることを許された商人を「御用達《ごようたし》」といった。

よがなよっぴて【夜がな夜っぴて】
一晩中、夜通しのことをいう。「夜がな」は夜を強調している語。「夜っぴて」は「夜一夜《よひとよ》」が「夜《よ》っぴとい」と訛り、それがさらに変化したもので、一晩中の意。「夜がな夜っぴて博奕《ばくち》をしていた」「夜がな夜っぴて語り明かした」などと用いる。➡夜《よ》っぴ

よがる【善がる】
嬉しがる。満足する。得意になる。快感をあらわすこと。自分だけ満足してることを「独《ひと》り善がり」という。また、江戸時代の春本によく用いられ、男女が愛し合う場面で「よがり泣き」などと表現された。

よかれ【善かれ】
「よくあれ」という願望の意で、物事が良い方向に進むことを願うこと。「よかれと思ってやったことが、裏目に出た」などと用いる。

よくおいでだ【よくお出でだ】
「よくお出《で》掛《か》け下さった」の略。よくいらっしゃいましたの意。曲山人補綴の『仮名文章娘節用』にも「よく御出だ」とある。

よくつもって【よく積って】
「積って」は「見積って」の略。前後の事情からよく考えての意。江戸っ子がよく用いた語。狂訓亭主人の『春色梅ごよみ』巻之三にも「よくつもってお見なせえ」とあるが、よく考えて御覧なさいの意。現在はあまり用いられない。

よくとくなしに【欲得無しに】
欲や利益を考えることなくの意で、金銭の見返りや恩着せがましいことは一切考えず、相手のためになることを考慮したり、行動したりすること。「貴方のためだから欲得無しにやりましょう」などと用いる。

よくとふたりづれ【欲と二人連れ】
欲を擬人化した表現。欲心がともなっ

た行動をいう。欲に駆られて邁進《まいしん》すること。「欲と二人連れで慌《あわ》てて買った」などと用いる。

よくのかわがつっぱる【欲の皮が突っ張る】

非常に欲が深い人を形容したもの。欲張りのこと。欲得に満ちている様子を表す。「彼奴《あいつ》は欲の皮が突っ張っている」などと用いる。

よくのかわざいふ【欲の皮財布】

「欲の皮の突っ張った」人の財布をいう洒落《しゃれ》言葉。そういう人は金に卑しいということを表現するときなどに用いる言い回し。『続々膝栗毛』二編上に出ている。

よくばちがあたらなかった【よく罰が当たらなかった】

自分の人生を振り返り、その所業を反省して見ると、あって当然の罪の報いが無かったものだと思うこと。さんざん遊蕩《ゆうとう》して老年になった者が過去を振り返って反省した心境といえよう。「罰《ばつ》」を江戸っ子は「ばち」という。「ばちあたり」「仏《ぶつ》ばちがあたる」などという。

よくよくのこと【善く善くのこと・能く能くのこと】

物事の限界を超えているが、やむを得ないことをいう。「あんなことをするのはよくよくのことであろう」はあのような行為に至ったのは考え悩みぬき、よほど思い余った結果であろうの意。「よくよく」は思慮思案を重ねること、念には念を入れることを表し、「よくよく考えることが肝要である」などとも用いる。

よこがみやぶり【横紙破り】

常識や習慣に外れたことを無理に押し通すこと、またそういう人をいう。和紙は漉《す》き目が縦であるので、横には破りにくいことから生じた形容。「横紙を裂く」ともいう。「横車《よこぐるま》を押す」も同意。

よござんす【よ御座んす】

了承する際の返事「宜《よろ》しゅう御座《ござ》います」を略し、訛った言い方。江戸っ子は余程のことが無い限り、「ございます」とは言わず「ござんす」と言った。了承しない場合は「やで御座んす」と言った。

よこっちょ【横っちょ】

「横町《よこちょう》」「横《よこ》っ町《ちょう》」の訛りで、脇の意に用いる。「話が横っちょに外《はず》れますが」は、話が本筋から逸れますがの意。⇩横《よこ》道《みち》に逸《そ》れる

よこっつら【横っ面】

横面《よこつら》を粗暴に言ったもの。横顔、顔の側面のこと。「横っ面をひっぱたく」「横っ面を張り飛ばす」などという。「よこつら」は言いにくいので、気の短い江戸っ子は語勢を強めて「よこっつら」と発音した。横腹を「よこっぱら」というのと同じ口調。

よこなで【横撫で】

昔の子供は洟《はな》垂《た》らしが多く、そのような子供は着物の袖で鼻の下を横にこすって拭いていた。このため袖はいつもぴかぴか光っていた。「横撫で」は、洟《はなみず》をそのように袖で拭くことをいい、また、洟垂らしの子供をいう語である。⇩二本棒《にほんぼう》

よこびんた【横鬢た】

顔の側面、頬から鬢《びん》にかけた辺りを撲ること。平手でやる場合と拳骨《げんこつ》でやる場合がある。江戸時代より下級の者を懲らしめ、屈辱《くつじょく》を与えるために行われた。第二次大戦までの軍隊では懲罰として行われ、「びんたをはってやる」となどと言われていた。⇩びんた

よこみちにそれる【横道に逸れる】

脇道に入る、正道から外れる、話が本筋から外れることをいう。「心得違いで横道に逸れる」は、心の持ち方を誤って、正道ではない方向に進むこと。「話が横道に逸れる」は、話の本筋から外れて別の話が付加されること。⇩横《よこ》っちょ

よこやりをいれる【横槍を入れる】

往時、合戦で敵味方が槍を揃えて戦っているときに、別の槍隊に敵の側方から攻撃させることがあった。敵は正面と側方の両方から攻められ、非常に不利になる。このことから、第三者が横から口出しをして責めることを「横槍を入れる」という。⇩差出口《さしでぐち》

横槍を入れる

よしか

「よしっ」と弾みをつけるときの感動詞である。狂訓亭主人『春色英対暖話』巻之四には「よしか、止宿《とめ》て思入《おもいいれ》かわいがるがいいか」(よし、泊って思いっ切り可愛がってやるが宜しいか)とある。

よしつねばかま【義経袴】

伝承では源義経が陣中で用いたといわ

義経袴

れるが、実際は江戸時代以来の袴《はかま》。一般の袴よりやや短く、袴の裾に紐をつけて膝下で絞りまとめられるようになっていた。腰紐は袴越《はかまごし》がなく、白羽二重《しろはぶたえ》で結ぶので軽便であった。幕末、上野山に立《た》て籠《こも》って官軍と戦った彰義隊《しょうぎたい》が用いた。颯《さっ》爽《そう》として勇ましく、一時流行した。明治に女学生がはいたのはこの形の袴である。

よしやしょう【止しやしょう】

「止《よ》しましょう」の訛り。やめましょう、中止しましょうの意。「そんな冗談はよしやしょう」などと用いる。十返舎一九『続膝栗毛』七編上にも「弥次さん、もうよしやせう」とある。

よたかびっくりもぐらもち、もぐらもちびっくりよたかのへ【夜鷹びっくり土竜、土竜びっくり夜鷹の屁】

夜鷹びっくり土竜、土竜びっくり夜鷹の屁

「もぐらもち」はモグラのこと。「夜鷹」とは江戸時代に往来の物陰などで薦《こも》を敷き、遊客をとった街娼である。薦の下の土中のモグラが震動に気づき、地上に出たところ、驚いた夜鷹がその顔へ屁を直撃、モグラがびっくりしたという情景。たいした意味はないが、語呂合せの口調が良いので、庶民が面白おかしく口にした冗句。

よたもん【与太者】

「与太」とは、でたらめ、くだらない言葉、役に立たない、愚かなど、まともでないことの意。「与太者」はならず者のこと。その他「与太を飛ばす」（くだらない事をいう）、「与太郎《よたろう》」（知恵の足りない者の表現）などと用いる。

よだれかけ【涎掛け】

垂らした涎《よだれ》で衣服を汚さないように、幼児の首に掛ける布。「あぶちゃん」ともいう。なお、甲冑に用いる面頬《めんぼう》、喉輪《のどわ》の顎《あご》下に付ける防具の垂《たれ》も「涎懸《よだれかけ》」といった。➡油屋《あぶらや》

涎掛け

よっぴ【夜っぴ】

「夜一夜《よひとよ》」の訛りの「夜っぴて」の略か。「夜っ日」で夜から日が昇るまでの意か。一晩中、徹夜をいう語。「夜っぴで看病した」などと用いる。➡夜がな夜《よ》っぴて

よっぽど【余っ程】

「善程《よきほど》」の転「余程《よほど》」を威勢よく言った語。程良く、かなりの意。また「思い切って」「もう少しで」の意にも用いる。「よっぽど言おうかと思った」は、我慢していたがもう限界で、意を決して言ってしまおうかと思ったの意。

よどおし【夜通し】

一晩中。暮れてから明け方まで。「夜通し飲み明かした」「夜通し内職をしていた」などという。

よなべ【夜鍋】

徹夜仕事のこと。夜、鍋を火にかけ、腹ごしらえをしながら仕事をすることからきた言葉であろう。「夜鍋仕事しなけりゃ食っていけない」などと用いる。

よなみ【世並】

世間《せけん》の様子。世の中の風潮から人々の気質までを含めていう。「あの頃は世並が良かったですねえ」「バブル景気の世並は二度と来ない」「世並が悪くなったから犯罪だらけだ」などと用いる。

よのあだなみにもまれて【世の仇波・世の徒波に揉まれて】

世の中の変化に揉まれ、苦難を経験しながらの意。「あだ波」は世の中で経験するさまざまな苦労をいう。「波」という語を用いるから「揉まれる」の語が生きてくる。「さんざん世の徒波に揉まれてきた」などと用いる。

よばい【夜這】

「夜這」は当て字で、本来は古代、男女が相手の家の門口に立って「呼ばう」（呼ぶ）ことからきた語といわれる。夜、寝床に入っている恋人の元に暗闇に紛れて這い込むことから「夜這」の文字が当てられるようになった。かつては娯楽が少なかったので、特に農村では夜這が盛んであった。都市の大商店でも下女の所に番頭や手代が夜這することがたびたびあった。

よりそうごとく【寄り添う如く】

相手に接近して密着するようにの意。「寄り添う如く守ってやった」などという。「影身に寄り添う如く」は影が常に身に添っているように、身を寄せて相手を守る（または呪《のろ》う）ことをいう。

縒りを戻す

よりより【度度】

時々、折々、時折の意。「よりより相談した」「よりより打合せした」「よりより統計をとった」などと用いる。

よりをもどす【縒り・撚り—を戻す】

二本以上の糸を縒《よ》って糸紐としたものを「より」といったが、縒ってある糸がほどけたのを再び元に戻すことから、別れた男女が再び元の関係に戻ることをいう。

よるとしなみにはかてぬ【寄る年波には勝てぬ】

「寄る年波」は「年寄る」を「波が寄る」に掛けた表現で、年を取ることをいう。若い者には負けないつもりでいても、年齢相応に体力などが衰えてくるのはどうしようもないことだの意。

よるのもの【夜の物】

寝仕度、夜具のこと。「夜のものを敷いておくれ」（蒲団を敷いてくれ）などということ。江戸言葉では上品な表現。

よるべなぎさ【寄辺渚】

人を波に譬《たと》え、「波が寄せる海辺」を「頼るべき人」「よりどころ」として用いた語。「寄辺」と「年寄」、「渚」と「無き」は対《つい》になりやすい語で、「老いて寄辺渚の無き身」などといい、年取っても頼るべき人がいない身の意を表す。

よるよなか【夜夜中】

「夜」と「夜中」の語を重ね、真夜中を意味する。語呂が良い言葉なので、江戸っ子はよく用いた。「夜夜中まで何処をほっついて遊んでいるのだ」などと用いる。

よわったねえ【弱ったねえ】

「困ったなあ」と同義。「そんな相談持ち掛けられても、今は手一杯だ。弱ったねえ」などと用いる。

よわみそ【弱味噌】

弱い者を嘲《あざけ》っていう語。弱虫。⇩味噌《みそ》っかす

よんどころなく【拠無く】

「拠無《よりどころな》く」の訛り。理由が適切でないがとにかくの意。他に方法が無く、仕方なく処理せざるを得ないときに用いる。「拠《よりどころ》」は、由縁あるところ、物事の根拠のこと。「よんどころない事情で金が必要だ」「その場はよんどころなく引き受けた」などと用いる。

よんやこら

労働の掛声。またそうした掛声を発する建築・土木作業をする人の呼称。大正時代頃まで用いられた。家を建築する時の地固めの作業などで、柱を組みあげ、その頂上に滑車《かっしゃ》をつけて、数人の男や女の労働者が綱に付けた鉄の重りを引き上げては「よんや、こーら」の掛声を発し、重りを杭の上に落として埋めていた。⇩鯱《しゃち》を巻く、えんやらまいたの女《おんな》

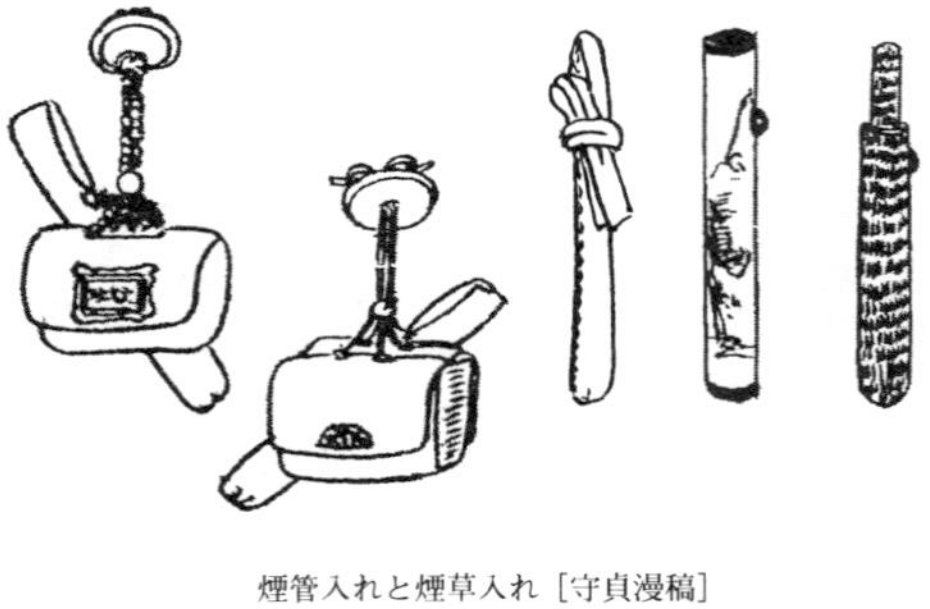

煙管入れと煙草入れ［守貞漫稿］

「ら」

らいねんのことをいえばおにがわらう【来年の事を言えば鬼が笑う】

人の命は明日どう変化するかわからないのに、来年のことなどとても予測はできないこと。地獄の鬼が、そうした先の運命を知らずに勝手に望みを託している人間を冷笑すると譬《たと》えた諺《ことわざ》。「人生、一《いっ》寸先《すんさき》が闇」に通じる言葉。

らおや【羅宇屋】

「らうや」ともいう。煙管《きせる》の火皿と吸口の間をつなぐ細い竹管を羅宇（らお／らう）というが、これはラオス（Laos）から輸入された黒斑竹を用いたところからの名である。それを売る人を「羅宇屋」という。煙管は江戸時代から昭和前半ごろまで用いられていた。羅宇には、好み

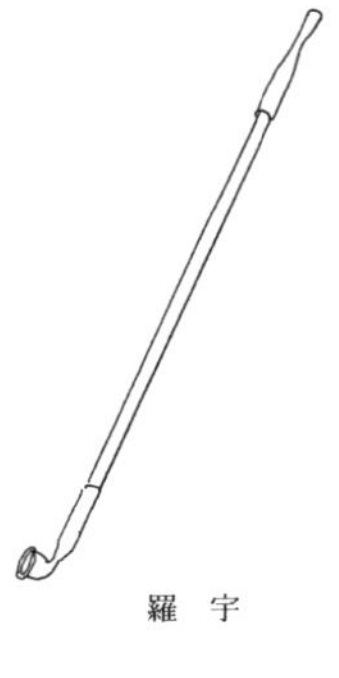

羅　宇

によって長いもの短いもの、漆塗り、無地などさまざまな種類があった。明治から大正時代頃には、二輪車の車を牽いて、「らおやー、すげ替え」と売り声を上げながら、羅宇屋が街を流していた。⇩煙管《きせる》、延煙管《のべぎせる》

らくあればくあり【楽あれば苦あり】
「吉凶はあざなえる縄の如し」ということで、人生には楽しい事もあれば苦しい事もあるという、江戸っ子の割り切った人生観である。「人生は楽あれば苦ありの世の中だ。今苦しいからって辛抱《しんぼう》しな」などという。

らくちん【楽ちん】
楽で気分がよいこと。もともとは幼児言葉。「やっぱり歩くより車に乗ったら楽ちんだ」などという。

らしゃめん【羅紗綿】
「洋妾」「外妾」とも書き、日本に来ている西欧人の妾になった日本女性に対する蔑称。当時の西欧人が羅紗《らしゃ》の服を着ていたところからの言葉。明治の頃に用いられていた。

らしょうもんがし【羅生門河岸】
江戸公許の新吉原遊女街の東側の鉄漿《おはぐろ》溝《どぶ》に沿った河岸。下等の切見世《きりみせ》が並び、最下級の遊女がいた。京洛の中央通りの南端の門を羅城門というが、平安中期の頃、この羅城門で渡辺綱《わたなべのつな》という武人が、兜《かぶと》を掴《つか》んだ鬼の手を払い斬りにしたとされる伝説があり、この河岸を歩くと遊女が客の手や着物をつかんで離さないところから「羅生門河岸」と名づけられたといわれる。⇩鉄漿《おはぐろ》溝《どぶ》、切見世《きりみせ》、吉原、引《ひ》っ張《ば》り

羅生門河岸

らそつ【邏卒】
明治四年（一八七一）に東京府の取締組が設けられ、警察制度ができた時、市中を巡邏《じゅんら》して取締りに従事した警察官をいう。巡邏の兵卒の略。明治七年（一八七四）年には「巡査」の名称に変った。⇩一本巡査《いっぽんじゅんさ》

羅　卒

らち【埒】
馬場の周りにめぐらされた垣をいう。馬の走路の制限となるところから、「埒をつける」は物事のきまりをつけることの譬え。「埒も無い」「埒が無い」は物事が乱雑としていてきまりが無いこと。論外の意。「埒も無い事をきくな」などという。「埒が明《あ》く」は物事が解決することをいい「眺めているだけでは埒が明かない」などという。

らっぱをふく【喇叭を吹く】
法螺貝《ほらがい》や喇叭は軍隊の合図で使われるほど吹くと遠くまで聞える。そのことから、自分の力量以上に見せかけるために話を誇大して言ったり威張ったりすることの意。また喇叭や法螺貝は大きな音がするが中身は空洞であることから、大きな事を言うが中身がないことを表すとも言われる。江戸時代は「法螺吹《ほらふ》き」といったが、明治に入ってから西洋兵術となって「喇叭を吹く」とも言うようになった。⇩揚《あ》げ貝《かい》

喇叭を吹く

らりこっぱい【羅利粉灰・乱離骨灰】
滅茶滅茶《めちゃめちゃ》になること。骨が砕けて灰にまでなったという表現。「羅利粉灰に相手をけなした」などという。十返舎一九の『東海道中膝栗毛』初編には「亭主を羅利骨灰にしやがる」（妻が亭主を滅茶滅茶にけなした）とある。

らんかんのぎぼしゅのまじない【欄干の擬宝珠のまじない】
橋の欄干の柱頭にある擬宝珠を乳房に見立て、徳利《とっくり》に入れた水を擬宝珠にそそぐと、乳の出が良くなると信じられたまじない。明治期頃までみられた俗信であ

欄干の擬宝珠のまじない

る。

らんぐいば【乱杭歯】
川岸や水中に秩序なく杭を打ち込み、縄を張って敵の侵入を防いだものを乱杭といい、その杭の乱雑な様子を不揃いの歯並びにたとえた表現。

らんしゅ【乱酒】
酒の席で酔いが回って自然と酒席のルールが無くなり、席順に関係なく入り乱れた酒席になること。

らんしん【乱心】
心が乱れること。気が狂うこと。逆上すること。江戸時代、幕府の殿中での刃傷は、相手を怨んで斬りつけたとすると事件の調整に難航するので、ほとんどは「乱心」により刃傷《にんじょう》に至ったと処理した。

らんちき【乱痴気】
情事、痴情、嫉妬からの馬鹿げた争いなどをいう。また賑やかな馬鹿騒ぎの意にも用いられる。「あいつらは他人の迷惑も考えずに乱痴気騒ぎをやっている」などという。

らんちょうし【乱調子】
①音曲を、特に三味線などであわただしく掻き立てること。「急に乱調子になったので皆が注目した」などという。「らんぢょうし」ともいう。
②相場の値動きで高低がはげしく一定しないこと。

乱酒（武家の酒宴）［絵本金花談］

「り」

りか
「借《か》り」の倒語。「気になっていたりかを返済して、すっきりした」「これでおめえのりかをすっかり返したから、遠慮しなくてもいいな」などと用いる。

りきむ【力む】
息を詰め、力を入れて強く見せることから、気張る、強がる、威張る形容に用いる。「弱いところを見せまいと、人前で力んで見せた」「そう、力まなくても良い」などと用いる。

りきやすがた【力弥姿】
歌舞伎『仮名手本忠臣蔵』の中の大星由良之助の子息、力弥がきりりと初々しく演じられたことから、少年少女の初々しい姿の形容となった。

りくつっぽい【理屈っぽい】
「っぽい」は接尾語で、傾向がある、癖がある、性質があるの意で、何事についても理屈を言い出す癖があることをいう。

りこうぶる【利口ぶる】
賢い素振りをすること。「彼はすぐ利口ぶって口を出す」などと用いる。また、相手を侮蔑する時にも「利口面《りこうづら》するな」などという。

りざやをかせぐ【利鞘を稼ぐ】
株や商売で、売買をして得られる差額の利益をいう。「あの人は株が好きで、利鞘を稼いで生活している」などと用いる。

りちぎ【律義・律儀】
真面目で義理堅いことをいう。そうした性格の者を「律義者《りちぎもの》」という。「あの人は律義者だから信用して良い」などという。世俗に「律義者の子沢山」といわれるが、これには品行方正で女遊びもせず家庭生活を大切にし、妻を愛し、次々と子が生まれた者に対し、その融通《ゆうずう》の利《き》かなさへのからかいも含められている。

りっしんしゅっせのとりいがくぐれる【立身出世の鳥居が潜れる】
立身出世の目処《めど》がたつことを表す。社会的地位の確保や成功の確信を得ること。

力哉姿

りにおちる【理に落ちる】
道理を強調するため、話が理屈っぽくなること。「言って聞かせようとして、つい理に落ちてしまった」などという。「理に詰める」ともいう。

りふじん【理不尽】
道理を尽さないこと。道理が通らないこと。「そんな理不尽なことを言われても困る」「かっとなったので、つい理不尽なことを言ってしまった」などという。

りゃあ【りゃあ】
「〜れば」の訛り。「早く駆け付けりゃあ間に合ったものを」「早く医者に看せりゃあ良かった」「わざわざ来なけりゃあ良かったものを」などと後悔などの意を込めるときによく用いる。

りゃんこ【両個】
「りゃん」は「両」の唐音で、「二」の意。武士が二本の刀つまり両刀を差していることから、庶民が武士を嘲った隠語。「りゃんこが恐くって往来を歩けるか」と威勢の良い江戸っ子は言った。明治の廃刀令以後この語はあまり使われなくなったが、武士に育てられた子や孫などを「りゃんこ育ち」といった。また、「りゃんこが恐くって蒲焼《かばやき》が食えるか」ともいった。二刀を蒲焼の串に見立てた言葉である。⬇二本差《にほんざ》しが恐くっちゃあ 鰻《うなぎ》が食えねえ、両腰《りょうごし》

両　個

りゅうあんかめい【柳暗花明】
花柳《かりゅうかい》界のこと。色街の形容である。枝《し》垂《だ》れた柳の下のような影と、花が咲いたような華やかさが共存する所の意。洒落《しゃれ》た人が「柳暗花明の地によく出入りした」などといった。

りゅういんがさがる【溜飲が下る】
不平や不満、心痛やわだかまりが解消して、気分がすっきりすること。「敵対する男が罪を犯して警察に捕まったと聞いて、天罰だと溜飲《りゅういん》が下った」などと用いる。

りゅうりゅうしんく【粒粒辛苦】
米の一粒一粒は農民の苦心の結晶である意からの語で、骨を折って努力する譬《たと》えに用いる。「粒粒辛苦の末に為し遂げた」などという。

りゅっとした【隆とした】
「りゅうとした」の訛り。毅然《きぜん》とした堂々たる姿の形容に用いる。「あの人の身なりはりゅっとしている」などという。

りょうえんきえん【良縁奇縁】
結婚など、人と人との結び付きにおいて、天の配在か、まことに似付かわしい組み合わせだ、不思議なほど良い巡り合わせだというときに用いる。⬇合縁奇縁《あいえんきえん》

りょうぐり【両刳り】
高級な洒落《しゃれ》た下駄で、二枚歯を刳《く》り残し、表に畳を貼った雪駄《せった》状のもの。

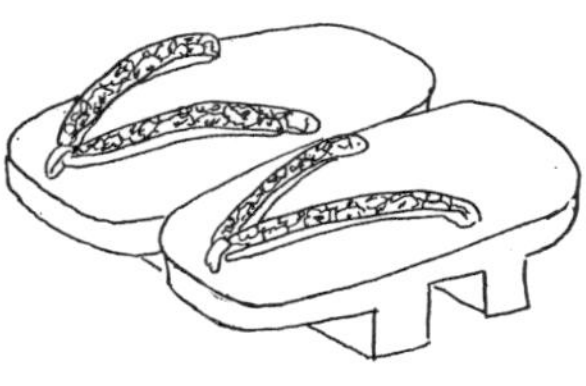
両刳り

りょうけん【了見・了簡・料簡】
①思案。気持。考えをめぐらすこと。「そんな了見だからいけない」（そんな考えだからいけない）、「一体どういう了見なんだ」（一体何を考えているのだ）などと用いる。
②許すこと。堪えること。「了見がならない」（許すことが出来ない）などと用いる。十返舎一九の『続膝栗毛』十編下には「何しろ了簡してくんなせえ」（とにかく許してやって下さい）とある。
③取り計らうこと。「了見づくしでまとめた」（穏やかに話し合ってとりまとめた）などと用いる。

りょうけんちがい【了見違い】
考え方や心の持ち方が正当な道理から外れていることをいう。「それは了見違いだ。考え直せよ」などという。

りょうごし【両腰】
武士が大小二刀を腰に差したことをいう。武士そのものをいう語としても使われる。「両腰が恐くって街を歩けるか」などという。⬇両個《りゃんこ》

りょうせいばい【両成敗】
争った両方に非があるとして、双方を罰し、片手落ちにしないこと。「この喧嘩《けんか》は両成敗とする」などと用いる。

りょうてんびん【両天秤】
ふたまたをかけること。どちらとも関係を作っておき、片方が駄目になっても、残ったもう一方が役に立つようにしておくこと。「両天秤をかける」などという。

りょうとうづかい【両刀遣い】
武士が大小どちらの刀も上手に操る様子、また二刀流の剣遣いに譬《たと》え、辛党《からとう》

（酒好き）でありながら甘党《あまとう》（饅頭《まんじゅう》や汁《しる》粉《こ》などの甘いもの好き）でもある者をいう語。「あいつは両刀遣いだ」などという。

両刀遣い

りょうぶんにたちいる【領分に立ち入る】

「領分」とは領地、縄張り、所有地のこと。このことから他人の専門分野や得意な事柄にまで踏み込むことをこのようにいう。「ひとの領分にまで立ち入って口を出すな」などと用いる。

両股取る

りょうまたとる【両股取る】

武士が足さばきを良くするために、袴《はかま》の左右の端をつまんで両脇を結び紐に挟むことをこのようにいう。

りんき【悋気】

ねたむこと。特に男女間での嫉妬《しっと》や焼餅の意に多く用いられる。「そんなことで悋気を起こしたらキリがない」などと用いる。

悋　気

りんたく【輪タク】

戦後、自動車が不足した折に、自転車の後に客席を設けた二輪車を繋げてタクシー代りに使用したもの。ベトナムなどにも輸出され、シクロと呼ばれている。

輪タク

りんりん【凛凛】

勇ましさや寒さの厳しいさまを表す語。「勇気凛凛」「寒気凛凛」などと用いる。

「る」

るいがない【類が無い】

類例が無いこと。同種類のものが無いの意で「そんな話は類が無い」（そのような話は聞いたことがない）などと用いる。

るいだい【累代】

代々《だいだい》。家督《かとく》が切れ目なく継がれて存続していくこと。武士は「我家は累代馬術を以《もっ》てお仕えしていた」などといい、町民の場合は「累代町名主をつとめていた」、農民は「累代大庄屋をつとめていた」などと用いる。

るいはともをよぶ【類は友を呼ぶ】

同じ傾向を持った者同士は自然と寄り集まること。「類は友を呼ぶとやら、芝居好きが集まって一緒に見に行く」などと用いる。

るすかえ【留守かえ】

「かえ」は文末で疑問をあらわす助詞「かい」の訛り。「留守か」の意。松亭主人『閑情末摘花』二編巻之上には、「誰も留守かえ」（留守で誰も居ないかい）とある。

るすがち【留守勝ち】

「留守勝ち」は留守にすることが多い

という意。「勝ち」はさかん、多いことで、「ためらい勝ち」「遠慮がち」「遅れ勝ち」などの用語もある。

るる【縷縷】

長々と続くさまやこまごまと述べるさまの形容。「縷縷として続く山道」「縷縷言ってきかせた」などと用いる。

るんです

「るん」は「るの」の訛り。江戸っ子がよく使う訛りで「下さるんですか」は下さるのですか、「戴いて来るんですよ」は戴いて来るのですよ、「するんです」は、するのですの意。

ルンペン

大正から昭和の初めにかけての大不況で失職した者を呼んだ言葉。さらに浮浪者の意になった。語源はドイツのLumpenで、襤褸《ぼろ》布、古着の意。

ルンペン

「れ」

れこ

「これ」の倒語で、表立ってあからさまに言うことが憚られることをさす隠語。①幽霊やお化け、怪しいものをそのまま言葉にすると相手が嫌がるので、たとえば「あの家には幽霊《れこ》が出るんだ」といって両手首を前に垂らして見せる。②恋人や妾《めかけ》のことを人前であからさまに言えないので、小指を一本立てて「れこが…」という。

れ　こ

れ　こ

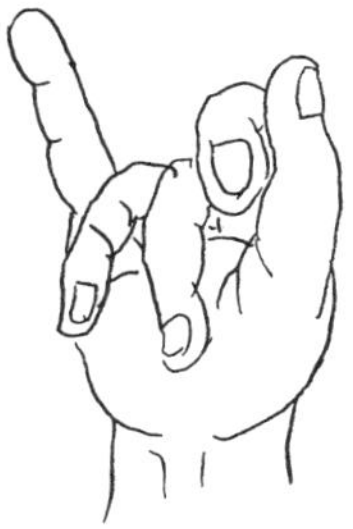

れ　こ

れろれろになる

れろれろになる

酒などに酔って呂律《ろれつ》がうまく回らない状態をいう。「ろれつ」の倒語から来たものか。舌がもつれたりして言葉が不明瞭になること。「あいつは酒癖が悪くて、れろれろになった揚《あげ》句《く》、どこにでも寝てしまう」などという。これがさらに亢進した状態を「べろべろになる」という。

れんじゃく【連尺】

縄を幅広く編んだもの、

またそれに背負板をつけ、両肩に背負えるようになっているもの。背負子《しょいこ》。また、樵人《そまびと》や炭売りなど、この連尺の背負子に荷をくくり付けて、流し売りする行商人をいう。葬式の時には棺桶を背負うために用いることもあったので、江戸っ子はこの連尺の背負子を縁起の悪いものと思っていた。安土桃山時代には、連尺を具足の胴の内側に用いて負担を軽くしたものがあり、これを「連尺胴《れんじゃくどう》」と呼んだ。

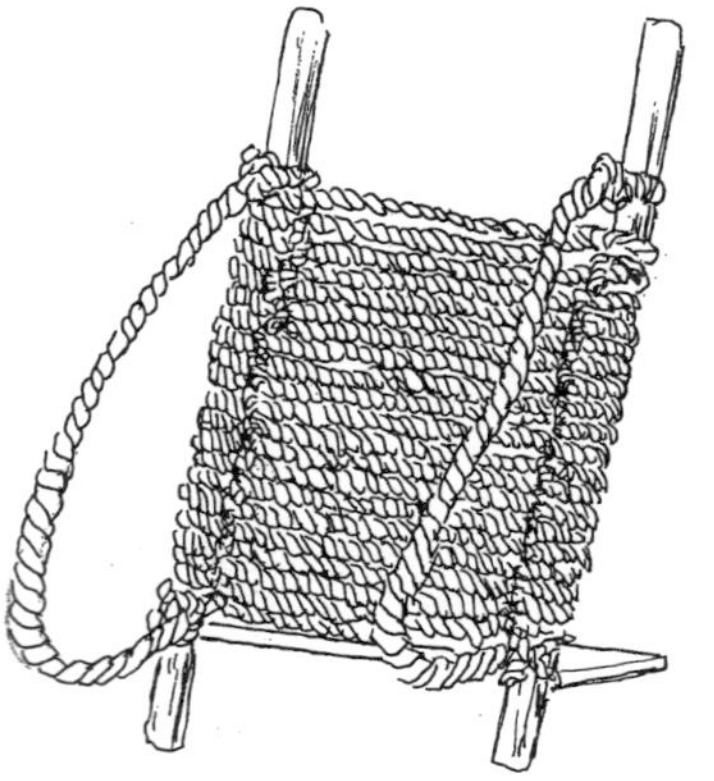

連　尺

廊下鳶

「ろ」

ろうかとんび【廊下鳶】
江戸時代の吉原遊廓で、指名した遊女が多忙のためなかなか来ないときに、待ちわびて廊下をうろうろしている遊客をいう。空から獲物狙って飛んでいる鳶《とび》に譬《たと》えた言葉。一説に遊女屋に呼ばれた幇間《ほうかん》（太鼓持《たいこもち》）が、あちこちの座敷に顔を出して、客から僅かの心付けをもらうために廊下をうろちょろすることをいうともされる。江戸っ子は鳶《とび》を「とんび」と語調を弾ませていった。➡里雀《さとすずめ》

ろうずもの【ろうず物・ろうず者】
廃物や売れ残りの商品、また、手に負えない悪い奴をいう。「散々使って、とうとうろうず物になってしまった」などと用いる。

ろうぜきもの【狼藉者】
「狼藉」は狼《おおかみ》が草を藉《し》いて寝たあとの乱れたさまから、乱雑にとり乱れているさま、散乱しているさまをいう。転じて、乱暴なふるまいをする者、理不尽に他を犯す者を「狼藉者」といった。「落花狼藉」は、女性を花に譬《たと》えて、女性に暴行することをいう。

ろうそくせん【蠟燭銭】
娼妓をかかえているお茶屋や旅籠《はたご》で、提灯を持って遊客を案内する者が、蠟燭の使用料という名目でとった案内料をいう。明治時代頃まで用いられた。「蠟燭銭にしちゃ、たんと戴きました」などという。

ろうそくのしんをとめる【蠟燭の芯をとめる】
蠟燭は芯の先が燃えて灰化すると、灯の明るさが落ちるため、そのつど芯切《しんきり》ばさみで灰化した部分を挟み切った。これを「蠟燭の芯を切る」と言うと「縁を切る」につながるので、縁起を重んじた江戸っ子は「とめる」と言ったのである。さかんに燃えている箇所を切ると灯が消えてしまうので、その切り方にはある程度のこつが必要であった。

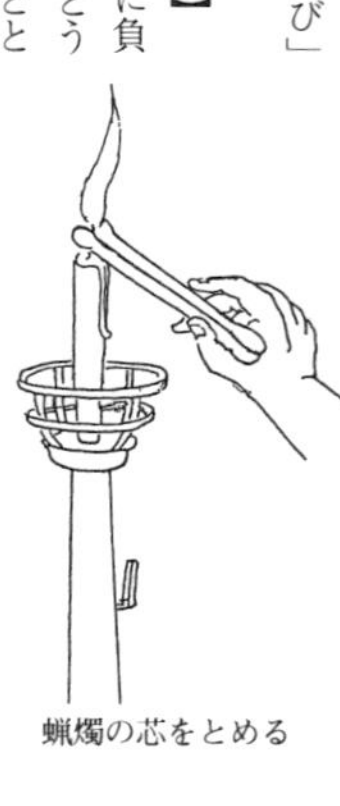

蠟燭の芯をとめる

ろぎん【路銀】
旅行に使う金銭。大正時代頃まで旅行の費用のことをいうのによく用いた語。「路銀を十分に用意して置かぬと旅先で困るぞ」などという。➡路用《ろよう》

ろくしゃく【六尺】
褌《ふんどし》のこと。長さが六尺あったことか

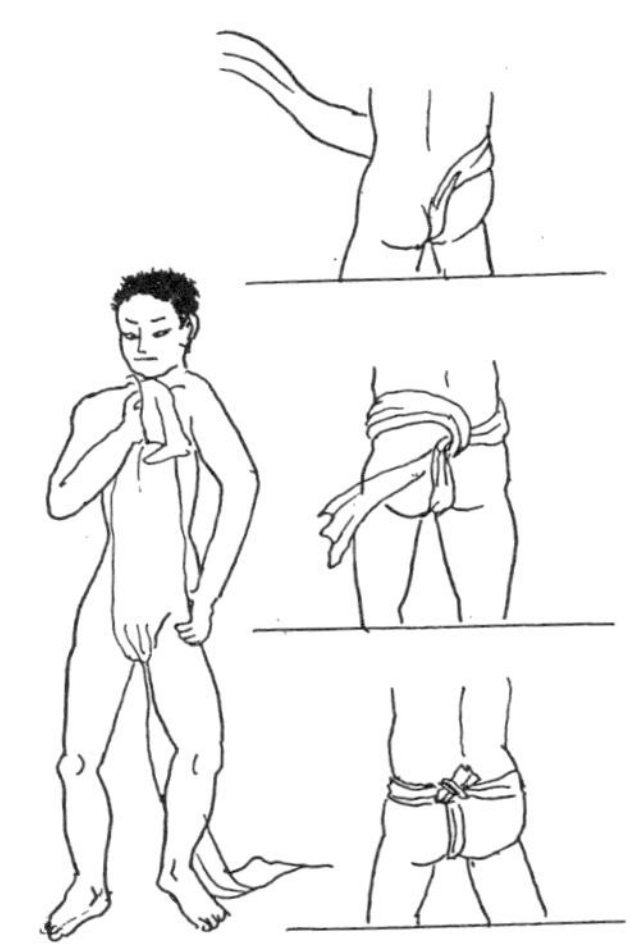

六尺のしめかた

らの異称。⬇越中《えっちゅう》

ろくずっぽ【陸ずっぽ・碌ずっぽ】

「ろくすっぽ」の訛り。下にくる否定の語を強め、「ろくに（～ない）」の意で用いる。「ろくずっぽ読んでない」「ろくずっぽ聞かないから失敗したのだ」などと用いる。

ろくでもない【陸でもない・碌でもない】

「陸」は水平であり、歪みのないことから「まともな」の意に用いる。よって「陸でもない」は、正常ではない、役に立たない、何の値打もないの意。「碌」は当て字である。「ろくでもない事ばかりして」などと叱り、また、そうした不始末ばかりする者や怠け者を「ろくでなし」といった。また、身内を謙遜《けんそん》するときにも「うちのろくでなしが…」などと用いる。

ろくなもんじゃあねえ【陸なもんじゃあねえ・碌なもんじゃあねえ】

まともでない。真面目でない意。相手の言動に対して侮蔑的に否定した時に用いる。「○○をやったからといって、ろくなもんじゃあねえ」などという。⬇陸《ろく》でもない

ろくぬすびと【禄盗人】

江戸時代、武士は仕える主君からその職に見合った禄高《ろくだか》が支給されたが、その職や地位にふさわしい能力がないにも関わらず、その禄を受けている者を侮蔑して「禄盗人」といった。手腕や才能、忠誠心が低いのに高い禄を得ている者の意。

ろくもんや【六文屋】

江戸時代末期から明治にかけて、笊《ざる》や箒《ほうき》などの荒物雑貨から履物まで、何でも六文で売った店。中には四文で売った店もあり、四文屋といった。大正時代には何でも十銭で売った雑貨屋や荷車での引き売りなどもあった。現代では百円ショップなどがある。

ろくろべえ【六郎兵衛】

傘屋や傘職人をいう。唐傘の竹骨が集まり、傘の開閉の役をする中心の台を「ろくろ」ということから、傘屋を「六郎兵衛」といった。

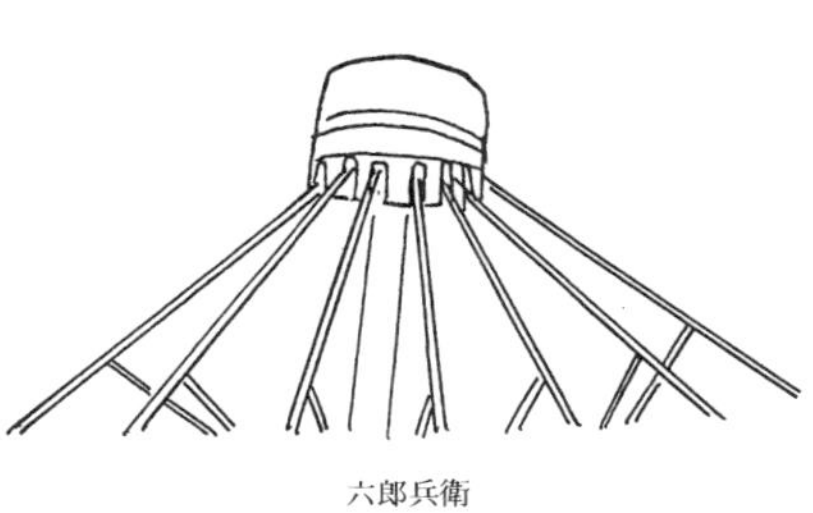

六郎兵衛

ろじぐち【露地口・路次口】

表通りから裏の家々に向う露地の入口をいう。たいてい長屋を挟んで細い道があった。大正時代頃までは、ここに木戸門があり、夜はその戸を閉めることが多かった。

ろっぽう【六方】

江戸時代前期のころ、江戸にあった侠客の六団体を「六方《ろっぽう》組《ぐみ》」といったことから、「六方」は無法者や、侠気があり派手な行動に出る旗本や侠客《きょうかく》、町奴《まちやっこ》などのことをさすようになった。無法にかけて「六法」とも書く。やがて歌舞伎などで役者が手を振り、足を高く上げ、足踏みをしながら花道を進み、揚幕から引込む派手な動きのことを「六方を踏む」というようになった。⬇六方言葉《ろっぽうことば》

露地口

ろっぽうことば【六方言葉・六方詞】

江戸時代前期の万治から寛文頃（一六五八～七三年）頃に江戸の侠客や町奴などが用いた勢い良く手荒い言葉。彼らは鶺鴒組《せきれいぐみ》、吉屋組《よしやぐみ》、鉄砲組《てっぽうぐみ》、唐犬組《とうけんぐみ》、笊籬《ざる》組《ぐみ》、大小神祇組《だいしょうじんぎぐみ》の六つの組をつくり、六方組と称された。

ろは

漢字の「只《ただ》」の字を片仮名の「ロ」「ハ」に分けて読んだ洒落で、無料のことを「ろは」といった。⬇ろは台《だい》

ろはだい【ろは台】

漢字の「只《ただ》」の字を片仮名の「ロ」「ハ」に分けて読んだ洒落で、公園などにある公共用のベンチは誰が腰掛けても無料なので「ろは台」といった。⬇ろは

ろよう【路用】

旅行に要する費用をいう。「路銀《ろぎん》」と

もいう。「お富士見参りだって只《ただ》ではない。路用が必ず要《い》る」などという。⬇路銀《ろぎん》

ろれつがまわらない【呂律が回らない】

「ろれつ」は元は呂律《りょりつ》の訛り。「呂律が回らない」は言葉が滑らかに出ないこと。酒で深酔いなどして、舌がもつれ、発音がしどろもどろになること。「呂律が回らねえほど酔いやがって」「呂律が回ってねえから何を言っているかわからねえ」などと用いる。⬇れろれろ

ろんよりしょうこ【論より証拠】

ああでもない、こうでもないと議論をするより証拠を示すことが真実のいちばんの裏付けとなるの意。『いろはカルタ』に「論より証拠藁人形《わらにんぎょう》」とあり、これは人を呪《のろ》ったの、呪《のろ》わないのと言い争うより、呪った証拠品である釘を打った藁人形を見つけた方が早いの意。気の短い江戸っ子は議論するときによく用いた。

「わ」

わいふ

英語の「wife」、妻のこと。明治以降、英語が日常語に混ざり始めた頃、英語通の男たちが用いた。大正時代には、「ワイフもらって　嬉《うれ》しかったが　いつも出て来る　おかずはコロッケ　今日もコロッケ　あすもコロッケ　これじゃ年がら年中コーロッケ」という俗謡が東京で流行した。

わいら

「我《われ》ら」の訛り。「おまえら」の意で相手に用いたり、「俺」「俺たち」の意で自分や自分たちに用いる。「わいら、何を抜かす」といえば、お前達は何を言うんだの意。「わいらは楽しく遊んでいたのだ」といえば自分たちは楽しく遊んでいたの意。

わいわい天王

わいわいてんのう【わいわい天王】

江戸時代に禄を失った浪人などが、天狗のような面をつけて顔を隠し、「それ、わいわい天王じゃ」などといいながら、子供たちに木版刷りの牛頭天王《ごずてんのう》のお札《ふだ》を与え、一、二文の喜捨《きしゃ》を乞うて歩いたもの。

わいわいれん【わいわい連】

わいわい騒ぎ立てる連中のこと。江戸時代によく用いられた「連」の語は、グループを表す。

わかいもん【若いもん】

一般的には若者、少年をいうが、特に団体の中や職人の間では、新入りの者を指すことが多い。

わかしゅ【若衆】

「若《わか》い衆《しゅう》」の略。「わかいし」「わかいしゅ」などともいい、若者、青年の意である。店の主人や親方が「うちの若衆が」と言えば、若い番頭や手代、若い職人などのことである。遊廓では牛太郎《ぎゅうたろう》（妓夫太郎）という使用人を「若衆」と呼んだ。また江戸時代には、元服前のまだ前髪のある男子を指す語としても用いられた。江戸時代初期頃には前髪を残して中剃りにする若衆髷《わかしゅわげ》という粋な結い方が流行した。⬇妓夫《ぎゆう》

若衆

わがたへみずをひく【我が田へ水を引く】

「我田引水《がでんいんすい》」のこと。田植時、我儘《わがまま》にも自分の田ばかりに水を入れることから、自分の有利なように状況を整えたり、自分の得意なことに話を誘導したりすること。「我が田に水をひくわけじゃあねえが、俺はそれが最も得意なんだ」などと用いる。

わがはい【吾輩・我輩】

明治から大正時代に流行《はや》った語で、「自分」「僕《ぼく》」の意の一人称。本来は「われわれども」という複数を表す。夏目漱石が小説『吾輩は猫である』を発表してから、この語はさらに流行した。「僕」というより大人びた印象を与えた。

わがものがお【我が物顔】

すべてが自分の所有物で何でも思い通りになると言わんばかりの威張った顔つきや態度の形容に用いられた。「我が物顔

に振舞っている」などと用いる。

わからずや【分らず屋】
物事の道理をわきまえずに自己主張を押し通す者や、理屈や道理をいって聞かせても理解しようとしない者をいう。聞き分けのない者。相手が呆《あき》れて思わず「わからない奴め」「わからず屋」などと声を荒げて用いる。

わかりっこ
「わかる」の語尾に「っこ」をつけて威勢良く発音したもの。「わかりっこない」（理解、認識されるはずがない）などと用いる。

わかんねえ
「わからない」の訛ったもの。理解しないこと。「わからねえ」ともいう。「これほどまで言っているのにまだ、わかんねえのか」「わかんねえ奴だな」などと用いる。

わきざしかたな【脇差刀】
江戸時代末期頃、貧しさのために大刀を質に入れてしまった貧乏武士が、小刀（脇差《わきざし》）の刀身に手拭《てぬぐい》などを巻き、鞘《さや》に収めて長く見せ、いかにも大刀を差したように見せたもの。脇差を大刀に見せかけたので、これを「脇差刀《わきざしかたな》」といった。御《お》目見《めみえ》以下の微禄《びろく》の武士が行っていたという。

わきっぱら【脇っ腹】
「脇腹《わきばら》」を語勢を強めていったもの。「横っ腹《よこばら》」ともいう。「わきっぱらが急に痛くなった」などという。

脇差刀

わけあり【訳有り】
人に言えないような事情があること。「それには訳有りで…」（その件にはちょっとした事情があって…）「あの女とは訳有りの仲で」（あの女とは人には言えない恋仲なので）などと用いる。

わけさ【訳さ】
江戸っ子は説明をするときに、よく「〜訳さ」と言い切る。「〜ということだ」「〜という理由なのだ」という意。「話せば長いことながら、要するにこういった訳さ」などと結論や結びに用いられる。

わけしらず【訳知らず】
人の事情や人情を良く理解できない人をいう。特に男女間の愛情の機微《きび》を良く分かっていない人をいう。「あの人は訳知らずだから若い二人は気の毒だ」などという。その反対が「訳知り」の人である。

わけしり【訳知り】
人情をよく察し、男女間の愛情の機微《きび》を理解し、また、遊里の事情にも精通していること。「通人《つうじん》」の意にも用いる。「あの人は訳知りだからよく相談して御覧《ごらん》」などと用いる。「訳知《わけし》りだてをする」は、通人でもないのに通人振った態度をとることをいう。

わけない【訳無い】
大したことではない、たやすい、容易、簡単であるの意。「そんなことは訳ない」「訳もないことだからさっさとやりましょう」などという。

わこ
江戸時代に使われた隠語で、女房、妻のこと。また、恋人や妾《めかけ》をいう場合もある。妻を指す古語「吾妹子《わぎもこ》」の名残か。

わざとらしい【態とらしい】
不自然な態度で、人に見せつけようと意識した言動であるようだということ。「態《わざ》とらしい素振りを見せる」などと用いる。

わざわざ【態態】
そのことだけ特別に、とりたての意。「わざわざ特別にお立寄り下すって」は、特に無理をしたり都合をつけたりまでしてこちらを訪ねていただいてとの感謝が込められている。

わし【私】
「私《わたくし》」の略の「わたし」がさらに略されて「わし」となったもの。現在では、男性が目下の者に対して自分を言うときなどに威厳をもって用いられる。⇩わっち、わちき

わじるし【わ印】
「笑い本《わらばん》」や「笑い絵《わらえ》」、つまり春本や春画をいう隠語。書籍商が用いたこの符牒が一般化したもの。「彼はわ印を随分集めている」などと用いる。⇩笑い絵《わらえ》

わたい【私】
「私《わたし》」の訛ったもので、主に下町の女性などが自分のことをいうのに用いた。⇩私《わちき》

わたくし【私】
自分の事を指す言葉。現代では目上の人に対する丁寧な言葉として使われる。略して「わたし」「わっち」「わちき」などと用いられる。

わたし【渡し】
江戸っ子は「渡し船」のことを、略し

て「渡し」といった。また渡船場のある所を「竹屋の渡し」「両国の渡し」などといった。

わたつみ【綿摘み】
江戸時代、農家では綿《わた》の収穫期に綿摘みをする女を臨時で雇い入れたが、そのかたわら売春をする女、また、綿摘み女と見せかけて売春をした女などがいたという。このことから下級娼婦のあだ名として用いられた語である。

わたりざむらい【渡り侍】
大身の武士が雇った最下層の侍で、解雇されるとまた別の大身の武士に雇われるなどし、渡り奉公をした。奉公中は大小二刀を差した。庶民から志願した者は苗字が無いので「無苗《むみょう》」ともよばれた。江戸っ子は「わたりざむれえ」といった。

わたりにふね【渡りに船】
向う岸に渡りたいと思っているときに運良く渡し船に巡り合うこと。このことから、困っているときにちょうど良い方法、助けに恵まれることをいう。「渡りに船と早速《さっそく》その話に乗った」は、都合のよい話なので便乗したの意。

わたりもの【渡り者】
あちこちと主人を変えて仕える渡り奉公者や、一定の職業を持たずに地方を放浪して歩く者、他の土地から来たよそ者などをいう語。⬇渡《わた》り侍《ざむらい》

渡りに船

わちき
江戸時代に吉原の遊女や芸妓が自分のことを指していった言葉。幕末頃には職人も自分のことを「わちき」といった。一人称の「私《わたくし》」は「わたし」「わたい」「わたち」「わちき」「わっち」などと訛って変化した。また、「あたし」「あたい」「あてえ」、関西の「わてえ」「あてえ」「あて」なども訛って変化したものである。職人は「あっし」「わっし」「わし」などもよく用いた。

わっさり
「あっさり」の訛り。しつこくなく淡泊なさま。十返舎一九の『続々膝栗毛』二編上には「わっさりと飲回して」とある。

わっしょい
大勢で重いものを担ぐ時の掛け声。「わっしょい、わっしょい」といいながら、呼吸を合せ、力を入れて神輿《みこし》などを担ぐ。

わっち
江戸時代末期の吉原の下級遊女等が自分のことを指していった言葉。「わっちは逢いたくて逢いたくて…」などと用いる。職人たちも一人称として使い、「呼び止めたのは、わっちのことですかい」などといった。⬇わちき

わっぱ【童】
「童《わらべ》」の訛りで、男の子を罵《ののし》っていうときの言葉。現在では、あまり使われない言葉である。「小童《こわっぱ》」などともいう。『日本書紀』には「小童」と書いて「わだつみのかみ」(海神)の意に用いているが、「童」の文字の始まりは額《ひたい》に入墨《いれずみ》された罪人や奴隷を表したものであり、もともと良い意味の字でもない。ちなみに川の妖怪「かっぱ」は「河童《かわわっぱ》」の略である。

わっぷ
「分配」の字を当てることもあるが、金銭や物品などを人数割で平等に分けること。「ひん剥《む》いた金をわっぷした」などと用いる。

わにあし【鰐足】
歩き方の形容で悪口に用いる。爪先を斜め外に向けて踏み出す癖《くせ》のある歩き方。「あの人は鰐足だ」と用いる。

鰐　足

わめく【喚く】
大声で怒鳴り叫んだり、うるさく罵ったりすること。「何を喚いていやがるんだ」などと用いる。

わらいえ【笑い絵】
好色な情景を描写した絵。春画《しゅんが》や枕絵《まくらえ》のこと。華麗精密に描かれた春画を見れば、余程、侃侃諤諤《かんかんがくがく》な者(剛直で意固地《いこじ》な人)でないかぎりは、にっと笑って見入るから「笑い絵」という。⬇わ印《じるし》

わらいぼん【笑い本】
春本や春画本、枕草紙《まくらぞうし》などの艶笑本《えんしょうぼん》のこと。この本を読んで怒る者は無いからということからの名。⬇わ印《じるし》、笑《わら》い絵《え》

わらかす【笑かす】
「笑《わら》わかす」を短くした語。笑わせること。また、適当にあしらったり馬鹿にしたりすることもいう。「笑かすない。ふざけるな」などという。

わらじをぬぐ【草鞋を脱ぐ】
昔は男も女も草鞋《わらじ》を履いて旅をし、宿に上がる際には、草鞋を脱いで足を洗う。

そのため「草履を脱ぐ」は宿泊する意となった。また転じて、博徒《ばくと》などがその土地にとどまって一時期他家に厄介《やっかい》になることや、地方から上京した者が師匠に弟子入りすることなども「○○家に草履を脱ぐ」と表現する。草履を脱ぐことによって師弟や親分子分の関係に、絆《きずな》と義理が生じたのである。

わらじをはく【草鞋を履く】

江戸時代には、旅行するときには草鞋を履いたので、旅に出ることをこのように言った。⇩長《なが》い草鞋《わらじ》を履《は》く、草鞋《わらじ》を脱《ぬ》ぐ

わらわせるない【笑わせるない】

相手の発言を嘲弄《ちょうろう》する言葉。下らないことを言うなの意。「笑わせるない、ちゃんちゃらおかしいや」などという。⇩ちゃんちゃらおかしい

わりあい【割合】

「思ったより」「意外に」「比較的」の意で副詞的に用いる。「割合上手《じょうず》じゃあないか」「割合美味《おい》しい」などという。⇩割《わり》かし

わりい【悪い】

「わるい」の訛り。「悪《わり》いことしちゃいけねえぜ」などと用いる。狂訓亭主人『春色梅児誉美』にも「わりいのう」とある。「悪《わり》いのう」「悪《わり》いなあ」は相手の骨折りに対する感謝の表現。「御馳《ごち》走になってそいつは悪《わり》いな」（御馳走になって、それはすまないな、有難《ありがた》いな）などと用いる。

草鞋を脱ぐ

わりいしゃれだ【わりい洒落だ】

「わりい」は「悪い」の訛り。洒落はこの場合は表現、笑わせごとの意。下手な冗談事をいう。『続々膝栗毛』三編上にも「わりい洒落だ」とある。

わりかし【割かし】

「割方《わりかた》」の訛り。割合に。比較的。大体《だい》の意。「割かし物わかりの良い人だ」「割かしやさしい問題だった」などと用いる。

わりがわるい【割が悪い】

割は総体の配分、割当《わりあて》などのこと。「割が悪い」は自分が費やした労力や経費と比較して配当や配分の率が良くないこと。責任などが均等でなく他人より負担が多いことをいう。

わりかん【割り勘】

支払うべき勘定を、人数の頭割《あたまわ》りで各人が均等に支出すること。割前勘定《わりまえかんじょう》の略。負担が多い、少ないの差別なく、対等である支払方法。「ここの勘定は割勘にしよう」などという。

わりきる【割り切る】

物事に例外や半端《はんぱ》を出さないことを最優先にして、てきぱきと判断して処理すること。「客観的に割り切って対処した」などと用いる。

わりだか【割高】

商人がよく用いる言葉で、「他にくらべて割高な品だ」は、他の店に比べ、その品質や分量の割には値段が高めの品だの意。その反対が割安である。⇩割安《わりやす》

わりないなか【理無い仲】

男女間で隔《へだ》てのない親密な仲をいう。通り一遍《いっぺん》ではない仲。「誰と誰が理無い仲になったのは長屋中《ながやじゅう》で有名だ」などと用いる。

わりふり【割り振り】

仕事の分担を決めること。物を分け与えること。建築工事などで職人の得意とする分野や、その腕に応じて役を配分すること。「うまく割り振らないと無駄がでる」などと用いる。

わりまえ【割り前】

費用を割当の金額で分配したり、受取ったりすること。分配額。配当額。職人などは訛って「割《わ》り前《めえ》をもらおうじゃぁねえか」などといった。

わりめし【割飯】

挽割麦《ひきわりむぎ》を混ぜて炊いた飯をいう。大正時代頃までは白米だけだと米代が高いので、貧しい人は挽割麦で量を増やし、割飯を食べた。⇩糅飯《かてめし》

わりやす【割安】

他の品にくらべて品質も良く、分量もある割に値段が安いこと。「この店の品は他の店より、すべて割安だ」「思っていたより割安で手に入った」などと用いる。⇩割高《わりだか》

わりをくう【割を食う】

他人に較べて不利であり、損《そん》をこうむることをいう。「宴会があったが、胃腸が悪かったのでろくに箸《はし》も盃《さかずき》もとらず、割を食ってしまった」「私は要領が悪いので、いつも割を食ってしまう」などという。

わる【悪】

悪《わる》い奴、悪者の略。「あいつはとんでもない悪《わる》だ」などという。「悪《あく》」ともいう。江戸時代、子供だと「悪餓鬼《わるがき》」という。江戸時代、江戸の本所《ほんじょ》辺りに住む、町人泣かせのたちの悪い武士達を「本所《ほんじょ》の悪《わる》」とよんでいた。

わるあがき【悪足掻き】

駄目だとわかっているのに、自分の面目を立てようとしたり、嫌なことから逃れようとしたりして、知恵を働かせ、さまざまに試みること。「わるあがきするねえ、観念しろい」（悪足掻きするな、あきらめろ）などと用いる。

わるいくも【悪い雲】

怒る、叱る人をさす符牒《ふちょう》。悪い雲が出ると雷が鳴ることから、「雷が落ちる（怒られる）」予兆としての語である。「あの

人に悪い雲が起きてきた」（あの人が怒られそうだ）などと表現する。

わるおち【悪落ち】
「落ち」は決着、結びの意で、芝居や演芸などで客を成程《なるほど》と感心させる締めくくりをいう。「悪落ち」は、演者が失敗し、結びがうまく締めくくれずにいるのを、かえって観客にはそれが受け、笑われてしまうこと。

わるかぁ【悪かぁ】
「悪ければ」の訛り。狂訓亭主人『春色辰巳園』巻之七には「わるかぁどうでもしておくれ」（その言動が悪いというのなら、あなたの気の済むようにしてくれ）とある。

わるがしこい【悪賢い】
狡猾《こうかつ》で悪知恵《わるぢえ》の発達していること。「狡賢《ずるがしこ》い」ともいう。「あいつは妙《みょう》に悪賢い奴だから油断ならない」などという。⬇悪狡《わるごす》

わるげ【悪気】
「悪気《わるぎ》」の訛り。悪意の事で、「それは悪気《わるげ》があって言ったのではない」「悪気《わるげ》のない人だ」などと用いる。

わるごす【悪狡】
狡《ずる》くて、狡《こす》っ辛《から》いこと。狡猾《こうかつ》なこと。「あの男は悪狡《わるごす》だから気を付けた方が良い」などと用いる。⬇悪《わる》っ狡《こす》い

わるさをする【悪さをする】
悪事をする意であるが、特に女性をたぶらかそうとすることをさす場合が多い。「あの男は女と見るとすぐ悪さをするから避けた方が良い」などという。子供に使う場合は単なる悪戯《いたずら》をしていう。「またこんな悪さをして仕様《しよう》の無《な》い児《こ》だ」などという。⬇おいた

わるしつこい【悪しつこい】
江戸っ子は「わるひっこい」とも訛る。あくどく執念深いことをいう。悪い意味でのしつこさ。「いくら事細《ことこま》かに説明しても、悪《わる》しつこく疑っている」などという。

わるじゃれ【悪洒落】
①下手な洒落。たちの悪い洒落《しゃれ》。わるふざけや皮肉の混じった洒落言葉。
②センス（感覚）の悪い着飾り方のお洒落。「ひどいな、着こなしがまるで悪洒落だ」などと用いる。

わるずいりょう【悪推量】
悪い方に推量すること。邪推。「そんな悪推量せずに安心してろ」などと用いる。

わるずるい【悪狡い】
狡《ずる》いことを強調した言葉。「よくそんな悪狡《わるずる》いことを平気でするなぁ」などという。「わるこすい」ともいう。⬇悪《わる》っ狡《こす》い

わるずれ【悪擦れ】
世間馴れしてきて、人柄《ひとがら》が悪くなること。「擦《ず》れ」は馴れること。「擦《す》れっ枯《か》らし」などともいう。「あの人は妙に悪擦れしている」などという。⬇海千山千《うみせんやません》

わるっこすい【悪っ狡い】
悪く狡《こす》っ辛《から》いことをいう。悪知恵を働かして、狡《ずる》い行為をすること。「悪っ狡い奴に気をつけな」などという。⬇悪狡《わるごす》

わるづら【悪面】
①人相の悪い顔。「あの人は悪面だが根は良い人だ」などという。
②悪者という代りに「あいつは悪面している。関わり合うな」などという。

われかえる【割れ返る】
割れることを強調した言葉。とくに、満員の客の大喝采《だいかっさい》で劇場や寄席などが割れてしまいそうだという大人気の状態を「割れ返るような大入り」などという。

われがちに【我勝ちに】
戦陣で我こそは一番の功名《こうみょう》を立てんと競い合う意であるが、一般には、自分の利を優先し、独占しようと先を争って行動することをいう。「我勝ちに先を争って逃げ出した」「我勝ちに飛び込んで魚を捕えた」などと用いる。

我勝ちに

われなべにとじぶた【破鍋に綴蓋】
「破鍋《われなべ》」はひびの入った鍋で、「綴蓋《とじぶた》」は割れたのを綴じ合わせた蓋のこと。鍋《なべ》は蓋《ふた》と組になって役を果たす。何かの拍子で壊れて疵物《きずもの》になったとしても、それに組み合わせる鍋や蓋はあるものである。このことから、どんな人にもその人に応じたふさわしい配偶者がいるということ。また、分相応で御似合いの夫婦の意によく用いる。「あの家庭《うち》は破鍋に綴蓋だ」などと用いる。

破鍋に綴蓋

わをかける【輪をかける】
物事や話の内容を意識的に大袈裟《おおげさ》に誇張すること。「話に輪をかけて広めておいた」などという。また、よりはなはだしいことも意味し、「あの悪党に輪をかけた野郎だ」は、あの悪党よりひどい奴だの意となる。

わんぱ【忘八・王八】
仁・義・礼・智・孝・悌・忠・信の八つの道徳を忘れた者をいい、無頼漢《ぶらいかん》や遊女屋の主人などをいう侮蔑的なあだ名《な》。中国では鼈《すっぽん》の意。

「ん」

ん
江戸っ子は、助詞を「ん」と発音することが多い。「止《よ》すのだ」→「止すんだ」、「やるのです」→「やるんです」、「冬になると」→「冬んなると」など、「ん」と訛って語呂良くし、語勢良く用いる。

んちわーっ
「今日《こんにち》は」の訛り。御用聞《ごようき》きの味噌醤油屋や酒屋、肉屋、魚屋、八百屋などが注文を取りにくるときの挨拶。昭和の初め頃までは、午前中に店の番頭や丁稚《でっち》、店主や店員が注文帳を持って得意先を回って注文をきいていた。職人なども仕事先の家を訪れるとき、この挨拶をした。
➡御用聞《ごようき》き

江戸っ子語絵解き辞典
本編　終

笹間良彦（ささま・よしひこ）

1916年、東京生まれ。文学博士、日本甲冑武具歴史研究会元会長。
（主な著書）『日本の甲冑』『日本甲冑図鑑』上中下三巻『甲冑と名将』『日本甲冑名品集』『趣味の甲冑』『江戸幕府役職集成』『戦国武士事典』『武士道残酷物語』『日本の軍装』上下二巻『古武器の職人』『日本の名兜』上中下三巻『図解・日本甲冑事典』『甲冑鑑定必携』『歓喜天信仰と俗信』『弁才天信仰と俗信』（以上、雄山閣出版）、『龍』（刀剣春秋社）、『真言密教立川流』『ダキニ天信仰と俗信』（以上、第一書房）、『日本甲冑大鑑』（五月書房）、『図説・日本武道辞典』『図説・江戸町奉行所事典』『日本甲冑大図鑑』『図録・日本の甲冑武具事典』『資料・日本歴史図録』『図説・日本未確認生物事典』『図説・世界未確認生物事典』『図説・日本戦陣作法事典』（以上、柏書房）、『絵で見て納得！時代劇のウソ・ホント』『大江戸復元図鑑〈庶民編〉』『大江戸復元図鑑〈武士編〉』『図説・龍の歴史大事典』（以上、遊子館）他多数。

遊子館 歴史図像シリーズ 4

江戸っ子語絵解き辞典

2010年10月25日　第1刷発行

著　者　笹間良彦
増補改訂・口絵著作　瓜坊　進
発行者　遠藤　茂
発行所　株式会社 遊子館
107- 0052　東京都港区赤坂7-2-17赤坂中央マンション304
電話 03-3408-2286　FAX.03-3408-2180
印刷・製本　株式会社 平河工業
定　価　カバー表示

ISBN978 - 4 - 86361 -012 - 5　C3581

◆江戸時代の庶民と武士の生活を平易に図解！◆

笹間良彦 著画

大江戸復元図鑑〈庶民編〉

江戸庶民の組織から、商店、長屋、専門職、行商、大道芸、農民・漁民の暮らし、食生活や服装、娯楽、信仰、年中行事まで、大江戸庶民の全貌を豊富な復元図で解説。姉妹編の〈武士編〉とともに、臨場感あふれる図で解説した驚きと発見となるほど「大江戸図解学」の決定版。

A5判上製四〇八頁・定価（本体六八〇〇円＋税）

江戸の商店――❸表通りの小売商店

小売商店（八百屋・魚屋）

笹間良彦 著画

大江戸復元図鑑〈武士編〉

江戸時代の武家社会の組織全般と年中行事から、各役職の武士の仕事内容、家庭生活、住居、武士の一生のモデルまで、武士の世界を膨大な量の復元図で解説。姉妹編の〈庶民編〉とともに、臨場感あふれる図と平易な解説で「大江戸」の全体像を知ることができる最適の書。

A5判上製四〇〇頁・定価七一四〇円（本体六八〇〇円）

地方支配の仕事――⓭郡代、代官

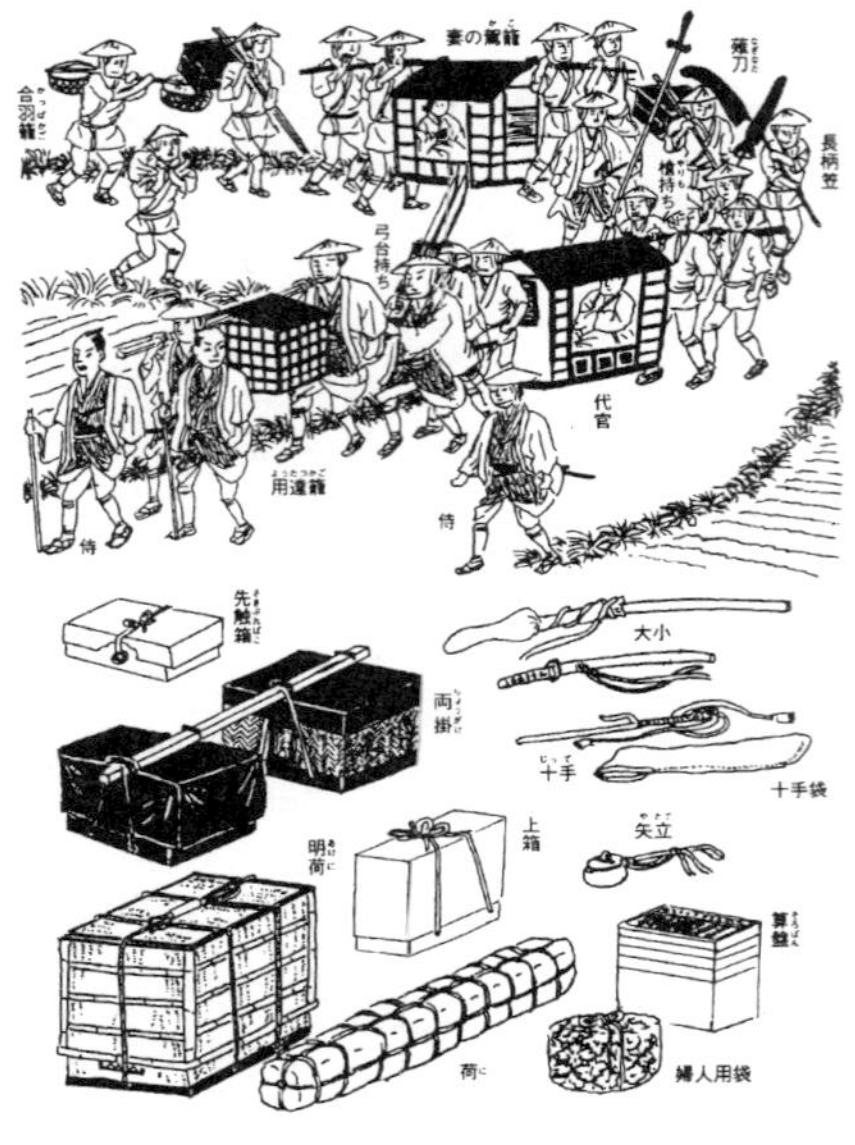